SAMUEL WAINER

KARLA MONTEIRO

Samuel Wainer

O homem que estava lá

1ª reimpressão

COMPANHIA DAS LETRAS

Grafia atualizada segundo o Acordo Ortográfico da Língua Portuguesa de 1990,
que entrou em vigor no Brasil em 2009.

Capa e caderno de fotos
Alceu Chiesorin Nunes

Foto de capa
Acervo Bruno Wainer

Pesquisa iconográfica
Porviroscópio Projetos e Conteúdos. Pesquisadores: Vladimir Sacchetta e Antonio Venancio

Preparação
Márcia Copola

Checagem
Érico Melo

Índice remissivo
Luciano Marchiori

Revisão
Ana Maria Barbosa
Huendel Viana

Dados Internacionais de Catalogação na Publicação (CIP)
(Câmara Brasileira do Livro, SP, Brasil)

    Monteiro, Karla
       Samuel Wainer : O homem que estava lá / Karla Monteiro —
    1ª ed. — São Paulo : Companhia das Letras, 2020.

       Bibliografia
       ISBN 978-85-359-3333-8

       1. Imprensa – História – Brasil 2. Jornalistas – Biografia – Brasil 3.
    Wainer, Samuel, 1912-1980 I. Título.

20-33652   CDD-079.81

Índice para catálogo sistemático:
1. Jornalistas brasileiros : Biografia   079.81

Cibele Maria Dias – Bibliotecária – CRB-8/9427

2021
Todos os direitos desta edição reservados à
EDITORA SCHWARCZ S.A.
Rua Bandeira Paulista, 702, cj. 32
04532-002 — São Paulo — SP
Telefone: (11) 3707-3500
www.companhiadasletras.com.br
www.blogdacompanhia.com.br
facebook.com/companhiadasletras
instagram.com/companhiadasletras
twitter.com/cialetras

Para Otávio, pela exatidão e leveza na caminhada.

Agradecimentos especiais a Alberto Dines (in memoriam), *Ana Chafir, Érico Melo, João Wainer, Maria Chafir, Maria da Glória Lampreia, Maria Lúcia Rangel e Paulo César Gomes.*

Às vezes o pior inimigo da verdade são os fatos.

Amós Oz

Samuel Wainer pertence a um povo que não morre; e, se morre, estejamos certos de sua ressurreição urgente e triunfal.

Nelson Rodrigues

Sumário

Prólogo

O livro de Samuel

Dada a altura vertiginosa da queda, até que o velho Samuel Wainer não tinha do que reclamar. Aprumado, sentado em sua sala na redação da *Folha de S.Paulo* — contígua à de Otavio Frias Filho, herdeiro do jornal —, certamente podia reconhecer: o pior havia passado. Cinco anos antes, numa longa entrevista a Ignácio de Loyola Brandão, intitulada "O Cidadão Samuel Kane", o fundador da lendária *Última Hora*, um dos maiores nomes da imprensa brasileira no século xx, resumira o próprio ostracismo num divertido caso. A uma plateia de universitários a quem falara por horas sobre getulismo e jornalismo, perguntou: "Vocês sabem quem eu sou? O que eu fiz?". Após um silêncio breve mas constrangedor, uma vacilante moça respondeu: "Olha, eu sei que o senhor foi marido da Danuza Leão". Pensando bem, o epíteto soava lisonjeiro. Àquela altura, Danuza era adjetivo.

Se o poder, talvez sua grande locomotiva, Samuel não recuperara, ao menos o prestígio conhecia de novo. Na *Folha*, a coluna "São Paulo", um quadradinho na página 2, assinado apenas sw, fazia um sucesso danado — e seu nome figurava no estreante Conselho Editorial. Noutra casa, a Editora Três, ocupava o cargo de editor assistente, além de manter uma coluna na revista *Status*. Dinheiro? Seguia teso. Tanto que, ao assumir o cargo na Três, fez um trato com Domingo Alzugaray, o big boss: um ano de salário adiantado para dar entrada num apartamento para Samuca, o filho do meio, entre Pinky e Bruno. Por falar em grana, se fosse fazer um testamento, o ex-milionário Samuel, entronado por Carlos Lacerda no altar da corrupção, possuía um único bem: um telefone, adquirido com os proventos da venda de um estimado Dodge Polara.

"Você tem planos?", Loyola Brandão lhe indagara em 1975. "Quem não tem planos se acabou."

Na aurora da década de 1980, o Brasil parecia que ia tomar jeito. Por um lado, a ditadura caía de podre. O ex-presidente Ernesto Geisel revogara os famigerados atos institucionais, incluindo o AI-5. O ponto de inflexão na escalada da repressão se dera com o assassinato de um jornalista, Vladimir Herzog, a quem o regime exibira, em 1975, enforcado numa cela do DOI-Codi paulista, vendendo à opinião pública a farsesca versão de suicídio. Com a imagem dos militares desgastada, a situação estava feia para os lados daquele que passara a ocupar o Planalto, o general João Batista Figueiredo. Um ciclo grevista, iniciado antes de sua posse, sacudia a nação. Em 12 de maio do surpreendente 1978, na fábrica de caminhões Saab-Scania, em São Bernardo do Campo, cerca de 3 mil operários haviam batido cartão e cruzado os braços. Duas semanas depois, 77950 trabalhadores estavam em greve em Santo André, São Bernardo, São Caetano e Diadema. O empoeirado slogan "poder ao povo" dava sinais de vida. O ABC concentrava a força operária do país. No fim das contas, quem mandava? Das assembleias no estádio de Vila Euclides, em São Bernardo, que chegavam a reunir 100 mil trabalhadores, as greves se alastraram como pólvora, atingindo quinze dos 23 estados.

Da Barão de Limeira, sede da *Folha*, Samuel lançou uma flecha no campo de batalha. Era 1º de maio de 1980: "A utilidade de Lula". Ainda tinha bambu para dar. No caso, saía em defesa de Luiz Inácio da Silva, o líder de toda a balbúrdia, que se encontrava encarcerado, enquadrado na Lei de Segurança Nacional. "Se há algo que nunca faltou a Lula, o metalúrgico, foi uma simpática publicidade pessoal. Mal lançado às primeiras linhas do colunismo sindical de São Paulo, Lula saltava logo para as manchetes dos grandes jornais e das revistas. Agora, eis o inverso. Nada mais de incenso. É pau de todos os lados." O tiro dos militares saíra pela culatra. Ao prender Lula, eternizavam sua imagem. Percorrendo as primeiras páginas, o retrato de um homem do povo, com uma placa do Dops pendurada no pescoço, de número 12712. Para Samuel, Luiz Inácio da Silva representava o passo adiante no sindicalismo da era Vargas. O sindicalismo sem

Estado, forjado no chão de fábrica — ou o "novo sindicalismo", como preferiam os jornais. Sua *Última Hora*, fundada com a graça de Getúlio no longínquo 1951, fora o braço do trabalhismo na grande imprensa por duas décadas. Tantos anos depois, encarnado em sua última reinvenção pessoal, Samuel parecia querer retomar a briga:

> Ligue-se o rádio. Lá estará o ex-governador Abreu Sodré carpindo o fim melancólico do líder sindical e o enterro prematuro do ex-futuro líder político. Aperte-se o botão da televisão. E lá estará o atual governador Paulo Maluf decretando a morte de Lula como líder sindical e afirmando que o PT não passará daqui por diante de uma piada. E assim todo mundo sente-se autorizado a lançar sua pá de cal sobre o túmulo do mais moderno e, sem dúvida, mais importante dirigente sindical surgido no país depois de 1964.

Na redação da *Folha de S.Paulo*, todos se perguntavam: qual o segredo da coluna "São Paulo"? O sw ao pé do texto? Segundo Boris Casoy, diretor do jornal, os artigos de Samuel repercutiam como o diabo. Ele não escrevia bem. Pelo menos não como o colega Paulo Francis, por exemplo. Mas escrevia com conhecimento de causa. Como nenhum outro colunista da casa, conhecia os bastidores do poder — e o pensamento dos poderosos. Afinal, fora o homem de três presidentes. Em ordem, Getúlio Vargas, Juscelino Kubitschek e João Goulart. Com Carlos Lacerda, travara uma guerra de meio século, atravessando golpes e contragolpes. Wainer era praticamente uma caixa-preta do Brasil. Obviamente, a bagagem refletia nas poucas linhas diárias. Nunca escrevia um texto sem olhar no retrovisor, sempre buscando na história alguma lição que pudesse contribuir para o contexto.

Num daqueles dias tumultuosos, Samuel por pouco não caiu da escada. Literalmente. Culpa dos carcomidos pulmões, açoitados pela combinação do cigarro, que consumia aos feixes, com a mal curada tuberculose da juventude. Sem ar para galgar os degraus da Editora Três, bambeou — e foi amparado pelo editor da *Status*, Múcio Borges da Fonseca. Em vez de agradecer, ficou bravo. O aventureiro Samuel Wainer, como se referiam a ele, tanto para bater como para assoprar, vivera uma vida espetacular. Mas eis que a vida estava indo embora. Aos

68 anos, morava sozinho, num modesto apartamento na rua Pamplona, pousado sobre um supermercado. Dos tempos de "deleite de Gatsby", nas palavras do amigo Paulo Francis, só lhe restavam retratos nas paredes, com personalidades tão díspares quanto Mao Tsé-tung e Brigitte Bardot, Golda Meir e Kim Novak, John F. Kennedy e Salvador Allende, Pablo Neruda e Rock Hudson. Sem dúvida valera a pena. Dias depois do mal súbito, recebeu a visita de Borges da Fonseca — que, por sinal, começara a carreira na *Última Hora* de Pernambuco. Escornado no sofá da sala, com o peito coberto por bandagens quentes, tinha um último pedido: "Múcio, não conta para ninguém. Sobretudo, não conta para o Domingo. Patrão não pode saber destas coisas".

Samuel via que estava morrendo — e a ansiedade do deadline não o largava mais. A partida era inevitável, mas a mortalidade não. Até bem pouco tempo antes, quando lhe perguntavam se não escreveria suas memórias, brincava, brindando o interlocutor com o sorriso maroto: "São impublicáveis". No raiar de 1980, no entanto, iniciara o trabalho, sua última grande reportagem. Entre 25 de janeiro e 28 de fevereiro, gravou as 35 primeiras fitas de depoimento, em entrevistas conduzidas por Sérgio de Sousa, ex-editor da *Realidade* e futuro fundador da *Caros Amigos*. Serjão lhe prestou o favor, já que não tinha um níquel para pagar pelo serviço. Ao todo, com este, encheu 39 cassetes.

Assunto não lhe faltava. Como repórter, estivera no centro dos acontecimentos. Cobrindo o pós-guerra na Europa, testemunhou o Tribunal de Nuremberg e o nascimento de Israel. Também como repórter fez a famosa entrevista que marcara a volta de Getúlio Vargas ao teatro da política, em 1949. Como dono de jornal, bem... aí seriam longuíssimos capítulos. Entre 1951 e 1971, exatos vinte anos, a *Última Hora* fizera misérias. Se era verdade que o jornal havia nascido sob a bênção nada desinteressada de Getúlio, que abrira ao duro repórter os cofres do Banco do Brasil — e o bolso de poderosos —, devia-se reconhecer que revolucionara os padrões gráficos e dignificara a profissão, pagando altos salários aos jornalistas e obrigando os outros jornais a fazerem o mesmo.

Ademais, Samuel tinha algumas contas a acertar na autobiografia. Fora uma vida inteira carregando a cruz do corrupto que se beneficiara da proximidade com o poder para assaltar o Banco do Brasil e fundar uma cadeia de jornais. Na sua opinião, todavia, ele não era o único. Estava mais para regra que exceção, e seria um último deleite desmascarar a hipocrisia. Em 6 de julho, depois de breve intervalo, retomou as memórias. Para assumir o gravador no lugar de Sérgio de Sousa, convidou uma jovem repórter, Marta Góes, mulher do amigo Mário Prata. "O seu Samuel mandou perguntar se a senhora aceita um café, um conhaque, uma vodca", ela ouviu de Isabel, a fiel secretária do lar, enquanto aguardava na sala do apartamento da Pamplona para iniciar a jornada. "Vodca às duas da tarde?", pensou, sorrindo sem entender.

A casa era espartana. Sobre uma cadeira, Marta notou a incrível pilha de periódicos. Praticamente um arranha-céu de diários e revistas. Biblioteca à vista, não havia. Na mesa de centro, amontoavam-se livros de arte. Temendo a pouca experiência para a grandiosa tarefa — afinal, entrevistaria uma lenda do jornalismo —, ela logo descobriria o óbvio. Samuel não precisava de um jornalista tarimbado, mas de um espelho para ver refletida "a grandeza do que estava contando. E isso eu podia oferecer". Ele falava pelos cotovelos, sem nunca contar um caso por inteiro. Como Marta anotaria nas observações pessoais das instrutivas tardes que se seguiram: "Os desvios são com certeza tão empolgantes quanto o veio central da história. A narrativa é sinuosa, entrecortada, interrompida a cada momento por novas lembranças".

"Nós vamos tentar vender a imagem de Samuel Wainer, o que é mais ou menos a mesma coisa que vender Brigitte Bardot": o homem dizia cada coisa. Quando Isabel, a deusa etíope — aos olhos de Mário Prata —, surgia com a bandeja de café, repetia a piada: "Não adianta, você não vai entrar no meu livro". Marta só apertava o play do gravador depois de ouvir longas divagações. A introdução nunca a chateava. Já tinha entendido que Samuel precisava arrumar a cabeça, ordenar os pensamentos. Só então parecia se dar conta de que o processo transcendia a narração, a memória, o fôlego. "É uma revisão dolorosa", observou ela. Além das digressões, havia ainda a incontrolável mania: se o telefone tocava — e tocava muito —, dava um pinote, agarrando-se ao gancho do aparelho. Caso chegasse uma correspondência, mesmo que fosse extrato bancário, parava para abrir. Conforme explicou: "Minha vida inteira, desde menino, eu estive esperando alguma coisa. Alguma coisa que eu não sei o que é".

Numa das tardes, Samuel recebeu Marta todo eufórico. Para o *Canal Livre*, programa da Bandeirantes, ao lado de Tarso de Castro e Plínio Marcos, entrevistara Leonel Brizola. A primeira entrevista após o exílio no Uruguai. Um sucesso. Quem sabe não faria carreira na televisão?

Por certo, a modéstia nunca havia sido o seu forte. Paulo Francis tinha razão. Talvez estivesse mais para *O grande Gatsby*, de F. Scott Fitzgerald, do que para *Cidadão Kane*, de Orson Welles. Nos anos dourados, ao mesmo tempo que circulava no grand monde — a tentação de ostentar sempre o perseguira —, foi parar na cadeia por falsidade ideológica. Segundo as condenações em instâncias inferiores, posteriormente revistas pelo STF, falsificara documentos para provar-se brasileiro, condição para que possuísse um jornal. Trocando em miúdos, seria um brasileiro de última hora, tendo nascido no Império Russo e imigrado para o Brasil com a família na infância.

A seu favor, Samuel possuía um fato. Apesar da vida de milionário que levara, jamais investiu um centavo em bens pessoais. Ao perder o jornal, perdeu tudo. Pelos relatos a Marta, temia sobre todas as coisas vestir a carapuça do estereótipo do judeu que fizera o diabo para enriquecer. Sim: fizera o diabo, mas não para acumular fortuna. Caso contrário, acreditava piamente, não teria salvação. No fim da intensa empreitada, gravou 53 fitas cassete. Lado A e lado B: "Contemplando meu percurso, constato ter vivido uma experiência humana completa ao cumprir uma trajetória que me permitiu conhecer a ascensão, a glória e a queda".

Sete anos se passaram — e Samuel estava morto. Em dezembro de 1987, quando o Brasil tateava a recém-conquistada democracia, chegou às livrarias *Minha razão de viver*, lançado pela Editora Record. Em pouco mais de um mês, o livro atingiu a marca dos 40 mil exemplares vendidos — ou cinco edições. Houve barulho, muito barulho; afinal, a obra, que ultrapassaria os 200 mil exemplares vendidos em vinte edições, era um tiro de bala de prata no passado da imprensa brasileira. Entre as farpas dedicadas aos poderosos, nem mesmo os inseridos na lista de amigos, como João Goulart, Juscelino Kubitschek e Walter Moreira Salles, foram poupados. Aliás, Wainer não aliviou nem para si mesmo: "Fiz horrores para conseguir anúncios, vendi minha alma ao diabo, corrompi-me até a medula".

Ele possuía um álibi para tanta sinceridade: a morte. Antes que pudesse rever o próprio depoimento e aparar os excessos, partira, em setembro de 1980, semanas depois de concluir as gravações, deixando de herança aos filhos os preciosos 53 cassetes. Ao jornalista Augusto Nunes, diretor da sucursal paulista do *Jornal do Brasil*, coube a tarefa de organizar o material. Na opinião de Pinky, a filha adorada, a morte salvou Samuel da autocensura. Decerto teria apreciado o resultado. No fim das contas, era um best-seller. Além do mais, fora homem de incomodar, preferindo os holofotes a qualquer custo, o escândalo ao anonimato. Com o lançamento de *Minha razão de viver* estava de volta com tudo ao noticiário. A todo o noticiário.

A revista *IstoÉ* preveniu os que, por acaso, ainda não tivessem lido o livro: "bastidores das rotativas", "face oculta do jornalismo". De acordo com a publicação, Samuel só não ia causar mais desconfortos porque os personagens citados, em sua maioria, já não estavam vivos para reclamar. A revista *Imprensa* preferiu a blague: "A última do aventureiro", colocando a obra na categoria de "bomba-relógio". No *Globo*, o jornalista Franklin de Oliveira espumou, num artigo que repercutiu por semanas na coluna dos leitores: "Um compêndio de corrupção, um tratado do achaque, eis o que é *Minha razão de viver*". Se alguma coisa valia na autobiografia de Samuel, esta era a "coragem do cinismo". A geração de Paulo Bittencourt, o herdeiro do venerando *Correio da Manhã*, e de tantos outros, como José Eduardo de Macedo Soares, Austregésilo de Ataíde, Barbosa Lima Sobrinho, Orlando Ribeiro Dantas, Prudente de Morais Neto, Costa Rego, Pompeu de Sousa e, claro, Roberto Marinho, não podia ser julgada pelas "confissões abjetas de Samuel Wainer".

Nas palavras de Franklin de Oliveira: "Wainer celebrava a missa do engodo. Dizendo isto não estou justificando, por exemplo, a cruel campanha que lhe moveu Carlos Lacerda, o mentor intelectual do grande reacionário burguês brasileiro. Os dois se repeliam precisamente porque eram iguais".

No Segundo Caderno, o mesmo *Globo* publicou longa reportagem sobre o assunto, em página dupla: "No meu jornal não foi assim", assinada por egressos dos principais diários daquele tempo em que a *Última Hora* bagunçava o coreto. Conforme o abre da matéria, *Minha razão de viver* era o relato da presença de Samuel Wainer no submundo instalado no poder, mas de forma alguma o retrato de uma época. O tempero "dessa razão de viver", de acordo com o jornal de Roberto Marinho, não podia ser generalizado. Pelo *Correio da Manhã*, o mais importante matutino até o golpe de 64, um dos diários que não sobreviveram à ditadura, falou Luís Alberto Bahia, outrora redator-chefe. Paulo Bittencourt, o saudoso patrão, era um humanista insubordinável. Como Samuel, um jornalista que conhecera o verso e o reverso da imprensa, podia traçar o retrato tão distorcido? Só razões de ordem pessoal poderiam explicar a infâmia.

Representando a *Tribuna da Imprensa*, o jornal de Carlos Lacerda, Carlos

Castelo Branco, o Castelinho, resolveu rememorar um caso — a famosa "barriga" (publicação de notícia falsa, no jargão jornalístico) da *Tribuna da Imprensa*. Em 1953, o jornal publicara uma entrevista apócrifa com um funcionário do Banco do Brasil, supostamente interventor da *Última Hora*. Quando a farsa foi desmascarada, Lacerda, em vez de recolher as armas, saiu à caça de votos para a instauração de uma CPI que investigasse a vida financeira de Samuel. Por sinal, a primeira CPI midiática da história. "Escolhi uma foto dele de black tie, sentado numa mesa com copos e garrafas. Pedi a alguém que reescrevesse a matéria e a manchete surgiu espontânea — 'Esbanjavam o dinheiro do Banco do Brasil'."

Para relembrar o *Diario de Noticias*, fundado por Orlando Ribeiro Dantas, o escolhido foi Otto Lara Resende. Como era de esperar de um autêntico mineiro, Otto limitou-se a perfilar Ribeiro Dantas, sem sequer citar Wainer, para quem também trabalhara. Já Pompeu de Sousa, o diretor do *Diario Carioca*, louvou o espírito de luta de J. E. de Macedo Soares, o "Senador", como o chamavam: "Era para nós inconcebível associar a prática do jornalismo ao recebimento de favorecimentos oficiais". Em defesa do *Jornal do Brasil*, saiu Carlos Lemos, ex-diretor da casa. Durante os 27 anos que trabalhara no matutino carioca, testemunhara o máximo rigor ético. Não podia compactuar com a versão de Samuel: no *JB*, Igreja e Estado, como se dizia nas redações sobre a redação e a publicidade, nunca haviam comungado.

Durante muitos meses, os jornais repercutiram à exaustão o livro de Samuel. Ao bom de briga Paulo Francis, de Nova York para a *Folha de S.Paulo*, coube a campanha de defesa. Por anos a fio, Francis estivera na linha de frente da *Última Hora*. Aliás, ele próprio, como muitos que militavam na imprensa, era obra de Wainer, que o tirara da crítica de teatro e o plantara no comentário de política. Que bobagem era aquela de só se falar das questões de dinheiro em *Minha razão de viver*? Ele não podia sequer imaginar alguém com algo mais do que cabelos na cabeça não lendo Samuel Wainer. A única coisa que não apreciara na obra fora justamente a edição. Na sua opinião, Augusto Nunes havia limado o melhor da narrativa: a voz inconfundível de Samuel. Não conseguia ouvi-lo. No mais, tendo trabalhado tantos anos à direita de Wainer, garantia que este encarnara o jornalista de sangue quente, o contraponto de uma imprensa ajoelhada. "E daí que o Banco do Brasil tenha emprestado dinheiro a um jornalista para fazer um jornal popular? Dá — não empresta — bilhões de dólares a latifundiários, que nada produzem, que aplicam o dinheiro em especulação."

Para o ferino Francis, o problema não era Samuel Wainer, mas os brasileiros, essa gente que, sobre todas as coisas, adorava xingar o outro de ladrão. Não custava lembrar a anedota. No julgamento de Oscar Wilde por sodomia, 50% da aristocracia inglesa se mandara para Paris. *"Just in case, et pour cause, só para garantir."* Se todos os industriais do Banco do Brasil, expressão de Roberto Campos, enfrentassem a devassa que o ex-patrão sofrera, o Brasil estaria com as contas em dia. Aos muito escandalizados com os favorecimentos à *Última Hora*, estava ali para lembrar que grandes fortunas nunca brotaram do suor dos afortunados. A Samuel, afinal, não se devia entregar, assim, de mão beijada, o título de inventor do tráfico de influências. Entre os donos de jornal, a propósito, não via nenhum pobre. O único que conhecera que morava de aluguel era justamente o Judas da história. O que faltava à nação? Ler Cícero, que disse preferir corrupção com um pouco de liberdade à ditadura espartana.

No céu ou no inferno, se dependesse de Paulo Francis, o *enfant terrible* podia, enfim, descansar em paz. Curioso: o escarcéu ocasionado por *Minha razão de viver* serviu como luva a uma vida de infinitas polêmicas, semeando vento e colhendo tempestade. Pela eternidade, controverso passaria a ser quase um sobrenome de Samuel. Para uns, herói da esquerda, fundador do único grande jornal a se posicionar ao lado dos trabalhistas e nacionalistas. Para outros, o escroque, o corrupto, o oportunista. Descontadas as paixões, foi daqueles seres humanos complexos, indecifráveis, apaixonantes, que, equilibrando-se na corda bamba da ética, escreveu seu nome na história da imprensa brasileira. Conforme Francis, "ele foi muito melhor do que a reputação que deixou para quem não teve o privilégio de trabalhar com ele. Quem merece ser calado, tem o que dizer, o que não é pouca porcaria. Samuel forma com estes".

1. Shalom

"Samuel, Samuel, não tens abelhas e vendes mel?"

Não havia dia em que não ouvisse a zombaria, a rima sem graça que acompanhava a marcha dos samuéis da praça Onze, praticamente um *shtetl* tropical. Praça Onze, aliás, era maneira de dizer. A comunidade israelita derramava-se pelos arredores do antigo largo do Rocio Pequeno, quadrilátero delimitado pelas ruas Senador Eusébio e Visconde de Itaúna, de um lado, e Marquês de Pombal e rua de Santana, do outro, na região central do Rio de Janeiro. Em toda a capital da República, não havia lugar mais cosmopolita. O sotaque local misturava as farpas do iídiche ao ritmo dos negros, à nasalidade dos portugueses e espanhóis e à estridência dos italianos. As numerosas famílias judaicas preenchiam boa parte dos sobrados, com o comércio instalado no andar térreo e os filhos atochados no pavimento superior. Fazia já dois anos que Samuel vivia por ali, naquela incessante algaravia. Na verdade, ele morava, de fato, para os lados da Gamboa, pulando de pensão em pensão, da rua Camerino à rua Santo Cristo, conforme seus parcos papéis da época. Em 1928, havia embarcado na estação da Luz, em São Paulo, e desembarcado na Central do Brasil, seguindo os passos dos irmãos mais velhos, Artur e José.

Oy vey! Será que seu destino seria o daqueles *yids* que insistiam em falar iídiche nas mesas do restaurante Schneider? Ser um bom *clientelchik*, vendendo de porta em porta, para, no futuro, abrir a própria loja? O que podia esperar da vida apregoando ofertas de falsos tapetes persas?

O ano de 1930 amanheceu soprando renovação, a esperança que acomete o povo em virada de década. Aos dezoito anos — ou seriam dezesseis? —, Samuel costumava percorrer diariamente, pela praça da República, o trajeto entre a praça Onze e a rua da Alfândega, suportando com devaneios o feixe de tapetes. Mania de grandeza talvez fosse o seu mais notável traço de personalidade. Não só dele, justiça lhe seja feita. Estava na genética dos Wainer sonhar demais. Artur e José eram conhecidos pelas grandes ideias irrealizáveis. Correria no futuro a lenda de que fora Artur Wainer o inventor da palavra "poupança" — teria criado e registrado o vocábulo, para designar o ato de poupar dinheiro. A José Wainer caberia o título de idealizador, em São Paulo, da primeira banca de revista. Teria sido ele também o primeiro a montar uma lavanderia automática em Copacabana, que obviamente viria a falir, num tempo em que era farta a oferta de empregados domésticos para quem em tese poderia arcar com os custos do moderno serviço.

Muito cedo Samuel tomara consciência do judaísmo, a marca indissolúvel. Continuavam frescas na memória as manhãs de Sábado de Aleluia, dia de malhar o Judas, quando era perseguido nas ruas do Bom Retiro, a vizinhança dos israelitas de São Paulo onde fora criado e aprendera o significado de ser judeu. Segundo a Torá, seu povo fora eleito, escolhido, apontado por um Deus com predileção por judeus. Mas como podia ser escolhido alguém que nem mesmo sabia a data de nascimento? O ano variava entre 1912 e 1914, e o dia podia ter sido 15 de dezembro ou 16 de janeiro. A família Wainer aportara no Brasil sem documentos, e a questão matemática ajudou a embaralhar os números: no Leste Europeu, de onde zarparam, o calendário usado ainda era o juliano, enquanto na banda ocidental do mundo se adotava o gregoriano.

No final do ano anterior, 1929, Samuel havia concluído o ginasial no Colégio Pedro II. Não tinha ideia do que poderia fazer com o diploma. Nunca fora exatamente um bom aluno, nem dava tanta importância à educação formal. Inteligente além da conta, era do tipo que já sabia mais que todo mundo tendo lido só a orelha do livro. Enquanto não achava o rumo, trabalhava com José e Artur nos leilões de rua e nas vendas em domicílio. O bom *clientelchik* vivia do crédito na praça, amealhando mercadorias dos *yids* estabelecidos, com até 120 dias para pagar, e vendendo-as a prazo. Os judeus tinham introduzido no país o conceito da venda parcelada. Ele detestava o ofício: o calor grudento, o peso sobre os ombros, a interminável cruzada por ruas pestilentas. E havia o orgulho, a vergonha ancestral. Não queria ser chamado de "russo da prestação" como seu pai, Chaim Hersh Wainer, batizado Jaime Wainer ao entrar no Brasil. Nas ruas do Bom Retiro, seu Jaime ganhava a vida arrastando o feixe de variadas mercadorias.

Nos primeiros tempos no Rio, para seguir em frente, Samuel costumava evocar a lembrança da mãe d. Dora Lerner Wainer, nascida Dvora, nome bíblico da profetisa Débora. Anfitriã do Bom Retiro, alegre e festeira, sempre podia oferecer uma cama limpa e uma fatia de pão preto aos judeus recém-chegados. Ao todo, parira nove filhos. Além dele, possivelmente o sexto da fila: Artur, Rosa, Soniah, José, Bertha, Fany, Marcos e Sofia, a única nascida no Brasil. Samuel talvez pouco se recordasse do canto do mundo de onde partiram os Wainer, a Bessarábia, atual República da Moldávia. Tão longe, tão perto: quantos bessarábios conhecia na praça Onze? E no Bom Retiro? Dezenas. Tinha até gente do mesmo vilarejo: Yedinitz, uma cidadezinha de pouco mais de 10 mil habitantes, que abrigava seis sinagogas.

A vastidão do Império Russo só devia ser tão sossegada nas pinturas de Isaac Levitan. Ao longo dos séculos, as fronteiras da Bessarábia dançaram. Fora território do Império Otomano, passara às mãos dos russos e, desde o fim da Primeira Guerra Mundial, em 1918, estava sob o domínio dos romenos. Uma faixa de 34 mil quilômetros quadrados de terra, entre a Ucrânia e a Romênia, banhada pelos rios Prut e Dniester. Quando Samuel nasceu, a região fazia parte do império do tsar Nicolau II. Os judeus viviam confinados nas chamadas áreas de assentamento, subsistindo do comércio e dos pequenos ofícios, sem direito a cultivar a terra. O antissemitismo andava a galope. Recomeçara a contaminar as mentes na virada do século. Em 1903, acontecera o brutal pogrom de Kishinev, a cidade mais próspera da Bessarábia e símbolo supremo do ciclo de violência. Durante três dias de terror, 49 judeus foram mortos e setecentas casas queimadas.

"De ferro e aço frios e mudos, forja um coração, ó homem — e avança", assim Chaim Nachman Bialik, um dos pioneiros da moderna poesia hebraica, descreveria o massacre de Kishnev em "Na cidade da matança". Os pogroms certamente ninguém esquecia, nem mesmo um menino como Samuel: o tropel dos cavalos dos bêbados cossacos batendo nos homens, violentando as mulheres, queimando as casas. Razias organizadas, que contavam com a complacência dos homens comuns e com os olhos fechados da nobreza. Quando ele tinha prováveis cinco anos, explodira a Revolução de 1917, numa Rússia já engolfada pela Primeira Guerra Mundial. No momento inicial, a derrubada do regime tsarista pareceu trazer alívio aos judeus. Com a deposição de Nicolau II, as restrições legais aos israelitas foram suspensas. Viviam na Bessarábia cerca de 260 mil judeus, aproximadamente 15% da população. Pela primeira vez, eles ganharam direitos civis iguais ao de qualquer cidadão russo, a remoção de mais de 140 estatutos antissemitas.

A vida real, porém, não seguiria o compasso dos acordos de gabinete. Os pogroms infestaram a Rússia de 1917 — até a Revolução de Outubro, ao menos 230 foram registrados em todo o território. À Revolução de Fevereiro — ou Revolução Branca, que instalara no governo provisório o príncipe Georgy Lvov, um arranjo da burguesia para se apropriar do movimento dos trabalhadores — seguiu-se a instabilidade política, e logo, com a Revolução de Outubro, a guerra civil. Com todos contra todos, os judeus emergiram como bode expiatório, confundidos com o próprio espírito revolucionário. Não por acaso. Exilado na Suíça pelo regime tsarista, Vladimir Lênin pegou o caminho de casa num trem lacrado, cruzando a Europa transformada num imenso campo de batalha disposto a instaurar no poder o proletariado. Dos 32 passageiros, dezessete eram judeus. A simbiose dos *yids* com os *roiters* — ou vermelhos — brotara no começo do movimento. Em 1881, uma judia, Gesya Gelfman, integrara o grupo implicado no assassinato do tsar Alexandre II. Em 1898, no I Congresso do Partido Operário Social-Democrata Russo, ocorrido na cidade de Minsk, na Bielorrússia, cinco dos nove delegados eram filhos de Israel.

"Os Trótski fazem a revolução e os Rosenberg pagam a conta" — o dito popular, aliás, resumia a questão, em referência ao comandante revolucionário Leon Trótski, nascido Lev Davidovich Bronstein, o primeiro judeu a liderar um exército na era moderna, o Exército Vermelho. O antissemitismo tinha raízes tão profundas e tentaculares que atravessava as divisões políticas. Ainda que os sovietes pregassem contra o preconceito racial, condenando os crimes contra os israelitas como crimes contra a revolução, muitas vezes as agressões provinham dos próprios trabalhadores e camponeses oprimidos. Em março de 1919, ao constatar que os pogroms persistiam apesar da vitória vermelha, Lênin pronunciou um discurso histórico:

O antissemitismo é a disseminação da hostilidade aos judeus. A abominável monarquia tsarista ao viver seus últimos dias buscava lançar os operários e camponeses ignaros contra eles, e sua polícia, unida aos latifundiários e capitalistas, organizava os pogroms. [...]

Os inimigos dos trabalhadores não são os judeus e sim os capitalistas de todos os países. Entre os judeus, os operários são maioria e eles, como nós, também são oprimidos pelo capital, nossos irmãos na luta pelo socialismo [...].

Maldito seja o abominável tsarismo, que torturava e perseguia os judeus. Malditos sejam os que semeiam o ódio na direção dos judeus. Viva a confiança fraternal e a união combativa dos trabalhadores de todas as nações na luta para derrubar o capital.

Longe da agitação política de Petrogrado, nos *shtetls* da Bessarábia, ia crescendo o desespero, a milenar angústia. Era preciso partir, conquanto, com as rotas do Atlântico interrompidas pela guerra, não houvesse para onde ir. "Meu avô não queria de jeito nenhum sair da Rússia, só decidiu partir porque se sentia cada vez mais inseguro, não conseguia proteger a família", contaria Soniah, filha de Rosa, a mais velha das irmãs Wainer. "Minha mãe me falou que um dia estava voltando para casa quando foi abordada por cossacos e agredida com espadadas nas pernas. Nunca esqueceu o barulho dos cascos dos cavalos sobre o gelo."

Samuel contava possíveis oito anos quando os Wainer, enfim, deixaram a Bessarábia, nos fins de 1920, chegando ao Brasil no verão de 1921. Restariam dois documentos — que se cruzam — para confirmar a data: o depoimento de Bertha, a quinta na escadinha dos irmãos, ao Museu da Imigração de São Paulo, gravado em 1994. E, enterrada no Arquivo Nacional, a lista de passageiros do navio *Formosa*, oriundo do porto de Marselha, datada de 24 de setembro de 1920, em que Artur fora registrado como Naftur Hersh Veiner. Em seu relato, Bertha afirmaria que o irmão mais velho partira — de fato — quase um ano antes da família, levando a avó Rachel Lerner. Com o fim da Grande Guerra e a abertura do Atlântico, muitos judeus estavam tomando o caminho da América do Sul, incentivados pela propaganda da Jewish Colonization Association, fundada por filantropos judeus da outra metade da Europa, a Europa dos Rothschild. A missão da JCA era tirar sua gente do Leste Europeu e replantá-la em colônias agrícolas na Argentina e no sul do Brasil. Extensões de terra estavam sendo adquiridas pelos judeus ricos para salvar a pele dos judeus pobres.

Os Wainer vinham munidos de uma carta-convite, documento exigido pelo governo brasileiro, escrita por um irmão de d. Dora, Salomão Lerner, já então um próspero comerciante em São Paulo. O trajeto entre Yedinitz e o rio Dniester percorreram de carroça, em meio ao rigoroso inverno, quando a neve dificultava a perseguição. Para realizar a arriscada travessia, contrataram os serviços de traficantes de fronteira — muitos deles também judeus —, que lhes arrancaram as últimas moedas. A porta de saída mais usual daquele inferno era o porto de Odessa, a cidade costeira da Ucrânia, às margens do mar Negro, onde, desde 1914, entre 35 mil e 50 mil judeus foram assassinados. Todavia, para atingir a Itália, de acordo com Bertha, a numerosa família — Marcos ainda estava no colo — optou por outro caminho, o terrestre: "Fomos para Bucareste, Romênia. De Bucareste a Trieste. Em Trieste, ficamos dois meses num albergue, um bom albergue". Praticamente não tinham bagagem: "Não levamos nada que não fosse importante. Meu pai levou um xale da sinagoga, o *talit*". Na única recordação que restaria da fuga, uma foto tirada já no porto de Gênova, Samuel parecia sério, um menino magricela, de olhar esperto.

Se lembrava de algo, ele se calou — calaria até a morte. Em 1930, menos de uma década depois da viagem extrema, parecia já ter se afastado o suficiente das estepes da Bessarábia. Estreara como colunista do jornalzinho do Club Juventude Israelita, cuja sede ocupava um canto do sobrado do Café Praça Onze. Gastava as noites discutindo política em volta das mesas de bilhar nos fundos do salão. Por toda a comunidade, o clima era de quase beligerância. Os sionistas, de esquerda ou de direita, queriam um Estado para os judeus. Os comunistas defendiam a internacionalização, apostando na luta de classes. A rapaziada do Club Juventude Israelita encomendava os diários de Varsóvia e de Nova York para acompanhar o debate. Não havia tempo para debruçar-se sobre o passado. Ao contrário: fossem sionistas ou não, os jovens faziam questão de afirmar a nacionalidade brasileira. Muitos podiam até mesmo indicar a casa onde tinham nascido. No caso de Samuel, rua da Graça, no Bom Retiro.

Como em outras coisas naquele começo de vida, na política ele acompanhou Artur. Aos 27 anos, o primogênito dos Wainer puxou os irmãos para a corrente sionista-socialista. Era um dos cabeças do movimento, com atuação tanto em São Paulo como no Rio de Janeiro. Tornara-se um polemista famoso nas páginas da imprensa israelita, apoiador barulhento de David Ben-Gurion e Yitzhak Ben-Zvi na trilha do projeto social-democrata para a Palestina. A cisão dos sionistas tivera início ainda em meados da década de 1920, quando a ala jovem decidiu se rebelar contra a estrutura da Federação Sionista, identificada com os chamados sionistas gerais, marcados por forte posição antissocialista. Em 1926, Artur integrara o grupo que fundou no Brasil o Poale Zion, dissidência do Bund (União Judaica Trabalhista da Lituânia, Polônia e Rússia), que brotara das hostes marxistas na ocasião em que os bundistas, liderados por Vladimir Medem, rejeitaram a proposta de uma nação judaica.

Certamente foi aí, nesse meio russificado, ávido de aceitação e reconhecimento, que Samuel começou a despertar para o nacionalismo trabalhista, ideologia que perseguiria vida afora. Embora temente a Artur, talvez tenha sido para ele um tempo de questionamento. A ideia da internacionalização dos judeus pela luta de classes fazia sentido: engajar-se ao lado dos trabalhadores do país de acolhimento. Mas a experiência profunda, vivida na carne, colocava em dúvida essa possibilidade de comunhão. As reuniões dos sionistas aconteciam na sede da Hatchya, futura Biblioteca Bialik, uma das muitas instituições judaicas do Rio que Artur Wainer ajudaria a criar. A Hatchya ocupava o sobrado de número 44 na Senador Eusébio. No número 57, sede da Biblioteca Scholem Aleichem, reuniam-se os antissionistas. Ben-Gurion ou Vladimir Medem? A pergunta devia lhe tirar o sono.

"Vai falar ao povo da capital do país o futuro presidente da República."

Eram cinco e meia da tarde de 2 de janeiro de 1930 quando Evaristo de Morais, advogado criminalista e craque da oratória, filiado ao Partido Democrático do Rio de Janeiro, anunciou a chegada do candidato à Presidência da República pela Aliança Liberal. Ao anúncio, seguiu-se o alarido: "Ge-tú-lio! Ge-tú-lio! Ge-tú-lio!". Os jornais divulgariam até 150 mil almas na esplanada do Castelo, terreiro que se abrira no centro da cidade com a derrubada do morro do Castelo. Nas fotografias publicadas nos diários, sob o diminuto palanque de madeira, acotovelaram-se os líderes da AL, uma coligação que reunia políticos de Minas Gerais, do Rio Grande do Sul e da Paraíba em torno da cédula Getúlio Vargas-João Pessoa, candidatos — a presidente e vice-presidente — nas eleições de 1º de março.

"A chuva que cai aqui sempre se anuncia do lado do Corcovado", gritou um marinheiro em meio à multidão, ao que outro popular respondeu, conforme o registro do *Correio da Manhã*, o mais importante matutino da capital: "Não chove. Porque, hoje, não há dúvida... que Deus é liberal".

Aos 47 anos, o gaúcho de São Borja, então presidente do Rio Grande do Sul, encarnou defronte da multidão, sob o céu inchado de nuvens, a mudança que o país implorava, embora fosse ele ex-ministro da Fazenda do presidente Washington Luís, além de herdeiro político de Borges de Medeiros, o líder do Partido Republicano Rio-Grandense (PRR), que por mais de duas décadas governava o estado. Desde a convenção da AL, que o confirmara no páreo em setembro, Vargas pavimentava o caminho com uma nova maneira de fazer política, incluindo no discurso anomalias como crítica social e direitos trabalhistas. O comício na esplanada do Castelo era um marco: a primeira vez que um candidato a presidente apresentaria o programa de governo ao povo. O costume era um banquete para homens de casaca.

O Brasil de 1930 parecia de fato querer mudar de assunto. Desde que o país se entendia por República, mandavam os mesmos homens: o presidente era um representante ora dos senhores do café de São Paulo, ora dos senhores do café de Minas Gerais. Enquanto os europeus falavam em luta de classe, Washington Luís usava cartola. A apelidada política do café com leite vinha se esvaindo na peleja que se seguira à crise de 1929, quando a quebra da Bolsa de Nova York espalhou pelo mundo a carestia. A economia brasileira dependia quase exclusivamente da exportação de um único produto: o café. Calculava-se que havia cerca de 30 milhões de sacas estocadas e sem comprador. O próprio presidente ajudara a enterrar o acordo com Minas, ao anunciar, na vez dos mineiros, um paulista para a sucessão: Júlio Prestes.

Logo que começou a falar, Getúlio evocou a liberdade para os chamados tenentes do povo, os jovens oficiais de baixa e média patente do Exército brasileiro que, durante os anos 1920, haviam marchado por justiça social. Luís Carlos Prestes, o comandante da Coluna Prestes, então exilado na Argentina, era o nome preferido dos eleitores para ocupar o Palácio do Catete.

"A anistia constitui uma das [...] mais veementes razões de existir [da Aliança Liberal]. Queremo-la, por isso mesmo, plena, geral e absoluta. [...] Pode se asseverar, sem temor de contradita, que a anistia será uma providência incompleta, sem a revogação das leis compressoras da liberdade do pensamento."

No púlpito, o gaúcho não era Rui Barbosa ou Maurício de Lacerda, campeões da oratória. Com 1,57 metro de altura, rechonchudo e de bochechas rosadas, ganhara na situação o apelido de Meia Garrafa. A voz era anasalada, monocórdia, sem as inflexões teatrais dos grandes oradores. Porém, de acordo com *O Jornal*, o matutino do paraibano Assis Chateaubriand, ele prendia a atenção porque "tem um timbre sereno e macio, tocado de ligeiro magnetismo". Chatô, então aos 38 anos, iniciando o seu império, tinha motivos para saudar Getúlio. Quando ministro de Washington Luís, este lhe abrira as portas do Banco da Província do Rio Grande do Sul, de onde arrancara o dinheiro para lançar a moderna revista *O Cruzeiro*. Ao longo do discurso, o candidato da AL reforçou os pontos do seu programa: voto secreto, prioridade para educação e saúde, combate à seca do Nordeste e, a cereja do bolo, os direitos aos trabalhadores — férias, jornada de oito horas diárias, salário mínimo e leis de proteção às mulheres e às crianças.

Segundo Juca Pato, o popular personagem do cartunista paulista Benedito Bastos Barreto (Belmonte), a Aliança Liberal podia atender também pelo nome Lambança Liberal. A coligação abrigava políticos de inconciliáveis matizes, um elenco tão eclético que punha em dúvida a chance de qualquer mudança estrutural no país. Como fazer a revolução com velhos oligarcas, representados por nomes como Artur Bernardes, Epitácio Pessoa e Venceslau Brás? Nas hostes da AL estavam tanto notórios liberais, como o mineiro Virgílio de Melo Franco e o paulista Júlio de Mesquita, dono do jornal *O Estado de S. Paulo*, como os tenentes insurgentes, oriundos da Coluna Prestes, João Alberto e Siqueira Campos.

O dia 1º de março raiou azul, conforme os matutinos, com os termômetros registrando máxima de 36 graus. Nos locais de votação, eram esperados 2,9 milhões de eleitores, 10,8% da população, segundo o *Atlas histórico* da Fundação Getulio Vargas. De um lado, o gaúcho Getúlio Vargas e o paraibano João Pessoa, na cédula da Aliança Liberal, e, de outro, o paulista Júlio Prestes e o baiano Vital Soares, na cédula da Concentração Conservadora. Além do presidente da República e do vice, votados separadamente, o povo elegeria os representantes da Câmara Federal e um terço do Senado. Mas havia um detalhe: a eleição caiu no sábado de Carnaval — por sugestivo descuido das autoridades. Na edição do dia, aquele dionisíaco sábado, o *Correio da Manhã* publicou um apelo de Getúlio:

> Esta proclamação é como um toque de sentido, um sinal de alerta. É indispensável que cada eleitor porfie em depositar a sua cédula nas urnas, sobrepondo-se a qualquer violência, desmascarando a fraude, zelando pela verdade do pleito, a fim de que possamos fazer valer, no reconhecimento, em sua plenitude, os nossos direitos.

Mazel tov! Não havia nada que Samuel pudesse fazer, a não ser desejar boa sorte. Quão mais fácil seria se tivesse certidão de nascimento? Carteira de identidade? Título de eleitor? Só possuía um papel para comprovar a existência, a chamada "justificação judicial", atestado conferido aos filhos de imigrantes sem documentação, requerido pelo irmão Artur para matriculá-lo no Colégio Pedro II. Constava que nascera em 1912 e completara dezoito anos em 16 de janeiro. Na linha destinada à nacionalidade estava escrito "rumeno", embora tampouco tivesse passaporte. Entre os Wainer, não se contava o tempo: tanto Samuel como Bertha alegavam ter nascido em 1912. Ela em maio, ele em janeiro.

Se não era brasileiro para votar, Samuel o era para brincar o Carnaval. E não havia, em todo o Rio de Janeiro, Carnaval mais animado que o da praça Onze. Naquele 1º de março, o *shtetl* acordara africano. Perto da Beit Yaakov, a primeira sinagoga da região, ficava a casa da Tia Ciata, na Visconde de Itaúna, o endereço do samba. Tia Ciata era mãe de santo e, no seu terreiro, reuniam-se os músicos da cidade. Fora lá que, em 1916, Donga compusera "Pelo telefone", canção registrada na Biblioteca Nacional como "samba carnavalesco". Pela primeira vez alguém dera nome à música dos pretos. O ápice do sábado de Carnaval era a passagem da Deixa Falar, a primeira escola de samba do Rio. Natural do Estácio, nascera na rua Maia de Lacerda, na casa do sargento Cristalino, o Biju, e tinha no jovem Ismael Silva sua maior atração.

No fim do dia, 1,9 milhão dos 2,9 milhões de eleitores haviam comparecido às urnas no país. Um alto nível de abstenção. O Carnaval do Rio, no entanto, conforme os jornais da Quarta-Feira de Cinzas, fora memorável. Pela praça Onze passara o maior número de ranchos já vistos na cidade — dois anos depois, o prefeito Pedro Ernesto oficializaria o desfile das escolas de samba dessa praça, do qual sairia vitoriosa a Mangueira. Votar para quê? De acordo com uma anedota que atravessara os blocos, a foliã mais animada do Carnaval de 1930, chamada Fraude, saíra fantasiada de Democracia.

Getúlio fora derrotado. Em 17 de março, diante do ocaso irreversível, reassumiu sem alarde o governo do Rio Grande do Sul. A campanha transcorrera sangrenta, com saldo de quinze mortos e 48 feridos. No compasso da contagem dos votos, galopavam os boatos de que os gaúchos não aceitariam o resultado das urnas e marchariam sobre a capital da República para depor Washington Luís. Na apuração, que só seria concluída um mês depois, Vargas arrebanharia 742 794 sufrágios, e João Pessoa 725 566. Júlio Prestes e Vital Soares venceriam com 1 091 709 e 1 079 360 votos, respectivamente.

Segundo Borges de Medeiros, a quem, em última instância, respondia o candidato da Aliança Liberal, Getúlio não ia se meter em aventuras quixotescas, cavalgando sobre a democracia. Na estância Irapuazinho, em Cachoeira do Sul, o velho castilhista concedeu duas apaziguadoras entrevistas. A primeira, para o jornal *A Noite*, publicada em 19 de março, e a segunda, para o *Diario de Noticias*, de Porto Alegre, publicada nesse mesmo dia e reproduzida pelo *Correio da Manhã*. Para ele, a eleição tinha acabado em 1º de março e o Rio Grande havia feito bonito, carreando 300 mil votos para o seu candidato. Ao ouvir do repórter a afirmação de que o povo não aceitava a derrota, perguntou: "O povo! Mas que é que o senhor chama povo?". Afinal, a maioria votara em Júlio Prestes.

Sobre as cantadas fraudes pela imprensa oposicionista, Borges de Medeiros não perdeu tempo em apontar o dedo: "Não creia nisso. O senhor, que é jornalista, bem o sabe; a imprensa está sujeita [...] a ser também apaixonada como qualquer pessoa".

Na praça Onze, Samuel já marchava, mas por outra causa. Assim como os seus, encontrava-se engajado nos protestos pelo fim dos massacres de judeus perpetrados por árabes na Palestina, sob as barbas do rei Jorge v — desde o fim da guerra, o território seguia sob o mandato dos ingleses. A onda de manifestações tivera início ainda em 1929, com uma procissão de mais de 1500 *yids* que correu a cidade, passando pelo Itamaraty, embaixadas do Japão e da Inglaterra, além da Câmara e do Senado Federal. À frente dos irmãos Wainer, estava, claro — literal e metaforicamente —, Artur, com a jovem esposa, Amélia Wainer, que, com outras jovens esposas, fundara no Brasil a Wizo, Women's International Zionist

Organization. Àquela altura o movimento sionista-socialista encontrava no *Idiche Presse*, o afamado jornal de Aaron Bergman, o seu porta-voz. A propósito, a briga ideológica que se materializava na farta imprensa israelita decerto ecoava fundo na embrionária formação de Samuel.

Na verdade, *Eretz Israel*, a terra de Israel, era para ele quase uma abstração. Mas o que mais o motivava, se não a identidade judaica? D. Dora era a mais perfeita encarnação da mãe judia. O pai? Talvez fosse Jaime o seu grande fantasma — e fonte dessa gana ancestral por superação, como se tivesse na vida a missão de vingá-lo de todas as humilhações sofridas. Jamais o vira sorrir. Sempre fechado no sobretudo preto, arrastando pelo Bom Retiro o ressentimento e a superioridade intelectual. Os irmãos mais velhos falavam de um pai que ele não conhecera. Em Yedinitz, além de cuidar do pequeno comércio de tecidos, que rendia o suficiente para prover a família, dedicava-se ao estudo do Talmude, a coletânea sagrada de discussões rabínicas, e à prática do violino. Fora um homem alegre, influente na comunidade.

"Meu pai cantava canções de sinagoga com uma voz parecida com a de Al Jolson. Eu sempre chorei ao ouvir Al Jolson", contaria Samuel nas memórias. "Durante a vida inteira ele acreditou que um dia enriqueceria, numa vingança final contra as humilhações que sempre o incomodaram. Não enriqueceu, mas soube manter a dignidade que ajuda a explicar a virtual inexistência de mendigos judeus. Eu jamais conheci mendigos judeus."

Samuel se lembrava de seu Jaime trancado no quarto, fazendo contas e murmurando coisas em iídiche. Os filhos teriam uma vida melhor, já que a dele terminara quando tomou o navio para o Brasil. Dormia por volta das oito da noite e acordava às quatro da manhã. Enfeixando mercadorias diversas, percorria diariamente a sua clientela, a maior parte funcionários da Força Pública, que habitavam os arredores da estação da Luz. A única distração do velho era o prato de minestrone e copos de vinho Telefone na hora do almoço. Como se comentava no bairro, de acordo com o editor Jacó Guinsburg, futuro fundador da Editora Perspectiva e vizinho da família, seu Jaime, "um homem de grande saber judaico", bebia muito, e a família estava entre as mais pobres da comunidade.

D. Dora, por sua vez, nunca perdera a altivez. Fazia da casa, um sobrado apertado na rua da Graça, o ponto de encontro do Bom Retiro. Da mãe, Samuel recordava os saraus de música, a alegria, os olhos azuis como os dele, que soltavam faíscas.

E sempre que podia voltava para os braços dela. Como passaria a fazer por muitos anos, em meados de abril de 1930 ele pegou o trem noturno, na Central do Brasil, para estar com a família em São Paulo. Ao desembarcar na estação da Luz, já podia sentir o gosto do varenik de d. Dora. Das datas judaicas, o Pessach era a sua preferida: a fuga da escravidão para a liberdade, do Egito para a Terra Prometida, a travessia do mar Vermelho. Nunca fora religioso, deixara de frequentar a sinagoga assim que saíra das vistas da mãe. Mas agradava-lhe a ideia de celebrar a liberdade: "Sete dias comerás, nela, pães ázimos... porque apressadamente saíste da terra do Egito; para que te recordes do dia da tua saída da terra do Egito, todos os dias da tua vida".

A fuga particular dos Wainer completava nove anos, e era preciso reconhecer que experimentavam tempos melhores. Rosa casara-se com Maurício Sirotsky, também judeu de origem russa, tio de Maurício Sirotsky Sobrinho, futuro fundador do grupo de comunicação RBS. Com este tivera três filhos, Nahum, Sani e Soniah. Bertha também se casara, com um outro proeminente judeu russo, Mossia Kogan. Artur havia se mudado para o Flamengo, com a mulher, nascida Rebeca Tendler, mas, por razões insondáveis, chamada por todos de Amélia Wainer. Moça rica, da família dos famosos tapetes Tabacow. Na primeira noite do Pessach, d. Dora exigia todos à mesa. Era a única noite em que viam seu Jaime — quase — feliz.

"Eu me lembro, criança muito pequena, ainda lá na casa do Bom Retiro, meu avô lendo a Hagadá. Só que ele não lia. Interpretava do jeito dele", recordaria Soniah, filha de Rosa e Maurício Sirotsky. "O Samuel nunca perdeu uma ceia de Pessach. Meus avós sempre fizeram questão dos filhos reunidos. Meu avô sentava, virava os quatro copinhos de vinho... E começava a contar para a gente a história do Êxodo."

Segundo ela:

A gente frequentava a sinagoga da rua da Graça. Todos na casa tinham que guardar o shabat. Na sexta, minha avó fazia o jantar especial. A gente acendia velas para agradecer a Deus pela criação do mundo. Lembro-me da casa cheia de velas. Aí a gente sentava à mesa. Comia, comia, comia, comia. Depois, cantava, cantava. No sábado de manhã, íamos para a sinagoga.

O Bom Retiro, com certeza, era para Samuel muito perto de Yedinitz: as conversas noite adentro dos recém-chegados acolhidos por d. Dora, o murmurar insistente em iídiche de seu Jaime. Em termos de organização social e política, a bem da verdade, a comunidade paulistana comia poeira, alguns passos atrás da comunidade carioca. Assim como os irmãos, ele estudara na primeira escola judaica de São Paulo, fundada em 1922, o Colégio Renascença, na esquina das ruas Amazonas e Três Rios. Desde menino, tinha o pendor da liderança, essa mania de querer se destacar do grupo. Embora não gostasse muito de estudar, apreciava a leitura, fazendo jus à tradicional reverência judaica pela palavra escrita. Sendo assim, fundou o primeiro Grêmio Estudantil da escola que, em 1925, migrara para a rua Florêncio de Abreu. Pelo feito, seguia lembrado pelos alunos das gerações seguintes, como o próprio Jacó Guinsburg. Ao alcançar o colegial, passara pelo Grupo Regente Feijó, antes de ir fazer a vida na Capital da República.

Na silenciosa manhã de 3 de junho de 1930, de volta ao Rio, Samuel saiu cedo de casa. Também queria dar adeus ao herói de sua infância. Foi nos tempos de Regente Feijó que ele ouviu falar pela primeira vez de um dos grandes heróis de sua juventude: Antônio de Siqueira Campos. Os tenentes rebeldes povoavam a imaginação dos meninos. Que garoto não recitava de cor as aventuras da Coluna Prestes? Siqueira Campos sobrevivera, em 1922, à Revolta dos Dezoito do Forte de Copacabana, quando, ao lado dos companheiros, marchou pela avenida Atlântica de encontro a 3 mil soldados legalistas. Três anos depois, sob o comando de Luís Carlos Prestes, se embrenhara pelo Brasil profundo, numa marcha de mais de 20 mil quilômetros, durante dois anos, pregando reformas políticas e sociais.

Pois naqueles meados do conturbado ano de 1930, Siqueira voltava a ser o grande assunto da capital federal. Todo dia os jornais traziam notícias das buscas, nas águas do estuário do Prata, do corpo do tenente, vítima de um acidente aéreo. No dia 10 de maio, o monomotor Laté 28 começou a perder força sobre o balneário de Ramírez, no Uruguai, a cerca de um quilômetro da costa. A bordo do avião, que decolara em Buenos Aires e voava em direção a Porto Alegre, estava seu companheiro de armas, o tenente João Alberto Lins de Barros. Os dois voavam sob nomes falsos, Carlos de Oliveira e Nelson da Costa, devido à condição de perseguidos pelo regime. Acompanhavam-nos o piloto, um telegrafista e um funcionário da Latécoère. Eram três horas da madrugada. Só o tenente

João Alberto sobreviveu, e levou quase um mês até que encontrassem o corpo de Siqueira Campos.

Por volta das sete da manhã, a praça Mauá já estava apinhada de fãs aguardando a saída do cortejo que levaria o ataúde à igreja da Santa Cruz dos Militares, na rua Primeiro de Março. Uma fria e insistente chuvinha cobria o Pão de Açúcar e o Corcovado, como se a paisagem carioca também estivesse de luto. Sobretudo, a despedida era igualmente o último ato político do insurgente. Desde a capitulação da Coluna Prestes, os "tenentes" vagavam na clandestinidade, fugindo do tacape de Washington Luís. Parte do grupo, entre eles Siqueira Campos, apoiara a candidatura de Getúlio Vargas, enquanto Luís Carlos Prestes permanecera calado no seu exílio, em Buenos Aires. A urna fora colocada na proa do navio *Kerguellen*, fundeado na baía de Guanabara, sobre um palanque improvisado, coberta pela bandeira do Brasil.

A morte de Siqueira Campos tinha implicações de bastidores. O objetivo da viagem dos dois tenentes era discutir com Getúlio Vargas a possível participação de Luís Carlos Prestes na derrubada de Washington Luís e o impedimento da posse de Júlio Prestes, que deveria ocorrer em 15 de novembro de 1930. Apesar da Rendição de Irapuazinho — como os jornais apelidaram as entrevistas de Borges de Medeiros garantindo que o Rio Grande do Sul aceitara a derrota —, Porto Alegre se transformara no centro da conspirata, capitaneada por Osvaldo Aranha, João Neves, Batista Lusardo, Flores da Cunha e Lindolfo Collor. Com o mineiro Virgílio de Melo Franco, o grupo, entusiasta da solução armada antes mesmo das eleições, já havia pedido a bênção aos caciques Epitácio Pessoa, Artur Bernardes e Antônio Carlos. Restava convencer o cauteloso Getúlio. A adesão de Luís Carlos Prestes representava o trunfo que faltava.

Mas o líder da chamada Coluna Invicta não parecia disposto a se juntar à caravana liberal, conforme uma carta que *A Noite* publicou um dia antes do enterro de Siqueira Campos.

Dia a dia aumenta em mim a convicção de que os tais liberais desejam tudo menos a revolução e que, portanto transferirão [adiarão] qualquer auxílio prometido, até que possam fazer um acordo ou conchavo mais ou menos vantajoso. Nestas condições, esgotada a última esperança dos que ainda acreditavam que os bernardes, antonios carlos, borges e getúlios quisessem de fato regenerar a República e que fossem bastante ingênuos para auxiliar uma revolução que necessariamente teria que começar eliminando-os, resta-nos um único caminho, caminho pelo qual me venho há muito batendo e que consiste em levantarmos com toda a coragem uma bandeira de reivindicações populares, de caráter prático e positivo, capazes de estimular a vontade das mais vastas massas de nossa paupérrima população.

Após o funeral, Samuel voltou para a praça Onze. Pareciam dois mundos inconciliáveis, aquele que falava da revolução em *Eretz Israel* e este que a pregava no quintal de casa. No Capitólio, o botequim da rua de Santana esquina com a Visconde de Itaúna, como sempre, os judeus vermelhos estavam reunidos. Muitos deles haviam apoiado a candidatura de Getúlio e esperavam os gaúchos amarrarem os cavalos no obelisco da Rio Branco, segundo previam os boatos sobre o golpe em progresso. Enquanto isso, os sionistas-socialistas, embora também apoiassem a Aliança Liberal, mantinham-se mais distantes da política local, mirando o ideal: uma nação judaica, constituída não pela força dos ingleses, mas pela construção coletiva. Afinal, queria ele mesmo viver num kibutz?

Não parecia o caso. Logo Samuel iria acompanhar pelo noticiário, comendo as linhas, uma revolução em carne e osso. Aqui e não lá, no distante Oriente Médio. Revolução ou golpe? Aí, como não deixaria de notar, dependia do jornal em questão.

Em 3 de outubro de 1930, Getúlio iniciou um diário pessoal, tarefa a que se dedicaria até 1942, numa série de treze cadernos de capa dura. Registrou: "Lembrei-me disso hoje, dia da Revolução. Todas as providências tomadas, todas as ligações feitas. Deve ser para hoje às cinco horas da tarde. Que nos reservará o futuro incerto neste lance aventuroso? Impossível reconstituir os antecedentes". O horário combinado para o levante, que se daria concomitantemente em vários estados, era na verdade 17h30. "Às onze e meia, revi o artigo d'*A Federação* sobre a mensagem", anotou ele. "Feita a toilette, almocei tranquilamente com a minha família e fui depois jogar uma partida de ping-pong com a minha mulher, como costumo fazer todos os dias a essa hora."

Do lado de fora dos portões do Palácio Piratini, a capital gaúcha entardeceu imersa em disse me disse. Suspensa no ar, a iminência de algo cuja exata natureza ninguém conhecia. Aos poucos, o boato foi se transformando em certeza: nas horas seguintes, Porto Alegre seria o palco de uma batalha. As escolas mandaram as crianças de volta para casa. Quem podia pagar o preço exorbitante cobrado pelos carros de aluguel, deixou a cidade rumo ao interior do estado. Boa parte do comércio cerrou as portas.

Pontualmente às 17h30, um rojão deflagrou o levante que entraria para a história como Revolução de 1930, marcando o fim da República Velha — ou Primeira República, iniciada em 1889. O chefe militar dos insurgentes era um insosso tenente-coronel, um ilustre desconhecido: o alagoano Pedro Aurélio de Góis Monteiro, cujo único feito fora integrar as forças legalistas no cerco à Coluna Prestes. Esperava-se que o movimento coroasse um dos históricos "tenentes". Em junho, porém, Luís Carlos Prestes lançara seu próprio manifesto comunista, anunciando publicamente a conversão ao credo vermelho. Siqueira Campos morrera. Juarez Távora encontrava-se na liderança das tropas rebeldes no norte do país. Miguel Costa, que dividira o comando da Coluna Invicta com Prestes, assumira a missão de abrir caminho de Santa Catarina até a fronteira do Paraná e São Paulo, onde se previa a grande resistência.

Em 4 de outubro, com saldo de dezenove mortos, os revolucionários já quase podiam cantar vitória. No interior do Rio Grande do Sul, praticamente todas as guarnições haviam aderido ou estavam prestes a ceder: Cachoeira, Pelotas, Livramento, Santa Maria, Rio Grande, Bagé, Uruguaiana, Rosário, São Gabriel, Passo Fundo, Cruz Alta e Santo Ângelo. No norte do Brasil, a ofensiva de Juarez Távora fora arrasadora: "Continuam chegando notícias do avanço das nossas tropas de vanguarda — leste, centro e oeste de Santa Catarina. Távora envia excelentes notícias do Norte: vários corpos do Exército sublevados, deposição do governo do Piauí e invasão de Pernambuco".

O som da artilharia atravessou os dias, de norte a sul. Com a imprensa sob censura, Washington Luís decretara o estado de sítio no Distrito Federal, no Rio Grande do Sul, em Minas Gerais, na Paraíba e no estado do Rio, estendendo-o em seguida ao resto do país. Além de convocar os reservistas de todo o território nacional, aprovou às pressas no Congresso um crédito de 100 mil contos de réis para custear a contrarrevolução. Os estados vinham caindo como dominó: Alagoas, Ceará, Paraíba, Pará, Pernambuco, Maranhão e Rio Grande do Norte, enquanto a Bahia permanecia sitiada pelas forças dos "tenentes" Agildo Barata e Juraci Magalhães. No Sul e Sudeste, renderam-se Santa Catarina e Minas.

Na manhã de 11 de outubro, Getúlio escreveu:

Devo seguir hoje para o Paraná. Procuro ocultar a hora da partida para evitar aglomeração de povo. O governo deve ficar com Osvaldo Aranha. João Neves prefere seguir para o campo de operações. Ficou zangado comigo porque desejava seguir e por outros motivos mais que não percebi bem, e que me parecem um tanto fúteis pela irritação da sua sensibilidade.

Horas depois, registrava: "Partida de Porto Alegre às onze e meia, grandes manifestações populares".

Era sábado, chovia a potes e, mesmo assim, pelas contas no diário, foi como se toda a gente da capital gaúcha tivesse ido à estação para a despedida. O trem de onze vagões, atulhado de soldados e voluntários, deixou a gare da Viação Férrea do Rio Grande do Sul à meia-noite. Vargas, de terno, trajava também um sobretudo. Ao embarcar, trocou as roupas civis pelo uniforme militar de brim cáqui, um fardão amarrado por um grosso cinto de couro que lhe acentuava a silhueta roliça. As botas de cano longo, que chegavam quase aos joelhos, faziam-no parecer ainda mais baixinho, a antítese da virilidade encarnada por Che Guevara e Fidel Castro.

O objetivo da comitiva era se aproximar o máximo possível da fronteira do Paraná com São Paulo. Do lado de lá, na bucólica cidade paulista de Itararé, o coronel legalista Antônio Pais de Andrade, dispondo entre 5 mil e 6 mil combatentes, esperava com a missão de conter a qualquer custo o avanço dos rebeldes. Do lado de cá, em Sengés, no Paraná, Miguel Costa, promovido a general pela revolução, fixara o maior contingente da vanguarda sediciosa, estimado em 8 mil homens.

O comboio do estado-maior estacionou em Ponta Grossa, a cem quilômetros de Curitiba, para aguardar com parcimônia o desfecho da Batalha de Itararé. A chuva torrencial acompanhara o trem revolucionário ao longo do percurso, e persistia, dificultando o avanço das tropas. Getúlio viu passar a coluna de Batista Lusardo, rumo a Sengés, levando consigo cerca de 1200 homens e um grupo de artilharia. Prosseguia sob o comando de Lusardo também uma turma de voluntários de São Borja, entre os quais o caçula de Manuel do Nascimento Vargas, Benjamim Vargas, o Bejo, irmão de Getúlio.

Por aqueles dias, foi visitá-lo Assis Chateaubriand. O jornalista apareceu fardado, carregando uma pistola Luger na cintura, depois de empreender a mais quixotesca viagem. Partira do Rio em 3 de outubro, com a intenção de chegar a Porto Alegre antes do primeiro tiro. Tomara um hidroavião, que, avançando contra a tempestade, levara um dia inteiro para alcançar Florianópolis. Da capital de Santa Catarina, saíra vestido de padre, embrenhando-se por estradas vicinais para chegar à capital gaúcha. No caminho, quase fora fuzilado, confundido com um espião. Quando adentrou Porto Alegre, Getúlio já partira. Ao encontrá-lo, enfim, sua missão fez água, debaixo da incessante tempestade que parecia seguir o comboio revolucionário. A primeira entrevista com o chefe da revolução foi censurada pelo governo, sendo publicada apenas no *Diario de Noticias*, e só os rio-grandenses puderam lê-la.

Chatô merecia um cargo na hierarquia da revolução, embora já tivesse sido fartamente recompensado pela mediação entre os gaúchos e os mineiros. Enquanto durara a conspirata, convencera Vargas de que a propaganda revolucionária precisava de mais que a simpatia dos periódicos de oposição a Washington Luís. Para plantar a semente no coração do povo, tinha que ter jornais militantes. Com a bênção dos próceres da Aliança Liberal, fundara, em um ano e meio, uma fileira deles: *Diario de Noticias*, em Porto Alegre, *Diario da Noite*, em São Paulo, *Estado de Minas*, em Belo Horizonte. Tentara ainda comprar o *Correio do Povo*, também de Porto Alegre, ao que Osvaldo Aranha reagiu, telegrafando, do Rio de Janeiro, a João Neves da Fontoura, vice-presidente do Rio Grande: "Ontem avião Nyrba viajou Alexandre Alcaraz fim negociar com Chateaubriand entrada Correio para consórcio. Precisas intervir evitando esta transação, inconveniente neste momento".

Em 24 de outubro, Getúlio acordou com notícias do Rio. Conforme anotou no diário, estas ainda eram esparsas, incompletas, dando conta da explosão do movimento revolucionário na capital da República. Com o passar das horas, teve a confirmação. O alto-comando das Forças Armadas havia apresentado a Washington Luís um ultimato, exigindo a renúncia, em nome da pacificação nacional. A 22 dias de completar o mandato, o presidente era deposto por um golpe militar e recolhido ao forte de Copacabana. Uma junta governativa provisória, formada por dois generais, Augusto Tasso Fragoso e João de Deus Mena Barreto, e um contra-almirante, José Isaías de Noronha, futuro presidente do Clube Naval, assumiria o comando da nação.

Foram horas de fúria na capital. O povo saíra às ruas para pôr abaixo os símbolos do regime. Às onze horas, o portão do majestoso edifício do jornal *A Noite* foi derrubado por um caminhão em marcha a ré. Em poucos minutos, mesas, cadeiras, telefones, máquinas de escrever, tipos, matrizes, bobinas de papel alimentaram uma fogueira crepitante no meio da praça Mauá. Na avenida Rio Branco, esquina com a Sete de Setembro, o prédio neoclássico do periódico *O Paiz*, que tivera como redatores-chefes Rui Barbosa e Quintino Bocaiuva, ardeu em chamas. As vidraças do *Jornal do Brasil*, na mesma avenida, estilhaçaram com o ataque de pedras e paus. "Fogo! Fogo! Fogo!", gritava a multidão. Os funcionários, numa tentativa de salvar a própria pele, exibiram da janela um pôster de grandes dimensões do general Mena Barreto. Até o fim do dia, mais quatro jornais tinham sido depredados: *A Critica*, *A Ordem*, *Gazeta de Noticias* e *A Noticia*.

Às 18h25 de 31 de outubro, depois de uma semana inteira em convulsão, o Rio de Janeiro recebeu Getúlio. A africana praça Onze celebrou como se fosse Carnaval. Entre os judeus das redondezas, não foi diferente. Os sionistas e os antissinonistas, afinal, tinham algo em comum para comemorar. Aliás, a cidade inteira explodiu num uivo de euforia. O trem revolucionário era esperado às onze da manhã. Às nove, o povo começara a serpear pelas ruas principais, em levas cada vez maiores, estacionando pelas praças e esquinas centrais. Vargas desembarcou com sete horas de atraso, numa Central do Brasil envolta em triunfo. O dia estava "enfarruscado", conforme o *Correio da Manhã*, com o céu "pardacento e chuvoso". A posse havia sido marcada para 3 de novembro.

"De tal modo fui absorvido pela emoção da viagem e pela comitiva que premia no vagão — jornalistas, políticos, amigos de vários pontos — que interrompi estas notas. Não pude continuar a escrever devido à fadiga."

Samuel tinha sua própria vitória a celebrar: fechou 1930 com uma vaga no curso de farmácia da Escola de Farmácia, Odontologia e Obstetrícia de São Paulo. Quem o imaginaria atrás de um balcão, aplicando injeções? O que parecia impulsioná-lo, mais uma vez, era a origem. Corria na comunidade a óbvia conclusão: um judeu só conseguiria sair da insignificância com um diploma. Não, não bastava dinheiro. Só a educação podia arrancar um *yid* da condição de pária. Que orgulho para d. Dora. Ele, o primeiro Wainer a fazer faculdade. Mesmo que já carregasse a certeza de que não dava para a coisa, matriculou-se, transferindo-se em seguida para a Faculdade Nacional de Medicina, no Rio.

Se pudesse, Samuel teria certamente tomado outro rumo. A Faculdade de Direito, por exemplo. Era lá, no imponente prédio da rua Morcovino Filho, que se reuniam os rapazes bem-nascidos, com pretensões intelectuais elevadas. Mas não houvera dinheiro para o curso preparatório. Ao fazer a matrícula, ele ainda se deparou — de novo — com o velho dilema: a falta de documentos. Seria essa a última — e única vez — que assinaria um pedaço de papel que poderia comprovar sua nacionalidade estrangeira. Na ocasião da matrícula no Pedro II, ainda menor de idade, Artur havia assinado a justificação judicial, atestando-lhe a origem romena. Agora, fazia-o de próprio punho. Como nunca duvidava do futuro — um otimista por natureza —, Samuel brindou o status de universitário despedindo-se da praça Onze.

2. Bluma

Passado o entusiasmo inicial com a Revolução de 1930, uma tempestade começou a se formar sobre a cabeça de Getúlio. Havia quinze meses capitaneava o Brasil, à frente do chamado Governo Provisório. Da precária coesão revolucionária, sobrara-lhe um "balaio de caranguejos", conforme definição do *Diario Carioca*. Os liberais exigiam dele a convocação da Constituinte. Os tenentes, o oposto. Para estes, só a mão forte de um mandato discricionário seria capaz de implantar as mudanças estruturais, razão de ser da Revolução. A crise teve seu momento mais agudo com o empastelamento do próprio *Diario Carioca* — que expressava as aspirações liberais —, orquestrado pela "rapaziada do Clube 3 de Outubro", organização política que reunia a ala mais radical do Exército. Ante o bárbaro ocorrido, Getúlio fechou-se em copas: nada disse; nem apoiou nem condenou a agressão. Mas era um silêncio ruidoso.

Assim como os tenentistas, ele comungava da ideia de que a tradicional representatividade política havia apodrecido. Retornar ao modelo da democracia liberal brasileira, com os velhos partidos ainda presentes no cenário, seria trair o próprio ideal revolucionário. Daí em diante o cenário só se fez crispar, até que em 9 de julho de 1932 rebentou na capital paulista um movimento para apear Vargas do poder. Para ele, tratava-se da vindita das oligarquias. Eleições livres já haviam sido anunciadas para 1933. O que queriam aqueles burgueses? O fato é que o governo levou quase três meses para abafar a autodenominada Revolução Constitucionalista, que custou 633 vidas e 15 mil feridos somente ao lado perdedor. Se Getúlio sairia mais forte da contenda, sua relação com setores da elite e imprensa paulistas restaria desde então trincada, e sua veia autoritária ficaria cada vez mais exposta.

Quando tudo parecia tão desesperançoso, com o nazifascismo conquistando corações e mentes aqui e ali, Samuel pisava em nuvens. Seria aquela a sua *bashert*? Ele nunca pensara na palavra do iídiche para a ancestral busca judaica pela eternidade: "prometida". Ou ainda: "eleita", "predestinada". Era um rapaz cioso dos seus atributos, embora não fosse nenhum Cary Grant ou Gary Cooper. Aliás, gostava de se imaginar na pele de Clark Gable. Fora observando o galã na tela do Cinema Praça Onze que aprendera a segurar o cigarro, tornando-o um adereço da personalidade. Fumava Chesterfields um atrás do outro. Os olhos muito azuis o ajudavam bastante, além do olhar cafajeste, entre curioso e atrevido. Ao sorrir, dobrava marotamente a ponta da língua. Por certo um tipo esquisito — com avantajadas sobrancelhas, sombreando o rosto encovado, além das orelhas de abano —, mas terrivelmente charmoso.

Bluma Chafir o abateu sem fazer força. Tinha qualquer coisa da insolência rebelde de Ann Dvorak, a estrela do sucesso de Hollywood do estreante ano de 1932: *Scarface — A vergonha de uma nação*. Os dois se viram pela primeira vez na sala de jantar da Pensão Milton, para onde Samuel se mudara, após ingressar na faculdade. O sobrado ficava na movimentada Marquês de Abrantes, 26 — e, nos classificados dos jornais, oferecia aposentos para famílias e cavalheiros, com água corrente em todos os quartos. Aos dezoito anos, a menina morava com os pais, Isaac e Ana Chafir, e o irmão caçula, César. A família Chafir também provinha da Bessarábia. Imigrara antes da guerra e, em vez de desembarcar em Santos, seguira viagem para Salvador, onde Bluma nascera, em 1914. Seus traços lembravam as *yids* do Leste Europeu: os olhos rasgados de ursa-polar, os zigomas saltados, o nariz grande e adunco. Até o nariz avantajado pareceu a Samuel um acerto divino.

Defronte das tigelas de tzimmes, nos animados jantares da Pensão Milton, Bluma passou a monopolizar toda a sua atenção. Era ousada, dona de opiniões fortes e irredutíveis. Não estava muito interessada na luta sionista, afinal o antissemitismo florescia bem ali, no seu Rio de Janeiro. Até mesmo nas letras do jovem Noel Rosa: "Quem arremata o lote é um judeu,/ quem garante sou eu,/

pra vendê-lo pelo dobro no museu", dizia o samba "Quem dá mais". Na letra de "Cordiais saudações": "Ando empenhado nas mãos de um judeu". Qual o sentido de perder tempo falando de *Eretz Israel*? Não que fosse contra a criação de uma nação judaica. Mas, no momento, encontrava-se ocupada demais para o assunto.

Estudante de contabilidade, Bluma, como Samuel, mirava longe. A diferença entre os dois era que o rapaz pendia para o devaneio. Ao contrário, ela não tirava os pés do chão. Desde garota, como revelariam os diários que começara a escrever na adolescência, queria ser escritora. Lia compulsivamente, devota de Virginia Woolf. Se as moças da comunidade judaica se inspiravam na perfeição das divas de Hollywood, talvez Bluma se aproximasse mais do desejo de liberdade de Pagu, a musa modernista, mulher de Oswald de Andrade, que comandara uma greve de estivadores em Santos, e incendiara o bairro do Cambuci, na capital paulista, em protesto contra o governo autoritário de Vargas.

Só então as mulheres — ou parte delas — conquistavam o direito de votar. Em 14 de fevereiro do corrente 1932, o novo Código Eleitoral Provisório rendeu debate na Pensão Milton, ao estender o voto só às brasileiras casadas, mediante autorização do marido, viúvas e solteiras com renda própria. A Bluma, pareceu um cavalo de Troia. O velhaco Getúlio deixara de fora a juventude que lhe fazia oposição, abrindo o voto às mulheres dominadas por homens, as casadas, e as então poucas solteiras que estavam no mercado de trabalho. Muito se discutiu sobre o novo código, que só concederia o direito a todas as mulheres dois anos depois, na Constituição de 1934. Seguindo a trilha das feministas, que tinham na cabeceira o livro da sufragista inglesa Mary Wollstonecraft *Reivindicação dos direitos da mulher*, Bluma depositava na participação eleitoral a esperança de mudança da condição da mulher.

Samuel se apaixonou por Bluma à primeira vista, uma obsessão que o levava a fazer qualquer negócio. Inclusive tinha parado de mascatear com os irmãos para vender óleos lubrificantes. Precisava construir um pé de meia para se casar. Os dois logo trocaram o shabat na Pensão Milton pelas noites iluminadas da Cinelândia. Findas as sessões das seis da tarde, os cinemas despejavam ondas no footing da Rio Branco. As mulheres de saia godê ou evasê, na altura das canelas, sandálias mostrando o peito dos pés, a febre do momento, e boina de lado, os homens de terno e chapéu, insistindo em não suar no verão carioca. O ponto de encontro dos literatos e intelectuais de esquerda era um café na esquina da Alcindo Guanabara, instalado no térreo de um prédio amarelo de dez andares, o Amarelinho. Na Araújo Porto Alegre, ficava o Vermelhinho, outro reduto da boemia engajada. Havia ainda o famoso chope do Bar Brahma, na Galeria Cruzeiro, térreo do Hotel Avenida. O edifício construído pela Light, inaugurado em 1911, abrigava a principal estação de bondes.

Bluma viciou-se nos sanduíches do Automático. As noites de sábado invariavelmente terminavam no restaurante situado no saguão de um prédio rococó da Rio Branco. Sob o lustre de cristal, duas fileiras de nichos envidraçados expunham sanduíches acondicionados em papel-alumínio. De um lado, os mais baratos, de queijo, fiambre e alface. Do outro, os sofisticados, com acréscimo de peito de peru e ovos cozidos. O nome Automático devia-se à máquina, que liberava — muitas vezes, não — os sanduíches mediante o depósito de moedas. Nos fundos, ficava o balcão, onde era servido chope claro e escuro, em caneco bojudo. De pé no balcão, Bluma comunicou a Samuel: casar, até casava, desde que pudesse ter o mais bonito vestido de noiva já visto nos salões do Club Azul e Branco. Mas filhos? Filhos, não.

Na comunidade judaica, começava a correr o medo. Como muitos dos seus, em 17 de fevereiro de 1933, acompanhado de quatro testemunhas, Samuel recorreu ao Registro Civil da Sexta Circunscrição, no centro da cidade, para declarar-se brasileiro. Para além da dimensão prática, não custava se precaver. Os *yids* proliferavam na praça Onze, tocados da Europa pelos ventos antissemitas. Na Itália, o fascismo de Benito Mussolini triunfara após a Marcha sobre Roma, em 1922. Na Alemanha, Adolf Hitler conquistara o poder, em 31 de janeiro, quando o Partido Nazista obteve o maior número de cadeiras no Reichstag e seu líder foi apontado como chanceler. O *Mein Kampf*, tratado antissemita e nacionalista de Hitler, lançado em 1925, tornara-se a bíblia da extrema direita europeia. Para onde iria Getúlio?

Embora viesse a render problemas para Samuel no futuro, o uso daquele expediente não era nada incomum entre os imigrantes. A lei acatava a palavra, desde que esta fosse presenciada por testemunhas. Ele afirmou então ter nascido em São Paulo, no dia 16 de janeiro de 1912 — após seis meses, em agosto de 1933, conseguiria a carteira de identidade, depois de passar pelos procedimentos de identificação no Instituto Félix Pacheco. Entre os irmãos, José já se registrara brasileiro, em 1927. Marcos e Bertha o fariam mais tarde, em 1935. Artur, por sua vez, recorreria ao processo de naturalização, instaurado em agosto de 1949. Rosa, Soniah e Fany igualmente, nos anos 1950. E Sofia era brasileira.

Sobretudo os judeus começavam a temer a deportação, com o antissemitismo e o racismo em voga na Europa ecoando no Brasil de Getúlio Vargas. O intelectual Francisco de Oliveira Viana, um dos mais importantes do país, acabara de lançar uma obra intitulada *Raça e assimilação*, em que conseguia encontrar relação de causalidade entre as raças alegadamente mais evoluídas e as formas mais desenvolvidas de cultura. No cargo de chefe de polícia do Distrito Federal, Batista Lusardo criara o Laboratório de Antropologia Criminal, que, entre outras atividades, dedicava-se ao estudo das relações entre o crime e o biótipo de negros e homossexuais. A pesquisa adotara as diretrizes do cirurgião italiano Cesare Lombroso, autor do livro *O homem delinquente*.

Jacó Guinsburg afirmaria:

> Não tinha que provar nada para se registrar brasileiro naquele tempo. Os cartórios não possuíam todas as definições que existem hoje. Ia muito de conhecer ou não o dono do cartório. Samuel Wainer não se registrou brasileiro por malandragem.

Decerto, dar a volta nas leis não era só o que mobilizava Samuel nos idos de 1933. Aos 21 anos, uma coisa estava certa: ele descobria o fascínio do jornalismo. No jornalzinho do Club Juventude Israelita, continuava a dar os seus pitacos na causa sionista. Como devia ser bom ter voz, mesmo que o periódico só fosse lido nas mesas do Café Praça Onze. Por outro lado, acompanhando a militância do *Idiche Presse*, ia descortinando a força da imprensa. Quanto mais avançavam os nazistas na Alemanha, mais o diário de Aaron Bergman ganhava a guerra de opinião na comunidade. Tendo desembarcado no Brasil em 1927, Bergman militara no Poale Zion na Europa. Ao chegar, comprara o *Brazilianer Idiche Presse*, abreviando o título para *Idiche Presse*. O jornal vendia ferozmente o peixe de Ben-Gurion. Ou seja, sobre a cabeça jovem de Samuel, despejava um ideário que se aproximava mais do Partido Trabalhista inglês que do Partido Comunista soviético. Nesse despertar da vocação, ele aprendeu que jornal tinha lado.

Quem eram os homens influentes da comunidade, afinal? Aqueles que gritavam sua opinião nas páginas da farta imprensa israelita. O irmão, Artur Wainer. Samuel Malamud, então advogado e posteriormente memorialista e escritor. Israel Dines, pai do futuro jornalista Alberto Dines, membro da diretoria da Sociedade Beneficente Israelita e Amparo aos Imigrantes, a Relief.

Aliás, formar a opinião das gerações futuras parecia ser prioridade na comunidade. Os diferentes grupos do espectro ideológico tinham por hábito abrir escolas e fundar jornais. A redação do *Idiche Presse* ficava na rua de Santana, número 40. Na Visconde de Itaúna, 67, instalara-se o rival *Idiche Folkstzeitung* (Jornal Popular Israelita), criado em 1927, a voz dos chamados sionistas gerais. O primeiro periódico a circular entre os judeus radicados no Rio de Janeiro fora *A Columna*, de 1916. No número de estreia, sob o título "Nosso programa", definira os objetivos: "Este órgão tem por fim defender os interesses dos israelitas no Brasil sob todos os pontos de vista. Não é fantasia afirmar que no nosso país, excetuada a classe culta, não se faz ideia exata o que seja o judeu".

Segundo a anedota, onde houvesse dois judeus, haveria três opiniões. Enquanto os sionistas controlavam o Colégio Maguen David, futuro Hebreu-Brasileiro, os antissionistas influenciavam a Escola Scholem Aleichem. Em número de organizações, talvez ganhassem os judeus vermelhos, os *roiters* da praça Onze: Centro Obreiro Morris Wintshevski, Poilisher Farband (Sociedade dos Conterrâneos Poloneses), Brazcor (Socorro Vermelho), Biblioteca Scholem Aleichem. Logo seria inaugurado o restaurante Arbeter Kich (Cozinha do Trabalhador).

Foi em junho de 1933 que Samuel entrou pela primeira vez na redação de um jornal de verdade. Por indicação de Wolff Klabin, rico industrial ligado aos intelectuais sionistas e amigo de Artur, assumiu a coluna "Diário israelita", ao lado do jornalista Teodoro Cabral, no *Diario de Noticias*. Nos primeiros tempos, sua coluna saía às terças e sextas, passando a diária a partir de setembro. Era tudo como imaginara: o matraquear das máquinas de escrever, a sinfonia dos telefones, a fumaça dos cigarros. E os homens? Tão diligentes, em seus ternos baratos. Aqueles eram os responsáveis por levar às bancas, todo dia, a visão de mundo que os leitores aceitavam como se fosse a realidade. O *Diario de Noticias* não tinha o prestígio do *Correio da Manhã* ou do *Estado de S. Paulo*. De qualquer forma, garantira, desde que fora lançado, em 1930, o lugar no clube da grande imprensa. "[...] eu iria descobrir, definitivamente, que era um jornalista", diria nas memórias, ao se lembrar daquele inverno de 1933. "[...] tive a audácia de aceitar ser responsável por uma coluna, no *Diario de Noticias*, encarregada de divulgar pontos de vista da colônia israelita."

A redação ocupava o segundo pavimento de um prédio de três andares da Buenos Aires, bem no burburinho do centro da cidade. Soltava duas edições diárias, uma matutina e outra vespertina, com tiragens médias de 150 mil exemplares. Assim como todas as folhas que tinham assumido o apoio à Revolução Constitucionalista, o *Diario de Noticias* vinha sofrendo as consequências, sitiado pela censura federal. No *Estado de S. Paulo*, Júlio de Mesquita Filho havia sido mandado para o exílio em Lisboa. Nos Diários Associados, Assis Chateaubriand ficara isolado por algumas semanas na Casa de Detenção. O fundador do *Diario de Noticias* era o potiguar Orlando Ribeiro Dantas, ex-sócio de Chatô no *Diario de S. Paulo*. Fora ele o primeiro dono de jornal a levantar a bandeira da Constituinte.

Samuel passou a chegar à redação por volta das oito da noite, depois de cumprir a nova rotina de vendedor de óleos lubrificantes, seguindo até o fechamento da coluna, por volta das onze. O "Diário israelita" estreou poucos meses depois de Adolf Hitler ser alçado ao posto de chanceler na Alemanha. O presidente Paul von Hindenburg sancionara, em março de 1933, a lei, votada pelo Reichstag, concedendo poderes governamentais absolutos ao líder do Partido Nazista. Os personagens que percorriam as notas eram todos ainda ilustres desconhecidos dos brasileiros: Joseph Goebbels? Joachim von Ribbentrop? Hermann Göring? O espaço de um quarto de página, bancado por anunciantes judeus, fora fatiado em texto principal e notinhas encabeçadas pelo nome da cidade de onde provinham: Berlim, Viena, Varsóvia, Praga, Jerusalém...

Desde o começo, a vocação do "Diário israelita" parecia ser informar aos seus leitores a reação ao avanço do antissemitismo. Por exemplo, deu destaque ao boicote dos judeus norte-americanos aos produtos alemães comercializados nos Estados Unidos. Capitaneada pela comunidade nova-iorquina, a campanha era uma resposta ao fanático Goebbels, o ministro da Propaganda do Terceiro Reich, que, naquele junho, inaugurara o antissemitismo como política de Estado, convocando o boicote aos estabelecimentos comerciais de israelitas. Às dez da manhã, policiais da SA postaram-se em frente a lojas de Berlim. Aparentemente, tratava-se de escolha aleatória, até que funcionários do governo começaram a pichar portas e janelas: *"Jude"*, acompanhando a estrela de davi, pintada em preto e amarelo. Os desmandos não cessavam aí. Na Alemanha, os funcionários públicos e profissionais liberais de origem judaica perderam o emprego ou foram impedidos de exercer a profissão. E os judeus estavam sendo fichados, com passaportes recolhidos.

Corriam as edições, e Samuel ia perseguindo as pegadas do Brasil na direção da Europa nazista. Até que ponto o país submergiria no pântano? Segundo a anedota que circulava na comunidade judaica, todo *yid* possuía um sismógrafo interno para detectar convulsões sociais. O dele estava apitando. O continente europeu achava-se repartido em territórios dominados por extremistas. Na União Soviética, Stálin. Na Alemanha, Hitler. Na Itália, Mussolini. Em Portugal, Salazar. Num daqueles dias de alvorecer da ascensão nazista, publicou um texto na primeira pessoa do plural para condenar a ação de um desembargador mineiro que propusera o envio de moção de aplausos ao chanceler alemão congratulando-se com a proposta de esterilização dos judeus.

> O desembargador Loreto não representa o sentir do brioso povo mineiro. Como brasileiro, descendente de judeus, jamais sentimo-nos apontados como elemento estranho ao meio, pelo contrário, somos parte integrante da comunhão brasileira e, assim como nós, inúmeros outros brasileiros de descendência israelita. Foi no Brasil que aprendemos a amar a liberdade. Aqui jamais houve ressentimentos de raça. Brancos, pretos, amarelos, cristãos, protestantes, judeus, ateus, sempre gozaram de uma liberdade digna de uma grande nação.

Mas os dias de Samuel no *Diario de Noticias* não durariam muito. Ele queria mais: em dezembro de 1933, outra vez contando com a mão do rico Wolf Klabin, decidiu deixar o jornal e passou a bater ponto na redação da *Revista Brasileira*, na rua Álvaro Alvim, na Cinelândia. A publicação era obra de Antônio Batista Pereira. Egresso da República Velha, genro de Rui Barbosa, ficara conhecido na comunidade judaica ao pronunciar, em novembro de 1933, na Casa de Rui Barbosa, um discurso contra o nazismo. Sua publicação era ambiciosa: tinha cerca de trezentas páginas, mais da metade tomada por artigos da revista francesa *Le Mois*. Seria um período de grande aprendizado para o jovem jornalista. Bem diferente do *Diario de Noticias*, onde entregava sua coluna e fim de papo, agora teria a oportunidade de participar ativamente da cozinha de um veículo de imprensa, acompanhando o processo da pauta das matérias à gráfica.

Entre os colaboradores nacionais da *Revista*, encontrava-se um personagem de outro mundo — o mundo diametralmente oposto ao da rapaziada: o jornalista Antônio Azevedo Amaral, um dos mais célebres polemistas conservadores da época, a quem Wainer recorreria a cada nova edição. O jornalista tinha centenas de artigos publicados, escrevera para jornais como *Correio da Manhã*, *O Paiz* e *Gazeta de Noticias*. E lançara um livro famoso: *O Brasil na crise atual*, ao qual logo se seguiriam outros, como *O Estado autoritário e a realidade nacional*. Segundo a pregação do seu novo colega — ao encontro do discurso de Getúlio —, o Estado autoritário seria a única forma de democracia autêntica. Ao contrário do que se podia prever ou esperar, Samuel e Azevedo Amaral se aproximaram, e este viria a ter papel fundamental em sua vida.

Sob a *chupá*, Samuel esperou por mais de uma hora. Que sensações o acompanharam ao ver Bluma flutuar em sua direção, ao passo da dramática canção nupcial "Boi beshalom"? O vestido clássico, de corte seco e elegante, em renda francesa, a grinalda escorrendo sobre o tapete de rosas, fora uma condição. Ela só aceitara o pedido de casamento dele quando arrancou do pai o dinheiro para encomendá-lo à mais famosa modista da cidade. Os dois tinham tanto em comum. A vaidade, por exemplo. Também compartilhavam algo que o clichê denominaria "alma aventureira". O casamento aconteceu no fim da tarde de 23 de dezembro de 1933, no Club Azul e Branco, sede social que ocupava um andar do Centro Israelita Brasileiro Bnei Herzl, na Conselheiro Josino, no centro.

O casal se instalou num quarto de pensão no Flamengo, na rua Silveira Martins, 76, casa 11. Uma prazerosa rotina de recém-casados logo se instaurou. Invariavelmente almoçavam no Reis, conhecido como Meia Porção, um restaurante na Almirante Barroso, quase esquina com a Rio Branco, nos fundos do Theatro Municipal, ponto de encontro dos jornalistas e intelectuais tesos. O Meia Porção alimentava dois pelo preço de um. À noite, jantavam no Café Lamas, no largo do Machado, outro ninho de esquerdistas, aonde Bluma costumava chegar cedo, e sozinha, para esperar Samuel terminar os afazeres na redação da *Revista Brasileira*.

Bonita como ela só, não demorou a juntar uma roda de admiradores. Tinha um fraco por intelectuais e predileção por escritores e artistas. Como Samuel desconhecia o ciúme — ao contrário, incentivava a liberdade dela —, a mesa do jantar crescia a cada noite. Entre os novos amigos, havia um que até se parecia fisicamente com ele: Rubem Braga. Talvez pelas sobrancelhas fartas e desalinhadas. Ou talvez pelo bigode. Capixaba, Rubem vivia então na capital paulista, trabalhando para o *Diario da Noite*, de Chateaubriand. Quando ele estava no Rio, não deixava de apreciar o que chamava de "prato da resistência" do Lamas: arroz com peru desfiado, antecedido por sopa rala e arrematado por pudim.

"Pobre, sim. Soberbo, jamais", repetia o taciturno Rubem, ao dar a primeira garfada.

O cronista se posicionara publicamente contra o voto feminino, o que tirava Bluma do sério. Segundo sua tese, a mulher era "muito mais cretina do que o homem", portanto "um enorme eleitorado reacionário, conservador e idiota": "Qualquer pessoa que empreenda no Brasil um movimento amplo e vigoroso de cretinice, deve contar fortemente com as mulheres". Numa coisa concordavam. A ordem de então era se opor a qualquer movimento de Getúlio. Em 3 de maio, dez meses após a Revolução Constitucionalista, pela primeira vez as mulheres haviam ido às urnas eleger a Assembleia Constituinte. O voto secreto também figurara entre as novidades do pleito. Votaram 1226815 eleitores, dos cerca de 40 milhões de brasileiros. Tinha sido eleita a primeira deputada do país, a médica paulista Carlota Pereira de Queirós, de 41 anos.

As madrugadas no largo do Machado terminavam sempre da mesma maneira. Na praça, a cidade partida se encontrava. De um lado, os "guerrilheiros de Prestes", como Bluma apelidara seu time. Do outro, os galinhas-verdes, seguidores de Plínio Salgado, o líder da Ação Integralista Brasileira, partido de extrema direita fundado em outubro de 1932. Sua sede ficava na rua Sachet, futura travessa do Ouvidor, viela de pedestres que ligava a rua do Ouvidor à Sete de Setembro. Trajando uniformes verdes e braçadeiras pretas, com a letra sigma, os integralistas se reuniam ali, a partir das seis da tarde, para ouvir as pregações dos líderes, entre eles o escritor cearense Gustavo Barroso, um dos mais dedicados à causa antissemita. Quando o movimento na Sachet morria, era hora de marchar para o Flamengo. A saudação que os identificava chegava antes: "anauê". Quem não queria briga, encerrava o expediente.

3. Não passarão

"Quem é você?" Enquanto Carlos Lacerda se virava para o outro lado a fim de cumprimentar o restante da mesa, Samuel suspirou. Ao dizer o seu nome, ouvira do herói da jovem esquerda a anuência de que, sim, já ouvira falar dele. Certamente lera-o no *Diario de Noticias*. O encontro se deu no jantar, no apinhado Meia Porção. A conversa não foi além dessa rápida introdução, mas, de algum modo, para um judeu pobretão, confinado na invisível muralha da comunidade israelita, equivalia à abertura do mar Vermelho. Aluno da Faculdade Nacional de Direito, Lacerda, entre outras coisas, havia editado a recém-falecida *rumo*, revista da Casa do Estudante do Brasil. A publicação não admitia letra maiúscula, pretendia-se a expressão do modernismo na imprensa nanica. Na *rumo* figuravam nomes consagrados como Di Cavalcanti, Cândido Portinari, Cecília Meireles e Mário de Andrade.

"Estudante de direito, vinte anos, magro, alto, moreno, camisa de todas as cores, menos verde", o próprio se autodescrevera, em artigo irônico, rebatendo Plínio Salgado, que acusara a esquerda de agir na moita.

No começo de 1934, Lacerda era, na verdade, um aprendiz de comunista, frequentador das rodas na casa do professor Leônidas de Resende, onde se reunia com colegas como Ivan Pedro de Martins, Evandro Lins e Silva e Antônio Chagas Freitas, para debater marxismo e positivismo. Já integrante da Juventude

Comunista, sua primeira missão havia sido um sucesso: pichar as palavras de ordem da hora, "Abaixo o imperialismo, a guerra e o fascismo", na estátua de Pedro Álvares Cabral, no largo da Glória. Nascera para isso: Carlos, de Karl Marx, e Frederico, de Friedrich Engels: Carlos Frederico Werneck de Lacerda. O pai, Maurício de Lacerda, ganhara o apelido de Tribuno do Povo, pelo pioneirismo na luta trabalhista. O avô, Sebastião, fora ministro do Supremo Tribunal Federal (STF), e ministro da Indústria, Viação e Obras Públicas do presidente Prudente de Morais. Por parte da mãe, Olga Caminhoá Werneck, descendia da aristocracia fluminense, uma família de barões e viscondes de Vassouras, no vale do Paraíba.

Levaria ainda algum tempo para Samuel se entrosar no seio do grupo. A turma de Lacerda era tudo que ele, talvez impulsionado pela ambição intelectual de Bluma, sonhava naquele momento. Boa parte tinha origem "pequeno-burguesa", nas palavras do jornalista Moacir Werneck de Castro, primo e par constante de Carlos Lacerda: "parecia vergonhoso o projeto de ganhar dinheiro, ter automóvel Packard, bangalô em Copacabana, entrar para sócio do Jockey Club". Eram todos comunistas, sem exceção. Aliás, ou se era comunista ou se era integralista — a terceira via, o liberalismo, estava cada vez mais fora de moda. Além disso, o grupo circulava pelas páginas das publicações alternativas, descendentes de uma tradição de periódicos literários que surgiram sob a inspiração do modernismo. No Rio, os pioneiros haviam sido *Estética*, de Sérgio Buarque de Holanda e Prudente de Morais Neto, e *Revista do Brasil*, editada por Rodrigo Melo Franco de Andrade.

Entre a rua do Ouvidor e a Cinelândia, enfileiravam-se os endereços diletos da turma. No número 27 da Sachet, mesmo passeio da Ação Integralista, a Livraria Schmidt se tornara o polo da novíssima literatura. Desde 1930, quando abrira as portas, o editor e poeta Augusto Frederico Schmidt — metade judeu, aliás — havia lançado nomes como Rachel de Queiroz, com dois livros, *O Quinze* e *João Miguel*; Graciliano Ramos, com *Caetés*; Lúcio Cardoso, com *Maleita*; Jorge Amado, com *O país do Carnaval*; e Gilberto Freyre, com *Casa-grande & senzala*. Ao mesmo tempo, saíra pela casa *Psicologia da revolução* e *O que é o integralismo*, de Plínio Salgado. A Schmidt logo disputaria a preferência com a Livraria José Olympio Editora, que se instalaria, em meados de 1934, no número 110 da rua do Ouvidor.

A poucos passos da Schmidt, na mesma Sachet, ficava a redação da *Revista Acadêmica*. Nascida nos corredores da Faculdade Nacional de Direito, a publicação fora idealizada pelo imberbe escritor Murilo Miranda. Reunia em suas páginas todo mundo — ao menos o mundo dos intelectuais de esquerda. No conselho diretor, figuravam as estrelas Mário de Andrade, Álvaro Moreyra, Aníbal Machado, Artur Ramos, Cândido Portinari, Graciliano Ramos, Hermes Lima, José Lins do Rego e Oswald de Andrade, além dos representantes da ala jovem, Rubem Braga, Sérgio Milliet e Tomás Santa Rosa, o artista responsável pelas incríveis capas dos livros da editora Schmidt. Um foca cuidava da chamada cozinha da edição: Lúcio Rangel, futuro crítico e pesquisador musical.

Em carta a Murilo Miranda, de 1935, Mário de Andrade escreveria:

> [...] mas é neste momento que sinto mais desejo de conviver com vocês aí, você, o Lúcio, o Álvaro, o Carlos Lacerda, e a saleta inspiradora da *Revista Acadêmica*. Sinto saudade mesmo, mas sinceramente, uma saudade meio melancólica, de quem carece como que duma espécie de apoio, ou de paciência dos outros. Como é difícil "subir" na vida pros indivíduos que nem eu, especialistas da paz do seu próprio quarto.

Eram muitas as revistas populares que circulavam na capital, todas com tiragens superlativas: *O Malho, O Cruzeiro, Vamos Lêr!, Fon Fon, Revista da Semana*. Às bancas, a *Revista Acadêmica* nem sequer chegava; era vendida apenas na Livraria Schmidt. Tiragem ínfima, qualquer coisa em torno de quinhentos exemplares. A periodicidade, irregular. Sobrevivia de pequenos anúncios e colaborações voluntárias. Ainda por cima dividia o modesto bolo de leitores com o *Boletim de Ariel*, publicação da Editora Ariel, fundada pelo crítico Agripino Grieco e pelo escritor Gastão Cruls. Entre os que orbitavam a *Revista Acadêmica*, estavam muitos nomes que, no futuro, comporiam uma antologia. Já com três livros na praça e *Jubiabá* na prensa, Jorge Amado era um dos mais assíduos. Marques Rebelo, o mais barulhento, costumava dizer que o único dos autores da leva do Nordeste a quem respeitava era Graciliano, porque, ao menos, "sabia português".

Moacir Werneck de Castro, que em 1936 passaria a exercer o cargo de secretário de redação da revista, contaria:

> Murilo [Miranda] catava anúncios pelo comércio do Catete e do Centro. Jogava na simpatia paternal que os estudantes metidos a revisteiros costumavam despertar nos lojistas. O antifascismo da revista tocava particularmente o coração dos comer-

ciantes judeus — de móveis, joias e relógios, tecidos e peles, modistas, alfaiates etc. Eram os Grinberg, Zitrin, Zveiter, Lwebelson, Chamoviz, Roiberg, Kogut.

Tal qual o primo Carlos Frederico Werneck de Lacerda, Moacir carregava uma dinastia de Vassouras. Por parte do pai, era neto do visconde de Arcozelo. Por parte de mãe, do barão de Paty do Alferes. Verdade fosse apurada, a abundância ficara na geração anterior. Costumava brincar que havia muito tempo acabara a manteiga. Por culpa ancestral, como relataria mais tarde ao escrever sobre a estreita relação da família com a escravidão no Brasil, integrara a Federação Vermelha de Estudantes antes de completar dezoito anos: "Lacerda era menos 'vermelho' que eu. [...] mas [...] sofreu um processo de radicalização muito rápido. [...] Muito precoce, talento extraordinário, ele já trabalhava em jornal aos dezessete anos, com Cecília Meireles, na Página de Educação, do *Diario de Noticias*".

Nas tertúlias noturnas, mais dois endereços acolhiam os rapazes naquele verão de 1934. Um deles, o apartamento amontoado de filhos e de hóspedes do casal Álvaro e Eugênia Moreyra, em Copacabana. Com os imensos óculos redondos, Álvaro ocupava o altar da crônica, inspiração de Rubem Braga. Eugênia era atriz — com o marido, carregava a bandeira da popularização do teatro. Usava uma exótica franja geométrica que encobria toda a testa. Nas reuniões distraía-se fazendo crochê. O outro ponto de encontro não podia ser mais inusitado: um consultório médico, do dr. e poeta alagoano Jorge de Lima, numa sala espaçosa no 11º andar do Edifício Fontes, bem em cima do Café Amarelinho, na Cinelândia.

Geograficamente próximo, circulando pelo mesmo território, Samuel talvez sentasse à direita da turma na paleta ideológica. Com certeza não via mal algum em sonhar com um bangalô em Copacabana. Aliás, não via problema nem sequer no passe do Jockey Club. Por sua vez, Bluma ia se tornando cada vez mais *roiter*. Ficara amiga de uma jornalista enfronhada nas rodas da Livraria Schmidt, Eneida de Morais — ou simplesmente Eneida, como assinaria os futuros livros. Com ela, passara a frequentar as reuniões da União Feminina do Brasil, braço da Aliança Nacional Libertadora, a ANL, conluio de forças que se aglutinava para combater Getúlio. Virara figura fácil nos lançamentos de livros e nos eventos literários. Uma obra, em particular, lançada em São Paulo, fizera sua cabeça: *Judeus sem dinheiro*, de Michael Gold, um dos representantes do "romance proletário", então em moda.

"Eu tinha declaradas simpatias pela esquerda, mas nunca fui bem assimilado pelo Partido Comunista e tampouco cheguei a afinar-me com sua ideologia", diria Samuel na autobiografia. "Nessa época, por sinal, os condicionamentos da formação judaica também já não exerciam efeitos tão agudos sobre mim."

Getúlio acompanhou a sessão histórica com os ouvidos colados no rádio. Obteve 175 votos contra 59 do candidato da oposição, Borges de Medeiros. Os outros catorze se distribuíram entre postulantes sem expressão. Vitória. A situação não deixava de ser irônica: saía o ditador e entrava o presidente eleito, constitucionalmente instituído, e os dois eram a mesma pessoa. A votação, transmitida diretamente do Palácio Tiradentes, simbolizou o último ato da Assembleia Nacional Constituinte, que promulgara, na tarde anterior, 16 de julho, a Constituição brasileira de 1934. Desde novembro de 1933, início do trabalho, duros meses de disputa política haviam se passado. Chegara-se a cogitar o nome de Góis Monteiro para o pleito, jogada anulada por Vargas com uma canetada, a qual nomeara o general para o comando do Ministério da Guerra.

"Realizou-se a eleição para presidente da República. Acompanhei pelo rádio, como no dia anterior, os trabalhos da Constituinte", anotou no diário, em 17 de julho. E, dois dias depois, celebrou: "No último, realizou-se a posse. Foi um dia frio, chuvoso, e isto prejudicou a concorrência. O ato de posse na Câmara foi brilhante e festivo. Nas ruas, o acolhimento simpático. Foi a impressão que tive, sem exagero".

O anteprojeto da nova Carta fora elaborado por um grupo de notáveis, a chamada Comissão do Itamaraty, devido ao fato de as reuniões terem ocorrido no Ministério das Relações Exteriores. No final, espelhava a disputa ideológica que se travava no país, contemplando os anseios nacionalistas dos tenentistas e os princípios básicos da democracia liberal, em 187 artigos — contra os 91 da Constituição anterior, de 1891.

Por um lado, plantou-se no solo o conceito de "segurança nacional". A partir daí, estavam nacionalizadas as jazidas minerais e as quedas-d'água, assim como os bancos de depósito e empresas de seguros. Os trabalhadores obtiveram conquistas históricas: Justiça do Trabalho, jornada de oito horas, com repouso semanal e férias remuneradas, indenizações trabalhistas para demitidos sem justa causa, licença remunerada para mulheres grávidas. Também ficou proibido o trabalho infantil e a diferença de salário para um mesmo ofício, por motivo de idade, sexo, nacionalidade ou estado civil. Por outro lado, o texto tentava aprofundar a democracia, contrariando a moda totalitária dos tempos. O Executivo teria que prestar contas ao Legislativo, passível de punição em caso de descumprimento de medidas judiciais e normas orçamentárias. O Senado ganhou a prerrogativa de suspender a concentração de forças militares em qualquer unidade da federação. Estipulado em quatro anos, o mandato do presidente se encerraria em 1938, quando haveria eleições diretas.

A Constituição de 1934 não levou mais que um ano para ser profanada. O medo era a arma de que Getúlio precisava para manipular as cordas e recuperar a fatia do poder perdido. Sob o amparo da democracia, ao contrário do que se esperava, o abismo ideológico que rachava a população não arrefecera, e greves sacudiam as grandes cidades. Em 7 de outubro de 1934, em São Paulo, uma escaramuça entre integralistas e comunistas, na praça da Sé, deixou seis mortos e mais de cinquenta feridos. No Rio de Janeiro, uma batida policial no Sindicato dos Garçons, na Lapa, havia acabado em tiroteio, com um imigrante italiano, ajudante de garçom, morto com uma bala no peito. Doze trabalhadores ficaram feridos e dezenas foram detidos. Entre estes, o jornalista Moacir Werneck de Castro, futuro editor da *Revista Acadêmica*, a serviço do *Jornal do Povo*, publicação lançada por Aparício Torelly, o autoproclamado Barão de Itararé.

Do caos, brotou a Lei Monstro, como os jornais apelidaram a Lei de Segurança Nacional (LSN). Na prática, era a volta do ditador. Segundo o *Diario de Noticias*:

A Câmara dos Deputados, oriunda de uma revolução feita para restaurar liberdades e direitos postergados, aprovou, afinal, o projeto da chamada Lei de Segurança Nacional e o Brasil, depois de um século de aspirações democráticas, precisamente no ano em que se vai comemorar o centenário dos Farrapos, perde as garantias da palavra e as prerrogativas da imprensa livre.

Para *O Globo*: "Ante a Lei de Segurança [Nacional], toda a favor do governo, a minoria parlamentar deseja uma lei também contra os abusos de poder. As autoridades também cometem crimes. Cabe à imprensa a liberdade para vigiar".

O *Correio da Manhã* publicou na íntegra o conteúdo da LSN, sob o título "Como está redigido o monstro que a República Nova vai dar ao país".

Getúlio só contou com Chatô, no artigo intitulado "Dente de cotia": "Na luta pela sobrevivência da ordem política que adotamos, na terra da Santa Cruz, não nos forremos a nenhuma provação que nos imponha o espírito de renúncia. Quantos dentes de cotia por aí apareçam: enterremo-los no couro, para mostrar o estoicismo de que somos capazes".

O mais prudente era chegar cedo. Logo após o especial jantar no Amarelinho, onde cruzaram com conhecidos, todos seguindo para o mesmo lugar, Samuel e Bluma se dirigiram à sede da ANL, na Almirante Barroso. Fundada oficialmente em março de 1935, em reação à tramitação da Lei Monstro e contra o avanço dos integralistas, a ANL se autodenominara a frente única contra o fascismo, reunindo comunistas, socialistas, esquerdistas ou somente antigetulistas. Às oito da noite de 5 de julho daquele ano de combates, data escolhida pelo apelo cívico dos Dezoito do Forte de Copacabana, seria inaugurado o retrato do presidente de honra da casa: Luís Carlos Prestes, com a leitura do manifesto enviado pelo capitão, que, segundo se especulava, estava na Espanha, depois de temporada em Moscou.

Aliança, Aliança
Contra vinte ou contra mil
Mostremos nossa pujança
Libertemos o Brasil

Quando a bandeira do Brasil descobriu o retrato de Prestes, engalanado no uniforme do Exército Nacional, Carlos Lacerda subiu ao púlpito improvisado. Samuel nunca tinha ouvido a famosa oratória.

Brasileiros. A todo o povo do Brasil. Aos aliancistas. De um lado, [...] o integralismo, como brigada de choque terrorista de reação. De outro, todos os que, nas fileiras da Aliança Nacional Libertadora, querem defender [...] a liberdade nacional do Brasil. [...] A luta não é, pois, entre dois "extremismos", como querem fazer constar os hipócritas defensores de uma "liberal-democracia" que nunca existiu. [...] A luta está travada entre os libertadores do Brasil, de um lado, e os traidores a serviço do imperialismo, do outro.

O encerramento levantou a numerosa audiência: "Por um governo popular nacional revolucionário! Todo o poder à ANL!".

Àquela altura, Samuel já podia se anunciar jornalista. Largara quase tudo, até mesmo a Escola de Farmácia, sem tê-la praticamente frequentado. Na redação da *Revista Brasileira*, na rua Álvaro Alvim, era um verdadeiro faz-tudo: até traduzir traduzia, com o parco francês, os artigos da *Le Mois*. Gostava particularmente de ver a revista rodar, sentir o cheio da tinta. Comparada a outras publicações, tratava-se de uma revista arrojada, tendo lançado a moda das fotomontagens, que colocavam Getúlio, Hitler e Roosevelt no Pão de Açúcar. Mussolini e Stálin na praia de Copacabana. Ou Prestes em frente à Estátua da Liberdade, em Nova York. Ao contrário da *Revista Acadêmica*, que publicava a moçada, atinha-se à velha guarda: Jorge de Lima, conde de Funchal, Gilberto Amado, Tristão de Ataíde, Luís da Câmara Cascudo, Virgílio de Melo Franco, Hermes Lima, Azevedo Amaral, Afrânio Peixoto, entre outros colaboradores.

Não era nada fácil fazer a *Revista Brasileira* chegar ao único ponto de venda, a Livraria José Olympio — não vendia em banca. Nas semanas de fechamento, Samuel praticamente se mudava para a oficina do jornal *A Nação*, a fim de acompanhar a impressão. Batista Pereira exigia pontualidade. Mas nunca entregava sua coluna no prazo. Demorava quase um mês inteiro para redigir a crônica social, sempre vazada num português castiço, ainda que se tratasse de descrever uma festa de aniversário.

Em meados de 1935, Samuel pediu demissão. Discordara da divulgação de um artigo do integralista Miguel Reale, e rompeu com Batista Pereira. Duas edições após sua saída, a *Revista Brasileira* deixou de circular. Voltaria em 1941, publicada pela Academia Brasileira de Letras.

"A conspiração comunista, estimulada pelas divergências políticas, explodiu em duas rebeliões: a do 21º Batalhão de Caçadores, em Natal, e a do 29º Batalhão de Caçadores, em Pernambuco", Getúlio escreveu no diário na manhã seguinte aos levantes de 23 e 24 de novembro de 1935. O comunismo, afinal, não era lenda. Quando se pensava que Luís Carlos Prestes estava na Espanha, ele se achava em Ipanema, organizando a revolução. Em Natal, os revoltosos tomaram a guarnição militar. O governador Rafael Fernandes fugira, e fora instalado o Governo Popular Revolucionário, comandado pelo operário José Praxedes de Andrade, pelo sargento Quintino de Barros, pelo carteiro José Macedo, pelo estudante João Galvão e pelo funcionário público Lauro Lago. No Recife, os insurgentes resistiam encurralados no largo da Paz, bairro dos Afogados, pelas forças legalistas.

As rebeliões no Nordeste, na verdade, tinham surpreendido Prestes. Diante delas, viu-se obrigado a tentar precipitar os planos no Rio de Janeiro. Começara a arquitetar o assalto ainda em Moscou. De lá, partira acompanhado da camarada alemã, Olga Benário, com a missão de organizar a revolução popular no Brasil. Disfarçados de casal em viagem de férias, sob nomes falsos, Antônio Vilar e Maria Bergner Vilar, chegaram ao Rio, onde já se encontrava o grupo de comunistas profissionais que os auxiliariam na preparação: Arthur Ernst Ewert e a mulher, Elise; Rodolfo e Carmen Ghioldi; Victor Allen Barron; Alphonsine e Léon Jules--Vallée; e Franz Paul Gruber e a esposa, Erika.

Em 27 de novembro, com Natal ainda ocupada pelos revoltosos e a batalha perdida em Pernambuco, estourou o movimento no 3º Regimento de Infantaria, na praia Vermelha, na Urca. No comando, o capitão Agildo Barata, um dos heróis de 1930. Guiadas por três generais, entre eles o futuro presidente Eurico Gaspar Dutra, as forças legalistas cercaram o forte. Do lado de dentro, dos trezentos oficiais e 1700 soldados, dois terços se rebelaram. No comando dos insurgentes, encontravam-se trinta homens. Os combates vararam a madrugada.

Antes do amanhecer, em torno de 4h50, Vargas deixou o Palácio do Catete, no automóvel presidencial, acompanhado apenas dos ajudantes de ordens. Primeiro, passou pela Urca. De lá, seguiu para Quartel-General, na praça da República, de onde rumou para o Grupo-Escola de Artilharia, na Vila Militar, nas proximidades do Campo dos Afonsos, outro foco da rebelião. De improviso, falou à tropa. Permaneceu no local até o movimento ser sufocado, perto das dez da manhã. De volta ao Catete, almoçou, fez a sesta e retornou à praia Vermelha a tempo de presenciar a rendição de Agildo Barata. Segundo registrou O Jornal, ao encontrar-se com o general João Gomes, dentro do quartel destruído, ouviu deste: "Não foi precisamente ao meio-dia, como prometi a v. exa., foi às treze horas". Ao que Getúlio respondeu: "Congratu-lemo-nos pela vitória do Brasil".

Ao vencer os comunistas, Vargas conquistou a unanimidade. A Intentona Comunista, como seria chamado o movimento, foi um presente para ele, rendendo, na prática, o estado de guerra, que seria votado pelo Congresso antes do Natal.

Como todo antigetulista, obviamente, Samuel saiu derrotado da contenda, embora ainda não soubesse o quanto. Uma ideia andara rondando-o por meses, como um zum-zum no ouvido. A experiência na *Revista Brasileira* dera-lhe a confiança de que poderia fazer a própria revista. Não era um intelectual ou agitador nato, como Carlos Lacerda. Não possuía o dom literário de Rubem Braga. Nem a prosa fácil e inventiva de Jorge Amado. A ele, só sobrara esta alternativa para ingressar no time: ser o dono da bola. A publicação seria semelhante à *Revista Brasileira*, ainda mais ambiciosa. Em vez de traduzir os textos de uma única revista internacional, compraria material de periódicos variados. O grupo de colaboradores locais juntaria a jovem e a velha guarda, além de agregar nomes da elite financeira. *Revista Contemporânea*, já imaginou a logomarca.

Mas sua missão não seria fácil: o ano de 1935, com o desastrado levante comunista, findara negro para as esquerdas. E 1936 seguia igual. Quem não estava preso, escafedera-se. Com o poder concedido pelo estado de guerra, de prender antes e perguntar depois, o chefe de polícia, o notório fascista Filinto Strubing Müller, desencadeara uma caça às bruxas sem precedentes. Rubem Braga havia sumido no mundo, passando a viver na clandestinidade, de endereço em endereço, assinando com pseudônimos seus artigos. Lacerda conseguira escapar, primeiramente escondendo-se no apartamento do ex-colega de faculdade, Adalberto João Pinheiro. Como a janela do seu quarto dava para a delegacia de Copacabana, podia ouvir os berros dos presos políticos ao serem interrogados. O arrastão chegara até mesmo à praça Onze, onde 54 judeus poloneses e romenos foram detidos na sede da Brazcor, uma das entidades fundadas pelos judeus comunistas, acusados de conspirar diretamente com Moscou.

Samuel bateu então à porta do paulista Caio Prado Júnior — que mais tarde fundaria a Editora Brasiliense e já publicara *Evolução política do Brasil*, pioneira interpretação marxista da história brasileira — com o projeto da *Revista Contemporânea* debaixo do braço. Levava na manga a indicação de Rubem Braga. Descendente de uma das tradicionais e ricas estirpes do estado de São Paulo, Caio

Prado Júnior filiara-se ao PCB, em 1931, e tinha lançado o livro *URSS: Um novo mundo*, depois de viajar para os domínios de Stálin. Vinha colaborando no jornal *A Marcha*, de Francisco Mangabeira, para o qual Rubem Braga também escrevia. Ao ouvir a ideia de Wainer, comprometeu-se a comprar 2 mil exemplares adiantados de cada edição para distribuir de graça. A Samuel talvez não tenha escapado a contradição dos tempos extremos, embora, para existir, tivesse que escolher um lado. E o lado era óbvio. Ao mesmo tempo que os seguidores de Prestes pediam democracia no Brasil, apoiavam Stálin. Estavam frescas as notícias do primeiro expurgo do que viria a ser chamado Grande Terror, perseguindo e aniquilando supostos inimigos do regime, sem perdoar nem sequer altas patentes da revolução bolchevista.

Como diria o Barão de Itararé, fundador do jornal *A Manha*, sem o til: "A lógica da História tem coisas ilógicas que a própria lógica desconhece. Não fique raivoso, nem nervoso. O bigodudo sabe o que faz".

No Rio, as fichas de anarquistas, comunistas, socialistas, trotskistas ou meros simpatizantes da ANL tornaram-se confissão de culpa. Os nomes mais notórios, ligados ao Partido Comunista, eram levados para o quartel-general da Polícia Especial, no morro de Santo Antônio. Em pouco tempo, todo mundo sabia o que significava a frase "Foi para o morro de Santo Antônio": tortura. Como os presos eram muitos, o governo requisitou o navio *Dom Pedro I*, do Loide Brasileiro, para servir de carceragem para os civis. Passados quatro meses da Intentona, em março de 1936, o balanço contava 3250 detenções para averiguações, 441 buscas domiciliares, e restavam espalhadas nas prisões cerca de 3 mil pessoas, sendo 901 civis e 2146 militares. Isso só na capital federal.

Naquele mesmo sombrio março, Jorge Amado foi preso, num apartamento em Copacabana, quando fazia uma reunião com os poucos remanescentes da ANL. Ficou dez dias na cadeia, onde foi interrogado, exilando-se depois numa fazenda em Sergipe. Dirigentes da União Feminina do Brasil, Eneida de Morais, Maria Werneck de Castro, cunhada de Moacir Werneck de Castro, e a dra. Nise da Silveira, que viria a revolucionar o tratamento psiquiátrico nos manicômios, encontravam-se alojadas na Casa de Detenção. Em Alagoas, Graciliano Ramos fora embarcado junto com um grupo de artistas e intelectuais levados para as celas da Casa de Detenção da rua Frei Caneca, no Rio. Por dois anos, percorreria prisões, sendo mandado afinal para a Ilha Grande. Da experiência, escreveria *Memórias do cárcere*. Moacir Werneck de Castro, por seu turno, se escondeu na

Fazenda Forquilha, no município então chamado Santa Teresa de Valença, hoje Rio das Flores.

Como uma só voz, a imprensa havia sido complacente com o endurecimento do regime — na prática, agora, uma ditadura, embora mantivesse as tintas democráticas. "Podem as leis ordinárias reprimir o perigo ainda latente?", perguntara o *Correio da Manhã* em editorial, ao apoiar a chamada Lei Monstro e a aprovação do estado de guerra. "Tudo, pois, indica muito claramente que, se precisamos de leis rigorosas, não devemos dispensar os homens inflexíveis que as tenham de aplicar."

Na derrocada democrática, Samuel foi junto. Sem mão de obra e sem dinheiro, a *Revista Contemporânea* durou uma chuva. Dela, não restaria vestígio nos arquivos, só menções daqueles que por acaso frequentaram suas páginas. Fazendo as contas, não deve ter ultrapassado seis edições. E agora? Restava bater à porta do velho Azevedo Amaral. Aos 56 anos, o jornalista já ia perdendo a visão e precisava de um secretário a quem pudesse ditar os artigos e livros. Por iniciativa de Israel Dines, a inusitada dupla engajou-se no projeto da edição de 1937 do *Almanack Israelita*. A amedrontada comunidade judaica, mais do que nunca, precisava se contrapor à máquina da Ação Integralista Brasileira, financiada pelas embaixadas da Alemanha e da Itália.

Ao mesmo tempo que se fazia mais brasileiro e menos judeu, Samuel não podia ignorar as novas e grandes desgraças que se prenunciavam. "Sujos", "criminosos", "trapaceiros", "avarentos", "comunistas" — passaram a dizer em toda parte para onde os israelitas tentavam correr. A diferença entre o período em que a família Wainer emigrara e aquele momento era que já não havia para onde ir. Aos poucos, as fronteiras se fechavam. Entre 1881 e 1925, entraram nos Estados Unidos 2,7 milhões de judeus. Entre 1926 e 1935, 94 mil. No Canadá, 112 mil contra 24 mil. Na Argentina, 150 mil e, então, 50 mil. No Brasil, 77 mil tinham chegado até 1925. E de lá para cá, 33 mil. O antissemitismo do governo Vargas se apresentara publicamente quando Olga Benário fora entregue aos nazistas, após a cinematográfica prisão de Prestes, em 1936. Na prática, uma circular secreta, datada de 7 de junho de 1937, expedida pelo Itamaraty, proibiria a entrada de judeus no país.

Fica recusado visto no passaporte a toda pessoa de que se saiba, ou por declaração própria [...] ou qualquer outro meio de informação seguro, que é de origem étnica semítica. No caso de haver apenas "suspeitas", recomenda-se às autoridades "retardar a concessão do visto até que, pelos meios de investigação eficientes [...]", consigam esclarecer a dúvida.

Em 26 de abril, o mundo parou — para Samuel e para todo jovem de esquerda, pelo menos. Durante três horas consecutivas, das 16h30 às 19h45, 23 aviões, pilotados por homens das aeronáuticas da Alemanha e da Itália, voando a menos de duzentos metros do chão, despejaram sobre a cidade de Guernica, na Espanha, uma chuva de bombas. Como a humanidade chegara àquele ponto? Torcia-se muito pela Frente Popular, uma coalizão de comunistas e republicanos que vencera as eleições gerais no país, contra a cruzada fascista do general Francisco Franco, apoiado por Hitler e Mussolini. A Guerra Civil Espanhola começara em julho do ano anterior. O novo governo armara os civis para se defender e, a cada pequena vitória das Brigadas Populares, os frequentadores do Amarelinho celebravam como se estivessem no Hotel Florida, em Madri, escrevendo a história com o correspondente de guerra Ernest Hemingway.

"No pasarán!", o grito de Dolores Ibárruri, conhecida como La Pasionaria, era martelado na Cinelândia, sob o lema: *"Es mejor morir de pie que vivir de rodillas!"*.

Foi acompanhando o front espanhol que Samuel descobriu um jornal. Ou melhor, *o* jornal: *Ce Soir*. Daí em diante, toda vez que queria descrever o desejo, o ideal a perseguir, citava essa folha. Recém-lançada em Paris, era primeiramente de esquerda, sem tintas de imparcialidade, editada pelo poeta comunista Louis Aragon. Três repórteres fotográficos, três judeus fugidos do alcance do nazismo, estavam mudando naquelas páginas a maneira de ler jornal: o polonês David "Chim" Seymour, o húngaro Robert Capa e sua mulher, a alemã Gerda Taro. As fotografias de Capa chegavam tão perto do horror que dispensavam palavras, num tempo de fotos posadas. O *Ce Soir* alcançava tiragem de 300 mil exemplares.

Enquanto não podia fazer um *Ce Soir*, Samuel colocou na praça a edição de 1937 do *Almanack Israelita*, que saiu em formato quadrado, pouco maior que um livro de bolso. Na capa marrom, em letras brancas, lia-se: "Israel no passado e no presente". Azevedo Amaral escreveu "A carta", endereçada a Wainer, agradecendo "o ensejo de cooperar em uma obra de justiça para com a grande raça". Sob o título "Aspectos parciais das migrações israelitas", Samuel assinou um tratado de dezesseis páginas, com as causas e consequências dos diversos êxodos que marcaram o percurso dos judeus.

★ ★ ★

Foi Getúlio quem inventou o autogolpe. Enquanto os três candidatos se aqueciam para as eleições de 3 de janeiro de 1938 — o paulista Armando de Sales Oliveira, pela União Democrática Brasileira, o ex-ministro da Viação José Américo de Almeida, nome supostamente apoiado pelo governo, e o integralista Plínio Salgado —, ele rasgou a Constituição de 1934 (aliás, quase natimorta). "Foram dias de trabalho, estudo de papéis, estudo de questões, estudo de homens, encontros, palestras e conferências", anotou, em 15 de novembro de 1937, quando o Estado Novo já se achava instaurado. Em 10 de novembro, o Rio amanhecera coalhado de soldados — do Palácio Tiradentes, na Primeiro de Março, até o Palácio Monroe, na Cinelândia. Por determinação do Catete, com a bênção dos generais Gaspar Dutra e Góis Monteiro, respectivamente ministro da Guerra e chefe do Estado-Maior do Exército (EME), as duas Casas Legislativas foram fechadas.

O discurso da morte da política assumiu o protagonismo. Todos os males podiam ser depositados na conta das disputas eleitoreiras. Uma nova Carta Magna havia sido publicada pela imprensa. Fora elaborada por um homem só, Francisco Campos, o Chico Ciência, para quem o regime político das massas era a ditadura. "Não há hoje um povo que não clame por um César", disse ele numa de suas muitas falas. A Constituição de 1937 inspirava-se na Carta del Lavoro, de Mussolini, centralizando o total poder no presidente da República. Os estados perderam o direito de possuir bandeira, hino e escudo oficial. Os governadores seriam mantidos, com exceção dos da Bahia, de Pernambuco e do Rio de Janeiro, respectivamente Juraci Magalhães, Lima Cavalcanti e Protógenes Guimarães. No Rio, assumiu o ajudante de ordens Ernani do Amaral Peixoto, futuro marido de Alzira Vargas.

O Estado Novo começara a nascer em abril, uma gestação de oito meses, quando Getúlio recebeu de Francisco Campos o primeiro rascunho do novo texto constitucional. A deixa para a concretização do golpe, porém, viera em 30 de setembro. Em cadeia de rádio, o governo divulgou o chamado Plano Cohen, supostamente arquitetado pelos comunistas para atacar outra vez. De acordo com o documento, as diretrizes da insurreição incluíam organização de passeatas operárias, incentivo a saques e depredações, e desencadeamento de greves. Diante da comoção pública, o Congresso voltara a aprovar o estado de guerra, com o apoio irrestrito da imprensa.

O Plano Cohen se revelaria uma farsa. Fora escrito pelo então capitão

Olímpio Mourão Filho, chefe do serviço secreto da Ação Integralista Brasileira, a pedido de Plínio Salgado, como um exercício teórico, simulando cenários de uma nova revolução comunista e semita. O texto baseava-se em artigo de uma publicação francesa a respeito do levante húngaro de 1919, comandado por Béla Kun, que, aportuguesado, virara Cohen, nome judeu para não restar dúvidas. Daí em diante, nunca se comprovou o caminho percorrido pelo documento apócrifo até a mesa de Vargas. Em suas memórias, Góis Monteiro garantiria que o recebera das mãos do próprio Mourão, que lhe assegurara a autenticidade.

Antes que o golpe esfriasse, em 27 de novembro Getúlio desceu do automóvel presidencial, acompanhado da família, na praia do Russel. Uma multidão o aguardava para as cerimônias em série previstas para o dia. O ponto alto foi a queima das bandeiras estaduais — e o hasteamento de 23 bandeiras do Brasil, representando a União, os vinte estados mais o território do Acre e o Distrito Federal. Ao maestro Heitor Villa-Lobos, coube reger o coral infantil que cantou o Hino Nacional. Naquela ocasião de esplendor patriótico, inaugurava-se a máquina de propaganda do Estado Novo. O Departamento de Propaganda e Difusão Cultural (DPDC) — futuro Departamento Nacional de Propaganda (DNP), posteriormente substituído pelo Departamento de Imprensa e Propaganda (DIP) — havia ironicamente ocupado o Palácio Tiradentes, a casa da democracia, sob o comando do sergipano Lourival Fontes, um discípulo do histrionismo fascista dos anos por vir.

"Realizou-se a festa da Bandeira e a missa campal oficiada pelo cardeal Leme. Muita gente e muito entusiasmo", celebrou o ditador no diário.

Daí em diante, podia-se considerar: a imprensa estava morta — ou pelo menos em coma. Para Samuel, porém, seria o contrário. Ia embarcar na sua primeira grande aventura.

4. Beijos na noite

Sim, o presente era curioso. Ali, na sala do apartamento de Azevedo Amaral, Samuel ouviu a proposta que por pouco não o derrubou da cadeira. Que diabos! O mesmo homem que lhe oferecia a oportunidade de fazer uma revista era um dos sujeitos que davam sustentação ideológica ao Estado Novo. Para Azevedo Amaral, o liberalismo era uma criação típica dos povos anglo-saxões, inadaptável aos trópicos. Sufrágio universal? Voto direto? Asneiras. O transplante para o Brasil das instituições liberais havia desembocado em corrupção, arruaças e promiscuidade eleitoral. No entanto, não comprava nem o fascismo nem o comunismo, diferenciando o Estado autoritário do Estado totalitário. O primeiro era o regime ideal, enquanto o segundo cometia o pecado de invadir a consciência individual. Talvez até houvesse a brecha teórica entre uma coisa e outra, mas para Samuel, Vargas, a quem Azevedo Amaral dedicava devoção — em 1941, publicaria a obra *Getúlio Vargas, estadista* —, não passava de um fascista.

Eles discordavam na essência, certo, mas Azevedo Amaral possuía o que importava: o subsídio da Light. O olho cresceu. Dois contos mensais, um bom dinheiro. O Polvo Canadense controlava tudo: energia elétrica, gás, telefonia, iluminação, bondes, e esticava os tentáculos sobre a imprensa através das agências de publicidade. Com a bênção desse símbolo maior do imperialismo, contrataria os comunistas da *Revista Acadêmica* e faria a melhor revista que o Brasil jamais tivera. Nunca pensava pequeno, imaginando sempre o infinito. Era sobretudo um otimista. Que raio de revista poderia fazer em plena ditadura? Azevedo Amaral queria repetir a fórmula da *Revista Brasileira*, divulgando o pensamento dos intelectuais. Após o fracasso da *Revista Contemporânea*, Samuel achava que aquele não era o caminho. Queria apostar em reportagens, uma publicação quente, refletindo a vida política, econômica e social do país. Com a lei da mordaça em voga, o que podia soar mais fora de moda do que notícia? Para sua surpresa, porém, Azevedo Amaral comprou a ideia.

"Não havia Congresso, nem partidos, a censura afiava as garras. Mas o mundo estava às vésperas da guerra, o Brasil estivera em franco processo de politização e havia leitores à espera de quem estivesse disposto a dizer, ou pelo menos tentar dizer, a verdade", comentaria nas memórias. "Enfim, tínhamos assunto."

Diretrizes: Política, Economia, Cultura saiu em abril de 1938. Uma revista elegante, com muito respiro entre um texto grande e outro maior ainda. O número de estreia, impresso em papel-jornal, contou com 56 páginas, em formato 18 × 27 cm. Assinada pelo modernista Santa Rosa, a capa em papel cuchê estampou um desenho sobre fotomontagem surrealista, um olho flutuando acima da cidade. A fórmula encontrada para acomodar os anseios parecia eficiente. Ao mesmo tempo que louvava o Estado Novo, na voz de Azevedo Amaral, a publicação imprimiu o pensamento progressista nas páginas internacionais, amparando-se no antagonismo ao nazifascismo. Os primeiros números trariam artigos de nomes como Aldous Huxley e Ernest Hemingway, que cobria a então praticamente perdida Guerra Civil na Espanha.

De repente, uma vida nova. Com Bluma, Samuel mudou-se para um diminuto apartamento no número 44 da rua Senador Dantas, a duas quadras do Amarelinho. Ela assumiu a contabilidade de *Diretrizes*, como uma espécie de diretora financeira que, no fim das contas, era quem decidia o que ia ou não ia ser feito. Durante o dia, o casal trabalhava na saleta do apartamento de Azevedo Amaral. À noite, recebia para jantar os novos amigos, o grupo que aos poucos ia enrodilhando a revista. A primeira edição esgotara no único ponto de venda, a Livraria José Olympio. Não que isso significasse grande coisa, já que a tiragem era de somente 5 mil exemplares, ao passo que revistas como *O Cruzeiro* vendiam acima de 200 mil. Dos colaboradores, por enquanto, só conseguira trazer para a lida Rubem Braga, com a coluna "O homem da rua", assinada RB, pois o rapaz seguia encrencado com a polícia de Filinto Müller.

Numa daquelas noites, Rubem trouxe um amigo para o jantar: Jorge Amado. O baiano havia sido preso — de novo — em Manaus, dias antes do golpe de Estado, sob a mais estapafúrdia das alegações. Teria ido à Amazônia a fim de cooptar os índios para a revolução comunista. Outro que passou a frequentar o apartamento da Senador Dantas, igualmente introduzido por Rubem Braga, foi Moacir Werneck de Castro, que retornava das férias forçadas na Fazenda Forquilha. Rubem e Moacir moravam na mesma pensão, na rua Corrêa Dutra, onde também ocupava um quarto Graciliano Ramos, com a mulher Heloísa e duas filhas pequenas. Regressando de Ilha Grande, o escritor se dedicava então ao romance *Vidas secas*.

No prefácio que escreveria para a autobiografia de Samuel, Jorge Amado disse, sobre o começo da amizade de uma vida inteira:

Um tempo confuso, dramático e difícil: não tínhamos dinheiro nem trabalho certo, ao menos alguns de nós, vivíamos com os tiras em nossos calcanhares, fregueses do Dops, navegávamos em águas revoltas, mas éramos jovens e fizemos misérias. Vivíamos ardentemente, mantínhamos o bom humor e a confiança em meio às ameaças e aos tropeços, não perdíamos a perspectiva, acreditávamos na força da democracia, na vitória da liberdade: um tempo inesquecível.

Sobre *Diretrizes*: "Oficialmente tratava-se de publicação mensal, de fato saía quando Deus ou o Diabo dava bom tempo. [...] Colaboraram em *Diretrizes*, naquela primeira fase, os maiores nomes da literatura brasileira, e a redação se compunha de jornalistas de grande talento. [...] Durante anos vivi a aventura de Samuel Wainer dia a dia".

Debruçado na janela, Samuel acendeu um cigarro e se dedicou a ouvir os estampidos que, pela distância, não dava para distinguir se eram tiros ou foguetes. Os pipocos esparsos alternavam-se com o matraquear constante. Bluma dormia, e ele, despertado pelo barulho, não conseguia mais conciliar o sono. Passava das três da madrugada de 11 de maio de 1938. Percebeu que a zoeira vinha das bandas do Catete. Após dois cigarros seguidos, com os sentidos já plenamente acordados, teve certeza. O som metálico, quase sem pausa, insistente... só podia ser de tiroteio. A coisa foi amainando ao alvorecer, um tiro aqui, outro ali, até o silêncio envolver tudo. No fim da manhã, caminhou até a banca de jornal, onde outros estremunhados aguardavam os vespertinos. As rádios permaneciam caladas. Só no início da tarde encheriam o ar de discursos indignados e marchas patrióticas. E dá-lhe *O guarani*.

O movimento no apartamento da Senador Dantas começou cedo. O primeiro a chegar fora Rubem Braga, seguido de Osório Borba, o feroz polemista pernambucano que se juntara ao grupo de *Diretrizes*. Após alguns telefonemas, apurou-se que Getúlio e a família haviam resistido de revólver em punho a um ataque integralista. Era o revide de Plínio Salgado, que, em vez do Ministério da Educação, como o prometido pelo apoio ao golpe de 1937, ganhara do Estado Novo o banimento para a clandestinidade. O líder dos galinhas-verdes negava a autoria intelectual do assalto, liderado pelo tenente Severo Fournier. O chefe de polícia, Filinto Müller, que ninguém sabia explicar por que demorara tanto para socorrer o presidente, estava caçando não só integralistas, mas todo o comando constitucionalista de São Paulo. O jornal *O Estado de S. Paulo* estaria já sob intervenção — e os irmãos Francisco e Júlio de Mesquita Filho, na cadeia.

"Se já era inexpugnável a posição do sr. Getúlio Vargas no seio da opinião brasileira, a manobra frustrada de ontem lhe vem conferir redobrada força", escreveu Assis Chateaubriand, na edição do *Jornal* da manhã seguinte, 12 de maio, apelidando o movimento de Intentona Integralista.

Os relatos publicados pela imprensa derramaram sobre o país uma sucessão de eventos fantásticos. Os revoltosos, diziam os jornais, lograram facilmente penetrar nos jardins do Guanabara, graças à conivência do chefe da guarda, um militar identificado como tenente Nascimento, que deixara cerrado o portão da Casa da Guarda. Ali os invasores encontraram armas e munição. Os cerca de oitenta integralistas vestiam uniforme da Marinha. Ao perceber o assalto, Vargas apanhara o revólver na mesinha de cabeceira e revidara, por uma fresta de janela do andar superior. O capitão-tenente Isaac Luís da Cunha Júnior, oficial da Casa Militar, de serviço naquela noite, chegara a distribuir os poucos revólveres e pistolas entre serventes do palácio. Os filhos de Getúlio, Alzira e Maneco Vargas, também haviam tomado parte na resistência, enquanto d. Darci Vargas e a filha Jandira se deitaram no chão da biblioteca. Em meio ao tiroteio, uma bala de fuzil dos camisas-verdes atravessara o espaldar da cadeira do escritório do presidente.

A certa altura dos acontecimentos, um carro em disparada adentrara os jardins do palácio. Ao volante, Benjamim Vargas, o Bejo, o qual ignorara as balas que se alojaram na lataria. Ele soubera do assalto quando bebia num bar com amigos e viera em socorro da família. Algum tempo depois, surgia na cena o ministro da Guerra, o general Eurico Gaspar Dutra, que conseguira reunir uma dúzia de soldados no forte do Leme e rumara para o Guanabara. No primeiro choque com os invasores, o general fora ferido de raspão na orelha e perdera dois homens. Sua presença, porém, bastara para espantar os agressores. Só por volta das cinco da manhã apareceram as tropas de ocupação, sob o comando do coronel Osvaldo Cordeiro de Farias, interventor do Rio Grande do Sul, que estava no Rio de Janeiro por acaso.

No terceiro número de *Diretrizes*, publicado na primeira semana de junho, o rosto recortado de Getúlio flutuou na capa. Na nova edição, a diferença ideológica entre Samuel e Azevedo Amaral gritou, quando os dois escreveram sobre o mesmo assunto. No comentário "A política do mês", Azevedo Amaral celebrou com tintas exageradas o heroísmo do presidente. Na sua opinião, Vargas dera aos "mercenários" uma grande lição política, defendendo em pessoa a "democracia" do Estado Novo. O comunismo e o integralismo seriam "irmãos gêmeos" e o Brasil podia dormir tranquilo, com o ocupante do Catete a defender a pátria nas duas frentes. Nem comunista nem integralista, graças a Deus. Por sua vez, Samuel preencheu três páginas com casos recentes que descortinavam a violência advinda do autoritarismo dos integralistas. Na verdade, de qualquer forma autoritária de governo. Intitulado "Perversão moral", o artigo relembrou o período delatório iniciado com a Intentona Comunista. "O brasileiro é um sujeito corajoso. [...] Estes hipócritas não são brasileiros."

Felizmente, Carlos Lacerda tomou-se de simpatia por ele. E Samuel podia passar horas ouvindo-o, sem se entediar. As viagens ao povoado de Comércio, nos arredores de Vassouras, onde o rapaz se exilara, na chácara do avô, tornaram-se periódicas. Com Moacir, pegava o trem na Central, levando no bolso o dinheiro amealhado entre os companheiros para ajudar a sustentar o prolongado exílio. Muita gente visitava o Carlos, como o chamavam os íntimos, principalmente a turma da Faculdade de Direito: Evandro Lins e Silva, Adalberto João Pinheiro, Antônio Chagas Freitas, Antônio Gomes da Cruz e Alceu Marinho Rego. Na edição de junho de 1938, dedicada à emboscada integralista, *Diretrizes* publicou sua primeira colaboração, um artigo sobre a viagem do autor pelo sertão do Brasil, acompanhando o desenho do rio São Francisco, "esse desconhecido".

As coisas andaram bem complicadas para Lacerda. Recém-casado com Letícia Abruzzini, a bonita Ziloca — a cerimônia ocorrera em março —, só então começava a pensar em retornar ao Rio. Desde a Intentona, vivia aqui e ali, clandestino. Em meados de 1937, viajara em campanha para o candidato à Presidência José Américo de Almeida. Porém, a descoberta do apócrifo Plano Cohen, desencadeando mais uma onda repressora, pegara-o em Salvador. Ciente de que estava na lista dos caçados, refugiara-se na ilha de Itaparica, disfarçado de estudante de medicina. Ao voltar da praia, num fim de tarde, dois policiais o aguardavam. Embarcado para o Distrito Federal no navio *Itanagé*, aportara na Casa de Detenção, na rua Frei Caneca, na véspera do golpe que instaurou o Estado Novo. No Natal, obtivera permissão para ir à chácara da família, com a condição de que não botasse os pés fora das fronteiras de Vassouras.

Talvez não escapasse a Samuel a personalidade messiânica do novo amigo. Apesar da pouca idade, podia se considerar um conhecedor da alma humana. Boa parte do seu charme, decerto, residia na capacidade de observar e agradar, sem, no entanto, bajular. Assim como ele, Lacerda largara a faculdade. Este, por se dizer incompatível com a "sufocante regra" do mundo, que "engole a alma, como a moenda que tritura a cana". Por Moacir, soubera da tentativa de suicídio, no porão da casa da família, na rua Alice, em Laranjeiras. Cortara os pulsos, e fora descoberto inconsciente pela irmã. A devoção comunista expressava-se nas leituras, indicadas em artigo para a *Revista Acadêmica*: "Os livros de Marx, Engels e Stálin no primeiro grau, seguidos pelos de Lênin, Dmitri Manuilski, Rosa Luxemburgo e Béla Kun, além do Programa e Estatutos da Internacional Comunista".

Em meados de junho, quando Lacerda retornou ao Rio e se integrou à equipe de *Diretrizes*, o assunto tinha mudado. Era ou não era Leônidas o melhor jogador do mundo? Uns diziam que havia muito deixara de ser o Diamante Negro. Outros defendiam que ainda valia pelos onze em campo. Concordava-se, no entanto: o treinador Ademar Pimenta não passava de uma besta. O Mundial estava sendo disputado na França — o terceiro da história do país. Logo *Diretrizes* recebeu o reforço do pernambucano Otávio Malta, que, aos 36 anos, ocupou o lugar de mais velho da turma. Trazia no currículo o comando de uma greve de jornalistas, em 1932, e fora editor do jornal *A Manhã*. Muitos anos depois Malta confessaria a Samuel que o Partido Comunista o plantara na redação da revista. Estava em casa. "Carlos era um de nós; era pobre como nós e tinha buracos nos sapatos", escreveria Malta sobre o colega.

Na edição de julho, Samuel conseguiu trazer Azevedo Amaral para o front esquerdista de *Diretrizes*. Uma trégua na guerra interna que se armava, com campanha para o impeachment do velho jornalista. Convenceu-o a escrever sobre o conflito na Espanha. Cada vez mais alinhado à Itália e à Alemanha, o governo vinha metendo a colher também no noticiário internacional. Segundo a versão oficial, os exércitos do Generalíssimo Franco estariam dando um passeio, sem encontrar resistência dos legalistas e, muito menos, da população. Não era de todo verdade. As Brigadas Populares lutavam à unha contra o armamento de guerra proporcionado pelos nazistas. A capa do quarto número de *Diretrizes* estampou uma foto de Robert Capa: imberbes soldados correndo num campo espanhol, em meio à fumaça das bombas. A chamada alardeava: "A verdade sobre a Espanha", no comentário internacional de A. A. O artigo de dez páginas, com dados e análises, conduzia o leitor pelo arco histórico da bestialidade.

O novo número era a prova de que *Diretrizes* não teria vida efêmera. Não podia ter. Partilhando os colaboradores com a *Revista Acadêmica* e a recente *Dom Casmurro*, dirigida por Álvaro Moreyra e Brício de Abreu, colocou-se entre dois mundos: não era nem uma revista de notícias nem uma revista literária. A fila de colaboradores só crescia: Mário de Andrade, Carlos Drummond, Eneida, Oswald de Andrade, Marques Rebelo, Graciliano Ramos, Rachel de Queiroz, Erico Verissimo, Nelson Werneck Sodré, Noel Nutels, Álvaro Moreyra, que assumiu coluna fixa. A Samuel coube um modesto espaço fixo, a coluna "Pequenos segredos do mundo". Em uma página e meia, fazia um apanhado de notas colhidas na imprensa internacional.

As edições que iam se sucedendo refletiram em textos primorosos um mundo do avesso. A Grande Guerra estava logo ali. "Tenho um amigo que vive aflito com as notícias da Europa. Devora uma a uma todas as edições. Telefona para as agências telegráficas. Não dorme; sofre de insônia internacional", gracejou Rubem Braga. "Ele acaba de me telefonar, declarando: 'Estou inteiramente pessimista: acho que tudo vai acabar em paz'." Carlos Drummond preferiu falar de outra coisa: "Desliguemos o rádio de Berlim. E, para distrair, falemos de Aldous Huxley, por exemplo". Já Oswald de Andrade captou para o leitor o ruído do planeta:

A multidão enfurecida: Abaixooooooooooooooooo! O Chefe: Os judeus pobres! A multidão: Abaixoooooooooooo! O Chefe: Vamos tirar tudo dos judeus pobres! A multidão: Vamoooooooos! Vaaaamooooooooooooos! Ooôôôôôôôôôôô! O Chefe: Quando eles não tiverem mais nada, tiraremos a vida! A multidão (sanguinária): Sim! A vida! Vaaaaaaaamos! Oôôôôôôôooooooo! O Chefe: Não há nenhum perigo! Deus está conosco! A polícia também. Papai grande garante!

Samuel levou um baita susto. Nunca fora o tipo de homem que pudesse ser considerado fisicamente corajoso. Ele próprio costumava confessar o horror à violência. Ao receber a convocação do Ministério da Guerra, gemeu. O prédio do campo de Santana era o terror dos jornalistas: dali para os porões de Filinto Müller. Mas qual seria o problema? A edição de *Diretrizes* que enviara para o aval da censura fora dedicada à amizade entre os Estados Unidos e o Brasil. Na capa, Getúlio sorrindo para Franklin Delano Roosevelt. Até então sua experiência com a repressão se limitava às horas gastas nos corredores do Palácio Tiradentes, aguardando que algum censor se dignasse a liberar as páginas.

No dia marcado para o comparecimento ao Ministério da Guerra, Samuel deixou o apartamento da Senador Dantas sob comoção. Volta? Não volta? Ninguém arriscava um palpite. Se não retornasse até o fim do dia, procurassem a Associação Brasileira de Imprensa (ABI). Após quatro horas de espera, enfim foi recebido pelo major Afonso de Carvalho, chefe de gabinete do general Dutra, que apontou as provas de *Diretrizes* sobre a mesa. As considerações sobre o enfoque nos problemas sociais da nação renderam assunto. Havia na edição um texto de Graciliano Ramos sobre o cangaço e a figura mítica de Lampião. Assim não dava, o Brasil do Estado Novo era um país sem mazelas. O problema, no entanto, estava mesmo naquele retrato da capa, tirado no Catete na ocasião da visita do presidente norte-americano, em novembro de 1936.

"Não pode circular, contraria a política externa brasileira."

"Mas a existência da foto é uma confirmação de que o Brasil e os Estados Unidos são amigos, major."

"Tira essa que a revista sai."

Depois do arrego, Samuel lançou a ideia de criar um Conselho Editorial, aprovada com louvor. O objetivo era juntar nomes importantes para resguardar *Diretrizes* da censura, que ainda nem atingira o seu apogeu. A fama de fascista de Lourival Fontes corria a cidade. Ele chegara ao poder em 1934 como diretor do Departamento de Propaganda e Difusão Cultural (DPDC), que logo teria seu nome trocado para Departamento de Imprensa e Propaganda (DIP). Seu poder abarcava os setores de divulgação, rádio, teatro, cinema, turismo e imprensa. Para colocar cabresto nos jornais e revistas, instituíra o controle estatal da importação do papel linha-d'água, utilizado para impressão: ou se andava na linha ou se perdia a cota de papel. Ao mesmo tempo, foi regulamentada a profissão de jornalista, com jornada de trabalho limitada a sete horas diárias e folga semanal. A conquista do registro, no entanto, exigia ficha limpa, o que deixava de fora boa parte da categoria. Na redação de *Diretrizes*, só Samuel conseguiria a carteira, expedida em 8 de abril de 1939 pelo Sindicato dos Jornalistas Profissionais da Guanabara.

Em fins de 1938, durante a preparação da edição de novembro, um golpe de Samuel mudou as coisas em *Diretrizes*. Embora na ocasião não tenha sido julgada pelos companheiros, a atitude dizia algo acerca da sua personalidade: capaz dos gestos mais nobres, mas também das maiores baixezas. Muitos o chamariam de oportunista ao longo da vida e outros tantos defenderiam seu senso de oportunidade. A tensão entre o velho conservador e a juventude comunista da revista ia crescendo conforme se radicalizava a oposição ao Estado Novo. Simultaneamente, o ditador afagava os Estados Unidos e expandia as relações comerciais e diplomáticas com a Alemanha e a Itália. A guerra, todos sabiam, era questão de tempo. Ficaria o Brasil ao lado do nazifascismo?

Em meio à disputa interna, Samuel derrubou Azevedo Amaral. Ao registrar o título *Diretrizes*, fizera-o só em seu nome. E não em sociedade com o companheiro, que, afinal, estava cego e só perceberia o tombo na hora certa. Essa hora chegara. O subsídio da Light provavelmente iria junto com o sócio afastado, mas a revista, de alguma forma, sobreviveria do nome na praça. Samuel já tinha em mente outros investidores quando comunicou ao apoiador de primeira hora que ele estava fora. Por muitas décadas, jornalistas debateriam nos bastidores da imprensa o que de fato aconteceu para a ruptura. Nas memórias, Wainer contaria a versão que lhe convinha, a de que a tensão levara a um acordo de cavalheiros. Porém, restaria uma carta de Azevedo Amaral a Nelson Werneck Sodré, confirmando a versão menos lisonjeira. O documento foi mantido nos arquivos da Biblioteca Nacional.

Rio de Janeiro, 19 de novembro de 1938,

Meu caro Nelson,

Estava preparado para escrever-lhe, quando há três dias tive o prazer da visita do capitão Melo Morais, que me trouxe notícias suas e com quem muito conversei a seu respeito e acerca das cousas interessantes desse vasto extremo oeste brasileiro. Fiquei surpreendido ao saber pelo capitão Melo Morais que você me endereçara quatro cartas. Até hoje só recebi uma carta e depois um artigo, que deveria ser publicado em *Diretrizes*.

Exatamente poucos dias após a chegada desse artigo, verifiquei fatos muito desagradáveis, que corriam por conta do meu sócio naquela publicação. Desliguei-me dele e dela completamente e não pude suspendê-la, porque o homenzinho, com extraordinária falta de honestidade, fizera o registro do título exclusivamente em nome dele, apesar de todas as despesas terem corrido por minha conta. Resolvi imediatamente publicar outra revista, *Novas Diretrizes*, esta de minha exclusiva propriedade e direção. O primeiro número apareceu em 1º de novembro e logo lhe remeti dois números para Campo Grande em carta registrada. Quanto ao seu artigo, que havia entregue ao meu sócio infiel, [...] reclamei-o, mas ainda não pude obter a devolução do original [...]. Peço que me desculpe o incidente e mostre a sua indulgência, remetendo-me um novo artigo para *Novas Diretrizes*. Infelizmente ele não chegará a tempo para o número de dezembro, mas será certamente publicado na edição de janeiro.

[...]

Adeus, meu caro Nelson. Escreva-me, mande-me o seu artigo e pense no amigo, que muito afetuosamente o abraça, Azevedo Amaral.

Culpa, remorso, arrependimento, nada disso parecia fazer parte do vocabulário de Samuel. Vindo de onde vinha, só olhava a linha de chegada. Por toda a vida, aliás, agiria da mesma forma. Se o objetivo lhe parecesse nobre, tanto fazia o que tivesse de fazer para alcançá-lo. Ideologicamente, tinha o seu norte — no caso, o trabalhismo inglês — muito bem definido pela esquerda judaica que o parira. Profissionalmente, só queria fazer revista. A qualquer custo.

Entre os fins de 1938 e o alvorecer do novo ano, 1939, ele saiu de férias com a turma toda, rumo à chácara da família de Carlos Lacerda, no município de Vassouras. Entre os companheiros que tomaram o trem na Central, Moacir Werneck de Castro, Otávio Malta, Jorge Amado e Matilde, além de um novato no grupo, que logo se tornaria o seu compadre: Dorival Caymmi. Segundo Jorge Amado contaria depois, havia achado o baiano arrastando as sandálias "entre o Café Belas Artes e o Café Nice". De acordo com Caymmi, eita fim de semana danado de animado. Rendeu até uma canção, "Beijos na noite", assinada por Jorge e Lacerda.

5. A mocidade é assim mesmo

Ninguém poderia imaginar que a ferida fosse calar tão fundo em Carlos Lacerda. Nem mesmo seu melhor amigo, Samuel, testemunha daquele crepúsculo. Além de *Diretrizes*, Lacerda colaborava também na revista *O Observador Econômico e Financeiro*, imitação bem-sucedida da americana *Fortune*. Na edição de janeiro de 1939, numa reportagem sem assinatura, intitulada "A exposição anticomunista", dissecou a trajetória do Partido Comunista do Brasil, de 1922, ano da fundação, até a eclosão do famigerado levante, em 1935. O único comunista brasileiro citado nominalmente era Luís Carlos Prestes. Afinal, até as pedras portuguesas das calçadas cariocas sabiam da ligação dele com Moscou. Mas o artigo, encomendado em última instância pelo Departamento de Propaganda — o dono da publicação, Valentim Bouças, além de pertencer ao conselho técnico do Ministério da Fazenda, costumava jogar golfe com Getúlio —, alterou o rumo das coisas.

Diferentes versões rondariam os tempos. Ao certo só se sabe que, como contaria o próprio Lacerda nas memórias, ele correra para o apartamento de Samuel, na Senador Dantas, onde agora se instalava a redação de *Diretrizes*, logo após receber a missão de perfilar o Partido Comunista. Tratava-se de questão delicada. O editor do *Observador Econômico*, Olímpio Guilherme, havia lhe encomendado a reportagem como parte dos intermináveis festejos do primeiro aniversário do

Estado Novo. "Olha, tenho um problema muito sério para vocês decidirem. O *Observador Econômico* vai publicar uma história do comunismo no Brasil. Eu me recusei a fazê-la, mas o Olímpio Guilherme diz que vai entregar ao Heitor Muniz, [...] tremendamente anticomunista", relembraria no livro *Depoimento*.

A alternativa é esta: ou entregar a reportagem a um sujeito para fazer dessa história do comunismo a maior provocação do mundo, mostrando que os comunistas continuam aí, que são perigosos etc., ou pegar isso, contar o passado do Partido Comunista e dizer que, graças à ação do Estado Novo, o comunismo acabou no Brasil, não tem mais perigo nenhum, que isso hoje é uma lenda. [...] Qual é a decisão?

A partir desse ponto a narrativa tomaria variantes. Nas memórias, Samuel nem sequer mencionou a reunião, afirmando que Lacerda decidiu fazer a reportagem por sua conta e risco. Já Lacerda garantiu que deixara o apartamento da Senador Dantas com a seguinte combinação: Otávio Malta consultaria a direção do PC e de lá traria a palavra final. Na versão dele, o Partido acabara por aprovar seu nome para a ingrata tarefa. Nunca tivera a menor intenção de trair a agremiação na qual militava desde a adolescência. Não escrevera nada comprometedor. O texto estava calcado na história, e não no presente, do comunismo no Brasil. Entregara o que prometera. Se havia introduzido algumas frases mais fortes, cometendo excessos, fora pela necessidade de não apresentar um trabalho totalmente chapa-branca.

Apesar da breve convivência, tinha brotado entre Samuel e Lacerda uma amizade tão fraterna que a alguns parecia obsessão. Mais da parte de Lacerda. Houve quem chegasse a maldar a proximidade, insinuando que havia ali paixão de um lado e vício de sedução do outro. Na opinião de Moacir Werneck de Castro, que os apresentara, a fascinação fora mútua. Nos guardados de Moacir, restariam dois telegramas que recebeu de Belo Horizonte, onde a dupla passou um fim de semana. O telegrama de Wainer dizia: "Mas que revelação! Que revelação é o nosso amigo Carlos. Foi preciso vir a Belo Horizonte para descobrir os seus encantos". O de Lacerda era mais metafórico: "Samuel, grande macarronada *au gratin*, e os puros ares desta terra".

Naquele verão de 1939, que, nas palavras de Mário de Andrade, desmoralizava o ser, a história do Partido Comunista do Brasil ganhou destaque no *Observatório Econômico*: 29 páginas. "Como conseguiu Luís Carlos Prestes adquirir prestígio a ponto de conseguir iludir as massas proletárias?", levantou Lacerda a questão, na parte dedicada à Coluna Prestes. Sobre a Aliança Nacional Libertadora, escreveu: "é fora de dúvida, entretanto, que o PCB teve na gênese da ANL a mais destacada atuação". Entre as fontes citadas, os documentos apreendidos pela polícia, em 1935, na casa de Arthur Ewert, o comparsa de Prestes na Intentona que, àquela altura, tinha enlouquecido na prisão, em consequência de tortura. Mesmo tendo Lacerda tido o cuidado de não citar outros nomes de dirigentes nacionais, nos dias que se seguiram ao lançamento da revista supostamente caíram muitos companheiros, conforme as contas do PCB. Ao desvendar a estrutura do partido, a reportagem teria acabado por colaborar com a caçada de Filinto Müller.

"Estou em casa [morava num apartamentozinho no Edifício Roxy, em Copacabana, no primeiro andar] e chegam o Samuel Wainer e o Moacir Werneck, [...] os dois com a cara assim muito enfiada, muito encabulados", relataria Lacerda. Samuel falou primeiro: "Carlos, você já viu um boletim que está circulando por aí?". Não tinha visto. Moacir, então, entregou-lhe um panfleto mimeografado, em que era acusado pelo Partido Comunista de agente da Gestapo, trotskista a serviço do imperialismo, traidor da causa do proletariado, responsável pela prisão de companheiros e autor da reportagem não assinada do *Observador Econômico*. Ao ler, Lacerda reagiu: "Isso em primeiro lugar é uma infâmia. Em segundo lugar, é uma denúncia à polícia". Se estava sendo expulso do PC, era automaticamente comunista. Lívido, prostrado na cadeira, recebeu a mão estendida de Samuel, que lhe ofereceu o cargo de editor do suplemento de cultura de *Diretrizes*.

A *Revista Proletária* acusou-o: "esse reles aventureiro a serviço do fascismo que, por algum tempo, conseguiu ludibriar a boa-fé dos meios revolucionários e democráticos. [...] um apelo indisfarçável à polícia para infiltrar-se no seio do PCB. [...] e agora tem o despudor de afirmar que a direção do PCB havia supervisionado o seu provocativo trabalho".

Transcorreram semanas de tensão no coeso grupo de *Diretrizes*. Na Livraria José Olympio, Eneida defendeu em discurso o banimento de Lacerda das rodas literárias. Entre os mais chegados, no entanto, Samuel, Jorge Amado, Moacir Werneck e Rubem Braga, ele ainda encontrava refúgio. Vigia um tempo de rigor stalinista. Aqueles que aceitavam trabalhar, por exemplo, nos projetos renovadores do Ministério da Educação, comandado por Gustavo Capanema, ganhavam o rótulo de "cooptados". O momento político mundial oferecia uma aparente nitidez de alternativas: fascismo ou comunismo. Não se punha em questão que a Espanha pudesse estar enfrentando uma tremenda luta interna de facções de esquerda. Muito menos se admitia que, em Moscou, Stálin cometia crimes indizíveis, embora Nikolai Bukhárin, um dos teóricos mais apreciados pela turma, com sua "teoria do materialismo histórico", já tivesse ido para o paredão.

"Tudo nos parecia monolítico — e altamente romântico", escreveria Moacir Werneck sobre o período.

Numa daquelas noites quentes, Samuel e Bluma dormiam quando ouviram gritos e chutes na porta do apartamento da Senador Dantas. Com a expulsão de Azevedo Amaral de *Diretrizes*, ali já não era uma casa, mas a mistura de redação de revista e ponto de encontro dos amigos. A privacidade do casal resumia-se ao quarto. "Abra! Abra!", gania o insistente visitante. Sonolentos, não reconheceram a voz. A princípio, suspeitaram que se tratasse de uma visita da polícia, afinal nenhum outro lugar no Rio de Janeiro juntava tantos comunas. Assim que Samuel criou coragem para entreabrir a porta, um corpo desabou na sala: Carlos Lacerda, bêbado feito um gambá. "Carlos sofreu bastante com esse repúdio generalizado, do qual lhe ficaram feridas que jamais cicatrizaram. Pude testemunhar alguns penosos efeitos sobre seu comportamento provocados por esse trauma", lembraria Samuel, deixando para a posteridade uma frase que Lacerda teria proferido na ocasião: "Literalmente desabou no chão. Eu e Bluma o arrastamos para uma cama. Ele não parava de chorar e gemer, balbuciando sempre a mesma frase: 'Mataram minha mãe, sou um órfão'".

Ódio? Vingança? Ou reflexão sobre a própria culpa? O que se passou com Samuel ao ouvir de Bluma aquela confissão? Sim, ele era ausente, dava mais atenção ao trabalho que ao casamento. Mas o que queria ela? Também não se encaixava no modelo de esposa, rodeada de admiradores, incorporada no papel de musa da esquerda. "Bonita como Michèle Morgan", comparavam os amigos. E ele sempre a incentivara a ir cada vez mais longe, a ser cada vez mais livre. Entre os mais resolutos admiradores, suspirava o sergipano Joel Silveira, que migrara da redação de *Dom Casmurro* para *Diretrizes*. Outro novato no grupo, o caricaturista Augusto Rodrigues, não cansava de desenhá-la. Santa Rosa dedicava-lhe pinturas. Até Di Cavalcanti já a havia retratado. "Todos os dias, 4h30, cinco horas da tarde, o Samuel dizia assim: 'Onde a senhora esteve, d. Bluma Chafir?'.

Ela vivia pela cidade, era musa de todo mundo", lembraria Joel. Como podia cobrar dele, Samuel, uma atenção que ela mesma não dava?

Mas justo Rubem Braga? Bluma estava grávida, e apaixonada por aquele que Samuel considerava um de seus melhores amigos. Que ironia! Os dois se pareciam tanto fisicamente. Além de destruir o casamento, estava condenando *Diretrizes*, já que a colaboração de Rubem na revista ia muito além da coluna que assinava: ele ajudava a correr atrás de anúncios e patrocinadores. Fosse Samuel engolir a raiva e repartir com Bluma a culpa, teria que admitir que, na verdade, empurrara a mulher para o companheiro. A ninguém escapava o olhar fascinado do cronista ante a presença de Bluma. As afinidades eram muitas, iam ora ao teatro ora ao cinema, atendiam aos eventos literários. Ela bem que tentara resistir à devoção. Até pegar o marido na cama com outra mulher, jamais identificada. Ficaria para a posteridade apenas a confissão de Bluma à cunhada Noia Chafir, casada com seu irmão, César Chafir. "Quando ela chegou em casa, encontrou ele com outra na cama. Samuel era terrível. Ficou muito brava", relatou Nema Chafir, filha de Noia.

No expediente da edição de junho de 1939 de *Diretrizes*, concretizou-se a separação. Como a redação funcionava no apartamento da Senador Dantas e Samuel saiu de casa, o endereço mudou para a praça Getúlio Vargas, 2. Genolino Amado, primo de Jorge Amado, assumiu a coluna de Azevedo Amaral. Este levara consigo, para sua nova publicação, os dois contos da Light, e Samuel vinha fazendo ginástica para fechar os custos. Contava com um volume considerável de bons anunciantes, que, no entanto, não pagavam nem a metade das contas: Gillette, Caracu, a cerveja preta da Antarctica, refrigeradores Leonard, pasta de dentes Odol, Standard Oil do Brasil, Souza Cruz, Gráfica Guarani, City Bank, Banco do Brasil, Dr. Scholl, Rádio Inconfidência, RCA Victor, elevadores Otis e Livraria José Olympio. A linha editorial tomara o rumo do "pan-americanismo prático", caminho defendido pela publicação para "um Brasil política, econômica e culturalmente independente e forte".

Não se soube o que Samuel disse a Rubem Braga, o qual persistiria nas páginas de *Diretrizes* por mais quatro edições. Porém, casado com Zora Seljan e pai de Roberto, de dois anos, o cronista preferiu fugir para Porto Alegre. Ao aterrissar ali, no começo de julho, foi preso, com a ordem de Filinto Müller para ser recambiado ao Rio de Janeiro. Graças à interferência do interventor do estado, o coronel Cordeiro de Farias, acabou solto e recebeu permissão para se instalar na capital gaúcha. Alugou um pequeno apartamento na rua Dr. Flores, em frente à Confeitaria Rocco, onde tomaria longos cafés, e integrou-se aos dois maiores jornais locais: *Correio do Povo* e *Folha da Tarde*. Na crônica dedicada a Bluma, "O gesso", publicada no livro *A cidade e a roça*, ainda remoía a traição à amada, que ficara no Rio: sozinha e grávida. "Muitas vezes encontro sua lembrança em alguma esquina da cidade; subitamente me sinto viver uma tarde antiga, como se a vida tivesse voltado um instante — ouço aquela voz dizer o meu nome, o bater de seus saltos na calçada, ao meu lado."

Em carta a Murilo Miranda, escrita em Porto Alegre, Zora, a escolhida, soou arrependida de ter lutado para manter o casamento com o apaixonado Rubem:

Eu estou desesperada. Preferia mil vezes um sofrimento agudo, uma dor forte. [...] Esta vida, Murilo, é de uma estupidez incrível. [...] Estamos numa outra lua de mel. O Rubem nunca foi tão amoroso e delicado. Nada me falta, estou cheia de mocidade e saúde. Eu olho tristemente para o Rubem e tenho pena dele. Por que eu fui torcer um destino se eu não me sinto capaz de enchê-lo?

Enquanto Bluma fazia um aborto no interior do Rio, amparada pela cunhada Noia, e Rubem Braga amargava a fossa na gelada Porto Alegre, Samuel mergulhou na sua primeira reportagem sobre o petróleo, tema que o perseguiria a vida toda. A edição de junho de *Diretrizes* trouxe na capa o general Júlio Caetano Horta Barbosa, presidente do Conselho Nacional do Petróleo. Numa das fotos que ilustrou a reportagem, ao lado do general, o jovem e sorridente repórter. O ouro negro acabara de ser descoberto em solo brasileiro. A entrevista discutiu formas de exploração, com ou sem a participação da iniciativa privada, com ou sem capital estrangeiro. O exemplo usado por Wainer para defender a nacionalização fora a Argentina. Ativo na exploração desde 1922, o país vizinho realizara dois objetivos: destilar a totalidade do consumo e controlar os preços. Buscava no momento enfeixar nas mãos do Estado os trabalhos de pesquisa e lavra, negando novas concessões.

Agora cada brasileiro pode ter a certeza de que não está longe o dia em que as nossas fábricas serão ocupadas por máquinas construídas com o nosso ferro; que as nossas usinas serão acionadas pela eletricidade extraída das nossas próprias quedas-d'água; que os nossos campos serão arados por motores acionados por nosso petróleo; que as nossas estradas serão palmilhadas por caminhões movidos pela nossa gasolina.

Tal otimismo não condizia com seu verdadeiro estado de espírito, muito menos com o rumo da humanidade. Passava pouco das nove da manhã do inesquecível 24 de agosto de 1939, quando Joel Silveira chegou à redação e encontrou Samuel envolto numa nuvem negra. Sentada à sua frente, a cúpula de *Diretrizes*: Otávio Malta, Moacir Werneck e Jorge Amado. Muitos sussurros, relembraria o repórter: "deve ser tática", "Stálin sabe o que faz". A notícia que provocara o assombro estava nas manchetes de todos os jornais: Stálin estendera a mão a Hitler, num tratado de não agressão, o chamado Pacto Teuto-Russo. Aos 21 anos, Joel era só um aprendiz da reportagem. Viera de Aracaju com a ambição de se tornar escritor. Já publicara um livro, *Onda raivosa*, recebido com confetes por Mário de Andrade: "Finalmente, um contista". Em *Diretrizes*, estava se desviando do caminho: "Como repórter sou uma invenção de Samuel".

Na noite anterior, no salão nobre do Kremlin, em Moscou, o comissário do Povo para Negócios Estrangeiros da União Soviética, Viatcheslav Molótov, e o ministro do Exterior alemão, Joachim von Ribbentrop, firmaram, na presença sorridente de Stálin, como mostravam as fotografias, o acordo previsto para durar dez anos. As tropas nazistas, estacionadas na fronteira com a Polônia, por duas vezes tinham adiado a invasão, temendo o Exército Vermelho. Agora não havia mais empecilho. O que não se soube na época teria deixado a plateia esquerdista ainda mais perplexa. Na mesma ocasião, fora assinado um pacto secreto, pelo qual Hitler prometia a Stálin um naco do butim: parte da Polônia e as chamadas repúblicas bálticas — Lituânia, Estônia e Letônia.

Até então, certamente, Samuel não sabia quanto os comunistas o controlavam. Talvez imaginasse dominar a situação. Sempre aquele otimismo cego que tanto irritava Bluma. Por exemplo: entre todos da redação, confiava especialmente em Otávio Malta. Ninguém tinha sobre ele maior influência. Porém, só foi saber muitos anos depois, da boca do próprio, que sua presença ali não era obra do acaso. Fora plantado na revista pelo Partido Comunista, para direcionar a linha editorial. Segundo contaria Joel Silveira, um emissário do PCB levava semanalmente a Malta orientações de Moscou: "Havia um sujeito que era do Comitê Central [do Partido]. Eram coisas da clandestinidade: ele chegava escondido. Vi uma vez quando ele passou, feito um vulto furtivo. Devia ser um emissário. *Diretrizes* era o QG do esquerdismo, porque tudo estava clandestino". Com o Pacto Teuto-Russo, que significava recolher as críticas contra os nazistas, Wainer foi à lona: "Calculo o sofrimento e a tortura de um homem como ele. Quando queria falar intimidades com a família — com a mãe, principalmente — falava iídiche".

Nas memórias, Samuel diria:

> Adotávamos uma linha abertamente antinazista e antifascista. Como sair daquele impasse? Reunimo-nos para debater a questão, mas não havia solução possível. Os comunistas, sempre disciplinados, tinham que apoiar o que Stálin decidira. Como eu era controlado pelos comunistas da redação, acabei concordando.

A *Diretrizes* de setembro já estava pronta quando se tomou conhecimento do pacto macabro. Uma edição inteira dedicada ao pan-americanismo, trazendo o resultado do Concurso Pan-Americano, que levaria o leitor vencedor a Nova York. Ao longo da edição, telegramas de membros do alto escalão do Estado Novo, como Osvaldo Aranha e o próprio Getúlio. Em destaque, uma foto de Roosevelt autografada, seguida de telegrama do subsecretário de Estado dos Estados Unidos, Sumner Welles:

> A focalização de ideias construtivas nos laços que unem nossas duas nações não pode deixar de tornar claras as inestimáveis vantagens que podem advir de um amplo programa de cooperação e intercâmbio, baseado num respeito mútuo, confiança, e numa inteligente compreensão dos problemas de cada um. Peço transmitir aos editores de *Diretrizes* expressões do meu interesse no seu empreendimento.

Quando a revista saiu, o mundo já estava em guerra. Em 1º de setembro, Hitler invadiu a Polônia e, dois dias depois, França e Reino Unido declararam guerra à Alemanha, impondo o bloqueio naval ao Reich.

Samuel entrou 1940 barganhando a alma. De um lado, pingava em *Diretrizes* um bom dinheiro dos cofres do Departamento de Estado dos Estados Unidos. Não por acaso, Sumner Welles lhe dera a honra de um telegrama personalizado.

O contato com o governo de Roosevelt era o professor Carleton Sprague Smith, que, naquele ano, instalava-se no Rio com a missão de cuidar da política de boa vizinhança, uma espécie de adido cultural. Os norte-americanos precisavam de toda a ajuda que pudessem obter na missão de aproximar a opinião pública brasileira da causa do pan-americanismo — e pagavam bem. Mas Samuel era ecumênico: os nazistas distribuíam dinheiro à larga, e ele, impingido pelo Pacto Teuto-Russo, entrou na festa. Se não havia remédio, remediado estava. Nessa guerra por corações e mentes, os boches usavam a agência de publicidade Transocean, com sede na Cinelândia e mais de cem funcionários, sob o comando de um alemão de olhos azuis e modos de gentleman, Heinz Ehlert.

Joel Silveira contaria:

Um dia [...] Samuel me chama e diz: Vá lá na agência Transocean, procure um senhor chamado Heinz Ehlert e apanhe com ele uma encomenda. Não abri, mas suponho que era dinheiro. É possível sentir pelo tato. Não estou nem nunca estive dentro da cabeça de Samuel Wainer. Mas calculo o sofrimento e a tortura de um homem como ele. [...] Judeu adora pai e mãe.

Em telegrama arquivado no Departamento de Estado dos Estados Unidos, datado de 3 de outubro de 1958, Sprague Smith rememoraria: "No passado, Wainer fora comprado por vários lados e agora quer mudar a direção dos seus jornais. Talvez esteja cansado dos comunistas?".

Por certo, "vender" não era exatamente o verbo que regia as ações de Samuel. Seria mais preciso dizer que trocava, quando a oferta lhe era conveniente. Em termos ideológicos, mantinha-se naquele rumo, sempre à esquerda, e caso encontrasse alguém disposto a financiá-lo avançando na mesma estrada, por que não? Era como se tivesse traçado um código de ética próprio, no qual se apoiava para não ser possuído por sentimentos que só serviriam para atravancar o caminho. De que lhe adiantaria a culpa? Verdade seja dita, só copiava os barões da imprensa. Os Mesquita, por exemplo, estavam umbilicalmente atrelados aos constitucionalistas de São Paulo. E Chateaubriand? Este, ao contrário dele, mudava de direção conforme o valor do cheque. Na aurora da bestial guerra, sem dúvida Samuel apoiava o pan-americanismo. A possibilidade de ver o Brasil entrar no conflito ao lado dos nazistas devia provocar-lhe frio na espinha. Então, qual o mal em receber dinheiro dos Estados Unidos para dar suporte à causa que já abraçava? Vendido? Ou oportunista, como preferiam seus desafetos? Em sua concepção moral, apenas pragmático.

Mas e os nazistas? Como Samuel poderia justificar para si essa associação? Ora, com a assinatura do Pacto Teuto-Russo, estava longe de ser o único a receber um agrado dos nazis. Porém, não custaria lembrar, o judeu ali era ele. A esta altura, as páginas do *Meio-Dia*, diário que propagandeava abertamente o nazismo, tornaram-se destino de comunistas, inclusive da rapaziada de *Diretrizes*. Em 30 de julho, Jorge Amado assumira a edição da página de "Letras-Artes-Ciência" — três meses depois já não era o editor. Joel Silveira tornou-se redator. Oswald de Andrade mantinha coluna fixa. O jornal fora fundado por um sujeito chamado Joaquim Inojosa, empresário abastado de Pernambuco que conquistara os intelectuais pelo apoio aguerrido à Semana de Arte Moderna. Antissemita de alma, apelidara os judeus de "raposas viciadas". De qualquer maneira, devia pensar Samuel, pouco podia fazer sozinho, no caso de rejeitar o dinheiro maldito. Ao menos três jornais constavam na folha de pagamento da Transocean, de acordo com documento também arquivado no Departamento de Estado americano: *Gazeta de Noticias*, *A Patria* e *Meio-Dia*. Quase todos os outros órgãos de imprensa recebiam algum, via anúncios ou matérias pagas.

Diria Joel Silveira:

O que o *Meio-Dia* queria [...] era a colaboração de gente que tinha um certo nome, porque, assim, o suplemento literário teria categoria. Eu tinha vinte anos, era figurante. Quem eram meus gurus, afinal? Era Jorge Amado, era Samuel Wainer, era Álvaro Moreyra. O que eles mandavam eu fazia. Nenhum nunca me disse para eu escrever a favor de Hitler. Quem quisesse atacar o imperialismo britânico poderia. Era fácil atacar. A Inglaterra ainda representava o império. Não era um ato de covardia meter o pau na Inglaterra. As coisas não estavam ainda tão claras.

Joel faria questão de marcar o tempo:

Não era o nazismo de 1944, quando se tomou conhecimento dos fornos crematórios. É evidente que, se soubéssemos [...] de todos os horrores, nenhum de nós iria escrever para um jornal pró-Alemanha. O nazismo era a negação de tudo, [...] uma perversão. Mas o que é que se conhecia do nazismo? O que se sabia era que o nazismo era o fascismo que não gostava de judeu.

Em abril do inacreditável ano de 1940, engolfado pelas tormentas, Samuel enfiou-se — mais do que nunca — no trabalho. Tudo parecia contaminado pelo espírito beligerante do tempo. Na redação, Jorge Amado já não falava com Carlos Lacerda, após um artigo virulento que este escrevera contra o poeta Jorge de Lima. Moacir Werneck deixara a revista e viajara para Porto Alegre a fim de se reunir com Rubem Braga. A saída de Moacir fora motivada por outro artigo venenoso de Lacerda, dessa feita tratando de Cândido Portinari. Como podia tanta cumplicidade descambar para ressentimentos e desavenças? A última vez que a patota toda se reunira fora no vatapá oferecido a Dorival e a noiva, Stella Maris, na casa de Jorge Amado, na Urca. Nas fotografias, pareciam inseparáveis. Por aqueles dias primaveris, Samuel, ao lado de Jorge, apadrinhou o casamento, aliás. Segundo lembraria Caymmi, chegou atrasado, esbaforido, com roupa de trabalho. As coisas andavam tão descombinadas em *Diretrizes* que terminara obrigado a demitir o indomável Carlos.

"Constatei [...] que Carlos Lacerda não se emendara. Eu havia imaginado que, com o episódio da expulsão do PCB, ele se tornaria mais tolerante, humilde, compreensivo", comentaria Samuel, que, em julho, demitiu o jornalista, colocando mais uma pedra na estrada pavimentada com pequenos e grandes rancores. "Nada disso acontecera, e tive de ceder às evidências: comuniquei-lhe que não havia mais clima para que ele continuasse."

O tempo correu e, ao contrário do imaginado ou previsto, Samuel procurara Bluma. Reatado o casamento, após algum tempo na antiga residência, os dois se instalaram num apartamento maior da mesma Senador Dantas, agora no número 19. *Diretrizes*, de regresso à sala, precisava de mais espaço. Em meio às asperezas do ano velho, ele conseguira o capital para transformar a revista em publicação semanal, o que aconteceria a partir de janeiro de 1941. Na nova fase, enfim, concretizaria o desejo de priorizar a reportagem. Seu sonho mesmo era fazer jornal. Como não cabia no orçamento manter um diário, *Diretrizes* seria o meio-termo. O formato mudou para tabloide, inovando com uma sobrecapa que destacava a seleção das principais matérias. O projeto gráfico assinado por Augusto Rodrigues aumentou o espaço para fotografias e caricaturas, e reduziu o tamanho dos textos.

Parte do dinheiro para a empreitada saiu do bolso do novo sócio: o advogado

Maurício Goulart, apelidado, na redação, de Maurice pelos modos aristocráticos. A cooptação dele para o front marcou outra manobra de Samuel. Na verdade, a ideia fora de Rubem Braga, que, antes de se retirar para o Sul, participara das reuniões de negociação. O homem era ligado aos liberais de São Paulo e Minas Gerais, a turma que, após a Revolução de 1930, fora empurrada para escanteio por Getúlio. Sua presença na revista construía a ponte com o grupo de empresários e políticos que queriam demolir o Estado Novo. De próprio capital, Goulart entrou com cem contos e, em troca, dividiria com Samuel a direção da publicação.

O que faltava no orçamento passou a vir da "vaquinha" de Virgílio de Melo Franco. Filho de Afrânio de Melo Franco, um dos nomes mais influentes da República Velha, o mineiro estava no completo ostracismo político, tocando uma pequena empresa de loteamentos no Jardim Botânico. Seu escritório ficava na rua da Quitanda. Para servir de intermediário na transação, Samuel nomeou Joel Silveira, que, de quinze em quinze dias, ia buscar a mesada. Relembraria Joel: "Virgílio acordava às cinco da manhã. Marcava para eu chegar lá às seis da manhã".

Samuel tinha cabeça de rico numa existência de pobre. Não se importava com dinheiro. Nunca lhe passava pela ideia comprar um imóvel ou investir em bens pessoais para garantir o futuro. Só queria fazer revista. Não uma revista qualquer, mas a mais espetacular. Sempre a megalomania. "Tinta nas veias", como bem dizia Joel Silveira. Ou "doidice", na definição de Bluma. As brigas do casal invariavelmente começavam por alguma insensatez financeira de Samuel. Com os réis amealhados, inchou o expediente de *Diretrizes*. A reportagem ganhou o reforço do melhor da praça, o cearense Edmar Morel, então repórter da *Cruzeiro*. O departamento de arte recebeu de presente Antônio Nássara, ou só Nássara, como assinava os desenhos. Naquele início de 1941, ele ainda não era conhecido pelo traço — viria a se tornar um dos mais importantes caricaturistas do país —, mas pela marchinha que dominou o Carnaval: "Allah-lá-ô".

Diretrizes investiu em reportagens literárias: "A vida de um prisioneiro de guerra"; "A morte custa dinheiro"; "A vida industrial do ABC"; "A verdade sobre a macumba"; "O arranha-céu democratizou Copacabana"; "Na estrada com o marechal Rondon"; "Eu vi Santos Dumont voar".

Na lista de colaboradores, não parecia faltar ninguém: Afonso Arinos de Melo Franco, Aníbal Machado, Aparício Torelly, Augusto Frederico Schmidt, Cassiano Ricardo, Carlos Scliar, Danton Jobim, Emil Farhat, Erico Verissimo, Gilberto Freyre, José Lins do Rego, Graciliano Ramos, Hermes Lima, Jorge Amado, Marques Rebelo, Murilo Mendes, Rachel de Queiroz, Sérgio Milliet, Mário de Andrade, Oswald de Andrade, Nelson Rodrigues e até mesmo o famoso escritor austríaco Stefan Zweig, proscrito por Hitler e exilado em Petrópolis. Além da poeta e escritora Adalgisa Nery, que, depois da morte do marido, o poeta e pintor Ismael Nery, casara-se com Lourival Fontes.

Num fim de tarde de março, Samuel recebeu no apartamento da Senador Dantas um repórter magrinho, meio gago, que fora indicado por Augusto Rodrigues. Com pouco mais de 25 anos, Francisco de Assis Barbosa, futuro membro da Academia Brasileira de Letras, queria oferecer uma entrevista exclusiva com Heitor Villa-Lobos. "Ele me recebeu com toda simpatia, aquela cara muito marota, aquele sorriso, que dobra a língua para rir", contaria Assis Barbosa. O assunto, porém, não agradou. Villa-Lobos era o maestro do Estado Novo, afinal. "Vou fazer, trago aqui, se você gostar, você me paga." O perfil, publicado na capa da edição daquele mês, repercutiu em toda a imprensa. Sob o título "Villa-Lobos: um turbilhão!", o maestro distribuiu ofensas para a classe dos artistas.

"Ele [Samuel] adorou: 'nosso semanário tem sempre que pegar alguém de destaque dentro de determinado grupo [...] para falar da profissão dele e agitar a classe. Isso traz leitor para o jornal, foi a lição que tiramos da entrevista com o Villa-Lobos'", recordaria Assis Barbosa, que saiu da experiência empregado. "*Diretrizes* pagava muito mais do que o meu ordenado em *A Noite*." Segundo ele: "Samuel é realmente um grande comandante, sabe conquistar, liderar. A liderança dele é natural. Não manda. Não é um mandão, um comandante severo. Samuel acha graça no erro, tudo é na maior cordialidade".

Em 22 de junho de 1941, Samuel amanheceu com a notícia: a Alemanha declarara guerra à Rússia. Apesar de o passo dos nazistas significar a guerra total, tratava-se do fim do Pacto Teuto-Russo. Pouco a pouco seu apartamento foi se enchendo de gente. Pela BBC, ouviu-se a leitura da proclamação de guerra, assinada por Joseph Goebbels. "Aviões russos vinham cruzando as fronteiras vezes e mais vezes para mostrar que eram os senhores do ar", dizia o estapafúrdio texto. Segundo contaria Joel Silveira: "Respiramos aliviados. Agora pronto, vamos acabar com esses filhos da mãe! Porque até então nós estávamos todos encurralados".

Por aquelas semanas, *Diretrizes* trouxe mais uma novidade arrebatadora, que dobraria a tiragem de 5 mil exemplares por sucessivas edições. A ideia foi de Samuel. A revista havia publicado, ao longo do ano anterior, "ABC de Castro Alves", em que Jorge Amado narrara, com talento e imaginação, a vida política e privada do Poeta dos Escravos, até que o DIP achara por bem interromper a divulgação dos capítulos. Agora a proposta era reunir na mesma trama José Lins do Rego, Aníbal Machado, Graciliano Ramos, Jorge Amado e Rachel de Queiroz. O resultado foi a novela *Brandão entre o mar e o amor*, que sairia em forma de livro pela José Olympio.

"*Diretrizes* tem amigos e inimigos. Os seus melhores amigos são, entretanto, aqueles que dela se afastaram, quando compreenderam que não podiam continuar como seus amigos. A estes, a nossa enternecida gratidão. [...] Nossa vitória de hoje é também e, sobretudo, a vitória deles", escreveu Samuel num editorial que celebrava o sucesso, certamente endereçado a Carlos Lacerda e Rubem Braga.

O que seria do jornalismo sem uma boa polêmica? Essa foi outra premissa que Samuel adotou como verdade absoluta: falassem mal, mas falassem dele. A invisibilidade jamais lhe caíra bem. Muitos o acusariam de enveredar pelo jornalismo agressivo, outros prefeririam lhe aplicar o prosaico jargão: sensacionalista. Após o perfil-entrevista de Villa-Lobos, não tardou para que tivesse mais uma oportunidade de sacolejar as coisas.

Um sururu ocorrido na Livraria José Olympio dera-lhe a ideia. No lançamento do livro *A vida dramática de Euclides da Cunha*, de Elói Pontes, os filhos do autor da obra *Os sertões* tinham trocado socos com os filhos do assassino confesso, o coronel Dilermando de Assis. O crime acontecera no longínquo ano de 1909, na Estrada Real de Santa Cruz, em Piedade, subúrbio do Rio. O escalado para a missão foi Francisco de Assis Barbosa.

O repórter foi bater à porta de outro repórter, Carlos Mota, "um perdigueiro" do jornal *A Noite*. Soube, então, que o coronel Dilermando estava disposto a falar. Nunca abrira o bico, nem mesmo depois de ser absolvido em dois júris seguidos, sob a alegação de legítima defesa. Primeiro, matara Euclides da Cunha, que invadira a casa dele para lhe cobrar a conta do romance que tivera com sua mulher, Ana Emília. Mais tarde, o filho do escritor, Euclides da Cunha Filho, que depois do julgamento atirara contra o coronel num cartório.

Na data combinada para a coletiva de imprensa, Assis Barbosa pegou um táxi na Cinelândia para o bairro de Fátima, onde morava o recluso coronel. "Abriu a farda, pegou a barriga e disse: aqui está uma bala de Euclides. Depois, virou, mostrou as costas: esta bala é do filho do Euclides", recordaria o repórter. De acordo com Dilermando, a tragédia de Piedade nunca tivera nada a ver com honra. Euclides não fora enganado, sabia do caso extraconjugal da mulher, de quem vivia fisicamente separado desde o ano das núpcias, 1890. A motivação de toda aquela desgraça havia sido apenas o medo da solidão. Ao ouvir de Ana Emília o pedido de desquite, Euclides da Cunha invadira a casa de Dilermando de Assis para matar e fora morto.

A matéria, de mais de vinte laudas, seria publicada em dois capítulos. Augusto Rodrigues desenhara os croquis da planta baixa da casa da Estrada Real de Santa Cruz. A edição do texto ficara a cargo de Samuel e Otávio Malta. Na hora H, Maurício Goulart disse não. *Diretrizes* não ia publicar a versão do assassino de um dos maiores escritores brasileiros.

Assis Barbosa recordaria:

Ele disse que o Euclides era um homem que tinha o maior respeito, veneração, uma figura da pátria: "Nós não vamos oferecer a este assassino a oportunidade de defesa". Samuel resolveu fazer uma votação na redação. A votação foi dura. O direito da reportagem ser publicada ganhou com um voto. Fui levar a entrevista, antes de publicar, para o Manuel Bandeira ler. Ele leu, tirou os excessos, e disse: "Tá maravilhoso, manda publicar".

Samuel mandou quadruplicar a edição em que saiu a primeira parte da reportagem. De acordo com Assis Barbosa:

Recebemos depois milhões de cartas defendendo e batendo. Garantimos ao Dilermando direito de resposta, estava na combinação. O coronel foi então chamado pelo ministro da Guerra, Eurico Gaspar Dutra. O Dutra disse: "Coronel, o senhor deu uma entrevista, o assunto está encerrado. O senhor está proibido de falar qualquer coisa mais sobre o caso Euclides da Cunha". A partir daí, o coronel fechou o bico.

Logo cedo, Getúlio já distribuía acenos da sacada do Guanabara. O dia seria longo, estendendo-se de inauguração em inauguração, para celebrar o quarto aniversário do Estado Novo. A execução da protofonia da ópera *O guarani* abriu aquele 10 de novembro de 1941, seguida de apresentações de Linda Batista,

Alvarenga e Ranchinho, Trio de Ouro, Saint-Clair Lopes, Grande Otelo e, por fim, Ari Barroso.

Por volta das onze da manhã, o ditador chegou à esplanada do Castelo, onde foi recebido por imensa multidão. E, depois de falar ao povo, seguiu para o prédio do Ministério da Guerra, para o almoço oficial. Nessa altura dos acontecimentos, a conjuntura internacional fornecia argumentos à ala germânica do governo, capitaneada pelos generais Eurico Dutra e Góis Monteiro, com o apoio de Lourival Fontes. Em 14 de junho do ano anterior, 1940, Paris havia caído. No mês seguinte, os nazistas já bombardeavam Londres. Com o avanço das tropas de Hitler sobre a Rússia, prenunciava-se a vitória do Eixo.

Vargas, porém, diante da plateia de generais, apontou na direção contrária: "Já não pode restar dúvidas quanto à unidade de ação das Américas, que passou do domínio das convenções para o da realidade. Onde estiver qualquer nação americana deverão estar as nações irmãs do hemisfério, e nós estaremos entre elas, prontos a empenhar-nos na defesa comum".

A oportunidade para reafirmar a palavra viria antes do que Getúlio imaginava. Cerca de um mês depois do pronunciamento, que provocara o desconforto do seu ministro da Guerra, Eurico Dutra, os Estados Unidos entraram oficialmente no conflito. Em 8 de dezembro, em face do ataque nipônico à base de Pearl Harbor, na ilha de Oahu, no Havaí, com saldo de 2300 mortos, entre civis e militares, o Congresso norte-americano aprovou a declaração de guerra ao Japão. "Ficou resolvido passar-se um telegrama ao presidente Roosevelt, assegurando a solidariedade", anotou ele no diário o resultado da reunião ministerial de urgência. Quando a Alemanha e a Itália declararam, por sua vez, guerra aos Estados Unidos, em 11 de dezembro, retornou às páginas íntimas: "Reafirmei a atitude anterior, tomada relativamente ao Japão, para com o mesmo país. As nossas despesas militares deverão aumentar muito". No mês seguinte, o Brasil rompeu relações diplomáticas com os países do Eixo.

Samuel chorou. "Era chorão", segundo Jorge Amado. De repente todos aqueles anos de penúria, desde que a família partira da Bessarábia, pareciam ter valido a pena: no dia 28 de março de 1942, nem bem chegara aos trinta e estava ali, sendo homenageado num banquete no Automóvel Club do Brasil. O evento fora organizado pelo grupo que se intitulava Amigos de *Diretrizes*, orquestrado pelo paraibano José Lins do Rego e pelo mineiro Pedro Aleixo. "O semanário a serviço da liberdade" completava um ano. Entre os duzentos convidados, encontrava-se a mistura que só Samuel poderia ter engendrado. Os Buarque de Holanda, Aurélio e Sérgio. Gente como Lasar Segall, Di Cavalcanti, Jaime Ovalle e Gilberto Freyre. Além do desfile de homens da política, a jovem e a velha guarda: Afonso Arinos, Juscelino Kubitschek, José de Magalhães Pinto, Arnon de Melo...

"[...] a uma revista de combate, um jornal de pugilistas de sangue quente", clamou, após o brinde, Lins do Rego. "Esse órgão da imprensa está lutando na vanguarda pela causa da liberdade e da democracia", continuou Pedro Aleixo.

Samuel andava mesmo empenhado num mergulho no ar, sem rede, cutucando o regime com vara curta, ao aclamar as democracias e os democratas. Em janeiro, uma edição inteira de *Diretrizes* fora dedicada à III Conferência Extraordinária dos Ministros das Relações Exteriores das Repúblicas Americanas, realizada no Rio. Ele praticamente se mudara para o Itamaraty, local destinado ao evento, que havia sido convocado pelo subsecretário de Estado norte-americano, o elegante Sumner Welles, apelidado pelo *New York Times* de Vice-Rei. No número especial da revista, assinara duas reportagens. Na primeira, entrevistou os correspondentes: Frank Gervasi, "o homem odiado por todas as ditaduras"; Drew Pearson, "um dos donos das primeiras páginas dos jornais do mundo inteiro"; Charles Wertenbaker, "o diretor da *Foreign News*"; e o argentino Ortiz Echagüe, "redator de um jornal [*La Nación*] cuja tiragem é vinte vezes maior que a maior tiragem dos nossos jornais". Na outra, ouvira o diretor da União Pan-Americana, Leo S. Rowe, "que vem dedicando a sua vida à obra de unificação do continente. Ele é o verdadeiro *boss* das conferências interamericanas".

Ainda em junho *Diretrizes* lançou uma provocação na praça, a chamada "Declaração de princípios", um manifesto assinado por cem intelectuais, condenando os "regimes de opressão". A bravata rendeu uma advertência de Eurico Dutra, que, em bilhete enviado a Getúlio, considerara aquilo um "'pretexto, excelente, da guerra' para espalhar a propaganda comunista". Três meses depois, lá vinha a revista de novo. Desta feita, com um perfil exclusivo, da lavra de Samuel, com o multimilionário Nelson Aldrich Rockefeller, diretor do Office of the Coordinator of Inter-American Affairs (OCIAA), agência criada pelo governo norte-americano para desenvolver a tal política de boa vizinhança. Outros acertos vieram do punho de Joel Silveira, despachado para o Rio Grande do Sul com a missão de cobrir o que se chamava os "quintas-colunas". Ou seja: os dispostos a trair o Brasil colaborando com a propaganda nazifascista no país. O termo surgira na Guerra Civil Espanhola, para designar os traidores, aqueles que, em Madri, apoiaram a quarta-coluna do general Franco. Ao desembarcar em Porto Alegre, Joel se desencontrara de Rubem Braga e Moacir Werneck, que tinham acabado de sair corridos da cidade.

"Braga estava fazendo artigos a favor de uma comunidade indígena. [...] Mas um cardeal reacionaríssimo se meteu no meio. [...] A situação estava dura em Porto Alegre", contaria Joel.

Em dezembro, Samuel viajou para o Recôncavo baiano. "Eu vi o petróleo brasileiro!" foi o título da reportagem que enviou de lá, descrevendo sua descida ao fundo do primeiro poço cavado na região. "Subitamente, pressentindo a minha curiosidade, abriu a torneira. Um jato de gás de petróleo rebentou pelo poço adentro. Um cheiro característico e desagradável inundou o espaço e um filete de líquido esverdeado correu sob nossos pés."

Com a repercussão de *Diretrizes*, uma revista que, se não tinha tiragem, esbanjava prestígio, Samuel decerto experimentava "a cachaça", como os jornalistas se referiam ao sentimento inominável inerente à profissão, a soma de fatores. Primeiro — e sobretudo —, a sensação de poder, insuflada pelas doses de narcisismo ingeridas a cada bola dentro. Segundo, a magia de frequentar mundos que jamais lhe cruzariam o caminho. E, por último, a possibilidade dos encontros. Se existia uma verdade, era aquela: Samuel gostava de escutar as pessoas. Outra verdade: caso fosse feita uma busca, seria muito difícil achar um bom repórter cheio de modéstia. No caso dele, não havia uma gota.

Seguindo sua vocação para provocar, *Diretrizes* vinha publicando uma série de entrevistas de personagens, vivos ou mortos, que encarnavam o ideal democrático e a oposição ao governo, como João Neves da Fontoura, Joaquim Nabuco, Lindolfo Collor, Sobral Pinto e Pedro Ernesto. Da série de perfis, o que mais fizera sucesso até então fora o do ex-presidente de Minas Gerais, Antônio Carlos de Andrada, desafeto notório de Vargas. Na chamada de capa para o farsesco texto de Joel Silveira, a frase: "Os Andradas nunca se preocuparam com dinheiro". De acordo com Joel: "Durante mais de quarenta anos de vida política, é possível que o presidente Antônio Carlos nunca tenha dito um 'não'. Centenas, milhares de criaturas já lhe pediram empregos, cartas de apresentação, aposentadorias, melhoria de ordenado etc. E sua resposta sempre foi a mesma: 'Perfeitamente. Perfeitamente'". Como os mineiros não cansavam de repetir: "Antônio Carlos tira a meia sem tirar o sapato". Seria desse político a frase dos idos de 1930: "Façamos a revolução antes que o povo a faça".

De incidente em incidente, ia se aprofundando o abismo que separava Samuel e Carlos Lacerda. Até fins de 1942, embora afastado de *Diretrizes*, este seguia frequentando as rodadas de chope do Amarelinho. E foi um dos cem intelectuais a assinar a "Declaração de princípios" divulgada pela revista. Ao precisar de ajuda, Lacerda foi então procurar Wainer. Queria dele espaço para publicar um extenso texto convocando a esquerda a se unir ao governo Vargas. Segundo explicou, apoiar Getúlio naquele momento era apoiar os Aliados, um dever de todo democrata. Não se tratava de esquecer as perseguições do Estado Novo, mas de uma trégua, como um esforço de guerra. O manifesto carregava o título "Os intelectuais e a união nacional".

"Para mim, é uma questão de sobrevivência", disse Lacerda a Samuel.

A razão para o súbito libelo estava numa conversa que Lacerda tivera com Fernando Lacerda, seu tio, de volta ao Brasil após longa temporada em Moscou. Fernando teria trazido de lá a nova ordem — os verdadeiros comunistas deviam apoiar incondicionalmente Getúlio. Publicando o artigo, Carlos esperava conquistar o passe para retornar às fileiras vermelhas. Samuel não respondeu nem sim nem não. Iria consultar o conselho da revista e retornaria com um parecer. Nos dias que se seguiram, porém, a tese de Fernando Lacerda fez água, rechaçada até mesmo por Prestes, que da cadeia mandou avisar: Vargas, não. O tio comunista, membro do Komintern, passou a ser chamado de "liquidacionista".

Passadas semanas, Samuel enfim tomou coragem: "'Carlos, eu não posso publicar tua carta. Ela foi repelida por toda a equipe'. Ele arrancou-me a carta das mãos e dirigiu-me um olhar que jamais esqueci. Era um olhar de frustração e ódio".

O episódio marcou o fim da cordialidade. Em sequência, outros dois fatos indicaram que dali em diante não havia mais jeito de consertar as coisas. Depois de ter abandonado a tese do tio Fernando, Lacerda escolheu seu irmão, Maurício de Lacerda Filho, o Mauricinho, para mandar um recado ao diretor do semanário: "Peço-lhe o favor de avisar a Samuel que eu não estou disposto a receber pitos de *Diretrizes*". A revista publicara uma nota contrária à sua crítica do novo livro de Manuel Bandeira, a qual saíra na *Revista Acadêmica*: *Diretrizes* estaria atormentada por um "automatismo ideológico (ou psicológico?)", com o qual expressava seu amor por Vargas do mesmo modo "com que antes se descobriram 'potencialidades revolucionárias' em Hitler, por ocasião do Pacto Teuto-Soviético".

De outra feita, os dois se cruzaram por acaso na calçada defronte do Amarelinho. "Você vai ser o nosso Assis Chateaubriand", disse Lacerda, que estava trabalhando na Agência Meridional, dos Diários Associados. Segundo afirmaria, seu intuito fora elogiar o sucesso do amigo. Para Samuel soou como ofensa: "Chateaubriand é a puta que o pariu".

Enquanto ouvia o irmão caçula contar a história, Samuel se recostou na cadeira e acendeu um cigarro. Sentados à mesa de jantar de d. Dora, todos os filhos — e agregados — estavam reunidos para celebrar a chegada de 1943. A casa da rua Prates, para onde os Wainer foram depois da rua da Graça, havia sido trocada por um apartamento na avenida São João, centro de São Paulo, esquina com a Ipiranga, em cima do café Jeca Tatu. Marcos era a dor de cabeça da mãe. De terno branco e sapato bicolor, vivia às voltas com a malandragem, sempre metido em confusão. O caso da vez envolvia vender ações de uma empresa do ramo da siderurgia, chamada Companhia Nacional de Indústria Pesada. Ficaria rico, segundo suas contas. Como nunca ouvira sequer falar na referida siderúrgica, Samuel pediu a Marcos para ver os papéis, um contrato de trabalho ou documentos referentes às supostas ações. Ao bom repórter, aquilo soava como pauta de reportagem investigativa.

Algumas semanas fuçando, e Samuel retornou ao Rio com o furo, capa da edição de 18 de fevereiro: "Gangsters siderúrgicos invadem o Brasil". Aproveitando-se da propaganda oficial que convidava o povo a investir em ações da futura Companhia Siderúrgica Nacional (CSN), golpistas espalharam pelo território empresas fictícias do ramo, comandadas por falsos generais. O público-alvo, claro, eram os imigrantes de países do Eixo. Desde que o Brasil rompera relações diplomáticas com a Alemanha e a Itália, em janeiro de 1942, estes viviam se esgueirando pelas sombras. Em São Paulo, os vendedores das ações fantasmas batiam à porta dos moradores do Bexiga ou da Liberdade, com o argumento infalível: não investir no minério brasileiro seria declarar-se inimigo da nação. Disfarçado de cliente, o próprio repórter comprara ações da Usina Siderúrgica de Montes Claros. A primeira fornada de *Diretrizes*, 10 mil exemplares, esgotou nas bancas.

Samuel logo recebeu convite da Central de Polícia do Distrito Federal. Mais um. Virara freguês do morro de Santo Antônio. Do delegado, ouviu que sua reportagem estava perturbando a ordem. Como, doutor? Se havia alguém perturbando a ordem, não era ele, mas os estelionatários. Depois de escutar o rotineiro sermão sobre a infalibilidade do regime e ser obrigado a entregar os documentos amealhados no curso da apuração, saiu dali com a recomendação de ficar em casa e aguardar contato. Com Bluma, acabara de se mudar para a rua Viveiros de Castro, deixando o apartamento da Senador Dantas para a redação. Em vez de seguir para Copacabana, porém, escondeu-se por uns dias num quarto de hotel da Cinelândia. Precaução nunca era demais.

Ao longo das semanas que se sucederam, *Diretrizes* continuou a repercutir à exaustão o tema. No fim: "A ação rápida e enérgica da polícia de São Paulo — Vitoriosa a campanha de *Diretrizes* em defesa da economia popular".

Apesar do sucesso, Samuel estava cansado. "*Diretrizes* entra agora em seu sexto ano de existência. Não tem sido [...] uma marcha fácil. [...] Ao contrário, cada número representa um esforço e, muitas vezes, uma verdadeira batalha", escreveu em editorial.

Não tinha um tostão para tocar o ano que começava. Em dezembro, Maurício Goulart deixara *Diretrizes*, levando embora o capital investido. Exigência do DIP: ou a cabeça do diretor ou a cota de papel. O estopim fora uma missa em homenagem a Pedro Aleixo, em Belo Horizonte, da qual Goulart se aproveitara para escrever um artigo desaforado, cutucando Getúlio. A nova ideia para sair do buraco envolveu até os repórteres. "Samuel tinha despachado todo mundo de *Diretrizes* para vender ações da revista, todos nós estávamos tentando falar com amigos, conhecidos", lembraria Francisco de Assis Barbosa.

Na autobiografia, Samuel recordaria: "A luta contra toda espécie de adversidade se mostrava demasiado exaustiva. Hoje tenho consciência de que, nessa época, comecei a provocar o fechamento de *Diretrizes*, pautando ou fazendo reportagens sobre temas considerados tabus".

Samuel ia de polêmica em polêmica. Na última semana de maio, publicou uma entrevista que fizera com Fernando Lacerda, o tio de Carlos Lacerda. Nunca, desde a instauração do Estado Novo, uma revista abrira espaço para um comunista — ainda por cima, membro do Komintern. "Quando o expediente da gráfica se encerrou e só ficaram dois funcionários de confiança, trocamos a capa, substituímos páginas ocupadas por outros textos pelas declarações de Fernando Lacerda. [...] Ao contemplar a revista pronta, com um comunista na capa, compreendi que a profecia de meus amigos seria cumprida: 'Vai dar cadeia'." Enquanto *Diretrizes* era distribuída nas bancas, a turma aguardou reunida a batida da polícia. Até o cair da noite, nada. Ao chegar ao prédio da Viveiros de Castro, no entanto, ele fora surpreendido por dois policiais. Conduzido ao morro de Santo Antônio, encontrou Fernando Lacerda, detido poucas horas antes. Foram 28 dias no xadrez.

"Sou Fernando Lacerda, preso por ser patriota. Aqui, ao meu lado, o jornalista Wainer, preso pelo mesmo motivo", discursou o comunista, ao adentrar a cela, ouvindo em resposta: "Cala a boca, queremos dormir!".

Getúlio estava de luto. Primeiro fora o caçula, Getulinho, vítima da poliomielite, morto em 2 de fevereiro daquele 1943. Agora, em 21 de outubro, o general Manuel do Nascimento Vargas, seu pai. A celebrar o 13º aniversário da Revolução de 1930, no dia 24, antes mesmo da missa de sétimo dia em homenagem ao pai, preferiu calar as fanfarras. Porém, na data, a insurreição chegou aos portões do Catete.

Vindo de Minas Gerais, o chamado *Manifesto dos mineiros* trazia 92 assinaturas de personalidades solares, como Adauto Lúcio Cardoso, Afonso Arinos de Melo Franco, Afonso Pena Júnior, Artur Bernardes, José de Magalhães Pinto, Milton Campos, Odilon Braga, Olavo Bilac Pinto, Pedro Aleixo, Pedro Nava e Virgílio de Melo Franco. Impresso em três páginas e espalhado pelo país, o libelo expôs a contradição do regime. "Se lutamos contra o fascismo ao lado das Nações Unidas, para que a liberdade e a democracia sejam restituídas a todos os povos, certamente não pedimos demais, reclamando para nós mesmos os direitos e as garantias que as caracterizam."

Na verdade, desde o rompimento com os países do Eixo, entrava água pelas frestas do Estado Novo. Os estudantes haviam ocupado a Rio Branco com uma passeata antitotalitária. "Estamos com as democracias", avisaram os cartazes. Organizado pela UNE, o movimento abrira uma crise política, decepando duas cabeças: Lourival Fontes, substituído no DIP pelo coronel Antônio José Coelho dos Reis, e Filinto Müller, que perdera a chefia de polícia para o tenente-coronel gaúcho Alcides Etchegoyen. A guerra se tornara concreta. Navios brasileiros vinham sendo afundados em sequência por submarinos inimigos na costa americana. Até 1944, seriam 35 — mais de mil mortos. O Rio Grande do Norte se transformara em base militar dos Estados Unidos, com a presença de mais de mil soldados. Fora lá que, em janeiro de 1943, Vargas se encontrara com o presidente Roosevelt.

Se a Constituição de 1937 fosse levada a sério, em 10 de novembro se encerraria o governo do presidente, previsto para durar seis anos a partir da instauração do novo regime. Entretanto, a mesma Constituição dava a ele a prerrogativa de estender o próprio mandato em caso de estado de guerra. Sendo assim, Getúlio retornou triunfal às ruas para comemorar o aniversário do Estado Novo. O principal evento do dia foi a inauguração do prédio do Ministério da Fazenda, na esplanada do Castelo. No fim da tarde, falando para milhares de trabalhadores, o ditador anunciou a entrada em vigor da Consolidação das Leis do Trabalho, a CLT.

A prisão não arrefeceu o ímpeto suicida de Samuel. Ele fechou 1943 batendo cabeça com o DIP. Desde outubro do ano anterior, aliás, vinha botando mais lenha na fogueira, com um perfil-entrevista de Lindolfo Collor, publicada um mês depois de sua morte, em setembro. "Era um daqueles liberalões brasileiros, que, no fundo, são reacionários", comentaria o autor do texto, Francisco de Assis Barbosa. A reportagem rendera a Samuel uma visita do DIP — e o corte de parte do suprimento de papel. Lindolfo Collor encontrava-se na lista dos maiores desafetos de Getúlio. "Samuel foi na minha casa e disse: 'Qual a providência que nós vamos tomar?'. Eu respondi: 'Você não tem outra saída a não ser recorrer ao Supremo. A ditadura está meio fraca, o negócio está balançando'." Para apoiar o provável infrutífero processo na Justiça, Assis Barbosa recomendara que fossem falar com o mineiro Dario de Almeida Magalhaes. "Saí com o Samuel, com a perna engessada."

Outra reportagem que lhe causara dor de cabeça saiu da pena de Joel Silveira. Comprando papel no mercado negro, com papagaios na praça, Samuel ouvira de um conhecido de São Paulo que o escritor Monteiro Lobato estava disposto a "botar a boca no mundo". Por que não? Com as democracias triunfando na Europa, os democratas de cá começavam a se coçar. Sem perder tempo, enviara Joel Silveira à capital paulista. "O capitão Arvoredo queria que eu engolisse a reportagem", rememoraria o autor. Na capa da revista, uma única frase de Monteiro Lobato que, então, celebrava os 25 anos do lançamento de sua obra-prima, *Urupês*: "Um governo deve sair do povo como a fumaça de uma fogueira".

Tanto Assis Barbosa como Joel Silveira diriam que as entrevistas que realizaram haviam causado o fechamento de *Diretrizes*. Na verdade, porém, a revista sobreviveu a 1943. No lusco-fusco do ano, publicou uma de suas mais espetaculares reportagens: "Grã-finos em São Paulo", assinada por Joel. A ideia da pauta nascera numa conversa de Samuel com Di Cavalcanti, na piscina do bar do Hotel Glória. Voltando da cidade, o pintor discorrera, com horror e escárnio, sobre a vida da sociedade local. Como eram jecas os paulistanos.

"Di me recebeu cinco horas da tarde, no bar do hotel. Já enchemos a cara ali mesmo", recordaria Joel, que, na semana seguinte, partiu de ônibus para São Paulo. Com a ajuda de uma judia rica, Margarita Schumann, conhecida de Wainer, fora introduzido nas altas-rodas da capital. Quando ele retornou ao Rio, o conselho de *Diretrizes* rachou. Seria de fato uma boa ideia publicar um texto tão irônico envolvendo a vida privada dos ricos e dos muito ricos? A maior parte dos anunciantes — e também dos que contribuíam para a vaquinha do Virgílio — estava, de alguma maneira, representada naquela corte burlesca. O voto de Bluma desempatou.

Durante uma tarde inteira, fiquei semideitado numa poltrona de um apartamento chique, no centro da cidade. O dono era um rapaz que eu não conhecia e que possivelmente talvez ainda não saiba quem sou eu e que fui lá fazer. [...] Os rapazes se vestem muito bem, e telefonam. Telefonam de cinco em cinco minutos e conversam com Lili, com Fifi, com Lelé. [...]

O primeiro grupo é formado pelos grã-finos de pedigree, os tais paulistas de quatrocentos anos, e representa o pináculo do grã-finismo. São criaturas repletas de antepassados, aqueles senhores heroicos e sem muitos escrúpulos que rasgaram as matas de São Paulo, vadearam os rios, descobriram as montanhas e fizeram as primeiras cidades. Morreram todos, estão enterrados na História, mas deixaram aos seus descendentes um presente régio: deixaram um cartão de visita, espécie de permanente com o qual um Prado, um Leme e um Alves Lima podem entrar em tudo sem pagar nada.

D. Fifi Assunção e d. Iolanda Penteado são muito mais paulistas do que d. Irene Crespi. São paulistas de quatrocentos anos. Vocês, que apenas são capixabas do princípio do século, não sabem o que significa, em São Paulo, ser um paulista de quatrocentos anos. É mais importante do que ter uma estátua na praça pública.

A reportagem repercutiu até na sala do diretor dos Diários Associados. Ao ler o texto, Assis Chateaubriand balbuciou: "Víbora!". O apelido colaria e Joel Silveira passaria a ser conhecido como o repórter víbora. Na ocasião, Chatô mandou Virgílio de Melo Franco lhe fazer uma proposta: o dobro do salário para se transferir para O Jornal. Não era a primeira vez que convidava um dos rapazes de Diretrizes. Tanto Osório Borba como Augusto Rodrigues tinham recebido ofertas. Assim como eles, Joel recusou: "Não vou, dr. Virgílio. Estou bem aqui e não quero trabalhar em uma empresa como os Associados, que não têm e nunca tiveram bandeira. Uma empresa que, ao contrário de Diretrizes, é a favor de tudo".

Em julho de 1944, Samuel encontrou o que procurava. Ao mesmo tempo que a Força Expedicionária Brasileira (FEB) partia para a guerra, a cota de papel de Diretrizes foi cortada. Como no ano que passara, a revista vinha enfileirando provocações. Até Tiradentes, o mártir da Inconfidência Mineira, ganhara um perfil: "Tiradentes morreu pela liberdade". De volta ao Rio Grande do Sul, Joel enviara reportagem com os moradores de rua de Porto Alegre, os "marginais do regime". Quando Samuel remeteu ao DIP, porém, uma capa estampando o general Miguel Costa — o General do Povo que, com Prestes, liderara a chamada Coluna Invicta —, a festa acabou. O facínora, como ele chamava o capitão Milton de Meneses, comunicou-lhe: necas de papel. Sua providência foi botar a boca no mundo. Com cópia para o presidente da UNE, Paulo Silveira, enviou uma carta ao DIP, denunciando a violência sofrida. Daí em diante, só lhe restava uma saída: o exílio. Tomou um táxi e se refugiou na embaixada do México.

6. Pé na estrada

Bluma sentiu uma alegria genuína quando, enfim, embarcou para Montevidéu. Corria o dia 25 de agosto de 1944. Segundo ela registrou no primeiro caderno de uma série que escreveria durante a viagem sem data de volta, caía uma "chuvinha fina" e fazia "um friozinho danado". Graças à prendada Eneida, sentiu-se protegida no suéter de lã vermelha tecido pela amiga. Desde a tarde de julho em que "Sam" se enfiara na embaixada do México, experimentava uma incômoda sensação de estar "inteiramente só": "E para melhorar a situação, acrescente-se a falta de direitos de que carece a mulher no Brasil. Só mesmo quando a gente se vê frente a frente com os fatos é que pode avaliá-los. A mulher não vale absolutamente nada. Em todos os lugares em que chegava para resolver qualquer assunto, vinha a eterna frase: a senhora é casada?".

Só para conseguir o visto de saída do país haviam sido necessários muitos comparecimentos à chefatura de polícia, onde fora tratada como suspeita.

"A pronturiada figura aqui registrada em virtude de ter sido objeto de sindicâncias por parte desta DPS, informando a seção incumbida das diligências que, apesar de não terem sido constatadas suas ideologias, admite-se que sejam idênticas às de seu esposo, Samuel Wainer, [...] o qual se encontra fora do país em face de suas atividades comunistas", restaria no prontuário de Bluma.

Detalhes indicavam que ela vinha sendo vigiada:

Bluma Wainer é esposa de Samuel Wainer, [...] o qual, presentemente, se encontra fora do país, possivelmente no Uruguai, para onde deseja viajar a marginada, como alegou no passaporte que tirou no dia 11 do corrente. Recebe muitas visitas em seu apartamento, mantendo ligações estreitas com Eneida Vilas Boas Costa de Morais, comunista com várias entradas nesta polícia. Ambas residem no mesmo edifício.

Para Samuel também não fora fácil. Com o manifesto que denunciava o fechamento de *Diretrizes* nas ruas, espalhado pela UNE, o Itamaraty achara por bem lhe conceder o visto de saída, evitando o barulho que poderia advir da negativa. Ao embarcar no trem diurno para São Paulo, na Central do Brasil, ele estava feliz. Ou melhor, leve. Porém não se sentiria seguro até cruzar a fronteira. No primeiro trecho da viagem, contou com a companhia providencial do general Newton Estillac Leal, da ala liberal do Exército, embarcado no mesmo trem por acaso. Na capital paulista, pernoitou num quartel no centro. Temendo ser preso, colocou-se aos cuidados do general Horta Barbosa, a quem conhecera como presidente do Conselho Nacional do Petróleo. Às 6h15, pegaria o trem para Porto Alegre, a última estação no Brasil. Antes de seguir para a Luz, todavia, procurou seu Jaime, que agora morava na rua Aurora, em Santa Ifigênia. D. Dora havia se mudado para o Rio, onde morava com sua irmã Soniah, recém-casada com um judeu carioca.

"Acordei-o às quatro horas da madrugada, com batidas na janela. Expliquei--lhe que teria que deixar o Brasil. Contei que estava sofrendo perseguição política e pretendia viajar para os Estados Unidos", recordaria. "Meu pai perguntou-me se sabia falar inglês, esclareci que falava o suficiente."

Se o inglês de Samuel dava para o gasto, quase não houvera tempo para ele se preparar financeiramente. Ainda na embaixada do México, recebera um emissário de Roberto Marinho, que lhe oferecia duzentos dólares mensais por colaborações no jornal *O Globo*. Não era muito, cerca de 3 mil dólares atuais, mas ao menos poderia contar com algum fixo. Na verdade, não se preocupava. A guerra estava por um fio. Roma havia sido libertada e a Batalha da Normandia seguia em curso para a libertação da França. O que podia fazer mais sentido para um repórter do que acompanhar a reconstrução do mundo? Por enquanto, sua ideia era chegar aos Estados Unidos, passando pelo Uruguai, Argentina, Chile e México. Com seus contatos no Departamento de Estado norte-americano, certamente arrumaria um trabalho qualquer. Restava-lhe também recorrer aos bons amigos na imprensa em Nova York, angariados na redação de *Diretrizes*, escala obrigatória de jornalistas estrangeiros de passagem pelo Brasil.

Tudo havia de dar certo. Aliás, esta era sua maior incompatibilidade com Bluma: enquanto Samuel cultivava um otimismo quase infantil, ela era trágica como as heroínas dos romances russos. Não parava de fazer contas, e, detrás dos seus olhos rasgados e do riso frouxo, pairava uma irresistível melancolia. Ô mulher difícil, ele costumava reclamar de brincadeira. Encarregara-a de vender tudo, dos móveis da casa aos equipamentos de *Diretrizes*: telefones, mesas, cadeiras, máquinas de escrever. "Eneida e Maurício [Goulart] foram as criaturas que mais me ajudaram em tudo, ficar-lhes-ei sempre grata. Joel, com a história da máquina, me deixou tão sentida e envergonhada que tive vontade de chorar", anotou no diário, aborrecida com a exigência do repórter: uma Remington pelo pagamento atrasado.

O voo aterrissou na capital uruguaia às 16h20 do mesmo 25 de agosto. Samuel a esperava no saguão do Aeroporto Internacional de Carrasco, acompanhado de um novo amigo, Luís Currco. Hospedado num hotelzinho na Ciudad Vieja havia quase um mês, integrara-se ao grupo de comunistas ali exilados, muitos fugidos da guerra na Europa. Entre eles, o argentino Rodolfo Ghioldi, secretário sul-americano da Internacional Comunista. Em 1935, Ghioldi estivera ao lado de Prestes na preparação da fracassada Intentona. Por isso, cumprira quatro anos de prisão no Brasil, a maior parte deles em Fernando de Noronha. No trajeto entre o aeroporto e o centro da cidade, Bluma agradeceu mais uma vez o suéter de lã tecido por Eneida. O vento frio soprava do Prata.

Na primeira noite juntos, o casal viveu um instante inesquecível, que rendeu parágrafos emocionados no diário de Bluma. Nem bem ela depositou as malas no hotel, já tinham um compromisso: jantar na casa de Rodolfo Ghioldi. Na volta, decidiram caminhar pela avenida Dezoito de Julho. Fazia uma bela noite e estavam felizes com o reencontro. Ao dobrar uma esquina, estacaram, cúmplices. "Ouvi vozes cantando o hino soviético." Só podia ser: a libertação de Paris. De volta ao hotel, Samuel escreveu "uma bela crônica".

O casal partiu, com toda a turma reunida no cais para o bota-fora: "Senti que eles sentiam a nossa partida. Senti mais profundamente que estava me afastando do Brasil e de nossa gente. Lágrimas correram". A travessia do Prata, rumo a Buenos Aires, foi encantadora. Ao desembarcarem na Argentina, "Sam bancou o pato". Enrolado por um e por outro, gastou, ao todo, quinze pesos, uma quantia considerável, para que as malas chegassem ao hotel: "Pagou um pouco caro a experiência do Sam [com os carregadores argentinos], principalmente quando $ é contado".

Também na capital portenha Samuel encontrou sua turma. Numa única ocasião, logo ao chegar, foram só os dois a uma boate. "Temos [boates] mais bonitas no Rio. Quando tocam samba ou marcha, o pessoal inventa passos goza-díssimos!" O correspondente do *Chicago Daily News*, Allen Hayden, passou a ser a companhia mais constante do casal. No apartamento de Afrânio de Melo Franco Filho, o Afraninho, juntaram-se às reuniões festivas do grupo de brasileiros exila-dos do Estado Novo. Conforme as anotações de Bluma, não havia dia de sossego.

Samuel aproveitou a estadia de pouco mais de uma semana em Buenos Aires. Na revista *Time*, publicou o perfil de Armando de Sales Oliveira, ex-governador de São Paulo, outro expatriado do regime. Para o *Chicago Daily News*, escreveu longa reportagem sobre a quinta-coluna no eixo Argentina-Brasil, citando, como leva e traz dos apoiadores do nazifascismo na América Latina, um repórter dos Diários Associados, Caio Júlio Vieira. Por um triz, o texto não lhe rendeu cadeia. No mesmo dia em que a matéria saiu no periódico americano, ele compareceu ao gabinete do ministro das Relações Exteriores, general Orlando Peluffo, para uma entrevista encomendada pelo *Globo*. O homem ascendera ao cargo junto com o novo presidente, o general Edelmiro Farrell.

"Miserável! Bandido! Vamos destruí-lo" — Samuel ouviu calado Peluffo espumar enquanto sacudia um despacho recebido dos Estados Unidos que con-tinha sua reportagem. Como pôde notar, o homem não ligara aquela infâmia a ele, um jornalista brasileiro, credenciado pelo *Globo*. Nem devia saber seu nome, aliás. Após a rápida entrevista, saiu dali quase correndo. Horas depois, encontrou Bluma e Allen Hayden. Quando relatava o ocorrido, apareceu na mesa um ofi-cial fardado, para cumprimentá-lo. Mundo pequeno! Tratava-se do ajudante de gabinete do general colérico. "Creio que já vi o senhor hoje", disse-lhe o oficial, decerto estabelecendo sua conexão com o *Chicago Daily News*. Era hora de pegar a estrada.

Pontualmente às 17h52 de 1º de setembro, uma sexta-feira, o casal zarpou. Se tudo corresse bem, conforme o bilhete, dali a seis dias, às onze da manhã, estariam chegando a Santiago do Chile. De acordo com Bluma, a cabine do trem para San Carlos de Bariloche nada acrescentava em conforto aos vagões da Central do Brasil. Os subúrbios de Buenos Aires talvez fossem um pouco mais bem organizados do que "Méier, Cascadura [...]. O dia de ontem foi horrível", escreveu ela depois da segunda noite em marcha. "Era poeira na estrada, que a gente só respirava poeira. [...] Mas hoje, quando fui lavar-me, vi através da janela um morro! Chamei Samuel quase gritando: 'Venha ver morro'. Neve! Sim, senhores, neve! Vários morros e colinas nos contornando, e tudo branco. [...] Tive vontade de mandar telegrama para todo mundo: 'Vi neve'."

Desde que o comboio se pusera em movimento, Samuel batia freneticamente à máquina, produzindo uma série de artigos para *O Globo*. De suéter, cachecol e chapéu, além de três pares de meia, para espantar o frio. "De um lado com neve, de outro, verdes. Estou com frio nos pés. Já vamos deixar o trem e não fizemos camaradagem com ninguém", reclamou Bluma. Samuel só se mexeu quando a mulher exigiu que fosse lhe conseguir um remédio para o estômago.

Ao desembarcarem na estação de Bariloche, pisaram os dois, ao mesmo tempo e pela primeira vez, na neve fofa. Dali, dirigiram-se com os outros viajantes para um hotel de veraneio, onde almoçariam e aguardariam a partida do vapor *Modesta Victoria*. A partir de Puerto Blest, as coisas começariam a ficar difíceis. Eles prosseguiriam de ônibus, por estradas intransitáveis. Uma nevasca cobrira tudo. Nas linhas do diário, Bluma ia esmiuçando o casamento. Como a convivência transformava insignificâncias em implicâncias! O jeito como Samuel mexia o café, batendo ruidosamente a colher nas bordas da xícara. O fato de ser sempre ela a pensar nas providências práticas. Enquanto esperavam o ônibus no hotelzinho, cansou de pedir a ele que fosse ver as malas no cais. Logo ia chover. "Ora, deixe de coisa, eles com certeza trouxeram nossas malas para cá ou então as cobriram", teimou. Foi necessária uma bronca para que se dignasse a conferir. "Quando voltou, vinha bufando, teve que trazer tudo sozinho, não havia quem carregasse — estava tudo molhado — minhas lindas e caras ($) malas!" Ao mesmo tempo podia amar e odiar o marido.

Prontos para a partida, Samuel e Bluma ocuparam as últimas poltronas de um ônibus velho, aparentemente incapaz de sair do lugar, quanto mais cruzar a cordilheira dos Andes. Sobre eles, uma insistente goteira. Assim que se acomodaram, Bluma sentiu falta das malas. Samuel as havia esquecido no restaurante. "Eu me ria à beça, vendo Sam pegar pulso e ir tratar dessas coisas — eu sempre o fiz." Chovia a cântaros quando, enfim, a viagem começou. Eles não podiam sequer se mexer. A máquina de escrever jazia entre as pernas de ambos. Passadas poucas horas, o ônibus parou. Não havia como seguir. Os passageiros deviam ir a pé até o outro lado da montanha de três metros e meio de neve e aguardar. Contrariando Samuel, a quem a decisão pareceu imprudente, Bluma resolveu caminhar sozinha à frente do grupo.

"De vez em quando, ele assoviava e eu respondia. O assobio se ouvia cada vez mais longe. Tudo em volta gelado e branco, as árvores [...] pareciam monstros negros dentro daquela brancura", registrou ela. "Bluma, pare! Volte! Pensei que tivesse acontecido alguma coisa. Vim voltando [...] uns cinquenta metros."

Era o ônibus. Enfim: cruzaram a fronteira do Chile. Na estalagem, preferiam gastar a noite no bar, celebrando o fato de estarem vivos. "Sam fazendo blague dizia estar desde logo contente com os chilenos, que, logo de entrada, davam-lhe mais uma hora de vida."

Assim que chegaram, Samuel teve a sensação de que Santiago do Chile seria o ponto alto da viagem. Um país de democracia robusta. Ainda por cima ele podia se dizer amigo de Salvador Allende, um dos fundadores do Partido Socialista. Dois anos antes, o jovem político em ascensão visitara o Rio de Janeiro e fora ciceroneado pelo grupo de *Diretrizes*. De Samuel, aproximara-se pessoalmente. No apartamento da Senador Dantas debateram por horas os rumos da esquerda na América Latina. Apenas quatro anos mais velho, o chileno parecera-lhe a encarnação do novo, um revolucionário que professava fé no sistema democrático. Na estação de Mapocho, esperava-os o general Hernández Santa Cruz, enviado por Allende para recepcioná-los com um convite para um almoço no Club Hípico.

Os dias ali seriam cheios. No primeiro deles, Samuel e Bluma foram tirados da cama por Andrés Pascal Allende, sobrinho de Salvador, como ela se referia ao anfitrião. O convite era inusitado: um passeio a cavalo pelos arredores da cidade. O café da manhã, tomariam todos juntos na residência de Allende. Do passeio, sobrariam muitas fotografias. Bluma adorava fotografar, tendo inclusive feito cursos. Numa das fotos da estadia em Santiago, captou o futuro presidente tirando um cochilo no sofá. "Cavalos da polícia! Estou arrebatada, há tanto tempo que não andava a cavalo! E sem roupa de montaria!", anotou no diário, aproveitando para reclamar das mulheres. "A senhora do [general] Hernández é ultragrã-fina. [...] Parece-me que não se interessa tanto por política e, assim sendo, pelo que ele se interessa. Aliás, é de estranhar, pois todo mundo se interessa e fala de política neste país. A senhora do Salvador Allende também não é muito simpática."

Quando Samuel se ocupava com entrevistas aos jornais locais denunciando as arbitrariedades da ditadura no Brasil, Bluma o arrastou a uma conferência de Pablo Neruda. Praticamente não pensava em outra coisa desde que pisara no Chile. Nutria verdadeira adoração pelo poeta. "Explicou, com sua própria poesia, por que deixou a poesia estratosférica e romântica para fazer poesia do povo. Leu então um poema no qual conta a sua vida na Espanha, sua casa, suas flores [...] e então veio a guerra e tudo se transformou. [...] Uma maravilha. Vou pedir-lhe para tirar uma cópia." O evento acontecera num pequeno centro cultural, cuja sala estava inteiramente pintada com murais no estilo "mexicano moderno", nas palavras de Bluma, representando "miséria, fome, morte, enfim, o momento presente no mundo inteiro". No final da conferência, o casal acabou sendo convidado para uma reunião de amigos, no domingo, na casa de Neruda.

Na passagem pelo Chile, Samuel fez "camaradagem" com todo mundo — ou ao menos com o mundo que lhe importava. Gente como o diplomata Gabriel González Videla, que servira no Brasil, o futuro presidente Eduardo Frei Montalva, ideólogo da democracia cristã, e Bernardo Ibáñez, o candidato socialista nas eleições de 1946, além dos poetas Julio Barrenechea e Gabriela Mistral. Certa tarde, chegou a ser convidado para falar no chá das cinco do Partido Comunista, que acontecia regularmente na Câmara dos Deputados. O tema era a morte das democracias na América Latina. Na visão de Samuel, o Chile, embora estivesse experimentando pujança democrática, caminhava para o abismo, caso não cessassem as desavenças entre as diversas correntes de esquerda, o que provocava seu enfraquecimento gradual. Para ele, era uma questão de tempo até a direita se fortalecer.

"Sam lhes falou e lhes mostrou que a sequência no Chile é a mesma do Brasil e da Argentina. Eles, porém, acostumados a sua maravilhosa liberdade, acham que isto não acontecerá no seu país", anotou Bluma sobre o encontro.

No fim da tarde de 12 de outubro de 1944, o trem estacionou na plataforma do Grand Central Terminal, no coração de Manhattan, a última estação daquela viagem que começara havia mais de um mês. Entre o Chile e os Estados Unidos, o casal fizera escalas de dois ou três dias no Peru, Panamá, Costa Rica, Honduras, Guatemala e México. Em todas elas, Samuel distribuíra para lideranças de esquerda manifestos que denunciavam a ditadura no Brasil. Nos Estados

Unidos, Samuel tinha outro objetivo. Queria aprender com a imprensa local. Os jornais franceses e ingleses podiam ser mais elegantes, mas os norte-americanos dominavam a técnica. Naquele dia, a principal notícia do *New York Times*, que ele comprou assim que desembarcaram do trem, era a Batalha de Aachen, na Alemanha. *Yes*, os Aliados avançavam, logo estariam às portas de Berlim. O casal se hospedou numa pequena pensão nos arredores do magnífico prédio do terminal.

A guerra pessoal de Samuel contra Getúlio, embora ele não soubesse disso ao chegar aos Estados Unidos, estava incomodando o Catete. Atuando como uma espécie de secretária do pai, Alzira Vargas, então já casada com o interventor do estado do Rio de Janeiro, Ernani do Amaral Peixoto, encomendara ao diplomata Valder de Lima Sarmanho, o qual servia em Washington, que lhe vigiasse os passos. Em carta enviada à filha do presidente, datada de 30 de outubro, Sarmanho informou: "Segundo apurei, até agora, ele pretende escrever, em diversos jornais de Nova York, [...] uma série de ataques ao nosso governo, servindo-se de informações que lhe serão enviadas daí pelo Raimundo Magalhães, de *A Noite*". De acordo com a investigação, a viagem aos Estados Unidos era custeada pelo "ex-ocupante da rua Larga", numa referência a Osvaldo Aranha, já que a rua Larga era o endereço do Itamaraty.

O fato é que o dinheiro andava curto, conforme a carta de Bluma à cunhada Noia, pedindo socorro: "Escute: ontem recebemos telegrama de Marcos [Wainer] dizendo que mandavam o dinheiro que mandamos pedir. Gostaria de saber se vocês também contribuirão ou não".

Com a bênção de Nelson Rockefeller, Samuel conseguiu um bico na Biblioteca do Congresso, com soldo de 450 dólares mensais. Sua missão era traduzir uma série de artigos de jornais brasileiros que tratavam da guerra e da posição do país.

Para Samuel, a experiência na biblioteca rendia a oportunidade de estar diariamente em contato com todos os jornais nacionais. Cobrindo a Casa Branca para *O Globo*, também pôde testemunhar a mais acirrada campanha eleitoral de todos os tempos: Franklin Delano Roosevelt, no poder durante quase o mesmo período que Getúlio, versus o republicano Thomas E. Dewey.

"Que campanha eleitoral. Ninguém fala noutra coisa. E como falam mal um do outro", apontou Bluma.

Quando o inverno adentrou 1945, o casal retornou a Nova York. De presente de Ano-Novo, Bluma pediu a Samuel uma caixa postal. Não podia mais seguir viajando, queria se estabelecer. A amiga Adalgisa Nery, instalada com o marido, Lourival Fontes, num apartamento em Manhattan, se dispusera a ajudá-la a conseguir uma casa. Mal começou a procurar, porém, Samuel anunciou: recebera um telegrama urgente de Roberto Marinho. Devia ir imediatamente para o México, a fim de cobrir a Conferência de Chapultepec, que reuniria líderes de todo o continente no histórico bairro asteca da capital do país, a realizar-se a partir de 21 de fevereiro. Embora ele tenha se despedido dizendo que logo voltaria, que ela continuasse na busca do apartamento, o apertado coração de Bluma sabia: Sam não pisaria mais nos Estados Unidos.

Em Berlim já se ouvia o troar da artilharia soviética nas cercanias da cidade. Hitler organizava a transferência do governo alemão para Munique. Na Câmara dos Comuns, os ingleses falavam em tribunal militar e punição aos nazistas pela perseguição aos judeus. Bombas choviam sobre Tóquio. No Brasil, os escritores prepararam um motim contra o Estado Novo. Em 22 de janeiro, acontecera, no Theatro Municipal de São Paulo, o I Congresso Brasileiro de Escritores, cujo resultado fora um manifesto exigindo "a legalidade democrática como garantia da completa liberdade de expressão do pensamento" e a instalação de um "governo eleito pelo povo mediante sufrágio universal direto e secreto". Francisco de Assis Barbosa, um dos signatários, contaria: "Samuel movimentou todo mundo, até o Albert Einstein, que mandou um telegrama de apoio ao Congresso. Foi um trabalho maravilhoso".

Era bom sentir de novo o sol. Na Cidade do México, Samuel descobriu no repórter do *New York Post*, Orson Welles, o melhor companheiro de noite. Certa vez, resolveram erguer um brinde a cada estado do Brasil: o americano o derrubou antes de chegarem à Bahia. Entre uma farra e outra, entrevistou a filha de Luís Carlos Prestes, Anita Leocadia, que então vivia com uma tia na capital mexicana. A reportagem foi publicada no *Globo*, no dia 16 de março, sob o título "A menina brasileira que ainda não conhece o Brasil". Animado com o afrouxamento da censura no país, ele escreveu a Bluma pedindo-lhe que fosse encontrá-lo: dali, como ela previra, para casa.

Tudo resolvido de uma hora para a outra — quase não consegui passagem. [...] Marina veio até a estação, e eu carregando, além de minha valise, a malinha pequena, a pasta de Sam, seis envelopes de papel trazidos da censura, minha bolsa de viagem, os dois capotes e a capa de chuva.

7. O agente de Tito

Aqueles que desconheciam os ímpetos de Samuel podiam até perder tempo questionando a ideia, mas não seus companheiros. Quando ele punha uma coisa na cabeça, seguia adiante, não importando o que achassem ou deixassem de achar. Assim que pisou no Rio de Janeiro, iniciou a peregrinação, de porta em porta, vendendo o sonho: ressuscitar *Diretrizes*. E mais: transformar o semanário em diário. Entre os primeiros a fechar com ele, os velhos de guerra Otávio Malta, Augusto Rodrigues e Francisco de Assis Barbosa. E o dinheiro? Estava liso, mas faria como sempre fizera. Iria atrás dos que figuravam entre os interessados em jogar a última pá de cal na sepultura do Estado Novo. Com o conflito na Europa perto de um desfecho favorável aos Aliados, Getúlio definhava. Já não havia argumento para manter uma ditadura diante do triunfo das democracias.

Contaria Assis Barbosa:

Nos EUA, Samuel ficou amigo do Paulo Aniel Maia. Quando ele voltou com a ideia de ressuscitar *Diretrizes*, o Paulo perguntou: "Mas quem será sua equipe?". Samuel disse: "Fulano, beltrano e o Chico Barbosa". Aí o Paulo respondeu: "Esse não, esse trabalha comigo. Ele não vai sair do *Correio da Manhã*".

No mesmo dia, Assis Barbosa era chamado na sala do diretor de redação, Costa Rego:

"Chico, tenho a impressão que você vai cometer uma grande asneira, de trabalhar com esse judeu." Para me demover da ideia de ir para *Diretrizes*, o Paulo [Bittencourt] me disse que ia me dar uma casa. Larguei tudo e entrei na canoa furada de *Diretrizes*. Samuel logo sumiu... e eu fiquei.

O Brasil de 1945 não era o mesmo que o expulsara seis meses antes. Em 22 de fevereiro, partira da pena de Carlos Lacerda o tiro decisivo na censura à imprensa. No *Correio da Manhã*, ele publicara uma entrevista com o ex-ministro da Viação, José Américo de Almeida, candidato à Presidência nas eleições frustradas de 1938. Sorvendo um refresco na varanda da casa do Jardim Botânico, José Américo lhe afirmara que a oposição já tinha candidato à cadeira do ditador. "É um homem cheio de serviços à pátria, representa uma garantia de retidão e de respeito à dignidade do país. As preferências já foram fixadas. Os campos estão definidos. Já quase não há neutros. As posições estão ocupadas para a batalha política." O candidato, conforme logo se soubera pelo vespertino *O Globo*, era o major-brigadeiro Eduardo Gomes, que acabara de se exonerar da 2ª Zona Aérea, sediada no Recife. O mítico sobrevivente dos Dezoito do Forte seria lançado pelo novo partido: União Democrática Nacional (UDN).

O jornal *Diretrizes* ganhou as bancas em 29 de maio, com a campanha "Escolha já o seu deputado". Expunha a lista de nomes dos supostos concorrentes na ainda incerta eleição, finalmente marcada para 2 de dezembro. O candidato da casa era o escritor Hermes Lima, que viria a ser o deputado mais votado do Rio de Janeiro. A situação política do país estava deixando todo mundo tonto. Nas ruas, o movimento queremista, inspirado no grito das multidões, "Queremos Getúlio", carregava duas bandeiras: o adiamento do pleito e a convocação imediata de uma Assembleia Nacional Constituinte. Por sua vez, embora incentivasse o queremismo, o presidente ventilara o nome do candidato do Catete, o ministro da Guerra, Eurico Gaspar Dutra. Das engendrações de Vargas, brotavam dois partidos: o Partido Social Democrático (PSD), cuja matriz era a máquina do Estado Novo, organizado pelos interventores estaduais, e o Partido Trabalhista Brasileiro (PTB).

Samuel, como sempre, apostava alto, sem prestar atenção no tamanho da queda. A redação de *Diretrizes* foi instalada na avenida Presidente Wilson, 198. O dinheiro curto não permitia que ele compusesse mais que oito páginas por dia. Faltavam-lhe repórteres, apesar de contar com os melhores colaboradores: entre os novos estava um jovem diplomata, recém-aprovado no concurso, que passou a cuidar da coluna de cinema, Vinicius de Moraes. As semanas se sucediam, e a impossibilidade de fazer frente aos grandes jornais ia se tornando cada vez mais clara. Afinal, a estrutura exigida para produzir um diário era bem diferente da necessária para produzir uma revista semanal. Magrinhas, as edições de *Diretrizes* não ultrapassavam 2 mil exemplares.

Uma tarde, Samuel recebeu a visita de dois camaradas do PCB: Trifino Correia e Orlando Leite Ribeiro. Vinham com a proposta de levá-lo até Luís Carlos Prestes, preso desde 1936, para que este ouvisse diretamente dele o relato sobre sua filha, Anita Leocadia, a quem entrevistara no México. Ao encontrar o líder comunista, ouviu: "É você o Wainer?". Prestes odiara a reportagem publicada no *Globo*: "Queria dizer a você que não aceitei o fato de você ter explorado o sentimentalismo da pequena burguesia brasileira com a minha filha". Além do mais, "você voltou politicamente errado". Por "politicamente errado" entendia-se o seu apoio a Eduardo Gomes. Àquela altura, quando o mundo já se reorganizava nos termos da Guerra Fria, os comunistas pendiam para o queremismo. No breve encontro, ficou óbvio para Samuel que seu jornal logo entraria na mira da propaganda demolidora do PCB.

Não deu outra. Até mesmo os gráficos do *Diario Carioca*, cujo sindicato obedecia ao Partido Comunista, cruzaram os braços por um dia, recusando-se a imprimir *Diretrizes* caso Samuel continuasse na direção. Ele não se lamentou. Talvez fosse melhor assim. Por que não atravessar o Atlântico? Cobrir o pós-guerra pareceu-lhe mais aventuroso do que permanecer no Brasil dando murro em ponta de faca. O comando do jornal foi entregue a João Alberto, o herói tenentista e ex-interventor de São Paulo, que agora ocupava a chefia de polícia do Distrito Federal. Conforme revelaria Assis Barbosa, João Alberto já se encontrava por trás do nascimento do diário, como investidor e fiador do projeto. Para a direção da redação, ele empossou Osvaldo Costa, o dirigente comunista que editara *A Gazeta*, de São Paulo. A Samuel, coube um montante de dinheiro pela venda do título e um soldo mensal para trabalhar como correspondente. Embarcou então no navio *Mariposa*.

Era começo de agosto. Um mundo em escombros o aguardava. Em janeiro, as tropas soviéticas haviam libertado o campo de concentração de Auschwitz. Aqueles judeus esquálidos em fila, as montanhas de cadáveres, as câmaras de gás, o que podia ser mais vergonhoso para a humanidade? Hitler já estava morto, segundo informações divulgadas pelo Reich: engolira uma cápsula de cianureto e, para garantir, dera um tiro na própria cabeça em seu bunker, em Berlim. Executaram Mussolini e expuseram-lhe o corpo, de cabeça para baixo, numa praça pública de Milão. Enquanto o *Mariposa* ainda navegava, outro retrato para o álbum da bestialidade: pontualmente às 8h15, hora do Japão, de 6 de agosto de 1945, a primeira bomba atômica caiu sobre Hiroshima. Três dias depois, mais uma bomba removeu Nagasaki do mapa. Quando Samuel aportou em Le Havre, na Normandia, a guerra tinha oficialmente terminado, com a assinatura do armistício anunciado no dia 15 daquele mês — e assinado, posteriormente, em 2 de setembro.

Getúlio caiu. Os fatos, no fim das contas, decepcionaram. Após quinze anos no poder, o ditador pediu apenas 48 horas para limpar as gavetas. A minuta de renúncia foi-lhe entregue pelo general Cordeiro de Farias, rascunhada pelo demissionário ministro da Guerra, Góis Monteiro, substituto de Dutra, que já se desligara para concorrer à Presidência pelo PSD. Corria a noite de 29 de outubro de 1945: "Preferia que os senhores me atacassem, porque eu me defenderia. Mas já que se trata de um golpe branco, não serei eu o elemento perturbador. Pode dizer a eles que não sou mais presidente". No dia seguinte, os generais mandaram cortar a luz, a água e o gás do Guanabara. "Isso está mais parecido com uma ação de despejo que um golpe de Estado. Só falta aparecer o oficial de justiça."

O Brasil era outro. Quando Vargas assumiu o poder no longínquo 1930, como o líder revolucionário que varreria as oligarquias do comando do país, encontrou uma nação essencialmente agrária. Fora ele a iniciar o processo de industrialização e, em consequência, de urbanização em massa, com a Companhia Siderúrgica Nacional, a Companhia Vale do Rio Doce e a Fábrica Nacional de Motores. De sua lavra, saíra a CLT, que lhe garantira no imaginário popular o posto indestrutível de aliado dos pobres. Pela primeira vez na história, um político havia buscado sustentação no povo.

A imprensa celebrou a deposição de Getúlio, saudando a posse, na mesma madrugada de 29 de outubro, de José Linhares, ministro do STF, na Presidência da

República. Segundo Assis Chateaubriand, em sua coluna do *Jornal*, era "O triste fim de Policarpo Vargas".

Aquele dia transcorrera entre rumores. A cidade assistira ao movimento das tropas, que tomava os pontos estratégicos: Correios e Telégrafos, Telégrafo Nacional, Central do Brasil, emissoras de rádio. Fazia muitas e muitas semanas que Vargas vinha sendo cozinhado. De fascista, nos jornais passara a ser acusado de comunista. Ao receber a anistia, Prestes havia discursado para 10 mil pessoas, no estádio do Vasco da Gama: "A anistia é esquecimento e eu, da minha parte, estou disposto a esquecer". Contribuíra também para o desvirtuado rótulo a assinatura da chamada Lei Malaia, de combate aos trustes e cartéis econômicos, que dava ao governo o poder de expropriar empresas consideradas danosas ao interesse nacional. A nomeação de Benjamim Vargas para a chefia de polícia do Distrito Federal, em substituição a João Alberto, que iria para a prefeitura do Rio de Janeiro, fora o estopim, levantando os generais, recém-convertidos à democracia, contra uma possível manobra continuísta cujo objetivo seria tumultuar o pleito de 2 de dezembro.

"Informe aos generais seus amigos que desejo apenas ir descansar em São Borja. Eles que fiquem aí mexendo esse mingau", disse Getúlio a Cordeiro de Farias, depois de assinar a carta de renúncia.

Em 1º de novembro, ele embarcou no Santos Dumont, num avião da Força Aérea Brasileira, rumo ao exílio.

Fumando um cigarro na janela, mirando a brasa, Samuel pensou nas ferroadas de Carlos Lacerda, que o chamava de aventureiro. Talvez fosse um elogio. Ao se ver inteiramente só em Paris, sentiu-se livre. Engajada num curso de fotografia em São Paulo, Bluma ficara para trás, prometendo ir para a França logo que ele se ajeitasse. Assim, ele hospedara-se naquele simpático hotel familiar, com vista para o cemitério de Montparnasse, ocupando dois pequenos quartos conjugados, sem banheiro. Tinha à disposição uma cama de solteiro, uma escrivaninha, uma cadeira sem uma das pernas, a qual fora usada como lenha pelo proprietário, e um fogareiro com uma dupla de bicos de gás, que nem sempre havia. Aliás, não havia nada. Tudo estava racionado, exceto a diversão. A cidade parecia ter enlouquecido, como se, nos cabarés, os parisienses esperassem encontrar um anestésico.

Exatamente num cabaré é que Samuel fora apresentado ao Pervitin. A droga, herança dos nazistas, tinha sido inventada em 1937 pelo médico alemão Fritz Hauschild. A velocidade, o dinamismo, a coragem, a audácia, o sentimento de invencibilidade: tudo que se disse dos soldados de Hitler, imbatíveis nas Blitzkriege, emanava, então, daquele comprimidinho! O Terceiro Reich, afinal, não passara de uma *bad trip* de metanfetamina. Os franceses usaram o vinho. Os russos, a vodca. Os ingleses e americanos, as benzedrinas. Mas os alemães tiveram a seu serviço o Pervitin: 35 milhões de pílulas encomendadas aos laboratórios pela Wehrmacht. Samuel sempre achara dormir uma perda de tempo. Não podia, todavia, negar as evidências. Nas guerras-relâmpago, o santo remédio funcionara. Nas guerras de desgaste, fora um fiasco. Por ora, ele não estava muito preocupado com efeitos colaterais.

Após quatro meses em Paris, virava-se com desembaraço. Ajudado por Vinicius de Moraes, conseguira um encontro com o diplomata norte-americano Jefferson Caffery, que tinha servido no Brasil até 1944. Deixara o gabinete do homem com um uniforme e um passe livre de correspondente junto ao Exército dos Estados Unidos. Na prática, estava salvo, com rações de comida garantidas e transporte para onde quisesse. Se durante o dia produzia como um louco, mandando reportagens quase diárias para *Diretrizes*, à noite entregava-se ao contaminante hedonismo. Uma das mulheres com quem se envolvera, uma francesa de traços mongólicos, chamava-se Natasha. Com ela, entendera a ética dos tempos. Encheu-a de presentes, comovido com as desgraças dos anos de ocupação nazista. Para o irmão buscar emprego, dera-lhe o melhor terno. Poucas noites depois, via-a dançando com o gigolô que usava a fatiota de casimira inglesa. *C'est la vie!*

Sua primeira grande reportagem foi uma série em capítulos, que saiu ainda no começo de outubro: "A França de Vichy perante a França livre! Quatro anos de misérias desfilam no julgamento de Pierre Laval". Samuel acompanhara os cinco dias de tribunal, de 4 a 9 daquele mês, até a condenação do chefe de governo de Vichy: "Cínico, atrevido e vivaz, o repulsivo colaboracionista tudo faz para salvar a vida". A série ganhara até uma marca, que, dali em diante, precederia todas as suas matérias publicadas em *Diretrizes*: uma foto sua com o carimbo "correspondente especial". Para Samuel, o mundo estava permanentemente à espera de um repórter. E não o contrário. O que não era presenciado por um jornalista não existia. Isso posto, fazia qualquer negócio para estar em todos os lugares. Tudo parecia estar por ser reinventado. Até a moral.

Em meados de novembro, enfim, conseguiu: grande parte dos correspondentes já havia partido quando recebeu a credencial para cobrir o maior espetáculo de todos os tempos, o Tribunal de Nuremberg, que julgaria 22 líderes nazistas. Aquilo tinha especial sentido para ele, um judeu cujo destino fora determinado pelo antissemitismo. A partir do dia 20, estariam sentados no banco dos réus crápulas como Hermann Göring, o segundo na hierarquia, e Joachim von Ribbentrop, ministro das Relações Exteriores. Além de Albert Speer, arquiteto do regime, Rudolf Hess, secretário particular do Führer, e Karl Dönitz, comandante da Kriegsmarine e presidente da Alemanha por 35 dias. Os organizadores reservaram 450 vagas para os jornalistas, em sua maior parte americanos, ingleses e russos. Um brasileiro tinha pouca — ou nenhuma — chance. Entretanto, com o argumento de que a presença de um repórter do Brasil consolidaria o prestígio norte-americano no continente, mais uma vez obteve a mão do Departamento de Estado dos Estados Unidos.

Na véspera da sessão inaugural, desembarcou em Nuremberg. A cidade da Baviera fora escolhida pelo simbolismo. Ano a ano os nazistas desfilaram ali seu poderio, em passeatas e comícios. No *press camp*, recebeu um quarto de hotel e uma lista de regras. Às nove da manhã, tinha que estar no Palácio da Justiça, de onde não poderia sair antes das seis da tarde, horário em que se encerravam os trabalhos. Aos jornalistas, caberiam três refeições diárias e transporte, bem como rações de cigarros, chocolate e manteiga. Na manhã de 21 de novembro Samuel estava lá, no Palácio da Justiça de Nuremberg, quando o procurador-geral norte-americano, Robert H. Jackson, o "Justice Jackson", proferiu as palavras de largada do julgamento que mudaria a história do direito internacional.

Segundo Samuel, o ambiente era "incontrolavelmente passional". Aos poucos, ele foi se entrosando: "Perdi, por exemplo, o receio de fazer perguntas nas entrevistas coletivas". Certo dia, decidiu que já era tempo de arrumar um furo. Como os jornalistas não podiam se aproximar dos réus, mais uma vez contou com a sorte. Conheceu um advogado alemão, integrante da defesa, que tinha parentes em Santa Catarina. Entre cafés e gentilezas — como meio quilo de café e meio quilo de chocolate —, convenceu o homem a levar uma pergunta a Karl Dönitz: qual havia sido a importância das bases aliadas no Nordeste brasileiro para a derrota da Alemanha? Por carta, o comandante da Kriegsmarine admitiu a importância das bases plantadas no Brasil para o controle da ação dos submarinos do Eixo no Atlântico. O furo rendeu-lhe. Além de vender matérias para vários jornais estrangeiros, conseguiu negociar a leitura da carta de Karl Dönitz em despacho radiofônico da BBC de Londres. Mais tarde doaria o documento ao Museu Naval brasileiro.

Com algum dinheiro no bolso, partiu. O plano era retornar a Nuremberg para o veredito. De volta a Paris, fez imediatamente uma visita ao embaixador Luís Martins de Sousa Dantas, que servia na França desde 1922. No raiar da guerra, Sousa Dantas se portara como uma espécie de Schindler da caneta. Contrariando as ordens do Estado Novo, emitira vistos para o Brasil a pelo menos mil judeus. A visita de Wainer não era, obviamente, de cortesia. Queria ajuda para entrar na Espanha de Franco. Em troca da promessa de que o jornalista lhe trouxesse de lá uma caixa de frutas, o embaixador garantiu-lhe a travessia da fronteira sem que tivesse que enfrentar o pente-fino da polícia espanhola. Com o passe diplomático, poderia cruzar livremente.

No trem, por uma dessas coisas do destino, Samuel apaixonou-se: Helen, uma americana alta, loira e culta, que o divertiu com aguçado senso de humor durante todo o trajeto. Na guerra, a moça ganhara a vida fazendo pequenos serviços de espionagem para o governo dos Estados Unidos. Com Helen, hospedou-se, em Madri, no já então lendário Hotel Florida, na Plaza del Callao. Nos dez dias de romance, aproveitou para trabalhar, colhendo uma série de depoimentos de opositores do regime, com denúncias de tortura e violação de direitos humanos. Entre os documentos, a carta escrita pelo guerrilheiro José Gómez antes de suicidar-se, em pleno julgamento especial, por um tribunal franquista. A despedida dos namorados aconteceu no bar Don Quijote — nunca mais se veriam. Na volta a Paris, embrulhou as frutas de Sousa Dantas nas laudas e documentos comprometedores: "A vigilância era intensa, mas a carga que eu levava era inviolável. Em cada estação, dois guardas que vigiavam cada cabine e me olhavam com ódio quando percebiam que eu tinha imunidades diplomáticas".

No *Ce Soir*, Samuel publicou a série de reportagens produzidas na Espanha. Sim: mostra aqui, mostra acolá, chegou até o poeta e fundador do diário, Louis Aragon, que, de bom grado, pagou-lhe 15 mil francos pelo material. Não era muito, mas ele teria seu nome impresso nas páginas de um grande jornal da França. No fim das contas, não foi bem assim: o texto saiu assinado por André de La Guerre. Isso, ninguém lhe dissera. Ao procurar Aragon para pedir explicações, este se limitou a dizer-lhe que tirasse uma foto e deixasse o resto com ele. Não se arrependeria. No sexto e último texto da série, viu seu retrato na capa do jornal que sempre o inspirara, e o de maior prestígio na esquerda francesa, apresentando-o como o autor do trabalho. Por motivo de segurança, o *Ce Soir* optara pelo pseudônimo até que todo o material fosse publicado. "Ao ler aquilo, quase desmaiei de emoção. Mas logo me refiz, ciente de que deveria preparar-me para viver meus dias de triunfo entre os jornalistas baseados em Paris."

Getúlio entrou 1946 provando que, se havia uma lição a tirar, esta se resumia no ditado popular: "O que não mata, fortalece". Em 31 de janeiro, acompanhou pelo rádio a posse do novo presidente, o general Eurico Gaspar Dutra. Não fosse o seu apoio, o candidato do PSD provavelmente não teria chegado nem ao Palácio Tiradentes. Apelidado pela oposição de Boca Murcha, Dutra recebera mais de 3 milhões de votos contra 2 milhões de Eduardo Gomes, o nome da UDN, que iniciara a corrida como franco favorito. Além do mais, o povo consagrara Vargas com 1,1 milhão de votos, elegendo-o, como permitia a Constituição, para uma saraivada de cargos: senador pelo PSD do Rio Grande do Sul e pelo PTB de São Paulo; deputado pelo PTB de seis estados: Bahia, Paraná, Rio de Janeiro, Minas Gerais, São Paulo e Distrito Federal; e deputado pelo PSD, também pelo Rio Grande do Sul.

"E eles pensam que vou permanecer onde me colocaram. É o grande erro deles. Não sabem que vamos começar um novo jogo — e com todas as pedras de volta ao tabuleiro", dissera Getúlio ao sobrinho Serafim Dorneles, ainda no avião da FAB, quando a imprensa já o declarava morto. Jamais acreditara naquilo. Tinha uma coisa que os outros não tinham: votos. No princípio da campanha presidencial, mantivera-se quieto, fazendo cavalgadas diárias pelos pampas, na companhia do filho do vizinho, o jovem estancieiro João Belchior Goulart, mais conhecido como Jango. Dutra não empolgava, com seu carisma de um chefe de repartição. O galã Eduardo Gomes contara de saída com a simpatia das senhoras: "Vote no brigadeiro, ele é bonito e solteiro". Já o candidato comunista, Iedo Fiuza, coitado, atraíra a fúria de Carlos Lacerda, que, no *Correio da Manhã*, desencadeara feroz campanha, apelidando-o de Rato Fiuza.

"Agora, em São Borja, após seus longos passeios e horas de meditação, o grande alquimista do despistamento, técnica em que certamente jamais será superado, reafirma seu desinteresse pela política e, consequentemente, pelo poder", chegara a alertar o *Diario da Noite*, de Assis Chateaubriand. "Volta o sr. Getúlio Vargas à velha técnica — nada desejar, nada querer, desejando e querendo tudo."

Na verdade, os dias na Fazenda Santos Reis corriam intensos, com o desfile de aeronaves de políticos no campo de pouso de terra batida. Alguns queriam convencê-lo a retornar à cena política, candidatando-se e anunciando apoio a Dutra. Outros aconselhavam o contrário. Pessoalmente, não lhe apetecia o cortejo ao general que conspirara para apeá-lo do poder. Mas, como bem sabia, na política não se podia se dar ao luxo das mágoas. Coubera ao queremista Hugo Borghi a costura. O empresário paulista andava, então, às voltas com denúncias de transações escusas junto ao Banco do Brasil. Para a ala do PTB que rechaçava o general, Borghi só pretendia garantir que suas contas não sofressem devassa, caso a UDN saísse vencedora. Por aqueles dias, aliás, ele marcara um gol, ao pregar o selo de elitista em Eduardo Gomes. Em discurso no Theatro Municipal do Rio, este havia dito não precisar contar com os votos "desta malta de despreocupados que andam por aí". Segundo propagaram as muitas rádios de Borghi, o brigadeiro não precisava dos votos dos "marmiteiros".

Num dos dias que antecederam a votação, os postes e muros do país amanheceram cobertos por cartazes e pichações: "Ele disse: Ingressai no PTB!". Finalmente Getúlio saía da sombra: "Trabalhadores do Brasil! Deste rincão longínquo da Pátria, dirijo minha saudação a todos vós, desejando que ela seja ouvida em todos os quadrantes do país. Condensai as vossas energias e moldai a vossa consciência coletiva, ingressando no Partido Trabalhista Brasileiro". Poucos dias depois, partira dos pampas outra ordem, de pronto seguida pelos eleitores: "Ele disse: Votai em Dutra!".

Quando o *Oregon* atracou no porto de Le Havre, no começo de março, Bluma avistou Samuel no cais. Fazia muito frio. Uma nevasca atípica para aquela época do ano cobrira a paisagem, e Sam estava lá, todo empacotado, com a gola do sobretudo protegendo-lhe o rosto. Só se viam os olhos azuis. Ela o reencontrou feliz. Nas mãos, o exemplar do *Ce Soir* com sua foto na capa. Também ela tinha novidades. No pleito de 5 de dezembro, havia comprado briga com todo mundo, declarando o voto no brigadeiro. Além da política, fizera uma nova — e melhor — amiga: Clarice Lispector, já autora de *Perto do coração selvagem*. Logo que se conheceram, se reconheceram, tornando-se inseparáveis. A essa altura, Clarice já se casara com o diplomata Maury Gurgel Valente e vivia em Berna. Estava de férias no Brasil. Com ela, Bluma viajara a Belo Horizonte para o II Congresso Brasileiro de Escritores.

Na primeira carta que escreveu de Paris, em 15 de março de 1946, à cunhada Noia Chafir, Bluma orgulhou-se: "Samuel tem brilhado muito, tendo seus artigos publicados em quase todo o mundo. Aqui mesmo, na França, um dos vespertinos de maior tiragem acabou hoje de publicar uma série de reportagem que faz sobre a Espanha".

Segundo a extensa missiva:

Moramos em casa de um casal simpático — não é apartamento independente, como tinha dito. São duas peças bastante amplas e um banheiro que não tem água. Tem pia e banheira. A banheira está com carvão e lenha para poder aquecer a sala, mas acontece que esse carvão e a lenha estão úmidos, de maneira que não adianta.

Samuel tinha planos para os dois. Assim que ela se ambientasse em Paris, viajariam para a Itália. Na volta, passariam pela Suíça para irem ter com Clarice. Com encomendas de reportagens para a BBC, pagaria os custos. A ideia era ficar três semanas fora, retornando para a Conferência de Paz, que aconteceria na França em 29 de julho. Claro, não demorou para que Bluma estivesse adaptada à paisagem. Entre os companheiros de cineclube, o escritor Aníbal Machado e o escultor Alfredo Ceschiatti, então vivendo na capital francesa. O curto giro pela Europa foi uma nova lua de mel. Fazia muito tempo que não se mostrava tão carinhoso. Talvez o motivo fosse a culpa. Na Itália, eles assistiram a *Roma, cidade aberta*, de Roberto Rossellini. Passearam com Clarice e Maury em Berna, onde Bluma fez um ensaio fotográfico da escritora que, no futuro, integraria sua fotobiografia.

Ao regressarem à França, faltavam poucos dias para o início da Conferência de Paz. O encontro, que reuniria 21 países, inclusive o Brasil, e se daria no Palácio de Luxemburgo, era considerado determinante para o futuro da Europa — e do mundo. Lá, os Aliados iriam cobrar a conta dos derrotados: Itália, Romênia, Hungria, Bulgária e Finlândia.

No Café de la Paix, entre o Boulevard des Capucines e a Place de l'Opéra, Samuel e Lacerda se reencontraram. Se não mais existia cumplicidade entre eles, tampouco havia hostilidade. À mesa, todos na cidade para cobrir a Conferência, outros colegas de imprensa, entre os quais Danton Jobim e Barreto Leite Filho, o primeiro a serviço do *Diario Carioca*, e o segundo pelos Diários Associados. Lacerda viajara a mando do *Observatório Econômico*. Na roda, só Samuel estava a favor da Iugoslávia na questão de Trieste. Até a guerra, o território pertencera à Itália — e uma corrente defendia que deveria continuar assim. Com a derrota do Eixo, porém, estavam em jogo as colônias italianas. E a Rússia pleiteava a anexação de Trieste pela Iugoslávia de Josip Broz Tito. Entre taças de vinho, Wainer contou a Lacerda que, logo que terminasse o evento, zarparia para Belgrado, onde tentaria uma entrevista com o primeiro-ministro iugoslavo. Por sua vez, Lacerda disse que iria a Roma, onde escreveria um diário do pós-guerra: "Noturno da fome".

Nos intensos dias que se seguiram no Palácio de Luxemburgo, a questão de Trieste deixou de ser um drama da guerra para se tornar uma disputa entre os dois. Enquanto Samuel atacou a Itália nas páginas de *Diretrizes*, Lacerda empregou sua infinita energia na defesa da causa italiana, instigando a delegação brasileira presente ao encontro, capitaneada pelo ministro das Relações Exteriores, João Neves da Fontoura, a se posicionar em favor da "paz justa". No fim das contas, sob a égide da Organização das Nações Unidas (ONU), seria criado no ano seguinte, 1947, o Território Livre de Trieste, na prática uma cidade-Estado, tomada militarmente, de um lado, pelos Aliados e, de outro, pela Iugoslávia. A Samuel, a refrega rendeu uma nota no *Correio da Manhã*. Na prática, Carlos Lacerda lhe atribuiu o comportamento de uma espécie de agente de Tito: "O sr. Wainer ocupou-se [...] como uma espécie de agente de imprensa das delegações dos satélites de Stálin".

Quando entrou setembro, antes mesmo do fim da Conferência de Paz, Samuel e Bluma já estavam de novo na estrada. Dessa vez, rumo a Nuremberg, onde o julgamento do século caminhava para o desfecho. De Paris para Frankfurt. Hospedaram-se no "hotel dos correspondentes", num "belíssimo quarto com banheiro, número 118". Segundo Bluma:

Frankfurt está bastante destruída, porém, na minha opinião, não o bastante. Andam todos muito bem-vestidos e calçados, e as senhoras, todas usam chapéus. Todos com um grande ar de superioridade. Mesmo quando pedem um cigarro, olham para a gente com alteza. Nunca pensei que tivesse um sentimento tão forte contra o povo alemão. Só aqui na Alemanha certifiquei-me disso.

Em Munique, visitaram o campo de concentração de Dachau, instalado em 1933 numa antiga fábrica de pólvora, a cinco quilômetros da cidade. Um ex-prisioneiro judeu fez as vezes de guia turístico. Primeiro, foram conhecer os crematórios. "Na sala que segue a do crematório, [...] de vez em quando mandavam pintar de novo, de branco, as paredes e o teto. Mas o sangue que encharcava os tijolos, vinha vindo, vinha vindo e gritava com toda a sua força vermelha", notou Bluma. O guia lhes explicou em detalhe os procedimentos para levar os judeus até as câmaras de gás. "[As câmaras de gás são] ornamentadas por canos, chuveiros, para melhor enganar. Entravam na sala, as portas [eram] fechadas, o gás começava a sair." O casal também viu de perto as covas abertas para enterrar os cadáveres: "Tive uma sensação estranha de mim mesma. Senti-me como se fora de pedra. Não pude deixar de compará-los [os alemães] aos outros povos que tinha visto descalços, remendados e esfomeados. A Alemanha que jogou todo um mundo na desgraça ainda olha para todos como se lhe devessem".

Enfim, em Nuremberg, ouviram as sentenças: dos 22 réus, três foram absolvidos, três condenados à prisão perpétua, quatro, a cumprir penas de dez a vinte anos. E doze receberam a pena capital. O suicídio de Göring provocou uma das maiores gafes jornalísticas de todos os tempos. Enquanto aguardavam o cumprimento das penas de morte, os correspondentes se encontravam diariamente no bar do *press camp*. Por sorteio, só quatro deles poderiam assistir ao evento. Lembraria Samuel:

Um dos correspondentes do *Daily Express* [...] não resistiu à ansiedade e resolveu dar um furo mundial. Foi uma ideia extremamente infeliz. Esse repórter britânico abriu sua reportagem com a minuciosa narrativa da morte de Göring. Quando os quatro companheiros que haviam assistido às execuções chegaram com a informação de que Göring cometera suicídio horas antes, o *Daily Express* já circulava pelas ruas de Londres.

Tanto a Bluma como a Samuel, a etapa seguinte da viagem iria lhes falar às raízes. De alguma forma, pertenciam àquela banda do mundo. Da Alemanha, dirigiram-se a Praga. O espanto ali foi constatar que havia edifícios de pé. Na primeira noite na cidade de Franz Kafka, que Bluma idolatrava, tomaram um homérico porre de vodca. Já findava outubro quando chegaram a Belgrado, na Iugoslávia: "Gente de toda raça, muitos são tipicamente do Oriente. Tez, sapato, roupas e bigodes". Lá não sobrara tijolo sobre tijolo. Mais parecia um imenso canteiro de obras. Por sinal, assim como Samuel, Bluma vinha ganhando a vida escrevendo para jornais e revistas brasileiras. Na maioria das vezes, assinava Bluma Chafir, o sobrenome de solteira. Sempre a reafirmação da independência. Da estação, o casal rumou apressado para o restaurante Balsaus, ponto de encontro dos jornalistas estrangeiros. A fama da comida corria os *press camps* da Europa.

No caminho, a onipresença dos retratos de Tito e Stálin chamou atenção. Por toda a cidade, só se ouvia o som das marteladas. Diferentemente do que ocorria na Alemanha, as esquinas não estavam tomadas por prostitutas. Logo saltou aos olhos de Bluma a gentileza das pessoas. Aos de Samuel, o otimismo do taxista. No almoço no Balsaus, fizeram "camaradagem" com um correspondente polonês, o qual os ajudou a encontrar uma hospedaria. Daí em diante, seriam quarenta dias de mergulho. Enquanto ele se empenhou em conseguir entrevistar Tito, ela partiu para o interior, interessada no processo de reforma agrária em curso. A imersão nas profundezas ioguslávias rendeu-lhe, além de reportagem publicada em *Diretrizes*, um caderno inteiro de anotações. Bluma parecia não querer acreditar no que via: uma invejável tenacidade e espírito coletivo. O comunismo lhe pareceu a melhor das ideias, conforme afirmaria e reafirmaria em cartas a Clarice Lispector.

Ao fim da temporada, Samuel também se deu por satisfeito. Enfim, estivera frente a frente com Tito, numa audiência de dez minutos. O primeiro-ministro tornara-se a lenda maior das esquerdas do mundo, o líder dos imbatíveis partisans, fundamentais na derrota de Hitler no front oriental. Ademais, ele também produziu uma série de reportagens ao longo dos 120 quilômetros da Ferrovia da Juventude, publicada em *Diretrizes* com fotos de autoria de Bluma. A dupla retornou a Paris no apagar das luzes de 1946. A harmonia, porém, ficara na estrada. Uma espécie de litígio geográfico se instalou entre o casal. Ele queria voltar para o Brasil. Já não via mais nada que pudesse fazer na Europa. Por sua vez, Bluma batia o pé que não sairia da França. Só em Paris conseguia se sentir livre. O jeito era apartar por um tempo. Na véspera do Ano-Novo, Samuel pegou um voo para o Rio de Janeiro. Já Bluma comprou um vestido para esperar 1947 no Arco do Triunfo.

8. Bananista, graças a Deus

"Foi bom você ter voltado. Você é o homem que sabe arranjar dinheiro, e é disso que mais precisamos."

Samuel calou-se enquanto ouvia Osvaldo Costa desfiar o rosário da desgraça financeira de *Diretrizes*. Então era isto: recomeçaria do ponto em que havia parado. Vendera o título a João Alberto para se ver livre do fardo de correr atrás da sobrevivência. Agora, ali estava o diretor de redação que o substituíra, rogando socorro. Ou ele o ajudava a arrumar um jeito de encher o caixa ou nada feito. A ruína era certa. Sentado atrás da caneca de chope, num bordel da Lapa para onde fora arrastado pelos colegas para um brinde de boas-vindas, ouviu de Osvaldo a proposta. Que fosse à Bahia entrevistar o governador, Otávio Mangabeira, eleito pela UDN. A aproximação podia render, quem sabe? Não, não iria, respondeu, despertando surpresa na fraterna balbúrdia daquela mesa de amigos a quem não via fazia quase um ano. Se apoiasse o programa udenista, podia até ser... Mas não era o caso. Iria encontrar outra maneira para conseguir fechar as contas. Esperado com cartazes no Galeão, amanheceu na Lapa.

Sozinha em Paris, Bluma escreveu à querida Clarice, naquele início de 1947:

Falei com Sam ao telefone, como já mandei dizer e como sempre acontece nessas ocasiões, ficamos no "v. vai bem?". [...] Prefiro mesmo não falar, pois me enerva, sem resultado. Se estivéssemos em países onde não houvesse meios de comunicação, vá lá, mas para quem recebe e escreve duas vezes por semana, cartas, não há necessidade. Em todo caso vai tornar a chamar-me no próximo dia doze — o rapaz está apaixonado, imagine v., depois de doze anos de casados e de dezesseis de conhecimento, dezessete. Imagine que está "cavando" dinheiro para *Diretrizes*, que está em muito má situação financeira. Por quê? pergunto eu. Para que se ele não tem mais nada a ver com a direção do jornal, e que além disso não tem nenhum compromisso nem profissional nem de amizade, uma vez que o Osvaldo não mexeu uma palhinha sequer para regularizar a situação dele (Sam) no jornal, a quem devem quase um ano de salários?

O desfecho seria este, nas contas dela:

E o eterno ingênuo, o eterno crente, anda lá às voltas com bancos amigos dele, a quem com certeza darão crédito, o que representa um compromisso moral, que não poderá pagar de maneira nenhuma, uma vez que o jornal não é dirigido por ele. [...] Ao lado disso, continua pedindo loucuras, como seja, geladeira elétrica, *electrola* e outras coisas. É gozadíssimo o jovem. Se dinheiro não há, em 1º lugar, em 2º, não existem as mercadorias...

Nada como longos anos de convivência para conhecer bem uma pessoa. Claro, Samuel subiu ao Alto da Boa Vista. Na famosa Casa das Pedras, cenário das mais disputadas festas do Rio, morava o banqueiro Drault Ernanny. Além de dono do Banco do Distrito Federal, Ernanny era homem da política, com interesse em ampliar os negócios no ramo petroleiro. Do encontro, os dois lados saíram satisfeitos. Em troca de um empréstimo pessoal — Ernanny fez questão de assinar um contrato diretamente com Samuel em vez de assiná-lo com *Diretrizes* —, este teria que viajar pela América Latina em busca de material para uma série de reportagens sobre modelos bem-sucedidos de refinamento de petróleo. O assunto estava na pauta da imprensa. Três comissões haviam sido criadas no Congresso: a da Reforma do Código de Minas, a da nova Lei do Petróleo e a dos Investimentos. Das discussões em andamento, surgiria o Estatuto do Petróleo, sob o manto da nova Constituição, promulgada em 1946. Dois grupos se digladiavam em plenário: os liberais, a favor do capital privado estrangeiro na exploração do produto, e os defensores do monopólio estatal.

"Há grandes novidades: Samuel mandou dizer que está pensando seriamente em *comprar* um apartamento, o que, naturalmente, acho uma boa ideia, e ao mesmo tempo, *não sabe* ainda se ficaremos lá ou aqui. Enfim, no momento, está em Buenos Aires, onde, diz ele, ouvirá tangos durante o carnaval", escreveu Bluma a Clarice, em 12 de fevereiro, quando Samuel já começara a viagem que incluiria ainda Uruguai, Venezuela, Chile e México.

Em maio, *O Jornal*, o principal diário da cadeia Associados, anunciou: "Iniciam hoje os Diários Associados a publicação de uma série de seis reportagens, de autoria de Samuel Wainer, a respeito do petróleo brasileiro". A manobra fora de Drault Ernanny. Em troca do empréstimo, ficara acordado que o material seria divulgado nos jornais do Chatô, pela maior visibilidade. Chateaubriand nunca negava favor a um banqueiro, mesmo sendo contra o monopólio estatal. O autor dos artigos, como não era segredo para ninguém, apoiava o monopólio. Para Samuel, não havia conflito ideológico algum. Da barganha tirara o melhor: o dinheiro para salvar *Diretrizes* e a oportunidade de defender o próprio ponto de vista. Já o interesse de seu patrono multimilionário era bem mais pessoal: no ano anterior, 1946, Drault Ernanny obtivera do Estado a concessão para a construção da Refinaria de Manguinhos. A primeira reportagem recebeu o título "Já não há dúvidas quanto às nossas imensas reservas", seguido da linha fina: "Novo front da batalha mundial do petróleo", com nomes e sobrenomes de representantes de corporações que se infiltraram no Congresso Nacional para influenciar o voto dos parlamentares.

As seis reportagens acabaram reunidas em livro publicado pela José Olympio. Numa delas, Samuel fez um minucioso relato de uma festa na casa de um diplomata norte-americano, que juntou empresários estrangeiros e políticos encarregados de votar a nova lei do petróleo. "Jamais pensei que o interesse dos americanos pelo nosso petróleo fosse tão intenso. Advogados, consultores e mesmo altos funcionários da Standard passam diariamente pela nossa Comissão e alguns mesmo me procuram aqui em casa", confidenciou-lhe um dos políticos.

Para Samuel, no fim das contas, o Brasil não tinha escolha. De modo a evitar a "servidão colonial", parecia-lhe fundamental que o petróleo ficasse em mãos nacionais.

"Por círculos concêntricos se amplia cada vez mais a influência do bananismo, isto é, da gongórica, patriotiqueira, tonitruante e bestialógica liquidação do Brasil pelos que, à força de amá-lo deixam-no morrer à míngua", opinaria, por sua vez, Carlos Lacerda, no *Correio da Manhã*. Decerto, não surpreendia sua defesa da participação do capital estrangeiro tanto na exploração como no refino do petróleo. A postura de Lacerda em relação a tudo havia mudado de modo tão radical nos últimos tempos que seria absolutamente possível prever de que lado estaria no campo de batalha. Porém havia uma novidade: não era ele mais apenas jornalista, fora eleito vereador, pela UDN, nas chamadas eleições complementares, ocorridas em janeiro daquele 1947, com quase 35 mil votos — o mandatário mais votado, com o triplo de sufrágios do segundo colocado. Àquela altura, já se tornara uma figura importante da política no Distrito Federal. Tinha dom para a coisa. Estivesse onde estivesse, no subúrbio ou na Zona Sul, conseguia juntar gente. Somado ao seu inato carisma, agora trazia o suculento discurso de justiceiro, que tanto agradava a classe média conservadora, sobretudo. Sempre ao lado da verdade, doesse a quem doesse.

Aos amigos, Lacerda parecia outra pessoa. Ou talvez a mesma, só que do avesso. Bastava mencionar que de ateu passara a beato. Como dizia Dorival Caymmi, virara "cor-de-rosa". Na realidade, era coerente à sua maneira. O que não podia era viver sem devoção. Se já não queria sua veneração o PCB, a Igreja se lhe afigurou um caminho. Durante a campanha para vereador, aproximara-se dos três intelectuais católicos mais influentes do país: o advogado Sobral Pinto e os escritores Gustavo Corção e Alceu Amoroso Lima, conhecido pelo pseudônimo Tristão de Ataíde. Com eles, iniciara a meteórica conversão. Achavam-se todos agrupados no Movimento Renovador, dissidência dentro da UDN contrária ao apoio do partido ao presidente Dutra. Preenchido pela recente fé, Lacerda fizera a mais espetacular campanha. O Caminhão do Povo o levara aos cantos do Rio onde político nenhum pisava. Nos "comícios em casa", sentara-se na sala do eleitor. Escolhia, literalmente, uma casa da rua para reunir a vizinhança.

Naquele princípio de mandato, Lacerda comprou todas as brigas. Entre elas, a alma de xerife o colocou na improvável frente de defesa justamente do PCB. No pleito de janeiro, os comunistas elegeram dezoito vereadores, a maior bancada do Distrito Federal. O PTB, então, encontrando uma brecha na nova Constituição, pediu ao Tribunal Superior Eleitoral (TSE) a cassação do Partido Comunista, sob a alegação de que este, contrariando a Carta de 1946, mantinha vínculos internacionais, já que em seu estatuto constava uma cláusula de fidelidade à União

Soviética. Segundo Lacerda, a existência do PCB não era essencial à democracia, mas o fechamento desse, como de qualquer partido, com base num subterfúgio, era por sua vez mortal para a democracia. "Será mesmo indispensável violentar a democracia e esmagá-la para defendê-la — Pergunto."

Os tempos eram de ajustes democráticos. Em setembro de 1946, a Assembleia Constituinte finalizara o texto da nova Carta. Nunca se vira tamanha heterogeneidade em plenário. O ex-presidente Artur Bernardes, do PDC, e Luís Carlos Prestes, do PCB. Os udenistas Otávio Mangabeira e Afonso Arinos, e os comunistas Jorge Amado e Carlos Marighella. O próprio Getúlio Vargas emergira do exílio para estrear como senador constituinte. Com o sufrágio de janeiro, foram eleitos vinte governadores, um terço do Senado e as assembleias legislativas. Na capital federal, também os vereadores. As urnas haviam surpreendido. Dessa vez, a bênção de Getúlio não se revertera em votos. Entre os que apoiara, Bias Fortes fora derrotado em Minas por Milton Campos, da UDN. No Rio Grande do Sul, o petebista Alberto Pasqualini perdera para Válter Jobim, do PSD. Em São Paulo, levara Ademar de Barros, eleito pelo PRP. O PTB não fizera um único governador.

Zombou Lacerda:

Há muito venho sustentando que este melancólico senador diabético está ficando gagá e se expõe não tanto à execração quanto à irrisão. Na sua idade — 67 anos — o senador Rebeco diz que tem 61 e pinta os cabelos. Eis um indício que, isolado, prova apenas que ele não se conforma com o envelhecimento físico. Mas a senilidade que mais o afeta é esse progressivo, inexorável envelhecimento a que se vê condenado na marcha dos acontecimentos nacionais.

Em fins de junho, quando o PCB foi enfim proscrito pelo TSE e os parlamentares eleitos pela sigla estavam cassados, Lacerda renunciou. Aprovada com o apoio da UDN, a Lei Orgânica do Distrito Federal retirara da Câmara de Vereadores e transferira para o Senado a prerrogativa de aprovar ou recusar os vetos do prefeito. Ele não concordava. Não iria se conformar em "discutir sem deliberar, em deliberar sem resolver, em resolver sem decidir, em decidir sem influir". Aos 33 anos, talvez Lacerda estivesse se aproximando do final da metamorfose iniciada com a rejeição dos comunistas.

Bluma não estava satisfeita em voltar para este Rio. A instabilidade do marido continuava a angustiá-la — nem sequer um apartamento havia arrumado! Em mais uma carta destinada a Clarice, em Berna, reclamou do jeito sonhador e "na lua" de Samuel, com suas demandas por geladeiras que não eram fabricadas na França e dúzias de conhaques de preços exorbitantes. Se a casa continuava no plano das ideias — iriam se instalar no hotel Luxor, na avenida Atlântica —, tinha uma novidade: o marido aceitara o convite de Assis Chateaubriand para trabalhar nos Diários Associados. Para ele, não parecia haver qualquer dilema ético aí. Para ela, um lamento. Entre os amigos, Moacir Werneck de Castro costumava se referir a Chateaubriand como o "Cidadão Kane sem grandeza". Mas e daí? Pela primeira vez, Samuel argumentou, teria um bom ordenado, sem precisar mendigar na porta de banqueiros. Além do mais, também pela primeira vez, descontada a passagem-relâmpago pelo *Diario de Noticias*, trabalharia num grande jornal.

Os Diários Associados contavam 26 jornais, uma agência de notícias, a Meridional, e quinze emissoras de rádio. Chateaubriand encontrava-se, então, entretido com a criação do Museu de Arte de São Paulo, o Masp. Samuel assumiu o comando da redação do carro-chefe do império, *O Jornal*. Logo de saída, mexeu na cara do feioso matutino, ampliando o tamanho das fotos na primeira página e reservando a última para grandes reportagens. Também aumentou os salários dos repórteres antigos e convidou novos, como o escudeiro Francisco de Assis Barbosa. Mas o dia a dia não era fácil. Samuel não se acostumava com a falta de respeito com que Chateaubriand tratava os empregados. Quando a edição já estava praticamente pronta, o patrão não fazia cerimônia para mandar trocar fotos, legendas, manchetes. Nunca entregava o artigo no deadline, deixando a quarta página aberta até o último momento.

"Era impiedosamente desrespeitoso", diria ele, lembrando-se de uma visita do chefe, cujo gabinete ficava no andar superior, à redação. "Em cada mesa, ouvíamos um cumprimento: 'Boa tarde, dr. Assis!', 'Como vai, dr. Assis?'. Em surdina, ele respondia: [...] 'Filho da puta!', 'Cafajeste!', 'Estão roubando meu dinheiro!', 'Analfabeto!'."

De acordo com suas memórias:

Ele jamais teve qualquer estima pelo Brasil, convencido de que aqui habitava uma raça inferior. Preso a tais convicções, foi um entreguista inacreditavelmente desembaraçado. Escrevia artigos pregando a entrega das riquezas naturais do país aos monopólios estrangeiros, argumentando que nunca seríamos capazes de desenvolver o Brasil. [...] Todas as campanhas supostamente patrióticas patrocinadas por Chateaubriand visavam a obter determinadas vantagens ou a atender a seus interesses.

Menos de três meses depois de assumir o cargo, Samuel o abandonou:
"O senhor está fazendo um jornal para a academia de letras."
"Dr. Assis, quero voltar a ser só repórter."

Uma inesperada familiaridade perturbou Samuel quando ele desembarcou em Tel Aviv, em abril, um mês antes de Ben-Gurion ler a Declaração de Independência de Israel, em 14 de maio de 1948. Então não estava assim tão distante do jovem da praça Onze. Enfim, *Eretz Israel*. Ao adentrar uma sinagoga, viu-se balançando o corpo, como se o gesto dos judeus estivesse impresso na memória celular. Tel Aviv não figurava entre as várias frentes de combate, mas não escapava ao clima de tensão aguda que envolvia a região. Sucediam-se atentados terroristas de parte a parte. Judeus e árabes trocavam golpes enquanto aguardavam a guerra total. No esperado 14 de maio, as tropas inglesas se retirariam do território, deixando-o à mercê da violência prenunciada desde que a ONU, na assembleia presidida por Osvaldo Aranha, determinara a criação oficial do Estado de Israel, resultado da partilha da Palestina. A palavra de ordem, "Um lar para os judeus", fazia todo o sentido para Samuel, apesar do desconforto que ele relatou nas memórias: "Eu não tinha aparência de judeu. Podia ser facilmente confundido com um espião".

Samuel viajou a mando de Assis Chateaubriand, que enviou ao território conflagrado também o jornalista Murilo Marroquim, experiente na cobertura de guerras. O primeiro ficara encarregado do front judaico, o segundo do árabe. Bastante improvável que um repórter que não fosse judeu conseguisse o que Wainer conseguiu. Graças aos contatos que fizera em Nuremberg, chegou a um jornalista polonês, da France Presse, que poderia fazer a ponte com as células terroristas israelitas. "Tentei teimosamente, até que ele se rendeu ao cerco. Concordou em conseguir-me um contato com os terroristas", rememoraria. O encontro com dois jovens militantes do Irgun, organização paramilitar sionista que operava na clandestinidade, aconteceu no Café Brasil: "enorme, cheio de mesas". Os rapazes lhe contaram tudo, esmiuçando os bastidores das ações. E lhe abriram a picada.

De Tel Aviv, seguiu para Haifa, com o passe para acompanhar a movimentação da Haganah, a milícia judaica, pelo deserto de Neguev. Haifa abrigava, então, 90 mil judeus e 50 mil árabes. A primeira reportagem da série publicada no *Cruzeiro* foi dedicada ao "exército entre quatro paredes". Samuel abriu o texto descrevendo uma cerimônia em que trezentas mulheres prestaram juramento de fidelidade:

> Um minuto depois, braços erguidos em direção a uma Bíblia e um revólver — símbolos do espírito da organização — colocados sobre uma mesa à sua frente, as trezentas enfermeiras responderam como a uma só voz: "Estamos prontas para cumprir com o nosso dever. Juramos defender e lutar pela liberdade e independência do Estado Judeu como membros da Haganah, até com o sacrifício de nossas próprias vidas".

Depois de quinze dias no deserto, Samuel chegou a Jerusalém. Um jipe de terroristas árabes acabara de explodir no centro da velha cidade, matando oitenta pessoas. Lá, no ancestral burgo murado, encontrou Murilo Marroquim. "Jerusalém é neste momento o ponto mais perigoso do Oriente Médio e provavelmente do mundo", escreveu, em reportagem que saiu no *Diario da Noite*, assinada em parceria com o colega. Os dois foram confundidos com terroristas e tiveram trabalho para provar o contrário. O som das balas de franco-atiradores era praticamente ininterrupto. Com a credencial de judeu ele acompanhou o apoteótico enterro. Fotografou tudo, com a sua Leica. Mas salvaram-se somente duas fotografias, divulgadas no *Cruzeiro*. Esquecera-se de puxar o visor.

De volta a Tel Aviv, Samuel se apaixonou. Certa noite, foi assistir a um espetáculo vaudeville no teatro Lil-La-Ho. Quando a apresentação chegava ao final, ouviu do fundo do palco uma voz feminina. "Uma mulher de rara beleza, tez escura, graça e gestos quase iguais aos de uma mulata brasileira, maneira de representar e cantar fazendo lembrar aquela fabulosa Lena Horne dos filmes americanos", descreveu-a, na última reportagem que enviou da Palestina. Do teatro, depois de escorregar para o camarim e convencê-la a acompanhá-lo, os dois partiram juntos para o Café Cacit, "o café dos artistas e boêmios, dos estudantes e jornalistas". Shoshana Damari vinha do Iêmen, descendente de uma tribo que passara os últimos dezoito séculos acreditando ser o derradeiro grupo de judeus no mundo. "Shoshana entoou velhas canções bíblicas e novas canções guerreiras do povo de Israel. Sua voz cheia e nostálgica continha todos os mistérios e todo o sensualismo da gente oriental, possuía um apelo sentimental ao qual era impossível fugir."

Samuel retornou ao Rio "esquelético e mais velho", segundo Bluma. Quantas vezes repetiria ele o mesmo erro? Nem bem chegou, ela lhe avisou que o estava deixando, iria voltar para Paris. "Confesso que me sinto tão lá no fundo e tenho a impressão que tudo em volta é como que feito de areia movediça. Vou pisando, mas não sinto força de chegar lá em cima", observou, numa das desesperadas cartas a Clarice que antecederam a decisão de partir. Na verdade, tinham se separado havia muito tempo, talvez desde o dia em que ele decidira deixá-la sozinha na França. Para Samuel, todavia, foi uma surpresa. Ela lhe parecera feliz, trabalhara na produção de um filme com texto de Jorge Amado. A vida era assim, ora mais juntos, ora mais distantes. Bluma pensava diferente, como comentou com a amiga: "Fora disso, há o Sam que almoça em casa ao meio-dia, sai, volta às 9h30 da noite, janta correndo e retorna às duas ou três da manhã. É ou não é divertido?".

No Ano-Novo de 1949, Bluma embarcou para a França. Logo Samuel foi atrás:

Sam veio e o tenho visto quase todos os dias — pensei que seria bom passar com ele alguns dias como bons amigos, mas o rapaz não consegue ficar sem falar na nossa vida passada e isso me tem feito muito mal — penso que a ele também. Resultado, os dois primeiros dias foram ótimos, depois, minha chateação e depressão aumentaram que estou com medo de mim mesma. Abati mais ainda, não durmo, não como, você precisa ver minha cara. O esforço que faço em não pensar, não lembrar das coisas, e vem esse jovem e faz voltar tudo. É de amargar. Afinal, ele concorda em me dar o desquite.

9. O grande furo

Na segunda-feira do Carnaval de 1949, dia 28 de fevereiro, Samuel aterrissou no lugar certo, na hora certa: a Fazenda Santos Reis, em São Borja. Havia mais de um ano, Getúlio jazia no silêncio dos pampas. A última vez que se tinha tido notícias dele fora na desastrada campanha do deputado Cirilo Júnior, em fins de 1947, ao cargo de vice-governador de São Paulo, contra o candidato do presidente Gaspar Dutra, Novelli Júnior. Na ocasião, levara uma surra de votos, chegando à conclusão, em carta endereçada à filha Alzira Vargas, que já não era mais o "bicho-papão". A eleição paulista representara uma senhora derrota. Em janeiro de 1947, Ademar de Barros, fundador do Partido Social Progressista (PSP), havia sido eleito governador. A Constituição estadual paulista, promulgada em 9 de julho, determinara que, além dos prefeitos dos municípios, também deveria ser escolhido, por eleição direta, o vice-governador. Não era segredo para ninguém que Ademar já se encontrava de olho na cadeira de Dutra. E, chegada a hora, renunciaria aos Campos Elísios para se lançar à sucessão. Sendo assim, logo Novelli Júnior — ou seja, Dutra — estaria no comando do mais poderoso estado do país.

Diante do leite derramado, Getúlio se calou. Sua preocupação no momento era findar a reforma da sede da Fazenda Itu, o pedaço da gleba original da família que lhe tocara na partilha dos bens. Como Samuel foi parar ali, na Santos Reis, onde o velho caudilho aguardava pacientemente as obras? Seria uma história mal contada que atravessaria décadas, numa profusão de versões. Seus superiores nos Diários Associados — Assis Chateaubriand, Freddy Chateaubriand, Carlos Castelo Branco e Austregésilo de Ataíde — diriam mais tarde, embora tenham se calado na época, que não era verdadeira a sua versão. No entanto, ele sustentou sempre a mesma glosa: na reportagem publicada na quinta-feira depois do Carnaval — 3 de março — e, trinta anos depois, na autobiografia. Conforme o artigo que ocupou a capa do *Diario da Noite* — e se estendeu pela página 6 —, viajara para o Rio Grande do Sul a fim de fazer uma reportagem sobre o trigo brasileiro. Ao sobrevoar os domínios dos Vargas, ocorreu-lhe pedir ao piloto que pousasse na pista de terra batida que avistava do alto. Iria tentar uma coisa pela qual muitos outros repórteres já tinham pelejado: uma entrevista exclusiva com o ex-ditador.

"A sua primeira mensagem aos visitantes foi um bom copo de água gelada e o aviso de que não tardaria. Desejava apenas saber quem o procurava", contou Samuel na reportagem. Conforme o texto, ele dera uma incerta, aproveitando a oportunidade de, por acaso, sobrevoar a Santos Reis. Na versão de então, ligeiramente diferente da relatada nas memórias, disse que o piloto lhe apontou a estância como quem mostra um ponto turístico. Flechado pelo desejo do furo, decidiu descer e tentar a sorte. No livro *Minha razão de viver*, sobrevoavam Bagé quando o companheiro de viagem, o repórter Tadeu Onar, do *Diario de Noticias*, trouxe o nome de Vargas para a conversa, dizendo-se amigo deste. A bordo também o fotógrafo Lauro Porto. Iluminado pela ideia, ordenara o piloto a dar meia-volta: iriam para a Santos Reis, a mais de duas horas de viagem. Se tivesse sido assim tão ao sabor do vento, casualmente, como saberia que Getúlio estava na fazenda do irmão Protásio e não na Itu, em reforma, onde morava havia quase dois anos? Ninguém lhe perguntou na ocasião.

O ex-ditador surgia à porta, bombachas e blusão gaúcho, forte e tostado pelo sol, muito mais saudável e ágil do que a última — aliás, primeira e única vez que o vi no Senado, no Rio, em 1947.

"Então, como vai o petróleo? Espero que não tenha vindo para me entrevistar."

"Não, Senador, vim conceder-lhe uma entrevista. Que deseja saber?"

O sr. Vargas riu com satisfação. E seu riso ampliou-se para uma longa gargalhada quando eu lhe disse que, percorrendo o Rio Grande para estudar de perto a situação de um dos produtos gaúchos mais valorizados neste momento no resto do Brasil — o trigo — não poderia deixar de procurar saber também como ia ele — Vargas —

outro produto gaúcho altamente valorizado neste momento nos grandes mercados da política nacional.

"O senhor está exagerando. [...] Estou longe e afastado dos acontecimentos. O senhor é que poderá me informar sobre o que se passa no país."

A conversa se estendeu até o pôr do sol. Quase dois anos antes da eleição marcada para outubro de 1950, a névoa já cobria o horizonte da sucessão presidencial. A palavra "golpe" voltara a assombrar o país. Corria à boca pequena que Dutra iria dar o bote, prolongando o mandato. No intuito de cumprir um acordo assinado no ano anterior, de candidatura única, UDN, PSD e PR engalfinhavam-se para chegar a um nome de consenso. Os jornais especulavam em torno de pelo menos vinte possíveis candidatos, somando-se todas as legendas. Os mais cotados no páreo eram Otávio Mangabeira (UDN), Nereu Ramos (PSD), Ademar de Barros (PSP) e o general Canrobert Pereira, a solução militar. Enquanto o circo se armava, com cabeçadas de todos os lados, Vargas permanecia quieto. Mas era aclamado pela voz das ruas. A campanha queremista anunciava, em panfletos, cartazes e pichações: "Ele voltará".

Na longa entrevista a Samuel, o ex-ditador elogiou o inimigo Eurico Dutra, destacando seu apoio às eleições democráticas. Tratava-se daquele tipo de elogio que soa como intimidação. Fez questão de desdenhar da proposta de candidato único, defendida pelo acordo interpartidário entre UDN, PSD e PR: "Um candidato único não ficaria bem. Seria antidemocrático", arriscou o homem que, por quinze anos, governara o país com poderes imperiais. Quando Wainer lhe recordou um recente editorial do *Correio da Manhã* em que Paulo Bittencourt, o dono do jornal, dissera que somente a candidatura do brigadeiro Eduardo Gomes e a dele, Vargas, estavam "acima das contingências partidárias, eram imposições da opinião pública", Getúlio soltou a frase: "Sim, com efeito, ele tem razão. Eu não sou propriamente um líder político. Sou, isto sim, um líder de massas". Sobre o brigadeiro: "Considero-o um grande nome e um grande valor moral. Pessoalmente por ele tenho o maior apreço".

Linha após linha, Samuel enfatizou que, se estava ali, ouvindo Getúlio, era graças a sua tremenda astúcia:

Embora repetindo constantemente que não desejava barulho ao seu redor, que não desejava fazer declarações que levantassem polêmicas, o sr. Getúlio Vargas estava positivamente de boa veia. Talvez o inesperado da visita do repórter, que chegou sem a clássica preparação e aviso prévio, talvez a solidão que nos envolvia, o fato é que [...] não procurou cobrir-se excessivamente e a importância de suas declarações crescia à medida que se aproximava o ronco do motor do avião que voltava de São Borja ansioso para nos apanhar antes do anoitecer tão próximo.

Para finalizar:

"Mas sendo um homem de oportunidades, por que não se apresenta o sr. Getúlio Vargas candidato à presidência, nesse momento em que sua popularidade parece voltar ao auge?"

"Bem, responder-lhe-ei a esta pergunta quando nos encontrarmos no Rio."

"Quando o senhor volta?"

"Pode publicar que voltarei para o Rio em abril ou no máximo em maio próximo."

Ao ditar a autobiografia que daria origem ao livro *Minha razão de viver*, em 1980, além de sustentar a versão do furo casual, a fala de Getúlio seria editada. Este dissera que, sim, era um "líder de massas". E, sim, estava então se preparando para voltar ao Rio de Janeiro e reassumir o cargo de senador. Mas, nos recortes da memória, as palavras soltas tornaram-se uma profecia: "Eu voltarei, mas não como líder de partidos e sim como líder de massas".

Samuel mentiu, ou sustentou a meia verdade, mesmo depois que, nos anos 1950, quando romperia com Assis Chateaubriand, seus chefes nos Associados assumiram que o trigo nunca fora a sua pauta. O fio da meada da célebre reportagem, repisada em biografias e livros de história, ficaria encoberto por décadas, enterrado no arquivo de correspondências trocadas entre Getúlio e a filha Alzira durante o exílio do ex-ditador. Ao deixar o Rio de Janeiro em direção ao Rio Grande do Sul, Samuel já sabia muito bem que seu destino era a Fazenda Santos Reis. Em 18 de fevereiro, dez dias antes da gloriosa segunda-feira de Carnaval, Alzira escrevera ao pai uma longa missiva, prevenindo-o da visita de um repórter. Nessas primeiras linhas, ainda não citava nominalmente Wainer, o que logo faria numa frenética sucessão de cartas que repercutiam a reportagem publicada no *Diario da Noite*.

Tudo havia começado com uma proposta do udenista José Cândido Ferraz, que procurara o marido de Alzira, Ernani do Amaral Peixoto, com uma mirabolante ideia. Getúlio deveria dar uma entrevista e, no correr da conversa, soltar, como quem nada quer, um elogio à candidatura do brigadeiro Eduardo Gomes, nome defendido por uma ala da UDN contra o governador da Bahia, Otávio Mangabeira, um dos caciques do partido. A artimanha, segundo vendera Cândido Ferraz, ajudaria a pôr lenha na fogueira da sucessão. Enfraqueceria o nome do baiano e, ao mesmo tempo, chutaria para fora de campo o paulista Ademar de Barros. E ainda teria o benefício de pressionar o general Dutra a lançar um candidato do Catete, implodindo o sonho da candidatura única. Além do mais, a partir da repercussão da fala de Vargas, o presidente se sentiria acuado, caso estivesse maquinando um golpe. Com o assunto das eleições na pauta, não teria peito para bancar qualquer que fosse a manobra que tivesse na cabeça.

Alzira escrevera:

Zé Cândido deu-se por satisfeito e disse que, caso consentisses, eles mandariam um jornalista da UDN, dos menos vermelhos, para tomar como ditas ao acaso de uma entrevista o teu amor acendrado pelo brigadeiro e seus copinchas. O raciocínio do Ernani é o seguinte: de qualquer maneira, esta aproximação da UDN é interessante para ti. Não implica em compromisso algum. Se amanhã quiseres que o PTB faça acordo com o PSD e lancem um candidato junto, a UDN já se terá precipitado. Se a UDN quiser abrir a boca para xingar, já não poderá porque a qualquer momento poderá ser denunciado o namoro.

Por obra do correio — ou, mais provável, mérito de repórter —, Samuel chegara à Santos Reis antes da carta de Alzira. Se mentira sobre a casualidade do ocorrido, dissera a verdade sobre o resto. De fato, Getúlio fora pego de toalha, saindo do banho, após a cavalgada matinal.

Escreveu o ex-ditador, na noite de 28 de fevereiro, após o Cessna bimotor que levara Samuel até a estância decolar de volta a Porto Alegre:

Tive a visita inesperada do jornalista Samuel Wainer, que veio indagar sobre o apoio à candidatura do brigadeiro, que estava incendiando, e também aproveitou para pedir-me perdão das safadezas que tinha feito contra mim. Perdoei e respondi que não tinha recebido nenhum emissário, nem assumido qualquer compromisso, até o presente. E foi só. Espero que me mandes informações sobre essa mexida e sobre o carnaval e as respectivas canções.

A que safadezas se referia? Talvez estivesse falando da campanha que o jornalista sustentara contra ele no exterior, por ocasião da viagem pela América Latina. Uma semana depois Getúlio tornou a tocar no assunto do encontro, em carta datada de 6 de março: "A palestra com o seu Samuel Wainer parece que teve uma repercussão muito maior do que eu esperava. Espero que me escrevas daí, esclarecendo o que ocorreu por aí etc. etc.".

No dia 9, Alzira retornou, com uma indagação a indicar claramente que a correspondência com o pai estava falhando no que dizia respeito à cronologia dos acontecimentos: "Recebeste uma longa carta minha, em que te relatava o caso Wainer/UDN? Isto é: a intenção da UDN de te entrevistar? Não a acusaste e como tratava de assuntos políticos tinha interesse em que a lesses. [...] Tua entrevista causou grande sucesso e desnorteou a política nacional". Passada uma semana, Getúlio respondeu: "Não recebi até agora a carta prevenindo sobre a vinda do Samuel Wainer que me apanhou de surpresa. [...] Verifico que há correspondência nossa atrasada ou extraviada". Ao que a filha ponderou:

Desde minha última, levada pelo Arquimedes, precipitaram-se cartas tuas atrasadíssimas e os acontecimentos importantes. Reclamas coisas que já te remeti. [...] O [emissário] da UDN foi o seu Wainer, que, aproveitando nossa ausência do Rio antes do carnaval, saiu sem aviso. O resultado obtido por eles e por nós foi o almejado, de modo que não há o que retroceder.

"O Samuel Wainer anda entoando tuas loas particularmente e tem uma quantidade de repórteres se assanhando para ir até aí", escreveu Alzira a Getúlio, já insinuando que se poderia ter no repórter um aliado. Depois de a entrevista repercutir até no *New York Times*, Samuel colhia os louros. Fosse como fosse, estava nos editoriais dos principais jornais, nacionais e estrangeiros, citado como o jornalista que, enfim, fizera Vargas abrir o bico. Como prêmio, Chateaubriand, que então corroborou a versão da viagem desinteressada ao Rio Grande, colocou-o no altar, levando-o a tiracolo a almoços e jantares. Eram convivas habituais na mansão de Drault Ernanny, no Alto da Boa Vista, e na casa do superintendente da Light, John McCrimmon, na avenida Atlântica. Os almoços de sábado na casa deste último consistiam num passe para o então chamado *"grand monde"*. Quem provava a comida do homem da Light estava habilitado para frequentar os salões dos poderosos. Samuel bem que gostava da vida na corte. Sobre Getúlio, é possível que a essa altura seus interesses não fossem tão claros quanto viriam a ser. Por enquanto, o que parecia motivá-lo a continuar no encalço do ex-ditador era a fama de melhor repórter dos Diários Associados, quiçá do país.

Além de louros, Samuel colheu um desafeto: David Nasser, repórter da revista *O Cruzeiro*. Não era alguém que se quisesse ter como inimigo. Ao perder para Wainer o posto de cão de guarda de Chateaubriand, experimentou o fel da competição. O desengonçado paulista de Jaú, feio como o diabo, era então considerado o maior repórter da casa. Em parceria com o fotógrafo francês Jean Manzon, oriundo das páginas de revistas como a *Vu*, *Paris Match* e *Paris-Soir*, fazia misérias, em reportagens que iam da Amazônia ao Egito. Numa das empreitadas, Manzon convencera Edmundo Barreto Pinto, deputado do PTB fluminense, a se deixar fotografar de smoking e cuecas. A quebra de decoro custara o mandato do parlamentar. Dono de um texto primoroso, Nasser era também conhecido pelas letras de samba e pelo duvidoso caráter. Apelidado Galo Cego do Mangue, pelo andar cambaleante, herança de uma meningite na infância, tinha fama de não se preocupar com os fatos. Certa feita, em 1946, escrevera uma reportagem intitulada "Nós voltaremos!", denunciando um mirabolante golpe para a volta de Getúlio. Quando cobrado, disse que a fonte seria um manuscrito anônimo encontrado dentro de uma garrafa boiando na praia de Copacabana.

Nas memórias Samuel denunciaria, ressaltando a figura de David Nasser no esquema:

A corrupção nos Associados transformou-se numa instituição, praticada em todos os níveis. Contínuos extorquiam gorjetas para permitir a entrada de alguém, redatores tomavam dinheiro de açougueiros para não denunciarem o aumento no preço da carne, secretários de redação chantageavam empresas para impedir a publicação de críticas a seus produtos. Os negócios em nível mais alto, naturalmente, ficavam por conta do chefe. Poucas figuras foram tão nefastas à profissão de jornalista quanto David Nasser: ele é a prova acabada de que é possível enriquecer utilizando em proveito próprio os instrumentos oferecidos pela profissão.

Poucas semanas após a publicação da entrevista com Getúlio, Samuel foi convocado ao gabinete de Chateaubriand. Na época, parecia não se incomodar com a corrupção que o rodeava. Fundia-se na paisagem, embora tivesse sempre uma desculpa pessoal para as próprias escorregadas. A de então era que precisava de dinheiro para comprar um apartamento para Bluma, que anunciara sua volta. Na ocasião, Chatô encomendou-lhe um serviço bem pago. Fora procurado por Ademar de Barros, que queria ser entrevistado pessoalmente por Wainer. Do dinheiro amealhado com a barganha, receberia 20%. "O fenômeno Ademar de Barros": a reportagem saiu na edição de 9 de abril daquele 1949, na revista *O Cruzeiro*. Na foto, Samuel e Ademar olhavam um para o outro, a bordo da Boate Voadora, como era chamado o bimotor Beechcraft do governador de São Paulo. Foram 2 mil quilômetros percorridos em dois dias, de avião, de carro e a cavalo, intercalados por quatro horas de sono. Ademar encontrava-se em campanha para eleger os prefeitos de 64 novos municípios paulistas. Com a sua parte no soldo, Samuel pôde enfim comprar o apartamento para Bluma, na rua Nossa Senhora de Copacabana.

A partir do instante em que pousou na Granja São Vicente, de propriedade de João Goulart, no dia 19 de abril, Samuel soube que sua intuição não falhara. Getúlio ia se candidatar à sucessão do general Dutra. Passava das dez da manhã, e milhares de gaúchos marchavam para o churrasco organizado pelo PTB para celebrar os 67 anos do seu líder. A cavalo, a pé, trajando ponchos vistosos, segurando fotos do ex-ditador. Misturado à turba, o jornalista quedou-se num canto, observando a "multidão mística". "Um cenário tão grandioso quanto os descritos por John Reed em *Os dez dias que abalaram o mundo*, um painel perfeito para um filme de Sergei Eisenstein", descreveria. Os amigos vinham zombando dele: que Getúlio que nada! Os intelectuais não toleravam a figura do bom tirano, ainda que Vargas agora soasse como a única opção da esquerda. Perseguido e interrogado durante o Estado Novo, Jorge Amado havia até mesmo se afastado de Samuel. Ninguém ao seu redor parecia disposto a engolir o "novo Getúlio".

O dono da casa, o jovem Jango, aos trinta anos recém-completos, recebeu Samuel como a um velho amigo. De idades, ideias e gostos semelhantes, foi amor à primeira vista. No já distante Carnaval, ao voltar Samuel da estância Santos Reis para São Borja, haviam se encontrado num bar e varado a madrugada. Do encontro restaria uma fotografia da dupla aboletada numa calçada da cidade. Gravatas frouxas, olhos bêbados. Filho do finado estancieiro Vicente Goulart, colega de turma de Vargas na escola primária, João Goulart era então o quinto deputado mais votado do Rio Grande do Sul, com 4200 votos, liderança emergente no PTB.

Pouco depois das onze horas daquele 19 de abril, surgiu Getúlio no cenário. Ao passar em meio à multidão rumo à sede, arrancou de um popular a frase que Samuel anotou na memória, para mais tarde repetir na reportagem "A Churrascada de São Borja", publicada no *Diario da Noite*: "Tá firme, sô. Ele é como o pai — tem muitos anos ainda para dar combate". Vargas estava vestido à moda: traje de montaria amarelo-claro, botas de cano justo até os joelhos, e lenço azul no pescoço. Ao adentrar a casa do afilhado político, escolheu uma cadeira de palhinha na varanda dos fundos, aberta para o quintal. Foi cercado pelos líderes petebistas, Salgado Filho e Epitacinho Pessoa.

"Dr. Getúlio! O senhor precisa voltar. O senhor tem de voltar", disse-lhe uma das primeiras da fila de cumprimentos.

"Mas, minha filha... se eu recém estou chegando...", ele respondeu.

Enquanto o ex-ditador abraçava um por um, lembrando, à menção dos sobrenomes, casos familiares, Jango trepou numa árvore. Com "voz de menino", fez um discurso lançando Vargas à Presidência da República. Não era um bom orador, segundo observara Samuel, mas falou com "comovente espontaneidade". Sem dizer sim nem não, o próprio Getúlio deitou falação, logo avisando que não faria um discurso, mas conversaria com o povo. A conversa foi longa. Contou que era a primeira vez que comparecia a uma festa do seu próprio aniversário. "Hoje sou quase um exilado político, nos confins da minha pátria, sentindo contra mim a malquerença dos poderosos que açulam contra mim os seus apaniguados. E por isto vim, sabendo que o povo aqui comparece, que ele não liga importância à carantonha dos poderosos do dia, que ele desafia esta malquerença."

Depois de quase uma hora, encerrou: "Vós estendestes sobre mim a benevolência de vossas preces. Embora os fariseus de todas as épocas me jogassem pedras, vós transformastes as pedras em flores".

Samuel rabiscou o discurso a lápis, de pé, em meio ao povaréu excitado. Uma coisa que nem seus inimigos lhe negavam era o dom da memória. Ao se preparar para uma entrevista, costumava estudar com afinco aquele que seria interrogado. Durante a conversa, porém, não anotava nada, guardava tudo de cabeça e transcrevia imediatamente após a entrevista. Sempre achou que o bloquinho dos repórteres tirava a espontaneidade do encontro. Para reproduzir a fala de Getúlio, teve que sacar essa infinita capacidade de memorizar. Logo no início da reportagem, preveniu os leitores de que as notas podiam "pecar por omissão", pois haviam sido tomadas "em péssimas condições, no meio da grande massa popular que se comprimia em torno do senador".

Quando o sol já ia baixando no horizonte dos pampas, chegou a vez de os jornalistas cercarem Getúlio. Apenas quatro, três deles dos Diários Associados: Josué Guimarães, do *Cruzeiro*, Armando Pacheco, do *Globo*, Maia Neto, do *Diario de Noticias* de Porto Alegre, e Samuel.

"De fato, teve grande repercussão. Muito mais do que eu esperava. Mas tenho a impressão que o culpado é você que apresentou bem o assunto...", disse Getúlio, apontando para Samuel.

"Absolutamente! O senhor é que me deu magnífico material. E considera benéfica esta repercussão?", perguntou-lhe.

"Sim! Teve o mérito de tirar cataratas dos olhos de muita gente!"

Na manhã do dia 20, os grandes jornais — *Correio da Manhã*, *Diario Carioca*, *O Jornal*, *O Estado de S. Paulo* e a *Folha da Manhã* — cegaram-se. Nem uma linha sobre o evento na São Vicente. *O Globo* debochou. Só o *Diario da Noite*, o popular vespertino dos Associados, saiu cantando a candidatura de Getúlio, que se confirmaria algumas semanas depois.

"Alguma coisa no pulmão", disse-lhe, impiedosa e subitamente, o médico indicado pelo afamado dr. Jaime Leite de Barros. Por "alguma coisa no pulmão" podia-se entender: tuberculose.

Após a sentença, num entardecer de setembro daquele tão auspicioso 1949, Samuel caminhou sem rumo pela avenida Rio Branco. Bêbado de pavor, com lágrimas a escorrer pela face. Não podia ser o fim, não fazia sentido. Sob o teto quente do poder da grande imprensa, pela primeira vez se sentia reconhecido, de fato, como um repórter brilhante — respeitado e bajulado por políticos, mal falado e rejeitado por colegas. Nunca trabalhara tanto, emendando a redação com a boemia. Estava magro, fumava desbragadamente, era viciado em Pervitin, que tomava como se fosse vitamina, não comia... mas uma tuberculose? Consumido pelos pensamentos, viu surgir na sua frente Otávio de Sousa Dantas, um fidalgo carioca, irmão do embaixador Sousa Dantas, que o pegou pelo braço e o levou para uma talagada de uísque num bar ali perto.

"Passei seis anos na Suíça, e tanto fiquei bom que fui fazer a guerra de 1914. Por isso, não se entregue, vá ver o dr. Aloísio de Paula", animou-o o interlocutor, o primeiro a saber da sua doença, então fatal.

Samuel foi bater à porta do recomendado médico. Especialista em tuberculose, Aloísio de Paula falou-lhe francamente. O caso era gravíssimo, a recomendação seria ir para um sanatório na Suíça. Para Samuel, a Europa estava fora de cogitação, não iria se afastar do Brasil justamente naquele momento. O doutor, então, deu-lhe outra opção: isolar-se no sanatório de Palmira, em Santos Dumont, no interior de Minas Gerais, e conseguir que alguém lhe enviasse um lote de medicamentos recém-lançados no exterior, que já vinham apresentando bons resultados. No dia seguinte, ele partiu, de táxi, acompanhado da irmã Bertha. Viajou com a promessa de Chateaubriand de que todos os custos seriam — e foram — cobertos pelos Associados. No caminho, caiu num pranto convulsivo.

Ao acordar no chamado "hotel dos convalescentes", Samuel se viu nas páginas do livro A montanha mágica, de Thomas Mann. O casarão de 1916, que abrigara um colégio de freiras, fora construído no topo do morro mais alto da cidade, célebre pelo filho ilustre, Santos Dumont. A vista alcançava longe, emoldurada por uma cadeia de montanhas envoltas em nuvens. Jamais tinha ouvido tanto silêncio. Nem mesmo dentro da casa, com camas enfileiradas nos quartos, havia conversa. Ali grassava a solenidade da morte. O sanatório de Palmira já era famoso. Hospedara notáveis como Rui Barbosa — e, no futuro breve, seria a morada definitiva do jogador Heleno de Freitas, então no auge da carreira.

Os primeiros dias foram de terrível abstinência: de tabaco, de anfetaminas, de café, de jornal. O mais complicado talvez fosse superar o vício da notícia. Desde que começara na carreira, mais de uma década antes, nunca se dera férias, propondo-se cada vez mais desafios. Arruinara até o próprio casamento por ter privilegiado o trabalho. Agora tinha que parar, era imperativo. O corpo lhe impusera o limite. Passado o impacto da nova condição, no entanto, atirou-se na luta pela sobrevivência. "Comia dúzias de frutas, quilos de chocolate, bebia litros de leite. Lia muito, e reconciliei-me com o sol: ficava horas estirado no sofá, até que escurecesse. Graças à comovente manifestação de amigos, injeções de estreptomicina [...] chegavam de todos os cantos do mundo", enumeraria nas memórias.

Em quarenta dias ganhou quinze quilos. Ao ser submetido a novos exames, constatou-se que estava curado — ou quase. O diretor do sanatório lhe recomendou mais alguns meses de retiro. Se fosse embora, não demoraria a voltar. A maioria dos pacientes, aliás, acabava retornando; era a estatística. Do Rio, Aloísio de Paula também o aconselhou a esperar, não era prudente sair dali tão logo. Como prudência jamais fora um de seus atributos, Samuel arrumou as malas. Duas semanas depois, véspera de Natal, foi a um almoço de confraternização na Associação Brasileira de Imprensa. Sentiu-se um fantasma, que regressava do mundo dos mortos para assombrar os vivos. Os olhares revelavam susto e medo. Sua doença, afinal, era contagiosa. Ele resolveu, então, abrigar-se no mais improvável dos lugares — ou talvez o mais provável diante da ansiedade de retomar o trabalho: a Fazenda Itu. Escreveu a Getúlio pedindo-lhe que o hospedasse por alguns dias, no que foi prontamente atendido. Nada como o céu dos pampas para dimensionar as coisas.

Foram dias de prosa fácil. Nas primeiras horas, a relação entre repórter e fonte começou a se transformar. O ex-ditador, a quem Samuel tanto combatera, cativou-o. Certamente, naquele momento em que o nome de Vargas estava valendo ouro na praça, havia o interesse jornalístico. Sobretudo, todavia, brotara o fascínio. Ninguém podia culpar Samuel. Não era segredo que Getúlio se assemelhava a um encantador de serpentes. Uma rotina se instaurou. Enquanto o dono da casa partia em longas cavalgadas, o hóspede cochilava na varanda, sorvendo litros de leite morno recém-tirado da vaca. Após o almoço, ambos repousavam. Nos fins de tarde, conversavam. De quando em quando, contavam com a presença de Jango, e muitas vezes os peões da fazenda os cercavam, na fogueira armada no terreiro para o churrasco gaúcho. A sede da Itu era simples: uma construção avarandada e confortável, quase rústica. Os únicos luxos: uma geladeira e uma eletrola.

Ainda ali, Samuel publicou no vespertino *Diario da Noite* sua segunda entrevista exclusiva com o ex-ditador, que pela primeira vez falou de sua deposição, em 1945. "Vargas revela a Wainer: Por que fui deposto" foi o título, seguido do enunciado: "Restabelecido de longa enfermidade, o nosso companheiro Samuel Wainer, repórter dos Diários Associados e colunista do *Diario da Noite*, retornando às suas atividades jornalísticas, acaba de nos enviar, do Rio Grande do Sul, de Itu, fazenda do sr. Getúlio Vargas, onde se encontra hospedado há três dias, a primeira de uma série de correspondências". Então Wainer era a única voz na imprensa a dar como certa a candidatura de Getúlio. Os jornais queriam minar Vargas, tratando-o como piada nacional. Na entrevista, ele chegou a acusar o embaixador dos Estados Unidos na Argentina, Spruille Braden, de ter tramado sua derrubada. Segundo Samuel, Getúlio estava com a "veia das confidências":

O sr. Spruille Braden confessou abertamente ao ministro Orlando Leite Ribeiro, atual cônsul-geral do Brasil em Lisboa, sua hostilidade a mim e ao meu governo. [...] A intervenção do sr. Braden na vida política brasileira poderia ter sido perfeitamente evitada se ele e o sr. Berle dispusessem de melhores informações. [...] Eu nunca pensei nem pretendi continuar no poder. Animava-me um propósito sincero de presidir imparcialmente as eleições.

Inspirado pelo exemplar da revista *Time* de dezembro de 1949, que trazia uma reportagem especial sobre os principais acontecimentos da primeira metade do século, Samuel quis saber a opinião de Getúlio. Este disse: "Para mim, [...] a Revolução Russa de 1917, a desintegração do átomo e a descoberta da penicilina. [...] Veja lá como vai publicar isso, senão ainda vão me considerar comunista". No final do colóquio, Vargas ainda acusou o presidente Eurico Dutra de mandar cercar os caminhos para São Borja, a fim de impedir que Prestes pudesse chegar até ele. Ocupando a capa inteira do *Diario da Noite*, a entrevista teve tamanha repercussão que motivou a abertura de comissão na Câmara Federal para investigar a intervenção americana nos assuntos internos. Enquanto permaneceu na Itu, por dez dias, Samuel publicou uma série bastante ruidosa. Ao elogiá-lo pelo trabalho, o jornalista Danton Jobim, do *Diario Carioca*, errou-lhe o sobrenome: "Ainda ontem, os nossos colegas do *Diario da Noite*, numa sensacional entrevista obtida por Samuel Weiner, revelam que o ex-ditador já reiniciou o seu namoro com o comunismo".

O poderoso dono do *Diario Carioca*, José Eduardo de Macedo Soares, também citou Samuel, no editorial:

Não sabemos se o repórter do *Diario da Noite* que está palitando os dentes do velho Vargas em São Borja sairá com vida do antro do antigo ditador, quando este descobrir o enorme atoleiro de ridículo em que foi metido pelo esperto confrade. Vargas, que sempre teve tento na língua, desmanchou-se agora de modo hilariante. Não há intenção escusa que precavenha, está falando pelas tripas do Judas. As últimas que lhe arrancou o fascinante jornalista puseram a nu todas as manobras e projetos do velho. Ele quer ser, mesmo, o sucessor do sr. general Dutra; mas pretende ser sucessor do atual presidente porém não seu continuador. Continuador só de si mesmo, isto é, do paraíso do governo discricionário, restaurando para gozá-las todas as bem-aventuranças da ditadura.

10. Levai-me convosco

Do Bom Retiro até ali, fosse ele admitir, já tinha sido um estirão: Samuel virou a década no Copacabana Palace. Claro, do lado de fora da boate Meia-Noite, fechada para os considerados "da casa". De qualquer forma, era o Copa. A festa dos que estavam no degrau de baixo da sociedade carioca se espalhou pelas outras dependências do elegante hotel da avenida Atlântica. Mesmo já tendo corrido mundo e frequentado a alta intelectualidade, do Brasil e de fora, ele se deixava deslumbrar com a vida na corte. Sequela da infância pobre num gueto judeu, bem sabia. Não havia como negar a sina judaica da busca do pertencimento — e das pequenas vinganças. Sim, o Rio de Janeiro do colunista do *Diario Carioca*, Jacinto de Thormes, cheirava bem, ria à toa e importava bom gosto. Nos salões do Copacabana Palace, praticamente se falava francês. Verdade seja dita, ao contrário do que ocorria com Wainer, não existia gota de orgulho nacional naquela fileira de sobrenomes: Guinle, Sousa Campos, Monteiro de Carvalho, Klabin, Saavedra, Mayrink Veiga, Moreira Salles, Duvivier, Bocaiuva Cunha, Hime, Delamare, Galliez, Galdeano, Gallotti, Catão.

O Rio de Janeiro de 1950 contava 2,4 milhões de habitantes, num país em que quase 70% da população vivia no campo. São Paulo tinha 2,2 milhões. Com quase 100 mil moradores, Copacabana era uma cidade à parte. Ou melhor: Paris de frente para o mar, território do novo tipo que surgira com o fim da guerra, o bon vivant. O Brasil que não participava daquela festa acompanhava-a pelas colunas sociais. A sociedade carioca vendia muito jornal. Entre os colunistas, Jacinto de Thormes, pseudônimo colhido nas páginas de Eça de Queirós, personificava o *café society*, expressão importada de Nova York, cunhada por James McKinley Bryant, autor do livro *Café Society Register*. Traduzido para Copacabana, o *café society* reunia o dinheiro dos ricos e o élan dos artistas e intelectuais boêmios. Neto do diplomata Lauro Müller e filho da bela uruguaia Negra Bernardez, Maneco Muller então revolucionava o colunismo social brasileiro, introduzindo no *Diario Carioca* o deboche e o bom humor. Enquanto Gilberto Trompowsky, o colunista de *O Jornal*, dava a receita do prato servido num jantar importante, Maneco elegia as dez mais elegantes. Naquele ano, a debutante Danuza Leão, filha de proeminente advogado, entrara pela primeira vez na sua lista.

Virada a sombria página da guerra, outra espécie de revolução parecia estar em curso, a dos costumes. As mulheres acrescentaram metros de seda à saia, exageraram na anágua, aprofundaram o decote e fumavam em público, como um ato de rebeldia. Os homens adotaram terno leve, de algodão ou linho, com calça pega-frango e gravata mais fina. Tudo estava ficando mais suave, mais sexy, mais fluido, assim como as musas da década, Rita Hayworth e Marilyn Monroe. Só se sofria — e como! — poeticamente, nas letras dos sambas-canções, a grande novidade do mercado fonográfico. Nas noites de Copacabana, percorrendo as boates que pontilhavam o bairro, podia-se ouvir Dorival Caymmi, Linda Batista, Dolores Duran, Elizeth Cardoso, Maysa, Ângela Maria e o jovem Tom Jobim. Entre o Leme e o Lido, adentrando os arredores da Prado Júnior e seguindo para os Postos 5 e 6, haviam surgido tantas opções de casas noturnas que os fregueses faziam a ronda de copo na mão. Scotch, claro. White Horse ou Old Parr, de preferência.

Samuel virou habitué de uma casa noturna de Copa em particular: o Vogue, na rua Princesa Isabel, que ficava no térreo do hotel de mesmo nome, construído pelo conde português Duarte Atalaia. A casa fora idealizada pelo austríaco Max Stuckart, que, antes de partir para o negócio próprio, trabalhara no Copacabana Palace. Como estrangeiro, Stuckart não tinha vergonha do Brasil. Em seu cardápio havia feijoada e batida de cachaça com limão, além do prato por ele inventado, o picadinho, coroado por um ovo poché. Para o palco do Vogue, carregava cantoras como Linda Batista e Aracy de Almeida, e, para a pista, uma mistura excitante: banqueiros, diplomatas, donos de jornais, grã-finos, boêmios, playboys, artistas, escritores, jornalistas. Naturalmente também os homens da política que gravitavam em torno do Palácio do Catete. O Vogue era intimista: 120 pessoas, distribuídas em trinta mesas. E o ambiente, decorado à moda *noir*, de madeira escura com estofados grená. Os toaletes, masculino e feminino, ficavam no subsolo e tinham, cada um, um telefone. Ao lado da entrada, funcionava a barbearia. Dos bolsos, o porteiro — quem não conhecia o Adolf? — tirava os frascos de cocaína para animar a freguesia, segundo contou Ruy Castro, em *A noite do meu bem*.

Ainda curtindo a dor de cotovelo, Samuel conheceu, numa noitada com amigos, Isa de Sá Reis, uma jovem de vinte e poucos anos, desquitada, mãe de um garoto pequeno. Não que houvesse desistido de Bluma; continuava insistindo em cartas cada vez mais esparsas para que ela voltasse, o apartamento da Nossa Senhora de Copacabana a aguardava. De fato, ele não sabia ficar sozinho — com sua capacidade infinita de se apaixonar. Ao mesmo tempo, podia se dizer imune ao amor verdadeiro. As inumeráveis batalhas que enfrentara na vida para simplesmente sobreviver talvez tivessem feito com que construísse em torno de si uma couraça. Da pele para fora, charme e simpatia. Para dentro, frieza de quem sempre precisou se proteger do mundo. De família rica, Isa Reis deu-lhe o que ele procurava então: certa solidez, um chão e logo um teto. Nem bem se conheceram, Samuel se mudou para o apartamento dela, a cobertura de um predinho art déco da rua Paulo César de Andrade, em Laranjeiras. Um dia resolveu telefonar à mãe para lhe dizer que estava começando a pensar em se casar de novo. "Que bom, meu filho! E com quem?", espantou-se d. Dora. Ao ouvir que a moça não era judia, ralhou: "Você não tem uma notícia melhor para me dar?".

Um novo jornal circulava na praça. Em fins de dezembro de 1949, Carlos Lacerda, enfim, depois de muito trombetear, pusera nas bancas o seu diário: *Tribuna da Imprensa*. Saíra do *Correio da Manhã* carregando o título de sua coluna, lançada no ano anterior, após uma briga com Paulo Bittencourt. Com a virulência que lhe era peculiar, esculhambara dois grandes concessionários nacionais do petróleo: os grupos Souza Soares Sampaio e Castro, da Refinaria e Exploração de Petróleo União, e Drault Ernanny-Eliezer Magalhães, da Refinaria de Petróleo do Distrito Federal, acusados de serem "os mais notórios próceres da adulação e do engodo". Acontece que os atingidos eram amigos do dono do jornal. Ao ser repreendido por Bittencourt, Lacerda imediatamente esvaziou as gavetas.

No editorial do primeiro número da *Tribuna da Imprensa*, "Afinal começamos", anunciou sem modéstia o nascimento de um jornal que se constituiria em "patrimônio moral para o povo brasileiro", "um bem, já por si respeitável, dos 3400 concidadãos reunidos para provocar a sua formação". A feiura era proposital: "Não lhe oferecemos gravuras excitantes nem letras garrafais". O teste de duração seria a prova que se impunha: "Vencer, para nós, significa durar".

Um grupo de amigos ajudou Lacerda a fundar seu diário, lançando na praça ações de subscrição pública, a mil cruzeiros cada. Apareceram 3400 compradores. Juscelino Kubitschek levou vinte ações. O magnata dos cinemas, Luís Severiano Ribeiro, tornou-se o maior acionista, obtendo quinhentas. Com o dinheiro na mão, Lacerda adquiriu um prédio velho na rua do Lavradio, 98. E, dando o prédio como garantia, arrancou um empréstimo do Banco de Crédito Real para comprar a impressora, uma "máquina de moer cana". O conselho consultivo da *Tribuna da Imprensa* foi composto de nomes como Adauto Lúcio Cardoso, Alceu Amoroso Lima, Gustavo Corção, Sobral Pinto e Luís Camilo de Oliveira Neto.

"A verdade pode ser mero pretexto quando a ela se recorre algumas vezes. Mas, dita todas as vezes, a tempo e contratempo, ela só pode ser uma vocação genuína", prometia Lacerda, declarando que a partir do ano de 1950 o Brasil podia contar com um xerife de plantão na rua do Lavradio.

Em meados de janeiro de 1950, Samuel aterrissou na França. Já vivia com Isa Reis, e o motivo oficial da viagem era tratar do desquite de Bluma — embora fosse bem provável que alimentasse alguma esperança de reconciliação. De todo modo, depois de tantos anos de casamento, não convinha se separar por correspondência. Antes de ir ter com ela, entretanto, ele partiu para a costa francesa. Conforme Bluma registrou em carta a Noia Chafir, o trabalho continuava à frente de tudo. O novo assunto era quente, envolvendo uma família da aristocracia cafeeira da República Velha.

A "tragédia de Biarritz", como a imprensa internacional apelidara o caso, tivera início numa tarde do outono de 1949. Vinda de Cannes, Monique Champion, moça rica, nascida numa das mais tradicionais famílias francesas, casada com o milionário brasileiro João da Silva Ramos, chegara à propriedade rural de ambos, perto de Biarritz, disposta a pôr fim à união. Após o jantar, revelara ao marido o segredo: estava apaixonada por outro homem. O nome do amante era a cereja da fofoca: Hermano da Silva Ramos, o Nanô, primo em primeiro grau de João. Nanô era uma celebridade das altas-rodas parisienses, um playboy que se dedicava às corridas de carro e seria dos primeiros pilotos brasileiros de Fórmula 1. Dois dias depois, Monique Champion foi encontrada morta.

Ao deixar Paris, Samuel queria ser o primeiro repórter a entrevistar o suposto assassino. Silva Ramos aguardava o julgamento no presídio de Chagrin, em Baiona, na fronteira com a Espanha. David Nasser já tinha tentado o furo para a revista *O Cruzeiro*, mas voltara ao Brasil de mãos abanando. Não havia provas de que o marido cometera o crime. O laudo inicial atestara suicídio por ingestão de medicamentos e álcool. Um segundo, porém, pedido pela família Champion, descobrira hematomas no braço esquerdo da vítima e sintomas de envenenamento por estricnina, apesar de não ter encontrado vestígios do veneno no corpo. De acordo com o que se especulava nos jornais europeus, Silva Ramos, tratado pelo *Le Monde* como um "selvagem oriundo da mais alta aristocracia brasileira", teria dado à esposa o curare, beberagem preparada com ervas da Amazônia que têm o poder de paralisar os nervos e levar à morte sem deixar traços. Após uma série de depoimentos contraditórios, o milionário acabara de ser preso.

Samuel foi o segundo a conseguir a entrevista que todos os jornais queriam. Um repórter do *Daily Mirror* chegara na frente. A reportagem do brasileiro saiu na capa do *Jornal*, no dia 27 de janeiro: "Silva Ramos faz confidências e repudia todas as acusações". A conversa se estendeu por mais de duas horas. Silva Ramos estava sereno, pálido, inteiramente vestido de preto, quebrando-lhe o luto apenas um suéter cinza. O texto escorreu por duas páginas. Ele negou ter matado a mulher. Tampouco acreditava na tese de suicídio.

Como se podia esperar, um caso policial que envolvia o *café society* dobrou a tiragem do *Jornal*, levando Chateaubriand a abrir a carteira e recompensar Samuel pelo furo. No futuro Samuel se tornaria amigo próximo de João da Silva Ramos, inocentado, e de Nanô da Silva Ramos, que viria a ser o seu sócio.

A estadia na França se alongou até meados de fevereiro. Bluma parecia outra pessoa, havia perdido o viço, deprimida como Samuel jamais a vira. Estava ao menos dez quilos mais magra, os ossos saltados na face encovada. Social e profissionalmente, sua vida ia muito bem, obrigada. Na *Cruzeiro*, por exemplo, publicara uma reportagem de muito sucesso, radiografando a pulsante vida no Hyde Park londrino, uma espécie de avant-première da *swinging* London dos anos 60. No ano anterior, 1949, dera um pulo no Brasil para prestigiar a maior exposição de arte moderna já vista no país, realizada no Museu de Arte Moderna (MAM) do Rio. Entre as obras nacionais e internacionais, um busto seu, esculpido em gesso, pelo badalado artista José Pedrosa.

O ex-casal atravessou os dias às turras. Enquanto ela queria esquecer, ele insistia em voltar aos detalhes. "O esforço que faço em não pensar, não lembrar das coisas me levaram a perder quase que completamente a memória. Vem esse jovem e faz voltar tudo." Ao fim, porém, entraram em acordo. Após muitos lamentos, Samuel aceitou o desquite, entregando a Bluma a tarefa de correr atrás dos papéis, o que ela fez de pronto, escrevendo ao advogado Evandro Lins e Silva. A Noia Chafir, pediu que dissesse à família para enterrar as esperanças do reatamento.

"Ele está vivendo com aquela jovem, além de quê, depois de me esforçar durante catorze anos, me matando viva, para ver se dava certo, não iria voltar sem que houvesse nada, nenhum fato novo entre nós."

Nem bem depositara as malas no apartamento de Laranjeiras, onde vivia amasiado com a sua bela e jovem Isa, Samuel partiu, de novo, para São Borja. Vargas o recebeu de cenho franzido. Sem cerimônia, esclareceu que esperava uma visita importante e não gostaria que a encontrasse. Mas, já que aparecera de surpresa, só lhe pedia que ficasse de bico fechado. Poucas horas depois, pousava na pista de terra batida da Fazenda Itu a Boate Voadora. O bimotor Beechcraft do governador de São Paulo, Wainer conhecia como ninguém. Acompanhando Ademar de Barros, o general Newton Estillac Leal, o petebista Danton Coelho e o pessedista Válter Jobim. Este último era o autor da chamada "fórmula Jobim", apresentada ao presidente Dutra no ano anterior, propondo uma frente democrática que incluísse o PTB de Vargas e o PSP de Ademar.

Samuel só soube dos detalhes da reunião ao pegar, providencialmente, uma carona de volta para São Paulo: o grupo viajara para o Rio Grande do Sul a fim de discutir os termos de um intrincado acordo, que resultaria na Frente Popular Brasileira. Ademar desistiria da candidatura e permaneceria nos Campos Elísios, garantindo a máquina eleitoral do estado para a sustentação da candidatura de Getúlio. Por seu turno, Getúlio, após eleito, trabalharia para juntar os dois partidos, em prol do nome de Ademar no pleito de 1955.

Em reportagem publicada em O Jornal, em 7 de março, quebrando o silêncio imposto pelo ex-ditador, Samuel escreveu:

Foi devidamente enterrada a fórmula Jobim — Afastada a candidatura de Ademar num golpe de Vargas. O destino político do sr. Getúlio Vargas — e muito provavelmente também dos srs. Ademar de Barros e Válter Jobim — acaba de ser decidido nestas últimas e tumultuosas horas que agitaram o sul do país. [...] Este correspondente teve o privilégio de ser o único jornalista presente quase até o final das longas conferências ali realizadas.

A foto que ilustrava a capa do jornal deu ao leitor o clima cordial nos pampas: Samuel, Getúlio e Ademar, sentados no salão de piso quadriculado, conversando como três compadres.

Não resta mais a menor dúvida de que pelo menos uma candidatura à sucessão presidencial firmou-se decisivamente nesse último encontro. E esta candidatura é a do sr. Getúlio Vargas. Com essa decisão, que os acontecimentos mais próximos deverão confirmar plenamente, esvaíram-se as possibilidades do sr. Jobim e as esperanças do sr. Ademar de Barros.

Enquanto Samuel assoprava, Assis Chateaubriand batia: "Frente popular, só o nome basta para o chefe do Estado Novo pôr na moleira todo o sal de Macau, Aracati e Cabo Frio. As recordações são pró e contra. Ele tem como lição de experiência, verso e reverso. Mas, no fundo, o fracasso de todas elas". Ademar de Barros não passava de um boquirroto: "Novo, com pouco treino político, o sr. Ademar de Barros supõe atrelar Getúlio Vargas ao trem que ele projeta armar, de um ajuste de contas com o Catete. Mas não será Getúlio Vargas o candidato para vir desafiar, amanhã, um entrevero com o Exército, na base de um quarto Front Populaire".

A resposta definitiva que todos esperavam — Getúlio era ou não era candidato a presidente, afinal? — tinha data e hora marcada para se revelar à nação: o aguardado 2 de abril, o prazo-limite para que ocupantes de cargos públicos que quisessem se candidatar apresentassem a renúncia. Se Ademar de Barros não deixasse o governo de São Paulo, a resposta era sim, Getúlio era candidato. Caso renunciasse, podia-se contar com uma reviravolta. O "Graco paulista" vinha desnorteando o país com atitudes que se contradiziam. Nem mesmo os políticos mais chegados aos Campos Elíseos arriscavam uma aposta. Os indícios mais fortes de que estava disposto a lutar pela cadeira presidencial residiam em dois fatos: mudara-se do Palácio do Governo para a rua Albuquerque Lins e dera licença aos auxiliares de gabinete.

A manchete do *Diario da Noite* na antevéspera da decisão dizia:

Ademar para Getúlio: Fico
Ademar para os repórteres: Saio
As espantosas reações psicológicas do governador de S. Paulo.

Horas antes do deadline, Samuel deixou apressado o prédio da rua Venezuela, sede dos Diários Associados, no centro do Rio, e rumou para a casa do general Canrobert Pereira, perto do estádio do Maracanã. Ao ser recebido, pediu para ouvir ao lado dele o pronunciamento de Ademar de Barros, previsto para acontecer logo após a *Hora do Brasil*. A contragosto, Canrobert consentiu. Era um dos principais interessados na renúncia do governador de São Paulo, confirmando a candidatura ao Catete. Nome de Dutra para também concorrer à Presidência, Canrobert tinha um plano. Caso Ademar se afastasse do cargo, assumiria o vice Novelli Júnior, genro do presidente. Este promoveria uma devassa nas contas do estado, colhendo material para chantagear Ademar e obrigá-lo a abrir mão da candidatura, apoiando o seu nome na corrida. Conforme acreditavam as forças governistas, a renúncia mataria dois coelhos: Getúlio e o próprio Ademar.

"Filho da puta!", reagiu, em off, o dono da casa, depois de ouvir a voz fanhosa de Ademar alegando que ele permaneceria no governo de São Paulo para cumprir o mandato que os paulistas lhe haviam concedido. Em seguida, Canrobert deu a Samuel a frase que repercutiria no dia seguinte: "Agora, quem for eleito, toma posse. Eu serei o fiador". O *Diario da Noite* fez um estardalhaço: "Wainer, com Canrobert, em algum lugar, a zero hora da desincompatibilização", gritou a chamada de capa. De acordo com as aspas do general, "o Exército, unido e consciente da grande responsabilidade que pesa sobre os seus ombros, nesta grave emergência política que a nação está atravessando, garantirá a ordem democrática, custe o que custar".

Samuel ganhou um elogio de Getúlio, no *Diario de Noticias*:

Sem dúvida alguma, trata-se de uma grande entrevista. Ela veio tranquilizar o ambiente nacional tão cheio, ultimamente, de boatos inquietadores. A minha opinião é que o general Canrobert conhece o pensamento do Exército, porque o interpretou fielmente na sua entrevista. Nunca tive dúvidas de que fosse esta a atitude das Forças Armadas.

Duas semanas depois, no dia 19 de abril de 1950, quando completava 67 anos, o ex-ditador, enfim, anunciou: "Se o meu sacrifício for para o bem do Brasil e para o de seu povo, levai-me convosco". De novo, Samuel estava lá, na granja São Vicente. Como na festa de aniversário do ano anterior, a fazenda de Jango encontrava-se coalhada de populares. E nenhum outro jornalista para contar a história. Para a coleção de furos, ele enviou o emotivo discurso do agora definitivamente candidato à presidência da República para a Rádio Tupi, da cadeia Associados. Mesmo antes de pegar a estrada de volta para o Rio, já sabia: certamente estaria sozinho também na futura campanha de Getúlio.

Quase ao mesmo tempo que este se lançava à corrida na granja São Vicente, Eduardo Gomes tinha sido oficializado, na noite anterior, no centro do Rio, no diretório da UDN, como candidato do partido. De saída, já perdia em eloquência para o adversário. "Não poderia deixar de estar convosco agora", disse à plateia engravatada. A imprensa comemorou sua candidatura, com manchetes e editoriais salvacionistas, iniciando a ofensiva contra o "solitário de Itu", o "solitário do Vale da Lua", a "esfinge de São Borja", o "caudilho dos pampas". *O Estado de S. Paulo* não noticiou; conclamou a nação com um título de efeito: "A União Democrática Nacional decide-se pelo candidato de todos os cidadãos leais do regime: Eduardo Gomes". Segundo o editorial de José Eduardo de Macedo Soares, no *Diario Carioca*: "Que se poderia esperar [...] senão a ridícula e vergonhosa situação em que meteu o PSD, dando por feita e acabada a capitulação do velho, que, na verdade, está, hoje mais do que nunca, aceso atrás da mirífica possibilidade de uma recuperação do poder, com todas as suas inumeráveis vantagens, lucros e benesses?".

A seis meses do pleito, o país viveu horas de assombro naquela noite em que se definia o cenário eleitoral. No largo de São Francisco, no Rio, o pau comeu. Ao mesmo tempo que na igreja se oficiava uma missa pelo aniversário de Getúlio, oponentes se enfrentaram até que a polícia dissipasse a confusão a cassetete. Na porta da casa de Eduardo Gomes, no Flamengo, brigadeiristas e getulistas também se enfrentaram. Nada menos que mil missas eram celebradas em nome de Vargas na cidade. E onde havia um getulista havia um brigadeirista de plantão.

Nos dias que se sucederam, um terceiro nome entrou na corrida, soprado das Alterosas: Cristiano Machado, lançado pelo PSD e apoiado por Dutra. O mineiro logo viraria verbo: "cristianizar", neologismo político surgido a partir do fenômeno de uma legenda ter formalmente um candidato e, na prática, apoiar outro. No caso, Getúlio.

Samuel acompanhou o desenrolar dos fatos de todas as frentes. Quando não estava em São Borja, amanhecia no Vogue, conversando ao pé do ouvido com os homens do dinheiro. Também podia ser frequentemente visto no Bife de Ouro, o restaurante do Copacabana Palace, batizado por Chateaubriand devido ao preço do filé. Muitos desses almoços contavam com a presença do irmão de Getúlio, Benjamim Vargas, cuja fama de encrenqueiro corria solta. Uma das confusões de Bejo se tornaria lendária. No Quitandinha, o elegante cassino de Petrópolis, esbofeteara Roberto Marinho porque *O Globo* vinha lhe tirando o sossego com denúncias de grilagem de terras. Numa daquelas tardes na piscina do Copa, enquanto tomava um café com Bejo, Samuel avistou um trio curioso: os generais Góis Monteiro e Canrobert Pereira, com Osvaldo Aranha. Parou para cumprimentá-los, e logo foi puxando uma cadeira. Da boca de Canrobert, ouviu outra bravata em nome da legalidade: "Um mau governo passa com o término do seu período, enquanto uma revolução, cujos efeitos são geralmente imprevisíveis, pode refletir-se na vida de um país por um tempo que ninguém pode calcular. [...] Se o sr. Getúlio Vargas for candidato, e se vencer legalmente, logicamente, tomará posse".

11. Entreatos

Em 19 de agosto de 1950, partindo do Rio de Janeiro, Samuel embarcou na caravana de Getúlio Vargas rumo ao Norte e Nordeste. Muito provavelmente não havia lugar melhor para um repórter encontrar notícia, e, mesmo assim, ele era o único presente, enquanto chusmas de jornalistas se engajaram na campanha do brigadeiro Eduardo Gomes. Para começo de conversa, tratava-se de regiões que nunca tinham sido incluídas no roteiro de candidatos a presidente. Até 1930, imperara a política do café com leite. Depois, vieram quinze anos de ditadura. O então ocupante do Catete mal saíra do sofá no pleito de 1945. Na página 4 do *Diario da Noite*, uma nota ressaltava o trabalho solitário de Samuel no chamado "front getulista". Um ano e meio antes, em fevereiro de 1949, fizera a já legendária entrevista com o recluso senador da República, licenciado do cargo, vivendo exílio voluntário. Agora iria enviar "diariamente [...] um completo serviço telegráfico. [...] Já em nossa edição de segunda-feira Samuel Wainer estará presente com a primeira de suas notáveis reportagens".

Se podia se considerar próximo de Getúlio — ao menos próximo o suficiente para viajar no mesmo avião, emprestado por Ademar de Barros —, Samuel seguramente acreditava que nas semanas por vir teria a oportunidade de aprofundar a relação. Jamais se soube se já tinha interesses além do script do repórter. Possivelmente, ainda não. Para um jornalista de corpo e alma como ele, o apelo de tão grandiosa empreitada seria irresistível de todo modo. Em 22 de agosto, saiu a primeira reportagem: "Segue para o Norte a caravana política do sr. Getúlio Vargas". Como se recordaria nas memórias:

> Já na capital do Amazonas pude pressentir que espécie de espetáculo me caberia testemunhar. No aeroporto, a polícia teve de dispersar o povo para permitir que o avião encontrasse espaço na pista de pouso. Depois, durante o comício, o palanque sacudia, abraçado pela multidão. Eram camponeses com pés de Portinari, brasileiros descalços, gente humilde, homens sem posses que vinham saudar o "Pai dos Pobres".

Da boca de Getúlio, Samuel ouviu, de passagem, um comentário ao descerem do palanque: "Sempre tive um grande béguin pela Amazônia".

No front inimigo, Carlos Lacerda tinha levantado a voz, lançando a histórica frase que, trocando em miúdos, pregava o golpe antes mesmo de a campanha de Getúlio decolar: "O sr. Getúlio Vargas, senador, não deve ser candidato à Presidência. Candidato, não deve ser eleito. Eleito, não deve tomar posse. Empossado, devemos recorrer à revolução para impedi-lo de governar". Enquanto o candidato do PTB visitava os rincões, a *Tribuna da Imprensa* esmerou-se numa série de reportagens sobre o Estado Novo, entrevistando vítimas torturadas pela polícia de Filinto Müller. Também desencavou casos ocorridos na Colônia Penal de Dois Rios, na Ilha Grande, que tantos presos políticos havia guardado durante aquela ditadura.

Em uníssono, a imprensa tomou o partido do brigadeiro Eduardo Gomes. O *Diario Carioca* lembrou que, mesmo licenciado e morando no Rio Grande do Sul, Getúlio continuou a receber os salários de senador. Segundo o jornal de José Eduardo de Macedo Soares, o candidato do PTB subtraíra dos cofres públicos "seiscentos contos sem trabalhar". Naqueles dias de campanha, uma figura ocupou as páginas dos periódicos do Rio: Gregório Fortunato, o guarda-costas de Vargas, chamado de "gigante retinto". Uma das fotos que circularam destacou o ameaçador Gregório trepado no para-choque do carro do ex-ditador. O *Diario Carioca* apelidou-o de "Pai Gregório".

Nos Diários Associados, fora a voz de Samuel, as denúncias contra o ex-ditador eram servidas em edições consecutivas, repetidas por todos os jornais e emissoras de rádio da cadeia. Logo no começo da marcha getulista, Chateaubriand mandou que se investisse numa história sem pé nem cabeça. O general

Juan Perón, o presidente argentino, estaria financiando a viagem de Getúlio com o intuito de restituir a ditadura no Brasil. A fonte era "um porta-voz autorizado do governo". Segundo a legenda da foto publicada no *Diario da Noite*, mostrando a chegada de Vargas a Manaus: "Sorridente e bem nutrido, o ex-ditador e ex-solitário de Itu desembarca do avião que marcou a sua *rentrée* no cenário político brasileiro. Aparecem também no flagrante os srs. Ademar de Barros, João Goulart e o célebre tenente Gregório, o de chapéu, em expressiva atitude".

Quando a caravana atingiu Teresina, Samuel tentou armar uma improvável fotografia, que, certamente, botaria a cara sorridente de Getúlio nos jornais que o fustigavam. O brigadeiro Eduardo Gomes se encontrava na cidade para um comício da UDN. A ideia era um flagrante dos oponentes apertando as mãos. Vargas topou. "Dois tatus machos podem caber numa toca só", avaliou. Por seu turno, Eduardo Gomes enxotou Wainer do hotel, quando este foi lhe fazer a proposta. Nos dias que se seguiram, as comitivas dos dois candidatos se cruzaram no município piauiense de Parnaíba, e em Mossoró, no Rio Grande do Norte. De acordo com Samuel, não havia comparação entre as plateias. Enquanto o ex-ditador reunia milhares, o brigadeiro falava para centenas. Para ele, foi no Recife que Vargas alcançou a vitória. Parecia possuído diante da multidão de mais de 100 mil pessoas na praça Treze de Maio, sob uma tempestade. "É a pedra que está começando a rolar da montanha", disse Getúlio a Batista Lusardo, ainda no palanque. "Pernambucanos, posso contar convosco?", perguntou Vargas. "Então, ninguém mais nos vencerá!"

Em Salvador, Samuel não resistiu à tentação e passou um telegrama provocativo a Assis Chateaubriand. "Iluda-se quem quiser: a vitória de Vargas está assegurada se funcionarem as regras democráticas das eleições", dizia o texto. O chefe respondeu: "Para Wainer, encontre-se onde estiver: mandarei comprar um balde de água gelada para a sua cabeça quente". A última parada antes de retornar ao Rio de Janeiro foi na capital do Espírito Santo, no dia 31 de agosto, com uma questão ainda no ar. Getúlio não havia escolhido seu vice. Embora, de acordo com a Constituição, o presidente e o vice-presidente fossem votados em separado, ele precisava indicar alguém na cédula do PTB. Pessoalmente, queria o nome de Góis Monteiro, para lhe garantir a simpatia do Exército. No entanto, Ademar de Barros, um dos fiadores da sua candidatura, queria Café Filho. O potiguar fora contra a aplicação da Lei de Segurança Nacional, em 1935, ocasião da Intentona Comunista. E, em 1937, denunciara o falso Plano Cohen, que desencadeara o Estado Novo. Antes do comício em Vitória, Wainer foi chamado ao quarto de Getúlio. "Recebi uma notícia profundamente penosa para mim, uma notícia perigosa", disse-lhe Vargas. Era o ultimato de Ademar: ou anunciava Café Filho na cédula ou perderia seu apoio.

"Getúlio não confiava em Café, tinha-lhe horror físico", contaria Samuel. No final, ele havia percorrido um total de 23 cidades, entre os dias 20 e 31 de agosto. Ao jornalista, impressionara a rigidez dos hábitos de Vargas. Nos salões elegantes ou singrando rios amazônicos, apresentava-se sempre impecável, como se tivesse acabado de sair do banho, cheirando a água-de-colônia. Na pasta, carregava todos os discursos que pronunciaria ao longo do caminho, elaborados por uma equipe chefiada pelo secretário Luís Vergara e revisados por João Neves da Fontoura, o coordenador da campanha. As falas eram certeiras, enfocando problemas locais. Em cada região, parecia saber exatamente o que o povo queria ouvir. De acordo com uma das reportagens de Samuel, Getúlio preocupava-se o tempo todo com as despesas, hospedando-se de favor em casas de correligionários. A comitiva viajou em dois aviões emprestados por Ademar de Barros, e os gastos do entourage, em duas semanas de incursão pelos estados do Amazonas, Pará, Maranhão, Piauí, Ceará, Rio Grande do Norte, Paraíba, Pernambuco, Alagoas, Sergipe, Bahia e Espírito Santo, eram módicos.

"A campanha me revelara Vargas por inteiro. Compreendi, entre outras coisas, que conhecera o primeiro líder burguês da história do Brasil a conseguir efetiva comunicação com o povo", lembraria Samuel na autobiografia.

"Seu Wainer, sua cobertura está favorável demais a Getúlio Vargas. O senhor tem certeza de que ele vai ganhar?"

"Não tenha dúvidas, dr. Assis. [...] Estamos assistindo à volta de Getúlio. Esteja certo de que ele vai governar o país de novo."

"Já que o senhor está tão entusiasmado, continue. Pode dar total cobertura a Vargas, que eu mando o Murilo Marroquim [...] sustentar a oposição a ele. Assim estaremos bem com qualquer lado que ganhar."

De volta ao prédio da rua Venezuela, Samuel encontrou Assis Chateaubriand na portaria. A conversa teve uma testemunha, Augusto Rodrigues, que saía com o amigo para um almoço no Meia Porção. Naqueles dias, Chatô tinha outra preocupação na cabeça. Em poucas semanas, realizaria o sonho de implantar no Brasil a quarta estação de televisão do mundo e a segunda da América Latina. Em 18 de setembro, seria inaugurada, em São Paulo, a TV Tupi. Um ano antes, ele regressara dos Estados Unidos, onde pagara a Meade Brunet e David Sarnoff, diretores da RCA Victor, a prestação inicial da compra de trinta toneladas de equipamentos: 500 mil de um valor total de 5 milhões de dólares. Desde então, dividia-se eufórico entre a consolidação do Masp e o grande feito, para o qual não existiam precedentes nem modelo a seguir, um salto pioneiro. Só havia televisão praticamente em quatro países: Estados Unidos, Inglaterra, França e México, onde, vinte dias antes, nascia a Televisa.

A pré-estreia da emissora, em 3 de abril, tinha sido um sucesso. Um monitor fora instalado no terceiro andar do Edifício Guilherme Guinle, a sede dos Associados, na rua Sete de Abril, no centro de São Paulo, onde funcionava também o Masp. E outro, ao ar livre, na esquina da rua Bráulio Gomes. Ao vivo, o canal transmitira um show do mexicano frei José Mojica. Cinco meses e quinze dias depois, em 18 de setembro, a data oficial da inauguração da TV Tupi, um esfuziante Chateaubriand recebeu os convidados no salão do restaurante do Jockey Club. Em pontos estratégicos da cidade, mandara espalhar duas dúzias de receptores. Foram duas horas e meia de programação, com esquetes intermitentes. O vozeirão de Lolita Rodrigues encerrou a noite, às 22h30, cantando a "Canção da TV".

"Está no ar a PRF-3-TV Tupi de São Paulo, a primeira estação de televisão da América Latina", disse o ator Walter Forster, embora a Tupi não fosse a primeira, mas a segunda emissora, abrindo mais um capítulo da biografia do visionário "dr. Assis".

"O sr. Vargas acaba de iniciar a sua *blitzkrieg* eleitoral em São Paulo, onde deverá realizar 21 comícios em apenas seis dias", anunciou Samuel ao partir para a segunda etapa da campanha de Getúlio, em meados de setembro. No fim das contas, a caravana trabalhista iria percorrer 54 municípios de vinte estados, mais o Distrito Federal, em 53 dias. Duas promessas foram repetidas ao longo da caminhada: a propriedade da terra para o homem do campo e a nacionalização das riquezas do país, além da ampliação dos direitos dos trabalhadores. Samuel pensava que as classes conservadoras não conseguiam captar o fenômeno, preferindo rechaçar o que para ele era óbvio. Com um líder que sabia se comunicar com as massas, o capitalismo brasileiro, na verdade, poderia contar com um defensor. O ex-ditador nada tinha de comunista. Sua pregação embasava-se numa premissa inquestionável: a redução da desigualdade social seria benéfica para todo mundo.

Em Bauru, Wainer presenciou o inesperado primeiro encontro de Getúlio e Café Filho, este já confirmado na cédula petebista desde 5 de setembro, quando seu nome foi lançado oficialmente. Sem aviso prévio, o potiguar subiu ao palanque. Até então, Vargas se abstivera de pronunciar o nome do vice. Ao aparecer de surpresa, Café Filho tencionava provocar o confronto. Caso fosse ignorado publicamente, seria o rompimento definitivo, que acarretaria a debandada da ala que o apoiava, capitaneada por Ademar. De acordo com Samuel, Getúlio evitou olhar para Café Filho durante todos os intermináveis discursos que precederam sua fala. Então, discursou por mais de duas horas sem ao menos citar o companheiro de chapa. Ao finalizar, abriu o amigável sorriso, apontou para Café Filho e anunciou para a multidão que lotava a praça da Matriz: "Este é o meu candidato a vice".

A caravana rumou para o sul: Paraná, Santa Catarina e, para encerrar, Rio Grande do Sul, com comícios em 21 cidades gaúchas. Embora os jornais se negassem a admitir — o *Correio da Manhã* e o *Estado de S. Paulo*, os principais do país, continuavam a ignorar a campanha de Vargas, centrando-se na cobertura da campanha de Eduardo Gomes —, a vitória, para Wainer, estava no papo. Ao cobrir sozinho aquela avalanche, converteu-se num getulista genuíno. Certamente não ignorava as benesses da proximidade do poder — e saberia explorá-las. Mas sobretudo passou a devotar profunda admiração a Vargas. Por isso, ia perdendo amigos. Uns o chamavam de oportunista, outros de ingênuo. Para ele, porém, o ex-ditador era agora um nacionalista "convicto" e "consistente".

Samuel comentaria:

Tais mudanças foram provavelmente maturadas nas longas noites de exílio, de silêncio, de expatriamento vividas na fronteira gaúcha. [...] Ele conhecia o homem brasileiro, suas virtudes, suas fraquezas, suas debilidades — e só graças a essa sensibilidade pôde ficar tantos anos no poder. Impressionava-me especialmente a competência com que manobrava os que o cercavam, antecipando-se a pressões que se desenhavam, jogando uns contra outros sempre que necessário.

A marcha terminou em São Borja, no dia 28 de setembro, um dia antes do encerramento oficial da propaganda eleitoral. Ao voltar ao Rio, para aguardar a data do pleito, 3 de outubro, em artigo avaliando o cenário, Samuel vaticinou: "Vitória".

Nem bem começou a contagem dos votos, Samuel recebeu um apelido de Vargas: Profeta, por ter sido o único repórter a apostar na sua campanha. O estado-maior do getulismo estava reunido na Estância São Pedro, de Batista Lusardo, o companheiro da Revolução de 1930, nomeado chefe de polícia do Distrito Federal nos primórdios do governo provisório. Este era a prova da máxima que rondava Getúlio: perdoava, mas não esquecia. Em 1932, o amigo o traíra, ao apoiar a Revolução Constitucionalista. Em 1937, fizeram as pazes, quando Lusardo obtivera a embaixada uruguaia. A Estância São Pedro ficava na fronteira tríplice, no encontro do Brasil com Uruguai e Argentina. Urna a urna, voto a voto, o ex-ditador ia ganhando de lavada. Segundo os jornais de 6 de outubro de 1950, três dias após a votação: Vargas: 440 623; brigadeiro: 226 304; e Cristiano Machado: 198 110. Os boatos de golpe já desassossegavam a nação.

Ao contrário da marcha solitária durante a campanha, Samuel contava agora com a companhia de um enxame de jornalistas. Sobre a mesa do secretário Luís Vergara, acumulavam-se pedidos de entrevistas. A decisão de transferir para aquele ponto extremo do país o QG do PTB fora estratégica. A Estância Itu não dispunha de estrutura para receber tanta gente. Na Santos Reis, Protásio Vargas havia apoiado o lanterninha Cristiano Machado. A São Pedro impressionou Samuel. De tão exuberante, abrigara o cenário do filme *Caminhos do Sul*, de Fernando de Barros, com Tônia Carrero no elenco. Tinha até zoológico. No meio do jardim, um lago artificial envolvia a "ilha dos amores", apelido dado pelo dono da casa. Protegidos pela sombra de um cinamomo, no jardim, os repórteres aguardavam as aparições furtivas de Getúlio. Podiam circular à vontade. Só não tinham acesso ao Castelinho.

Exceto, claro, Samuel. Ele entrava e saía, como se fizesse parte da cúpula petebista — e não da imprensa. Embrenhando-se numa trilha sombreada por árvores, nos fundos da sede da fazenda, chegava-se à construção, cuja arquitetura imitava um castelo europeu, onde Vargas não descolava os ouvidos do rádio. A seu lado revezavam-se amigos, como Jango, a mais constante presença. Envergado pelo peso de tantos votos, Getúlio só deixava o Castelinho pela manhã, quando distribuía sorrisos aos jornalistas — e partia em sua cavalgada.

Talvez tenha sido na Estância São Pedro que se solidificou a antipatia de volumosa parcela da imprensa por Samuel Wainer. Além dele, somente Freddy Chateaubriand conseguiu se aproximar de Vargas. Um dos entreveros mais notórios se deu com o escritor Fernando Sabino. O mineiro publicou um extenso artigo em que o acusava de um certo peleguismo jornalístico, por assim dizer. A fofoca havia sido soprada dos pampas. O jornalista gaúcho Rivadávia de Sousa, de *Diretrizes*, outrora companheiro de redação de Wainer, disse a Sabino que ele usava de todos os subterfúgios indignos da profissão para furar a fila. Inclusive chegara à estância com uma carta de Alzira Vargas no bolso, recomendando-lhe a primeira entrevista após a confirmação da vitória. O ódio viscoso de Rivadávia, aliás, atravessaria as décadas. Nos anos 1980, ele publicaria um livro intitulado *Botando os pingos nos is: As inverdades nas memórias de Samuel Wainer*, com algumas verdades e muitas inverdades, dedicado exclusivamente a especular e denunciar erros no livro *Minha razão de viver*.

Em parte inédita das entrevistas que originaram sua autobiografia, Samuel comentaria:

> Esse clima nunca mais me abandonou, uma frustração, que chamemos de inveja. Quanto ao Fernando, eu nunca mais falei com ele. Enquanto eu era o jornalista a quem Getúlio dava entrevista e ninguém acreditava na viabilidade dele vir a ser presidente, não havia competição. Eu estava dentro do meu princípio de jornalista. Um jornalista não deve ser amoral, não deve roubar de cima da mesa a matéria escrita pelo colega, embora o colega não deva deixar em cima da mesa. Mas o jornalista é um ser aético porque ele não deve estar preso por conceitos normais de profissão. [...] Ele deve comunicar primeiro ao seu leitor, ele tem que chegar na frente, isso é um princípio que sempre apliquei.

No Rio de Janeiro, Carlos Lacerda também parecia não se preocupar com ética, trombeteando o golpe de Estado contra um presidente que ainda nem fora eleito. Um golpe, não, a revolução, como preferia. Na *Tribuna da Imprensa*, a "revolução" não podia ser encarada como um ataque aos valores democráticos, pois o getulismo provinha da ditadura. Era preciso varrer das mentes nacionais os grilhões do Estado Novo para depois eleger um presidente pelas urnas. Getúlio não passava da continuidade do próprio Getúlio.

Em 9 de outubro, quando Vargas já estava praticamente eleito, conforme os últimos resultados das urnas, Samuel publicou mais uma entrevista exclusiva. "Em meio às suas clássicas gargalhadas, Getúlio fala sobre os resultados do pleito" era o título.

Três dias depois, não havia mais possibilidade de reverso. Graças a Samuel, a Rádio Tupi transmitiu o primeiro pronunciamento de Getúlio como presidente eleito, transcrito por todos os jornais da cadeia Associados. Na reportagem que acompanhou o discurso, ele contou que Vargas recebera em silêncio o resultado — e assim permanecera por longos minutos, enquanto os outros presentes se cumprimentavam eufóricos. O semblante carregado evidenciava a profundidade dos pensamentos, provavelmente calculando os passos da batalha por vir. Decerto os opositores já maquinavam uma forma de barrar-lhe a posse. De repente, levantou-se e, ao passar por Samuel, disse-lhe: "Então, acertamos?".

"Getúlio Vargas tomou o repórter pelo braço, fê-lo sentar-se a seu lado num dos bancos do jardim e, revelando pela malícia de suas palavras que já se achava novamente em pleno controle de sua serenidade, perguntou-me: 'Então, você não deseja mais me entrevistar? Ou será que já me considera um assunto esgotado?'."

Na rua do Lavradio, Carlos Lacerda achava que sim. Em artigo na *Tribuna da Imprensa*, decretou o erro do povo. No fim da apuração, Getúlio obteve 3 849 040 votos, recorde histórico, contra 2 342 384 sufrágios conferidos a Eduardo Gomes. O candidato de Dutra, Cristiano Machado, conquistara 1 697 193 eleitores. Como se votava para presidente e vice-presidente em separado, Café Filho bateu Odilon Braga, o vice de Eduardo Gomes, por uma diferença bem menor de votos, menos de 200 mil. De todo modo, saíra consagrada a cédula do PTB. Vargas venceu em treze estados, perdendo apenas em Minas Gerais, Maranhão, Piauí, Ceará, Acre, Amapá e Pará. Vocalizada pela *Tribuna da Imprensa*, no dia seguinte a UDN entrou com uma apelação no TSE para impedir a diplomação, prevista para 31 de janeiro. Getúlio atingira 48,7% dos votos — e não a maioria absoluta. Não havia fundamento constitucional algum na alegação, mas foi suficiente para levantar a oposição.

"Saiu o diagnóstico", disse Noia Chafir, ao ouvir a voz de Samuel do outro lado da linha. Havia pouco mais de um mês, Bluma ocupava a pequena cobertura que ele lhe comprara, na Nossa Senhora de Copacabana, entre a Djalma Ulrich e a rua seguinte, em direção ao Leme. Quando escutou a palavra que a condenava, "câncer", ele deve ter se lembrado de que um ano antes dera de cara com a morte. Ele se safara, ela também se safaria. Ainda em Paris, Bluma começara a sentir fortes dores no pescoço. Não comia, não dormia, atormentada pelo sofrimento ininterrupto. Um dia, olhando-se no espelho, percebera que um dos seios estava muito mais baixo do que o outro. Acompanhada do escritor mineiro José Guilherme Mendes, com quem havia pouco começara um relacionamento, voltou ao Brasil para realizar exames. Desde então, a cobertura de Copacabana se transformara em ponto de romaria: Eneida, Mário Pedrosa, José Pedrosa, Augusto Rodrigues, Dorival Caymmi, Alfredo Ceschiatti, Aníbal Machado, Clarice Lispector, Álvaro Moreyra, Jorge Amado, Vinicius de Moraes, Moacir Werneck de Castro e até Rubem Braga. Entretido com a campanha de Getúlio, Wainer fora dos poucos a não tomar parte na vigília.

A sobrinha de Samuel, Soniah Sirotsky, filha de sua irmã mais velha, Rosa, contaria:

Uma porção de homens, todos fumando na varanda: sala, dois degraus, e um pátio. Eles ficavam sentados nos degraus, escorados em almofadas, fumando sem parar: Carlos Scliar, Mário Pedrosa, Augusto Rodrigues, Dorival Caymmi, Clarice, Ceschiatti [...] na cama, a casa cheia, ela ficava gritando para a empregada para botar tal toalha na mesa, usar a porcelana Limoges.

Tão frágil e, ao mesmo tempo, a dominadora de sempre, que nunca perdia o controle da situação. A partir do diagnóstico, Samuel encontrou seu canto na varanda. O ano se aproximava do fim e, após o Natal, viajaria para a França com Isa Reis, onde pretendiam se casar — e se casaram. Tanto Alfredo Ceschiatti como José Pedrosa haviam imortalizado Bluma em esculturas. O primeiro, em gesso. O segundo, em mármore. Joel Silveira costumava dizer que Bluma não era fotogênica, mas pessoalmente batia Clarice. Enquanto a escritora parecia sempre acabrunhada, a outra emitia luz.

Além de se integrar à vigília, Samuel assumiu as despesas do tratamento. Como indicaram os médicos, em janeiro ela teria que ir para os Estados Unidos. O câncer no seio já avançara para além dos tratamentos possíveis no Brasil. "Foi uma coisa que sempre se falou na nossa família. Mesmo separado de tia Bluma, tio Samuel deu toda a assistência", diria Nema Chafir, filha de Noia.

Deviam faltar poucas horas para a ceia de Natal na casa da escritora Rosalina Larragoiti, casada com o milionário Antônio Sanchez de Larragoiti, diretor da companhia de seguros Sul América, quando Samuel chegou à Vila Normanda. Chateaubriand o esperava para irem juntos ao concorrido jantar. Ainda estava no quarto, terminando de se vestir. A lendária mansão, na avenida Atlântica, tinha oito aposentos com vista para o mar. Postado na janela do quarto de Chatô, Samuel ponderou que era hora de este reencontrar Getúlio. "Ele não me recebe", respondeu Chatô. Na verdade, Samuel estava decepcionado. Após a magistral cobertura da campanha de Vargas, esperava uma promoção. Para exibir poder, comentou de passagem que podia arranjar aquele encontro. Getúlio não era homem de guardar rancores.

No dia 6 de janeiro, haveria uma festa na casa de Epitácio Pessoa Filho, o Epitacinho, em homenagem a Nelson Rockefeller. Não podia haver melhor ocasião para uma reaproximação. "A propósito, seu Wainer, o senhor tem automóvel?", comentou Chatô, desviando o assunto para um rumo de que Samuel não gostou. Ele respondeu que não sabia dirigir. "Um homem como o senhor tem que ter um automóvel. [...] Eu compro." Chateaubriand descarrilou, então, num monólogo delirante, em que antevia os lucros que poderia obter com o governo de Getúlio. "Logo que fizermos as pazes, tomaremos a Schering. Faremos uma grande campanha para inundar o país de postos de puericultura e o senhor será diretor da Schering."

Quando se viu quase às lágrimas, Samuel pediu licença e foi caminhar no jardim. "Eu fizera uma campanha singularíssima na imprensa brasileira. Na hora de colher os frutos desse trabalho, eu não recebera um convite para ocupar um cargo de direção nos Diários Associados. [...] Chateaubriand me oferecera um carro primeiro, e depois um cargo de diretor da Schering." Nas recordações de Wainer da noite de Natal, ficou a decisão tomada logo que ele atravessou o portão da Vila Normanda e foi fumar um cigarro à beira-mar: não ia mais ser empregado de ninguém, faria seu próprio jornal. Se houvera *Diretrizes* num tempo tão adverso, em pleno Estado Novo, por que não conseguiria agora, com o vento soprando a favor? Na casa de Epitacinho Pessoa, duas semanas depois, de fato, promoveria a reaproximação entre Getúlio e Chateaubriand. Na ocasião, o presidente eleito acenou-lhe com a possibilidade da embaixada de Israel. Ao ouvir a proposta, feita em tom de blague, Samuel já tinha resolvido qual seria o seu quinhão no arranjo. E seria de outra ordem.

12. Por que tu não fazes um jornal?

Do meio da multidão, decerto o espetáculo era mais bonito. Com acesso franco aos bastidores, Samuel preferiu embrenhar-se no povaréu. Sentia-se orgulhoso, como se aquela vitória fosse um pouco sua. Centenas de cabeças queimavam sob o sol amarelo num céu anil: 31 de janeiro de 1951. Amontoando-se nas cercanias do Catete, derramando-se nas ruas centrais, até atingir o Palácio Tiradentes, na rua Primeiro de Março, preencheu-se cada centímetro à espera do carro oficial que levaria Getúlio para a cerimônia de posse na sede do Congresso. Pouco antes das três da tarde, a limusine presidencial desfilou pela cidade. Fosse Samuel fazer o mea-culpa, não deixaria de notar na comitiva o aroma de 1937. Ao lado de Vargas, estava Lourival Fontes, o chefe do DIP. A solenidade durou quinze minutos, presidida pelo senador do PSD, Fernando de Mello Viana. Populares tomaram as tribunas. Entre os convidados internacionais, representantes de 52 países, inclusive da Polônia e da Tchecoslováquia, duas repúblicas do bloco soviético.

"Ordenastes e eu obedeci", discursou o novo presidente na escadaria do Palácio Tiradentes. E o coro respondeu, entoando a marchinha que animaria o Carnaval daquele ano:

Bota o retrato do velho outra vez,
Bota no mesmo lugar.

O sorriso do velhinho
Faz a gente trabalhar.

A imprensa abriu a cobertura do novo governo gritando contra o "ministério dos tubarões". Anunciando um governo popular, Getúlio pinçou nomes conservadores para compor as pastas. "O sr. Getúlio Vargas, estafado com todo esse tempo de mastigação, nos churrascos da campanha, entra agora para o governo com um grande ideal à vista, um objetivo definido, uma quase obsessão: descansar. O ministério deu a medida de sua inércia", escreveu Carlos Lacerda na *Tribuna da Imprensa*. Entre os indicados, estavam João Cleofas para a Agricultura, João Neves da Fontoura para o Itamaraty, Danton Coelho para o Trabalho, Ernesto Simões Filho para a Educação e Saúde, Francisco Negrão de Lima para a Justiça e, para o Ministério da Fazenda, Horácio Lafer, "inteligente intérprete das classes superconservadoras, expoente da Federação das Indústrias. Tudo que há de mais indicado a um governo de direita", de acordo com Lacerda, que completou: "Na presidência do Banco do Brasil — quem não sabe? — encontraremos doravante o senhor de monopólios e de financiamentos escusos: o sr. Ricardo Jafet".

Com os ministros militares, recolheu as armas:

> Há o sangue novo, impetuoso e borbulhante do general Estillac Leal. Desse é de esperar que se liberte dos comunistas e possa, com a velha guarda de 30, zelar pelas instituições. [...] Outro ministro militar é o coronel reformado Nero Moura, cuja grande credencial é ter sido assíduo piloto do sr. Vargas e bravo comandante de frota aérea do aventureiro Hugo Borghi. [...] O terceiro é o íntegro almirante Guillobel, que ilustra a Marinha.

No dia 6 de fevereiro, Samuel subiu a serra. Uma nota no *Diario da Noite* comunicou a viagem. Em Petrópolis, no Palácio Rio Negro, Getúlio faria a primeira reunião do novo ministério, marcada para domingo, dia 11. Por mais contraditório que pudesse parecer, não havia jornalistas ali. Além dele, somente um repórter da Agência Nacional. Recebido pelo presidente, travaram conversa sobre o comportamento da imprensa. Para Wainer, os jornais podiam não ajudar a ganhar, mas certamente ajudavam a perder. Dali em diante, seria assim. A imprensa ignoraria o governo quando houvesse resultados positivos a divulgar e daria cobertura ruidosa a qualquer deslize. O que se passava na cabeça dele durante aquela conversa era evidente. Getúlio tinha lhe acenado com a embaixada de Israel. Mas, se o que queria mesmo era fazer um jornal, o fiador estava ali, na sua frente, na figura do presidente da República. Por sua vez, Vargas sabia que a única forma de se proteger seria ter um jornal forte a seu lado. Já adotara o expediente de financiar publicações, ainda que indiretamente. A existência dos Diários Associados, por exemplo, devia-se em grande parte a ele.

Nas memórias, Samuel relembraria o diálogo:

"Tu te lembras de uma frase que me disseste no dia em que começamos a campanha? Era uma frase sobre jornalismo."

"A imprensa pode não ajudar a ganhar, mas ajuda a perder."

"Tu reparaste que hoje não veio ninguém cobrir a reunião?"

"O senhor só vai aparecer nos jornais quando houver algo negativo a noticiar. Essa é uma tática normal de oposição, e a mais devastadora."

"Por que tu não fazes um jornal?"

Conforme o hábito de Getúlio, de dialogar pelas beiradas sem nunca se comprometer, a conversa seguiu. O surpreso Samuel ponderou que não seria difícil articular a montagem de uma publicação que defendesse o pensamento de um presidente, com o perfil de um autêntico líder popular.

"Então, faça."

Ao ser questionado por Samuel se queria saber seus próximos passos, Getúlio disse que não, que fosse conversar com Alzira — e fosse rápido.

"Em 45 dias dou um jornal ao senhor."

"Boa noite, Profeta."

Samuel não perdeu tempo. Afinal, tinha menos de dois meses para pôr nas bancas um jornal. Em meio à corrida, encontrou por acaso, caminhando na avenida Rio Branco, o diplomata José Jobim. Dali, seguiram juntos para o restaurante do Jockey Club. No percurso, falou do plano que tinha na cabeça. "Sopa no mel", comentou Jobim. Irmão de Danton Jobim, redator-chefe do *Diario Carioca*, dispunha de uma informação de bastidor. O jornal de José Eduardo de Macedo Soares estava em situação de penúria, logo decretaria falência. Jobim não achava difícil Wainer fazer negócio com o "Senador", como Macedo Soares era chamado pelos empregados. Para sondar a viabilidade da empreitada, deveria procurar o diretor da casa, Horácio de Carvalho. Localizada na antiga praça Onze, a sede do *Diario Carioca* era tudo que Samuel podia sonhar. Com projeto do arquiteto Redig de Campos, o mesmo da mansão de Walter Moreira Salles, na Gávea, os salões sustentavam-se sobre colunas de madeiras de árvores exóticas. Havia até um jardim de inverno e cozinha revestida de alumínio. O único problema era a rotativa — "um trem a vapor", como brincou Jobim. Àquela altura da conversa, não havia mais jeito: Samuel já se imaginava reinando no prédio modernista, de três andares, que se destacava na avenida Presidente Vargas.

Samuel não tardou em bater à porta de Horácio de Carvalho, que o recebeu no restaurante do terraço do *Diario Carioca*. As instalações e a empresa gráfica, chamada Érica S.A., estavam à venda, mas não o título do jornal. O preço era alto: ele teria que assumir as dívidas junto ao Banco do Brasil e à Caixa Econômica Federal, uma quantia de 22 milhões de cruzeiros, pagar uma mensalidade de 12 mil cruzeiros por período determinado, além de desembolsar 30 milhões de cruzeiros de entrada. Outro compromisso era continuar imprimindo o diário de graça por dois anos. O patrimônio da Érica consistia numa rotativa da marca Duplex, com capacidade para imprimir um caderno de doze páginas por vez e 20 mil exemplares de tiragem. Em suma, toda a transação montava a 52 milhões (63 milhões de reais em 2019, com correção pelo IGP-DI), além da mensalidade, que o adquirente teria um prazo de quinze anos para quitar. Somando-se a imponência do prédio com a sucata do equipamento, era lucro, e Samuel topou, sem ter ainda um tostão no bolso. Não só queria fazer um grande jornal, queria um que parecesse grande de largada. O prédio de Redig de Campos lhe daria o status que almejava.

"Eu sabia que fundar um jornal fora dos grupos oligárquicos que controlavam a imprensa significava desafiar um poder desumano, aético, monopolizador, absolutista", diria nas memórias.

Aos 39 anos, talvez ele ainda não soubesse, de fato, o tamanho da encrenca. Talvez tivesse a pretensão de ser aceito no clube dos barões de imprensa, embora não honrasse nenhum dos códigos vigentes: nascimento, fortuna ou tradição. O herdeiro Paulo Bittencourt, do *Correio da Manhã*, e a dupla Macedo Soares e Horácio de Carvalho, do *Diario Carioca*, provinham de famílias ilustres, ciosos da educação europeia. Os Mesquita estavam sentados sobre a tradição de um jornal quase secular. Roberto Marinho era filho de Irineu Marinho — e já ensaiava o seu império. Carlos Lacerda, além da linhagem familiar, era útil ao establishment.

A *Tribuna da Imprensa* falava a mesma língua, abraçando a visão conservadora que imperava nos grandes jornais. Quanto a Chateaubriand, este fora o último outsider. Trocando em miúdos, o que Samuel pretendia era se tornar o novo Chatô, que saíra da cidade de Umbuzeiro, na Paraíba, para virar um magnata da imprensa à custa de conchavos políticos. Um Chatô de esquerda, de convicta ideologia, é verdade. O jornal que se desenhava na sua cabeça seria indiscutivelmente o primeiro — e único — jornal trabalhista e nacionalista a ingressar no seleto grupo dos grandes.

Sem a confortável casaca da herança e/ou da tradição, Samuel vestiu o melhor terno e saiu para passar o chapéu. As maiores contas bancárias do Brasil reuniam-se toda noite no mesmo lugar: o Vogue. Foi lá que encontrou, poucos dias após a visita à sede do *Diario Carioca*, Bejo Vargas bebericando seu scotch. Contou-lhe da conversa que tivera com Getúlio, da aprovação de Alzira, com quem também falara, e revelou-lhe o montante de que precisava para iniciar o negócio com Macedo Soares: 30 milhões de cruzeiros. Depois de uns goles em silêncio, o barulhento irmão do presidente soprou-lhe alguns nomes promissores. Para procurá-los, no entanto, devia ensaiar o discurso perfeito, em que ficasse claro o apoio de Vargas ao projeto mas sem que este fosse implicado diretamente no achaque. No último drinque daquela noite, já no Tudo Azul, na rua Domingos Ferreira, onde tocava o jovem Tom Jobim, esbarrou com o imberbe Luís Fernando Bocaiuva Cunha, o Baby Bocaiuva, genro do ministro Simões Filho. "Você não quer fazer algo melhor da vida do que ser um herdeiro, Baby?", perguntou Samuel. No final da conversa, o bisneto de Quintino Bocaiuva, o célebre abolicionista, já ocupava um cargo de direção no futuro jornal.

"Ele ficou muito fascinado com a cabeça do Samuel. O Brasil voltado para o povo e não só para uma elite. O Baby tinha uma preocupação com o povo, queria sair daquele mundo fútil", diria a bailarina Dalal Achcar, segunda mulher de Baby Bocaiuva.

O dinheiro saiu de três gordos bolsos, subscrevendo cotas de ações da Érica, no valor de 10 milhões de cruzeiros cada. O primeiro a abrir a carteira foi Walter Moreira Salles. Nas conversas no Vogue, Samuel ficara sabendo que o banqueiro emprestara muito dinheiro ao *Diario Carioca* e que tinha interesse na recuperação financeira do jornal. No mais, Moreira Salles ambicionava a embaixada de Washington, de modo que fazer um agrado a Getúlio, financiando um projeto que era caro a ele, não lhe pareceu má ideia. Outro que compareceu com mais

10 milhões foi Euvaldo Lodi, presidente da Federação das Indústrias do Estado de São Paulo (Fiesp). Nas fileiras getulistas desde 1930, eleito deputado pelo PSD, Lodi mostrou-se um dos mais entusiastas da ideia de um jornal de sustentação ao governo. O terceiro a entrar na sociedade foi Ricardo Jafet, dono do Banco Cruzeiro do Sul, nomeado por Vargas presidente do Banco do Brasil. Além do empréstimo pessoal, Jafet seria o homem a cobrir Samuel com sucessivos empréstimos do BB.

Com o dinheiro amealhado, 30 milhões de cruzeiros, ele comprou a sede do *Diario Carioca*. Agora, teria que levantar capital para importar uma rotativa. A da Érica, vetusta, não conseguiria imprimir a tiragem que ele imaginava. A ideia salvadora veio do jornalista Medeiros Lima, já então um famoso colunista de política, que o aconselhou a procurar o recém-eleito governador de Minas Gerais, Juscelino Kubitschek. Antes da posse do novo presidente, Samuel havia acompanhado JK em viagem a São Borja. Assim, o mineiro não lhe era estranho. Aliás, fora ele que ajeitara a reunião entre Juscelino e Vargas. Para Samuel, não era segredo o desejo do arrojado político das Alterosas de ascender à Presidência com o apoio de Getúlio. Certamente, ele saberia dar valor a um jornal de sustentação do getulismo. JK era um homem de visão larga, que crescia o olho quando deparava com alguém que arrotava ousadia. O encontro no Palácio da Liberdade aconteceu no clima cordial inerente à personalidade festiva de Juscelino. Ao ouvir o plano, o governador quis saber de quanto estavam falando. Diante da soma, abriu os cofres para um empréstimo no Banco do Estado de Minas Gerais, de onde Samuel arrancou boa parte do valor para a aquisição da nova prensa.

Ainda não era suficiente. Além de verba para inteirar o custo da rotativa, precisava de dinheiro para montar um departamento fotográfico como nunca se vira no jornalismo brasileiro. Não havia esquecido as edições históricas do *Ce Soir*, ilustradas pelas magníficas imagens de Robert Capa e Gerda Taro. Obviamente, também tinha que contratar pessoal. Ricardo Jafet veio em seu socorro. Dando o prédio que acabara de comprar como garantia, Samuel levantou junto ao Banco do Brasil 26 milhões de cruzeiros (30 milhões de reais).

Por seu turno, o outro padrinho, Euvaldo Lodi, ajudou-o a conquistar três contratos milionários de publicidade, com o Serviço Social da Indústria (Sesi), com o Serviço Social Comercial (Sesc) e com a Cia. Antarctica Paulista. Os arranjos representavam 12 milhões (14,6 milhões de reais), 4 milhões cada um, para serem consumidos em 24 meses. Wainer caucionou-os no BB e com o desconto formou o capital de giro. Ao todo, em um mês, amealhou cerca de 65 milhões de cruzeiros (79 milhões de reais) para pôr nas bancas a *Última Hora*. O título saiu da gaveta de memórias. Certa feita, ouvira-o da boca de um repórter do *Diario da Noite*, Carlos Eiras, remetendo ao nome de um jornal que circulara por pouco tempo na capital e desaparecera sem deixar vestígios.

Em fins de março, Samuel lembrou-se de pedir demissão dos Associados. Encontrou Assis Chateaubriand no Clube Internacional, restaurante de homens de negócios pendurado no 24º andar de um novo prédio da Rio Branco. Assim que o viu, puxou-o para a janela — e, apontando na direção da Presidente Vargas, perguntou-lhe se estava vendo o belo prédio de Redig de Campos. "Aquela caixa de fósforos?", reagiu Chatô. Pois acabara de comprar a "caixa de fósforos". Ao ouvir sobre os planos de Samuel, Chateaubriand saiu com uma ironia: "Mas por que o senhor não compra os Diários Associados?". Em resposta: "Compraria, se o senhor viesse junto". Ao término do curto papo, prometeram-se artigos de despedida. Só Samuel cumpriria o trato, derretendo-se em elogios ao ex-patrão na última coluna que publicou no *Diario da Noite*. Chateaubriand ignorou-o.

13. Minha razão de viver

Em meio a pardieiros, defronte do edifício "Balança, mas não cai" ou "Mula manca" e com uma favela ao fundo, o prédio da *Última Hora* ocupava na paisagem da Presidente Vargas um papel de relevo: "pavão enfático", seria a descrição de Nelson Rodrigues, dos primeiros contratados da casa. Recém-casado com Isa Reis, Samuel praticamente se mudou para a suntuosa redação. Impusera-se uma meta impossível: erguer um jornal em menos de dois meses. "Trabalhar com Samuel era trabalhar 24 horas por dia, ele não dava folga. Mas ele era também um trabalhador infatigável. Tinha vezes que jornais velhos serviam de travesseiro para ele dormir na redação", contaria Augusto Rodrigues, outro pioneiro da *Última Hora*, que integrou a equipe encarregada de desenhar a aventura, cujo chefe era o paraguaio Andrés Guevara. Já tendo trabalhado no Brasil, na *Crítica*, de Mário Rodrigues, pai de Nelson, Guevara era o mais afamado artista gráfico do continente, um dos responsáveis pela revolução estética da imprensa argentina. Um tipo curioso, de feições indígenas, sempre envergando camisas de seda pura em cores efusivas e sustentando o cigarro com o auxílio de uma piteira de prata. Da Argentina, trouxera dois dos seus melhores diagramadores, Javier e Alejandro. Conforme a "Coluna do Castelo", assinada pelo jornalista Carlos Castelo Branco, na *Tribuna da Imprensa*, nascera ali, na velha praça Onze, "a Volta Redonda da imprensa brasileira".

Rasgando dinheiro, Samuel reuniu a tropa. E que tropa! Os melhores da praça, contratados a peso de ouro, com salários ao menos três vezes superiores aos praticados pelos outros jornais. Ao inflacionar o mercado, tirando o ofício da miséria, até angariou a simpatia dos subalternos, mas, mesmo que ainda não sentisse, colheu o ódio dos patrões. Por exemplo: recém-contratado pelo *Globo*, o mineiro Otto Lara Resende, um dos textos mais saborosos da imprensa brasileira, pediu as contas assim que ouviu a cifra: 15 mil cruzeiros. "Pela primeira vez na vida, eu podia trabalhar num único jornal."

Certamente não se tratava só de generosidade por parte de Wainer. Quem ia largar um bom emprego para se arriscar num jornal que ninguém fazia a menor ideia do que seria? Sim, o plano era um jornal "trabalhista" e "nacionalista", que trataria as notícias pelo ângulo dos trabalhadores — em vez do feijão com arroz do conservadorismo. Mas como isso se daria na prática? Seriam vassalos de Getúlio ou teriam vida própria? As questões existiam, e todo mundo do meio se perguntava, mas ninguém parecia se importar diante dos gordos salários. Corria um tempo em que repórter, para sobreviver, equilibrava-se em vários empregos. "Um dia chega o Samuel, me chama para tomar um chope e diz: quanto você ganha? Onze contos. Ofereceu-me quinze contos. Era dinheiro para burro", lembraria Francisco de Assis Barbosa, subtraído do *Diario Carioca*.

A cúpula da diretoria foi composta de um estranho triunvirato: dois comunistas da velha guarda e um filhote da mais alta aristocracia cafeeira. O amigo de todas as horas, Otávio Malta, assumiu o cargo de redator-chefe: "Na época, ganhava no *O Jornal* 5 mil e fui ganhando 20 mil". Para a direção de redação, veio João Etcheverry, o último homem no Rio de Janeiro a usar chapéu. Meio basco, meio francês, Etcheverry morava no Brasil desde 1935 e participara ativamente na mobilização comunista no Norte e no Nordeste, por ocasião da Intentona. Samuel o conhecia daquele tempo de militância, quando ainda exercia cargo no alto escalão do Sindicato dos Bancários. Fora de sua lavra a ideia de criar um Departamento Popular, uma rudimentar diretoria de marketing. Convidado em primeira mão, Baby Bocaiuva, por sua vez, ficou com a superintendência financeira e administrativa. Além da bela figura, o rapaz de 28 anos e sem nenhuma experiência no ramo servia ao expediente já adotado em *Diretrizes*: sobrenomes poderosos como blindagem. Bem sabia Samuel que cedo ou tarde iria precisar dele.

Na leva de primeiros contratados pela *Última Hora*, estavam praticamente todos os Rodrigues. Só faltava o mais velho dos irmãos, Mário Filho, então dono do seu próprio jornal, o *Jornal dos Sports*. Do *Globo*, Samuel tirou Augustinho, para comandar a editoria de esportes. Este levou consigo Paulinho, como repórter, e Nelson, como redator. A essa altura, Nelson Rodrigues já era Nelson Rodrigues, com cinco peças montadas. Entre elas, o sucesso de 1943 do Theatro Municipal, *Vestido de noiva*. Desempregado e coberto de vaias e dívidas, a bem da verdade, o filho mais famoso do falecido Mário Rodrigues andava por baixo. O último emprego havia sido no *Globo*, mas fazia algum tempo que não entrava nem um tostão. Nos meses que se seguiriam, a lista de Rodrigues na redação da *Última Hora* iria crescer, com a contratação das irmãs para o suplemento feminino: Elsinha, Dulcinha, Irene e Stella.

Ao recordar os dias eufóricos, Nelson escreveria:

Samuel. Samuel. Num instante, todas as varandas da memória se debruçam sobre a *Última Hora*, não a atual, da praça da Bandeira, mas a suntuária, da Presidente Vargas. Por fora, [o prédio] era um soco visual no transeunte. Quem passava pela praça Onze, a pé, de ônibus, lotação ou bonde, tomava um susto. Aquele colosso agredia e humilhava o resto da paisagem.

Sobre o novo patrão:

Eu não entrava no gabinete do Samuel sem uma certa dispneia emocional. Lá dentro, havia um décor lúgubre. Sim, a única coisa que faltava [...] era uma cascata artificial, com filhote de jacaré. [...] Vinha ele de experiências jornalísticas bem mais modestas. Milhares de vezes fora um pobre ser sem um tostão no bolso. E agora, no palácio da Presidente Vargas, era o ex-pobre-diabo, o ex-Raskolnikov.

Dois nomes prováveis ficaram de fora do expediente: Moacir Werneck de Castro e Joel Silveira. O primeiro não gostava de Getúlio e, convidado, preferira permanecer onde estava, no jornal *Imprensa Popular*. O segundo, que não foi chamado, indicara o irmão, Paulo Silveira, o qual sentou na cadeira de chefe de reportagem. Desde o fim de *Diretrizes*, Joel vinha cutucando Samuel com vara curta. Os desentendimentos começaram quando ele, com fama de encrenqueiro, brigara com Bluma por ter exigido uma máquina de escrever como pagamento pelos salários atrasados. Agora não podiam ser considerados inimigos, mas amigos circunstanciais, ora de bem, ora de mal. Colunista do *Diario de Noticias*,

Joel tinha escrito um artigo ferino contra o antigo patrão, intitulado "Pingue-pon-gue", atribuindo a Wainer a qualidade da bolinha, ora de um lado, ora de outro.

Também integraram o time da *Última Hora* estrelas como Edmar Morel, Marques Rebelo, Medeiros Lima, Carlos de Laet, Josimar Moreira de Melo e até o colunista social Maneco Muller, numa inusitada coluna de política, assinando M. Bernardez M. Para compor a editoria de arte, ressurgiu o antigo colaborador de *Diretrizes*, Antônio Nássara: "Eu sou fundador [...]. Estava desempregado e encontrei com o Chico Barbosa na rua: Nássara, vem cá! Olha, vai abrir um grande jornal. É do Samuel. Aparece lá, na praça Onze", recordaria o autor do já clássico "Allah-lá-ô", que ganhara de Millôr Fernandes, outro gênio do traço, o título de inventor do Rio de Janeiro. Conforme lembraria Augusto Rodrigues, principalmente para o pessoal da arte, amontoaram-se dias que viravam noite, sem que ninguém pudesse arredar o pé da redação:

> A gente entrava pela noite, varava madrugada. Queríamos fazer algo muito diferen-te do comum. Não era fazer um jornal, era criar alguma coisa nova. Trabalhávamos com entusiasmo, intenso prazer. [...] Samuel trocava com frequência os redatores de uma área para a outra. Só mesmo Samuel descobriria em Otto Lara Resende um humorista. [...] Deu-lhe uma página de humor.

Era mesmo preciso se destacar. Se havia uma coisa que não faltava no Rio de Janeiro dos anos 1950 era jornal: eram 22, entre matutinos e vespertinos. Em São Paulo, doze matutinos e dez vespertinos. Qualquer reles diário, como a *Luta Democrática* ou *O Mundo*, vendia mais de 30 mil exemplares. Na capital, o *Correio da Manhã* emplacava 72 mil em dias úteis e 118 mil aos domingos. O *Diario Carioca*, 40 mil e 50 mil. *O Jornal*, 60 mil e 130 mil. *O Globo*, 110 mil e 135 mil. Em São Paulo, *O Estado de S. Paulo* fechava 90 mil e 140 mil, e a *Folha da Manhã*, 70 mil de segunda a sábado e, aos domingos, 104 mil. Apesar dos números, a imprensa brasileira parecia ter estacionado na Revolução de 1930. Os quinze anos de ditadura tinham impedido a modernização das publicações, que não conheciam nem a palavra "diagramação". Para ler uma reportagem completa, era preciso percorrer a edi-ção, virando as páginas, em busca dos pedaços esquartejados do texto. As capas dos principais jornais, como o *Correio da Manhã* e o *Estado de S. Paulo*, traziam as notícias internacionais. Em suma: uma imprensa velha, com complexo de vira-lata, a doença da autoestima nacional, diagnosticada por Nelson Rodrigues.

No país inteiro, um único jornal já fizera sua revolução: o *Diario Carioca*. Ali mesmo, naquela redação de estúdio de cinema, o diário de José Eduardo de Macedo Soares introduzira nas suas páginas dois pilares do jornalismo moderno. Primeiro, o copidesque, com a função de uniformizar os textos. A partir daí, ninguém mais podia bancar o literato. Notícia era notícia — e quem quisesse fazer literatura que fosse procurar o José Olympio. Além da figura do "idiota da objetividade", como Nelson Rodrigues apelidou o copidesque, o *Diario Carioca* adotara o *lead*, entregando ao leitor, logo na abertura das reportagens, as respostas para as cinco perguntas básicas de toda notícia: "O quê? Quando? Onde? Como? Por quê?". Fora o extermínio do chamado "nariz de cera", jargão jornalístico para o ato de encher linguiça.

A missão da *Última Hora* era fazer a segunda revolução — ou a revolução estética. O *Diario Carioca* mudara a forma de ler jornal, a *Última Hora* queria alterar o olhar dos leitores. Fossem contados os anos, a imprensa no Brasil havia começado a se industrializar não fazia nem meio século, com a importação das primeiras rotativas. A década que se iniciava, os dourados 1950, seria luminosa também para o jornalismo nacional, com o amadurecimento da técnica e, claro, da publicidade.

"Vou dar-lhe a cor dos seus olhos", disse Guevara, ao apresentar a Samuel o logotipo do jornal. Só dois diários no país usavam a cor: *A Vanguarda*, do Rio, e *A Gazeta*, de São Paulo. Ele nem mesmo sabia dessa capacidade da velha rotativa do *Diario Carioca* — a nova, importada dos Estados Unidos, ainda demoraria a chegar. Da mente engenhosa de João Etcheverry, que se transformaria num dos principais responsáveis pelo sucesso popular da *Última Hora*, saiu o slogan: "Um jornal vibrante, uma arma do povo". Augusto Rodrigues ganhou o prêmio em dinheiro pelo melhor título de coluna: "Na hora H". Samuel teve a ideia da coluna "O dia do presidente", que cobriria, como nenhum jornal jamais fizera, as trivialidades do Catete, entregando-a ao repórter Luís Costa. Guevara desenhou um jornal de dezesseis páginas. Na diagramação, predominava o sentido vertical, com as matérias distribuídas em uma, duas, três e quatro colunas, modificando o padrão tradicional de paginação. Na primeira página, a manchete ocupava todas as oito colunas, com apenas duas palavras. Aliás, títulos de duas palavras iriam se tornar um desafio e tanto para os redatores. Abaixo da manchete, uma grande fotografia, em seis colunas. Cabia ao logotipo, em que o azul se destacava sob as letras vazadas, gritar ao leitor: *Última Hora*.

O projeto gráfico inventou moda. Entre os acertos, estava o pulso de transportar para a capa de segunda-feira o futebol. Os jornalões nem mesmo cobriam os jogos, mais preocupados com as notícias de Nova York, Paris e Londres. A *Última Hora* não só os cobriria, como inauguraria a reprodução das sequências fotográficas dos principais lances. *Frame a frame*, o leitor saborearia o gol do seu time. É bem provável que Samuel tenha investido mais no departamento de fotografia do que no resto do jornal inteiro. No primeiro andar, montou um laboratório da melhor qualidade, comparado aos de jornais internacionais. Além disso, importou as mais modernas câmeras e lentes do mercado. A propósito, a única economia que fez em todo o processo aconteceu sem planejamento, com a implantação da diagramação. O sistema em voga implicava grande desperdício de mão de obra e material. Como matérias, títulos e clichês eram marcados sem cálculo algum, na base da experiência apenas, milhares de linhas de composição e centenas de centímetros de clichês perdiam-se. Para o lixo, iam chumbo, estanho, antimônio, zinco, bem como preparados químicos importados. Acabando com o caos na oficina, a *Última Hora* reduziu o custo de impressão.

A *Última Hora* também ressuscitou a caricatura como crítica política, no traço de Nássara e Augusto Rodrigues. Estrela em outra época, a charge havia perdido o prestígio que tivera até a década de 1930. Desgastada por tanto tempo de censura, caíra no ostracismo: de acordo com Augusto Rodrigues, a *Última Hora* se propunha a renovar, a ser um jornal movimentado, graficamente vivo. Portanto, a caricatura virou estrela das páginas. Começaria com charges isoladas e, logo, o jornal passou a publicar uma página inteira a cada semana. Samuel decidiu que as caricaturas deviam ser quentes, sobre os assuntos do dia, o que obrigaria os artistas a desenhar diretamente na chapa, com estilete. Outro investimento foram as histórias em quadrinhos de autores nacionais e com temas brasileiros, já que *O Globo* detinha a exclusividade dos melhores autores de HQs norte-americanos. Para o primeiro número, surgiu a ideia de transformar as leis trabalhistas em HQs, o que não vingou, dado o vulto da tarefa.

Num daqueles dias criativos, Samuel chamou Nelson Rodrigues à sua sala. De suspensório, com o cigarro no canto da boca, este já havia se transformado na estrela da redação. Tinha mania de conversar escorando-se no ombro do interlocutor. Se havia alguém na roda que nunca lhe vira mais gordo, soprava:

"Diz que eu sou o Nelson Rodrigues". Pois bem: o chefe queria saber se o grande dramaturgo toparia se aventurar numa matéria especial de polícia. Nelson pigarreou, diante do argumento de que *Crime e castigo*, de Dostoiévski, não passava de uma reportagem policial. Para Samuel, dar tratamento literário à cobertura de polícia era a forma de firmar a *Última Hora* como jornal popular — e não populáresco. Na verdade, além de Nelson, escalou os melhores da casa para o front do crime, como o perdigueiro Edmar Morel. Na primeira edição, que logo chegaria às bancas, lá estaria Nelson, assinando a série intitulada "No cemitério das mulheres vivas", realizada no presídio feminino.

Para João Etcheverry, porém, encher as páginas de gols e crimes não bastava. "O povo quer ser ouvido, Samuca", costumava repetir diuturnamente. Apesar do aparente refinamento, o europeu tinha experiência com o proletariado, amealhada nos anos de sindicato. A fim de estabelecer um canal direto com os bairros mais distantes, mandou instalar urnas azuis em todas as principais estações de trem e bonde da cidade. Problemas com a Light? Atrasos nos trens da Central? Buraco na rua? Fila no hospital? A *Última Hora* seria a voz da população. Em caso de urgência, era só chamar a patrulha *Última Hora*, pelo telefone 43-2936. A essa altura, Etcheverry já havia pichado os muros do Rio de Janeiro com as frases "*Última Hora*: informa, defende, combate e constrói" ou "Na hora H, *Última Hora*". Certo dia, esperando o bonde na praia do Flamengo, resolveu atravessar a rua e adentrar o edifício em construção, de 24 andares, que seria destinado à sede do Clube de Regatas do Flamengo. Como ainda não tinha elevador, pegou carona no jaú. Ao atingir o último andar, só havia uma pinguela para levá-lo à borda do precipício. Melhor só no Cristo Redentor. No topo do edifício, desenrolou uma faixa de proporções gigantescas anunciando a chegada da *Última Hora*. A data do lançamento estava marcada: 12 de junho de 1951.

Bluma via que estava morrendo, a dor não lhe dava trégua. Enquanto a vida de Samuel pulsava, a dela se esvaía. Com todas as despesas custeadas por ele, ela partiu para os Estados Unidos, ao encontro da última chance, no Columbus Hospital, referência no tratamento de câncer, na cidade de Columbus, Ohio. Sem fé, a contragosto, apenas atendendo às súplicas da família. Tanto era assim que, nas semanas anteriores à partida, ocupara-se com altivez da tarefa de desenhar a própria sepultura. Aos amigos artistas, como Ceschiatti ou Scliar, pediu ajuda com a lápide. Inclusive deixou pago o enterro no Cemitério Israelita de Vila Rosali, em São João de Meriti. O namorado José Guilherme e a cunhada Noia Chafir embarcaram com ela. Nas páginas do diário, um caderno de capa verde, ia registrando tudo, toda a agudez do sofrimento. Ao transpor para as páginas a aflição, tentava manter a lucidez.

> Little excited. Couldn't rest in the afternoon. Took 1 Porto wine. Gone to bed very late.
> 3:30 PM: I had a Cessatil. The neuralgic pain in the legs is terrible. I can't move the legs. Painfull in the junction of the legs and the body. Cough.
> Now it's 2:20 AM. Five minutes ago, I took a Cessatil. The pains are coming back. The legs, the kidneys... I can't stand-it.*

De uma hora para outra, mudava de língua, passando a escrever em português: "Zé Guilherme tem sido de uma dedicação sem qualificativo. Seu carinho, sua presença me tem feito muito bem. Mas por que há de esse rapaz passar por isso? É uma injustiça. [...] Se ao menos eu conseguisse uma droga qualquer que controlasse as dores e o mal-estar [...] iria passear com ele".

Num caderno inteiro, em que anotou religiosamente todos os acontecimentos dos seus dias e as reflexões acerca das relações com os seus, Bluma não tocou no nome de Samuel. Não fez nem mesmo uma referência incluindo-o em passagens corriqueiras da vida. Como se o homem com quem partilhara tanto jamais tivesse existido. Durante a doença, ele aparecera com frequência na cobertura de Copacabana. Mas subsistia o abismo entre os dois, intransponível. Ao ditar as memórias para a jornalista Marta Góes, quase três décadas depois, Samuel também eliminaria Bluma da biografia, referindo-se a ela como um casamento passageiro. Orgulho ferido? Amor demais? Talvez. Nunca fora homem de rancores eternos. Ao contrário, conhecia bem a alma humana para se importar. Só Bluma não mereceu perdão. "Tinha amargura da Bluma. Falou alguma vezes que ela era uma mulher odiosa", contaria Marta.

---

* Em tradução livre: "Um pouco animada. Não consegui descansar à tarde. Tomei 1 cálice de vinho do Porto. Fui para a cama muito tarde. 3:30 da tarde: Tomei um Cessatil. A nevralgia nas pernas é terrível. Não consigo mexê-las. Muita dor na articulação das pernas com o corpo. Tosse. Agora são 2:20 da manhã. Tomei um Cessatil há cinco minutos. As dores estão voltando. As pernas, os rins... não estou suportando".

★ ★ ★

Na hora H, Samuel assistiu à derrota: a rotativa pifou. Desde bem cedo naquele glorioso 12 de junho de 1951, a velha Duplex do *Diario Carioca* já claudicava. Aos trancos, seguia engasgando. "A certa altura, ainda pela manhã, a máquina funcionou e rodou o primeiro exemplar da *Última Hora*. Muito emocionado, tive um acesso de choro", lembraria ele. Para que o vespertino chegasse às bancas junto com os demais, era preciso rodar pelo menos parte dos 80 mil exemplares até o meio-dia. Às três da tarde, os gráficos ainda pelejavam. Tanto barulho por nada. Na noite anterior, Etcheverry havia conseguido que todos os teatros da cidade reservassem um minuto do espetáculo para anunciar o nascimento do jornal. Decidira-se que os exemplares seriam entregues direto nas bancas, diferentemente do que costumava ocorrer, ou seja, os jornaleiros é que retiravam os diários nas gráficas. Para aumentar a expectativa, na aurora do grande dia, as caminhonetes da *Última Hora* tinham desfilado pela Rio Branco e avenida Atlântica, com números salteados colados à lataria, dando a impressão de uma senhora frota. Na verdade, oito veículos, não os mais de quarenta que a numeração aplicada — 36 a 42 — queria fazer crer.

Mais ou menos metade da gorda tiragem acabara chegando aos pontos de venda da Zona Sul a tempo, por volta das cinco horas. O restante, como ficara tarde, foi distribuído na saída de um jogo no Maracanã. Na capa, uma carta de Getúlio:

> Prezado amigo Samuel Wainer. Venho agradecer-lhe a carta que me enviou e na qual me comunica o próximo lançamento de seu jornal *Última Hora*. Fazendo votos pelo completo êxito desse empreendimento, que há de constituir, por certo, um novo marco de progresso na imprensa brasileira, apraz-me dizer-lhe que muito espero de um jornalista do seu valor, sereno, inteligente, objetivo, sempre capaz de bem escolher os assuntos, expô-los com clareza, simplicidade e elegância, sentindo o que diz e sabendo dizer o que sente [...].

Para Samuel, conforme justificaria nas memórias, aquela missiva, longa, ocupando uma coluna inteira na primeira página, não tinha outra função senão deixar claro que a *Última Hora* era o que aparentava ser: um jornal getulista.

Nos Estados Unidos, por exemplo, um leitor do *New York Times* sabe que o jornal em geral se alinha com as teses do Partido Democrata, da mesma forma que um leitor inglês tem consciência de que determinadas publicações refletem os pontos de vista do Partido Trabalhista [...]. Os leitores não são ludibriados. No Brasil é diferente. Por trás da aparente independência que ostentam, já que não são ligados a partidos, os jornais são o que seus donos desejam que sejam. A *Última Hora* representaria uma exceção a essa regra, na medida em que pretendia transformar-se na expressão do getulismo. Evidentemente, eu influiria na linha do jornal, mas ele não obedeceria exclusivamente a meus interesses, impulsos, ódios e amores, como acontecia, por exemplo, com o *Correio da Manhã*.

A manchete do dia foi dedicada à catástrofe na Central do Brasil, com o desmoronamento do telhado do prédio: "Nova tragédia" era o título, seguindo o padrão das duas palavras estabelecido por Guevara. A edição trouxe uma entrevista de Francisco de Assis Barbosa com o general Canrobert Pereira, em que este declarava: "Hoje é o povo quem governa". Segundo a "Coluna da *Última Hora*", assinada por Samuel Wainer, entrevistas como aquela, nas quais personalidades da vida pública analisariam o governo Vargas, iriam se repetir nos números seguintes. Uma fórmula para falar bem de Getúlio pela boca dos outros. O DNA popular estava na matéria principal: uma blitz nos mercados para fiscalizar balanças, denunciando os vendedores que roubavam no peso, "O povo à mercê dos exploradores". Ou, de acordo com a reportagem, "os segredos da arte de furtar nas barbas do freguês". Na seção de esporte, Augustinho Rodrigues fez um check-up do caso Heleno de Freitas, jogando no Junior Barranquilla, o craque do Botafogo, que havia sido vendido ao Boca Juniors, da Argentina, na maior transação do futebol brasileiro até então. O jogador já apresentava sinais da sífilis, que o levaria ao manicômio em Minas Gerais. Por seu turno, Nelson Rodrigues soltou a verve nas páginas policiais. No primeiro texto da série na penitenciária feminina de Bangu, entrevistou Dinaura Amorim Cruz, a assassina da ilha do Governador, comparsa do amante que partira o seu marido ao meio com uma picareta.

Das muitas colunas, entre elas "Cinema", de Vinicius de Moraes, e "Teatro", de Marques Rebelo, destacou-se "Na hora H", assinada por M. Bernardez M. — ou Manuel Bernardez Muller. Falando de políticos e politicagem, ele transportou para a página 2 o expediente que usava com "as dez mais elegantes". No fundo, o que todo mundo queria era holofote. Todo dia ia tirar o chapéu para um homem da nação que se notabilizasse por algo digno do gesto. Em pouco tempo, seria o quadradinho mais disputado da imprensa. Dono do pseudônimo Jacinto de Thormes, uma celebridade em si, Maneco Muller só passaria a assinar assim na *Última Hora* muito tempo depois. Então, ele se dedicaria a zombar dos poderosos: "O sr. Pedro Calmon é de opinião que os murais do Ministério da Educação, pintados pelo sr. Cândido Portinari, estão colocados na casa errada. Não seria melhor que o fumo, o café, o açúcar e o cacau estivessem no Ministério da Agricultura?".

A coluna "O dia do presidente" foi logo de saída um marco: "Como trabalha o presidente da República? Quais os fatos marcantes de sua atividade diária? Como vive o Palácio do Catete, fora da rotina administrativa? Como distinguir entre Vargas, o homem, e Vargas, o chefe do governo?". Não demoraria para todos os jornais cariocas copiarem a ideia, já que os leitores tinham que comprar a *Última Hora* para saber como andava Getúlio. O noticiário internacional também lançou moda: o *over reporter* — ou correspondente itinerante, que seria deslocado de um país para outro da Europa. Samuel contratou o jornalista Justino Martins, a quem conhecera em Paris. O jornal trouxe ainda colunas internacionais: "De Moscou" e "De Nova York", e "Resenha em 3 minutos", com notas colhidas na imprensa estrangeira.

Nas primeiras semanas, a *Última Hora* vendeu pouco, muito pouco, chegando a 10 mil exemplares num dia, 15 mil no outro, longe da meta de 80 mil de tiragem. O que fazer? A posição do jornal não podia ser mais difícil. Não se tinha notícia na história de um diário incondicionalmente governista que triunfara. Os grandes diários mantinham as aparências, embora, assim como Samuel, estivessem atrelados à roda do poder. Não existia fórmula, ele teria que inventar. Em linhas gerais, sua publicação jamais poderia falar mal de Getúlio. Isso ficou claro para todos os subordinados. O homem era intocável. Porém, quando houvesse algo a criticar, que contrariasse a linha trabalhista da *Última Hora*, quem quisesse, podia ir contra o governo. Obviamente, Vargas seria consultado previamente. Ou seja: essa tênue linha conferiria ao diário o mínimo de dignidade. Não seria possível vender um jornal completamente chapa-branca. A bem da verdade, o trabalhismo e o nacionalismo se expressariam mais nas pautas do que na louvação à figura do ex-ditador. Pela primeira vez, um grande jornal abriu, por exemplo, espaço para uma coluna sindical, rotativa entre os presidentes dos principais sindicatos.

"Foram dias de enorme aflição. Eu passava dias e noites na redação, dormia lá, almoçava lá, jantava lá. Tinha medo de perder o apoio de Getúlio", diria Samuel, ao recordar o duro parto. "Mais tarde, eu aprenderia que os grandes jornais sempre têm uma infância difícil, complicada. Naquele momento, porém, eu suspeitava de que caminhávamos para o fracasso irremediável."

Por aqueles dias difíceis, Carlos Lacerda deu o grito, abrindo guerra contra Samuel. Como não era bobo, este logo percebeu a artimanha. A *Última Hora* seria getulista, mas daria tintas jornalísticas à cobertura política. Tanto que não se intimidou ao publicar uma reportagem levantando lebres sobre o comportamento ostensivo de Gregório Fortunato. De acordo com a matéria, para chegar ao presidente, os pretendentes pagavam pedágio na sala do chefe da guarda, com agrados e favores. De acordo com Lacerda, "o aventureiro Wainer" queria com isso, além de parecer independente, faturar, "ameaçando-os com as intrigas palacianas que envolvem desde o sr. Lourival Fontes até o sr. Gregório, expondo publicamente como péssimos auxiliares do sr. Vargas todos aqueles que não deem dinheiro a ele e sua malta". Não passava de "um panfletário a favor", "um herói da adulação", "um cavaleiro andante da infâmia".

Sem mencionar o Pacto Teuto-Russo, Lacerda desceu a lenha, ofício no qual era exímio como poucos:

> É um veterano da traição, desde os tempos em que o seu mensário *Diretrizes* recebia dinheiro da embaixada alemã, em plena guerra. O sr. Wainer não fez um jornal. Montou um alcouce. Quanto mais difícil for a vida dos jornais que podem dizer de onde provêm os seus recursos, mais prosperará o seu balcão, onde o sr. Wainer proporciona encontros do sr. Jafet com o povo.

"Seu Samuel, o jornal está começando a ficar vitorioso. Jornal que passa dos 15 mil exemplares virou macho", disse-lhe Raimundo Português, o chefe da oficina, numa manhã de meados de agosto, quando a *Última Hora* bateu 18 mil exemplares. Raimundo Português era um craque. Confesso anarquista, tuberculoso como ele, assistira ao começo e ao fim de muitos diários da capital. Se estava dizendo, então o pior passara. Havia semanas Samuel não pregava os olhos, cada vez mais agoniado. Prometera a Getúlio um jornal de massas e, até aquela altura, entregara um jornal de bairro. Mais uma vez, fora Etcheverry o salvador.

Em meio ao naufrágio, adentrou sua sala para apresentar um sujeito esquisito, halterofilista e funcionário do Ministério da Agricultura, chamado Renato Correia de Castro. Baixinho e troncudo, o rapaz aparecera na redação pedindo um bico. Etcheverry pusera-o para atender o telefone e anotar as reclamações. Após alguns dias de teste, *voilà!*, havia encontrado o homem certo para falar com o povo. Aliás, "Fala o povo", que nome para uma coluna do consumidor! O texto de Renato não podia ser mais engraçado. "Ke koisa!" — e variações — era o seu bordão, para se indignar com o sofrimento da plebe. Como pseudônimo escolheu Marijô, tirado das iniciais das duas namoradas, Maria e Josefa. O povo correu às bancas para ler Marijô.

> Parece até realejo, minha gente! Todo dia a gente recebe a queixa: no conjunto do Iapi, em Bangu, até hoje a luz não foi ligada! [...] Kidiabo!

Nos dias e semanas que se sucederam, a tiragem da *Última Hora* foi crescendo vertiginosamente. Em menos de um ano, bateria 120 mil exemplares. Além do visual — embora não fosse um jornal bonito, era um jornal dinâmico, enfeitado ao gosto do povão, com a pincelada do requinte de Guevara —, inovou ao trazer o leitor para dentro da redação. A imprensa de então vivia encastelada, falando sozinha. *Última Hora* lançou, por exemplo, o concurso Rainha da Primavera, buscando, tanto nos subúrbios como na Zona Sul, as mais belas. As moças posavam de duas-peças na primeira página. Também introduziu os brindes, como geladeiras, fogões e vitrolas, entregues aos leitores em sorteios semanais. Outra coluna que garantiu o sucesso, "Na ronda das ruas", trazia casos policiais. Pela primeira vez, um jornal publicou numa capa de jornal uma foto em cores de um time de futebol, o Fluminense.

Assim como *Diretrizes*, a *Última Hora* investiu, obviamente, em reportagens, trazendo para o debate o viés progressista. Uma delas, a respeito do Colégio Santa Marcelina, um dos mais tradicionais do Rio de Janeiro, causou furor. Segundo o repórter Edmar Morel: "Esta escola é racista — A suntuosa fachada do Santa Marcelina, o colégio que não aceita menina de cor". Outra reportagem que levantou discussão, esta assinada por Nelson Rodrigues e intitulada "Os mendigos da pátria", discorria sobre a miséria dos pracinhas da FEB: "Fome pior que a guerra". Numa sociedade conservadora, iniciou campanha feroz, que se alongaria por meses, em defesa do divórcio. Entrevistado por Francisco Barbosa, o agora deputado Lutero Vargas, filho de Getúlio, declarou-se a favor. A fala do filho do presidente rendeu um debate com a Igreja, fazendo a tiragem do jornal sorrir. Durante semanas seguidas a *Última Hora* lançou sucessivas reportagens sobre o assunto no mundo: "A experiência de todos os povos recomenda o divórcio"; "Divórcio, necessidade da própria instituição do casamento"; "Cheio de bígamos o Brasil".

No noticiário político, *Última Hora* adotou a estranha fórmula do getulismo sem governismo. Ao mesmo tempo que enaltecia os projetos caros ao presidente, como o aumento dos impostos para as classes altas, o aumento do salário mínimo e a nacionalização do petróleo, desencadeou campanha contra o ministro do Trabalho, Danton Coelho. Segundo a publicação, este ia mais ao Jockey Club do que ao Catete. Em setembro, Danton Coelho cairia, sendo substituído por um nome ventilado pelo jornal, José de Segadas Viana. Certamente, Samuel não atacaria um ministro sem que Getúlio soubesse de antemão. No caso de Danton Coelho, ele teria avisado ao presidente que os sindicalistas não estavam satisfeitos e cabia ao jornal trabalhista fritar o homem. Vargas não discordou. A *Última Hora* pôs a boca no mundo. De acordo com o jornal, terminados quase cinco meses do novo governo, a pergunta que a classe trabalhadora mais se faria era a respeito do sumiço do ministro do Trabalho.

Não era incomum Samuel ir buscar a aprovação de uma pauta no Catete. Quando morreu Epitácio Pessoa Filho, amigo pessoal de Getúlio, Wainer lhe contou um segredo: a causa da morte podia ser envenenamento, conforme o Instituto Médico Legal, que ainda não divulgara o laudo. Recebeu o aval para publicar, na edição de 28 de agosto daquele 1951: "O Nembutal acelerou a morte de Epitacinho".

Presidente, boa noite

Acabo de receber um vasto "pito" do Lourival. Mas, o estrilo é imerecido. Os assuntos de que tratamos sábado — tribunais populares e a Ordem dos Advogados, equilíbrio orçamentário e o Congresso, ofensiva dos tubarões contra a CCP — estão sendo preparados e deverão começar a ser publicados quarta-feira. Asseguro-lhe que o senhor terá boa surpresa, pelo menos melhor do que a dos tubarões... Por outro lado, o jornal que o senhor viu hoje pela manhã é a edição esportiva de segunda-feira. Na edição da tarde — chamo a atenção do senhor para a entrevista do Garcez — a impressão já deve ter melhorado. De qualquer forma confesso ao senhor que estou impressionado com a rigidez de meu "redator-chefe". O senhor não está tão fora de forma como diz... E se isto vai me roubar algumas horas de sono, muito mais sono vai roubar de meus redatores.

Abraça-o afetuosamente o profeta fracassado

Ao sentar-se à sua mesa, após um fechamento exaustivo, Samuel redigiu o choroso bilhete a Getúlio. Praticamente todo dia se comunicava com o presidente: ora o visitava, ora recebia ordens por escrito. O comando da *Última Hora* parecia funcionar, de fato, no Catete. Seu velho conhecido Lourival Fontes, agora na chefia de gabinete, não o tolerava, aproveitando-se de qualquer deslize para ir esculpindo sua caveira junto a Vargas. Este, por seu turno, demonstrava em missivas cotidianas acompanhar de perto o jornal que, afinal, pagara caro para ter a seu lado, abrindo tão generosamente as portas do Banco do Brasil, além de emprestar o prestígio para que Samuel rodasse o chapéu entre os "tubarões". "Dizer ao Wainer que o número do jornal dele, que li hoje, só tratava de esporte", escrevera, sobre o desgosto com a edição de segunda-feira. De outra feita, reclamou:

A *Última Hora* de hoje está boa. Mas na coluna "O dia do presidente" tem uma notícia inverídica. Diz lá que o Ademar convidou-se para vir almoçar no Catete. Não é exato, ele foi convidado. O fato não tem muita importância, pode ser levado à conta de blague. Referindo-se, porém, às coisas passadas junto a mim, pode dar a aparência de hostilidade da minha parte. E isso não é verdadeiro, nem conveniente.

Até na escala de repórter Getúlio dava palpite: "Não será o caso do Paulo Silveira [redator da *Última Hora*] começar o trabalho, desmascarando os dois velhos veados metidos a conspiradores? Estranhei a nota do *Correio da Manhã*. Provavelmente, eles confundem a verdade com más intenções de que estão possuídos".

Como a tiragem da *Última Hora* subia sem parar, Samuel logo sentiu o bafo quente da inveja. No mesmo ritmo do sucesso, galopava a hostilidade contra ele. Sua chegada ao clube dos barões de imprensa não estava sendo nada suave. Nem sequer às reuniões do Sindicato dos Proprietários de Jornais e Revistas se arriscava a comparecer, mandando Etcheverry ou Baby Bocaiuva em seu lugar. Primeiro — e sobretudo —, havia a questão dos salários dos repórteres e editores.

Pagando três vezes mais, provocara o que Carlos Lacerda chamava de "dumping". Os inimigos de ocasião acusavam-no de favorecimento, sentados sobre empresas financiadas em sua maioria por sucessivos governos. Entre os mais ardorosos estava, por exemplo, Assis Chateaubriand, a quem Getúlio tanto dera a mão. Até Roberto Marinho, para quem Wainer trabalhara e com quem mantinha relação cordial, deixara de cumprimentá-lo nos eventos em que se cruzavam, muitas vezes na residência de Walter Moreira Salles.

Samuel diria, ao se referir ao poder de barão feudal do dono do *Correio da Manhã*:

> Quando ainda era repórter dos Diários Associados, eu frequentava a casa de Paulo Bittencourt. Em março de 1951, estávamos em sua casa quando ele soube que eu pretendia fundar o jornal. Lembro-me de que, nessa conversa, Paulo foi sarcástico, irônico, mas ainda assim tive a impressão de que ele não me hostilizaria. Enganei-me.

Em setembro, o caldo entornou. Munido de informação privilegiada, Wainer deu o golpe do papel nos colegas. Nas primeiras semanas da *Última Hora*, comprara o material no mercado negro, aguardando a oficialização de sua cota. Até que recebeu de João Alberto, agora diretor da Comissão Nacional de Assistência Técnica, responsável pelos interesses comerciais do governo brasileiro no exterior, uma dica preciosa. Em viagem ao Canadá, para a Conferência de Matérias-Primas, o "tenente" entrara em contato com uma firma canadense com sede no Panamá, disposta a negociar papel por preço muito inferior ao praticado pelos escandinavos, que então vendiam para o Brasil, desde que o interessado assinasse um contrato de cinco anos, com garantia bancária. Para Samuel, não seria difícil conseguir uma. Os demais jornais pagavam 6,50 cruzeiros o quilo. Ele pagaria quatro cruzeiros. Assinou contrato de 5 milhões de dólares, 1 milhão por ano. E só depois foi atrás do dinheiro.

Ricardo Jafet não lhe faltou. Nessa jogada, o Banco do Brasil se tornava seu avalista numa transação milionária. Nunca se soube se Getúlio tomou conhecimento do vulto da empreitada. Provavelmente sim, uma vez que Jafet era homem de sua confiança. Não se tratava exatamente de uma operação ilegal, mas de uma operação de risco, diante das garantias apresentadas pelo cliente. Os concorrentes souberam da patuscada pela *Tribuna da Imprensa*, que estamparia na capa do jornal, em março de 1952, cópia de uma carta assinada pelo presidente do BB, endereçada à firma canadense The Atlanta Corporation, com sede na Cidade do Panamá, afirmando que ficava estabelecido que os embarques de papel tratados em contrato seriam sempre feitos em nome e à ordem do banco.

Lacerda denunciou, em sua coluna na *Tribuna*:

> Na carta de garantia oferecida pelo Banco do Brasil à *Última Hora*, ficou estipulado que o papel será importado pelo Banco do Brasil. A lei que isenta de direitos aduaneiros o papel importado para impressão de jornais e revistas estabelece, taxativamente, que a importação tem de ser feita pelos próprios jornais e revistas [...]. Um banco, portanto, não pode importar papel de imprensa com isenção de direito.

No fim das contas, sem querer, a tramoia de Samuel acabaria beneficiando todos os jornais. Pressionado pela grita, Jafet se veria obrigado a abrir linhas tão generosas de crédito à imprensa inteira. Exceto para a *Tribuna da Imprensa*, conforme Lacerda escreveu em sua coluna:

> O sr. Lourival Fontes, em companhia do aventureiro Wainer, fez sentir que devia ser imposta à *Tribuna da Imprensa* uma condição para que a garantia bancária nos pudesse ser dada [...]. Essa condição, segundo ficou bem claro num almoço no Jóquei Clube, foi a de que a *Tribuna* criticasse à vontade todos os auxiliares do governo mas "poupasse o dr. Getúlio". O diretor da *Tribuna da Imprensa* telefonou, então, ao "embaixador" Lourival Fontes e disse-lhe o que essa manobra vem a ser em bom português. O sr. Fontes, como de costume, negou de pés juntos o fato, não sem jogar no fogo seu parceiro Wainer, pois reconheceu que este, sim, havia tramado a manobra enquanto ele, Fontes, se limitara a ficar calado.

Em 27 de outubro, Samuel recebeu a notícia: Bluma estava morta. Após os meses nos Estados Unidos, voltara desenganada. Que sentimentos o atravessaram? O casamento com Isa de Sá Reis, agora Isa Wainer, ia bem, ao menos nas colunas sociais. O casal aparecia ora no Vogue, ora abrindo o apartamento de Laranjeiras para convidados ilustres, como Elisinha e Walter Moreira Salles. Acompanhado da mulher, ele foi ao sepultamento no Cemitério de Vila Rosali, em São João de Meriti. O que diria Bluma sobre sua nova vida, essa nova encarnação? Bem sabia: ela reviraria os olhos, com a expressão de desdém que o tirava do sério, e lhe passaria sermões. Depois, comunicaria que iria flanar em Paris, com os intelectuais que sempre se acercavam dela. Talvez Isa fosse a esposa mais apropriada ao momento, mas, na verdade, estava tudo exatamente igual, com Samuel ausente, doando-se a tudo menos ao casamento.

Segundo o boato que correu no enterro, um segredo sabido só pelos amigos mais próximos, Bluma, exausta de dor, havia exigido do médico da família a eutanásia — no futuro, sua sobrinha Nema Chafir confirmaria a história, lembrando que o médico judeu que tratava da tia era muito apreciado na comunidade. Tinhosa, Bluma escolhera a sua hora.

Nas memórias, no único parágrafo dedicado à ex-mulher, Wainer comentaria:

> Era uma jovem bastante nervosa, nossa incompatibilidade de gênios era total. Mas sempre guardei de Bluma uma doce lembrança. Era uma mulher linda, extremamente generosa, de ótimo caráter, que dividiria comigo, durante um bom tempo, uma das experiências mais estimulantes de minha vida — o dia a dia da redação da revista *Diretrizes*.

Musa de uma geração de intelectuais, Bluma acabaria por ser eternizada pelo amante. Seis anos depois, em 1957, como já mencionado, Rubem Braga publicaria, no livro *A cidade e a roça*, a crônica intitulada "O gesso", conforme anunciaria à amiga em comum, Clarice Lispector: "Estava agora mesmo passando os olhos nele [o novo livro], e as crônicas, tão parecidas com as antigas, me deram a sensação de que sou um homem monótono, passo a vida inteira ruminando duas ou três coisas que houve — ou que não houve. A última crônica é sobre a nossa Bluma". Nas linhas apaixonadas, dirigia-se à cabeça esculpida por Ceschiatti, a qual jazia no seu "quintal aéreo", a legendária cobertura de Ipanema, no Edifício Barão de Gravatá, na rua Barão da Torre. A escultura lá permaneceria até a morte do cronista. "Quantas vezes vi esses olhos se rindo em plena luz ou brilhando suavemente na penumbra, olhando os meus. Agora olham por cima de mim ou através de mim, brancos, regressados com ela à sua substância de deusa."

A guerra começou. Ou seu prenúncio. Uma guerra que tomaria proporções inesperadas, lançando Samuel no olho do furacão da feroz campanha contra Getúlio. A ofensiva partiu da rua do Lavradio. Voltando de uma conferência anual da Associação Interamericana de Imprensa, que tivera lugar no Uruguai, Lacerda publicou na *Tribuna da Imprensa* a moção lida no plenário do encontro internacional, na qual conclamou a luta pela "imprensa livre", condenando "a exploração, por governos americanos, de jornais e revistas, através da publicidade comercial e oficial paga, bem como o financiamento de jornais com dinheiros públicos sem as garantias usuais". Na coluna de 20-1 de outubro, onze dias depois, escreveu uma "Carta ao presidente da República", sem citar nominalmente a *Última Hora*:

> Se todos os jornais estivessem padronizados por esse que se financia com os dinheiros públicos e as subvenções dos grupos econômicos interessados em fazer negócios no governo, v. excia. teria intervindo no Maranhão. Foi a imprensa independente que poupou a v. excia. esse erro de incalculáveis consequências para a Nação.

Da antiga praça Onze, varrida para a abertura da avenida Presidente Vargas, veio o revide. No dia 29 do mesmo mês, a *Última Hora* estampou a manchete provocativa — bravata que pagaria com juros: "O Congresso deve apurar e dizer ao povo quem manda nos jornais brasileiros". Num texto em que batia no peito e se colocava à disposição para que o seu jornal fosse o primeiro investigado, Samuel exigiu uma Comissão Parlamentar de Inquérito "em defesa da liberdade de imprensa, ameaçada no Brasil pela crescente dependência de certos jornais a grupos econômicos nacionais e estrangeiros". Conforme os critérios propostos pela *Última Hora*, a CPI seria composta de representantes de todos os partidos, que investigariam as contas de todos os órgãos de imprensa do país. Para embasar a ideia, lembrou a investigação que ocorrera na Inglaterra, a Royal Comission, presidida pelo procurador-geral da Coroa inglesa, Lord Shawcross. Aproveitou para lançar a sombra sobre a *Tribuna da Imprensa*, "um jornal, cujo principal orientador financeiro é precisamente um dos sócios da firma Momsen & Cia., escritório de advogados que defende os interesses dos maiores bancos estrangeiros em nosso país".

A equipe da *Última Hora* elaborou até um roteiro de perguntas para nortear a CPI:

Quem são os verdadeiros proprietários dos jornais brasileiros? [...] Qual a receita e qual a despesa de cada jornal? De onde provêm os fundos para a cobertura de seus déficits, se os há? [...] Qual o montante da publicidade? [...] Qual a receita em publicidade comercial e qual a receita da chamada publicidade indireta ou disfarçada? Quais as entidades estatais, paraestatais ou de qualquer forma ligadas ao governo, que contribuem com publicidade e subvenções para os jornais? Quais os jornais que as recebem e de que forma? Qual a tiragem de cada jornal? Onde e como circulam? A que partidos nacionais ou estrangeiros estão vinculados os jornais brasileiros?

No dia 31 de outubro, a *Tribuna* não só respondeu a todas as perguntas, preenchendo duas páginas do jornal, como nomeou os bois, com fotos dos personagens na capa:

Carlos Martins Pereira de Sousa: ex-embaixador em Washington, testa de ferro da empreitada de Wainer.

Lourival Fontes: pretendeu livrar-se dos incômodos que Wainer lhe causa sugerindo a constituição da Comissão Parlamentar de Inquérito a começar pela *Última Hora*.

Alzira Vargas: com dinheiro do Banco do Brasil, faz intriga para levar o marido à Presidência da República.

Presidente Getúlio Vargas: vendido todos os dias, por Samuel Wainer, será proximamente oferecido também em São Paulo e noutras praças do país.

Seis dias depois, a gazeta do Lavradio publicou um documento em que apresentava os nomes dos sócios da *Última Hora* e Érica S.A., uma sociedade "sem dinheiro e rica". Segundo o documento, "a S.A. fundou-se em junho, com um capital de 12 milhões de cruzeiros, dos quais somente 10% integralizados. Assim, o jornal surgiu com 1200 contos de réis — embora gaste isto em menos de uma semana". Entre os sócios, citou: Dinarte Dorneles, presidente do PTB e sobrinho de Getúlio Vargas, diretor das empresas de Ricardo Jafet, presidente do Banco do Brasil; Raul Amaral Peixoto, irmão de Ernani do Amaral Peixoto, marido de Alzira Vargas; Otávio de Sousa Dantas, do grupo Soares Sampaio; e Carlos de Sousa Gomes, representante do grupo Equitativa. "Assim, essas importantes personagens, todas juntas, à exceção de Baby Bocaiuva, têm 5 mil cruzeiros de ações na *Última Hora*, onde Samuel Wainer, repórter dos Diários Associados, passou a figurar com 10 milhões."

Naqueles dias, Samuel havia assumido o controle da Rádio Clube do Brasil, bem como as dívidas do proprietário, Hugo Borghi, o homem por trás da campanha de Getúlio, junto ao Banco do Brasil. Carlos Lacerda perguntou: "Quem são os controladores da editora Érica? [...] Exatamente os mesmos da sociedade anônima Última Hora. Acrescidos, desta vez, de outro nome: o embaixador Carlos Martins Pereira de Sousa, que também figura na sociedade Rádio Clube do Brasil, com o mesmo Samuel Wainer". Nesse ínterim, a *Última Hora* seguiu batendo na tecla da investigação. Certamente Samuel apostava que, assim, a imprensa deixaria Lacerda falando sozinho. Atirasse a primeira pedra quem não tinha dívidas em bancos públicos. A *Tribuna* vendia pouco, menos de 10 mil exemplares. Enquanto estivesse sozinha, estava a salvo. "Nada de histeria, vamos aos fatos", gritou a manchete da *Última Hora* de 3 de dezembro. "Não nos interessam os gritos histéricos daqueles que, remoendo despeitos e frustrações, procuram inutilmente transformar a nossa campanha numa disputa personalista. [...] O escândalo é um recurso dos fracos."

Samuel teve a ideia: Nelson Rodrigues iria escrever uma floreada coluna de polícia, cujo título seria "Atirem a primeira pedra". De setembro a novembro, foi assim. Insatisfeito com o resultado, Nelson propôs mudar o título para "A vida como ela é...". Com estreia em 16 de novembro, esta seria, talvez, a mais famosa coluna da imprensa brasileira, publicada e republicada em livros. Assim que Nelson chegava à praça Onze, amarfanhado no terno azul-celeste, tirava da gaveta um copinho de café e ia até a garrafa, numa mesa nos fundos da sala, onde se amontoavam os repórteres. Enquanto esperava o cafezinho esfriar — não podia acordar a úlcera —, colhia os fatos, interrogando um e outro. Ao voltar para sua mesa, acendia o primeiro cigarro. Escrevia representando, fazendo caretas ao sabor das emoções dos personagens. Após uma dúzia de cafezinhos e muitas pausas para palpitar nos assuntos dos demais, concluía o texto, que passou a ocupar um quarto da página 8 da *Última Hora*.

No início, Nelson respeitou os princípios do jornalismo, como o instruíra Samuel: baseava-se em fatos reais e diários para escrever a coluna. Aos poucos, foi fazendo concessões à imaginação, perdendo-se na própria cabeça, sem que ninguém percebesse. Ou, se percebiam, nada diziam. O sucesso explosivo veio quando descobriu o filão da ambiência carioca, e passou a incendiar a cidade com adúlteras de Cascadura, cornos de Bonsucesso, viúvas de São Cristóvão. Os personagens eram gente comum, os barnabés, os desempregados, os comerciários, que liam "A vida como ela é..." de pé, no bonde, uns sobre os ombros dos outros. Dia a dia, as histórias iam ficando mais tristes, de doer, o que levou Nelson a se explicar: "Desde o primeiro momento, 'A vida como ela é...' apresentou uma característica quase invariável: era uma coluna triste. Impossível qualquer disfarce, qualquer sofisma. Por uma tendência fatal irresistível, só tratava de paixões, crimes, velórios e adultérios. Criou-se uma dupla situação: sofriam os personagens e os leitores".

O problema não era ele, o autor, mas a "matéria-prima": "A matéria-prima que necessariamente uso são e aqui faço dois-pontos: punhalada, tiro, atropelamento, adultério etc. etc. Interpelo o leitor: posso fazer de uma punhalada, de um tiro, de uma morte, um episódio de alta comicidade?".

Aquele foi o mais quente dos verões de que se lembrava Samuel: literal e metaforicamente. No incandescente fim de 1951, Vargas lançou um pacote de medidas que ouriçou a oposição. O projeto mais polêmico tratava da criação da Petróleo Brasileiro Sociedade Anônima (Petrobras), anunciado em meados de dezembro. O capital inicial seria de 4 bilhões de cruzeiros, em regime de empresa de economia mista: a União detinha 51% das ações, abrindo espaço para o capital privado, e 10% do controle acionário para estrangeiros.

Carlos Lacerda zombou na *Tribuna da Imprensa*, afinal o entreguista era Getúlio:

> É uma mistificação bem engendrada, pela qual se entrega a indústria do petróleo à participação dos grupos que controlam essa indústria no mundo, ao mesmo tempo que se recorre ao dinheiro do povo para ajudar a financiar o empreendimento. Assim, para usar a linguagem que todos entendem os trustes, vão ser sócios num negócio que o povo financiará com as suas economias.

Entre o Natal e o réveillon, quando os cariocas haviam se esquecido do petróleo e debatiam a eleição da Rainha do Verão, uma tradição lançada pela *Última*

Hora, Vargas anunciou o aumento da ordem de 300% no salário mínimo, de 380 cruzeiros para 1200 cruzeiros, no Rio de Janeiro e em São Paulo, a ser oficializado por decreto, passando a vigorar no primeiro dia de 1952. Além disso, pela *Voz do Brasil*, participou que o governo iria impor limites às transferências de capital de empresas estrangeiras instaladas no país. O decreto limitando em 8% as remessas de juros, lucros e dividendos excedentes ao exterior, documento que seria publicado em janeiro e levaria a retaliações dos Estados Unidos, já estava pronto.

Em meio ao tiroteio que encerrou o ano, Samuel ouviu de Getúlio uma pergunta: se concordava que São Paulo era a "boca do leão". Obviamente, sim. O grosso do capital estava lá — e medidas populares, que mexiam no bolso, costumavam fazer desandar o relacionamento com os donos do dinheiro. Afinal de contas, os paulistas permaneciam presos aos ódios de 1932. Decerto, Samuel entendeu sem que o presidente precisasse continuar. Mas ele continuou. Pela manhã, recebera Ricardo Jafet em seu gabinete e este reclamara dos prejuízos que vinha tendo com seu jornal, o *Jornal de Notícias*, e jogara-lhe a isca: "Por que Samuel Wainer não lançava um jornal em São Paulo?".

14. O Macunaíma hebreu

Sabia que o cerco podia se fechar e, mesmo assim, abriu sua cauda de pavão. "Ah, Samuca, sua personalidade ainda vai te custar muito desgosto", costumava lhe dizer o velho amigo Jorge Amado. Em vez de baixar a bola diante da ofensiva de Carlos Lacerda, Samuel encarnou mais do que nunca o homem do presidente, entrando sem bater nos gabinetes dos poderosos, ungido pela aura de Getúlio. A chegada de 1952, passou no Copa, acompanhado de Isa e de toda a patota do jornal. A *Última Hora* terminara o ano de 1951 publicando a tiragem na capa: 121 425 exemplares às segundas-feiras, quando saía o caderno especial de esportes, e 67,3 mil no restante da semana. Não era hábito expor a tiragem; ao contrário, ocultavam-na do público. Invertendo a ordem vigente, lá ia Samuel dando nos nervos dos patrões da imprensa. Para não deixar dúvida de que queria provocar, anunciou em manchete o fato, como "inédito na vida da imprensa vespertina". Se alguém tinha algo a esconder, esse alguém não era a *Última Hora*.

O sucesso estava lhe custando cada segundo. Como dormir jamais lhe fora caro, virava noites de bar em bar, de boate em boate, sempre terminando no Vogue. Onze da manhã chegava à praça Onze a tempo de assistir à impressão do seu jornal. Não tinha coisa de que gostasse mais no jornalismo do que ver a rotativa trabalhando. Fazia disso uma atração turística. Praticamente toda semana recebia alguém para o tour na gráfica, de celebridades como Linda Batista ao vice-presidente Café Filho. Também o diferenciava da maioria dos donos de jornais o gosto pela redação. O gabinete pomposo, deixava só para as visitas. Varava o dia entre os repórteres, lendo textos sobre os ombros dos subordinados sentados às máquinas de escrever. Tinha um bordão: jornalista não podia sair do lado do telefone. Se este tocasse mais que duas vezes, ele dava bronca. Aliás, as broncas de Samuel Wainer eram notórias. Explosões, com o requinte da humilhação. Logo depois, é verdade, esquecia.

Num daqueles fins de noite no Vogue, de onde invariavelmente ligava para a redação para ditar a manchete, Samuel ouviu de um figurão da Light uma pergunta: "Você costuma ir aos subúrbios?". Nascido no Méier, o homem lhe teceu maravilhas sobre o bairro. Madureira era um mundo à parte. E Vila Isabel? Segundo o interlocutor, não havia em todo o Rio de Janeiro uma madrugada como a de Vila Isabel. Assim, no dia seguinte, ele pegou um Jeep da *Última Hora* e foi fazer turismo na Zona Norte. Saiu por volta das três da tarde e retornou depois da meia-noite, tão impressionado, que decidiu lançar uma coluna da sociedade suburbana, o que ocorreria algum tempo depois. Assinada por Marijô e Leda Rahl, a Miss Rio de Janeiro, natural de Vila Isabel, "Luzes da cidade" estrearia com a cobertura de festas e clubes além-Tijuca, trazendo para as páginas do jornal a cidade do samba. Sempre marginalizadas, as escolas agradeceram, coroando a *Última Hora* com o título de "amiga do samba". Já a coluna social da Zona Sul, assinada por João da Ega, chamava-se "Black tie".

Agora, o problema não era mais vender jornais, mas viabilizar a demanda. E outra vez a solução viria de Etcheverry. Em vez de um caderno com dezesseis páginas, como se fazia até então, rodariam dois cadernos com oito páginas cada. O primeiro aproximadamente às dez da manhã, com as notícias quentes: política, economia, internacional, assuntos nacionais. O segundo, por volta das três da madrugada, seria reservado aos cadernos secundários: esporte, divertimento e reivindicações populares. Para incrementar a distribuição, o jeito foi investir na frota, apostando corrida com os demais vespertinos. Como a *Última Hora* era entregue nas bancas, enquanto os outros jornais ficavam nas gráficas à espera dos jornaleiros, chegava sempre na frente. Com o reforço da frota, mais cinco caminhonetes, poderia estar nos pontos de venda ainda antes.

Paulo Silveira, chefe de redação, recordaria:

Enquanto o jornal estava sendo impresso, nós nos reuníamos para discutir a estratégia de distribuição e estudar os melhores roteiros, em função do tráfego. Quando os nossos próprios veículos eram insuficientes, usávamos táxis alugados e até carros particulares. Os outros jornais ficaram bravos com a gente. Para competir, tiveram que investir, o que nenhum jornal fazia desde d. Pedro II.

Já passava das onze da noite quando Samuel bateu à porta da suíte do conde Francisco Matarazzo, hospedado no Hotel Excelsior, na avenida Atlântica. Segundo lhe soprara Bejo Vargas, o industrial seria o homem certo para lhe financiar um jornal em São Paulo. Em primeiro lugar, era simpático ao presidente. Vira seu império crescer no Estado Novo, beneficiado por favores fiscais e aduaneiros. E, em segundo lugar, odiava Assis Chateaubriand, a quem chamava de "o lazarento". A briga entre os dois era notória. O conde recusara a Chatô um empréstimo. Desde então, o *Diario de São Paulo* iniciara uma campanha tão violenta que quase desencadeou uma Revolução Francesa na pauliceia, descortinando a vida nababesca dos Matarazzo. A conversa foi curta. O conde preservava alguns costumes monárquicos. Por exemplo, não permitia que ninguém lhe virasse as costas ao deixá-lo, as pessoas tinham que sair de ré.

"Sei também que o senhor fez um jornal que vende muito."

"Onde colheu essa informação?"

"Todos os dias vou até a banca que fica aqui perto do hotel e pergunto ao dono que jornal está sendo mais vendido."

O conde Matarazzo fez duas perguntas, antes de fechar o negócio: qual seria a postura da *Última Hora* em relação às greves trabalhistas e ao divórcio. Samuel disse que, quanto aos trabalhadores, o jornal só apoiaria greves até a porta da fábrica, preservando o patrimônio dos patrões. Sobre o divórcio, causa retumbante da *Última Hora* no Rio, ficaria calado em São Paulo. Dias antes, a conversa com Ricardo Jafet também tinha sido proveitosa. Este propusera passar-lhe o *Jornal de Noticias* por quantia simbólica. Tratava-se de um jornal deficitário, com maquinário imprestável, que ocupava justamente um prédio pertencente ao mesmo Francisco Matarazzo, no Vale do Anhangabaú.

Na *Tribuna da Imprensa*, Lacerda denunciou:

O sr. Francisco Matarazzo está financiando a montagem de um jornal que aparecerá em São Paulo com o nome do sr. Samuel Wainer, o aventureiro que já efetuou manobra semelhante no Rio. [...] Wainer explora o nome do sr. Getúlio Vargas e com isto consegue contatos financeiros valiosos, como esse com o sr. Matarazzo. Estimulado pelo desejo de ser agradável ao governo federal, Matarazzo age [...] na proteção financeira dispensada ao grupo que serve ao Partido Comunista, sob a capa de "nacionalismo" e "getulismo", [...] pelo desejo de se vingar do sr. Assis Chateaubriand, cujos jornais fizeram tenaz campanha contra ele. [...] Esse impulso personalista está sendo explorado por Wainer para atingir os objetivos do comuno-getulismo em São Paulo.

Menos de dois meses depois, na manhã de 18 de março de 1952, Samuel recebeu os convidados para o lançamento do seu novo jornal, instalado na avenida da Luz, 262, no Anhangabaú. Às seis horas, dezenas de pessoas já se aglomeravam à porta do edifício, aguardando a primeira edição da *Última Hora* de São Paulo, prevista para circular ao meio-dia. Ele mandara reformar o prédio que abrigara o *Jornal de Notícias*, dotando-o em tempo recorde de salões suntuosos e obras de arte. Além de reproduzir o material da *Última Hora* do Rio de Janeiro, a *Última Hora* de São Paulo nascia com sotaque local, na voz dos colunistas e no investimento em reportagens. O dia prometia ser espetacular. Às dez em ponto, o governador do estado, Lucas Garcez, apertaria o botão da rotativa.

Enquanto via a multidão crescer do lado de fora, Samuel assistiu ao desfile de poderosos no saguão do prédio: Munhoz da Rocha, governador do Paraná; Simões Filho, ministro da Educação; Segadas Viana, ministro do Trabalho; Sousa Lima, ministro da Viação e Obras Públicas; o capitão de fragata Raja Gabaglia; os generais Ângelo Mendes de Morais e Teixeira Lott; Dinarte Dorneles, presidente do PTB; João Alberto; o embaixador Carlos Martins Pereira de Sousa; e os filhos do presidente, Lutero e Alzira Vargas, acompanhada do marido, Ernani do Amaral Peixoto, governador do Rio de Janeiro. Para compor o cortejo, foram convidados artistas do teatro de revista, intelectuais, cantoras de rádio, como Linda Batista, que deslumbrou os populares. Esta estrela já assinava na *Última Hora* do Rio a coluna "De dia e de noite".

À cerimônia de lançamento, na oficina do jornal, seguiu-se o banquete, no luxuoso Hotel Comodoro, na avenida Duque de Caxias. Samuel discursou:

O nosso jornal tem sido apontado como um jornal ligado ao governo. Não há dúvida. Somos um jornal ligado ao que o governo tem de bom e desligado do que o governo possa ter de mau. [...] Não é verdade que eu não esteja emocionado. [...]

Se houvesse aqui um aparelho de raio X, todos poderiam ver concretamente o meu estado emocional.

Dias depois, Samuel olhou para o pai, sentado atrás de uma xícara de café, num bar no centro de São Paulo. Havia pouco mais de cinco anos, a mãe, d. Dora, mudara-se para o Rio, onde fora viver com a filha mais velha, Rosa. Todas as irmãs tinham feito casamentos judeus. O primogênito dos Wainer, Artur, seguira outra tradição dos israelitas: o comércio. Importava sardinhas e fabricava camisetas e uniformes esportivos. José era o "sem sorte" da família. Dono de ideias vanguardistas, vivia de falência em falência. O caçula Marcos agora trabalhava na *Última Hora* do Rio, na parte administrativa. Seu Jaime pareceu-lhe tão pobre, sem capa de chuva num dia chuvoso, os sapatos gastos, o paletó puído. Nas memórias, Samuel lembraria o encontro:

Propus-lhe que comprássemos um par de sapatos. Ele ponderou que os sapatos que usava durariam mais dois anos. Sugeri-lhe, então, que fizéssemos uma troca, ele concordou. A transação foi consumada sob a mesa do bar onde tomávamos café. Passei-lhe um par de mocassins italianos, calcei os sapatos de meu pai. Depois, fiz com que aceitasse a capa que eu vestia. Fomos até a esquina, beijamo-nos e nos despedimos. Parado na rua, fiquei olhando aquele homem que interrompia frequentemente a caminhada para examinar os mocassins que há pouco estavam nos pés do filho.

Samuel atropelou a agenda do presidente. Bem cedo, antes das nove da manhã, bateu à porta do Catete. Como bem sabia, Getúlio acordava por volta das seis e, após o café, despachava com oficiais de gabinete até a hora do almoço. Somente concedia audiências na parte da tarde. Porém o assunto urgia. Saracoteando em Paris, a primeira-dama, d. Darci, e a filha Alzira estavam prestes a cair numa arapuca. Com o semblante amarrado, rolando o charuto entre os dedos, Vargas quis mais detalhes. Pois bem: as duas tinham viajado a convite do estilista francês Jacques Fath, uma celebridade do mundo da moda, e compareceriam ao baile no castelo de Corbeville, patrocinado por Assis Chateaubriand, interessado em promover os negócios do amigo Joaquim Guilherme da Silveira, dono da fábrica de tecidos Bangu. Para animar o rendez-vous entre o algodão brasileiro e a alta-costura parisiense, Chatô fretara três aviões, dois para os convidados e outro para o entourage tropical, composto de sambistas, passistas, músicos, cantoras de rádio, dançarinos de frevo...

E daí? Getúlio ainda não tinha entendido. Samuel achava que não seria uma boa ideia que a família do presidente estivesse presente ao evento. Por certo, a oposição ia transformar a ocasião num escândalo de esbanjamento e perversão. O governo não precisava de mais manchetes negativas. Os boatos já se espalhavam. As festas de Jacques Fath sempre rendiam assunto. Ao sair do palácio, ele havia sido incumbido de telegrafar imediatamente a Alzira, colocando-lhe a par das preocupações. Infelizmente, todavia, seu zelo chegara tarde. "Samuel, recebi hoje correspondência. Tranquilize amigos aflitos quanto festa. Impossível evitar. Entrei acordo dirigentes parte publicidade. Espero que tudo corra bem", respondeu ela, em 3 de agosto de 1952. No dia seguinte, Getúlio foi informado: "Presidente, bom dia. [...] Junto um telegrama que recebi ontem à noite da Alzira. Está assim finda a missão de que o senhor me incumbiu junto a ela. Abraços do Wainer".

Samuel estava certo. Jacques Fath recebeu os convidados de calça de veludo colada ao corpo e torso nu, brilhando de purpurina. Aos jornais, declarara ser a sua festa uma releitura chique do dionisíaco Carnaval carioca. Revezaram-se no palco diversas atrações brasileiras: Orquestra Tabajara, Elizeth Cardoso, Ademilde Fonseca, Jamelão, além do séquito de mulatas. Em meio ao rega-bofe, adentraram o salão quatro negros seminus, carregando numa liteira, fantasiada de senhora do engenho, a bela Aimée Sotto Mayor Sá, amante de Getúlio nos idos do Estado Novo e agora esposa do milionário Rodman Arturo de Heeren. Mais de 3 mil pessoas lotaram Corbeville. Entre os convidados: Clark Gable, Orson Welles, Ginger Rogers, Danny Kaye, Paulette Goddard e Claudette Colbert. Conforme relatou a *Tribuna da Imprensa*, Chateaubriand chegou a cavalo, levando na garupa "a delirante Schiaparelli, fantasiada de periquito do Guaíba".

"1400 garrafas de uísque, 2 mil de champanhe, conhaque, licores e cem garrafas de cachaça especialmente transportadas do Brasil, transformaram a festa [...] numa completa loucura", noticiou a revista *Manchete*. De acordo com *O Estado de S. Paulo*: "Foi com estupefação que os franceses — tão familiarizados, entretanto, com toda sorte de exotismos — contemplaram a orgia em que se converteu a festa". A *Tribuna da Imprensa* ressaltou a soma que teria custado o evento: 200 mil dólares. E chamou a atenção para "os estonteantes vestidos" de Darci e Alzira Vargas: "O telegrama que hoje descreve a farra em Paris, com a indulgente presença da mulher do presidente da República e de sua encantadora filha, ultrapassa toda medida e constitui uma afronta às dificuldades com que luta o povo francês e à desgraça que aflige o brasileiro".

O ataque à moral da família de Getúlio era só mais um capítulo da infinita crise política que o governo enfrentava. A produção de manchetes negativas parecia não ter fim. No final de março, eclodira o que os jornais chamaram de "a crise dos generais". O ministro da Guerra, Estillac Leal, deixou a pasta, depois de ter sido assinado à sua revelia um acordo militar com os Estados Unidos. Pelos termos do acerto, conduzido pelo ministro do Exterior, João Neves da Fontoura, com a supervisão de Góis Monteiro, o Brasil se comprometia a não transferir para nenhuma outra nação, sem o consentimento da Casa Branca, em plena corrida armamentista, a posse de matérias-primas estratégicas, como o manganês e as areias monazíticas. Havia duas correntes de pensamento dividindo a pretensa uniformidade das Forças Armadas: oficiais nacionalistas e os anticomunistas. Estillac pertencia ao primeiro time e foi substituído por um representante do flanco oposto, Ciro do Espírito Santo Cardoso. A troca de cabeças no Ministério da Guerra rachou o Exército.

A base de sustentação do governo na Câmara e no Senado também estava em crise. O PSD e o PTB não gostaram da tentativa de aproximação com a UDN feita pelo presidente. Ele oferecera ao partido rival dois ministérios, Relações Exteriores e Fazenda — e ainda acenara com a presidência da futura Petrobras. Ao mesmo tempo que os aliados se sentiram traídos, a "banda de música" da UDN deu o grito. A "banda de música" ganhara este apelido porque seus integrantes sentavam-se sempre na primeira fila do plenário e frequentavam a tribuna com inflamada oratória. Formada por nomes como Afonso Arinos de Melo Franco, Adauto Lúcio Cardoso, Aliomar Baleeiro, Bilac Pinto e José Bonifácio Lafayette de Andrada, a "banda" subiu o tom. Em suma, o governo mostrava-se incapaz de controlar o voto dos aliados e enfrentava o acirramento da oposição. Tudo que Getúlio não precisava naquele momento era de um carnaval francês.

"Presidente, bom dia. Aqui vão alguns recortes da imprensa parisiense sobre a festa do Fath. Como o senhor verá houve muita deturpação e muita safadeza no noticiário do Lacerda. Um abraço do Wainer", escreveu Samuel, quando o leite já fora derramado.

Que pensamentos passaram pela cabeça de Samuel quando ele viu se erguerem os cinco painéis pintados por Di Cavalcanti especialmente para decorar seu jornal? Telas de dimensões palacianas, representando a relação do homem de imprensa com a vida na cidade. "Estes painéis, que aí estão, são um patrimônio de um milagre cujo santo é o moleque da rua da Consolação, fruto da árvore dos Wainers, mameluco paulistano, que o Rio de Janeiro da era getuliana de 1930 conquistou irresistivelmente, apelidando-o Samuca", discursou o entusiasmado Di. Mais de duzentas pessoas, entre jornalistas, gráficos, colaboradores, artistas e autoridades, apareceram para o brinde. Se já chamavam Samuel de exibido, agora iriam pintar-lhe com as tintas do deslumbramento dos novos-ricos. De alguma maneira, parecia mesmo gostar do encargo no *café society*, uma espécie de Grande Gatsby, o personagem de F. Scott Fitzgerald. Ninguém sabia direito de onde ele vinha e muito menos como exatamente chegara até ali. Quem o acompanhava desde os distantes anos 1930, porém, como o próprio Di Cavalcanti, colaborador de *Diretrizes*, sabia lhe dar valor.

Em pouco mais de um ano, a *Última Hora* esmagara a concorrência. Sem dúvida se tratava de uma publicação governista, tutelada pessoalmente por Getúlio Vargas, mas contrapunha-se ao discurso hegemônico da imprensa. Enquanto os outros jornais tratavam as greves como baderna, a *Última Hora* exaltava a luta. O divórcio, o racismo, a desigualdade, a injusta distribuição de terras, os direitos dos trabalhadores — de um jeito ou de outro, as pautas progressistas encontraram representação. "O conluio udenofascista quis fazer dele [Samuel] o protótipo da corrupção", comentaria Moacir Werneck de Castro, que logo iria integrar a equipe do jornal. Não deixava de ser engraçado ver homens como Roberto Marinho ou Assis Chateaubriand escandalizados com favorecimentos públicos. Segundo pesquisa divulgada pelo Instituto Brasileiro de Opinião Pública e Estatística (Ibope), entre os vespertinos, a *Última Hora* do Rio de Janeiro já ocupava o quarto lugar em vendas, atrás de *O Globo*, *A Notícia*, *Diario da Noite* e *A Noite*, e à frente da *Folha Carioca* e da *Tribuna da Imprensa*. Em São Paulo, o jornal de Samuel já atingia o primeiro lugar na lista dos vespertinos, seguida de *A Gazeta*, *Folha da Tarde*, *Folha da Noite* e *Diario Popular*.

"O Samuel é um Macunaíma. Um Macunaíma judeu, versão semita do Macunaíma", como diria Francisco de Assis Barbosa, ressaltando o herói sem caráter de Mário de Andrade.

★ ★ ★

Quando já se anunciava a primavera de 1952, mais uma vez Samuel sentiu o dedo acusador de Carlos Lacerda apontado para ele. Em manchete, a *Tribuna da Imprensa* anunciou: "160 milhões para *Última Hora*, denuncia o deputado Bilac Pinto". Não se podia afirmar com certeza se a UDN munia a *Tribuna* de informação ou se o contrário ocorria. O fato era que ora a notícia virava discurso no plenário, ora o discurso no plenário virava notícia. Dessa feita, o jornal da Lavradio repercutiu o recém-instaurado "inquérito do Banco do Brasil", em que se investigavam empréstimos suspeitos concedidos pela instituição pública. Bilac Pinto enfeixou uma série de denúncias, afirmando que o empréstimo à *Última Hora* não fora de 62 milhões, como aventara a própria *Tribuna*, mas o dobro e um pouco mais. A *Última Hora* não respondeu. Em vez disso, no dia 26 de outubro, Samuel encheu o Vale do Anhangabaú de violeiros e cantoras do rádio, na maior homenagem pública ao grande ídolo da nação, o cantor Francisco Alves, morto num acidente de carro na Via Dutra. A essa altura, em que o jornal de São Paulo vendia como água, ele andava desvairando na Pauliceia.

"A boa situação de meu jornal permitia que eu saboreasse as doçuras do poder. Mulheres tiravam-me para dançar e sussurravam-me pedidos para que apresentasse seus maridos ao presidente. [...] Jovem, esbelto, elegante, [...] temido e cortejado em São Paulo", comenta nas memórias.

Aos quarenta anos, jovem e poderoso, Samuel certamente ainda não havia atentado para o exemplo de Benjamin Disraeli, o judeu que ocupara o posto de primeiro-ministro inglês, no século XIX. Nas palavras de Hannah Arendt, citadas por Joelle Rouchou no livro *Samuel, duas vozes de Wainer*:

> Buscou o acesso à sociedade, e à mais alta, o mais apaixonadamente e o mais despudoradamente do que qualquer outro intelectual judeu. Mas ele foi o único a descobrir o segredo que permite conservar a sorte, esse milagre natural da condição de pária. Ele foi o único também a saber desde o início que, para se elevar cada vez mais alto, não se deve jamais submeter-se a nada.

15. A primeira CPI

Samuel entrou 1953 dando um passo maior que a perna. Na noite de 19 de janeiro, quando o Rio completava 388 anos, recebeu na redação da antiga praça Onze uma fila de estrelas do samba-canção: Sílvio Caldas, Orlando Silva, Ângela Maria, Nelson Gonçalves, Carlos Galhardo, Jorge Goulart e as irmãs Linda e Dircinha Batista. Do lado de fora do prédio, um palco improvisado sobre um caminhão esperava os cantores, para seguirem em cortejo, cercado de violões, até a Câmara Municipal, na Cinelândia. Por mais de duas horas, lá foi a procissão da *Última Hora*, envolvida pela multidão. Em frente ao Theatro Municipal, o caminhão dos artistas parou para João Etcheverry anunciar o nascimento de mais uma publicação da família Última Hora: o semanário *Flan*, um misto de jornal e revista, que se propunha a traduzir para o leitor o panorama da semana.

Flan? O nome não significava coisa alguma, Samuel simplesmente gostava do som. De fato, a nova revista só chegaria às bancas em abril, precedida por retumbante propaganda. A direção ficou a cargo de ninguém menos que Joel Silveira. Para ter o texto de Joel, um dos melhores que já passaram pelos jornais de todos os tempos, valia a pena o desconforto de uma difícil convivência. Para a direção de arte, ele escalou o grande Nássara. Nos Diários Associados, foi buscar a estrela Jean Manzon, ex-parceiro de David Nasser. Até Dorival Caymmi aceitara o chamado do padrinho para se tornar colunista. *Flan* sairia se exibindo, com tiragem de 180 mil exemplares, somando as praças do Rio de Janeiro e São Paulo.

Antes dos espinhos que viriam com o ruidoso lançamento de *Flan*, porém, o Brasil desencarrilhou num surto de greves que caiu no colo de Samuel. Afinal, a *Última Hora* era a voz dos trabalhadores. Principalmente em São Paulo, de onde partiu o trem. Como apoiar, ao mesmo tempo, os grevistas e o governo? Em meados de março, cerca de 300 mil trabalhadores cruzaram os braços na capital paulista, insuflados, segundo editorial da *Última Hora*, por Ademar de Barros. A grande paralisação, a maior jamais vista, começara entre os funcionários da indústria têxtil e logo ganhara a adesão de outras categorias profissionais. Metalúrgicos, carpinteiros, vidreiros e gráficos engrossaram os piquetes nas portas das fábricas. Por seu turno, o governo endureceu. O ministro do Trabalho, Segadas Viana, tirou a poeira da Lei de Segurança Nacional, ameaçando os grevistas com punições severas.

Na verdade, como sempre, Getúlio parecia entre a cruz e a espada. Ao mesmo tempo que não podia apoiar os empregados, não queria trair a classe trabalhista. Ao ser obrigado a descer do muro, tirou as negociações das mãos de Segadas Viana e passou para o seu afilhado político, João Goulart, mandado buscar às pressas no Rio Grande do Sul. Eleito presidente do PTB, Jango instalou-se numa sala do Catete, com status de ministro, onde dia e noite atendia líderes sindicais. Outros sindicatos já se mobilizavam para seguir o exemplo dos paulistas, como o Sindicato dos Médicos do Distrito Federal. Em meio à confusão, os marítimos do cais do porto do Rio declararam estado de greve. Por consequência, o abastecimento de alimentos e combustível à capital do país ficou comprometido.

Claro, Samuel se postou ao lado de Jango, botando lenha na fogueira que cozinhava Segadas Viana. Todas as noites, saía da redação e ia encontrar o gaúcho, uma espécie de ministro do Trabalho em exercício, no bar do hotel Regente, em Copacabana, onde este se hospedara. Decerto, a amizade entre os dois ganhou corpo ali, na dobradinha que protagonizaram, a qual levaria à queda do titular da pasta e à nomeação de João Goulart para esse ministério. Contrariando a postura intransigente de Segadas Viana, Jango resolveu fechar questão com os trabalhadores, apoiando-lhes o movimento. A *Última Hora* deu-lhe cobertura, gritando pelo direito de greve e contra os salários miseráveis. Naquele ano que mal começara, Segadas Viana era o segundo ministro de

Getúlio com quem Samuel comprava briga — o primeiro fora Horácio Lafer, da Fazenda —, depois de ter trabalhado, no ano anterior, para a destituição de Danton Coelho.

Numa daquelas noites espinhosas, ele ficou na redação até mais tarde para receber o que seu jornal chamou de "estado-maior dos grevistas de São Paulo": Nelson Rusticci, Remo Forli, Célgio Valvassori e José Chediak, representantes dos tecelões, metalúrgicos, marceneiros e vidreiros da capital paulista. O grupo queria o apoio da *Última Hora* para uma audiência com Getúlio. A greve já se alongava por 21 dias. Recebido pelo presidente, o grupo saiu do encontro com a promessa de que o governo estava disposto a mobilizar todas as forças em prol das negociações com o patronato. Ao final das paralisações que duraram mais de um mês, os trabalhadores ganharam a parada, obtendo aumento médio de 30% nos soldos. Por mérito — ou demérito — de João Goulart.

Acusado pela imprensa de conluio com os baderneiros, Jango desabafou na *Última Hora*:

Afinal, perguntaria, de que me culpam? De ficar até altas horas atendendo àqueles que batem às portas do Ministério do Trabalho buscando solução para os seus problemas? Ora, se é crime o cumprimento do dever, se é crime trabalhar, aceito até com orgulho a pecha de criminoso. Eu poderia não atender os trabalhadores. [...] Poderia [...] perambular pelas reuniões elegantes, trocando homenagens com os felizes detentores do poder econômico.

Com o país aparentemente voltando aos trilhos, Samuel viajou com a família Vargas para celebrar os 71 anos de Getúlio, em 19 de abril de 1953. Dessa vez, numa fazenda em Barra do Piraí, interior do Rio. No ensaio fotográfico de Jean Manzon, publicado por *Flan*, o jornalista e o presidente da República, convivendo na mais harmônica intimidade. Ao mesmo tempo, no território paulista, Samuel afagava Jânio Quadros, adversário de Getúlio. Ao presidente, não agradava a ascensão política do populista Jânio. O ex-vereador e ex-deputado ganhara a prefeitura na vassourada. Com o slogan "O tostão contra o milhão" e usando uma vassoura como símbolo, prometera varrer a corrupção e levara dois terços dos votos, batendo o candidato do Catete, o professor Francisco Antônio Cardoso. Com a aparência descabelada, as olheiras profundas e o discurso recheado de mesóclises, ele vencera apoiado pela coligação de dois partidos nanicos, o Partido Democrata Cristão (PDC) e o Partido Socialista Brasileiro (PSB). Para Samuel, não convinha ficar mal com Jânio:

> Getúlio sabia que eu introduzira uma cunha de seu governo em território hostil e acompanhava com atenção os desdobramentos da aventura. Raríssimas vezes divergimos. Uma dessas divergências teve como pivô a figura de Jânio Quadros. [...] Vargas, a quem desagradava a emergência do populismo janista, pediu-me que combatesse sua candidatura. Preferi não contrariar o presidente, mas marquei um encontro secreto com Jânio Quadros no Hotel Comodoro. [...] Combinamos que a *Última Hora* não daria apoio ostensivo a Jânio. Em contrapartida, cedi-lhe uma coluna [...] batizada de "Canto do JQ".

Na quarta-feira, 20 de maio de 1953, o mundo de Samuel começou a ruir — embora ele pensasse o contrário. Na capa da *Tribuna da Imprensa*, a manchete: "Esbanjavam o dinheiro do Banco do Brasil", ilustrada com uma foto sua, de smoking, segurando um copo de uísque. O jornal de Carlos Lacerda publicou uma entrevista — apócrifa, como se provaria depois — com o ex-deputado gaúcho Herófilo Azambuja, fiscal da Carteira Agrícola e Industrial do Banco do Brasil, apresentado aos leitores como interventor da instituição junto à gráfica Érica, editora da *Última Hora*. Segundo contava o entrevistado a um repórter desconhecido, chamado Natalício Norberto, o governo decretara intervenção na empresa por falta de pagamento de empréstimos. Como bem sabia que aquilo não podia ser verdade, já que a Érica não se encontrava sob intervenção do Banco do Brasil, Samuel voou para a redação da praça Onze. Ia pegar Lacerda na mentira. O primeiro a saber foi Getúlio.

"Pelo que o senhor verá, pegamos o mentiroso com a boca na botija e, como sempre, transformamos uma aparente derrota em mais uma espetacular vitória. Peço muito que o senhor não deixe de passar a vista pela primeira página de nosso jornal."

No dia seguinte, em edição extra, *Última Hora* estampou uma entrevista com o substituto de Ricardo Jafet na presidência do Banco do Brasil: "Anápio Gomes categórico: nem a diretoria nem a presidência do Banco do Brasil jamais cogitaram de intervenção na Érica S.A.". O editorial, Samuel dedicou a Lacerda: "Tudo nele é falso, aliás, desde o seu cristianismo ao seu anticomunismo, do seu oposicionismo à sua ética profissional. [...] O tempo vai se encarregar de levá-lo aonde deveria estar há muito tempo: num hospital de psicopatas. Não é mais um caso de frustração jornalística, e sim um caso de medicina".

Foram dias de vitórias. A *Última Hora* localizou o próprio Herófilo Azambuja — a suposta fonte da *Tribuna da Imprensa* — em Porto Alegre, no leito de morte do irmão. Jamais falara ao jornal de Lacerda. Mas não bastava a descoberta dessa "barriga". A turma da praça Onze conseguiu arrastar para a sua redação o autor da entrevista que não aconteceu: Natalício Norberto. A manchete da edição de 23 de maio gritou: "Desmascarada pelo seu próprio repórter a *Tribuna da Imprensa*: A fantástica história de uma entrevista sem entrevistado". Numa das fotos que ilustrou a reportagem, Natalício Norberto apareceu rodeado pelos repórteres Evandro Requião, Canuto Silva e Humberto Alencar. Como o repórter da *Tribuna da Imprensa* se converteu em entrevistado da *Última Hora*? Entre as mais prováveis versões do caso, Samuel teria comprado seu passe por um salário muito acima do mercado e depois o teria demitido.

"Não quero continuar encarando meus colegas com sentimento de vergonha. [...] Queriam lançar sobre mim uma culpa que era menos minha do que dos responsáveis pela *Tribuna da Imprensa*. Estou pronto para repetir em juízo o depoimento que aqui vim prestar."

Natalício Norberto era o que a *Última Hora* chamou de "barnabé da imprensa". Aos 28 anos, vindo de Maceió, equilibrava-se entre vários empregos. De manhã, trabalhava na *Tribuna da Imprensa*. De tarde, na sucursal paulista do jornal *O Tempo*. Além de fazer bico como tradutor no jornal *A Noite*. Segundo contou aos repórteres da *Última Hora*, tudo começara na quarta-feira, 20 de maio. Por volta das 22h30, na redação do *Tempo*, quando se preparava para ir embora, ouvira os colegas comentarem o boato de que a Érica estava sofrendo intervenção do Banco do Brasil. E o interventor seria Herófilo Azambuja. Ao deixar o jornal, Natalício Norberto levava consigo o comichão de repórter. Se aquilo fosse verdade, seria um grande furo. Caminhou apressado pela Cinelândia e adentrou o bar Atlântida, embaixo do edifício Serrador. No catálogo telefônico sobre o balcão, logo localizou o telefone de Herófilo Azambuja.

Daí em diante, a história que Natalício Norberto contou aos repórteres de *Última Hora* não poderia ser, de fato, mais fantástica — ou inverossímil. Ao discar o suposto número de Herófilo Azambuja, ouviu do outro da linha a voz de um homem. Presumindo que se tratava do próprio, disse que era um "amigo do Banco do Brasil" e queria parabenizá-lo pela intervenção na Érica. Às suas perguntas sobre os detalhes do caso, o interlocutor respondeu com confirmações monossilábicas. Ao fim da conversa, Natalício Norberto disse ter se identificado como repórter da *Tribuna da Imprensa*, ouvindo em retorno: "Ih, caí numa... Mas não faz mal, porque se você publicar isto, ninguém vai acreditar".

A madrugada seguiu em claro. Norberto não dormira. Bem cedo, correu para a redação da rua do Lavradio, onde comunicou o estranho telefonema ao chefe de reportagem, Hilcar Leite. Este o mandou redigir a matéria e entregar nas mãos do secretário de redação, Carlos Castelo Branco, o Castelinho. Estava na hora do fechamento do vespertino e era preciso agir rápido. Ao ler a última palavra do texto, Castelinho teria voado para a mesa do diretor de redação, Aluísio Alves, que se esquivou: "Isso é uma loucura, não pode sair". Recorreram a Medeiros Lima, o diretor, que concordou com Alves. Era uma denúncia grave demais, baseada numa entrevista feita por telefone, sem a confirmação de que do outro lado da linha estava mesmo Herófilo Azambuja. O jeito foi desempatar na sala de Lacerda. De acordo com o relato de Norberto, a direção da *Tribuna* ficou reunida por muito tempo.

> Castelo retirou-se do gabinete, mandou compor a matéria. Pouco depois, vi que a prova da composição lhe era entregue e neste momento o sr. Lacerda, já fora de seu gabinete, [...] com o próprio lápis acrescentou algumas palavras, enquanto eu ouvia suas ordens para que os títulos [...] fossem mudados e para que nela fosse acrescentada a referência de que a revista *Flan* era distribuída gratuitamente. À tarde, [...] ao abrir o jornal, lá estavam as manchetes e os subtítulos berrantes. Percebi logo a gravidade do assunto, pois minha matéria tinha sido não só reescrita como enxertada. Comentei com os colegas: "Isto vai dar um bolo".

Com a barulhenta desmoralização da *Tribuna da Imprensa*, Samuel cantou vitória antes do tempo. Pensava que, daquela vez, tinha esmagado o insuportável Carlos. Na história da imprensa, poucas vezes se vira barrigada igual, uma entrevista apócrifa para manchar a biografia do concorrente. Porém, para Lacerda, a briga só estava começando. Se a intervenção do Banco do Brasil na Érica não existia, deveria existir. A *Tribuna da Imprensa* desencadearia uma campanha exigindo a investigação dos recursos que possibilitaram ao pobretão Samuel Wainer fundar um jornal milionário. Para lhe assessorar na causa, foi procurar o deputado Armando Falcão, eleito pelo PSD do Ceará. Futuro ministro da Justiça do general Ernesto Geisel, Falcão contaria:

Antes de pedir-me, quase pateticamente, que lutasse para conseguir na Câmara dos Deputados o número de assinaturas que garantisse automaticamente a instituição da Comissão Parlamentar de Inquérito sobre o escândalo da *Última Hora*, o jornalista Carlos Lacerda procurara desesperadamente arrancar a iniciativa dos seus próprios correligionários da UDN. Esforço vão. Seus amigos tiravam o corpo, alegando que não havia como alcançar quórum constitucional de apoio.

Quanta ironia! Pela primeira vez, a *Tribuna da Imprensa* e a *Última Hora* concordavam, por razões distintas. Se a *Tribuna* queria uma CPI só para a *Última Hora*, a *Última Hora* exigia uma CPI para todos. As CPIS estavam na moda nos Estados Unidos. Com o macarthismo, investigações promovidas pelo Congresso americano haviam se popularizado. No Brasil, eram praticamente desconhecidas. Os jornais nem mesmo usavam a sigla, preferindo o nome completo: Comissão Parlamentar de Inquérito. No fim das contas, duas CPIS foram aprovadas simultaneamente no Congresso Nacional. Armando Falcão reuniu 112 deputados federais, que, juntos, formularam um pedido de instituição de uma comissão para investigar a *Última Hora*, apresentado em 27 de maio de 1953. A resolução 313 logo se tornaria conhecida no país inteiro. A outra CPI, para toda a imprensa, partiu de uma iniciativa do deputado Oliveira Brito, do PSD da Bahia. Sob a influência do ministro da Educação, o baiano Ernesto Simões Filho, sogro de Baby Bocaiuva, conseguiu arrebanhar 122 deputados.

"O rato caiu na sua própria armadilha", exultou Samuel, em mais um bilhete para Getúlio. "Já liquidamos o Lacerda no campo jornalístico, agora pretendemos dar-lhe um nocaute no campo parlamentar."

Do outro lado do Atlântico, o então senador pela Paraíba, Assis Chateaubriand, realizava um sonho: curvar-se diante da rainha da Inglaterra. Nomeado por Getúlio membro da delegação que iria representar o Brasil na cerimônia de coroação de Elizabeth II, levara de presente um conjunto de colar e brincos de diamantes e águas-marinhas que, segundo a *Última Hora*, custara 2,5 milhões de cruzeiros. Como partira em 17 de maio, antes do início da guerra de informações iniciada com a barriga da *Tribuna de Imprensa*, não tinha notícias do que se passava no Brasil. Muito menos das duas CPIs aprovadas pelo Congresso. Se a imprensa ia sofrer uma devassa, os Diários Associados, claro, entrariam na mira. Aliás, na estratégia de Samuel, o telhado de vidro de Chateaubriand podia funcionar como contrapeso. Por isso, enquanto este vagueava por Londres, a redação da praça Onze lançou o ataque.

As dívidas pessoais do sr. Francisco de Assis Chateaubriand Bandeira de Melo [...] só no Banco do Brasil, montam a mais de 100 milhões de cruzeiros, para sermos exatos, montam precisamente a Cr$ 116 332 500,00. [...] É com esse dinheiro que Assis Chateaubriand se apresenta aos olhos dos basbaques, como um nababo internacional, espécie de Ali Kahn brasileiro, ofertando à rainha da Inglaterra um colar no valor de quase 1 milhão de cruzeiros. É com esse dinheiro que Assis Chateaubriand se entrega à prática das maiores loucuras, no seu delírio megalomaníaco, como os festejos de Corbeville. É com esse dinheiro [...] que Assis Chateaubriand se veste de protetor das artes. Falso mecenas.

Após um banquete nos jardins do Palácio de Buckingham e um encontro pessoal com Winston Churchill, Chateaubriand embarcou na aeronave Constellation, prefixo PP-PDA, da Panair. No trecho entre Lisboa e Dacar, leu uma curta notícia na revista *Time* da semana: "Imprensa em julgamento". Quando, enfim, desembarcou em São Paulo, ele deu início à sua costura. Ao contrário do que imaginara Samuel, não ia jogar na defensiva. Primeiro, chamou David Nasser, o antigo rival de Wainer, para assessorar Lacerda e Armando Falcão na caça de documentos que pudessem incriminar "aquele judeu". Também franqueou a Lacerda a arma que lhe faltava: a televisão.

No dia 8 de junho de 1953, Getúlio reapareceu em público. Havia mais de um mês jazia na cama, após um acidente doméstico, em que fraturara o úmero e o fêmur. A velha raposa não parecia mais a mesma, deprimido e desanimado. De uma sacada do palácio, acenou para os milhares de fiéis que seguiam em procissão pela rua do Catete, acompanhando a imagem de Nossa Senhora de Fátima, a qual, em peregrinação pelo mundo, encontrava-se no Rio. O presidente havia iniciado uma ampla reforma na equipe de governo, pondo fim ao "ministério da experiência". "Homens das revoluções de 30 e de 50 no novo ministério", elogiou a *Última Hora*, enquanto a União Democrática Nacional anunciava o rompimento com os nomes do partido que integrariam o governo.

Para abrandar a oposição, mobilizada em torno do escândalo da *Última Hora*, Vargas manteve o udenista João Cleofas na pasta da Agricultura e agraciou a UDN com mais três ministérios: o da Viação e Obras Públicas, entregue a José Américo de Almeida; o das Relações Exteriores, que foi para Vicente Rao; e o da Fazenda, dado a Osvaldo Aranha. A pasta da Justiça permaneceu com o PSD mineiro, indo de Francisco Negrão de Lima para o noviço Tancredo Neves. Da Educação, saiu Simões Filho para entrar Antônio Balbino, ambos do PSD da Bahia. Recém-criada, a pasta da Saúde foi confiada ao médico Miguel Couto, filiado ao PSD do Rio. E, no Ministério do Trabalho, Getúlio efetivou João Goulart, o único a representar o PTB na nova equipe. Como se veria, um erro.

Diante de mais uma greve dos marítimos, que suspendeu o trabalho de 80 mil homens, dessa vez comprometendo o abastecimento no país inteiro, o *Correio da Manhã* atribuiu ao novo ministro do Trabalho a arquitetura do caos. Depois de dominar o PTB, Jango estaria planejando assumir o controle dos sindicatos, e mobilizaria trabalhadores para desencadear outras greves em todo o Brasil. Sua defesa da "unidade sindical", dizia o jornal, visava agrupar os sindicatos operários sob uma única organização e, dessa maneira, sustentar o "programa popular" do governo. Fora ele, ainda de acordo com o *Correio*, o fomentador da primeira paralisação dos portuários do Rio e também dos 300 mil, em São Paulo. Trocando em miúdos, seria o gaúcho um adversário da democracia representativa, com o intuito de "arregimentar uns 5 milhões de simpatizantes" até o fim do ano.

"Se isto fosse feito, [...] seria completamente dominada a vida nacional, e as próprias Forças Armadas, que são o único obstáculo para esse intento, seriam controladas por essa força popular. Com isso, ficaria assegurada a subida dos 'trabalhadores' ao poder."

A teoria da conspiração ganhou coro. "Desde que o sr. João Goulart assumiu o Ministério do Trabalho, [...] se tem acentuado o clima de agitação e exacerbação do conflito de classes, que o sr. Getúlio Vargas diz condenar", cravou o *Diario de Noticias*. "Jango fez greves, fez demagogia, destilou no trabalhador o espírito da insubordinação. [...] Tudo vem dele. Ele é o agitador. A greve dos tecelões foi custeada por ele; a greve dos aeroviários foi ele quem fez; a primeira greve dos marítimos também foi coisa dele. [...] Que há de fazer o trabalhador senão greve, quando à greve o convidam todas as autoridades do Ministério do Trabalho e, principalmente, o próprio ministro?", questionou a *Tribuna da Imprensa.*

Para justificar as denúncias, o jornal do Lavradio foi buscar na relação de João Goulart com o regime de Perón na Argentina o fio da meada. O nome de Perón já era recorrente no noticiário local. Sem golpe de Estado, o líder argentino ascendera ao poder pela mobilização do movimento sindical e pelo voto dos trabalhadores. Com respaldo das Forças Armadas, maioria no Congresso e apoio popular, passara a exercer poderes ditatoriais num regime formalmente democrático. O termo "peronismo", porém, teria que ser adaptado ao Brasil. Foi quando o presidente do Sindicato dos Têxteis de Recife, Wilson de Barros Leal, ao elogiar o tratamento que os grevistas vinham recebendo do ministro do Trabalho, deu a Lacerda a designação de que ele precisava para nomear o suposto golpe de Jango: "República Sindicalista".

> João Goulart tenta criar no Brasil uma nova CGT, do tipo Perón. Ele prepara um golpe peronista, no estilo boliviano. Não se trata do fechamento do Congresso, como foi feito em 1937, e, sim, da sua dominação pela massa de manobra de um sindicalismo dirigido por pelegos, visando reformar a Constituição e estabelecer uma ditadura no país.

A Jango, só restou falar à *UH*, numa entrevista a Francisco de Assis Barbosa: "Estes boatos já não me surpreendem [...] e não encontram mais qualquer eco na opinião pública. Eles me atribuem uma tal soma de poder que eu francamente desconhecia. [...] As más intenções não são minhas, não passo os meus dias pensando em golpes".

"Ele, que não teve escrúpulos em rasgar uma Constituição, que rasgue a *Última Hora*", desafiou Carlos Lacerda, dirigindo-se a Getúlio e olhando nos olhos dos telespectadores. Que o presidente entregasse a cabeça de Samuel, antes que o país afundasse em degeneração. Da noite para o dia, tinha surgido um novo astro da TV Tupi. Como fazia bem aquele papel, a encarnação da luta pela moralidade pública. Por certo, nunca houvera coisa de que o brasileiro gostasse mais do que um salvador da pátria. Pela primeira vez, segundo Lacerda, homens ricos e poderosos seriam convocados a dar explicações do uso do dinheiro público. Corrupção! Corrupção! Corrupção! A palavra era repetida mil vezes. Alternadamente na TV Tupi de São Paulo e do Rio, em programas emitidos ao vivo — o que significava voar de um lado para o outro —, Lacerda, como diria Nelson Rodrigues, conquistou a unanimidade:

> Carlos Lacerda conquistara a unanimidade e a manipulava. Se ele trepasse numa mesa e berrasse: — "Lincha!" — estejam certos de que a unanimidade iria caçar Samuel no meio da rua. E sua carótida seria chupada como tangerina. E suas postas ficariam suspensas dos ganchos no açougue.

O diabo, para Nelson, era que o homem conseguia manipular até a ele próprio: "Lembro-me de que, de vez em quando, ligava o rádio para ouvi-lo. Dentro de mim, estava aberta a ferida e repito: — a ferida pingava sangue. Mas o homem começava a falar e eu reconhecia, de mim para mim, numa amargura medonha: — 'Como fala bem esse desgraçado!'".

Além da TV de Chatô, Lacerda obtivera de Roberto Marinho o microfone da Rádio Globo. Na Tupi do Rio, ia ao ar às dez horas da noite. O programa começara com duração de cinco minutos. Com a audiência, chegou a ficar no ar até a meia-noite. O formato, importara dos Estados Unidos, onde assistira ao programa *Life is Worth Living*, apresentado pelo bispo auxiliar de Nova York, Fulton Sheen. Anticomunista fanático, Sheen paralisava os telespectadores, valendo-se apenas da oratória e de um quadro-negro. O cenário fora copiado e acrescido de um telefone, que recebia chamadas de populares, com perguntas e comentários. Certa noite, um telespectador ligou para indagar qual o interesse público naquela briga entre donos de jornais. Lacerda desenhou na lousa o sistema solar: "Digamos que este pontinho aqui seja um satélite, a *Última Hora*. Estou falando daqui para depois chegar até ali [no Banco do Brasil]. E daqui, vou chegar até ali", disse, indicando o Sol, no interior do qual escreveu: "Getúlio Vargas".

As duas CPIs, formadas pelos mesmos membros, haviam começado a trabalhar simultaneamente, no dia 3 de junho. O PSD contava com a maioria: Ulisses Lins (PE), Antônio Balbino (BA) e Ulysses Guimarães (SP). A UDN tinha dois representantes: Guilherme Machado (MG) e Alencar Araripe (CE). Ao PTB coube uma cadeira, Frota Aguiar (DF), e igualmente ao PSP, Castilho Cabral (SP). Ulisses Lins renunciaria antes de participar das reuniões, tendo sido substituído por Leoberto Leal, da bancada pessedista de Santa Catarina. Antônio Balbino também se desligou logo que foi nomeado ministro da Educação, cedendo o lugar a Eurico Sales (PSD-ES). Castilho Cabral assumiu a presidência da comissão, e Frota Aguiar, a relatoria, no caso da CPI da *Última Hora*. Na comissão encarregada de investigar as ligações dos outros jornais com o Banco do Brasil, a relatoria ficou com o udenista Guilherme Machado.

Nelson Rodrigues resumiria o calvário por vir: noventa dias, 28 depoimentos e 44 reuniões.

Aconteceu, então, o seguinte: — de repente, tornou-se uma vergonha trabalhar na *Última Hora*. Primeiro, foi apenas Carlos Lacerda. Em seguida, começaram a aparecer outros Carlos Lacerdas. [...] Mais tarde surge uma Comissão Parlamentar de Inquérito. Meu Deus, pode-se pendurar um sujeito numa forca, ou crivá-lo de balas, ou beber-lhe o sangue como groselha. Mas ninguém tem direito de fazer o que a Comissão Parlamentar de Inquérito fez com Samuel Wainer.

Samuel resolveu que tinha o que comemorar — e não iria economizar, mesmo que no Palácio Tiradentes estivesse em andamento uma CPI para investigar suas contas. A *Última Hora* fazia dois anos. A festa começou na manhã de sexta-feira, 12 de junho, e se estendeu por 72 horas. Um banquete na sede do jornal, para 1200 convidados, reuniu do mais humilde gráfico aos filhos do presidente, Alzira e Lutero. No show que lotou a praça Onze, teve até Luiz Gonzaga. As principais lojas do Rio, como Mesbla, Sears, Casa José Silva, Ponto Frio e Casa Pedro, amanheceram o sábado com descontos para os leitores. À noite, os teatros Recreio, Rival, Glória, Serrador e Dulcina interromperam os espetáculos para cantar parabéns. No domingo, jogo no Maracanã: *Última Hora* × *Diario Carioca*. E à tarde, em plena redação, um casamento: do diretor de cinema Lima Barreto, em cartaz com o grande sucesso do ano, *O cangaceiro*, com a estrela Araçari de Oliveira.

Por certo, a ideia foi brilhar, demonstrando o apoio da classe artística. O casamento atraiu para a redação da *Última Hora* todo mundo que importava — do meio, claro. A madrinha era a musa nacional, Tônia Carrero, acompanhada do marido, o diretor italiano Adolfo Celi. Pela primeira vez um filme brasileiro foi exibido em praça pública: a *Última Hora* patrocinou a projeção do *Cangaceiro* na porta do jornal. À meia-noite de domingo, a festa acabou, com a apresentação da escola de samba Império Serrano, que desceu o morro com uma faixa: "O samba agradece a *Última Hora*". Dos subordinados, Samuel ganhou uma placa: "A Samuel Wainer, que revolucionou o jornalismo, elevando, inclusive, o padrão dos salários na imprensa, como primeiro passo para a verdadeira dignificação da atividade profissional, na hora decisiva de mais uma grande batalha, a homenagem de seus companheiros".

Se publicamente ele esbanjava confiança, isso acontecia também nos bastidores:

Presidente, bom dia. A nossa batalha — como diria o general Góis — vem se travando dentro dos planos preestabelecidos. Quando dermos a virada — que estamos reservando para a Comissão Parlamentar — o senhor verá que belo espetáculo vamos proporcionar às plateias ululantes. O motivo deste bilhete é o general Anápio [Gomes, presidente do Banco do Brasil], com quem o senhor despachará hoje. Hoje o Afonso Arinos fez uma declaração muito inábil, dizendo que se o Banco do Brasil se recusar a romper o sigilo bancário, eles, da UDN, vão propor a reforma do Código Comercial. Esta declaração causou a maior indignação nos meios responsáveis. Está mesmo se articulando um movimento geral de protesto por parte da Confederação Nacional do Comércio, liderado pelo Brasílio Machado. Quanto a nós, estamos dispostos a autorizar o Banco do Brasil a enviar as informações que a respeito de *Última Hora* e Érica forem solicitadas, desde que os outros jornais também o façam. E não temos nenhuma preocupação a respeito, salvo a de saber que atitude pretende assumir no caso o general Anápio. Era este o recado que achei útil enviar ao senhor.

Abraços saudosos, do Wainer.

16. Mártir sem fé

"Filho da puta": foram as únicas palavras de Samuel ao avistar a multidão aglomerada em frente ao Palácio Tiradentes, conforme relataria mais tarde Francisco de Assis Barbosa. Seguido por um bando de repórteres e fotógrafos, ladeado por companheiros da *Última Hora*, entre eles "o Chico Barbosa", cruzou o curto trecho, do carro estacionado na porta da igreja da Cruz dos Militares até a escadaria do edifício histórico. Avançava em meio a xingamentos, vaias e aplausos. Era terça-feira, 23 de junho, o primeiro dia de um depoimento que se estenderia por mais três. Ao galgar os 31 degraus que davam acesso à Câmara dos Deputados, além de praguejar contra Lacerda, talvez tenha se recordado da infância, quando nos Sábados de Aleluia os meninos judeus se escondiam em casa ou enfrentavam a perseguição das outras crianças nas ruas do Bom Retiro. Aliás, nunca entendeu por que, para os cristãos, só Judas Iscariotes era judeu. Ninguém parecia lembrar que Jesus também era, assim como todos os apóstolos. Dali em diante, pelos meses seguintes, todos os seus dias seriam Sábados de Aleluia.

Otto Lara Resende, ao recordar as madrugadas que antecederam o depoimento de Wainer à Comissão de Inquérito, escreveria:

Vivi dias e noites do que o próprio Samuel chamava de "mártir sem fé". Exaustos, Samuel, Chico Barbosa e eu, certa madrugada, fechados na sala da direção, começamos a rir. E rimos os três, até literalmente rolar pelo chão. Depois dei uma carona a Samuel. […] Vimos o dia nascer. De repente surpreendi nele a insuspeitada ingenuidade, a boa-fé de um sonhador.

Foi com Otto Lara e Chico Barbosa que Samuel redigiu o documento de defesa que levava debaixo do braço. Impresso em formato tabloide e encartado na *Última Hora* daquele mesmo dia, o "Livro branco de *Última Hora* contra a imprensa amarela" tinha dezessete páginas. O título, eles tiraram da expressão americana *"yellow press"*, para designar jornais sensacionalistas, surgida no final do século XIX de uma disputa entre o *New York World*, editado por Joseph Pulitzer, e *The New York Journal*, editado por William Randolph Hearst. O "Livro branco" de Wainer estava mais para um arroubo literário que para peça jurídica. "De que nos acusam?": os autores repetiram a pergunta parágrafo após parágrafo, numa referência explícita ao "J'accuse", do escritor francês Émile Zola, em defesa do capitão Alfred Dreyfus, condenado na França do século XIX, sem provas, por um tribunal antissemita. O texto fora retalhado em capítulos, lidos por Samuel para os membros da comissão e para a plateia, que lotou a sala reservada aos trabalhos da CPI no seu primeiro dia de depoimento.

> De que nos acusam? […] A primeira acusação se resume no seguinte: recebemos do Banco do Brasil um financiamento em dinheiro de Cr$ 211 910 000,00 que nosso denunciante aumentou, logo depois, para Cr$ 254 000 000,00. Foi duas vezes mentiroso. […] Nossas operações de crédito com o Banco do Brasil referentes às empresas Érica, *Última Hora* e *Flan* […] não vão além de Cr$ 75 871 512,40 […].
>
> De que mais nos acusam? De termos recebido um financiamento de Cr$ 100 000 000,00 do Banco do Brasil para cobrir um contrato de papel de imprensa. É mentira. O Banco do Brasil não desembolsou um centavo sequer para isso. A garantia que nos foi concedida, também o foi a outros jornais […].
>
> De que nos acusam? De termos recebido um financiamento de Cr$ 42 500 000,00 do Banco do Brasil para aplicar na Rádio Clube do Brasil. É mentira. Cr$ 35 milhões tinham sido concedidos, no período presidencial do honrado senhor marechal Eurico Gaspar Dutra, ao sr. Hugo Borghi, que é ainda o único responsável por esse passivo […].
>
> De que nos acusam? De ser irrecuperável o financiamento às nossas empresas. É mentira. Está garantido por um grande patrimônio e por uma excelente renda. Só a avaliação do atual patrimônio da Érica ultrapassa a casa dos Cr$ 80 000 000,00 […].

De que nos acusam? De praticar um dumping, para o estrangulamento da imprensa brasileira. É mentira. Depois do aparecimento de *Última Hora*, os verdadeiros jornais só têm se beneficiado, econômica e tecnicamente [...].

De que nos acusam? De usarmos o nome de pessoas chegadas ao presidente da República para atrair publicidade para a *Última Hora*. É mentira. Duas mil e quatrocentas e cinquenta e quatro firmas e agências, que até hoje anunciam em nossos jornais, poderão provar que só a circulação justifica a publicidade [...].

Foram páginas e páginas batendo no peito, retrocedendo no tempo e na história.

De que nos acusam? De ter sido a revista *Diretrizes* estipendiada pela Embaixada da Alemanha antes da invasão da Rússia, e que aquela publicação, uma vez transformada em jornal diário, fracassara em nossas mãos. Dupla mentira. Em tempo algum, a revista *Diretrizes* manteve qualquer transação com a embaixada alemã.

Um capítulo da defesa fora dedicado à *Tribuna da Imprensa*. Lendo o documento com voz embargada, entre um cigarro e outro — a *Tribuna* faria as contas de quantos fumou durante o depoimento, uma média de dez por hora —, Samuel apresentou um balancete de um mês do jornal da Lavradio, que demonstrava um déficit diário de 700 mil cruzeiros. Diante desse número vinha a acusação: Lacerda era um agente do capital internacional. A prova seria a estreita ligação com o escritório de advocacia R. P. Momsen, representante da Standard Oil no país. Um dos sócios do escritório, Fernando Cícero Veloso, era também consultor financeiro da *Tribuna*.

No capítulo reservado "A nossa história", Samuel rememorou a própria trajetória, retrocedendo ao Carnaval de 1949. Diante dos membros da CPI, obrigado por lei a dizer a verdade, repetiu o que mais tarde eternizaria nas memórias: foi ao Rio Grande do Sul falar de trigo e colhera Getúlio. Enaltecendo as próprias qualidades de repórter, sustentou a tese do furo jornalístico.

Em seguida, relatou a cobertura das eleições de 1950 e o nascimento da amizade com o presidente. Contou que, após a vitória, Getúlio o convidara a ocupar a embaixada de Israel. Recusara, em nome do jornalismo.

Durante quase vinte horas de interrogatórios, cerca de trezentas perguntas, que começavam por volta das oito da noite e se estendiam pela madrugada, ele foi murchando.

"O senhor disse que, antes de comprar a Érica, nada possuía. E agora, o que é que possui?", perguntou-lhe o relator Frota Aguiar, na primeira sessão dedicada à inquirição da testemunha, em 30 de junho.

"Pessoalmente, nada tenho", respondeu Samuel.

Ao contrário do que esperava, não teria vida mansa na CPI. Basicamente, as questões resumiam-se a quatro temas: o dumping da imprensa, a fiança do Banco do Brasil no caso da importação do papel, as garantias oferecidas para a obtenção de sucessivos empréstimos na mesma instituição, a transação da Rádio Clube do Brasil. Sem a orientação de um advogado, Samuel, na verdade, não tinha defesa. Com o respaldo da bancada da UDN, Lacerda recorrera ao escritório de José Nabuco para montar a estratégia de acusação. Além da peça literária já apresentada, o acusado tinha muito pouco a oferecer. A maioria governista se esfacelou na sua frente. Sobretudo, havia o fisiologismo da casa, com o qual não contara. Os partidos já cobravam de Getúlio cargos em troca do apoio à *Última Hora*. Estavam dispostos a jogá-lo aos leões.

"Na fiança do papel, a responsabilidade do banco era simplesmente moral?", seguiu Frota Aguiar.

"Era a de fiador. […]"

"O banco não se privou desta importância?"

"Não!"

"Quem fez o despacho do papel?"

"Os nossos despachantes normais. Eu me ocupo da parte jornalística de nossas empresas, não da administrativa. Darei depois as informações."

"A quem veio consignado o papel?"

"Ao Banco do Brasil. Se não cumprimos o contrato, o banco poderá dispor…"

"Como pôde afirmar que a *Última Hora* deste ano já saiu do déficit para o superávit?"

"Na base das cifras do balanço de 51 e 52. A *Última Hora* já equilibra a sua receita."

"Simples cálculos arbitrários?"

"Não é cálculo arbitrário. Muito em breve daremos divulgação. […]"

"Quando o senhor firmou o contrato da Érica, já tinha a certeza de que o Banco do Brasil atenderia ao seu pedido de empréstimo?"

"Não."

"Tinha a certeza de que conseguiria em outros bancos os meios financeiros e a consolidação de empréstimos anteriores?"

"Certeza, não, mas creio que sim, dado o patrimônio da *Última Hora*."

"Quando o senhor estava negociando os empréstimos, o seu então sócio Walter Moreira Salles era superintendente da Moeda e do Crédito?"

"Não sei. Sei apenas que era alto funcionário do Banco do Brasil."

"Quando Hugo Borghi passou a Rádio Clube para o seu grupo, a emissora estava hipotecada em 72 milhões de cruzeiros. [...] Quem o ajudou?"

"Ninguém. [...]"

"O presidente da República autorizou a transferência das ações?"

"O processo burocrático ainda não chegou ao fim. Tudo está caminhando dentro dos trâmites legais. [...]"

"A Rádio Clube está saudando os seus compromissos com pontualidade?"

"Não. Mas está saldando esses compromissos com sacrifício. Pelo menos melhor do que a maioria das emissoras do Rio."

Após o relator, foi a vez do udenista Guilherme Machado. Este começou suscitando uma dúvida que se prolongou por várias horas e que dizia respeito à aplicação de 15 milhões de cruzeiros encontrados a mais, pelos cálculos do deputado, na compra da Érica. Segundo o depoimento de Samuel, a Érica fora adquirida por 77 milhões, em números redondos. Fazendo as contas, Machado chegara à cifra de 92 milhões.

"Chegou a minha vez de nada entender", zombou Ulysses Guimarães, antes de iniciar suas perguntas. Insistiu na quebra de sigilo bancário, alegando que qualquer informação que ali fosse dada careceria de comprovação.

"O senhor particularmente abre mão do sigilo bancário em relação a todas as operações focadas neste caso?"

"A pergunta envolve grandes responsabilidades, mas não tenho restrições a opor ao Banco do Brasil se este quiser fornecer os elementos julgados necessários. [...] Estou certo de que esta medida também será idêntica para todos os jornais e empresas publicitárias."

Eurico Sales quis saber quais as garantias oferecidas pela Érica e *Última Hora* para conseguir empréstimos sucessivos no Banco do Brasil.

"Qual a primeira operação no Banco do Brasil?"

"Já fiz explicações nesse sentido. Elas constam de meu depoimento."

"O empréstimo foi feito sob garantia da hipoteca?"

"À Érica, sim, à *Última Hora*, sob garantia de contrato ou sob garantia do seu patrimônio."

"E como foram realizadas essas operações?"

"[...] Pela data de assinatura se verifica que foram realizadas no mesmo banco, em carteiras diferentes."

"E as garantias? Foram as mesmas ou são distintas?"

"Pelo contrato se verificará que fizemos uma proposta oferecendo todos os bens da Érica."

"A quem foi feita a proposta?"

"Creio que a primeira foi feita com a Carteira de Crédito Agrícola e logo a seguir com a Carteira de Crédito Geral."

"Teria recorrido a alguma pessoa influente para obter os negócios que fez com o Banco do Brasil?"

"Jamais recorri a qualquer elemento para obter no banco os empréstimos. Quando me dirigi ao banco, já estava de posse de 30 milhões, um grande patrimônio."

Araripe Júnior tomou a palavra:

"Voltando à questão do empréstimo de 50 milhões à Rádio Clube do Brasil. Que garantias o senhor deu para contrair tamanho empréstimo?"

"O patrimônio da Rádio Clube."

"Mas que patrimônio era este, se o senhor declarou que precisava do dinheiro para comprar equipamentos, pois os que a emissora possuía estavam deteriorados?"

"Não foi isto que eu disse."

Embora não fizessem parte da comissão, mais dois deputados participaram do interrogatório: Aliomar Baleeiro e Armando Falcão. O udenista Baleeiro trouxe Getúlio para a sala de interrogatórios.

"Quais as ligações que o senhor mantém com a família do presidente da República?"

"Como todos sabem, privo das relações não só com o sr. Getúlio como com vários membros de sua família."

"E estes membros da família do presidente têm alguma ligação com as empresas que o senhor dirige?"

"Absolutamente. Nenhum parente do sr. Getúlio Vargas tem quaisquer ligações de negócios com minhas organizações."

"Como explica a presença entre os acionistas do seu jornal do sr. Dinarte Dorneles?"

"O sr. Dinarte Dorneles apenas possui duas ações do meu jornal."

"E o sr. Raul do Amaral Peixoto, parente do governador do estado do Rio?"

"Bem, também possui igualmente outras duas ações."

Armando Falcão pediu a prisão de Samuel, depois de este se recusar a lhe responder uma pergunta.

"O senhor se considera da intimidade do presidente da República?"

"Não."

"Então como explica a publicação feita pelo seu jornal? [Referindo-se a uma foto em que Samuel aparecia num almoço com Getúlio.] É ou não da intimidade do presidente da República, se considera íntimo ou não?"

A esta altura, segundo comentaria a *Tribuna da Imprensa*, Samuel ficou confuso, sem dar explicação. Prosseguindo, Falcão puxou da manga o financiamento inicial de 30 milhões. Afinal de contas, quem eram os amigos tão generosos? Podia declinar nomes?

"Da minha parte, estou disposto a fazê-lo, mas antes preciso consultar essas pessoas, para obter autorização de divulgar seus nomes."

"Por força da lei, o senhor é obrigado a responder."

"Eu pediria, então, uma sessão secreta para que eu possa revelar os nomes."

Castilho Cabral interferiu, dizendo que a comissão não se reuniria secretamente. Falcão insistiu: "E os nomes dessas pessoas, quais são?". Samuel se calou.

"Quem são os homens da capa preta?", Lacerda exigiu, levando aos telespectadores a pergunta de Armando Falcão na sala reservada do Palácio Tiradentes. Pela primeira vez, os brasileiros podiam acompanhar do sofá uma CPI, assim como seguiam a radionovela *O direito de nascer*. "Debaixo de vara", gritou, clamando por novo depoimento do ex-amigo. Quem lhe emprestara os 30 milhões para a compra do prédio do *Diario Carioca*? Só se sabia um nome: Walter Moreira Salles, que, de acordo com Lacerda, Getúlio comprara com uma embaixada, com a ajuda do "aventureiro Wainer". Trapaceiro! Espertalhão! Escroque! Ladrão! Pobre-diabo! Inescrupuloso! Falsário! Malandrote! Pelas suas contas, Samuel custara ao Brasil mais que o cruzador *Barroso*. A Marinha adquirira o navio por 200 milhões de cruzeiros. A *Última Hora* saíra por 250 milhões.

Nas semanas que se seguiram, a *Tribuna da Imprensa* só teria um assunto: "Desmoronou o sistema defensivo de Wainer"; "Transacionou com o espião nazista"; "*Última Hora* integrada no esquema do golpe peronista que Jango prepara"; "Créditos concedidos pelo Banco do Brasil à quadrilha Wainer: Cr$ 285 milhões". Trocando em miúdos, era a própria roda da fortuna para os inimigos de Getúlio. Se o homem do presidente era essa encarnação da corrupção, o que podia se concluir do governo? O caso dos "homens da capa preta" acabou se tornando a principal pauta da CPI: ou Samuel entregava os nomes dos investidores da *Última Hora* ou devia ser obrigado a fazê-lo. Com sua obstinada campanha, Lacerda conquistou, como bem observou Nelson Rodrigues, a unanimidade. Inclusive na imprensa.

Para o jornal *O Globo*, todo aquele furdunço estava sendo um bom negócio: "A iniciativa da Rádio Globo, irradiando o depoimento do sr. Samuel Wainer e, em seguida, a contestação do sr. Carlos Lacerda, teve viva repercussão, que se traduziu pelos aplausos dos ouvintes". Não havia dúvida. O que se escutara do diretor da *Última Hora* havia sido apenas "revide aos ataques do diretor da *Tribuna da Imprensa*". Em vez de se explicar, Wainer preferira o ataque. O *Diario Carioca* fez coro, classificando de melancólico o depoimento. Por seu turno, o *Correio da Manhã* desmentiu a afirmação de Samuel em juízo de que todos os jornais receberam garantias do Banco do Brasil para a compra de papel: "Reiteramos o nosso desmentido: é totalmente, absolutamente falso que o *Correio da Manhã* haja recebido do Banco do Brasil garantias de qualquer natureza". Na opinião do respeitável matutino, aquela ladainha que o país inteiro acompanhou não passara de um "hino de louvor aos seus empreendimentos jornalísticos" — e Lacerda provara que o "império Wainer" não tinha somente 75 milhões em empréstimos, mas "as obrigações assumidas pela empresa editora desse vespertino junto ao Banco do Brasil ultrapassam a casa dos 250 milhões de cruzeiros".

Em artigo assinado no mesmo *Correio*, Antonio Callado, uma voz admirada no país, jornalista, romancista e dramaturgo, tomou partido:

No caso Carlos Lacerda contra *Última Hora*, quase todos nós somos a favor do primeiro. Mesmo de gente que detesta o primeiro não tenho ouvido defesa de *Última Hora*. Mas então por que há relativamente, na imprensa, poucas manifestações individuais claras a respeito da contenda? Porque (apesar de nossa fama de cabeças quentes e de gente que esbraveja e bate no peito, a propósito de tudo) nós somos, em verdade, uns dançadores de minueto.

Para Callado, Samuel Wainer não passava de "um homem agradável e fútil, que nunca me pareceu animado de nenhuma intenção de fazer algo sério pelo Brasil ou por qualquer outra federação, instituição ou ideia, mas um homem como muitos outros, um repórter de bons trabalhos outrora". Já Carlos Lacerda, ao contrário, possuía "defeitos de excesso e muitas vezes serve ideias e instituições com um ímpeto de quase destruí-las", e na verdade teria como programa de base "acabar com as várias modalidades do minueto brasileiro. É um *enragé de vérité* que acaba por extrair verdade até de uma mentira".

Lembrando que toda a guerra se iniciara com uma "barriga" da *Tribuna da Imprensa*, escreveu:

> Partindo [...] daí, Carlos Lacerda foi buscar histórias que todos adivinhávamos mas que nunca haviam sido expostas, sobre a fundação desse jornal milionário fundado por quem nada tinha (a não ser uma campanha, dentro dos Diários Associados, a favor da candidatura Vargas) e que nasceu empunhando tamanha mamadeira de ouro que conseguiu atrair bons profissionais entre gente que militava em órgãos da importância e solidez de *O Globo*, *Folha da Manhã* e dos próprios Diários.

Callado não tinha dúvida de que o dumping da imprensa — por ele considerada livre — consistia num fato:

> *Última Hora*, honra seja feita ao profissional Wainer, surgiu bonito e é feito com boa técnica. Mas admitir-se-ia num Rio de Janeiro onde tudo falta, menos, digamos, praias, o governo e vários anônimos de boa vontade fossem reunir 200 milhões de cruzeiros para fazer uma Copacabana no Flamengo? Então que foi, senão o puro favor oficial, que conseguiu para o sr. Samuel Wainer esse dinheirão todo? Estamos, assim, diante daquilo que nos aponta, com seus costumeiros excessos,

Carlos Lacerda: um jornal do governo nadando em dinheiro e concorrendo com a imprensa independente.

O artigo terminou em louvor:

Bastante injuriado, sem dúvida, o sr. Wainer retrucou injuriando ferozmente Carlos Lacerda. Estudamos com cuidado cada um dos insultos [...] e concluímos que só um é verdadeiro: o de que Carlos Lacerda é louco. Ele tem — em grau de causar inquietação aos amigos — aquela loucura que por duas vezes tirou de sua casa manchega o engenhoso fidalgo D. Quixote.

Por aqueles dias, os membros do Sindicato dos Proprietários de Jornais e Revistas, reunidos em almoço no restaurante do *Correio da Manhã*, decidiram lançar um manifesto em nome da "honra e independência da imprensa" e em repúdio ao favorecimento da *Última Hora* pelo governo. Assinaram o texto Paulo Bittencourt (*Correio da Manhã*), José Eduardo de Macedo Soares e Horácio de Carvalho (*Diario Carioca*), Elmano Cardim (*Jornal do Commercio*), Austregésilo de Ataíde e Carlos Rizzini (Diários Associados), Chagas Freitas (*A Noticia*), João Neder (*Vanguarda*), Roberto Marinho (*O Globo*), Othon Paulino (*O Dia*), Zoroastro Ramos (*Diario de Notícias*) e Carlos Lacerda (*Tribuna da Imprensa*).

O plano de Samuel falhou. Enquanto a CPI da *Última Hora* praticamente rivalizava com a radionovela *O direito de nascer*, a outra CPI, a comissão instaurada para investigar o resto da imprensa, morria na praia. Nenhum parlamentar parecia disposto a comprar briga com os grandes jornais. Diante dos fatos, ele só podia contar consigo mesmo: *Última Hora*, *Flan* e Rádio Clube do Brasil. Na verdade, ganhara um programa na TV Paulista. Mas o que era o Canal 5 perto da TV Tupi? Samuel resolveu partir para uma agressiva campanha de desmoralização dos oponentes.

Quem afinal era Assis Chateaubriand para lhe jogar pedras? O gângster da imprensa, o barão feudal, devia 700 milhões de cruzeiros na praça. Por acaso Roberto Marinho não hipotecara a mesma rotativa em distintos bancos, em empréstimos consecutivos? Os Mesquita? Reacionários, com o rabo preso com o conservadorismo paulistano. Paulo Bittencourt? Conforme o editorial da *Última Hora* carioca: "As intervenções do *Correio da Manhã*, em todo este caso, que enoja a nação [...] estão perfeitamente enquadradas na linha psicológica do sibarita conservado em álcool que dirige aquele vetusto órgão". Publicada na capa, uma charge de Augusto Rodrigues pusera Chatô sentado sobre um banco de madeira, numa referência ao Banco do Brasil, com Lacerda a lhe pedir uma "beirada".

Samuel parecia decidido a cair atirando. Uma das acusações que pesava sobre ele era a de falsear garantias em empréstimos milionários junto ao Banco do Brasil. Pois bem: conforme documentos publicados pela *Última Hora*, Chateaubriand utilizara o prédio da rua Sete de Abril, onde funcionava o Museu de Arte de São Paulo, no centro da cidade, como caução em sete hipotecas diferentes na Caixa Econômica Federal, uma soma de 90 milhões de cruzeiros. O Diários Associados, de acordo com a *Última Hora*, mantinha-se havia mais de trinta anos pelo "favoritismo oficial, à custa de golpes de gangsters". Por sua vez, o outro inimigo, Roberto Marinho, de acordo com o historiador Nelson Werneck Sodré, tinha uma dívida de 52 milhões de cruzeiros no Banco do Brasil, usando a mesma impressora da marca Goss como caução para cinco empréstimos. O fato estava registrado no 15º Oficio de Notas.

Seguramente, a diferença da *Última Hora* estava no pecado original. Se todos os jornais se dependuravam nos favorecimentos públicos, ela nascera da costela de um governo. A propósito, como fazer um grande jornal de orientação trabalhista senão na marra? Exceto Chateaubriand, os barões da imprensa vinham de famílias ricas e tradicionais. Seus diários refletiam o ponto de vista da sua classe. Para girar a roda da fortuna, devia pensar Samuel, como não transgredir?

Segundo Nelson Werneck Sodré, os jornais usavam três caminhos para conseguir recursos: a tomada a particulares por processos os mais variados, caminho largamente palmilhado por Chatô; os cofres públicos, em empréstimos de concessão e privilégios; e a publicidade. No ano corrente de 1953, quando as emendas da Petrobras estavam sendo votadas no Congresso, por exemplo, o total da publicidade paga por companhias americanas nos jornais e nas rádios atingiu 3,5 bilhões de cruzeiros.

O processo de *Última Hora* não foi organizado [...] apenas como meio de liquidar o concorrente afortunado e eficiente, mas como meio [...] de debilitar o governo. As empresas jornalísticas continuavam [...] a receber favores dos estabelecimentos oficiais de crédito e a receber concessões de toda ordem.

Mais ou menos culpado que os outros, os amigos de Samuel cerraram fileira com ele. Francisco de Assis Barbosa escreveu sobre um caso ocorrido com o vice-presidente, Café Filho. Quando este ainda era deputado, apresentara um projeto que versava sobre o aumento dos salários dos jornalistas. "Foi atacado, insultado, vilipendiado", enumerou. Os donos de jornais teriam decidido, de começo, não somente sabotar o projeto, mas enterrar o autor.

Que fizemos, então? Fundamos o *Café Jornal*, com apenas quatro páginas, que circulava apenas na Câmara e nas redações. Organizamos, depois, uma grande passeata em homenagem ao nosso patrono, e dirigimo-nos até o Palácio Tiradentes. A passeata saiu da nossa querida ABI. [...] Foram muitos. Mais de duzentos repórteres. [...] A situação era igualzinha à de hoje. Os donos de jornal, na sua esmagadora maioria, contra. Os trabalhadores de jornal, a favor.

Por iniciativa própria, Otto Lara Resende foi procurar Assis Chateaubriand, na tentativa de interceder por Samuel.

"Dr. Assis, eu li seu artigo de hoje no jornal e gostaria de fazer umas considerações. [...] A águia não pode descer ao galinheiro. O senhor tem tantas causas nobres para combater e no entanto está descendo muito, está entrando no campo da mesquinharia. Um general como o senhor não pode usar metralhadora para matar galinha..."

"Seu Otto, essa sua argumentação é tão cretina quanto o patife que o senhor veio aqui defender. Não toque mais nesse assunto comigo."

Pelo telefone, Samuel ouviu a sentença: Getúlio assinara um decreto que cassava a concessão da Rádio Clube do Brasil, baseando-se na denúncia feita por Carlos Lacerda e levada à sala da Comissão de Inquérito por Armando Falcão. Que erro! Sem pestanejar, o presidente o entregara aos leões. Afinal, o que se podia esperar levando-se em consideração a biografia de Vargas, um notório pragmático, que sempre colocara os interesses da política acima das amizades? Sob juramento, o próprio Samuel, aliás, se entregara, ao afirmar não ter contado com a autorização do governo para receber as ações das mãos de Hugo Borghi, nem para transferi-las a Marques Rebelo, seu laranja. Com isso, havia confessado ter infringido a lei, já que um decreto, de julho de 1951, exigia autorização do presidente da República para transações que envolvessem empresas de radiodifusão.

Samuel recordaria:

> Ficou evidente, naquele episódio, que eu já não era o delfim de Getúlio, já não trafegava com tanto desembaraço pelos corredores do poder, já não tinha, enfim, tanto poder. A transferência de ações de empresas radiofônicas para terceiros era [...] uma prática generalizada, no Brasil. No momento em que uma esquecida norma legal foi acionada contra o amigo do presidente, tornou-se claro que a amizade já não era a mesma.

Amizade? Ele bem sabia que a palavra era inadequada quando se tratava de Getúlio. Sim, o velho tinha apreço por ele, gostava de sua companhia e suas ideias. Mas daí a sacrificar a própria moral ia um longo caminho: "Apesar da surpresa, apesar da decepção, compreendi o gesto de Getúlio. Na luta política há o momento do avanço [e] o momento do recuo. [...] Naquele instante, Vargas achara conveniente sacrificar a rádio. Compreendi seu gesto, mas continuo convencido de que cometeu um grave erro político. Ficou transparente que a estrutura política do governo estava gravemente enfraquecida". No Catete, Samuel já não era recebido. Seu único elo com o governo passara a ser a troca de bilhetes com Alzira Vargas. Somando-se à perda do controle da Rádio Clube do Brasil, não se livrou das dívidas da emissora junto ao Banco do Brasil, conforme confessaria nas memórias. À CPI havia declarado haver pago a Hugo Borghi 500 mil cruzeiros, sem ter assumido dívida alguma.

A *Última Hora* sentiu o golpe. Os anunciantes começaram a minguar e, aos poucos, sumiram, tanto em São Paulo como no Rio. Os fornecedores queriam mais garantias. E a venda em banca despencou, nas duas praças. A tiragem do jornal de São Paulo caiu de 250 mil exemplares diários para 100 mil. A cadeia que sustentava Samuel havia se rompido: ele era amigo do homem, que era amigo dos industriais, que anunciavam em seus jornais. De uma hora para outra, a *Última Hora*, que pagava altos salários, passou a não pagar salário nenhum. O encarregado da administração, seu Raimundo, como o chamavam, instalou, no centro da elegante redação da praça Onze, uma mesa onde distribuía vales e brindes para os repórteres irem se aguentando até a situação melhorar. Contaria Nelson Rodrigues:

Eu só trabalhava na *Última Hora* e não recebia. Disse que *Última Hora* deixara de pagar. Não foi bem assim. Na belle époque do jornal, havia um departamento de concursos. O sujeito ia lá e via brindes pendurados até no lustre. Eis o que eu queria explicar: — enquanto durou a campanha, recebi, a título de salário, liquidificadores, panelas, colchões, cinzeiros, bandejas etc. etc. Era tão funda a minha depressão que me sentia remunerado com generosidade e abundância.

Além de não receber, os jornalistas da *Última Hora* tiveram que pagar a conta. Nelson Rodrigues foi um dos que viram o nome ser atirado na lama por Carlos Lacerda. "Com uma pinça, catava uma frase ou um episódio [de 'A vida como ela é...'] e o isolava de seu ambiente e de sua justificação psicológica e dramática. O destaque feito valorizava o extrato ao infinito. E, além do mais, ele criava suspense, inflexionava, representava. No fim, até um bom-dia ficava obsceno", contaria. Outro a entrar na linha de tiro foi Francisco de Assis Barbosa, que passou a receber ameaças de morte dos lacerdistas, aglutinados em movimentos de direita que surgiram na onda do discurso da moralidade pública: Movimento Cívico de Recuperação Nacional, da Faculdade de Direito de São Paulo; Aliança Popular contra o Roubo e o Golpe, no Rio; e o famoso Clube da Lanterna, presidido pelo jornalista Amaral Netto, futuro apresentador do programa *Amaral Netto, o Repórter*, porta-voz informal do regime militar.

"Lacerda começou a fazer pessoalmente contra mim uma campanha destruidora. [...] Não citava o meu nome no jornal. Mas ele mandava recados para mim, enviesados. O Lacerda assassinava moralmente as pessoas", comentaria Assis Barbosa. Paulo Silveira também teve o seu quinhão. "E Carlos escreveu um artigo de doer, chamando o Paulo de ladrão. Eu, tranquilamente, peguei o telefone e liguei para o Carlos. Falei: 'Carlos, você sabe muito bem que isto não é verdade'. Nem pedi desmentido, mas disse para ele não repetir porque eu [ia] engrossar. Ele nunca mais falou no assunto", lembraria o irmão de Paulo, Joel Silveira.

"O delator", gritava, por sua vez, a *Última Hora*:

Quando a Rússia começava a dar mostras de vitória na última guerra, tentou voltar às fileiras do partido bolchevista pela mão de seu tio, Fernando Lacerda, antigo membro do Komintern. Mas foi repelido. Desde então a sua vida tem sido uma jornada de delações e traições. Traiu velhos amigos que sempre o ajudaram. Traiu

Pedro Ernesto, traiu o Brigadeiro, traiu o *Diario Carioca*, traiu o *Correio da Manhã*, traiu o mandato de vereador e traiu, finalmente, aqueles que lhe deram meios para fundar a *Tribuna da Imprensa*.

Num daqueles dias difíceis, Samuel apelou. Enviou Francisco de Assis Barbosa ao apartamento de Alzira Vargas, com um recado para Getúlio. Não sabia por quanto tempo podia aguentar. Jânio Quadros lhe fizera uma proposta: pagaria todas as dívidas da *Última Hora* caso ele topasse se aliar ao seu projeto político, abandonando Vargas. Não tinha a intenção de fazer isso, mas nunca se sabia o dia de amanhã. O jornal estava ameaçado de extinção — e também ele próprio. Portanto, esperava uma mão amiga, fosse como fosse. "Tive uma conversa dramática com a Alzira", comentaria Assis Barbosa. Ela o recebeu muito bem, falaram longamente dos tempos da Faculdade de Direito: haviam sido contemporâneos. Porém, pouco podia fazer por Wainer. Em jogo, a sobrevivência política do pai. No entanto, garantiu, estava atenta. Segundo Assis Barbosa: "Alzira ficou muito ao lado do Samuel, foi muito decente, o que pôde fazer, ela fez para ajudar".

17. Brasileiro de última hora

Com cara de espanto, parado na porta da sala, sem coragem para entrar, Otávio Malta lhe perguntou: "Samuel, você nasceu na Bessarábia?".

A notícia chegou de véspera, antes de ganhar as esquinas de todo o Brasil, reproduzida pela cadeia Diários Associados. Que pergunta era aquela? Segundo lhe informou Malta, um velho amigo havia ligado da redação do *Diario de São Paulo* para lhe adiantar a bomba: "Não é brasileiro e, portanto, não pode ser diretor de jornal", conforme a manchete que seria estampada na edição do dia seguinte, 15 de julho de 1953. Sob o impacto da pergunta do companheiro, talvez Samuel nem tenha atinado, de fato, para o efeito colateral daquela revelação. Caso ficasse comprovado que não era brasileiro, perderia a *Última Hora*. De acordo com a Constituição, estrangeiros não podiam ser donos de jornal. Mesmo para o confidente Malta, ele negou. Sua origem nunca fora um assunto. Desde os 21 anos era brasileiro. Dos companheiros talvez só um pudesse desconfiar do seu local de nascimento, por ter convivido intimamente na casa de d. Dora: Carlos Lacerda.

Como comentaria Moacir Werneck de Castro, que até então se encontrava distante da *Última Hora* justamente por discordar da linha editorial getulista do jornal:

O lançamento da *Última Hora*, em 1951, me encontrou em outras paragens. Eu era redator da *Imprensa Popular*. Mas, embora não tivesse acompanhado de perto a campanha de Carlos Lacerda, ela me chocou profundamente. Ele se valeu de informações ou suspeitas colhidas num tempo de convivência fraterna. Seu empenho em destruir Samuel e o seu jornal parecia uma trama absurda de novela, paródia brega de um episódio bíblico. O repúdio a esta injustiça me reaproximou de Samuel.

De acordo com o *Diario de São Paulo*, jornal dos Associados, Samuel, para tirar a carteira de identidade, apresentara o registro civil número 333, feito na 6ª Circunscrição de Registro Civil, no centro do Rio de Janeiro, no ano de 1933, no qual, munido de testemunhas, declarara ter nascido em São Paulo, em 16 de janeiro de 1912. Contava, então, 21 anos. O registro obedecia aos termos da legislação em vigor, que permitia a qualquer pessoa, atingida a maioridade, declarar seu nascimento. Porém, ele tinha mentido. O pai de Samuel, Jaime Hersh Wainer, ao tirar a carteira de estrangeiro, em setembro de 1942, alegara ter chegado ao país em 1920, não lembrando o nome do navio. Por seu turno, a mãe, ao requerer o mesmo documento, dissera "1915". Fosse como fosse, se Samuel era de 1912, como teria nascido no Brasil se os pais ainda residiam na Bessarábia?

Assis Chateaubriand escreveu em sua coluna no *Jornal*:

> Um moço israelita, da Bessarábia, sem família, que até hoje só provou que nasceu no Brasil mediante testemunhos pessoais, exercendo neste país a profissão de jornalista, é o autor da mais fantástica proeza que até hoje se viu na face do planeta. [...] Que é a *Última Hora* senão a mais ardilosa, a mais viva e a mais hábil tribuna comunista do Brasil?

Daí em diante, Samuel, o "brasileiro de última hora", na definição do escritor Ruy Castro, passaria a ser chamado na imprensa de "russo branco", já que nenhum leitor fazia ideia de onde raios ficava a Bessarábia. Qualquer associação com a Rússia gerava pânico.

Três dias depois, em 18 de julho, Samuel viu a cópia da sua matrícula no Colégio Pedro II publicada na *Tribuna da Imprensa* e nos jornais de Chateaubriand. Orientado por Lacerda, David Nasser encontrara o documento. Neste, Artur Wainer declarava que o irmão havia nascido na Romênia. A justificação de naturalidade estava registrada na 3ª Pretoria Cível. A Otto Lara Resende, Samuel pediu que se recordasse do interventor do Rio de Janeiro, Adolfo Bergamini, nomeado após a Revolução de 30, cujas contas foram devassadas e a nacionalidade questionada. Só lhe restava negar.

"Chega ao fim a grande chantagem": a reportagem da *Última Hora* também estava documentada. Trazia as cópias de duas certidões da chegada ao Brasil do navio *Canárias*, em 1905. Na lista de passageiros, constavam os nomes de Dora e Jaime Wainer.

"Estes dois documentos [...] mostram as duas certidões que [comprovam que] o sr. Jaime Wainer e a sra. Dora Wainer, progenitores do jornalista Samuel Wainer, chegaram ao Brasil em 5 de janeiro de 1905. O diretor de *Última Hora*, que nasceu em 16 de janeiro de 1912, é brasileiro. [...] Não voltaremos, por isso, ao assunto."

Às quatro e meia da madrugada de 20 de julho, uma segunda-feira, Samuel foi preso. Ou melhor: entregou-se ao juiz Emílio Pimentel de Oliveira, na residência do magistrado, na elegante avenida Paulo de Frontin, no Rio Comprido. Dirigiu-se até lá cercado pelos amigos Baby Bocaiuva, Francisco de Assis Barbosa e Marques Rebelo. Atrás do veículo em que era conduzido, um Buick, três carros da *Última Hora* levavam um séquito de repórteres e fotógrafos. Quando desceu no endereço mencionado, a imprensa já o esperava. Tentando proteger o patrão, os fotógrafos do jornal entraram em luta corporal com os colegas. Samuel não seria fotografado pela concorrência. Ele vestia terno azul-escuro e suéter de cashmere cinza, segundo o *Globo*. A prisão vinha sendo aguardada desde as últimas horas de sábado, quando o juiz Pimentel expedira o mandado. Era acusado de desacatar a autoridade da CPI ao não atender as convocações para depor sobre os investidores que lhe haviam emprestado o capital inicial da *Última Hora*: "os homens da capa preta". Foram duas as convocações ignoradas. Na primeira mandara uma carta explicando, em termos jurídicos, que não era obrigado a revelar empréstimos particulares, já que o âmbito da investigação era o Banco do Brasil. Os deputados insistiram. Ele novamente faltou.

Do Rio Comprido, saiu algemado numa caminhonete da polícia, seguido por uma carreata barulhenta. A primeira parada, que durou apenas meia hora, foi no 1º Regimento de Cavalaria, na praça Duque de Caxias. Então, levaram-no para o 3º Batalhão de Infantaria, no Méier, onde permaneceu por pouco mais de duas horas. O destino final foi o 4º Batalhão de Infantaria, na rua Evaristo da

Veiga, no centro. Ele ocupou o gabinete do comandante da tropa. "Preso, por quinze dias, quinze meses, ou quinze anos, não revelará à Comissão os nomes dos brasileiros que lhe adiantaram recursos para o seu empreendimento", insurgiu-se no editorial da *Última Hora* daquela segunda-feira.

Na tarde de 21 de julho Samuel foi conduzido "debaixo de vara" ao Palácio Tiradentes. Chegou escoltado por dois policiais militares — e, mais uma vez, ladeado por Baby Bocaiuva e Francisco de Assis Barbosa. Nunca se vira tanta gente amontoada na sala da comissão. Deputados da situação e da oposição se engalfinhavam por uma chance de aparecer para as câmeras. O que ainda não se sabia ali, quando Samuel sentou na cadeira de testemunha, era que estava munido de um habeas corpus preventivo, emitido pelo juiz Pinto Falcão, desobrigando-o de falar. Assim que o deputado Castilho Cabral abriu a sessão, ele disse: "Peço a palavra", e mostrou o habeas corpus. Furibundo, o presidente da CPI deu um golpe seco na mesa, calando a turba: "Está encerrada a sessão".

A *Tribuna da Imprensa* descreveu a cena:

> Wainer estava pálido e nervoso. Procurava sorrir, porém, sempre que ia ser fotografado. Fumava cigarro sobre cigarro, e seu olhar errava pela sala. Sempre perto, saltitante, estava Baby Bocaiuva. A sessão começou pouco depois das dezessete horas [...] [e logo] a sessão estava encerrada e suspensos os trabalhos [...] até que o recurso ex-officio fosse julgado pela instância superior.

Até a revista *Time* abriu espaço para falar do assunto sob o título "Profeta destronado", chamando Samuel de "Sammy".

Carlos Lacerda não estava de brincadeira. Com Samuel preso, ele levantou a lebre. Havia dois dias, a *Última Hora* tinha triunfado, brandindo as duas certidões que atestavam a chegada do navio *Canárias*, em 1905, trazendo os Wainer. Mas quão estranhos eram aqueles documentos, entregues ao jornal por Osvaldo da Costa Miranda, diretor do Departamento Nacional de Imigração? A propósito, tal órgão jazia sob o jugo do ministro do Trabalho. Por acaso, João Goulart. Nas certidões, Jaime Hersh Wainer já figurava com o nome que só adotaria mais tarde. "Jaime Wainer, aliás, Chaim Veado Veiner, não poderia ter desembarcado no Rio com o nome de Jaime, forma vernácula do hebreu Caim ou Chaim", denunciou a *Tribuna da Imprensa*. Por muitas vezes, Lacerda se referiria ao pai de Samuel como "Veado", tradução muito literal de Hersh.

Os jornais fizeram coro: queriam ver a lista de passageiros do navio *Caná-rias*, exibida pela *Última Hora* como prova definitiva da origem do seu diretor. Em vez de ater-se aos fatos, o jornal de Wainer, do Rio, publicou uma reportagem de baixo calão: "Tão infame que o próprio pai o tem como morto". A matéria tirou do baú da Justiça o processo de desquite dos pais de Carlos Lacerda, Olga e Maurício de Lacerda. O caso, como se sabia na praça Onze, era uma ferida aberta. No começo da década de 1930, o tribuno Maurício de Lacerda viajara para o Uruguai em missão do governo Vargas. Numa recepção no Park Hotel, em Montevidéu, a mulher de um diplomata comentou com sua mulher, Olga: "Não sabia que a senhora tinha quatro filhos". Assim a mãe de Lacerda desco-brira que o marido havia ido ao cais para receber a amante Aglaiss Caminha e o filho bastardo, Maurício Caminha de Lacerda, então com dez anos. Na volta para o Brasil, dera-se o início da barulhenta separação. Lacerda ficou ao lado da mãe. E, segundo informava o documento publicado pela *Última Hora*, o pai, em depoimento durante o processo, declarou o filho "morto".

"O delator chegou a fazer chantagem com o próprio pai. [...] Às fls. 207 [...] há esta declaração do genitor do monstro que ora acusa a Samuel Wainer: 'que se lhe desse dinheiro retiraria [o testemunho] do processo; que, sabedor dessa condição, não compraria o silêncio do filho e como pai estava impedido de ajudá-lo a [se vender].'"

O *Correio da Manhã* entrou na briga. Segundo o matutino da avenida Gomes Freire, não se tratava de uma luta de jornais, como Samuel queria fazer parecer, mas de uma "causa" da *Tribuna da Imprensa*. "Samuel Wainer, em que pese ao sr. Jango Goulart, não é nosso compatriota: na crise essencial da sua vida, não revelou um só defeito, uma só qualidade nossa. Nem peito, nem reação, nem elasticidade brasileira, como alguns de seus companheiros cuja atitude se reprova [...] mas que se reconhece como 'nossa'", analisou o jornal de Paulo Bittencourt. Para o *Correio*, era a hora da verdade: "Não sejamos pessimistas. [...] Pela pri-meira vez na história desta República, a maioria esmagadora da opinião pública se sente diretamente 'representada' por esses poucos deputados cuja missão ultrapassa talvez o que eles próprios imaginaram. É como se o Brasil [...] tivesse dito: 'Basta'".

"Sibarita, herdeiro do 'fígado podre'", respondeu a *Última Hora*. De acordo com o jornal, o único mérito de Paulo Bittencourt era ter nascido filho de Edmundo Bittencourt, fundador do matutino, portador de incontestável flama. "Edmundo, com seus defeitos e fraquezas, foi um homem de luta. O filho preferiu [...] o amolecimento dos desfibrados, que rebaixam a imprensa a uma categoria de simples instrumento a serviço de seus apetites, de sua vaidade, de sua fome de poder e de seus sonhos (tão concretos!) de riqueza. Jornalista que nunca fez jornal."

Se alguma vez Samuel acreditou em milagres, foi naquela noite. Ela era uma aparição. Rosto de menina num corpo de vênus, não devia ter nem vinte anos. Tudo nela lhe pareceu superlativo: os olhos verdes arregalados, a boca grande, o pescoço comprido. Altíssima, ganhara nas colunas sociais o apelido de Girafinha. Nem bem a moça elegante pisou no salão nobre do Batalhão de Infantaria, onde ele vinha recebendo as visitas, começou a seduzi-la. O corpo cansado endireitou-se. Os olhos azuis se fixaram nela. Logo já conversavam como se estivessem num bar de Copacabana — ou de Nova York, rememoraria Danuza Leão, a musa do Country Club: "Ele era lindo, com olhos azuis penetrantes, um ar irresistível de sofredor — e estava preso, além de tudo. [...] O que fez Samuel nesse encontro? Charme. [...] Perguntou sobre a minha vida e se interessou pela minha experiência como modelo, inteiramente à vontade com seus, digamos, problemas carcerários".

Samuel nunca disse se já tinha ou não ouvido falar dela. Aos dezenove anos, Danuza era a sensação do grand monde carioca, embora não fosse rica nem carregasse um sobrenome tradicional. Nascera no interior do Espírito Santo, em Itaguaçu, filha do dr. Jairo, um advogado bem-sucedido, e de d. Altina — ou Tinoca. Até o final da infância, vivera em Vitória, para onde a família tinha se mudado logo que ela completou quatro meses. Quando fez dez anos, seu pai resolveu se transferir para o Rio de Janeiro. Foram morar em Copacabana. A caçula Nara, então com um ano, se tornaria a musa da bossa nova. Samuel e Danuza tinham em comum Paris. Ela acabara de chegar de lá. Viajara na caravana do célebre "bacanal de Corbeville" e, por conta própria, ficara na França, sozinha, trabalhando como modelo para o estilista Jacques Fath. Pelo fato de ser a primeira modelo brasileira contratada por uma *maison de couture*, havia sido capa da *Manchete*: "Danuza conquista Paris". Já era famosa antes de viajar, mais pela irreverência que pela beleza. No baile de debutante do Copacabana Palace, surgira vestindo um chemise enquanto as outras garotas sufocavam em babados.

Os amigos de Danuza eram os rapazes mais velhos, todos eles amigos ou ex-amigos de Samuel. Entre os ainda amigos, Vinicius de Moraes e Di Cavalcanti. Dos agora inimigos, Rubem Braga e Fernando Sabino. Desde que voltara para o Rio, ela era freguesa cativa do Tudo Azul, o badalado piano-bar de Copacabana em que Tom Jobim tocava. Em Paris, havia se rasgado numa paixão de cinema francês com o ator Daniel Gélin, personagem principal de *La Ronde*, um filme que já nascera clássico. Casado com a atriz Danièle Delorme, pai de Maria — Maria Schneider, que viria a protagonizar *Último tango em Paris* —, Daniel lhe apresentara a boemia parisiense, a sofisticação, a heroína, a liberdade. "Fazer uma vidinha social de festinhas [no Rio], nem pensar. Eu só achava graça em meus amigos de sempre — Di, Rubem, Fernando Sabino, mas não queria namorar nenhum deles nem ninguém; era tudo tão diferente, depois dos dois anos que tinha vivido."

O convite para visitar Samuel na cadeia viera do amigo em comum, Sérgio Figueiredo, um intelectual bon vivant, também amigo de Vinicius de Moraes, que havia entrevistado Charles Chaplin para a *Última Hora*. Danuza não sabia se Wainer "era da máfia, aliciador de mulheres ou assaltante de bancos". Visitá-lo era algo diferente para fazer nas noites iguais, além de ter se tornado um ato político. A *Última Hora* publicava todo dia o álbum de visitantes: cantoras de rádio, a turma do cinema, políticos do PTB, escritores, jornalistas, sindicalistas vindos de São Paulo em caravanas, presidentes das ligas de escolas de samba, jogadores de futebol. A CPI da *Última Hora* rachara o país. De um lado, a classe média, em apoio à causa da "moralidade pública". Do outro, boa parte dos artistas e intelectuais. Os velhos comunistas, entrincheirados na redação da *Imprensa Popular*, ficaram no time contrário. Ou seja, contra Samuel.

Ao deixar o quartel da Evaristo da Veiga, o mais improvável dos lugares para se apaixonar, Danuza estava "fascinada por aquele homem tão inteligente, com uma vida tão diferente da minha, e, se naquela mesa tosca da delegacia tivesse uma garrafa de uísque, gelo e copos, teríamos ficado conversando até o amanhecer".

No frigir das denúncias, Samuel encontrava-se preso por se negar a revelar nomes que todo mundo já conhecia. Os "homens da capa preta", ao menos alguns deles, percorriam as manchetes dos jornais: Walter Moreira Salles e Euvaldo Lodi, além do financiador do vespertino de São Paulo, o conde Francisco Matarazzo. Enquanto Wainer jazia no 4º Batalhão de Infantaria, a *Tribuna da Imprensa* divulgou o nome do seu terceiro investidor: Ricardo Jafet, presidente do Banco do Brasil na época dos empréstimos. O montante do empréstimo aparecera na documentação enviada pelo novo presidente da instituição, o general Anápio Gomes, ao presidente da CPI, Castilho Cabral. Como denunciara Lacerda, os empréstimos concedidos a Samuel somavam espantosos 279 685 424,00 de cruzeiros (cerca de 340 milhões de reais em 2019). Em nome da Érica, 75 milhões. Da *Última Hora*, 8 milhões. Da Rádio Clube, 66 milhões. Da Companhia Editora Paulista e de Jornais, que publicava o periódico de São Paulo, 42 milhões. E o saldo da fiança para importação de papel era de 87 milhões. A *Última Hora* contestou: fiança não era empréstimo. E a Companhia Editora Paulista e de Jornais não estava sob investigação. O total seria de apenas 80 milhões, ou 97 milhões de reais. Para sedimentar a tese, publicou a relação de garantias oferecidas nos contratos, um patrimônio que se iniciou com os 30 milhões levantados com os particulares.

Os depoimentos continuaram. Baby Bocaiuva Cunha foi ouvido. Sobre Walter Moreira Salles, contou que o banqueiro comprara 10 mil ações, no valor de 10 milhões. Sobre os outros nomes, calou-se. Estava nervoso, "pálido, suando, fumando sem cessar (um maço e meio de Hollywood em duas horas e meia), piscando o olho para os amigos, girando a cadeira, esfregando o rosto", segundo a *Tribuna da Imprensa*. Para Carlos Lacerda, Baby era "um homem jovem que se vendeu cedo demais".

Quem sentou em seguida na cadeira de testemunha foi Euvaldo Lodi, o presidente da Fiesp. Ele chegou ao Palácio Tiradentes sob o peso de uma denúncia fresca. O jornal *O Estado de S. Paulo* contara, partindo de uma entrevista com o deputado Aluísio Alves, que Lodi havia procurado Getúlio para saber se ele simpatizava com o projeto de Samuel. Só então entrara no negócio. Além do empréstimo pessoal de 10 milhões, dera à *Última Hora* o contrato de publicidade com o Sesi. "Não me arrependo de ter financiado Wainer, porque gosto de ajudar moços que têm planos arrojados e pretendem construir, faz parte dos meus princípios", alegou Lodi. Antes de aderir à proposta, fora interpelado em duas ocasiões por Samuel. Primeiro, este lhe oferecera sociedade. Depois, pedira os empréstimos.

Wainer me procurou para me dizer que ainda não tinha o dinheiro. Entretanto, tinha conseguido com o conde Francisco Matarazzo, o que me comunicou nesse tempo, 3 milhões. Propus, então, ao Banco da Prefeitura o pagamento dos Cr$ 3 milhões em dinheiro e a transformação do resto da dívida em catorze títulos pessoais, de Cr$ 500 mil, vencíveis de 30 de novembro de 1951 a 30 de dezembro de 1952. Todos esses títulos foram pagos.

Wainer devia-lhe ainda 7 milhões: "É meu devedor pessoal. [...] Quando ajudo alguém, ajudo completamente".

Euvaldo Lodi se irritou quando o deputado Aliomar Baleeiro, falando após seis horas de inquirição, tentou trazer à baila o nome de Getúlio:

Essa pergunta já foi clara e definitivamente respondida, quando afirmei que ninguém me pediu coisa alguma. O deputado Aluísio Alves, a quem prezo como grande amigo, nunca conversou comigo a respeito. [...] Sei o que visa essa pergunta. É saber se o presidente teve intervenção no caso. [...] O presidente nem ninguém teve qualquer intervenção nos negócios que fiz com o sr. Samuel Wainer.

No dia seguinte, Lodi viu estampado na *Tribuna da Imprensa* um anúncio: "Empréstimos sem juros a rapazes de futuro. Procurem Euvaldo Lodi. Desconto garantido nos bancos oficiais. Reembolso pelo Sesi".

Samuel ia do céu ao inferno. No mesmo dia, 27 de julho, saiu da cadeia, com uma decisão judicial de soltura — e logo se viu de novo na lama. Ao deixar o quartel, parecia o triunfo, carregado nos ombros pelos colegas, diante das dezenas de populares que aguardavam na calçada da rua Evaristo da Veiga. À tarde, *O Globo* estampava a denúncia.

Saíra o resultado da perícia feita na lista dos passageiros do navio *Canárias*, que chegara em 1905, supostamente trazendo os pais de Samuel. Segundo o laudo do Departamento Federal de Segurança Pública, estava confirmado: o documento fora grosseiramente adulterado. Entre o último nome da lista e a assinatura do capitão do navio, haviam sido enxertados dois nomes: Jaime Hersh Wainer e Dora Lerner Wainer. O pedido de sindicância partira do deputado Armando Falcão. Em ofício encaminhado a João Goulart, titular da pasta do

Trabalho, à qual o Departamento Nacional de Imigração era subordinado, exigiu a perícia, alegando o que Carlos Lacerda vinha gritando na televisão: nem Jaime nem Dora Wainer se chamavam assim ao entrar no Brasil.

A *Tribuna da Imprensa* pediu o fechamento da *Última Hora* e a expulsão de Samuel do país: "O termo de registro civil de Wainer é nulo e não apenas anulável. Não há necessidade de qualquer sentença, ou processo judicial, para anulá-lo por conter falsidade ideológica em face de outros atos daquele estrangeiro". O *Diario de Noticias* chamou Samuel de falsário e pediu a suspensão imediata do vespertino oficioso, além da expulsão do país do seu diretor. Chateaubriand usou da prerrogativa de senador para um discurso de mais de duas horas no Congresso. Em determinado momento, arrancou risos do plenário, ao lembrar que três "burgueses" financiavam o "Kominform" brasileiro, para "propaganda do ideal soviético, dentro de nossas fronteiras". Ao lado da ação financeira desses "pobres e deploráveis burgueses", estava Getúlio, com "um propósito de extermínio das empresas impressoras democráticas".

A *Última Hora* esboçou reação — pateticamente, é verdade, jogando a suspeita sobre Carlos Lacerda. Só a ele, de acordo com a folha, interessaria um crime tão grosseiro. Em artigo assinado, Samuel se indignou: "Esta é a minha pátria e dela ninguém me desligará".

Para engordar as provas de que ele nascera na Bessarábia, mais dois documentos ocuparam a capa da *Tribuna da Imprensa*. Num deles, de próprio punho, Wainer declarava ter nascido na Romênia, quando se matriculou na Escola de Farmácia, Odontologia e Obstetrícia de São Paulo. Ao se transferir para a Faculdade Nacional de Medicina, em 1931, repetira a declaração. No outro documento, a Justiça Eleitoral atestava: "Samuel Wainer não é eleitor".

Lacerda perguntou:

> Agora que está documentado com abundância o escândalo da *Última Hora*, cujas proporções cresceram com a constatação de que não é brasileiro o aventureiro a quem o Banco do Brasil deu 280 milhões, o povo espera do governo uma ação rápida e imediata. [...] O Executivo pode e deve tomar medidas acauteladoras dos interesses nacionais. Por que não o faz?

A semana que tinha começado com a soltura de Samuel terminou com a ampliação do campo de batalha. No 14º Distrito Policial foi instaurado inquérito para investigação da nacionalidade. Daí para a frente seria investigado não só no âmbito legislativo, mas pela Justiça comum. O delegado incumbido do caso chamava-se Antenor Lírio Coelho. Ao mesmo tempo, Jango sucumbiu. Afastou o diretor do Departamento Nacional de Imigração (DNI), Osvaldo da Costa Miranda; abriu um inquérito administrativo para apurar a responsabilidade pela falsificação; e solicitou à Justiça a abertura de mais um processo. "Quem é o falsificador?", perguntavam os jornais. No gabinete do vereador Pascoal Carlos Magno, instaurou-se um tribunal inquisidor paralelo, para encontrar o culpado. O primeiro interrogatório ali, transcrito pela *Tribuna da Imprensa*, foi o de um funcionário da Câmara Municipal, Raul de Assunção Borges:

"Desde quando mantém relações pessoais com Samuel Wainer?"

"Não tenho relações pessoais com ele há muito tempo."

"Não teve este mês um encontro com Samuel Wainer na Confeitaria Brasileira?"

"Não."

"Nesse caso, por que disse que teve um encontro?"

"Eu nunca disse a ninguém que me encontrei com Samuel Wainer. [...] Apenas me encontrei com o irmão dele, José, com quem, aliás, me dou muito."

As semanas corriam e, ao contrário do imaginado, a campanha contra Samuel não dava sinais de que amainaria. Os Sábados de Aleluia pareciam infinitos. Às vezes, a desgraça o tocava, deixando-o deprimido, desanimado, fatigado, a ponto de vislumbrar a possibilidade de acabar com tudo. Por que não fechar a *Última Hora* e ir viver na Europa?, talvez se perguntasse. Já mudara tanto de vida que o futuro desconhecido não podia assustá-lo. Como escreveria Nelson Rodrigues, ao lembrar o terrível ano de 1953: "Samuel Wainer pertence a um povo que não morre; e, se morre, estejamos certos de sua ressurreição urgente e triunfal". Segundo Nelson, o que o salvou foi a "paciência multimilenar":

Ele não odeia ninguém, nunca. Lembro-me daquele sujeito de anedota que achava o ódio uma perda de tempo e de dinheiro. Samuel é mais ou menos assim, ou melhor dizendo: — é exatamente assim. Não há, nele, o desgaste do ressentimento. Quando era mais cruel a campanha contra a *Última Hora*, Samuel não teve jamais um gesto de ira.

Nos primeiros dias de agosto, Samuel resolveu afastar-se da direção do jornal. Passou as ações para o nome de dois laranjas: Baby Bocaiuva e Simões Filho. Ex-ministro da Educação, dono de grande fortuna e tarimba política, o baiano, sogro de Baby, serviria de escudo para o jornal. O problema foi que o velho reacionário, o qual fundara *A Tarde*, decidiu, de fato, dirigir a *Última Hora*. Instalou-se na sala da diretoria, relegando a Wainer uma mesa na redação. A situação na praça Onze beirava o insustentável. *Flan* ia morrendo melancolicamente. E a *Última Hora* resistia, sem pagar em dia os salários dos funcionários e sem se exibir nas bancas com cadernos especiais e brindes para os leitores.

No dia 10 daquele mês, Wainer retornou ao Palácio Tiradentes para confessar o que todo mundo já sabia: os nomes dos financiadores. A sessão foi conduzida pelo relator, Frota Aguiar, que leu as perguntas de todos os membros da comissão. Açoitado por cinco horas, Samuel continuou se negando a confirmar o nome de Ricardo Jafet como um dos investidores primordiais da *Última Hora*. Só confirmou os nomes de Walter Moreira Salles, Euvaldo Lodi e do conde Matarazzo. Sobre a nacionalidade, afirmou ser brasileiro. "Muitas outras pessoas me concederam empréstimos, confiando na minha capacidade de trabalho e no sucesso do empreendimento que eu ia realizar. [...] Por princípios morais estou disposto a sofrer as penas da lei. [...] Não direi o nome dos amigos que me deram dinheiro em caráter privado", foi sua palavra final.

Apesar da recusa de Samuel, dias depois a comissão convocou Ricardo Jafet para depor. Ele chegou ao Tiradentes dirigindo um Cadillac verde, pontualmente às 14h15, para uma inquirição que duraria seis horas. De origem libanesa, Jafet era um dos homens mais ricos do país. Pioneira na industrialização de São Paulo, sua família detinha um infindável número de empresas, em diferentes ramos: têxtil, mineração, metalurgia, siderurgia, navegação. Assim que começou a ser interrogado, declarou: "Dei o dinheiro por minha conta", como se fosse também dono do Banco do Brasil. "O presidente do banco não está obrigado a ouvir ninguém."

Logo após Jafet, foi a vez do conde Matarazzo, que chegou à Câmara dos Deputados acompanhado de Danton Coelho e de "numerosos capangas", segundo a *Tribuna da Imprensa*. O interrogatório durou seis horas. "Diante de um idealista, tornei-me idealista, também", disse o conde. O primeiro deputado a ouvi-lo foi o paulista Ulysses Guimarães:

"De que forma fez os empréstimos a Wainer?"

"Inicialmente dei Cr$ 3 milhões, para ajudá-lo, dinheiro do meu bolso, dado particularmente. Depois dei um global de Cr$ 12 milhões e ultimamente Cr$ 4 milhões e 500 mil."

"Em que condições foram realizados os empréstimos?"

"No primeiro empréstimo não realizei nenhuma operação porque não sabia se ia recebê-lo de volta. Foi uma contribuição. Não um empréstimo, porque um empréstimo exige um reembolso com o qual eu não contava. Estava disposto a não reclamar se Samuel não me tivesse pago. [...] Como negócio teria dado o dinheiro a empresas mais consolidadas."

E para os outros empréstimos, quais teriam sido as condições?

"Depois de alguns meses, ele me apareceu em São Paulo, dizendo que, diante do sucesso do seu jornal no Rio, ia lançar outro, semelhante, em São Paulo. Pediu que eu o ajudasse, entrando como acionista. [...] Wainer perguntou-me, então, se eu não considerava São Paulo em condições de ter mais um vespertino, cujos propósitos seriam apenas os de divulgar a verdade. Disse, ainda, que não somente ele, e eu, seríamos beneficiados, mas a coletividade. Resolvi, então, ser acionista. [...] Quando dei os Cr$ 12 milhões era um acionista em potencial."

E fez bom negócio?

"A aplicação desse capital, comercialmente, deu bons resultados e está dando. Os jornais estão dando lucro e seu diretor vivia *à la grande*."

"O que o levou a oferecer recursos a Wainer foi sua convicção pessoal de que o empreendimento daria certo, ou atendeu a influências poderosas?"

"A influência que recebi foi a do próprio Wainer. Poucas vezes me encontram disposto a ceder a influências."

Ao assumir o questionamento, o deputado Frota Aguiar fez questão de aferroar, pedindo ao conde permissão para chamá-lo de senhor, pois o tratamento nobre feria a democracia. Matarazzo contou-lhe que não conhecia Samuel pessoalmente antes de ser procurado, no Hotel Excelsior, no Rio, para investir na *Última Hora*, embora tivesse contribuído nos anos 1940 para *Diretrizes*.

"Sabia que ele não tinha idoneidade econômica e financeira?"

"Sabia que não possuía fortuna. Reconhecia-lhe, entretanto, a idoneidade técnica. E Wainer realizou o que prometeu. E tem condições que lhe dão um certo crédito. [...]"

"Sua preocupação, ao ajudar Wainer, não foi enfrentar outros jornais de prestígio?"

"Não tive essa preocupação. Apenas achei justo financiar ou auxiliar um moço que reputo capaz."

Guilherme Machado também interrogou Matarazzo:

"Pode informar se a orientação política dos jornais de Wainer coincide com a orientação de v. sa. na questão social?"

"Não posso informar se a orientação coincide com a minha, pois não sei se os seus jornais têm efetivamente uma orientação. [...]"

"No depoimento perante esta Comissão, Wainer disse que conseguira dinheiro de v. sa. e de outros capitalistas para adquirir as ações da Érica. V. sa. disse há pouco que só deu o dinheiro quando a *Última Hora* já estava circulando. Aqui há, portanto, uma contradição. Pode esclarecê-la?"

"Deve prevalecer a palavra de Samuel, pois nessa questão de datas sou muito esquecido."

Segundo a *Tribuna da Imprensa*, o depoimento do conde Mararazzo podia se resumir numa única frase: "O dinheiro é meu e dou a quem quiser".

No dia 24 de agosto, mais um tubarão encarou a Comissão: Walter Moreira Salles. Antes de ser inquirido, pediu a palavra: "Subscrevi, em meu nome, 1500 ações da Érica. O restante, 8500 ações, [...] foi para facilitar as transações do sr. Samuel Wainer. Faço tais esclarecimentos para que não pensem que esses amigos e parentes, signatários de 8500 ações, sejam meus testas de ferro".

O deputado Frota Aguiar, o primeiro a inquiri-lo, perguntou:

"Em que data foi nomeado embaixador do Brasil em Washington?"

"Em abril de 1952."

"Não sendo v. exa. de carreira diplomática, quem indicou v. exa. ao presidente da República para o cargo de embaixador em Washington?"

"Tenho relações pessoais com o presidente da República desde 1926. Ninguém me indicou, foi uma escolha pessoal."

"Desde quando e de onde conhece Samuel Wainer?"

"Conheço Samuel Wainer há doze ou catorze anos, desde quando ele trabalhava com o sr. Chateaubriand."

No mesmo dia, depois do depoimento de Walter Moreira Salles, o escândalo da *Última Hora* respingou no Catete. Poucas horas antes de deixar a presidência do Banco do Brasil, o general Anápio Gomes liberara um documento que ligava Samuel ao deputado Lutero Vargas: um título de 22 milhões de cruzeiros, emitido pela Companhia Paulista Editora e de Jornais, avalizado pelo próprio Wainer e pelo filho do presidente. Além disso, ao transferir o dinheiro para Samuel, o conde Matarazzo, numa jogada desastrada, fizera-o passar pelas mãos de Lutero, que era também sócio na Rádio Clube do Brasil. O depoimento dele, em 27 de agosto, estendeu-se por quatro horas. A Castilho Cabral, Lutero contara que conhecia Samuel da fazenda do pai. Na sua opinião, o jornalista tinha sido dos mais ardorosos partidários da campanha de Getúlio Vargas. E as convicções políticas os aproximaram.

Guilherme Machado indagou:

"Samuel Wainer pediu a v. exa. que intercedesse junto a amigos influentes e abastados para obter recursos para adquirir a Érica e fazer o lançamento da *Última Hora*?"

"O sr. Samuel Wainer me conhece muito bem, para me pedir tal coisa."

Foi a vez de Aliomar Baleeiro inquirir:

"Quando assinou o título, a pedido de Matarazzo, teve o cuidado de fazer a ressalva de que assinava apenas como testemunha?"

"Não fiz qualquer ressalva, pois me bastava a palavra do sr. Matarazzo de que eu era testemunha. [...]"

"A que atribui o fato de pessoas do grupo Jafet [...] terem insistido em obter o aval do deputado Lutero, se não tinha ele patrimônio suficiente para garantir Cr$ 22 milhões?"

"Não sei qual teria sido essa intenção."

Falcão, o último a questionar Lutero, insistiu:

"O interesse de Wainer e Jafet era de envolver pessoas da família presidencial?"

"Ignorava as ligações de Wainer com o grupo Jafet."

"Samuel Wainer, a aventura mais cara do Brasil": fora esse o título da primeira reportagem assinada por David Nasser, na revista *O Cruzeiro*, sobre o caso da *Última Hora*, já no lusco-fusco do tumultuado ano de 1953. Quatro páginas de deboche:

> Palavra de honra, nunca pensei que Samuel Wainer, tão simpático, tão dado, tão manhoso, tão vivo, fosse acabar na cadeia por um golpe desses. Não que o considerasse um exemplo bíblico de honestidade. Longe disso. Sabia de seu amor pelo dinheiro. Sabia que ele, por dinheiro, pelo cheiro do dinheiro, seria capaz de botar até a máquina de escrever do Joel Silveira no prego — e o Joel era seu melhor amigo [...].
>
> Se houvera um sismógrafo acompanhando as flutuações morais de Samuel Wainer durante o tempo em que foi diretor de pequenos jornais no Rio de Janeiro, tal sismógrafo assinalaria mais curvas que a serra da Mantiqueira [...].
>
> O homem, pondo de lado as patifarias que foram o rosário de sua vida profissional, era um expoente. Nas épocas em que trabalhávamos em lados opostos era necessário dobrar as precauções e não foram raras as oportunidades em que o repórter que assina estas notas [...] voltou para casa, desconsolado, vencido pela maior habilidade e pelo maior tirocínio de Samuel Wainer [...].
>
> Samuel Wainer nasceu na Bessarábia ou por reembolso postal.

Embora não fosse segredo para ninguém que Nasser era braço jornalístico da cruzada de Carlos Lacerda, ele esperou sadicamente para dar início a sua série de reportagens, que ocuparia edições consecutivas da revista que mais vendia no Brasil. Era conhecido por sempre tirar proveito financeiro das situações, nunca comprava uma briga de graça. Membro do clube dos bajuladores de Chatô, costumava repetir-lhe os métodos. Na semana seguinte, despediu-se do antigo companheiro de redação pedindo sua expulsão do país: "Boa viagem, Samuel".

> Essa versão rumaica de Margarida Gauthier que está nos saindo o Samuel Wainer começa a despertar a sensibilidade do povo brasileiro e isto é perigoso. Explorando a sua palidez doentia, os olhos cavos voltados para os seus juízes com uma perplexidade de medo e os lábios entreabertos, trêmulos, arroxeados, prestes a dizer a palavra final da confissão — o jovem Samuel (quarenta anos de rapinagem) começa a inspirar piedade.

Para Samuel, a única saída era o ataque:

Utilizando-se de um processo inquisitorial, que constituirá inapagável nódoa nos anais de nossa vida parlamentar e jurídica, a Comissão [...] agrediu e torturou testemunhas. Depois, hibernou. E agora desperta para vida efêmera e precária. Jamais compreendeu a finalidade das comissões parlamentares de inquérito. [...] Nunca, em qualquer parte do mundo, tiveram finalidade policialesca.

Foi o que escreveu em editorial da *Última Hora*, no dia seguinte à divulgação do relatório final da CPI, no dia 3 de novembro. Às seis horas da tarde, no salão nobre da Câmara dos Deputados, o deputado Castilho Cabral apresentara à imprensa a conclusão de cinco meses de inquirições, 44 reuniões públicas, 28 testemunhas ouvidas: 113 páginas datilografadas, um resumo da ópera que, na íntegra, somava 6 mil páginas. O montante repisado pela *Tribuna da Imprensa* fora confirmado: 279 685 424,00 de cruzeiros. Linha a linha, estava destrinchada a vida financeira das empresas Érica, *Última Hora*, Rádio Clube do Brasil e Companhia Paulista Editora e de Jornais. O regime de favoritismo era, para os membros da comissão, um fato inquestionável.

Samuel não tinha um tostão furado ao iniciar o negócio. Mesmo sem crédito na praça, com títulos protestados, arrancara dinheiro de quatro "burgueses": Matarazzo, Lodi, Moreira Salles e o "quarto paulista", nome não confirmado pela CPI. O maior financiador, porém, conforme o relatório, havia sido o Banco do Brasil, sob a direção de Ricardo Jafet. As garantias se repetiram em empréstimos consecutivos. Ao contrário do que esperava a imprensa, todavia, os deputados não apontaram o dedo para o Catete. Sem conseguir levantar nenhuma prova de crime de responsabilidade por parte de Getúlio, ficaram nas insinuações. O único ato concreto do presidente era o editorial publicado no primeiro número da *Última Hora*, saudando o jornal. Para o relator, Frota Aguiar, impressionara o fato de Lutero Vargas ser sócio de Samuel na Rádio Clube do Brasil e avalista de títulos da Companhia Paulista: "Dúvida não há quanto à simpatia pessoal de que gozava o sr. Samuel Wainer por parte do presidente Getúlio Vargas, e ainda goza por parte de pessoas ligadas pelo sangue ou por amizade íntima ao chefe da nação".

A paulada final se deu duas semanas depois da divulgação do relatório final da CPI, no concorrido evento no Palácio Tiradentes. Encaminhada ao Palácio do

Catete, ao procurador-geral da República e à diretoria do Banco do Brasil, a documentação obrigou Getúlio a tomar uma providência. Como era de esperar, não houve misericórdia. Ele determinou que as dívidas da *Última Hora* em aberto fossem executadas pelo Banco do Brasil em 24 horas, sob pena de o jornal ser fechado.

Desesperado, Samuel bateu à porta de Bejo Vargas, no Hotel Plaza. Pediu ao irmão do presidente que intercedesse junto a Getúlio, apelando pela ampliação do prazo para oito dias. Os títulos vencidos somavam 2,5 milhões. Na dança das cadeiras, Simões Filho já se afastara da direção da *Última Hora*. No cabeçalho do jornal, o novo diretor-presidente era o deputado petebista Danton Coelho. Baby Bocaiuva continuava constando como diretor responsável e Wainer aparecia como fundador. Mesmo assim o milionário baiano veio em socorro. Foi pessoalmente com Samuel pagar a dívida no gabinete do presidente do Banco do Brasil, Marcos de Sousa Dantas.

"A situação tinha uma grande carga de dramaticidade", rememoraria Samuel, "mas não deixava de ser ridícula: dois funcionários foram convocados para contar, uma a uma, as cédulas que eu levara. Era um monte de dinheiro. Recebi comprovantes da quitação e voltei à redação."

De regresso à Zona do Mangue, onde Samuel outrora visitava as polacas. Ao chegar ao 14º Distrito, estava com Baby Bocaiuva e com os advogados Hariberto de Miranda Jordão e Evandro Lins e Silva, contratados para atuar no caso da falsificação de nacionalidade. A escolha daquele distrito plantado no baixo meretrício só podia ser mais uma forma de humilhá-lo. O delegado Antenor Lírio Coelho conduziu o interrogatório. "Qual a primeira imagem física que o senhor guarda da sua pátria?", quis saber. Em vez de discorrer sobre as estepes da Bessarábia, o réu descreveu as peladas na várzea do Bom Retiro. Lembrou-se dos passeios de barco no Tietê inundado. E arriscou uma blague: se o delegado quisesse mesmo saber como era a Bessarábia, poderia intimar sua avó, Raquel, que, na infância, costumava lhe contar casos dos antepassados que viveram na região por quase 2 mil anos.

O interrogatório entrou pela noite, acompanhado por jornalistas de todos os periódicos brasileiros e por correspondentes internacionais. Sobre a falsificação da lista dos passageiros do *Canárias*, Wainer negou ter conhecimento do que se passara. Também esperava a conclusão das investigações. Mas reafirmou que

No porto de Gênova, na Itália, em fins de 1920, os Wainer se preparam para cruzar o Atlântico, numa viagem sem volta. O primogênito, Artur, partira um ano antes. Com o galope do antissemitismo no Leste Europeu, milhares de judeus estavam pegando a rota das Américas. Na foto, o casal Jaime e Dora com os sete filhos. Samuel é o primeiro de pé, à esquerda. Contava prováveis oito anos.

Com Bluma Chafir Wainer, recém-casados, em fevereiro de 1934, no Rio de Janeiro. Inteligente, determinada — e comunista —, Bluma seria sua companheira por quase duas décadas.

Lançada em 1938, em pleno Estado Novo, *Diretrizes* foi a primeira publicação de sucesso de Samuel Wainer. Com um expediente de notáveis, abrigou nomes como Carlos Drummond de Andrade, Rachel de Queiroz, Graciliano Ramos, Jorge Amado, Rubem Braga, Joel Silveira, Francisco de Assis Barbosa e Carlos Lacerda. Simpática ao Partido Comunista, a revista se notabilizou pelo combate ao nazifascismo durante a Segunda Guerra Mundial.

Com Carlos Lacerda (sentado à direita, de suspensórios) e amigos na comemoração do noivado de Dorival Caymmi e Stella Maris, na casa de Jorge Amado, em 1940. Foi uma das últimas reuniões da turma de *Diretrizes* antes do rompimento com Lacerda. Samuel está à direita, com o pequeno Sebastião Lacerda nos ombros.

Na Copacabana de 1940, com Bluma e Moacir Werneck de Castro. Segundo Danuza Leão, sua futura mulher, Samuel era "um acontecimento" na praia, sem nenhuma intimidade com a areia e o mar.

Em setembro de 1944, quando era ministro da Saúde, Salvador Allende e sua mulher, Hortensia Bussi, receberam o casal Wainer em sua residência em Santiago do Chile. Fugindo do tacape do Estado Novo, Samuel estava a caminho do exílio nos Estados Unidos. Entre as intensas discussões políticas, Bluma flagrou um cochilo do futuro presidente em sua poltrona favorita.

No exílio em Santiago do Chile, sw travou camaradagem com políticos proeminentes. Nesta foto de 10 de setembro de 1944, bebe chá e fuma charuto com os futuros presidentes Salvador Allende (segundo à esquerda) e Eduardo Frei, a seu lado.

Em agosto de 1945, depois de vender *Diretrizes*, sw embarcou para a Europa como correspondente da revista. Com a ajuda de Vinicius de Moraes, conseguiu credenciais e uniforme de correspondente do Exército norte-americano para cobrir o histórico julgamento de Nuremberg. Seis dias antes de enviar este retrato aos pais, feliz com a visão das ruínas de Berlim, recebera a grande notícia: o fim do Estado Novo.

sw na cobertura do julgamento de Pierre Laval, chefe do
governo colaboracionista de
Vichy, em outubro de 1945.
Foi a partir desse trabalho
para *Diretrizes* que o jornalista
se firmou como correspon-
dente internacional.

Com Bluma, diante do palácio
barroco da Universidade de Erlangen, na Alemanha, em setembro de 1946.

sw e Bluma na Europa, em 1946. O casal conheceu de perto a difícil realidade da Europa no pós-guerra. De uniforme norte-americano, o jornalista tinha passe livre para viajar e fazer entrevistas.

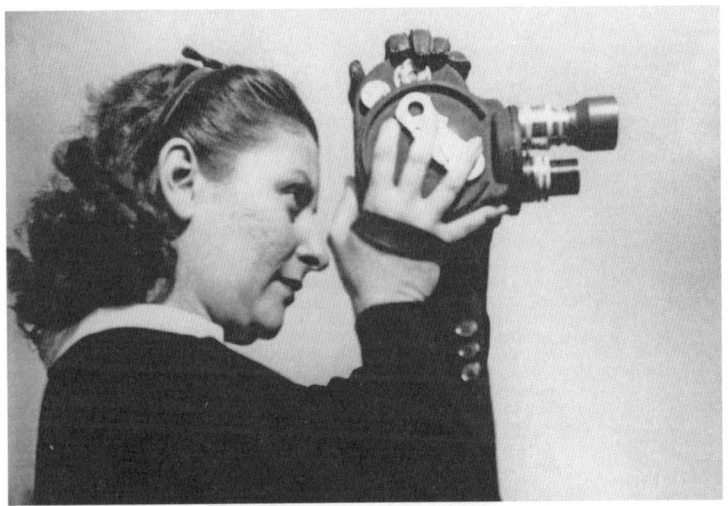

Em 1946, Bluma e Samuel cruzaram a devastação da Europa Central, passando longa temporada na Iugoslávia de Josip Broz Tito, o heroico líder dos partisans. De câmera na mão, Bluma eternizou a viagem, além de registrar detalhadamente o dia a dia no diário e também em cartas à cunhada Noia Chafir e à amiga Clarice Lispector.

Posando para Bluma, nos arredores de Nuremberg, em setembro de 1946.

Passeando por Berna, na Suíça, com o casal Clarice Lispector e Maury Gurgel Valente. Bluma e Clarice eram amigas íntimas, trocando confidências em frenética correspondência ao longo da vida.

Dando lições de ciclismo a Bluma em Erlangen, Alemanha, em outubro de 1946.

Com Bluma, examinando os negativos da viagem pela Europa, em 1946. Fotografando e também escrevendo reportagens, ela chegou a publicar em revistas importantes do Brasil, como *O Cruzeiro*.

Les temps difficiles: Bluma não podia perder esta foto.

Fazendo pose para Bluma na avenida Champs-Élysées, em Paris, com o Arco do Triunfo ao fundo. Na França, sw colaborou com o prestigioso *Ce Soir*, dirigido pelo poeta Louis Aragon.

Com Bluma, na oficina de um relojoeiro em Erlangen, na Alemanha, em setembro de 1946. Na Baviera devastada, o casal também visitou Nuremberg, Munique e o campo de extermínio de Dachau. Apesar dos sorrisos, o tempo de seu casamento estava se esgotando.

Bluma na praia do Flamengo, no Rio, em foto sem data. Sua beleza enigmática cativou uma legião de admiradores, inclusive o escritor Rubem Braga, colunista de *Diretrizes*, de quem foi amante.

Correspondente na Europa entre 1945 e 1946, sw assinou reportagens de ampla repercussão, incluindo a cobertura dos julgamentos de Pierre Laval, colaboracionista francês, e dos criminosos nazistas em Nuremberg. No retorno ao Brasil, depois do fechamento de *Diretrizes*, foi contratado pelos Diários Associados, de Assis Chateaubriand.

Em maio de 1947, sw fez a sua primeira série de reportagens sobre o petróleo brasileiro, assunto que o ocuparia por longos anos, engajado na campanha O Petróleo é Nosso. Em viagem à Bahia, pousou com os técnicos que anunciavam a descoberta do ouro negro em território nacional.

Em abril de 1948, poucas semanas antes da criação do Estado de Israel, sw viajou à Palestina como correspondente dos Diários Associados. Entre tiroteios e atentados, reencontrou-se com a tradição judaica, manteve contato com espiões e se apaixonou por uma cantora iemenita.

Com Getúlio Vargas, no encontro que alterou o rumo das coisas. No Carnaval de 1949, sw conseguiu entrevistar o recluso ex-ditador para o *Diário da Noite*, de Assis Chateaubriand, trazendo-o de volta ao centro do teatro político. Nesta foto, o jornalista passeia com Vargas na Fazenda Santos Reis, em São Borja (RS).

Nos anos 1950, frequentando as rodas do *café society*. Movido a cigarro e anfetamina, sw varava a noite de Copacabana para amanhecer na gráfica da *Última Hora*. Fazia questão de ler o jornal ainda fresco, cuspido pela rotativa.

Na estreia da *Última Hora*, em 12 de junho de 1951, a rotativa Duplex pifou. A tiragem saiu com atraso — e apenas metade dos 80 mil exemplares chegou às bancas. Na carta de Getúlio Vargas, reproduzida na primeira página, um ambíguo voto de confiança do presidente: "Muito espero de um jornalista do seu valor".

Com Luís Fernando Bocaiuva Cunha, diretor-superintendente da *UH*, acompanhando a impressão do primeiro número do jornal. De família tradicional, Baby Bocaiuva era genro do ministro da Educação e Saúde, Simões Filho. Ao cercar-se de nomes importantes, sw pensava estar blindando a *Última Hora* da perseguição dos inimigos. Em vão.

"Quel résultat! Splendide, votre journal!" Com o príncipe Ali Khan, descendente do profeta Maomé e marido de Rita Hayworth, na redação da *Última Hora*, em novembro de 1951. O herdeiro da casa imperial brasileira, João de Orléans e Bragança (à esquerda), e o milionário Jorge Guinle acompanharam a visita.

Em 1951, quando era presidente do Banco do Brasil, o milionário paulista Ricardo Jafet teve papel decisivo nas operações de crédito, sem garantias adequadas, que viabilizaram a fundação da *Última Hora*. Dois anos depois, para encobrir a influência do presidente Vargas no episódio, Jafet declarou ter "dado" o dinheiro do banco a sw por sua própria conta. Na época, o BB equivalia ao Banco Central do país.

O banqueiro Walter Moreira Salles foi um dos investidores ocultos da *Última Hora*, em 1951, sob os auspícios de Getúlio Vargas. No ano seguinte, o presidente o nomeou embaixador em Washington.

Secundado pelo deputado Lutero Vargas, filho mais velho de Getúlio, sw discursa na inauguração da *UH* paulistana, em março de 1952. Lutero foi seu sócio na Rádio Clube do Brasil e avalizou um empréstimo suspeito ao jornal — episódios nebulosos que alimentaram a sanha persecutória da oposição udenista.

Em abril de 1953, sw viajou com a família Vargas para a comemoração do 71º aniversário de Getúlio, numa fazenda em Barra do Piraí. Aqui, em clima descontraído, o jornalista examina um exemplar da *UH* ao lado de Alzira Vargas, a poderosa filha do presidente.

Para driblar a hostilidade aberta da grande imprensa, Getúlio Vargas patrocinou a fundação da *Última Hora*, e, nos bastidores, supervisionava a linha editorial do jornal. Apelidado pelo presidente de "Profeta", sw foi íntimo do Catete até o final de 1953, quando Getúlio, pressionado pela oposição, mandou executar a dívida da *UH* com o Banco do Brasil. Às vésperas do suicídio do ex-ditador, em agosto de 1954, eles se reconciliaram num emocionado telefonema.

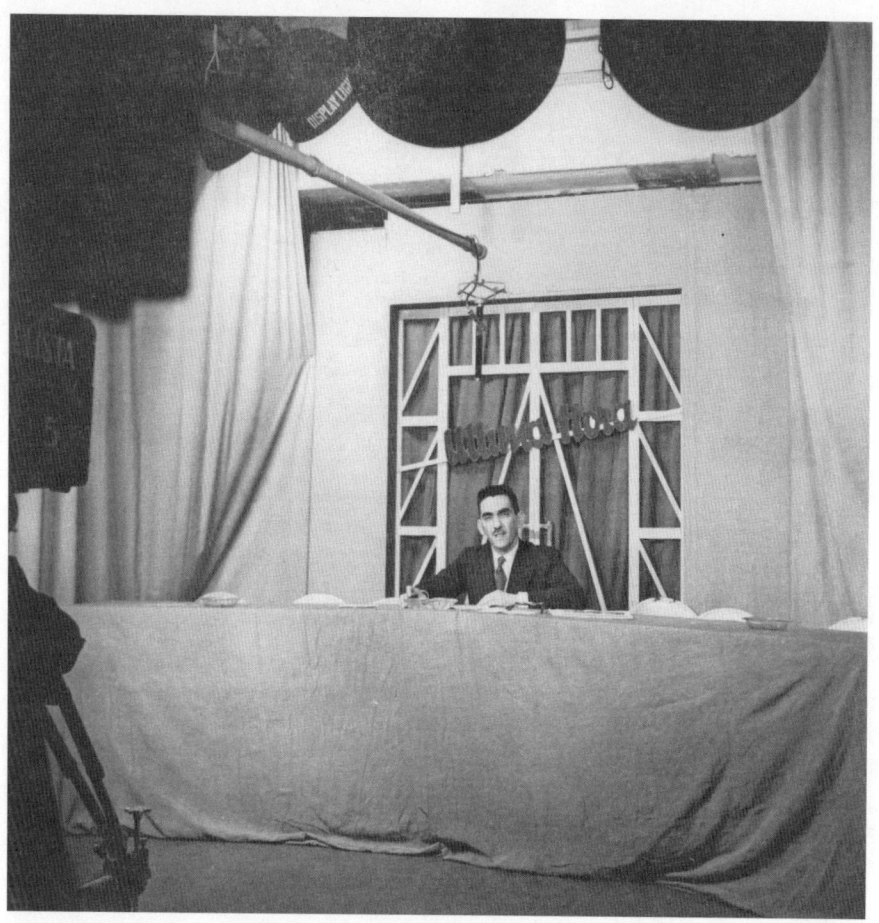

Em julho de 1953, no auge da guerra com Carlos Lacerda, sw comprou um horário na tv Paulista, canal 5, para se defender das acusações de empréstimos fraudulentos no Banco do Brasil. Além da *Tribuna da Imprensa*, Lacerda contou com os microfones da Rádio Globo e um horário diário na tv Tupi na cruzada santa para atingir Getúlio Vargas.

A guerra sem quartel travada por Carlos Lacerda e Assis Chateaubriand contra sw culminou, em meados de julho de 1953, com a revelação de que o dono da *Última Hora* não era brasileiro. Portanto, não poderia ser proprietário de jornal, segundo a legislação vigente. A campanha da *Tribuna da Imprensa*, aliada aos grandes órgãos da imprensa, levou o fundador da *UH* à prisão duas vezes, a primeira dois dias depois desta capa, por desacato à CPI instaurada para investigar o seu jornal, e a segunda, em 1955, por falsidade ideológica. Em ambas as ocasiões, foi inocentado pelas instâncias superiores.

Depondo à CPI da *Última Hora*, em julho de 1953, a primeira CPI midiática da história brasileira, que interrogou tubarões como Ricardo Jafet, Walter Moreira Salles e Francisco Matarazzo. Durante os trabalhos no Palácio Tiradentes, sede da Câmara dos Deputados, a *Última Hora* travou uma luta de vida ou morte com a concorrência, tirando do armário os esqueletos da grande imprensa.

sw contesta a *Tribuna da Imprensa* durante seu depoimento à cpi da *Última Hora*. Sentado, à direita, o deputado Armando Falcão, do psd, aliado de Carlos Lacerda e futuro ministro da Justiça do governo Geisel.

Em 20 de julho de 1953, sw se entregou à Justiça. O jornalista se recusara a revelar à cpi a identidade dos seus investidores privados e teve a prisão decretada por um juiz criminal. Passou uma semana detido num quartel da polícia militar, aonde chegou escoltado por oficiais.

Preso no 3º Batalhão da PM carioca, SW lê *O Globo*. O vespertino de Roberto Marinho foi um de seus mais entusiasmados algozes.

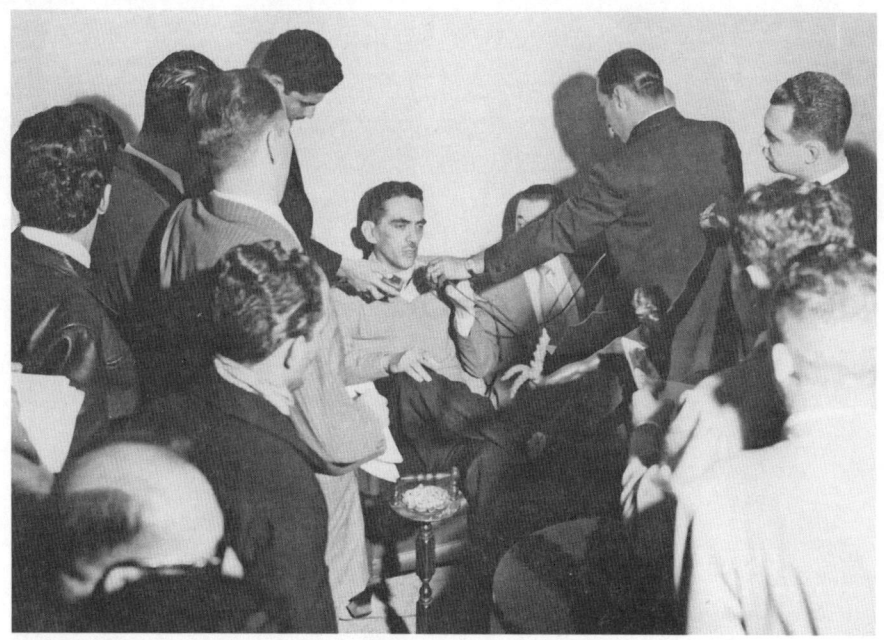

sw passava os dias recebendo ilustres visitas em sua cela especial. Visitá-lo na cadeia, aliás, tornou-se — quase — militância política.

Ao ser libertado, sw saiu da prisão carregado pelos colegas da *Última Hora*.

Um motorista de ônibus do Rio lê na *UH* a notícia da libertação de sw, em 27 de julho de 1953. Inovador na técnica e vibrante no conteúdo, a *Última Hora* se tornou um dos jornais mais populares do Rio de Janeiro.

sw deixa a prisão beneficiado por um habeas corpus. No carro, o advogado Hariberto de Miranda Jordão e o jornalista Francisco de Assis Barbosa (à direita), redator da *Última Hora*.

Rio de Janeiro, 24 de agosto de 1954: em edição extra, a *UH* noticiou o suicídio de Getúlio Vargas. A frase que ocupou a manchete, "Só morto sairei do Catete!", chegou a Samuel num bilhete do presidente que lhe foi entregue pelo filho de Vargas, Maneco.

"O Corvo", do cartunista Lan, publicado pela *Última Hora* em maio de 1954, iria perseguir Carlos Lacerda por toda a vida.

Uma multidão compareceu ao enterro de Getúlio Vargas em São Borja, em 25 de agosto de 1954. Em primeiro plano, a viúva do presidente, Darci Vargas, cumprimenta Osvaldo Aranha, ex-ministro da Fazenda. À esquerda, de cachecol, o ex-ministro da Justiça, Tancredo Neves. No centro, ao fundo, Samuel Wainer, em meio à multidão.

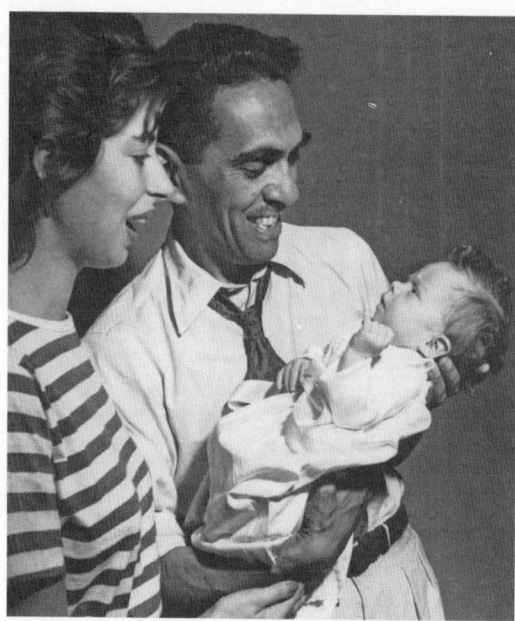

Com Danuza Leão e a filha Pinky, no começo de 1955. A menina ganhou o nome da avó, Dvora — ou Deborah, em português.

Em setembro de 1959, Samuel e Danuza Leão viajaram à China, na delegação do Brasil para as comemorações dos dez anos da Revolução Comunista. Com quarenta anos de antecedência, ele anteviu em carta aberta ao presidente JK, publicada pela *Última Hora*, a importância econômica e geopolítica do país de Mao Tsé-tung. Na época, Brasil e China não possuíam relações diplomáticas.

Com Kim Novak no Carnaval carioca de 1960, o último do Rio como capital do país.

Com Nelson Rodrigues, em abril de 1960. Entre as pedras fundamentais da *Última Hora*, o jornalista e dramaturgo publicou no jornal, ao longo de onze anos, a antológica "A vida como ela é...".

Danuza Leão com os filhos Samuca, Bruno e Pinky, no começo dos anos 1960. Em 1964, após o golpe militar, Samuel, já separado da mulher, exilou-se em Paris. Ela o seguiu, levando os filhos para estudar na Europa.

Marcados pelo mesmo destino, Getúlio Vargas, Samuel Wainer e João Goulart tornaram-se grandes amigos, dividindo o gosto pela política e pela boemia. Em 1964, quando a campanha para derrubar Jango ganhou os editoriais da grande imprensa, a *Última Hora* foi o único jornal a defender o mandato do presidente. Na foto, Samuel acompanha Jango em visita a Di Cavalcanti.

sw de casaca e Danuza Leão de sári indiano na inauguração de Brasília, em 21 de abril de 1960. A despeito da elegância do traje, o jornalista calçava mocassins, contrariando os manuais de estilo. Segundo Danuza, "ele podia".

Com Juscelino Kubitschek na inauguração de
Brasília, em 21 de abril de 1960. Um dos financiadores da fundação da *UH*, JK contou com o apoio
entusiástico dos jornais de SW ao Plano de Metas
e à construção da nova capital. Em troca, Juscelino abriu-lhe as portas das empreiteiras.

Últimos retoques em Brasília: Oscar Niemeyer confabula com SW nas
obras da nova capital, em abril de
1961. A sucursal brasiliense da *UH*
começou a funcionar no mesmo dia
da inauguração da cidade.

Samuel e Jango, com os
filhos, no sítio do presidente, em Jacarepaguá.
Segundo documentos do
Departamento de Esta-
do dos Estados Unidos,
sw era o sétimo na lista
de conselheiros do presi-
dente.

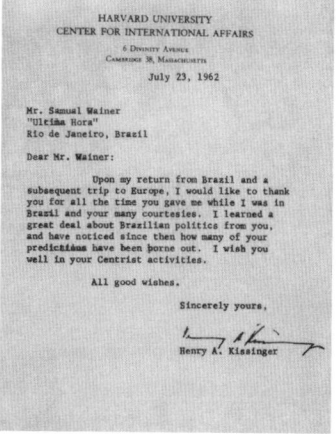

Em 1962, sw ciceroneou Henry Kissinger, professor da Universidade Harvard, em visita ao Rio de
Janeiro. Na ocasião, Kissinger quis saber como Samuel Wainer e Carlos Lacerda, dois homens aparentemente de opiniões opostas, podiam se dizer
de centro. "Estamos os dois no centro, só que de
costas um para o outro", explicou sw. Neste bilhete,
o futuro secretário de Estado dos Estados Unidos
elogiou o discernimento e agradeceu a gentileza do
amigo brasileiro.

Com o mineiro José de Magalhães Pinto, presidente da UDN, na inauguração da sucursal mineira da *UH*, em Belo Horizonte. Como governador de Minas, Magalhães Pinto seria o principal líder civil do golpe que depôs João Goulart e obrigou sw a partir para o exílio, em 1964. O jornalista era amigo do banqueiro José Luís de Magalhães Lins, sobrinho de Magalhães Pinto, o "amigo certo de promissórias incertas".

Rio de Janeiro, 1º de abril de 1964: a redação da *Última Hora*, na praça da Bandeira, foi empastelada por policiais à paisana e simpatizantes do golpe civil-militar. Nos escombros da oficina, a diminuta equipe — quem não estava preso ou exilado encontrava-se escondido — conseguiu rodar uma heroica edição de apenas quatro páginas.

sw se despede do Brasil em 9 de maio de 1964, rumo a Santiago do Chile, no aeroporto do Galeão. Retornaria no final de 1967 para tentar levar adiante o sonho da *UH*, sufocada pela ditadura.

sw em sua sala na redação da *Folha de S.Paulo*, no final dos anos 1970. Convidado por Cláudio Abramo, escrevia uma coluna diária na prestigiosa página 2 do jornal. Nos últimos meses de vida (morreria em setembro de 1980), dedicou diversas colunas ao sindicalista que bagunçava o coreto da burguesia: Luiz Inácio da Silva, o Lula. No derradeiro texto, elogiou os operários poloneses e o direito de greve, subterfúgio para enaltecer as greves do ABC paulista sem melindrar os militares.

os pais haviam aportado em Santos, em 1905, durante a Guerra Russo-Japonesa. Sobre as declarações públicas da nacionalidade romena, feitas de próprio punho e por meio do irmão, Artur, disse que o pai tencionava retornar à Europa e proibia que os filhos se considerassem brasileiros. Após mais de oito horas de perguntas inúteis, a coisa ficara no mesmo. Se não podia provar que era brasileiro, a polícia também não podia afirmar que não era. Para isso, precisaria de sua certidão de nascimento emitida pela repartição responsável na Romênia — e isso não parecia fácil de obter.

Das inúmeras batalhas que Samuel vinha enfrentando, o sofrimento da mãe parecia ser o pior. D. Dora definhava, acometida de uma doença respiratória que a fazia sufocar toda vez que ouvia qualquer notícia sobre o filho. Numa daquelas noites, ele foi visitá-la na casa da irmã Soniah, no Flamengo. Encontrou-a assistindo ao programa do Lacerda na televisão. Ao vê-lo, a mãe quis saber por que tanto ódio por parte do rapaz que, afinal de contas, frequentara sua casa. A campanha de Lacerda a levava a reviver os pogroms da Rússia da sua juventude. Para ela, tudo aquilo só podia estar acontecendo porque o filho era judeu. "Quando ele foi depor na cpi, minha mãe passou três noites acordada", contaria Sofia Wainer, a caçula da família. "Fany botava o travesseiro nos ouvidos para não ouvir a voz do Lacerda. Meu pai a obrigava a ouvir."

Além de Samuel, José, Marcos e Artur estavam sendo apresentados ao país como trambiqueiros, com títulos protestados na praça e também com declarações suspeitas de nacionalidade. De Bertha Kogan, a adorada irmã de Samuel, a *Tribuna da Imprensa* desencavou uma entrevista comprometedora. Ela dirigia a revista *Brasil-Israel*, fundada com a ajuda dele, logo após a independência de Israel. Era uma mulher ativa e querida na comunidade judaica, casada com o russo Mossia Kogan, sobrenome tradicional no círculo dos judeus endinheirados de São Paulo. Falando à própria revista, Bertha contara que a família Wainer chegara ao Brasil em 1920. Sem querer, havia fornecido mais um documento para comprometer o irmão. Na *Tribuna*, Lacerda ressaltou que Mossia Kogan era "um químico que exerce ilegalmente a medicina". Não só para d. Dora toda aquela campanha, a qual extrapolava para os familiares a investigação da vida financeira de Samuel, tinha cheiro antissemita. Os judeus ainda não haviam se recuperado do trauma da guerra.

O maior gesto de solidariedade que Samuel recebeu, aliás, veio justamente da comunidade judaica. Os judeus do Bom Retiro fizeram fila para depor em seu favor, atestando tê-lo visto ser circuncidado. Até o rabino mentiu, explicando aos policiais que o rito judaico, testemunhado por dez pessoas, aquelas ali presentes, era realizado no oitavo dia do nascimento: Samuel Wainer nascera em 16 de janeiro de 1912, na rua da Graça, 185. Sobre a confusão de datas, lembraram que o calendário juliano continuara a vigorar na Rússia até 1919, quando, no restante do mundo, já se usava o calendário gregoriano. Era comum imigrantes russos errarem nas contas.

Logo Samuel viu a mãe partir para um sanatório para doentes pulmonares no litoral paulista. De carro, ela viajou na companhia do marido, Jaime Wainer, e da filha Sofia. Desde São Paulo, uma viatura da polícia estadual os seguiu até a Clínica São Vicente. Enquanto d. Dora era levada para a emergência, os policiais arrastaram seu Jaime para um quarto e trancaram a porta. Ali o velho permaneceu por dez horas respondendo a perguntas, sem a presença de um advogado. O episódio arrancou a ira de Samuel, que marcou um encontro com Alzira Vargas. Entregou à filha do presidente uma carta que Getúlio lhe enviara algum tempo antes, falando de confiança e amizade, e um livro com dedicatória ao "Profeta Samuel". E pediu a ela que desse um recado a Vargas: se Jaime Wainer voltasse a ser incomodado, passaria a lutar contra o governo. Poucos dias depois, recebeu na redação da *Última Hora* um bilhete: "Alzira, diga ao Profeta que no Brasil não há divórcio".

Mas o casamento parecia mesmo ter azedado. O ano de 1953 certamente foi o pior da sua vida. Em 2 de dezembro, na Clínica São Vicente, aos 72 anos, morreu d. Dora. E, antes que o ano terminasse, Samuel levou mais um golpe. No 14º Distrito, seu irmão José foi reconhecido por funcionários do Departamento Nacional de Imigração, entre eles o diretor Osvaldo da Costa Miranda, como o falsificador da lista de passageiros do *Canárias*. A autorização para que tivesse acesso às listas teria vindo direto do gabinete de João Goulart. Para salvar o irmão — e a própria pele —, Samuel o tirou de circulação logo após o primeiro depoimento, mandando-o para o mais improvável dos esconderijos: a fazenda de Ademar de Barros, no interior de São Paulo. As sobrinhas, Raquel e Noemi, órfãs de mãe, que falecera pouco antes de estourar o escândalo da *Última Hora*, foram despachadas para Israel.

"De repente, não tínhamos nem casa, nem pai, nem mãe. Meu pai fugiu com papel falso e foi se encontrar com a gente em Israel. José era um grande aventureiro. Ele ficou um ano na fazenda e foi pra Israel", contaria Noemi Wainer, aos 86 anos. Na época, aos 21, deixou para trás a carreira de bailarina do Balé do Quarto Centenário, de São Paulo.

18. Danuza

O verão carioca sempre renovava a sensação de que tudo ia acabar bem. O Rei da Noite, o indefectível Carlos Machado, estava com mais um espetáculo de sucesso na praça: *Esta vida é um Carnaval*, com Grande Otelo, Ataulfo Alves e o aspirante João Gilberto no elenco. Segundo escreveu Rubem Braga, Machado se superara. Pela primeira vez uma escola de samba, a Império Serrano, subia no palco de um teatro, com passistas, mestres-salas, baianas e ritmistas. Outro arrasa-quarteirão estreou no Béguin: *No país dos Cadillacs*, de Silveira Sampaio. Para o rubor da família brasileira, Dolores Duran surgiu em cena só de maiô e cauda, com as mais belas pernas que o Distrito Federal jamais vira à mostra. Em 1954, mesmo sob sua tempestade particular, Samuel não ficou em casa. Aliás, bem ao contrário: separou-se de Isa e foi viver no Hotel Excelsior, em Copacabana.

- A srta. Danuza Leão passeava sábado à tarde na avenida Atlântica, dirigindo um Chevrolet. Ao seu lado, estava o sr. Samuel Wainer.
- Dizem que a sofisticada Danuza Girafinha Leão foi vista num cinema com um ex-diretor de jornal cujas iniciais são sw.
- A srta. Danuza Leão e o sr. Samuel Wainer continuam firme. A jovem em questão desapareceu do nosso Café Society, e as poucas vezes que é vista, está devidamente acompanhada pelo referido senhor.

- Samuel Wainer (em companhia de Danuza Leão) deu para frequentar as lutas de boxe, no Rio. Certamente se preparando para levar o caso com Lacerda para outro terreno. No que faz bem.
- A srta. Danuza Girafa Leão foi para São Paulo. Repouso de beleza? Pelo menos uma beleza de repouso, longe da zona chamada perigosa.

As colunas sociais não paravam de falar do novo casal. A vida da jovem Danuza, que rejeitara uma fila de pretendentes do Country Club, passou a ser esperar Samuel sair do jornal. Às nove, dez, onze, ele chegava, sempre exausto, ao apartamento do Edifício Champs-Élysées, na avenida Atlântica, em frente ao Posto 4, onde mais tarde nasceria a bossa nova. Enquanto ela terminava de se arrumar, Wainer tirava um cochilo no sofá. A primeira parada da noite era sempre o saboroso La Cloche D'Or, na Constante Ramos. Segundo Danuza, Samuel fumava muito, Chesterfield, e bebia pouco, um ou dois Old Fashion, coquetel servido em copo curto, adornado por uma cereja espetada num palito. O prato também se repetia: Grenouilles à la Provençale — rã com molho de manteiga e alho.

O namorado de Danuza, embora ela não se interessasse pelo assunto, tinha processos correndo em quase todas as varas da Justiça do Distrito Federal. Na vara da Família, respondia pelo crime de falsificação do registro civil. Na Criminal, juntamente com seus irmãos, Artur, José e Marcos, estava sendo processado por crime de falsidade ideológica e falsificação de documentação pública. Na vara de Registros Públicos, respondia por ter usado documentos supostamente falsos para registrar a *Última Hora* em seu nome. Na Civil, corria o processo de falência da Rádio Clube do Brasil. E, no dia 22 de março, Getúlio enviou os cinco volumes decorrentes da CPI da *Última Hora* para o consultor-geral da República remeter o inquérito à Justiça. Não bastasse tudo isso, Samuel entrou com o pedido de registro de candidatura a deputado federal pelo PTB. Nem ao menos tinha título de eleitor. Mas resolvera brigar não só pelo direito de votar, como também pelo direito de se candidatar, como forma de reafirmar sua cidadania.

"O bessarabiano Samuel Wainer será um dos candidatos a deputado pelo Distrito Federal na chapa do PTB. Será indicado pelo maconheiro Duque de Assis, [...] [da] frente sindicalista", noticiou a *Tribuna da Imprensa*.

Na noite quente da terça-feira, 23 de março, Samuel e Danuza foram jantar no Bife de Ouro. O relacionamento estava cada vez mais firme — e público. Ele tinha até remoçado. De acordo com a orientação dela, trocara o guarda-roupa, substituindo os ternos escuros por claros. Começou a usar também somente camisas azuis, que lhe realçavam os olhos. Assim que ocuparam uma mesa no restaurante do Copa, Samuel avistou Carlos Lacerda, que jantava com o ministro João Cleofas e o deputado Edilberto Monteiro de Castro. Raramente Lacerda aparecia nos lugares da moda. Mas o Bife de Ouro, o favorito dos ricos e políticos para jantares discretos, era diferente. A propósito, a discrição não passava de uma ilusão vendida pela atmosfera raffinée, já que todo mundo batia ponto lá.

De repente, em torno das dez horas, a confusão: o filho de Osvaldo Aranha, Euclides Aranha Neto, o Quica Aranha, levantou-se da mesa, à qual acabara de sentar com a esposa e amigos, e partiu para cima de Lacerda. Durante alguns longos minutos, vociferou contra as injúrias que o jornal dele vinha despejando sobre seu pai, então ministro da Fazenda. Os xingamentos ecoaram pelo salão: "covarde", "miserável", "poltrão". Lacerda ouviu a tudo de cabeça baixa. "Levante-se para apanhar", teria dito o filho de Osvaldo Aranha, conforme a reportagem da *Última Hora*. A cena seguinte deve ter sido, para Wainer, um afago. Mal se pôs de pé, o fundador da *Tribuna da Imprensa* recebeu uma violenta bofetada no rosto, seguida de outra, mais forte. Foi ao chão, perdeu os óculos, enquanto uma multidão tentava segurar Quica, que retornou a sua mesa. Voltando ao bife com batatas, Lacerda comeu calmamente. Quando terminou, saiu acompanhado de amigos e policiais, chamados pela direção do hotel para conter a briga de galos.

Informou a matéria da *Última Hora* — certamente escrita por Samuel, embora não estivesse assinada:

As bofetadas foram desferidas pelo sr. Euclides Aranha Neto. [...] E o rosto que as recebeu — um rosto já habituado a este gênero de carícias — foi o do sr. Carlos Lacerda, [...] conhecido caluniador profissional, já várias vezes agredido pelo mesmo motivo de ontem: insultos e ataques à honra alheia. Lacerda apanhou e ouviu estoicamente, durante mais de uma hora, algumas pesadas verdades, sem esboçar qualquer gesto de reação.

Duas versões correram a cidade. Segundo a *Tribuna da Imprensa*, haviam sido dois agressores, não um. E Quica Aranha teria tentado sacar um revólver, um Colt, cano curto, calibre .38, que lhe caíra das mãos, arma que o próprio Lacerda catara do chão e entregara ao garçom. O jornal denunciou:

Durante a luta, um desconhecido aproveitou a situação e desferiu um soco na testa do jornalista. Empurrado contra uma mesa, o novo agressor aproveitou para desaparecer, sendo depois localizado pelo jornalista Rubem Braga no Vogue. [...] Trata-se do coronel Clóvis Costa, [subchefe] da Casa Militar da Presidência da República.

A *Última Hora* rebateu:

O coronel Costa segurou por um dos braços o sr. Euclides Aranha. E neste momento, enquanto estava praticamente imobilizado, Carlos Lacerda tentou atingi-lo com um soco. Revoltado com a covardia do jornalista, o coronel o afastou com um enérgico empurrão. O noticiário de alguns matutinos, orientados pelo famoso Sindicato da Mentira, divulgou ter o sr. Lacerda apanhado do chão um revólver que caíra do bolso do sr. Euclides Aranha durante a luta. Podemos informar, com absoluta segurança, que o sr. Euclides Aranha estava desarmado.

Enquanto combatia em várias frentes, Samuel continuou a ver Danuza. Apesar da diferença de idade — ele tinha apenas três anos a menos que o pai dela —, o dr. Jairo aprovou a relação. O advogado não se dava à política. Mas achava Lacerda um demagogo. Consequentemente apoiava Samuel. Naquela paixão fulminante de um homem de 41 anos por uma garota de vinte, devia haver qualquer componente de reafirmação de masculinidade. Além de bela, Danuza encarnava um troféu. A um colunista não escapou: "As boites e os botequins de praia têm recebido a visita de um novo par: [Samuel] Wainer e Danuza Leão têm sido vistos bebericando juntos. Trata-se, para alguns, de uma forra póstuma".

No dia 1º de maio, Getúlio não compareceu à celebração pública do Dia do Trabalho, uma tradição que nascera com ele quando, durante o Estado Novo, enchia o estádio de populares para ouvir o canto orfeônico de Heitor Villa-Lobos. As canções de ofício haviam forjado a imagem do bom trabalhador dentro da ideologia nacionalista — e forjado também o líder que agora se encolhia no Palácio do Catete, encurralado por uma sucessão de crises. Às sete e meia da noite, na *Voz do Brasil*, o presidente falou à nação, um pronunciamento que selaria o seu destino. Anunciou o aumento de 100% no salário mínimo, que passaria de 1200 para 2400 cruzeiros. "Não tendes armas, nem tesouros, nem contais com as influências ocultas que movem os grandes interesses. Para vencer os obstáculos e reduzir as resistências, é preciso unir-vos e organizar-vos. União e organização devem ser o vosso lema. Há um direito de que ninguém vos pode privar, o direito do voto."

Desde que estourara o escândalo da *Última Hora*, o qual expusera o governo ao escrutínio da imprensa, Getúlio não tinha um dia de sossego. Em fevereiro, viera a público o chamado "Manifesto dos coronéis", assinado por 82 oficiais superiores, entre eles Adalberto Pereira dos Santos, Alfredo Souto Malan, Amauri Kruel, Antônio Carlos Murici, Euler Bentes Monteiro, Golbery do Couto e Silva, Jurandir Bizarria Mamede, Sílvio Coelho Frota e Sizeno Sarmento, todos futuros participantes do golpe militar de 1964. O texto falava do perigoso ambiente de instabilidade social, de crise de autoridade, da insatisfação no Exército... e terminava com um lembrete: "Ante a gravidade da situação que se está a criar para breve, impõe-se alerta corajoso, pois não se poderá prever que grau de dissociação serão capazes de gerar, no organismo militar, as causas múltiplas de tensões que, dia a dia, se acumulam".

O manifesto tivera duas consequências imediatas: a queda de João Goulart, ministro do Trabalho, que, ao sair, deixara pronta a minuta do decreto de aumento de 100% no salário mínimo. A pasta ficou nas mãos do funcionário de carreira Hugo de Faria. E a troca do titular do Ministério da Guerra, o conservador Ciro do Espírito Santo Cardoso, por Zenóbio da Costa, que, apesar de não ser identificado com a ala nacionalista do Exército, cultivava a imagem de sóbrio legalista. O novo ministro foi encarregado por Getúlio de organizar um dispositivo militar capaz de garanti-lo no cargo até o fim do mandato.

Logo após o assanhamento da caserna, a *Tribuna da Imprensa* deu um furo, revelando ao país o espalhafatoso Pacto ABC (Argentina, Brasil e Chile). O vespertino tivera acesso a um discurso proferido por Juan Domingo Perón, em novembro de 1953, em Buenos Aires, no qual o presidente argentino esmiuçava a ideia para a integração sul-americana, formando o que Lacerda qualificara de "arquipélago de repúblicas sindicalistas contra os Estados Unidos". O tiro que partiu da rua do Lavradio contaminou a imprensa. Foram semanas de repercussão. O *Correio da Manhã* exigiu de Getúlio uma declaração: "O que o Brasil todo em suspenso há mais de 24 horas está esperando é uma palavra que o exima [o presidente] de qualquer responsabilidade nesse torpe, revoltante e desaforado sonho de submissão do Brasil à liderança de Perón".

Enquanto ainda se discutia sua conivência com o plano peronista — posteriormente rechaçado pelo ministro das Relações Exteriores, João Neves da Fontoura —, Getúlio assistiu à avalanche provocada pelo aumento de 100% no salário mínimo. O "demagogo" e "protetor de ladrões" acabaria por levar a nação à ruína econômica, desencadeando uma onda de demissões e falências. Menos de 48 horas depois do pronunciamento do Dia do Trabalho, a oposição protocolou contra ele um pedido de impeachment, apresentado pelo cidadão Wilson Leite Passos, líder estudantil e fundador da UDN. Futuro vereador do Rio de Janeiro, Passos ficaria conhecido pela Lei da Eugenia, proposta de criação de incentivos fiscais para pais de filhos sadios.

Na redação da praça Onze, Samuel morria todos os dias. Em maio de 1954, a tiragem da *Última Hora* carioca parecia ter se estabilizado na casa dos 110 mil exemplares. Mas as demissões eram diárias. Só naquele mês o jornal demitiu no Rio de Janeiro quarenta funcionários, sem pagar indenizações e devendo três quinzenas de atrasados, além de perder toda a equipe argentina de diagramadores, que Chateaubriand, aproveitando-se da bancarrota do concorrente, surrupiou.

Em meio ao denuncismo, Samuel viu a imprensa carioca estampar sua ficha vermelha e a dos companheiros Otávio Malta e João Etcheverry. A pedido de Armando Falcão, Tancredo Neves abrira o baú da polícia. A ficha de Wainer listava as prisões por atividades suspeitas: 1942 e 1943, culminando com uma fuga do Brasil, em 1944: "Em 1947, tomou parte nas comemorações em homenagem ao aniversário da proclamação da República espanhola. Ainda nesse ano, Samuel Wainer pretendeu ir aos Estados Unidos, tendo, porém, a sua entrada impedida naquele país, em virtude de suas atividades comunistas". A longa folha de Otávio Malta trazia, entre outras informações: membro dirigente da União Operária e Camponesa e ex-secretário do Socorro Vermelho, preso em 1938. Na ficha de Etcheverry, constava a atividade no Sindicato dos Bancários e a prisão em 1935: "Foi transferido para o navio-presídio *Pedro I*, sendo posto em liberdade em julho de 1937, quando passou a dedicar-se à imprensa, indo trabalhar no jornal *O Radical*. [...] Trabalhou para o Serviço de Informações Francês, quando foi recrutado pelo PCB".

★ ★ ★

"Aonde você vai, Lan?", perguntou Samuel, ao deparar com o último argentino da redação da *Última Hora* saindo de fininho. Na verdade, Lan era italiano. Nascera Lanfranco Aldo Ricardo Vaselli Cortellini Rossi Rossini, nos arredores de Florença. Fora criado em Montevidéu. E somente vivera em Buenos Aires entre 1948 e 1952. O chefe queria uma charge para já. Estava voltando do enterro do jornalista Nestor Moreira, no Cemitério São João Batista, onde vira Lacerda posando de "papa-defunto". "Leva na minha sala", ordenou. Desde 12 de maio os jornais só falavam disto: o bárbaro espancamento de um jornalista numa delegacia de polícia. Nestor, tarimbado repórter policial, que já servira em muitas redações e trabalhava então no vespertino *A Noite*, havia entrado no 2º Distrito Policial, de Copacabana, para prestar uma queixa e de lá saíra com diagnóstico de hemorragia interna. O falecimento no Hospital Miguel Couto aconteceu às 2h35 da madrugada de 22 de maio de 1954, dez dias depois. A oposição aproveitara o ocorrido para transformar Getúlio no assassino.

Samuel vinha investindo em reportagens, e a reportagem policial era a menina dos olhos da *Última Hora*. Para a cobertura, escalara Edmar Morel. Já na primeira incursão, enquanto a vítima do espancamento passava pela quinta transfusão de sangue no Miguel Couto, Morel furou a concorrência. Enfiando-se nos porões do distrito de Copacabana, conseguiu entrevistar sete presos. A história contada por todos era parecida. Por volta das duas da manhã, ouvira-se uma algazarra, os gritos de alguém sendo surrado. Um dos guardas, então, apagara as luzes. A gritaria se alongara por mais de uma hora. No fim, inconsciente, um homem havia sido arrastado pelos pés corredor afora. Tudo começara na boate Drink, quando Nestor se recusou a pagar a conta do táxi, contestando-lhe o valor. Dirigiu-se, então, à delegacia, onde, sendo ele um repórter que se dedicava a denunciar a corrupção da polícia carioca, fora recebido a pancadas. Às 13h30 do dia seguinte, Nestor Moreira dava entrada no Miguel Couto.

Mais de 150 mil pessoas acorreram ao São João Batista para, trepadas em túmulos, assistirem ao cortejo de políticos, autoridades e jornalistas que acompanharam o caixão com o corpo de Nestor Moreira. O jogo entre Flamengo e América no Maracanã foi cancelado. Um minuto de silêncio antecedeu as sessões de cinema. Nas faculdades, estudantes fizeram atos de protesto. No Congresso, Afonso Arinos clamava por uma CPI para apurar a truculência policial. Coberto de preto e de tristeza,

Lacerda discursou. Nascia o "orador de cemitério", nas palavras de Nelson Rodrigues. Ele cobrou a demissão do chefe de polícia, acusando mais uma vez o presidente. "Vargas: mancha de sangue", aliás, foi o título do seu editorial do dia seguinte.

Ao retornar à redação, Samuel despachou o contrariado Lan de volta para a prancheta. Aos 29 anos, ele só queria saber da boemia. Desembarcara na redação da praça Onze por acaso. De passagem pelo Rio, em direção a Nova Orleans, resolvera visitar Andrés Guevara, com quem tinha trabalhado na Argentina. Do alô, saíra contratado para trabalhar em São Paulo. Nos seis meses seguintes, até ser transferido para a redação carioca, morara na capital paulista. "Quando Samuel ia a São Paulo, sabendo que eu era um boêmio, ele me procurava: 'Vamos, Lan?'. A gente saía toda noite. [...] Samuel era igual a mim. A gente bebia, mas não pegava porres homéricos. Sempre preferimos as mulheres à bebida", contaria o cartunista.

Naquela noite após o enterro, Lan não levou nem quinze minutos para entregar a Samuel o desenho. Sem lembrar como era um urubu, a ave mencionada pelo chefe, rabiscou um corvo: sinistro, com as feições do Lacerda, pousado sobre a tumba. A charge saiu publicada na página 3, e seria republicada na capa dois dias depois, precedendo um artigo não assinado, intitulado "O Corvo", que fora escrito, segundo Lan, por Paulo Silveira.

> Quando o repórter Nestor Moreira, assistido por sua mãe, sua esposa, seus filhos e seus companheiros, exalava o último suspiro, surgiu à porta do hospital a figura do Corvo. [...] O Corvo, porém, podia enganar o povo, não os verdadeiros jornalistas que sempre estiveram ao lado de Moreira. [...] Estes sabiam muito bem quais eram os desígnios do Corvo, estes sabiam que ele sempre fora um inimigo da classe pela qual Moreira tombou, estes sabiam que todas as campanhas e movimentos, de que Moreira participou em vida, pela melhoria das condições de sua profissão, sempre tiveram contra si a torpe figura do Corvo. Estes sabiam, em suma, que o Corvo era o anti-Moreira por excelência.

Lan ganhou um elogio de Samuel, para quem aquela era a melhor caricatura já feita de Lacerda. Lan captara "a alma torva deste filho da puta".

No momento em que Samuel se afogava na iminente condenação por falsidade ideológica e falsificação de documentação pública, estando prestes a perder o jornal e a nacionalidade, Danuza lhe contou a novidade: estava grávida. De novo. Dessa vez Samuel gostou. "Gostou não: adorou", lembraria ela. Em fins de 1953, Danuza engravidara. Não passava pela cabeça dele ser pai, acreditava até mesmo que era estéril. Fora casado com Bluma por dezessete anos e esta engravidara de Rubem Braga. Segundo Danuza, ele a olhara "encafifado". Como a gravidez não fora adiante, porém, tinha se esquecido do assunto. Agora não tinha jeito: duas vezes seguidas? O filho era dele. Dr. Jairo — o pai da moça — achou por bem se casarem. Após a consulta ao advogado Hariberto de Miranda Jordão, que aconselhou uma cerimônia discreta, longe dos olhos da imprensa, marcou-se a data no cartório de registros civis de Petrópolis: 20 de junho de 1954.

A notícia vazou. Para os jornais, Samuel ia tentar o "golpe do artigo 143". Casando-se e tendo um filho brasileiro, não poderia ser expulso do país. Para o *Diario da Noite*, o golpe era velho:

Samuel Wainer, [...] com o casamento (em cuja habilitação se qualificou como brasileiro!) quer tão somente dar outro golpe. É que, ameaçado de expulsão (já que cometeu crimes contra o patrimônio) precisava de um filho brasileiro, a fim de que o Executivo, obediente ao critério da lei, ficasse impedido de despachá-lo para a Bessarábia. Daí o casamento — daí a visita a jato da cegonha.

Segundo o periódico de Chateaubriand, havia algo errado naquela história: "Se a Justiça Eleitoral não aceitou as provas de Wainer [de que é brasileiro] para a sua inscrição como candidato a deputado, como, de que modo, por que o juiz de Petrópolis aceitou tais 'documentos' numa habilitação de casamento?".

O *Diario Carioca* denunciou a epidemia de casamentos de "grã-finas" com "gangsters", numa reportagem não assinada. Em campanha contra Getúlio, valia qualquer coisa para atingir os que o rodeavam:

Na Europa casou o sr. Moreira Salles, banqueiro e larápio de alto coturno, uma espécie de Rafles primário, que assalta sem qualquer finura, embora se vista quase tão bem como o famoso personagem do início do século. O Walter já é casado. Evidentemente não conseguiu anular o seu primeiro matrimônio. Mas entrou assim mesmo para o segundo, até que o processem por bigamia, se ele, de fato apresentar certidão desse casamento. [...] Casou o Bejo Vargas, segundo as últimas notícias. Benjamim é casado também. Mas na Europa tudo é muito fácil, menos ganhar campeonato de futebol [...]. Nas bandas de cá, Samuel Wainer, também casado, vai repetir a façanha dos seus patrícios (sabe-se lá se os outros também não nasceram na Bessarábia...).

No frio cortante de Petrópolis, Danuza vestiu um kilt — a saia xadrez dos escoceses, presa por um alfinetão. A cerimônia foi breve, testemunhada apenas pelos pais dela, pela irmã, Nara, e por Baby e Vera Bocaiuva. Nenhum parente de Samuel compareceu. Para Danuza, esta era uma das "habilidades" do marido: não misturar as coisas. Ela nada tinha a ver com a tradição judaica. Aliás, até o casamento, nem sequer sabia que Samuel era judeu. Ao voltar para o Rio, o casal viveu algumas semanas no Hotel Glória, antes de se mudar para o apartamento alugado na avenida Rui Barbosa, 430. No mesmo prédio ficava o apartamento de d. Darci Vargas. Alzira costumava aparecer para conversas a portas fechadas. Tendo o impeachment do presidente sido fragorosamente derrotado na Câmara dos Deputados, com 136 votos contrários, parecia que, enfim, o vento mudava de rumo.

19. 21 dias

"Morreu?"

"Não."

"Merda."

Foi esse o diálogo que Danuza Leão ouviu na madrugada de 5 de agosto, quando despertou com a voz alarmada de Samuel falando por telefone com um repórter da *Última Hora*. Em minutos, ele estava pronto para voar para a redação. Carlos Lacerda havia sofrido um atentado em frente ao prédio onde morava, o Edifício Albervânia, na rua Tonelero, 180, em Copacabana. Acompanhado de duas pessoas, retornava de um evento no Externato São José, na Tijuca. O filho Sérgio, de quinze anos, saíra ileso. Já Rubens Florentino Vaz, major da Aeronáutica, fora atingido por duas balas, uma nas costas, outra no peito, e morrera a caminho do Hospital Miguel Couto. Rubens Vaz era um dos quatro oficiais da Força Aérea que faziam a segurança de Lacerda, ligados ao Clube da Lanterna, sendo os outros três Gustavo Borges, Américo Fontenelle e Moacir del Tedesco. Na escala da noite, constava Gustavo Borges, que, chamado para um voo oficial, passara a vez para Rubens Vaz. Levando-se em consideração que nas Forças Armadas a oposição mais aguerrida a Getúlio aglutinava-se na Aeronáutica, o ocorrido tinha potencial para incendiar o país.

Samuel lembraria:

Que bomba! [...] Depois de ver derrotada no Congresso a proposta de impeachment de Vargas, a UDN dava a impressão de cansaço. O antigetulismo parecia exaurido, sem argumentos, abatido pela resistência de um homem que, apesar do assédio, continuava no poder [...]. Ao chegar à redação, soube que Lacerda expulsara meu repórter do quarto do hospital.

Nas bancas, largou na frente o *Diario Carioca*. Por um golpe de sorte, o repórter Armando Nogueira, estrela da equipe esportiva, estava no lugar certo, na hora certa. Vizinho de Lacerda — morava no número 186 —, chegava em casa e se despedia dos colegas que tinham lhe dado carona, Deodato Maia e Otávio Bonfim, quando ouviu os estampidos. Escreveu no relato, publicado na capa do jornal:

Eu vi o jornalista Carlos Lacerda desviar-se de seis tiros de revólver [...]. Carlos Lacerda acabara de se despedir de um amigo — o major Vaz — e já ia entrando em casa quando um homem magro, moreno, meia altura, e trajando terno cinza, surgiu por trás de um carro e, de cócoras, disparou toda a carga do revólver, quase à queima-roupa. Lacerda foi acertado no pé esquerdo, o major, atingido no peito, morreu pouco depois.

Antes mesmo do início do bangue-bangue, Armando Nogueira já notara o movimento na porta do Albervânia. "Olhe ali o Carlos Lacerda", apontara-lhe Otávio Bonfim. Nos minutos que se seguiram, doze tiros foram trocados. Seis de um lado, seis do outro. Quando o barulho cessou, ele saiu disparado em busca de um telefone. Do primeiro bar aberto que encontrou, ligou para o diretor de redação do *Diario Carioca*, Pompeu de Sousa, para que segurasse a edição. No texto, um marco do jornalismo, descreveu a cena: "Carlos Lacerda deu uns saltos na direção da garagem, sacou do revólver e respondeu com outros seis tiros, enquanto o capanga corria feito um louco até dobrar a esquina da rua Paula Freitas. O atentado durou dois minutos. Era meia-noite e 45 minutos".

O agressor atingira também o guarda municipal Sálvio Romeiro, que trabalhava como vigilante noturno na vizinhança. Ao ouvir os tiros, este correra na direção das balas. *O Globo* entrevistou o vigia ainda no quarto do hospital:

Gritei com o intuito de ajudá-lo: "Pare aí, rapaz!". Mal eu acabara de lhe dirigir aquelas palavras vi na sua mão um revólver e, à queima-roupa, ouvi dois tiros, sentindo no segundo como que um coice na perna esquerda. Cheio de dores, arrastei-me no chão, acompanhando o fugitivo com os olhos [...] vendo o homem dirigir-se ao Studebaker que estava estacionado do lado ímpar da rua Paula Freitas, quase esquina de Tonelero, bem embaixo de uma árvore. Naquele local escuro, não podia distinguir-lhe o número nem ver se era de praça ou não. E me ocorreu uma ideia, quando vi o veículo pôr-se em movimento. [...] Atirei cinco vezes no seu porta-malas, pois, assim, seria possível identificá-lo depois.

Lacerda deu a sua versão. Depois de convèrsar alguns minutos com o major Vaz, saltara do carro, seguido do filho Sérgio. Ao procurar nos bolsos a chave da entrada principal do prédio, notara que só tinha a chave da garagem, rumando, então, para lá. Ao voltar-se para trás, vira um "sujeito com chapéu desabado, um mulato, atravessar a rua". Tiros! Instintivamente, jogara o filho para dentro da garagem e subira correndo a escada interna, saindo pela porta frontal, já com o revólver em punho. Sem saber direito o que fazia, disparara seis vezes na direção do criminoso. Só nesse momento notara o corpo do major Vaz caído na calçada. Aos jornais, contou ter percebido o ferimento no pé quando saiu pela porta da frente. No livro *Depoimento*, inverteria. Antes de entrar pela garagem, já sentia "o pé esquerdo pesando, uma dor violenta. [...] saindo sangue pelo cordão do sapato". Antes mesmo de deixar o Miguel Couto, Lacerda apontou o culpado: "Mas, perante Deus, acuso um só homem como responsável por esse crime. É o protetor dos ladrões, cuja impunidade lhes dá audácia para atos como o desta noite. Este homem chama-se Getúlio Vargas".

Na redação da praça Onze, Samuel escalou dois repórteres para a cobertura: Edmar Morel e Donadel Jorge, da editoria de polícia. Enquanto os outros jornais saíram responsabilizando o Catete pelo atentado, a *Última Hora* deu destaque às providências tomadas pelo governo para garantir uma investigação imparcial. O titular do distrito de Copacabana, Jorge Pastor, ficou encarregado das primeiras diligências. O ministro da Justiça, Tancredo Neves, tomara parte na elaboração de duas medidas importantes para a lisura do processo: o procurador-geral indicaria um promotor público, João Batista Cordeiro Guerra, para acompanhar a fase policial. E o coronel João Adil de Oliveira, indicado pelo ministro da Aeronáutica, Nero Moura, participaria das diligências, representando a Força Aérea Brasileira. Em editorial, Samuel apontou o dedo para a vítima: "Manejando um tipo de jornalismo baseado na violência e na intolerância, já foi ele [Lacerda] várias vezes vítima de represálias físicas por parte de seus numerosos inimigos".

Nunca se vira enterro como aquele. Aos 32 anos, pai de quatro filhos, o major Vaz era o cadáver de que a oposição precisava. Marchando à frente do caixão, oficiais da Aeronáutica empunharam a faixa: "Para honra da nação confiamos que esse crime não fique impune". Em meio à multidão que lotou o São João Batista, muitas fardas estreladas: brigadeiro Eduardo Gomes, general Juarez Távora, general Canrobert Pereira e general Caiado de Castro, chefe da Casa Militar da Presidência da República. Com o pé engessado, Lacerda, pela segunda vez em poucos meses, discursou sobre um túmulo. Era a volta do Corvo. Ou do orador de cemitério.

"Esses tiros me ferem pelas costas", desabafou Vargas, ao ser informado do atentado. Mal sabia ele o quanto era verdadeira aquela frase. Ainda na madrugada do crime a polícia encontrara o carro suspeito, o Studebaker preto, com a lataria marcada pelas balas do vigia Sálvio Romeiro, estacionado numa garagem na rua do Catete, a poucos metros do Palácio do Governo. Na delegacia de Copacabana, o proprietário do veículo, José Resende, apontou o chofer de praça Nelson Raimundo de Sousa. Este alugava seu carro e fazia ponto na rua Silveira Martins. Segundo José Resende, costumava servir "o pessoal do Catete". O próprio motorista foi ouvido em seguida. Sua história não convenceu ninguém. Por volta da meia-noite, trafegava pela avenida Atlântica quando um passageiro o parou, mandando-o tocar para a rua Tonelero. Na esquina da Paula Freitas, pedira-lhe que estacionasse e ficasse aguardando. Dez minutos depois, retornava, com uma arma na mão. Para estimulá-lo a acelerar, encostara-lhe o cano nas costelas.

Getúlio viu os inimigos se assanharem. No Congresso, os deputados da oposição faziam fila para pedir sua renúncia: Afonso Arinos, Aliomar Baleeiro, Armando Falcão, Frota Aguiar e Maurício Joppert. Na imprensa, o Clube dos Diretores de Jornais soltou uma nota. De acordo com o texto, o próprio presidente, pela voz do seu líder parlamentar, o deputado Gustavo Capanema, havia dito que o crime provocara uma onda de suspeições contra a sua pessoa e o seu governo. Sendo assim, como era o chefe da polícia, o processo estava "inquinado de vício insanável". A menos que o governo autorizasse "o acesso a todas as diligências do inquérito", nomeando uma comissão de jornalistas com a função de "fiscalizar e sugerir providências". Assinaram a nota: Elmano Cardim, *Jornal do Commercio*; Roberto Marinho, *O Globo*; João Portela Ribeiro Dantas, *Diario de Noticias*; Carlos Rizzini, Diários Associados; Chagas Freitas, *A Noticia*; Othon Paulino, *O Dia*; Paulo Bittencourt, *Correio da Manhã*; e José Eduardo de Macedo Soares, Horácio de Carvalho Junior, Danton Jobim e Pompeu de Sousa, *Diario Carioca*.

Na madrugada do dia 8, sábado para domingo, o motorista Nelson Raimundo prestou o terceiro depoimento. Dessa vez, confessou: fora contratado para o serviço por Climério Euribes de Almeida, membro da guarda pessoal do presidente da República. Os jornais estamparam a foto do suspeito, "o rosto cheio de bexigas, marcas de varíola", conforme a reportagem da *Última Hora*. Nascido e criado em São Borja, Climério fizera parte do batalhão provisório comandado por Benjamim Vargas durante a revolução paulista de 1932. Em 1944, a mando de Bejo, teria participado do sequestro do jornalista Hélio Moniz Sodré, ex-marido de Niomar Moniz Sodré, agora mulher de Paulo Bittencourt. Além de compadre de Gregório Fortunato, o chefe da guarda, descobriu-se que Climério era afilhado de Lutero Vargas.

"Já soubeste o que houve?", perguntou Getúlio.

"Soube durante a viagem."

"Que viagem?"

"A viagem de Petrópolis para cá. O senhor não mandou ele [Gregório] me chamar?"

"Não mandei o Gregório te chamar em Petrópolis; mandei que o major Accioly fizesse isso, e pelo telefone."

Segundo contaria Alzira, o pai estava uma pilha de nervos. Nos corredores do Catete, "começaram a acontecer [...] fatos os mais incríveis. Ninguém mais mandava em nada. Todos desconfiavam de todos". Ao saber que Vargas havia mandado chamar o irmão, Gregório pegara o caminho da serra, com o intuito de interceptar Bejo Vargas. A conversa ocorrida num acostamento da Rio-Petrópolis renderia duas versões para a história. Na primeira, o chefe da guarda teria se queixado da desconfiança de Getúlio, que pessoalmente o interrogara na manhã seguinte ao atentado. Na outra, teria desmoronado, confessando a autoria intelectual do crime. Para o presidente, a coisa não podia estar mais complicada. O alto-comando do Exército encontrava-se em alerta. A Força Aérea, em estado de sublevação. Os oficiais rebelados tinham municiado e posto aviões na pista, deixando-os de prontidão, para a eventualidade de uma ação armada contra o Catete. No Palácio Tiradentes, os discursos dos deputados sopravam a lenha da fogueira.

Em discurso, disse Afonso Arinos:

Afastar-se, licenciar-se, renunciar são coisas que ocorrem nos países democráticos, que têm ocorrido muitas vezes e muitas vezes sido remédio para a solução dos problemas políticos sem remédio. Há [nisso], muitas vezes, um coração cansado, cérebro desencantado, uma alma fatigada por experiências negativas.

Na madrugada de 10 de agosto, Getúlio viu 47 dos 83 integrantes da sua guarda pessoal serem levados em cortejo para depor no quartel da Polícia Militar. No prédio cercado por soldados de metralhadora em punho, Lacerda faria o reconhecimento. Ele apontou meia dúzia com as características físicas do autor dos disparos. Ao mesmo tempo, o brigadeiro Eduardo Gomes, por aclamação, era declarado "chefe incontestável" da Força Aérea. Dizendo-se insatisfeito com os rumos da investigação policial, exigiu a instauração de um Inquérito Policial-Militar (IPM), o que passaria as apurações da órbita da polícia para a esfera militar. "Não há inconveniente nenhum", disse um "acabrunha-díssimo" Vargas ao ministro da Aeronáutica, Nero Moura. Surgiu, assim, a famosa República do Galeão.

Samuel se mudou para a redação da praça Onze. Toda manhã enviava um contínuo à Rui Barbosa para pegar a maleta preparada por Danuza, com cuecas e camisas limpas. Ao contrário do que podia esperar — ou prever —, a tiragem da *Última Hora* cresceu nos dias de crise. Os getulistas compravam o jornal para ler a versão do Catete, já que a imprensa em peso parecia ter se rendido aos argumentos da oposição com vistas à renúncia do presidente. "Eu não tinha dúvida alguma de que também submergiria naquele naufrágio, mas estava decidido a afundar atirando", recordaria Wainer. "Acima de tudo a defesa do regime", brandiu em editorial, destacando a posição do ministro da Guerra, Zenóbio da Costa, que, numa reunião de alta patente, negara-se a apoiar o caminho tomado pelas Forças Armadas. No encontro: o brigadeiro Eduardo Gomes; o general Juarez Távora, comandante da Escola Superior de Guerra; o chefe do Estado-Maior do

Exército, general Álvaro Fiuza de Castro; e o inspetor-geral do Estado-Maior da Aeronáutica, brigadeiro Ivã Carpenter Ferreira.

Segundo o *Correio da Manhã*, Gregório Fortunato parecia "trêmulo, nervoso, alquebrado e tinha o semblante preocupado". Na tarde de 11 de agosto, os repórteres cercaram o carro com a chapa oficial 94479, que cruzou o portão de ferro do 2º Batalhão da Polícia Militar, na rua São Clemente. No banco de trás, ladeado por dois soldados armados de submetralhadoras, estava o homem. A essa altura, seguindo as pistas que surgiam de todos os lados, a polícia chegara ao suposto comparsa de Climério no atentado: José Antônio Soares. Na casa do novo suspeito, na rua Padre Manuel da Nóbrega, em Cascadura, foram encontrados documentos que o ligavam à guarda pessoal do presidente e farta munição calibre .45. A imprensa não teve acesso ao depoimento. Colocado frente a frente com Lacerda, Gregório fora interrogado por mais de cinco horas, pelo promotor Cordeiro Guerra e pelo coronel Adil de Oliveira. Conforme ventilou Lacerda, afirmara ter sabido do atentado às cinco da manhã do fatídico 5 de agosto. Sem dar maior importância ao caso, voltara a dormir. Quanto a Climério, fora também para ele um susto. Conhecia José Antônio Soares de vista.

Quando, no dia seguinte, a crise refletiu na rua, deixando feridos na cena da batalha, a Cinelândia, a manchete escolhida por Samuel foi: "Reação contra a ditadura da desordem!". Já o *Correio da Manhã* salientou: "A Polícia Especial ataca a multidão com bombas de gás". De acordo com a *Última Hora*, os trabalhadores, que permaneciam ao lado de Getúlio, não participaram do protesto. Quem estava na rua, trocando sopapos com a polícia, era a classe média. O protesto começara pela manhã, após a missa de sétimo dia do major Rubens Vaz, na igreja da Candelária. Dali, a malta enfurecida rumara para as escadarias do Theatro Municipal, onde, num palco improvisado, discursaram líderes da oposição. Um carro de som, fazendo a propaganda eleitoral de Lutero Vargas, também candidato à reeleição, aparecera desavisadamente, para ser incendiado. Por volta das três da tarde, os manifestantes já haviam tomado outras escadarias, as do Palácio Monroe, cercando os senadores que trocavam insultos lá dentro. Até que chegaram ao local guarnições da Polícia Especial, que dispersaram a multidão com bombas de gás e esguichos d'água. O grito de guerra: "Ao Catete".

Getúlio viajou. Às 10h20 de 12 de agosto, o avião presidencial aterrissou no aeroporto da Pampulha, em Belo Horizonte. De óculos escuros, entrou no carro de Juscelino Kubitschek e rumou para o Barreiro, onde seria inaugurada a usina Mannesmann. Luís Costa, repórter da *Última Hora*, estava no seu encalço. Para a plateia de operários, proferiu o último discurso: "As minhas preocupações com o bem público não me deixam fugir ao dever, onde quer que tenha de ser cumprido. E eu o cumprirei até o fim". Terminou em tom de confronto: "Advirto aos eternos fomentadores da provocação e da desordem que saberei resistir a todas e quaisquer tentativas de perturbação da ordem e da tranquilidade pública". Ao evento na cidade industrial seguiu-se um almoço no Palácio da Liberdade. JK recebeu Vargas com orquestra e banquete. Sentindo-se acolhido, o presidente cancelou a volta para o Rio de Janeiro, que se daria no final do dia. À noite, no Palácio das Mangabeiras, mais compromissos: atendeu um grupo de trabalhadores e jantou com a fina flor da sociedade mineira, embalado pelo som do violão de Dilermando Reis. Só se recolheu por volta da meia-noite.

Não dormiu. Às três da madrugada, chamou o mordomo do palácio e afirmou estar ouvindo barulhos estranhos, como se alguém arrastasse móveis ou forçasse a entrada no prédio. O empregado lhe disse que era apenas o vento, que açoitava as noites ali na montanha. Às cinco e meia, o mordomo resolveu conferir se Getúlio estava bem. Ao entreabrir a porta, viu-o recostado na cama, de olhos fechados, com as mãos postas e mexendo os lábios. Parecia rezar. No retorno ao Rio, na manhã do dia 13, deparou com o agravamento da crise. O discurso pronunciado em Belo Horizonte só repercutiu bem na *Última Hora*, que ressaltou as ovações que o presidente recebera dos operários. Segundo *O Globo*, tratara-se de uma "Catilina": "O discurso de Belo Horizonte foi um desafio. Que a nação a responda apondo à falta de serenidade de seu primeiro mandatário uma conduta tenaz na defesa do direito de viver". O *Correio da Manhã* destacou o enterro simbólico do governo, feito pelos estudantes de direito.

O fato mais grave, porém, estava estampado no noticiário policial. Encontrava-se detido na Base Aérea do Galeão, a República do Galeão, assim chamada pela autonomia de ação da comissão de investigação, capitaneada pelos oficiais da Aeronáutica, um sujeito de nome Alcino João do Nascimento, apontado pelo subchefe da guarda pessoal, João Valente de Sousa, como o pistoleiro contratado por Climério Euribes e José Antônio Soares para eliminar Lacerda. Em depoimento, Alcino confessara. Fora procurado por Climério e incumbido de "atirar sem matar". Deveria atingir o jornalista na perna ou no pé. Ao perguntar quem o salvaria caso fosse descoberto, Alcino ouvira de Climério: "Não se incomode. Caso você seja descoberto, tudo farei junto ao dr. Lutero para que ele, com sua grande influência, o auxilie".

A partir daí, de acordo com o depoimento do assassino confesso, Alcino passara a frequentar os comícios de Carlos Lacerda, sempre acompanhado de Soares. Já tentara executar o serviço em Barra Mansa, onde o jornalista fizera um de seus "comícios em casa". Só não conseguira porque o carro de Soares enguiçou. Na noite do crime, havia ido para a Tijuca com Climério, que o apresentou ao motorista Nelson Raimundo, encarregado de lhe propiciar a fuga. A ideia era atingir Lacerda ao sair do Externato São José. Como perdera a chance, seguira para a Tonelero. Vinte anos depois, Alcino mudaria o depoimento, alegando ter confessado sob tortura. Na noite de 4 de agosto, teria ido à Tonelero porque vinha atuando como informante, contratado por Climério para seguir os passos do jornalista. Aproximara-se do carro do major Vaz para anotar a placa. Este, ao percebê-lo ali, atacou-o. Enquanto lutavam, alguém, possivelmente Lacerda, disparara tiros, um dos quais pegara nas costas do major. Para se desvencilhar, também sacara a arma e atingira Rubens Vaz na barriga.

Nas manchetes dos jornais, Getúlio viu a foto do filho, condenado de véspera pela opinião pública como mandante do crime. Tão logo chegou de Belo Horizonte, o presidente mandou chamar Lutero. Este apareceu acompanhado da irmã, Alzira, e garantiu ao pai que nada tivera a ver com o atentado. Questionava até mesmo a veracidade do ferimento no pé de Carlos Lacerda. Como médico ortopedista, Lutero presumia que uma lesão provocada por um tiro de .45, num pé humano, teria feito um estrago muito maior. Fosse como fosse, para Vargas, ele tinha que contar sua versão na dita República do Galeão. Em entrevista à *Última Hora*, Lutero abriu mão da imunidade parlamentar: "Nesta hora em que a infâmia de maus brasileiros, trabalhados por ódios pessoais mesquinhos, procura envolver o meu nome numa trama engendrada por eles próprios, venho diante da opinião pública denunciar essas manobras e proclamar, sem nenhum receio, que estou sendo vítima de torpe difamação".

Em 17 de agosto, as más notícias persistiram. Os vespertinos entardeceram com manchetes da grande caçada. Dez aviões de caça, dois helicópteros, cinquenta viaturas, duzentos homens: o arsenal subira a serra do Tinguá, em Nova Iguaçu, para prender Climério Euribes de Almeida. O major Gustavo Borges, companheiro do major Rubens Vaz na tarefa de proteger Lacerda, pedira até que se abrisse um campo de pouso no topo da colina. Não se tinha memória de diligência assim. Climério estaria acoitado na casa do agricultor Oscar Domingos de Sousa. Ao ir em busca do local indicado, na manhã do dia anterior, a equipe de averiguação havia topado com o próprio Oscar, a pé, escalando o morro. Levava na sacola um pouco de comida e muitos maços de cigarro. Detido e imobilizado, disse: "Lá em cima". O grupo avançara, até avistar uma palhoça, onde uma mulher descansava, sentada na soleira. Ao ver a força policial, levantara-se num salto e correra para dentro. Quando o casebre foi invadido, só se acharam os vestígios do homem mais procurado do país, aquele que poderia desvendar a trama: uma sacola com roupas, um par de óculos escuros e balas de revólver. Por volta das sete horas do dia seguinte, Climério foi preso. Segundo a *Última Hora*, de cócoras, atrás de uma moita.

Do Tinguá para a República do Galeão, o coração da crise.

Um bilhete escrito por Samuel, acompanhando uma caixa de charutos cubanos, foi encontrado no arquivo pessoal de Gregório Fortunato: dois armários de aço, retirados do Catete e levados para a Base Aérea do Galeão. O homem grande e silencioso, cara amarrada, que nas duas décadas anteriores o país se acostumara a ver à sombra de Getúlio, revelou-se um mascate de favores palacianos. Pequenos, permutados por presentes, ou grandes, negociados por vultosas quantias. Nas gavetas fundas do chefe da guarda pessoal da Presidência da República, recibos e cartas trocadas com poderosos do mundo da política e das finanças. Com salário de 15 mil cruzeiros, Gregório possuía um conjunto de bens estimado em cerca de 65 milhões de cruzeiros.

Wainer comentaria posteriormente:

Instalado num chalé na entrada do Catete, Gregório vivia recebendo homenagens de figurões interessados em ver facilitado o acesso ao presidente. Homem primitivo, ele não soube compreender os reais motivos daqueles afagos e se deixou seduzir pela maciez do poder. [...] Certamente influenciado por pessoas que não eram amigas do presidente, Gregório concluiu que a melhor maneira de ajudar Getúlio era eliminar Carlos Lacerda.

Para Samuel, somente ali o presidente percebeu o poder que dera ao seu guarda-costas: "O negro Gregório o acompanhava desde menino, era-lhe de uma fidelidade canina. [...] É provável que só então Getúlio tenha começado [...] a notar o imenso poder pessoal de que desfrutava o chefe de sua guarda pessoal". A Osvaldo Aranha, Vargas disse, ao ver exposto o arquivo secreto de Gregório: "Está confirmado. Debaixo do Catete há um mar de lama". Entre os documentos, um papel comprometia diretamente a sua família. Nele, Maneco Vargas atestava ter recebido de Gregório Fortunato a quantia de 4 milhões de cruzeiros pela venda de uma propriedade em São Borja, a Fazenda São Manuel. Maneco encontrava-se em lua de mel, em Paris. Convocado de volta, admitiu ao pai ter vendido as terras para o capataz, que pagou com empréstimo avalizado por João Goulart, na época ministro do Trabalho.

O Anjo Negro estava preso. Chegara ao Galeão num carro oficial. No primeiro depoimento, sentiu-se mal. Havia um dado novo no processo: João Valente de Sousa — o subchefe da guarda pessoal de Getúlio — contara ter recebido dele, Gregório, o dinheiro para facilitar a fuga de Alcino e Climério. Ao longo dos dias, seriam seis inquirições. Na quarta, quando lhe apresentaram uma edição falsa da *Tribuna da Imprensa*, impressa com o aval de Lacerda, onde se lia a notícia de que Bejo Vargas fugira para o Uruguai, começou a falar: em abril, chamara Climério ao seu quarto no Palácio Rio Negro, em Petrópolis, para lhe dizer que "Carlos Lacerda estava falando demais". Dali em diante, o auxiliar organizara o resto. Getúlio não sabia de nada. Ao ser informado do atentado, interrogara-o e ele "encheu o presidente de mentiras". Primeiro, apontou o dedo para Euvaldo Lodi, acusando-o de tê-lo induzido a cometer a insânia. Depois, virou o indicador para o general Ângelo Mendes de Morais, ex-prefeito do Distrito Federal. Ambos negaram. A despeito de quem o incentivara, assumiu a responsabilidade na intermediação do atentado. Anos mais tarde, Gregório diria que a confissão lhe foi arrancada a pancadas.

"O povo quer conhecer o segredo de Climério": a *Última Hora* iniciou a campanha. Em 19 de agosto, ele ainda não prestara depoimento: "E novamente caiu sobre Climério a mais impenetrável das cortinas de ferro". Para o jornal de Samuel, a *Tribuna da Imprensa* tinha assumido a função do antigo DIP. Se o principal culpado estava preso, por que não se divulgava o seu depoimento? O plano era óbvio: explorar, instigar, incutir, exacerbar a emotividade popular, forçando assim, conclusões precipitadas.

No mesmo dia, Climério começava a falar — de acordo com *O Globo*, ainda não prestara depoimento alegando confusão mental —, José Antônio Soares foi preso no interior de Minas, quando tentava chegar à cidade de Patrocínio, no Triângulo Mineiro. Raspara a cabeça e arrancara o bigode, mas fora reconhecido por policiais que interceptaram seu carro numa blitz. Climério indicou a localização de 35 mil cruzeiros, em notas de quinhentos. A sequência numérica, comparada com a das notas apreendidas com Alcino, 7 mil cruzeiros, era próxima. Ao mesmo tempo, uma busca no apartamento de Gregório, na rua Paissandu, onde moravam sua mulher e seus filhos, resultou na apreensão de cerca de 200 mil cruzeiros. Os números das cédulas apresentavam intervalos nos quais se encaixavam perfeitamente os maços em poder de Climério e Alcino.

Samuel desabou num pranto que explodiu em sacudidelas e soluços. Encontrava-se na redação da praça Onze, cercado de companheiros, quando a secretária interrompeu uma reunião da diretoria da *Última Hora* para anunciar: "O dr. Getúlio está no telefone". Ao ouvir o nome do presidente, o sangue lhe fugiu da face. "Ficou lívido", contaria Francisco de Assis Barbosa. Levantou-se e foi falar num canto da sala. Enquanto ouvia a voz monocórdia, apenas balbuciava: "sim, senhor", "não, senhor". Ao desligar, as lágrimas corriam soltas, desavergonhadas. Segundo o amigo Chico Barbosa, "ficou visivelmente emocionado". Getúlio agradecera o apoio incondicional da *Última Hora*. "Mesmo o governo tendo negado pão e água a Samuel."

Por aqueles dias, na noite de 22 de agosto, outro Vargas deu as caras: Maneco, que fez uma visita ao apartamento de Samuel, o vizinho de d. Darci. Cabisbaixo e abúlico, o rapaz era a imagem da agonia do governo. Ele lhe trouxera um recado do pai. Na verdade, uma frase, que deveria ser publicada como manchete do jornal do dia seguinte: "Só morto sairei do Catete".

Às sete e meia da mesma noite, Getúlio havia recebido no palácio o chefe do Estado-Maior das Forças Armadas, marechal Mascarenhas de Morais. Este lhe entregara, a pedido do chefe da Força Aérea, Eduardo Gomes, o "Manifesto dos brigadeiros", exigindo a renúncia imediata. Segundo Maneco contou a Wainer, a resposta fora: "Marechal, em 1945, eu estava no governo mantido pela vontade das armas. Atualmente, fui eleito pelo povo, e não posso sair daqui enxotado pelas Forças Armadas. [...] Daqui só sairei morto e o meu cadáver servirá de protesto contra essa injustiça".

A edição de 23 de agosto da *Última Hora* esgotou nas bancas. A manchete ocupou todo o alto da página: "Só morto sairei do Catete!". Samuel mandou rodar outra, que também evaporou. Ao longo do dia, a *Última Hora* soltou cinco edições. Duas fotos ilustravam a capa. Uma, de arquivo, mostrava Getúlio com expressão grave. A outra, tirada na madrugada, exibia a fachada iluminada do Catete. No texto, um desafio à Aeronáutica: "Não cederei a quaisquer provocações, nem à violência, nem ao golpe. Sou um presidente da República eleito legalmente pelo povo do meu país [...]. Não fui eleito pela UDN, nem pelo pequeno grupo de políticos derrotados que estão querendo subverter a ordem e destruir as instituições".

Enquanto a rotativa trabalhava incansável na praça Onze, a alta oficialidade da Marinha reuniu-se em assembleia e decidiu apoiar a exigência da Aeronáutica, lançando o "Manifesto dos almirantes". Em seguida, veio o "Manifesto dos generais", redigido desde a véspera na casa do general Álvaro Fiuza de Castro, chefe do Estado-Maior do Exército, com a colaboração de Juarez Távora, Alcides Etchegoyen, Canrobert Pereira da Costa e Nicanor Guimarães de Sousa — e subscrita por 27 generais. Na Câmara dos Deputados, o vice Café Filho lavou as mãos. Na mesma tarde de 23 de agosto, propusera ao presidente a renúncia dupla, simultânea e espontânea. Rechaçado, agora estava ali para enterrar o governo: "Ninguém está seguro. A ordem e o próprio regime parecem equilibrar-se num fio, às bordas de um despenhadeiro".

No Catete, Getúlio recebeu Jango, a quem mandara arrancar da festa de aniversário de dezessete anos da mulher, a bela Maria Thereza, com quem acabara de se casar. Entregou ao discípulo uma carta lacrada, recomendando-lhe que só a abrisse quando chegasse ao seu destino. Devia partir no dia seguinte para Porto Alegre e avisar o governador Ernesto Dorneles da gravidade da situação. Com o semblante cansado e, ao mesmo tempo, sereno, o presidente lhe fez uma advertência: a carta — embora Jango não soubesse, havia três cópias da missiva — que levaria na mala deveria ser entregue à imprensa brasileira na hora certa. Caso não fosse possível, Jango deveria fazer o documento chegar à imprensa argentina. À meia-noite em ponto, zero hora de 24 de agosto, o ministro da Guerra, Zenóbio da Costa, adentrava o palácio, acompanhado do marechal Mascarenhas de Morais, para comunicar o que Vargas já esperava: o governo estava no chão. Não havia saída. A conselho do marechal, ele convocou os ministros para uma reunião de urgência. Fumando um charuto, comentou com Tancredo, o primeiro a se apresentar: "Não se preocupe, tudo vai acabar bem".

Na redação da praça Onze, aguardando ordens, Samuel tentou entrar em contato com o Catete naquela madrugada. Diante do sucesso da edição do dia, havia recebido mais uma vez a visita de Maneco, que fora à redação lhe agradecer e dizer que Getúlio logo mandaria outra manchete. Que aguardasse! O dia raiando e nenhuma notícia. Tomou um comprimido de Pervitin, convencido de que tão cedo não poderia dormir. Só sabia que o ministério tinha sido convocado às pressas. E também que Alzira viera de Niterói para se juntar ao pai. Vislumbrou nisso um ato de resistência. Passou os minutos intermináveis da madrugada de 24 de agosto de 1954, a mais tensa de todas, ruminando possíveis manchetes: "Golpe", "Renúncia", "Deposição".

Eram duas da madrugada quando Getúlio sentou à cabeceira da infinita mesa do salão dos despachos, no segundo andar do Catete. Estavam presentes todos os ministros, com exceção de Vicente Rao, das Relações Exteriores. Como contaria José Américo de Almeida, da Viação e Obras Públicas, que se colocara bem em frente ao presidente, Vargas se achava "no seu estado natural, sem nenhuma lividez, sem a menor alteração no semblante ou na voz que refletisse um distúrbio interior". Quando o primeiro ministro em ordem de fala ia se manifestar, ele viu adentrar a sala a filha Alzira, seguida de d. Darci, Lutero, Maneco e Ernani do Amaral Peixoto. Alzira se pôs de pé, junto ao espaldar da cadeira do pai.

Foi Zenóbio da Costa o primeiro a falar. Embora tenha ouvido a exposição do ministro da Guerra sem alterar o semblante, Getúlio sabia o que se passava às suas costas. Zenóbio já aceitara o mesmo cargo no governo de Café Filho. Seu relato foi desanimador: 37 generais haviam assinado o manifesto de solidariedade aos brigadeiros. Caso Vargas decidisse pela resistência, o derramamento de sangue era certo. Dos outros dois ministros militares também vieram más notícias. O almirante Guillobel, da Marinha, balançou a cabeça negativamente. Não tinha forças para resistir. O brigadeiro Epaminondas dos Santos, recém-empossado no cargo, reconheceu não ter o controle da Aeronáutica, nas mãos do brigadeiro Eduardo Gomes.

"Vi no rosto de meu pai um sorriso de indiferença, de estoicismo, diria mais, de profundo desprezo pelo que se passava", descreveria Alzira, que, depois que falaram quase todos os ministros, tendo sido Tancredo o único a defender com veemência a resistência a qualquer custo, deu um soco na mesa: "Não é só a vida da República e a vida de meu pai que estão em jogo. A minha também está. E eu me julgo com o direito de informar aos senhores, se é que não sabem, que nós temos capacidade para resistir".

No fim do bate-boca, que se estendeu até as quatro da manhã, Getúlio resolveu acatar a sugestão de Ernani do Amaral Peixoto: nem a resistência nem a renúncia, mas uma licença. Levantando-se da mesa, disse, com a voz inalterada: "Já que os senhores não decidem, eu vou decidir. Minha determinação aos ministros militares é no sentido de que mantenham a ordem e o respeito à Constituição. Nessas condições, estarei disposto a solicitar uma licença. [...] Caso contrário, se quiserem impor a violência e chegar até o caos, daqui levarão apenas o meu cadáver". Às 4h20, ele deixou o salão de despachos e subiu para o quarto, no terceiro andar do palácio. Nas horas que se sucederam, foi seguidamente perturbado. Primeiro, o irmão Bejo Vargas batera à porta para lhe dar a pior das notícias. Fora convocado para depor no Galeão. Logo depois viera Alzira:

"Por que ainda estás acordada?", perguntou Getúlio ao ver a filha do lado da cama.

"Não é de sua conta, dormirei na hora que eu quiser", brincou ela.

"O Bejo foi chamado ao Galeão."

"E o que o senhor disse?"

"Eu disse que se quisessem o depoimento do Bejo, que viessem buscá-lo aqui; hoje ele não pode sair."

Na conversa que se seguiu, contou a Alzira sobre a traição:

"Tu sabes que o Zenóbio já tinha sido convidado para ser ministro da Guerra do Café?"

"Por que é que não me disseste isso ontem? A coisa seria completamente diferente!"

"Não adiantava mais nada. Vá dormir, não me amola mais."

Por volta das sete da manhã, Getúlio saiu do quarto, arrastou os chinelos pelo corredor, vestindo o pijama listrado que entraria para a história, e foi até o gabinete. Pouco tempo depois, voltou ao quarto, carregando algo nas mãos. Foi visto pela filha, que, ocupada no telefone, não deu bola. Em seguida, Bejo bateu à porta, para informar ao irmão que os generais não haviam aceitado seu pedido de licença.

Às 8h35, um estampido seco ecoou no Catete.

Samuel continuou a bater à máquina quando a voz do radialista Heron Rodrigues preencheu a redação da *Última Hora*. Getúlio suicidara-se com um tiro no peito. "Olhei em torno. [...] Perto de mim, Samuel Wainer batia à máquina e continuou batendo à máquina. Tinha qualquer coisa de irreal aquela insensibilidade no momento em que o Brasil se preparava para matar ou para morrer", comentaria Nelson Rodrigues. Wainer já sabia. Soube no mesmo minuto, pelo repórter Luís Costa, que lhe telefonara do Catete. Sua primeira reação fora ligar para Danuza. Segundo ela, "um telefonema emocionado e curto, em que me pedia que não saísse de casa". Depois, correu à oficina, onde encontrou, ainda composta em chumbo, a manchete publicada na véspera: "Só morto sairei do Catete!". Acrescentou uma frase: "O presidente cumpriu a palavra", sob o chapéu: "Matou-se Vargas!".

Ninguém mais autorizadamente do que nós, da *Última Hora*, que sempre estivemos a postos em defesa de Getúlio Vargas; ninguém mais do que este jornal, que nunca deixou de cumprir todas as palavras de ordem do grande líder; ninguém mais do que nós, que também sofremos pela sua causa; ninguém mais do que nós, pode emitir, neste momento de dor e desespero, um apelo à serenidade.

A *Última Hora* soltou várias edições ao longo do dia, com o obituário do presidente virando as páginas: vida pública, vida familiar e vasto álbum de fotografias. Em destaque, escrita pelo amigo e chefe da Superintendência da Moeda e do Crédito (Sumoc), José Maciel Filho, a pedido dele, muitos dias antes do desfecho, a carta-testamento.

No casarão de Maria do Carmo e José Nabuco, no Humaitá, Carlos Lacerda amanhecera comemorando com champanhe a renúncia que esperava. Vencera.

Estavam lá todos os próceres da UDN, entre eles o político que mais gastara o gogó na tribuna da Câmara nas semanas anteriores, o mineiro Afonso Arinos. Em torno das oito e meia, chegou a trágica notícia: "É evidente que houve aquele momento [...] de pena do homem, da tragédia humana, da tragédia pessoal do homem, de imaginar a agonia em que um homem deve estar para chegar a dar um tiro no coração", lembraria Lacerda. "Alguém, então, disse: ele puxou a toalha debaixo da nossa festa." Do Humaitá, voltou para casa, em Copacabana, pela rua São Clemente, onde resolveu estacionar por alguns minutos a consciência na capela do Colégio Santo Inácio: "Rezei por ele. Fiquei realmente comovido com o fato. Talvez também porque estivesse aqueles dias todos sem dormir, virando noite e dia, a gente acaba com os nervos assim um pouco à flor da pele. Fiquei muito perturbado!".

No apartamento da Tonelero, ligou o rádio. De minuto em minuto, a carta-testamento era lida, seguida da trilha sonora fúnebre.

Escolho este meio de estar sempre convosco. Quando vos humilharem, sentireis minha alma sofrendo a vosso lado. Quando a fome bater à vossa porta, sentireis em vosso peito a energia para a luta por vós e vossos filhos. Quando vos vilipendiarem, sentireis no meu pensamento a força para a reação. Meu sacrifício vos manterá unidos e meu nome será a vossa bandeira de luta. Cada gota de meu sangue será uma chama imortal na vossa consciência e manterá a vibração sagrada para a resistência. Ao ódio respondo com o perdão.

Prevendo a comoção nacional, Lacerda chegou a telefonar para a Rádio Nacional, apelando para a sanidade. Com aquele dramalhão, o povo ia se levantar.

Eu vos dei a minha vida. Agora ofereço a minha morte. Nada receio. Serenamente dou o primeiro passo no caminho da eternidade e saio da vida para entrar na história.

Enquanto as ruas eram tomadas por populares, Lacerda foi resgatado no apartamento da Tonelero por oficiais da Aeronáutica. Decerto a coisa tinha ficado complicada para ele, o "assassino de Getúlio", no grito da multidão. Segundo a biografia escrita por Foster Dulles, *A vida de um lutador*, teria sido levado de helicóptero à ilha do Governador, para a casa de um oficial. De acordo com os jornais da época, refugiou-se, primeiramente, na embaixada dos Estados Unidos e, logo depois, puseram-no a bordo do cruzador *Barroso*.

Lacerda comentaria:

> Foi aí que eu comecei a defender a tese que me valeu o título de golpista e até de fascista. Comecei a defender a tese de que a eleição de outubro de 55 — a sucessão de Café Filho — não poderia ser realizada com a lei eleitoral em vigor, toda cheia de defeitos. [...] Era necessário não só uma reforma da lei eleitoral, mas uma reforma profunda no país, [para] dar um tempo para desintoxicar o Brasil dos anos de ditadura. Convocar eleições no ano seguinte era um erro grave.

Enfim, Samuel chorou. No final do dia, tendo despejado consecutivas edições do jornal nas bancas, trancou-se na sua sala. Chorou muito, por todos os anos dedicados a Vargas, fiel às ideias e ao homem. Era verdade, beneficiara-se imensamente do poder. Mas não fora só isso. A despeito do que diziam dele, acreditava na causa. Sobretudo, admirava Getúlio. Em meio ao pranto desesperado, distinguiu o clamor à porta do prédio. "Wainer! Wainer! Wainer!" Um grupo de populares queria ouvi-lo. Nas fotos publicadas pela *Última Hora* carioca, a multidão era grande. Debruçado numa das janelas da redação, Samuel acenou. Não havia o que dizer naquele momento. Diante do povo, talvez tenha percebido que estava salvo: o getulismo sobreviveria a Getúlio. Assim sendo, a *Última Hora* também.

Explicaria Nelson Rodrigues:

> Ele apertou o gatilho e, antes que morresse o som do tiro, já Carlos Lacerda caía, lá de cima, do alto de sua ambição cesariana. Sim, Lacerda estava à beira da onipotência e subitamente a perdia. [...] A mesma unanimidade que pedira a cabeça de Samuel Wainer agora queria beber o sangue de Carlos Lacerda. Eu a sentia por toda parte. Carlos Lacerda era o assassino de um suicida.

Em São Paulo, a cidade foi acordada pela sirene da *Última Hora*, zumbindo do Anhangabaú, para anunciar o ocorrido naquela manhã no Catete. Cerca de trinta minutos depois, trabalhadores já começavam a se reunir na porta do vespertino. Segundo nota na última edição do dia, as rotativas só pararam para trocar as bobinas. Centenas de exemplares iam saindo direto para as mãos das pessoas que aguardavam na rua. Os carros de distribuição não precisaram sequer deixar a garagem. Os donos das bancas fizeram fila para pegar lotes de jornal. Da *Última Hora*, partiu a Passeata do Silêncio, organizada pelos sindicatos dos Metalúrgicos e dos Têxteis, que percorreu o centro da capital paulista até a praça da Sé.

Os portões do Catete seriam abertos para o último adeus a Getúlio à uma horas da tarde, de acordo com as primeiras notícias da tarde daquele 24 de agosto. Cerca de 100 mil pessoas se espremiam nas imediações, na esperança de ver o corpo do presidente. As cenas dramáticas se encadeavam: desmaios, crises nervosas e até ataques cardíacos, com uma vítima fatal. Durante a longa espera — só abriram os portões ao entardecer —, o posto médico do palácio atendeu 3 mil populares. Ambulâncias entravam e saíam, cutucando a multidão.

Naquela tarde lamentosa, a *Tribuna da Imprensa* não circulou. O prédio da Lavradio fora encurralado por um grupo de getulistas exaltados, aos gritos de "Morra, Lacerda". Do lado de dentro, na tentativa de resistir ao empastelamento, a equipe da redação escorou as portas com bobinas gigantes de papel, enquanto ia evacuando os funcionários pelas janelas dos fundos, que davam para o *Correio da Manhã*. Sem conseguir entrar, manifestantes treparam no prédio vizinho e dispararam tiros nas janelas, estilhaçando vidros e aumentando o pânico. Até que chegou uma guarnição da seção política do Dops — então comandada pelo inspetor Cecil de Macedo Borer, que se tornaria estrela da repressão do futuro governo de Carlos Lacerda no Rio.

A comoção que o suicídio de Vargas provocou também foi cobrar a conta de Roberto Marinho e Assis Chateaubriand. O primeiro teve dois carros da reportagem do jornal *O Globo* incendiados na Cinelândia. Para proteger a Rádio Globo, a polícia fechou a Rio Branco até para pedestres. O segundo pagou com juros. Em Porto Alegre, os getulistas invadiram os prédios dos Associados, onde se instalavam o *Diario de Noticias* e as rádios Farroupilha e Gaúcha. Tudo que estava em seu interior voou pelas janelas. Diante de uma polícia impassível, as duas construções arderam em chamas. Só restou intata a torre de transmissão da Rádio Farroupilha. O prejuízo foi de 1 milhão de dólares (quase 10 milhões de dólares atuais).

Por ironia, um repórter da revista *O Cruzeiro*, Arlindo Silva, estava no

Catete quando ecoou o tiro. Após a reunião ministerial, decidira ficar zanzando por ali, ao ver ninhos de metralhadoras e trincheiras cavadas nos jardins. Assim que a notícia do suicídio chegou ao andar de baixo do palácio, correu para o telefone, pedindo que lhe enviassem um fotógrafo. Vieram vários: Mário de Morais, Idalécio Wanderley, Antônio Rudge, Keffel Filho, Badaró Braga, Jorge Audi, João Martins e José Medeiros. Os Diários Associados, que tanto combateram Vargas, publicariam o mais espetacular ensaio fotográfico da tragédia. Na edição do *Cruzeiro* de 4 de setembro, abriu a reportagem de doze páginas um close do rosto de Getúlio morto, ainda na cama em que se matara, com uma gota de sangue ressecado no canto da boca. Foram vendidos mais de 700 mil exemplares.

Era cedo, antes das oito horas de 25 de agosto, quando Samuel embarcou num voo da Varig para Porto Alegre. Segundo nota publicada pela *Última Hora*, viajara para a "última reportagem sobre esse grande brasileiro que foi Getúlio" — nas memórias, diria ter embarcado junto com o corpo. Vestido com um terno escuro cuidadosamente escolhido por Danuza, seguiu com a consciência embaralhada, entorpecida pelo Pervitin e pelas noites insones. Havia 21 dias, desde o atentado da Tonelero, que não dormia, sobrevivendo de cochilos no sofá da sala da diretoria do jornal. Talvez não soubesse ao certo qual seria o futuro breve, mas podia sentir lufadas dele. Café Filho já tomara posse. Um coronel, Ardovino Barbosa, visitara a *Última Hora* na noite anterior, avisando que o Exército não toleraria "exaltação popular". Ao menos até o pleito presidencial, marcado para 3 de outubro de 1955, dali a catorze meses, tinha uma tarefa: resistir.

Pouco depois de Samuel decolar rumo ao Sul, às oito e meia o caixão de Getúlio era fechado no Catete. Assim como chegara ao Rio, em 1939, nos braços de uma revolução, partia. O féretro atravessou a porta lateral do palácio, na rua Silveira Martins, carregado por Jango, Lutero, Lourival Fontes, Tancredo, pelo brigadeiro Nero Moura e pelo general Mascarenhas de Morais. Uma multidão incalculável acompanhou o cortejo até o aeroporto, a pé, impedindo que os automóveis ultrapassassem a velocidade de uma bicicleta. O avião da Cruzeiro do Sul levantou voo às 9h50. A bordo, d. Darci, os filhos Alzira, Maneco e Lutero, e João Goulart, que levava no bolso a cópia que, na véspera, Vargas lhe entregara da carta-testamento.

Com a partida do corpo, ficou o vazio, que logo seria preenchido pela revolta. Em torno das dez e meia, o povo entrou em choque com os soldados do Exército que cercavam o aeroporto. Morteiros espocaram no meio da multidão, a qual reagiu com paus e pedras. Um popular levou um balaço nas costas e caiu morto em frente ao prédio da Legião Brasileira de Assistência (LBA). De acordo com o repórter da *Última Hora*, foram quinze minutos dantescos, até que a manada fugiu pela avenida Beira-Mar. O jornal publicou duas páginas inteiras só com os nomes dos feridos e dos hospitais onde se encontravam. A vítima fatal era um operário, Roque de Sousa Rangel, de 21 anos.

Samuel aterrissou em São Borja 25 minutos antes do avião que levava o corpo do presidente. Ao descer da aeronave fretada em Porto Alegre, deparou com a mesma massa de gaúchos de poncho colorido que vira celebrar a vitória de Getúlio, em 1950. No trajeto entre o campo de pouso e o cemitério da cidade, onde anotou palavra a palavra a saraivada de discursos, caminhou entre os populares, revivendo os sentimentos de outrora. Numa das fotos tiradas no enterro, sua cabeça aparece perdida na multidão, a alguns metros do caixão. A imprensa dizia que a opinião pública tinha virado. Para ele, não, o povo nunca havia abandonado Vargas. Quem o abandonara fora a parcela da sociedade que tinha voz. Ao dar um tiro no peito, Getúlio virou a mesa.

20. Não vai ter golpe

Segundo a coluna "Ronda da meia-noite", da *Última Hora*, o quente do verão de 1955 era o Sacha's, na esquina da rua Padre Antônio Vieira com a praia. A nova boîte de Copacabana, inaugurada no último dezembro, tinha ao leme o pianista vedete do Vogue, Sacha, que deixara a antiga casa para iniciar a aventura com o veterano Carlos Machado. Com ele, foram os grã-finos, os políticos, os donos do dinheiro, os boêmios e, claro, os jornalistas, que não ganhavam o suficiente para frequentar o lugar mas não podiam perder de vista as fontes. A boate parecia saída de um filme *noir*: tecidos com estampa de zebra cobriam os estofados. A pista de dança envolvia o piano e o pequeno palco, onde estrelas se revezavam. Ali se apresentavam famosos como Carminha Mascarenhas, Leny Eversong e Jamelão. Tudo íntimo, elegante e enfumaçado, com o perfume do *larjan* misturado ao suor da boemia intelectual, bem ao gosto do *café society*.

Logo Samuel já era da cozinha do Sacha's. Dispensando a gravata exigida pelo protocolo do salão, costumava chegar de camisa esporte, fazer a barba na barbearia do subsolo e comer com Danuza o estrogonofe de galinha do chef importado dos Estados Unidos, Paul Kawal, nos fundos da casa. Só depois do ritual familiar punha o paletó e ia para a pista roçar cotovelos com sobrenomes como Guinle, Moreira Salles, Catão, Souza Campos, Mayrink Veiga, Delamare. A sensação da temporada chamava-se Martha Rocha, que, conforme a lenda lançada pelo repórter da revista *O Cruzeiro*, o baiano João Martins, perdera a faixa de Miss Universo por algumas polegadas de quadril.

O indício de que o Sacha's desbancara o Vogue estava na avantajada presença dos 130 quilos de Antônio Maria. No Rio desde 1947, o pernambucano conquistara o posto de boêmio com plateia. Jogava nas onze, como se dizia: cronista da noite, radialista e compositor de sucessos como "Ninguém me ama". No rádio, mantinha programas simultâneos, cinco na Mayrink Veiga e um na Rádio Nacional. A onipresença abarcava colunas em diversos jornais. Foi no Sacha's que Samuel começou a cortejar Antônio Maria para que ele voltasse à *Última Hora*, onde tinha trabalhado no primeiro ano do jornal — quando ainda não era, assim, um Antônio Maria. A sedução consumia noites de conversas animadas por garrafas de uísque.

Nesse começo de ano, Wainer não podia se conter de felicidade, embora tivesse um único motivo para isso: Deborah, a filha nascida no apagar das luzes do duro e triste 1954. De tão rosada, a menina ganhou o apelido de Pinky. Deborah era a tradução de Dvora, nome original da mãe de Samuel. De acordo com Danuza, o marido fez questão. Apesar de manter a origem judaica bem longe do apartamento da Rui Barbosa, fora de d. Dora que se recordara ao segurar a filha no colo. Para madrinha, escolheu Alzira Vargas.

Danuza, lembrando-se das configurações do casal, comentaria:

> Uma noite estávamos dançando no Sacha's, quando percebi o meu vestido todo manchado de leite. Não me lembro de uma única noite em que me sentei com Samuel após o jantar para ver televisão ou conversar. [...] Não era um homem doméstico. No Sacha's tinha um corredor, com um telefone no fundo. Samuel passava mais tempo neste telefone com a redação do que na nossa mesa. E, depois que o jornal começou a rodar de madrugada, dava um jeito de esticar até quatro da manhã para que fôssemos pegar o primeiro exemplar do dia.

Segundo ela, a cabeça dele nunca saía da redação. Ao acordar, a primeira coisa que fazia era agarrar-se ao telefone, enquanto, ao mesmo tempo, ia vestindo a camisa, dando o nó na gravata. Por volta das onze da manhã saía de casa. Daí nem Deus poderia prever que horas estaria de volta. No alvorecer, invariavelmente, iniciava a torrente de telefonemas para a mulher: Já vou! Já vou! A ladainha se repetia. Apesar da pouca idade, esperta como ela só, Danuza não se enganava: "Samuel fazia qualquer negócio que eu queria para que eu o deixasse em paz para fazer o jornal dele". O acordo era este: ela podia fazer o que bem entendesse, desde que não importunasse. A sorte consistia no fato de que os dois gostavam da mesma coisa: a noite. Samuel não costumava falar dos negócios com a jovem esposa, que também não se interessava em perguntar. Fazia apenas relatos rápidos das inúmeras encrencas em que se envolvia: "Eu só sabia os nomes das pessoas para poder ter raiva delas".

As noites de Samuel, não raro, incluíam outro boêmio da mesma laia: João Goulart. O gaúcho se casara com a ainda adolescente Maria Thereza, filha de importante família de São Borja, e se instalara num apartamento na avenida Rainha Elizabeth, em Ipanema. Como a mulher pouco saía de casa, grávida do primeiro filho, João Vicente, Wainer resgatava o amigo para um uísque no bar do Hotel Regente, com direito a esticadas no Sacha's. "Samuel e Jango tinham uma amizade. Não era só amizade de polícia. Jango uma vez me disse: 'Samuel é a pessoa mais inteligente que eu conheço'", comentaria Maria Thereza, ao rememorar os pitos que passara no companheiro de copo de João Goulart: "Eu brincava com ele: 'Gosto tanto de ti, mas tu estás sempre roubando o meu marido para sair de noite'".

Na madrugada de 11 de fevereiro de 1955, por volta de uma hora, Samuel, com Danuza no banco do carona, estacionou o carro na porta do também boêmio Juscelino Kubitschek. Desceu, pediu ao porteiro para avisar JK de que o aguardava e esperou pacientemente na calçada. Pouco depois, surgiu o sorridente mineiro, para um longo e fraterno abraço. A conversa ao pé do ouvido se alongou por meia hora. Quando Juscelino entrou de volta no prédio, Samuel reassumiu o volante e deu a partida. Estava feliz — exultante, conforme Danuza. O PSD havia homologado a candidatura do ainda governador de Minas à Presidência da República. A articulação de uma aliança com o PTB garantiu a cédula dos sonhos para a salvação da *Última Hora*: JK-Jango.

Conhecendo bem a política e sobretudo os políticos, Samuel sabia que, se subisse para compartilhar daquele momento de triunfo, a oposição a JK ia aumentar; preferiu poupá-lo, apoiando na sombra o seu nome, a dar munição aos que combatiam Juscelino. Não precisava mostrar a ninguém que eles estavam tão unidos, os dois sabiam, e isso bastava.

Carlos Lacerda estava de volta, em forma, depois de um breve recolhimento forçado pelo suicídio de Getúlio. O velho discurso golpista havia sido repaginado, adaptado para a ocasião. Agora queria o adiamento das eleições, previstas para acontecer em outubro. Por quê? Ora, o país permanecia de luto, ouvindo ainda o tiro ecoando no Catete. O governo Café Filho assumira para conduzir o país nesse luto, com a missão de impedir a volta dos "gregórios". Era preciso dar tempo ao tempo, para que o povo se esquecesse de Vargas. Havendo eleições, estas não seriam democráticas. Ao contrário: o povo iria às urnas para votar no morto. Por mais distorcida que pudesse ser sua tese, Lacerda arrebanhou seguidores ardorosos. Entre estes, parte da imprensa, numa dobradinha em particular com o jornal *O Globo*.

Do outro lado da trincheira da sucessão, *Correio da Manhã*, *Diario Carioca* e *Última Hora* ergueram a barricada legalista. Para Paulo Bittencourt, Lacerda não passava de "Um pobre rapaz" e "Um pobre farsante", conforme dois editoriais do poderoso matutino. "Tudo em Carlos Lacerda é pequeno, mesquinho, desprezível", escreveu o dono do *Correio*, de próprio punho.

No tabuleiro da sucessão, quatro cédulas: Juscelino-João Goulart, apoiada pelo PSD, PTB, PR, PTN (Partido Trabalhista Nacional), PST (Partido Social Trabalhista) e PRT (Partido Republicano Trabalhista); Juarez Távora-Milton Campos, pela UDN e por dissidentes do PSD, PDC, PSB e PL; Ademar de Barros-Danton Coelho, pelo PSP e por dissidentes do PTB; e Plínio Salgado, pelo PRP (Partido de Representação Popular).

Na noite de 16 de setembro, ao vivo na TV Rio, Lacerda lançou a ofensiva final, a menos de um mês das eleições: "Eis a prova da traição de Jango". Sacudindo no ar uma folha de papel, completou: "Trata-se de um papel com os escudos da República Argentina, com uma carta endereçada pelo deputado Antonio Brandi, da província de Corrientes". Ao terminar a leitura, como um bom pastor, deixou no ar a questão: "Depois de um documento desses, que mais se pode dizer? Teremos uma eleição a 3 de outubro e o candidato franco favorito à vice-presidência [...] é um homem ligado à quinta-coluna comunista no Brasil. Como se isso não bastasse, tem-se agora a prova evidente da submissão de Jango a Perón. Será preciso acrescentar mais alguma coisa?".

O fac-símile da missiva estampou a primeira página do *Globo*: "Armas cedidas por Perón a João Goulart", dizia a manchete de 17 de setembro. Segundo o jornal de Roberto Marinho, o documento era "estarrecedor", revelando ao país o "crime de lesa-pátria do aliado do sr. Juscelino Kubitschek". O assunto era velho. Desde que Jango ocupara o Ministério do Trabalho, carregava sobre o lombo a pecha de peronista, cujo objetivo atendia pelo nome de República Sindicalista. A diferença agora era a suposta prova, uma carta, datada de 5 de agosto de 1953, assinada pelo deputado argentino Antonio Jesús Brandi. No texto, insinuações como "coordenação sindical entre o Brasil e a Argentina", "brigadas operárias de choque" e "mercadoria adquirida [...] na Fábrica Militar de Córdoba".

Conforme a conclusão de Lacerda, endossada pelo *Globo*, a mercadoria em questão eram armamentos: "Armas da Argentina [...] foram enviadas ao Brasil, via Uruguaiana, para atender aos impatrióticos e sinistros desígnios do homem que se aproveitava do poder, [...] da sombra do sr. Getúlio Vargas, para conspirar contra o regime, na sua tentativa de implantar a 'República Sindicalista'".

Após a divulgação da "carta Brandi", Carlos Lacerda pegou um avião para a capital argentina, em convulsão com a queda de Perón, que renunciara depois de um ultimato militar, exilando-se na Espanha. No mesmo dia, o ministro da Guerra, general Henrique Teixeira Lott, abriu um inquérito policial-militar para apurar a autenticidade do documento. O general Emílio Maurell Filho, secretário-geral desse ministério, fora encarregado de chefiar o IPM.

Enquanto corria a investigação oficial, de Buenos Aires, pela Rádio Globo, Lacerda transmitiu uma entrevista com Ignacio Nicolás Pinedo, o suposto contrabandista de armas citado na carta. Pinedo negara conhecimento dela, mas admitira ter estado no Rio de Janeiro em agosto de 1953, apenas quatro dias após a data que constava no cabeçalho. A outra coincidência era o fato de ter se hospedado no Hotel Regente, onde, por acaso, morava então João Goulart.

Da redação da praça Onze, Samuel ligou para Danuza. Estranhamente, não era do seu feitio esse tipo de pergunta, quis saber quais os planos dela para aquela tarde de 24 de outubro de 1955. Grávida de sete meses do segundo filho, antes mesmo de Pinky completar um ano, ela iria passear na cidade — por cidade, aliás, entendia-se o centro do Rio. Num tom de voz que Danuza não conhecia, ele pediu que não sumisse, fosse dando notícias. No horário que combinaram de se falar de novo, ela ligou de um orelhão da Rio Branco e ouviu, de novo, aquele tom... Estranho, monossilábico. Que ligasse de novo às quatro da tarde. Ligou. A nova ordem era para que fosse imediatamente para o apartamento dos pais e lá permanecesse aguardando notícias. Por volta das sete da noite, enfim, Samuel apareceu com a novidade: fora condenado pelo juiz Valporé de Castro Caiado, da 11ª Vara Criminal, a um ano de prisão, por falsidade ideológica. Seu irmão José Wainer, residindo com as filhas em Israel, recebera a pena de três anos, pela adulteração da lista de passageiros do navio *Canárias*. Logo mais ia se entregar.

Às 21h40, Samuel desceu do automóvel guiado por Baby Bocaiuva na porta do Regimento de Cavalaria da Polícia Militar, na rua Salvador de Sá. Assim que pisou na calçada, foi cercado por uma chusma de fotógrafos, repórteres, cinegrafistas. Segundo a *Tribuna da Imprensa*, estava "cabisbaixo" e "abatido". Não carregava maleta ou embrulho, tendo entrado no quartel de mãos abanando. Instalado no alojamento oficial, pediu comida de um restaurante de Copacabana. Noite adentro, enfileiraram-se visitantes: Paulo Silveira, Moacir Werneck de Castro, João Etcheverry, Mauritônio Meira, Fernando Leite Mendes.

"No quartel [...] gozará de diversas regalias, como as de prisão em alojamento de oficial, com porta aberta, comida de restaurante. Poderá também jogar sinuca no cassino dos oficiais, e não tem hora para se deitar, nem para levantar", denunciou a *Tribuna da Imprensa* do dia seguinte.

De fato, a cela virou sala de visitas. O *New York Times* deu o título preciso — e íntimo: "Sam in a Golden Cage". Numa daquelas concorridas tardes, o repórter Pinheiro Júnior, novo na redação, atravessara a pé a Presidente Vargas e embrenhara-se nas ruelas da Cidade Nova para ir buscar o editorial. Sim, Samuel continuava trabalhando como se estivesse na redação da praça Onze. Até então o repórter, que se tornaria um dos mais longevos da *Última Hora*, nunca vira o chefe. Chegara nos tempos das vacas magras, num jornal tão esvaziado pela crise que se abatera sobre o seu dono que os repórteres se contavam nos dedos. A bem da verdade, o charme persistia, muito pela presença inspiradora, pelo menos para Pinheiro Júnior, de Nelson Rodrigues. Do primeiro encontro com o patrão, o rapaz saiu impressionado. Sua surpresa maior foi a atenção que o mítico Samuel Wainer lhe dedicou, rendendo assunto no bate-papo com o foca.

Dentre os editoriais que Samuel escreveria da prisão, o primeiro recebera o título de "Minha luta", publicado na manhã de 25 de outubro:

Em três anos de luta cruenta, quando tudo se disse contra mim, não faltei um dia sequer à minha mesa de jornalista, na redação de *Última Hora*. Agora, mais do que nunca, estarei presente [...] lutando, mais como brasileiro do que como profissional de imprensa, pelos princípios que são os de todos os brasileiros, patriotas e desinteressados: a defesa do Brasil, do seu povo, da sua economia, do seu futuro, contra a cobiça dos interesses monopolistas internacionais — o que, de resto, constitui o centro de toda essa onda conspirativa contra as nossas instituições democráticas.

A reclusão de Samuel foi motivo de lamento e festa. De um lado, o Clube da Lanterna soltou nota de apoio à medida, publicada por todos os jornais.

Do outro, intelectuais, como o escritor Orígenes Lessa, futuro imortal da Academia Brasileira de Letras, saíram em defesa do jornalista:

> Samuel está pagando o crime de ter sido sempre um homem incômodo. Constrangeu muitos jornais a melhorarem o seu padrão de qualidade. Constrangeu outros a pagarem melhor os seus redatores. Deixou longe, em matéria de circulação, vários concorrentes. Tudo isso irrita gente mesquinha e pequenina. Tudo isso há de fazer sempre espumar e babar de despeito certos lamentáveis representantes da espécie humana.

De sua gaiola de ouro, Samuel assistiu ao tombo vertiginoso de Carlos Lacerda. Em 3 de outubro, a cédula J-J vencera as eleições. De um eleitorado de 15 343 450 pessoas, 9 097 014 compareceram às urnas. Juscelino ficou com 33,8% dos votos, à frente de Juarez Távora e Ademar de Barros, com 28,7% e 24,4%, respectivamente. Confirmando que o getulismo estava mais vivo do que nunca, Jango, o vice, obtivera mais votos do que JK, que ganhou pela menor margem conquistada por um postulante ao Catete até então. Fora a deixa para o golpe ocupar a praça. Mais uma vez trazendo à tona a tese da maioria absoluta, a UDN tramou o impedimento da posse dos eleitos. Nas palavras do *Correio da Manhã*, "os golpeados de 1937 são os golpistas de 1955". Nas do *Globo*: "Não se trata de golpe". Para a *Tribuna da Imprensa*: "Dar posse aos gregórios é trair o Brasil".

Em meio ao incêndio no circo, o general Emílio Maurell Filho — encarregado da apuração da veracidade da "carta Brandi" — retornou da Argentina. Outro jovem repórter da *Última Hora*, Jorge de Miranda Jordão, que mais tarde viria a dirigir o jornal, encontrava-se de plantão no aeroporto. Naquele tempo, todos os jornais, aliás, mantinham setoristas no Galeão. Por um golpe de sorte, naquele dia, só Miranda Jordão estava no saguão quando surgiu uma patrulha do Exército para esperar o pouso do avião da Varig trazendo, enfim, Fernando Francisco Malfussi, já anunciado, antes mesmo do pleito, como o autor confesso da falsificação da carta atribuída ao deputado Antonio Brandi. No depoimento prestado a peritos brasileiros, em Porto Alegre, Malfussi justificara o crime cometido alegando ter sido coagido por Carlos Lacerda e por uma alta patente da Aeronáutica.

Em editorial, a *Última Hora* tripudiou:

> O falsário cometeu um crime contra o regime, a segurança nacional e o povo. Tece uma teia de sofismas e malabarismos, que o levam a essa espantosa conclusão: a "Carta Brandi", destinada a destruir politicamente o sr. João Goulart, somente poderia ter sido forjada a mando ou por ordem daquele a quem "o crime aproveitava", isto é, precisamente o sr. João Goulart! [...] Acompanhando-se o mesmo raciocínio e a mesma dialética [...] o assassinato do major Rubens Florentino Vaz somente poderia ter sido cometido por aquele a quem o "crime aproveitava", isto é, precisamente, pelo sr. Carlos Lacerda.

Na prisão, Samuel costumava ler todos os jornais importantes do país. Recebia-os ao longo do dia, conforme as rotativas iam soltando as edições matutinas e vespertinas. No caso da "barriga" Brandi, *O Globo* se esquivou, argumentando ter sido o primeiro a publicar o documento apócrifo por dever de informar, valendo-se do critério da imparcialidade diante da notícia. Por seu turno, o *Correio da Manhã* abriu guerra ao falsário da rua do Lavradio: "Carlos Lacerda quer ser agora, em outro plano, um novo Gregório, o Gregório II. Acha que tudo lhe deve ser permitido. A sua sensação de poder já não tem limites. Permite-se pregar o crime de subversão do regime e já chega ao incitamento para morticínio e o putsch". Para o matutino de Paulo Bittencourt, Lacerda era "falso jornalista, falso deputado, falso catão, falso católico, falso comunista": "De real nele, só uma vaidade que atinge a paranoia e uma crueldade que vai até à fúria assassina. O seu ideal seria a provocação de suicídios semestrais".

Não deixava de ser irônico: Lacerda surrupiara-lhe o posto de judas. Samuel viu, nas páginas dos jornais, argumentos que ele próprio usara para atacar ou se defender. Quantas vezes gritou: "falso jornalista, falso católico, falso comunista"?

A resposta da *Tribuna da Imprensa* ao *Correio da Manhã* deve ter lhe arrancado um sorriso de Monalisa. Certa feita, nos idos de 1953, ao ser enxovalhado por Bittencourt, chamou-o de "sibarita, herdeiro do fígado podre". Agora Lacerda, outrora filho pródigo do *Correio*, escrevia editorial intitulado "Os males do alcoolismo": "Os seus editoriais desses dias servirão para mostrar aos meus netos, quando vierem das primeiras festas. Cuidado, meninos, não bebam tanto senão vocês acabam como o Paulo Bittencourt!".

No fim do imbróglio, Samuel leu publicada no seu jornal, na coluna "Na hora H", assinada por Luís Alípio, a melhor fofoca do episódio Brandi, do qual Lacerda saíra livre por não haver provas de sua participação na falsificação. Em jantar com amigo, Roberto Marinho teria proferido o seguinte texto:

> É inacreditável! Eu, com trinta anos de experiência, deixei-me envolver pela lábia desse aventureiro que me deixa agora nesta situação, depois de arrastar um jornal da tradição do *O Globo* para a sujeira de que se alimenta a *Tribuna*. Este rapaz está inteiramente inutilizado. As suas companhias são as mais sórdidas que se possa imaginar. O ambiente da escória é o que lhe convém: falsários, ladrões, caluniadores, tudo serve desde que sirva a seus objetivos. Nunca [...] vi tanta sordidez junta. O poder de persuasão de Lacerda é uma dessas coisas difíceis de acreditar. [...] Serviu-me pelo menos a experiência.

Por intuição ou premonição, Samuel sentiu que o melhor a fazer era tentar a transferência para o Hospital da Polícia Militar, de onde seria mais fácil fugir caso o golpe se consumasse. A desmoralização ocasionada pela revelação da falsificação da "carta Brandi" não havia sido suficiente para aplacar o ardor golpista. Com a ajuda do médico indigenista Noel Nutels, velho companheiro de *Diretrizes*, Wainer conseguiu ser "internado com urgência", conforme noticiou a *Última Hora*. O mal-estar no país ia aumentando a cada dia — e agora se instalara no Exército, após um incidente no Cemitério São João Batista.

No dia 31 de outubro, morreu o general Canrobert Pereira da Costa, que ocupara o posto de chefe do Estado-Maior das Forças Armadas e se notabilizara pelo anticomunismo fervoroso. À beira do caixão, sob um temporal, o coronel Jurandir Bizarria Mamede pregou o golpe, como se se tratasse do último desejo do falecido. Mamede fazia parte da ala liderada pelo Clube Militar, defensora do impedimento da posse de Jango e JK. Entre os presentes, estava o ministro da Guerra, o general Henrique Teixeira Lott, que comungava em outra religião. Legalista empedernido, Lott vinha travando a batalha no campo oposto, reconhecido como o fiador da Constituição.

"Não será também, por acaso, pseudolegalidade patente aquela que ousa legitimar-se pela defesa intransigente de um mecanismo adrede preparado para assegurar, em toda a sua plenitude, o voto do analfabeto, proibido por lei?", disse Mamede no discurso que soara a Samuel como o tiro em Francisco Ferdinando.

De fato, uma semana depois do enterro de Canrobert, em 11 de novembro, ele ouviu, do quarto de hospital que Danuza transformara em sala de visita, espalhando quadros nas paredes e objetos de decoração, o som insistente de sirenes. Da janela, viu a movimentação da soldadesca desfilando na rua Frei Caneca. Ligou o rádio, nenhuma notícia. Era o golpe, certamente, mas de quem? Desde o pronunciamento do coronel Mamede, o cenário se adensara. Café Filho tivera um infarto — que muitos consideraram providencial demais — e estava internado no hospital do Ipase. O presidente da Câmara, Carlos Luz, assumira o governo e, tão logo se vira na cadeira de chefe da nação, tratara de consolidar e ampliar a hegemonia dos defensores do impedimento de JK, exonerando de cargos públicos os arredios ao ideário da UDN.

Logo o telefone tocou. Era João Etcheverry: "Os tanques desceram", disse-lhe o companheiro.

"Os deles ou os nossos?", perguntou Samuel.

"Os nossos."

O contragolpe, assim chamado pelos jornais defensores da posse de Jango e JK, começara na véspera, com uma manobra infeliz de Carlos Luz. O presidente interino dera um chá de cadeira no general Lott, deixando-o esperar na sala anexa ao gabinete por cerca de duas horas. Ao atendê-lo, enfim, negou-lhe a solicitação para a punição de Mamede, por violar a ética do Exército de não se pronunciar politicamente. O intuito de Luz era provocar a renúncia do ministro da Guerra. Já tinha até mesmo escolhido um substituto, o general Fiúza de Castro, que, não por acaso, tomara parte na conspiração contra Getúlio.

Às nove da noite, o demissionário general já estava em casa quando recebeu um telefonema solidário do general Odílio Denys, comandante da Zona Militar do Leste. À meia-noite, reunira-se, na casa de Denys, com as altas patentes dispostas a segui-lo: Olímpio Falconieri, Segadas Viana, Azambuja Brilhante, Lima Câmara, Araújo Mota, Alves Bastos, Nilo Sucupira, José Teófilo de Arruda, Dias Ribeiro e Correia Lima. No dia seguinte, a cidade acordou tomada por 25 mil homens da guarnição militar do Distrito Federal, mobilizada em poucas horas e distribuída nos pontos estratégicos. O presidente interino Carlos Luz fugiu pela porta dos fundos do Catete.

Antes de desligar o telefone, Samuel chorou, abraçando a barriga de oito meses de Danuza, a testemunha daquela cena de filme num quarto de hospital. No editorial publicado naquele dia 11, a *Última Hora* transbordou:

> O Brasil de Tiradentes e de Caxias, de Floriano e Siqueira Campos, o Brasil Republicano e Democrático, da Evolução Social e do Nacionalismo Progressista, o Brasil da Siderurgia e do Petróleo, da Vale do Rio Doce e da Hidrelétrica São Francisco, o Brasil do Sangue Derramado nos campos da Itália pela Sobrevivência da Liberdade, contra o nazifascismo, este Brasil reencontrou hoje o caminho que o conduzirá aos seus gloriosos destinos de Nação Livre, incorporada entre as maiores e mais avançadas Nações democráticas da Comunidade Mundial.

A famigerada notícia pegou Carlos Lacerda de pijama. Ao abrir a porta do apartamento da Tonelero deparou-se com o desgrenhado senador maranhense Vitorino Freire: "Olha, está tudo liquidado, tudo acabado! Você trate de salvar a sua vida!". As horas seguintes voaram. A primeira estação foi a casa de Afonso Arinos, onde estava reunida a cúpula da UDN. Dali, seguiu para o Ministério da Marinha, a fim de encontrar Carlos Luz. Os ministros Eduardo Gomes e Amorim do Vale, da Aeronáutica e da Marinha, respectivamente, já haviam colocado as armas em favor do presidente deposto, contra o Exército. O comandante das Forças de Alto-Mar, Carlos Pena Boto, sugeriu então que embarcassem no cruzador *Tamandaré*, rumo a São Paulo, onde, segundo as últimas informações, Jânio Quadros iria resistir. O plano era desembarcar em Santos e instaurar o governo paralelo em solo paulista.

"Isso seria a avant-première de 64. E nessa época, evidentemente, a minha posição não era nada simpática, sobretudo a uma grande parte do eleitorado. Nesse sentido eu era golpista. Foi a mesma coisa em 64. Eu era a favor de um golpe que evitasse o golpe por via eleitoral", comentaria Lacerda no livro *Depoimento*, no qual relatou os passos daquela manhã.

Sob as ordens do almirante Sílvio Heck, o *Tamandaré* zarpou do cais do Ministério da Marinha, com 26 passageiros a bordo. Eram sete horas. Lacerda observou a precariedade do navio em que pretendiam enfrentar o Exército. Estava funcionando só com uma caldeira, navegando com menos da metade da potência. Não levava comida suficiente. Até mesmo a ponte de acesso ao convés caíra assim que o último tripulante atravessou. Quando atingiram o canal da entrada da baía de Guanabara, entre a Fortaleza da Laje e a Fortaleza de Santa Cruz, o "chumbo comeu". Os tiros vinham do Forte do Vigia, no Leme, e do Forte de Copacabana.

"E as balas batiam, faziam splash, quando caíam no mar e subia aquela coluna d'água. Pena Boto, de binóculo, anotava e dizia ao Heck: 'Tantos metros, tantos metros, tantos metros. Como atiram mal esses nossos camaradas do Exército'", lembraria Lacerda.

No dia 11 — e nos seguintes —, a *Tribuna da Imprensa* não circulou. Às cinco da manhã, enquanto ele acordava com o contragolpe, oficiais do Exército ocuparam a redação e a oficina do prédio do Lavradio. "As metralhadoras continuavam apontadas. [...] Eram homens à paisana e homens de farda", segundo publicaria o jornal na edição do dia 16, a primeira a ganhar as ruas depois da marcha sobre o Catete. A essa altura o *Tamandaré* já retornara ao Rio, dois dias depois de zarpar. Antes de alcançar Santos, na altura da Ilha Grande, os tripulantes souberam, via rádio, que São Paulo se rendera ao general Olímpio Falconieri da Cunha, comandante da Zona Militar do Centro, aliado de Lott e inimigo figadal de Jânio. Só restava a Carlos Luz se entregar e assinar a renúncia. O navio ficou ancorado na boia paralela do Aeroporto Santos Dumont, enquanto próceres da UDN negociavam com as autoridades as condições para o desembarque dos fujões.

Da aventura marítima, Lacerda seguiu, escoltado por Adauto Lúcio Cardoso, para a embaixada de Cuba: "Era Cuba do Batista. [...] Lá fomos nós para um prédio da rua Djalma Ulrich, em Copacabana, onde a embaixada funcionava [...] Na parede da sala um retrato enorme do Getúlio com a maior dedicatória: 'Meu querido amigo de tantos anos, embaixador Gabriel Landa'". Sobre a recepção da embaixatriz, contaria: "Não só tinha sido muito amiga do Getúlio, como era metida a esquerda festiva. Ela tinha horror a mim, me achava o maior dos fascistas".

Mais uma vez somente Danuza estava presente para testemunhar aquela agonia. No fim da manhã de 23 de novembro de 1955, Samuel grudou-se ao telefone do quarto do hospital da Polícia Militar. Falando com a redação, acompanhou minuto a minuto as notícias vindas do Supremo Tribunal Federal, onde era julgado o habeas corpus impetrado em seu nome, já negado duas vezes em instâncias inferiores. O ministro Nelson Hungria, encarregado da relatoria, falou primeiro: "Este processo nada mais é do que um cortejo fúnebre sem cadáver". Pelo entendimento dele, obviamente não houvera intenção de praticar o crime de falsificação de nacionalidade, e não cabia ao tribunal investigar o local de nascimento do réu, não comprovado pela acusação. Um a um, os demais ministros acompanharam o relator. No fim, a absolvição, por unanimidade: 10 × 0.

Conforme a fiel memória de Danuza, Samuel agachou-se, abraçou o seu barrigão de oito meses — e chorou. Como chorava, sem nunca se envergonhar das lágrimas. De repente, o quarto do hospital começou a encher-se de gente. Tanta gente que ela mal conseguia espaço para empacotar as coisas. Dali todos seguiram em caravana para o apartamento da Rui Barbosa. A festança varou a noite, com os funcionários da *Última Hora*, do contínuo ao chefe de redação, tão bêbados, que escorriam pelos fofos tapetes. Entre as memórias de Danuza sobre o episódio da prisão do marido, enquanto ela carregava o segundo filho, saltaria um caso. Nas semanas que antecederam o julgamento do habeas corpus pelo STF, ela estava muito atarefada: "Eu fiz a via-crúcis de visitar muitos juízes do Supremo com a minha barriga de sete meses". Talvez nem mesmo ela tenha conseguido entender o significado mais fundo do veredito. Para Samuel, as maiores autoridades do país acabavam de atestar: ele era brasileiro. Não era bem isso o que dizia a sentença. Mas tanto fazia. Com aquela vitória esmagadora, jamais teria a nacionalidade novamente questionada.

No editorial do dia seguinte, escreveu: "Tentaram roubar-me a nacionalidade, a pátria. Procuraram, assim, não só atingir-me no que é mais caro a um cidadão, mas sobretudo destruir a minha vida profissional. Quiseram arrancar-me a bandeira nacionalista e popular que norteou, desde o primeiro dia, os jornais que fundei".

Nereu Ramos, presidente do Senado, era o novo ocupante do Catete, o terceiro a sentar na cadeira deixada por Getúlio, e o país encontrava-se sob estado de sítio, com a imprensa sob censura. Num segundo contragolpe, que os opositores classificaram de golpe, Lott impedira o retorno do suposto enfermo Café Filho ao cargo, mantendo Nereu na Presidência para assegurar a posse dos eleitos.

O cenário na praça Onze não podia ser mais desolador. Samuel estava reassumindo uma redação em frangalhos. Desde o começo da guerra até aquele armistício selado pelo STF, boa parte da equipe havia debandado: Joel Silveira, Otto Lara Resende, Francisco de Assis Barbosa, Nássara, Lan, Maneco Muller — e toda a equipe da arte, exceto Augusto Rodrigues. Da *Última Hora*, os argentinos capitaneados por Guevara haviam seguido em fila para os Diários Associados, contratados em bando por Assis Chateaubriand. Parecia não haver nada mais divertido para Chatô do que roubar a equipe de Wainer. Só o Lan partiu para *O Globo*.

A bem da verdade, passando as páginas da *Última Hora*, Samuel continuava bem no páreo. Em novembro, chegara para reforçar o combalido time um bico fino: Sérgio Porto, ou Stanislaw Ponte Preta, personagem que nasceu na redação do *Diario Carioca*, inspirado no satírico Serafim Ponte Grande, de Oswald de Andrade. Na *Última Hora*, ele abriu alas assinando a hilariante "Reportagem de bolso". Nelson Rodrigues, além de continuar com "A vida como ela é...", ressuscitara Suzana Flag. O perdigueiro Edmar Morel assinava a coluna "Cidade aberta", escarafunchando as mazelas sociais do país. O sindicalista Ariosto Pinto tinha a "Coluna do trabalhador". Luís Costa, depois da morte de "O dia do presidente", inventara a sessão policial "Coisas da vida e da morte". Otávio Malta fazia a "Revista dos jornais", um pente-fino bem-humorado na imprensa, sob a tutela de Machado de Assis: "Não há vinho que embriague como a verdade". A elegante Gilda Muller, mulher de Maneco Muller, encontrava-se no comando do Departamento Feminino. E a ferina Adalgisa Nery prosseguia com a coluna "Retrato sem retoque". A propósito, era ela a primeira mulher a assinar uma coluna de política. Ao ser contratada, em novembro de 1954, fizera a exigência: "Eu não fico em caderno de mulher. Quero o caderno dos homens, quero o primeiro caderno".

Como não era segredo para ninguém, Samuel possuía o espírito da fênix. Bem lembrava Nelson Rodrigues, vinha de um povo que não morria. Logo que voltou, já tinha novidades. A boa notícia era que a *Última Hora* ia pagar os atrasados. "Milagre" — teria gritado o primeiro gaiato a ver o comunicado afixado no elevador, segundo o repórter Pinheiro Júnior. Desde o começo da crise, o Shabat na redação da praça Onze começava por volta das quatro da tarde de sexta-feira, quando a fila se formava à frente da mesa do gerente Raimundo Resende. Um a um, os funcionários iam desfiando o rosário das desgraças financeiras na esperança de colher um gordo vale. Havia até o esquema das pancadinhas. Enquanto ouvia, Raimundo batia no pé da mesa para que o assistente já fosse preenchendo o vale, com o valor preestabelecido. Uma pancadinha, cem cruzeiros. Duas, duzentos. E assim por diante. "A cada um segundo sua necessidade e capacidade", costumava repetir Otávio Malta, que, ao lado de Paulo Silveira, Baby Bocaiuva e João Etcheverry, vinha tocando o barco.

"O vale comprovava uma importância a ser descontada do pagamento do salário, como parece ser a função de todo vale. Mas como o salário chegara a atrasar por onze meses seguidos — do Ano-Novo de 1954 ao Natal de 1955 —, esses vales se acumulariam", comentaria Pinheiro Júnior.

Pagos os salários atrasados, Samuel deu a má notícia à equipe. A *Última Hora* ia deixar o "pavão enfático", na descrição de Nelson Rodrigues. O prédio da Presidente Vargas acabara de ser arrestado pelos credores, com tudo que tinha dentro: móveis, telefones, máquinas de escrever. Escaparam da rapina oficial os painéis de Di Cavalcanti, que não estavam registrados como patrimônio, e um bronze em agradecimento a Samuel Wainer pela valorização profissional, assinado pelos funcionários da *Última Hora* e da *Flan*, que morrera silenciosa, com apenas dezoito meses de circulação. "Nós não sentimos tanto a mudança. Saí para rua para fazer reportagem [...] quando voltei já estávamos instalados na Sotero dos Reis", recordaria Pinheiro Júnior.

O novo endereço em questão era um prédio encardido, a poucos quarteirões da praça da Bandeira. Foi-lhe cedido — e posteriormente comprado com anúncios — pelo empresário Sebastião Maia, o Tião Maia, rei da carne e do leite, que, não muitos anos antes, havia sido atacado e — quase — destruído por uma série de reportagens de Edmar Morel. Tião Maia possuía inúmeros imóveis em São Cristóvão e achara por bem colaborar com o jornal que, afinal, logo estaria outra vez nas graças do Catete. Nos arredores da instalação, uma mistura complexa de putas e famílias, convivendo num bairro de passagem. Na mesma rua do jornal, uma fábrica de chapéus, frigoríficos e o bar e lanchonete que passou a ser a morada dos repórteres. Quando Samuel passava, costumava gritar que um dia iria instalar máquinas de escrever no balcão.

A propósito, foi na *Última Hora* da Sotero dos Reis que ele inventou uma moda que seria copiada nos jornais país afora: o aquário, um cercadinho de vidro no meio da redação, de onde podia ver — e, claro, ser visto. Observando-o de longe, Pinheiro Júnior enumeraria seus hábitos. Levantava-se muito da cadeira giratória para tocar o peito e os ombros dos interlocutores. Costumava falar baixinho, com as palavras entremeadas pelo frequente pigarro. Quando falava, os óculos vinham para a ponta do nariz. Para não interromper as reuniões, ia ao exíguo banheiro e deixava a porta aberta. Com cafajeste naturalidade, jogava o cigarro no vaso e abria a braguilha, sem interromper a conversa. Para Pinheiro Júnior, nunca houve ninguém melhor de pauta e de título. Nos fechamentos, postava-se à frente do chefe de reportagem, Antônio Luís Carbone, e acertava de primeira a complicada métrica: "Samuel dava o título no tamanho [exato]. A gente brincava que [ele] pensava em títulos".

Antes que aquele decisivo ano de 1955 chegasse ao fim, em 18 de dezembro, Wainer foi pai de novo. Nasceu Samuel Wainer Filho, o Samuca. Com Carlos Lacerda no exílio e Juscelino e Jango no governo, certamente 1956 prometia dias melhores. No rol das insanidades dos últimos tempos, vira o seu nome até numa lista de marcados para morrer. Valendo-se do poder discricionário concedido pelo estado de sítio, a polícia determinou o fechamento do Clube da Lanterna. Documentos comprometedores pululuaram dos quatro arquivos apreendidos na sede da organização, no centro do Rio, com cerca de 8 mil fichas de filiados e folhetos de propaganda. Entre os papéis, um plano para assassinar Samuel Wainer e prender José Eduardo de Macedo Soares e Danton Jobim, dizimando simultaneamente a *Última Hora* e o *Diario Carioca*. O *Correio da Manhã* sofreria intervenção. Verdadeiro ou falso — nunca se soube se era, de fato, um plano ou só conjetura —, o documento ganhou a capa da *Última Hora*. Dele não constava o nome de um jornal, *O Globo*, o que deu munição a Otávio Malta, na coluna "Revista dos jornais", para cutucar o concorrente:

Roberto Cavalo-Marinho [...] finge que deu um pontapé no asa-negra... Porém não deixou de fazer das suas. [...] *O Globo* circulou com pedacinhos simpáticos aos neofascistas. [...] Olhe que pode sair por aí o livro negro do *O Globo*. [...] A nossa advertência não representa nem piedade, nem crueldade! [...] É a hora da vigilância para que o Cavalo-Marinho não vire Lobo e queira nos engolir, de súcia com o Corvo!...

Sobre Carlos Lacerda, Adalgisa Nery não se esqueceu de comentar:

É coragem sair de madrugada pela porta dos fundos, refugiar-se no *Tamandaré* atrás de canhões, depois sair do *Tamandaré* enrolado em metralhadoras portáteis, enfiar-se correndo na embaixada de Cuba, expedir mandado de segurança antes de qualquer constrangimento ou cerceamento da sua liberdade, dias após sair da embaixada de Cuba, enfiado numa onda de homens da Polícia Especial, entrar também pela porta dos fundos do [...] Galeão e, sempre sob a proteção do representante de Cuba, penetrar num avião rumo aos Estados Unidos, é lá coragem que entre no passivo da vida de algum homem? Desde quando um homem se atemoriza com as consequências dos seus atos, foge e ainda fica sendo chamado de homem? Triste e melancólica é a fuga!

21. O vizinho de Roberto Marinho

Na edição de 31 de janeiro de 1956, a *Última Hora* comemorou em editorial, com suspiros de alívio:

> Com a posse dos srs. Juscelino Kubitschek e João Goulart, retorna o país à normalidade. [...] Desde o memorável dia da posse de Getúlio Vargas, em 31 de janeiro de 1951, que o Brasil passou a viver, pela incompreensão e o egoísmo de uma minoria irresponsável, em sobressaltos, registrando-se, então, os mais impressionantes episódios [...]. Hoje, encerra-se, também, mais uma fase da vida deste jornal. A fase de sua grande batalha pela sobrevivência da Lei em nosso país.

O juramento dos eleitos aconteceu no Palácio Tiradentes, às três horas da tarde. Conforme nota do jornal de Samuel, agora mergulhado na praça da Bandeira, zona acometida por terríveis enchentes naquele verão insano, os chefes de Estado, embaixadores e jornalistas estrangeiros compareceram de "galocha para garantir", enquanto Juscelino sorria com a elegância de quem possuía um "refrigerador interno". O vice-presidente Richard Nixon representou os Estados Unidos, e o ex-presidente Vincent Auriol, a França. Após o evento, JK e Jango desfilaram em carro aberto até o Palácio do Catete, onde foram recebidos por

Nereu Ramos. Já com a faixa verde-amarela, o presidente deu a ordem de abrir os portões do palácio para o povo que se aglomerava nos jardins.

À noite, uma grande recepção no Itamaraty inaugurou o governo. JK era o oposto de Getúlio. Aos 54 anos, carregou leveza, frescor e disposição para o palco do poder. Os apelidos denotavam o rastro de ânimo que destilava: "pé de valsa", "rompe nuvem", "traveller's cheque". O *café society* inteiro compareceu para prestigiá-lo. Enquanto Jango se atinha aos amigos mais íntimos, ele circulou bem-humorado pelas rodinhas, fazendo piadas sobre a UDN, que quisera lhe impedir a posse a tapas. De um conviva, ouviu a sugestão de dançar a valsa com uma linda morena da Bahia. "Medo de d. Sarah?", perguntou o homem. "Não, medo da UDN."

Na véspera da posse, JK reunira a imprensa em seu apartamento, na Sá Ferreira. Conforme texto publicado pela *Última Hora*, ele se sentou "cordial" à cabeceira da mesa, cercado de microfones, e anunciou o ministério "novembrista", uma referência aos apoiadores dos eventos ocorridos em novembro: a deposição de Carlos Luz, no dia 11, e o impedimento da volta de Café Filho, dez dias depois, mantendo Nereu Ramos no poder para assegurar o respeito às urnas. O núcleo de coalizão era a aliança PSD-PTB. Mas havia ainda o Partido Republicano (PR), o Partido Trabalhista Nacional (PTN) e o Partido Social Trabalhista (PST).

"Na alternativa entre um grande ministério e uma sólida base parlamentar, o sr. Juscelino Kubitschek optou pela segunda ponta do dilema", atestou o *Correio da Manhã*.

Para o Ministério da Fazenda, o mineiro foi buscar o amigo de infância e ex-secretário de governo, José Maria Alkmin. O PSD, aliás, fez a maioria dos ministros: Viação, Lúcio Meira; Relações Exteriores, José Carlos de Macedo Soares, irmão do diretor do *Diario Carioca*, José Eduardo de Macedo Soares; e Justiça, o antecessor Nereu Ramos. O PTB amealhou a pasta do Trabalho, com Parsifal Barroso, e da Agricultura, com Ernesto Dorneles, primo de Vargas. O PR ficou com a Educação, indicando Clóvis Salgado, e o PSP com a Saúde, com o professor Maurício de Medeiros. Nas pastas militares, o general Teixeira Lott (Guerra), o almirante Alves Câmara (Marinha) e o brigadeiro Alves Seco (Aeronáutica). A chefia do Gabinete Militar foi ocupada pelo general Nelson de Melo. O Gabinete Civil, por Álvaro Lins. E a chefia de polícia, pelo general Magessi Pereira.

"Antes das sete horas da manhã de hoje, o sr. Juscelino Kubitschek e todo o seu ministério e colaboradores diretos [...] já se encontravam no Palácio do

Catete, praticamente de mangas arregaçadas, para começar a governar. O sr. Juscelino Kubitschek [...] mostrava-se bem-humorado e disposto. O sr. João Goulart, que dormiu apenas três horas de ontem para hoje, chegou ao Catete poucos minutos depois das sete", informou a *Última Hora* da manhã seguinte ao baile do Itamaraty, o primeiro dia do novo governo.

Na reunião ministerial, foram esmiuçadas as grandes linhas de atuação, calcadas no Plano Nacional de Desenvolvimento, popularizado como Plano de Metas. O programa ousava anunciar "cinquenta anos de progresso em cinco anos de realizações". O ideal desenvolvimentista foi consolidado num conjunto de trinta objetivos a serem alcançados em diversos setores da economia, como energia, transporte e indústria de base. Na última hora, o plano incluíra mais uma meta, chamada de "meta-síntese": a construção de Brasília e a transferência da capital federal. Com a economia claudicante, só restava saber onde se arrumaria dinheiro para realizar tudo aquilo. O país encontrava-se endividado, a inflação galopava, e mais de 60% do que o Brasil exportara no ano anterior viera do café em crise. Não parecia viável lutar para domar a besta e, ao mesmo tempo, tocar um projeto de modernização tão ambicioso. Não havia sequer estradas — somente 20 mil quilômetros de rodovias federais.

Fosse como fosse, Juscelino parecia disposto a dar duro. O país que ele comandava tinha que acordar cedo. Ele madrugava. Antes das seis, já estava de pé, de barba feita. Para não perder tempo, o criado de quarto estendia as roupas em ordem na cama, com as meias já enroladas pelo avesso para agilizar o ritual diário. As camisas não podiam ter punho duplo, pois as abotoaduras corriam contra o relógio. No café da manhã, ia despachando com os assessores, enquanto comentava as notícias dos jornais. A família optou por morar no Palácio Laranjeiras, reservando ao Catete o centro do poder.

No sábado de Carnaval, 11 de fevereiro, o presidente amanheceu com um golpe no ar. Descansava com os familiares na Gávea Pequena quando ouviu a informação, dada por telefone pelo general Lott: durante a madrugada, o major Haroldo Campos Veloso e o capitão José Chaves Lameirão, da FAB, acompanhados de um sargento, renderam a vigilância do Campo dos Afonsos e capturaram um avião Beechcraft AT-11, o mais moderno da frota. Em seguida, levantaram voo, apesar das proibições da torre de controle. O destino era a base internacional localizada na serra do Cachimbo, ao sul do Pará. E o objetivo, criar um foco de resistência armada ao governo federal.

Três semanas depois, quando as tropas legalistas conseguiram domar os rebeldes, que, a essa altura, já haviam se apossado do aeroporto de Santarém e da Base Aérea de Jacareacanga, no vale do Tapajós, Juscelino surpreendeu o país ao enviar ao Congresso um projeto de lei concedendo anistia aos militares — e também aos civis que aderiram à revolta. Além de madrugar, o Brasil de JK seria um país grande — e de grandezas.

Do aquário, Samuel saiu saltitando — esfregando as mãos, segundo o repórter Pinheiro Júnior — para arrumar a sequência de fotos que ocupou a primeira página na edição de 31 de maio de 1956. A propósito, o grande Roberto Maia, que, em 1951, saíra da revista *O Cruzeiro* para dirigir o departamento fotográfico da *Última Hora*, havia se licenciado do jornal para retratar a família Kubitschek. As fotos em questão chegavam frescas do teatro da greve deflagrada pela União Nacional dos Estudantes (UNE) contra o aumento de 100% no preço das passagens dos bondes. A noite fora longa. Fazendo bonito para os colegas colombianos, que tinham parado Bogotá pouco tempo antes, os estudantes tomaram a capital federal. Na redação da *Última Hora*, claro, o que importava era o furo. Pinheiro Júnior voltara para a praça Onze em cima do fechamento, com material de primeira, exclusivo.

A greve eclodira no fim da tarde anterior, sem aviso prévio. Através da ação de equipes volantes, a UNE bloqueara o tráfego dos bondes em toda a cidade, precisamente às 18h30, quando a população tentava voltar para casa. Violentos motins tomaram conta das ruas, acompanhados de depredações e, de acordo com a *Última Hora*, "o inevitável corolário de incêndios, espancamentos e tiroteios policiais de que resultaram centenas de feridos, além de numerosos presos". JK encontrava-se em Belo Horizonte e retornara apressado para a capital. Em entrevista a *Última Hora*, afirmou que não permitiria que o Rio se transformasse numa nova Bogotá.

O que havia de inédito no material de Pinheiro Júnior era obra da dobradinha perfeita com o fotógrafo Waldir Milagres. A dupla estava na sede da UNE, no Flamengo, quando viu surgir na caótica cena o deputado Adauto Lúcio Cardoso, da UDN, com o seu "corpo arredondado". O líder da oposição ao governo de Juscelino queria colher os frutos, apresentando-se como solidário ao movimento estudantil. Conseguiu ser recebido pela cúpula de comando, mas, ao sair do prédio, viu-o cercado pela PM. Farejando ali uma oportunidade política, ensaiou um discurso. Porém, antes que começasse a falar, foi parado pelos cassetetes. Como demonstrava a sequência clicada pela Robot de Milagres, caiu de joelhos, tentou se levantar, sentou no chão, com as mãos na cabeça. Acabou socorrido pelos estudantes, que o levaram de volta para dentro da sede da UNE, no Flamengo. Certamente impagável para Samuel mostrar, segundo a segundo, a surra em Adauto Lúcio Cardoso, o comparsa de Carlos Lacerda.

Pinheiro lembraria:

Da janela do segundo andar, que se abria para a rua, a atenção do repórter concentrou-se nos esforços do Waldir Milagres. Ajudei-o então a debruçar-se o mais que podia sobre o perigoso vazio além-janela. Imediatamente ele fez funcionar a objetiva Robot. Para não sermos surpreendidos pela PM, Waldir Milagres me deu os rolos de filme 36 mm. Depois desmontou a Robot. Meteu-a em três ou quatro partes nos bolsos do casaco. [...] E passamos incólumes pela barreira de policiais. Já íamos do outro lado da rua [quando] caiu a ficha do tenente da PM: "Pega aqueles jornalistas ali!". [...] A caminhoneta Renault de *Última Hora*, grande como um camburão, já nos esperava. Pulamos dentro dela e voamos para o jornal.

A *Última Hora* deu um banho de cobertura, assumindo o lado dos estudantes e publicando em edições extras sequências fotográficas da violência policial. Nesse episódio, ficaria claro: diferente do que fora com o governo de Getúlio, Samuel não estaria incondicionalmente ao lado de Juscelino. A *Última Hora* acusou o governo de ser mais duro com a estudantada do que com os revoltosos de Jacareacanga. Afinal, onde tinha ido parar a grandeza de espírito do presidente? Porém, ao fim da contenda, após dois dias de negociações, o Catete capitulou, revogando o aumento das passagens dos bondes. Para a *Última Hora*, se houvera baderna, esta não era culpa dos rapazes que estavam na rua defendendo seus direitos: "Foi a sua polícia [de JK], justamente, quem fez a bogotada de ontem, quem perturbou a ordem, quem cometeu crimes de espancamento e lesões corporais, não respeitando sequer deputados e vereadores garantidos pelas imunidades constitucionais".

"Medo", escreveu Otávio Malta na coluna "Revista dos jornais": "O Corvo voltou". Na madrugada de 11 de outubro, o avião oriundo de Lisboa, onde Carlos Lacerda passara parte dos onze meses de exílio voluntário, pousou no Galeão. A turma do Clube da Lanterna, reaberto após a revogação do estado de sítio e o fim da censura, recebeu-o com pétalas de rosas e Hino Nacional. Em cortejo, foi levado em triunfo para a rua do Lavradio, onde, da varanda da Tribuna da Imprensa, falou à multidão que o aguardava na porta: "Vim disposto a ver o Brasil renascer ou morrer com ele". Na manhã seguinte, em entrevista coletiva, o velho Lacerda confirmava: estava mesmo de volta. Conforme suas enfáticas palavras, Juscelino Kubitschek e João Goulart só ocupavam o Catete graças à "traição" do general Lott e pela "torpeza" de Nereu Ramos. Para restaurar a democracia no país — podia-se entender pela sua declaração —, seria preciso esquecer aquela bobagem chamada voto e arrancar a dupla do poder à unha.

Segundo a coluna de Malta, o *Diario Carioca*, agora o jornal oficioso da praça, graças à presença de um Macedo Soares no ministério, havia acertado na mosca ao destacar a obra de "realismo macabro" que era o cartaz exibido pelos lacerdistas na recepção ao seu líder: "Os moradores da Catacumba estão com Carlos Lacerda".

Pois bem: Juscelino estava decidido a caçar o canto do Corvo. Num governo que arrotava democracia, o presidente tomara uma providência para impedir que Lacerda iniciasse uma de suas ferozes e implacáveis campanhas. Se tinha intenção de tocar o realejo novamente, ia ficar falando sozinho. Para a Comissão Técnica de Rádio, vinculada ao Ministério da Viação e Obras Públicas, JK nomeou um conterrâneo de Diamantina, o coronel Olímpio Mourão Filho. O arranjo resultou numa portaria que acrescentava uma cláusula aos contratos de concessão para transmissoras de rádio. Estas estavam impedidas de transmitir programas obscenos ou insultuosos às autoridades públicas. A penalidade da violação era a suspensão por trinta dias. Diante da nova lei, Lacerda não ia poder contar com os microfones da Rádio Globo. De acordo com Otávio Malta, Roberto Marinho bem que sentira saudades: "O Roberto Marinho quis saber notícias novas do Corvo (que aliás colabora no bravo vespertino com o pseudônimo de Júlio Tavares, velho conhecido nosso dos tempos da *Revista Acadêmica*)".

Depois de vários dias de ameaças, o céu desabou: raios, trovoadas e muita chuva inundaram seguidas tardes. Samuel e Danuza passaram o incivilizado dezembro, em que os termômetros bateram recordes diários para se despedir de 1956, já na casa nova: rua Indiana, 115, Cosme Velho. Embora não soubesse como chegara ali, ele então era um pai de família, com dois filhos pequenos, vivendo numa mansão neocolonial, cercada por um jardim com cascata, vizinha ao casarão de Roberto Marinho. Segundo Danuza, o marido não estava nem aí para dinheiro, nunca se preocupava em amealhar bens materiais. Homem do presente, arraigado no agora, jamais calculava o amanhã. A casa da rua Indiana, por exemplo, fora alugada por uma pequena fortuna. Só por insistência do sogro, o precavido dr. Jairo, comprara um imóvel na planta, no Parque Guinle, em Laranjeiras. No Cosme Velho, ficariam até o final da obra. "Tenho a impressão que sempre achou que dinheiro dava em árvore", zombaria Danuza.

Do presente, era verdade, não havia o que reclamar. Conforme suas memórias, jk e seus amigos não mediram esforços para ajudá-lo a liquidar os débitos da Érica. No campo dos negócios, por sinal, Juscelino seria, ao longo do seu governo, até mais generoso do que Getúlio: "Hoje, entendo que Getúlio eventualmente deixou de me fazer certos acenos até por saber que minha lealdade a ele era incondicional. Juscelino, um ótimo político, estava convencido de que era indispensável fazer-me agrados para conservar o aliado".

O casarão do Cosme Velho tornou-se o epicentro do glamour carioca, por onde passavam todas as personalidades locais — e também as que estavam só de visita ao Rio. De acordo com Danuza: "Do futurólogo Herman Kahn a Sartre, Simone de Beauvoir, Henry Kissinger, fotógrafos, jornalistas, políticos, editores de moda, atrizes e atores de cinema, delegações da Cortina de Ferro, ex e futuros presidentes". Vigia a regra: vai para o Brasil? Procura Samuel Wainer.

O telefone tocou incessantemente no verão do animado 1957. Com uma feijoada servida no jardim selvagem, generosamente tropical, o casal se despediu do ator americano, ganhador do Oscar de melhor ator coadjuvante, Van Heflin — e da caravana de estrelas do cinema que o acompanhou em férias. Foi no Cosme Velho também que o *café society* recebeu Andréa e Giorgio Moroni, "locomotivas sociais" de São Paulo, segundo as colunas sociais, que faziam questão de comentar qualquer barulho de taças batendo na rua Indiana.

"Na festa para homenagear o casal Moroni, na residência do casal Wainer, o sr. Ricardinho Fasanello estava tão sem graça com as suas piadas, e sua presença de playboy sem conta bancária, que o Gustavo Magalhães lhe ofereceu um crédito em um banco para ele fazer uma viagem a São Paulo."

Samuel e Danuza também receberam o pintor francês Bernard Buffet, expoente do expressionismo. Um dia o telefone tocou e era a atriz Annabel Schwob, a quem Danuza conhecera na temporada em Paris, nos tempos das vacas magérrimas. Como não tinha dinheiro na época, Anabelle era chamada de *pique-assiette*, expressão que define os que vivem "filando" coisinhas do prato dos outros. Agora casada com Buffet, ela desembarcara no Rio. "Samuel e eu os ciceroneamos, e a coisa de que eles mais gostaram foi da ida ao Maracanã para ver um jogo noturno", relataria Danuza.

Como quem convida é convidado, os jantares de gala no Itamaraty tornaram-se rotina. Certa feita, o casal foi prestigiar o príncipe holandês Bernhard, que viera sem a mulher, a rainha Juliana da Holanda. Ao se despedir, Danuza, desavisada do protocolo real, convidou o príncipe para acompanhá-los ao Sacha's. Para surpresa da diplomacia, ele topou. "Só que o Sacha's estava lotado, e o jeito foi colocar uma mesa de pista, que, como bem diz o nome, era na pista de dança; ficamos conversando até alta madrugada, eu de vestido de baile, o príncipe e Samuel de casaca."

Nos bons — e nos maus — momentos, eles frequentavam as colunas sociais: "Danuza: não grite! A sra. Danuza Wainer não deve gritar na rua para convidar qualquer amiga a tomar o seu automóvel. Uma pessoa realmente elegante [...] não deve correr nem falar alto em público, salvo em situações excepcionais — só perto de cachoeiras, fábricas etc., e correr somente em campos ou praia".

"Íamos também a rodas de samba no morro e a estreias de cantores internacionais no Copacabana Palace — e depois dos shows éramos invariavelmente convidados para um drinque no apartamento do Anexo onde se hospedavam os artistas", diria Danuza, ao se lembrar das noites intermináveis. "Numa noite em que Sammy Davis se apresentou, só fomos dormir com o dia já claro."

Depois de fazer jornal, talvez fosse daquilo que Samuel mais gostava: *la dolce vita*. Decerto experimentava um gosto quase infantil por aquele mundo de gente famosa, rica, poderosa. Enfim, a redenção das humilhações ancestrais.

Última Hora acaba de enviar a sua direção a Brasília, a fim de ali estudar diversos problemas ligados à instalação da nova capital e à ação deste vespertino na futura metrópole. E como primeira medida adotada [...] podemos desde já informar que somos o primeiro jornal a manter, com exclusividade, um correspondente em Brasília: trata-se do radiotelegrafista Jaime da Costa Ribeiro, que vemos, na foto, ladeado pelos nossos diretores L. F. Bocaiuva Cunha e Paulo Silveira.

"Brasília" era licença poética. Na reportagem publicada em meados de fevereiro, Samuel anunciou que inauguraria uma sucursal da *Última Hora* numa cidade imaginária. Enquanto o resto da imprensa relutava em aceitar a saída do poder do Rio de Janeiro, ele abriu as páginas para o que se passava no Planalto Central. O mineiro Israel Pinheiro iria presidir as atividades da Companhia Urbanizadora da Nova Capital, apelidada de Novacap, enquanto Niemeyer concluiria o projeto de arquitetura. A área destinada a abrigar Brasília contava com 5783 quilômetros quadrados, sendo 150 deles destinados ao chamado Plano Piloto, com previsão de 500 mil habitantes. O clima era ameno, temperatura média de dezenove graus. A Panair do Brasil já havia solicitado do governo a concessão de linhas. E estava em andamento um estudo minucioso para construir estradas de ligação com o Norte, Nordeste e Sudeste. A redação da *Última Hora*, por enquanto, ficaria hospedada no improvisado Catetinho, o Palácio de Tábuas.

Desde a posse de JK, Brasília se tornara assunto explosivo. Para os defensores, significava refundar o Brasil a partir do seu centro, aproximando os brasileiros dos brasileiros. Não era só isso. Juscelino retomava o sonho de muitas gerações. Talvez a mais antiga ideia de situar no sertão o centro do poder tenha partido do marquês de Pombal, que cogitara erguer no interior a sede não apenas da colônia mas do reino. A transferência estava prevista nas Cartas tanto de 1891 quando na de 1946. E, em 1953, Getúlio havia nomeado uma comissão para escolher o local, onde agora se edificava o sonho acalentado: sítio do Castanho, a oeste da cidade de Planaltina, em Goiás. O projeto de mudança só fora aprovado em setembro de 1957, após luta férrea no Congresso, quando a UDN finalmente desistira do boicote, apostando que Brasília não sairia do papel e o Planalto Central seria o túmulo político do mineiro incansável na argumentação:

Parecendo um sonho, a construção de Brasília é obra realista. Com ela realizamos um programa antigo: o dos constituintes de 1891. É um ideal histórico: o dos bandeirantes dos séculos XVII e XVIII. [...] Do ponto de vista econômico, Brasília resolverá situações já esgotadas, para maior equilíbrio, melhor circulação e mais perfeita comunicação entre o litoral e o interior, entre o norte e o sul. Politicamente, Brasília significa a instalação do Governo Federal no coração mesmo da nacionalidade, permitindo aos homens de Estado uma visão mais ampla do Brasil como um todo.

Aquele Brasil desbravador conquistou o espírito aventureiro de Samuel desde o primeiro round, mas, além da afinidade com o pensamento de Juscelino, ele certamente vislumbrou o portal da fortuna que se abria com a avalanche de obras públicas no horizonte próximo. Tivera uma amostra. Fora procurar Juscelino para que o ajudasse com dívidas pendentes da Érica no Banco do Brasil. A contragosto, mas não podendo dispensar o apoio da *Última Hora* no momento em que fazia deslanchar a "meta-síntese", o presidente o mandou procurar o empreiteiro Marco Paulo Rabello, dono de uma construtora mineira que se responsabilizaria por boa parte das obras da capital. O homem era de Diamantina, sobrinho de Ajax Rabello, um dos grandes amigos de JK — no futuro, a família Rabello seria dona do Banco Rural. No fim do encontro, Wainer tinha vendido 45% das ações da Érica para o empresário.

Revelaria, na autobiografia:

Naquele episódio, pude conhecer uma figura essencial aos interessados em decifrar os segredos do jogo do poder no Brasil: o empreiteiro. Marco Paulo Rabello era apenas um deles. Muitos outros haveriam de surgir no meu caminho. Esse tráfico de influência tornou-se particularmente intenso. [...] Assis Chateaubriand, por exemplo, costumava procurar pessoalmente ministros de Estado, ou mesmo o presidente [...] para solicitar que um trecho de determinada obra [...] fosse entregue a esta ou àquela construtora. [...] Feito o acerto, as empreiteiras premiadas presenteavam o emissário com 10% do total da quantia orçada para a obra.

Ao mesmo tempo que Samuel jogava o jogo, a *Última Hora* gritou — e gritou alto — quando Juscelino afagou Roberto Marinho, para aniquilar de vez a oposição do *Globo*. O presidente deu de mão beijada à Rádio Globo o Canal 4 de televisão, que pertencia então à Rádio Nacional e, em 1965, abrigaria a TV Globo. Em editorial, o jornal alertou JK para o possível tiro no pé:

A TV representa, no campo das comunicações com o público, um instrumento politicamente mais sensível e mais perigoso do que o próprio rádio. E estão na memória de todos as consequências maléficas das campanhas da Rádio Globo contra a autoridade constituída, contra o Exército, contra os planos de desenvolvimento nacional ligados à intervenção estatal, contra a paz entre os brasileiros. Campanhas que obrigaram, de resto, o governo a tomar medidas coercitivas. [...] Reflita, portanto, o sr. Juscelino Kubitschek nas consequências de um ato tão impensado, tanto mais que ele escandaliza pelo seu aspecto de favoritismo.

Na mesma edição, na coluna "Revista dos jornais", Otávio Malta chiou:

Prova melhor do seu apego à iniciativa privada não podia dar o nosso príncipe de Diamantina! É embaixada para um, cartório para outro, canal para este outro! [...] Agora, o comendador de Isabel, a Católica, irá hipotecar o canal no Banco do Brasil, onde, aliás, as hipotecas do grupo Marinho já constituem um dos monumentos cívicos deste país da aventura!

O *Correio da Manhã* fez coro: "Estaríamos satisfeitos se o governo quisesse desistir da utilização de um dos seus quatro canais de televisão, por exemplo o da Rádio Nacional, entregando-o, mediante concorrência pública, a empresa particular".

Conforme Samuel relataria nas memórias, Juscelino sempre soube "produzir afagos e favores a donos de jornais":

Eu próprio fui contemplado por algumas dessas providenciais gentilezas. Um desses acertos evitou, por exemplo, que eu acabasse condenado num dos inumeráveis processos movidos contra mim. [...] Um dos juízes fez com que me chegasse a informação de que ficaria muito mais sensível a meus argumentos se fosse promovido a catedrático da faculdade de Direito onde era professor. Passei o recado a JK, que atendeu prontamente à reivindicação do juiz. Fui absolvido, graças ao voto do novo catedrático.

Quando pôs os pés na redação naquela manhã, Samuel deve ter sentido vontade de sair estalando beijos nas bochechas dos repórteres. Mas, em vez disso, fez como sempre fazia. Oscilando os óculos da testa para o nariz e do nariz para a testa, saiu disparando ordens ao léu, seguido de perto pelo bravo novo chefe de redação, Josimar Moreira, nordestino tenaz, mestre na arte de administrar problemas e gerenciar pessoas. Já fazia um bom tempo que não ouvia uma ideia de pauta tão excitante. Enxergou a manchete gritando nas bancas: "Juventude transviada", como no filme de James Dean, que sacudira os cinemas em 1955. A ordem era para que o repórter escalado para a missão fosse correr as ruas, entrevistando putas, travestis, cafetões. Quem sabia dessas coisas, afinal, eram os habitantes da noite. Que Josimar escolhesse um repór-ter bem-vestido. Aliás, não gostava de repórter malvestido. Olhando para a redação, pinçou ele mesmo Pinheiro Júnior, que, como aquela juventude a ser esquadrinhada, usava blue jeans.

Como toda boa pauta, esta também brotara no cafezinho, pouco antes de Wainer aparecer:

"Olha, Josimar, todo fim de noite uma turma de lambreta e motocicleta se reúne ali na Raul Pompeia, passa pelo Bar Bico, depois vai para o Copa Golfe. E dali ninguém sabe", contara Aldebaran Cavalcanti, da editoria de polícia, ao chefe da reportagem.

"E daí?", Josimar perguntou.

"Tomam porres de arromba. Fumam maconha. Cheiram lança-perfume. Tomam Dexamil. Pegam as meninazinhas à força. Depois elas aparecem choran-do abandonadas na avenida Niemeyer."

A orientação de Samuel era que Pinheiro Júnior se infiltrasse na turma das lambretas, virasse um deles, até entender o que se passava nas barbas de Copaca-bana. Não importava o tempo que ia levar, mas ele tinha que trazer uma repor-tagem — ou uma série — conduzindo o leitor pela mão nos becos da juventude Coca-Cola. No dia seguinte, o repórter já estava em ação. Hospedou-se no Hotel Ipanema e foi bater ponto na Galeria Alaska. O personagem mais famoso da área era a Nega Huga, um travesti desinibido que aliciava meninos e meninas para clientes eventuais. Por algumas tardes conversou com um e outro, frequentou os bares da redondeza, até que conheceu Carlos Imperial, o futuro mentor da Jovem Guarda, tocando piano no Copa Golfe, onde ressoavam os primeiros acordes do rock 'n' roll.

"[Ele] estava por dentro de tudo e conhecia todo mundo", lembraria Pinheiro. "Imperial era forte e glabro. Queimado de praia 'como um havaiano de cinema'. [...] Lutava jiu-jítsu não tão bem como o sogro — Hélio Gracie. [...]. Ouvi seus amigos contarem que o Imperial 'se vira obrigado a enfrentar uma guarnição inteira da radiopatrulha'. [...] Realmente aquele era o personagem-chave."

Nas noites que se seguiram, ele fez, incógnito, o périplo dos bares com Imperial: Copa Golfe, Alkazar, Marrocos, Snack, Gôndola, Cervantes, Gardênia, Tudo Azul. Mas só bebendo Coca-Cola, pois não gostava nem de álcool nem de drogas. Os dois tinham em comum a cidade natal: Cachoeiro de Itapemirim. E logo se identificaram. Numa dessas noites, Imperial lhe mostrou o "Diário da curra", um caderno escolar em que anotara o passo a passo do planejamento de estupros coletivos que vinham acontecendo frequentemente no seio da juventude dourada.

"Isso é verdade?", perguntou ao cabo da leitura.

"Verdade, major! Você precisava ver."

"Você conhece esta turma?"

"Conheço todo mundo. Parece um clube secreto."

Introduzido no grupo por Imperial, Pinheiro Júnior foi ganhando confiança aos poucos. Quando teve oportunidade, ofereceu ao líder do bando dinheiro para assistir a uma curra. Que considerassem como um ingresso para o show. No dialeto dos rapazes, "levantador" era o sujeito que saía à caça da garota, levantava-lhe a ficha e cobria-lhe a rotina. O "amarrador", o mais bonito da gangue, o encarregado da sedução. "Currador", o que se apresentava primeiro na cena do crime, anunciando o estupro. E "gado", a vítima. A preferência era por meninas recatadas, saídas do colégio interno. A escolhida da vez tinha cabeleira loira, pele muito branca, era risonha. Como o repórter a descreveu: "Belíssima". As reuniões de planejamento da cúpula se deram no Castelinho do Arpoador.

Conforme um dos rapazes explicara a Pinheiro: "O melhor da curra, major, não é a curra. É como uma caçada, entendeu? O tiro no bicho é o fim da caçada. O bom pra corriola toda é perseguir e acuar devagarinho, gozando a caçada, até chegar na curra".

Corria o mês de março quando a série de reportagens começou a ser publicada. A *Última Hora* laureou na capa o esforço do repórter:

Ao falar da grande reportagem, uma das maiores que já se publicaram na imprensa brasileira, em qualquer tempo, cumpre destacar o esforço de quem a escreveu. Para realizá-la, o jovem Pinheiro Júnior, com os seus 22 anos, viveu todas as angústias, todas as experiências da "juventude transviada". Em momento nenhum, limitou-se a ser observador apenas. Foi além: "transviou-se", "viveu", na carne e na alma, a sinistra aventura de tantos jovens desvariados.

De acordo com o texto: "[O repórter] fumou maconha para identificar-se com os jovens *gangsters* sexuais".

"Juventude transviada — crime de todos nós", dizia o título do primeiro capítulo, publicado em 7 de março. Desde o fim do ano anterior, a *Última Hora* vinha rodando o segundo caderno em formato tabloide, como uma revista dentro do jornal, com reportagens de fôlego e noticiário cultural e social. Na capa do Tabloide UH, uma foto, assinada pelo fotógrafo Estrela, conquistou grande destaque para a série, com o seguinte texto introdutório:

> O que se chama aqui de "curra" tem uma técnica, uma tática, uma organização e eu quase diria um idioma. De fato, os curradores exprimem-se numa linguagem, numa gíria própria. [...] É preciso que [a vítima] seja autenticamente de família para que se deixe envolver, levar, induzir. Na sua ingenuidade suicida, sairá para um passeio aparentemente inócuo. [...] Finalmente, num lugar deserto, ela e seu companheiro sofrem o falso atentado. Passa pela mão de um, dois, três, quatro, cinco ou até mais. O companheiro finge inocência até o fim. Mas quando parece tudo terminado, os outros exigem que também ele... E o miserável, como se fosse outra vítima, a sevicia, também.

Na noite combinada para o abate, Pinheiro Júnior capitulou. "Fui testemunha ocular e auditiva da trama hedionda e de sua implacável realização", escreveu ele na última reportagem.

> Mas quando vi a menina agarrada pelos *gangsters* sexuais, não tive ânimo de esperar o resto. Durante dias e noites, não me saía da cabeça a cena que parecia condenar, não apenas os bandidos do sexo, mas toda a condição humana. Pensei no desamparo da pequena seviciada, ao chegar em casa, sob o pavoroso traumatismo. [...] Mas ela não contaria jamais. Amordaçada pelo pudor, ela se envenenará na sua silenciosa, inconfessa vergonha.

Por meses a fio, as revelações da *Última Hora* repercutiram. Pinheiro Júnior virou celebridade, assediado por jornais e revistas. JK mandou instalar uma comissão especial na Procuradoria-Geral da Justiça para debater soluções e providências. A uma sugestão do repórter, em sucessivos depoimentos à comissão, foi criada mais uma delegacia em Copacabana, a 12ª DP, instalada na rua Hilário de Gouveia. Também por sugestão de Pinheiro Júnior, o Juizado de Menores passou a fazer blitz no bairro durante a madrugada. Segundo ele rememoraria, desencadeou-se, contra a sua intenção, uma caça às bruxas, com o fechamento de estabelecimentos e a prisão de jovens que simplesmente andavam de lambreta. Exausto de tudo aquilo — afinal tinha sido cúmplice do crime —, o célebre jornalista foi internado no Miguel Couto com estresse agudo. Num dia, estava na cama, quando viu Samuel adentrar a enfermaria. Puxou uma cadeira, sentou-se ao seu lado da cama. Ora, Pinheiro, o que era o jornalista senão um voyeur?

Quando a situação parecia se acalmar, em agosto do ano seguinte — 1958 — o assunto voltaria à tona, com um corpo estatelado no asfalto da avenida Atlântica. Voou do terraço de um prédio novo, de doze andares, o Edifício Pio Nobre, ainda pouco habitado, na altura do Posto 5. Era uma menina, seminua, com as roupas rasgadas e marcas de arranhões nos seios, que foi identificada como Aída Curi, de dezoito anos, aluna do Instituto de Cultura Inglesa, conforme a chamada na capa da *Última Hora*. Em poucas semanas, a polícia chegou aos autores: dois jovens de classe média alta, Ronaldo Guilherme de Souza Castro, de dezenove anos, e Cássio Murilo Ferreira, de dezessete, com a complacência do porteiro Antônio João de Souza, que confessaria ter assistido à cena escondido atrás da caixa-d'água.

Durante a investigação — e até o julgamento —, Pinheiro Júnior também seguiu o caso. Desde a publicação da série "Juventude transviada", ele vinha recebendo ameaças e não mais podia circular à vontade em Copacabana. Numa das investidas para apurar a morte de Aída Curi, viu o carro da reportagem virar alvo de um atentado à bala na Raul Pompeia, à saída do Snack, em cujo cardápio o chefe introduzira o Filé à Pinheiro Júnior. Na mesma semana, uma mãe desesperada o procurou na redação. O filho havia sido espancado, acusado de ser informante da *Última Hora*. Pinheiro foi bater na porta do aquário.

"Samuel, um amigo nosso está com a vida ameaçada por causa das nossas reportagens."

"Repórter não tem amigos. Tem informantes."

Narinha, a menina que Danuza apelidara de Greta Garba, cresceu. A Samuel, não escapou o movimento na sala de d. Tinoca. Aos quinze anos, a garota aprendia a tocar violão na academia que Carlinhos Lyra e Roberto Menescal haviam aberto na Sá Ferreira. E o apartamento do terceiro andar do Edifício Champs-Élysées, na avenida Atlântica, 2856, tornara-se extensão das aulas. Dr. Jairo era mesmo um homem liberal. Enquanto os adultos conversavam na mesa de jantar, a ala moça dedilhava o violão e cantava baixinho. No salão de noventa metros quadrados, diante do qual o mar de Copacabana arrebentava na praia, ficava até difícil ouvir. O penumbroso samba-canção não fazia sucesso ali, na turma de Nara. Só Julie London e coisas do gênero. Wainer não saberia dizer o que veio ao mundo primeiro, o ovo ou a galinha. Mas a revolução cultural encarnada no grupo combinava com a proposta estética de Juscelino Kubitschek. Parecia sob medida para colorir o ideal modernista do presidente.

Danuza, ao lembrar o interesse exacerbado do marido, diria, exagerando na dose:

> Para mim, eles não passavam de um bando de crianças [...] apenas os amigos de minha irmãzinha mais nova. Posso te jurar que a grande explosão da Bossa Nova aconteceu porque o Samuel era casado comigo. Ele sabia de tudo que acontecia na casa dos meus pais [...] e passava para frente. [...] Meu pai era liberal e deixava a garotada se encontrar lá. Nenhum pai deixava. [...] Então toda noite aconteciam os encontros. Eu não ligava para aqueles meninos. Mas o Samuel tinha curiosidade de ir lá ouvir...

Dois repórteres da *Última Hora*, para o deleite de Samuel, faziam parte da turma, o que garantia que o jornal desse em primeira mão tudo que acontecia naquele salão — embora, por enquanto, nada de fato estivesse acontecendo. Aos 28 anos, o garboso Ronaldo Bôscoli tratava de amplificar toda nota. Introduzido no grupo por Menescal, virou o namorado de Nara e assumiu o leme do bando. Era mais experiente — e mais bonito — que os outros: jornalista, poeta, boêmio, sedutor. No ano anterior até colaborara com Tom Jobim e Vinicius de Moraes em *Orfeu da Conceição*, o espetáculo que estreou no Theatro Municipal em setembro de 1956, marcando o primeiro ponto no relógio do tempo novo. Além de Bôscoli, o jovem editor do Tabloide UH, Moisés Fuks, ia com frequência à casa de Nara. A lista de assíduos, aliás, era extensa: Lyra, Menescal, Chico Feitosa, Bebeto Castilho, Dori Caymmi, Luís Carlos Vinhas, Luizinho Eça, os irmãos Castro Neves, Nelsinho Motta, Eumir Deodato, todos ainda de calças curtas.

A música passou a ocupar a vida daqueles moços. Samuel ficou fascinado. Nascera pobre, em tempos bélicos, no centro literal do conflito: judeu numa Europa antissemita. Atravessara a juventude entre o Estado Novo e a Segunda Guerra Mundial. Nunca tivera um minuto do sossego que tinham. De alguma forma, porém, identificava-se com eles. Podia sentir a lufada de renovação, que vinha, sim, de JK, mas em consonância com o mundo. Nos Estados Unidos, até o presidente Eisenhower ensaiava críticas ao conformismo, e os beatniks reviravam o comportamento dos jovens. Na Inglaterra, The Quarrymen, que em três anos seriam os Beatles, começavam a tocar em clubes de Liverpool, e os ventos dos anos 1960 já sopravam no Soho londrino. Havia desejo, rebeldia, esperança na atmosfera.

Numa manhã de meados de 1957, apareceu no apartamento de Nara um baiano que mudaria — de fato — a trilha sonora dos anos JK: João Gilberto. Quase ninguém entre os mais jovens sabia muito sobre ele. Tivera uma breve passagem pelos Garotos da Lua, em 1950, logo que chegou da Bahia. Dois anos depois, gravara um disco pela Copacabana, marcado pela semelhança com o vozeirão de Orlando Silva, o que não era exatamente um cartão de visita para os garotos. E agora, aos 26 anos, após dois anos no fundo do poço, vagando entre Porto Alegre, Diamantina e Juazeiro, ressurgira em Copacabana e queria mostrar o que andara dedilhando. Não tinha um tostão no bolso nem lugar para morar. Sua fama na cidade não ajudava: genial, genioso e indomável. Trazido por Menescal, cantou para a plateia restrita duas músicas próprias: "Hô-ba-la-lá" e "Bim-Bom". Ninguém acreditou: que ritmo era aquele? E o baiano não cantava, ele dizia as palavras baixinho. Depois de ouvirem sucessivamente as mesmas músicas, todos ali estavam querendo tocar, cantar e se comportar como João.

Em 31 de dezembro, com o sussurro da Bossa Nova, Samuel assistiu, dos janelões do apartamento dos sogros, à primeira queima de fogos de Copacabana. Com patrocínio e organização da *Última Hora* do Rio, e apoio da Rádio Roquette Pinto. Na edição de 1º de janeiro, leu-se: "Exatamente à zero hora, [foi ateado] fogo ao estopim do grande painel, acendendo-se logo o fulgurante letreiro: *Última Hora* informa: Chegou 1958".

22. O deleite de Gatsby

"Brasil, campeão do mundo" tinha sido a manchete anunciando o grande triunfo da Copa da Suécia de 1958. A cobertura da *Última Hora* contou com uma escalação digna da taça Jules Rimet: além da família Rodrigues — o editor de esportes, Augustinho Rodrigues, era irmão de Nelson —, Samuel convocou Stanislaw Ponte Preta, Jacinto de Thormes, Paulo Silveira, Ronaldo Bôscoli, Geraldo Escobar e Marques Rebelo. Para a Suécia, despachou Albert Laurence e Álvaro Pais Leme, um estudioso da arbitragem, que depois fundaria a escola de árbitros da Federação Paulista de Futebol. O jornal engajou-se, ao longo dos jogos, numa campanha otimista, associando as vitórias nos gramados à vitória do país como nação democrática e moderna. Ou seja: do país de JK só se podia esperar aquele espetáculo.

No mesmo 30 de junho, enquanto a *Última Hora* esgotava nas bancas, Samuel viajou para Brasília, onde se daria a inauguração do Palácio da Alvorada. Pelo jeito, o devaneio de JK ia sair do papel — ou não, conforme ainda torciam os opositores da mudança da capital. A chamada "ala moça" do PSD tornara-se o principal suporte do governo. Os udenistas estavam divididos entre os radicais da "banda de música", capitaneados por Carlos Lacerda, Adauto Lúcio Cardoso, Aliomar Baleeiro e Bilac Pinto, e os "flexíveis" da "ala bossa-nova", liderados por Antônio Carlos Magalhães e José Cândido Ferraz. O PTB seguia Jango. A economia crescia com a enorme expansão do gasto público (em 1957, o PIB crescera 7,7%; em 1958, cresceria quase 11%, números exuberantes), mas a inflação, que teria em Brasília seu grande impulso, começava a mostrar as garras. Na verdade, Juscelino não sonhava com mudanças sociais radicais. Buscava o investimento estrangeiro e privado para, com obras públicas, impulsionar a industrialização. Segundo os getulistas, era mais pragmático que nacionalista.

A festa de inauguração do Alvorada vinha causando discórdia não só nas grandes questões, mas também nas ninharias. Com a limitada condução aérea para Brasília e as poucas vagas nos alojamentos improvisados, os convites só alcançavam os maridos com função pública. As esposas não constavam da lista. Mesmo homens fundamentais da República sem cargo no governo ficaram de fora. "Muitas pessoas importantes estão danadas da vida", ralhou Jacinto de Thomes, na véspera. "O cerimonial [...] não transige, afirmando que para quinhentos convidados masculinos, comparecerão apenas vinte mulheres. É claro que, diante disso, não haverá baile, porque a ordem do dia é abolir a casaca e o smoking. Mesmo o fraque foi dispensado do programa."

Brasília era àquela altura um canteiro de obras perdido na poeira vermelha. O Palácio da Alvorada parecia tão irreal quanto a ideia de mudar de lugar toda a estrutura do governo. A materialização da sandice vinha sendo possível graças a uma conjuntura rara de quatro loucuras: as de Juscelino, Israel Pinheiro, Oscar Niemeyer e Lúcio Costa, que vencera, em 1957, a concorrência para a realização do projeto do Plano-Piloto.

Às vésperas da inauguração, Samuel jantou no Alvorada. À mesa, somente Juscelino e Germain Bazin, um renomado curador e historiador da arte na França, que estava no país estudando o Brasil de Aleijadinho. "Após o jantar, saí com Bazin para caminhar. [...] Ele estava deslumbrado. Deslumbrado, perplexo e cético: de vez em quando o francês parava, encostava um dedo numa das colunas inventadas por Oscar Niemeyer e sussurrava: 'Isso é belo demais, mas não vai durar'", ele contaria nas memórias. Já alta madrugada, caminhou sozinho os doze quilômetros da avenida das Nações. No dia seguinte, ali mesmo Juscelino discursou: "Brasília é um dos frutos da paciência que Deus me deu".

Em meados de agosto, Samuel anunciou em casa que ia trazer um convidado para o vatapá: o ilustríssimo Roberto Rosselini, a quem conhecera na Itália do pós-guerra, quando este lançava sua obra-prima, *Roma, cidade aberta*. A visita aterrissara no país poucos dias antes, em 18 de agosto — e sua chegada vinha causando rebuliço. Rosselini queria filmar *Geografia da fome*, adaptação do livro referencial do médico e sociólogo pernambucano Josué de Castro, publicado doze anos antes. A unanimidade achou que não era hora de mostrar ao mundo a cara da miséria brasileira. O surto modernista embotava as consciências. Só a *Última Hora* pareceu entender o ponto do cineasta, incensando a iniciativa. Ademais, a imprensa insistia em bisbilhotar a vida pessoal de Rosselini, recém-divorciado da diva Ingrid Bergman. Como bom italiano, ele pontuava com uma frase a fama de grosso: "Só falo de cinema".

À casa do Cosme Velho, Rosselini chegou cedo, antes mesmo que Danuza tivesse tempo de concluir os preparativos. Para o almoço no jardim, Samuel convidou vinte amigos, entre os quais a velha guarda: Jorge Amado, Adalgisa Nery, Di Cavalcanti, Dorival Caymmi, Augusto Rodrigues, Moacir Werneck de Castro e Alfredo Ceschiatti. Danuza, por seu turno, chamou a escultora Maria Martins, as socialites Leila Dourado Lopes e Vera Bocaiuva Cunha, e o arquiteto Maurício Roberto, do badalado escritório MMM Roberto, expressão maior da arquitetura modernista. Segundo as notinhas das colunas sociais, Rosselini "foi ficando até às cinco horas da tarde. [...] No fim da tarde, foi Rosselini com uma parte do grupo que estava no almoço dos Wainer visitar o Museu de Arte Moderna. [...] Após a visita ao museu seguiram todos de lá para tomar um drink com Rosselini, em seu apartamento no Copa".

Samuel estava voltando de Buenos Aires, para onde viajara com uma carta de recomendação assinada de próprio punho por Juscelino e a intenção de pôr contra a parede o presidente argentino, Arturo Frondizi. Os jornais internacionais só falavam da chamada Fórmula Frondizi, um arranjo que, no fim das contas, quebrava o monopólio estatal do petróleo no país vizinho. Para arrancar a bênção de JK, Wainer lançara o seu ponto: se estava acontecendo na Argentina por pressão dos norte-americanos, logo aconteceria também no Brasil — e pelo ralo iriam anos de campanha O Petróleo é Nosso. O suicídio de Getúlio teria sido em vão. Em Buenos Aires, depois de entrevistar meio mundo, ele concluiu: "Ato de desespero que põe em risco a emancipação econômica", segundo a reportagem da *Última Hora*. Por quatro dias consecutivos, o jornal publicou a série sobre o destino do petróleo na América do Sul. Com Arturo Frondizi, fizera uma exclusiva:

"Faria esses mesmos acordos caso situação cambial argentina fosse menos grave?"

"Não podemos olhar para trás e sim só para a frente. Eu já disse que se tivesse encontrado ouro suficiente nas arcas do Banco Central iria pessoalmente buscá-lo e levá-lo aos Yacimientos Petrolíferos Fiscales, o órgão estatal do país."

"As negociações petrolíferas partiram de dentro para fora ou foram encaminhadas de Washington para Buenos Aires?"

"Esta foi uma decisão de que eu, como chefe de governo, assumi responsabilidade pessoal e integral."

Conforme a reportagem: "Frondizi evitou ser envolvido pelas perguntas do repórter sobre um dos mais graves reflexos continentais de sua nova política petrolífera, isto é, os seus reflexos sobre a chamada Operação Pan-Americana, proposta pelo presidente Kubitschek". Ao ser questionado se apoiava a OPA, disse:

A nossa situação não permitia outra saída. Estamos numa encruzilhada da nacionalidade. Ou continuamos estancados e empobrecendo-nos, e nos convertemos em apêndices inertes de interesses estrangeiros, ou nos pomos de pé e saímos para defender o que é nosso, para que a Argentina aproveite os bens que a Providência depositou generosamente em seu solo.

Samuel estava convencido de que o futuro econômico da Argentina fora posto em jogo. Destituído de base partidária e popular, politicamente à beira do precipício, o presidente decidira empenhar a última carta, o petróleo, na tentativa de amansar a inflação. A situação era tão instável que os argentinos iam dormir sem saber se, pela manhã, Frondizi ainda estaria no poder.

O país dispunha de reservas já comprovadas de 325 milhões de toneladas de petróleo e 90 milhões de toneladas de gás. Mesmo assim, ainda importava 65% dos combustíveis líquidos consumidos pela população, uma evasão de 300 milhões de dólares, cerca de 21% do total de suas importações. Dois acordos já tinham sido assinados, com o banco Loeb, Rhoades & Co., de Nova York, ligado aos grupos financeiros Morgan e Rockefeller, e com a Pan-American Internacional Oil Co., subsidiária da Standard Oil, da Califórnia. O primeiro se comprometera a investir 100 milhões e a segunda 60 milhões, com contratos ao longo de quinze e vinte anos. Na opinião de Samuel, tratava-se de concessões disfarçadas, sem risco, já que os campos de petróleo eram estudados e comprovados.

"Sacrificaremos tudo por *el desarrollo* nacional", disse-lhe o presidente para encerrar a conversa.

Enquanto isso, no Brasil, a *Última Hora* gritava: *"Go Home Foster Dulles"*, publicando na capa foto da pichação na fachada da Faculdade de Filosofia. Segundo o jornal, os estudantes haviam transferido temporariamente o comando da UNE, da praia do Flamengo, caminho do aeroporto, para a praia Vermelha, na Urca. O motivo: "Não ter o vexame de ver passar em frente a ela [sede da entidade] o sr. Foster Dulles, considerado a serviço dos interesses dos trustes, em detrimento da emancipação econômica dos países latino-americanos". O poderoso secretário de Estado dos Estados Unidos, braço para políticas internacionais do presidente Dwight D. Eisenhower, era, de fato, o que se podia chamar de caricatura do imperialismo. Seu filho, aliás, homônimo do pai, seria o biógrafo de Carlos Lacerda.

Pela entrevista com o presidente argentino, Samuel levou um pito de Juscelino. Não fosse o espírito conciliador do mineiro, podiam ter rompido. A série de reportagens da *Última Hora* causara-lhe um incidente diplomático. Arturo Frondizi sentira-se traído, já que o repórter que o expusera ao mundo levara debaixo do braço uma recomendação do governo brasileiro.

Na última reportagem da série, o jornal publicara um documento da *Hanson's Latin American Letters*, veículo especializado em política e economia, que afirmava textualmente as intenções dos Estados Unidos: "No Brasil, o Departamento de Estado prossegue em sua política de encostar o Brasil contra a parede, até que ele não tenha outra alternativa senão ceder, como fez a Argentina". O líder da maioria na Câmara, Armando Falcão, foi o escolhido para apagar o incêndio. No plenário, assegurou: "Não está (nem esteve) nas cogitações do governo alterar nossa política do petróleo". Ou seja: o Brasil não era a Argentina.

O "poleiro do corvo" estava nas ruas, segundo noticiara a *Última Hora*. Em 18 de agosto, pouco mais de um mês antes da votação de 1958, que elegeria os governos de onze estados, um terço do Senado Federal e toda a Câmara dos Deputados e Assembleias Legislativas, Carlos Lacerda lançou na praça o "caminhão do povo". Montado na carroceria, juntamente com Afonso Arinos, candidato ao Senado, e Raul Brunini, candidato à Câmara Municipal, desfilou por Ipanema e discursou contra a "portaria rolha", o decreto presidencial que lhe tirara os microfones das rádios. Candidato à Câmara Federal, anunciou que estaria de volta pela Rádio Eldorado, depois de vencer JK no TSE. A redação da Sotero dos Reis não perdoou a cena. Na caricatura de Augusto Rodrigues, publicada na capa do jornal, o barrigudo Afonso Arinos descia do Cadillac e dizia ao chofer: "Guarde o Cadillac, que eu vou dar uma volta no caminhão".

De acordo com a *Última Hora*, o aristocrático mineiro, "com o rei e toda a corte na barriga", definia o povo como "manada de irracionais que devem ser tangidos por homens de elite". No seu ideário político e filosófico, constaria a máxima: "Povos atrasados como o nosso, sem capacidade de defesa ou de reação, sem livre-arbítrio, tomam o destino que lhes indicam aqueles que possuem a única força ativa da sociedade, que é a força espiritual". Para Arinos, a democracia seria: "A tirania do maior número sobre o menor número, e não existe nenhuma razão filosófica que assegure ao maior número o privilégio de proceder com acerto".

Toda tarde o "poleiro do corvo" zarpava da rua Primeiro de Março, defronte do Palácio Tiradentes, seguido por uma procissão de carros de correligionários, e se embrenhava subúrbio adentro. A estratégia de Lacerda eram muitas paradas e discursos curtos. No ano anterior, acusado de violar a Lei de Segurança Nacional, quase perdera o mandato de deputado federal adquirido em 1955. O processo de cassação tinha sido instalado em abril de 1957, a partir de petição da Justiça Militar. Conforme a acusação, ao ler em plenário um telegrama secreto do Itamaraty, Carlos Lacerda havia tornado possível decifrar o código S-7 usado pelo Ministério das Relações Exteriores. O debate em plenário rolara por 45 dias, enquanto Lacerda era atacado pela imprensa juscelinista. Fora apelidado de Hiena do Lavradio. Até Assis Chateaubriand — antigo compadre — pregara a "expulsão do traidor".

No fim, os deputados decidiram salvar-lhe a pele. Já era alta madrugada quando terminou a sessão de 16 de maio de 1957, com as galerias ainda lotadas. Lacerda derrotara a bancada governista por diferença de doze votos. O quórum legal para a concessão de licença para processar um parlamentar era de 164 votos, mas o governo só obteve 152.

Menos de um ano depois, lá estava ele empoleirado em seu caminhão, pedindo votos. Em 3 de outubro, o povo o consagrou: 143 mil sufrágios, o deputado mais votado do Rio de Janeiro. Também foram eleitos Afonso Arinos (Senado) e Raul Brunini (Câmara do Rio), com 400 mil e 24 mil votos, respectivamente.

Numa das inúmeras viagens que fazia a São Paulo para inspecionar a redação do Anhangabaú, desculpa maravilhosa para pegar a estrada e estar ao menos algumas horas sozinho, Samuel alugou uma casa no Pacaembu. O imóvel da rua Itápolis pertencia à socialite Cristiane Lacerda Soares. Segundo recordaria Ricardo Amaral, colunista da *Última Hora* paulista, que assinava a coluna "Jovem guarda", um casarão muito chique, muito elegante. A ideia em progresso era receber ali a sociedade paulistana — e, claro, os políticos, em pequenas e suntuosas reuniões. A *Última Hora* de São Paulo já batera a do Rio em tiragem e em prestígio. O jornal trabalhista encontrara na capital do trabalho o seu público.

Amaral comentaria, sobre o momento em que estreou nas páginas da *Última Hora*:

> O jornalismo em São Paulo era forte. O *Estadão* era o jornal do meu pai, reacionário, a voz da UDN. A *Folha da Manhã*, o jornal da classe média, tinha muitas colunas sociais, fofoca. A *Gazeta*, mais tradicional. E havia os jornais do Chateaubriand, o *Diario da Noite* e o *Diario de São Paulo*. A *Última Hora* representava a gente, falava com a juventude, além de ser um jornal trabalhista, engajado em causas populares. O Samuel Wainer, sem dúvida, foi o inventor da febre do colunismo. O *Estadão* não tinha nenhum artigo assinado, era raro. Os outros jornais também não, a não ser coluna social. Na *Última Hora*, havia uma turma jovem assinando colunas.

A piada que corria na hora do cafezinho dizia que toda vez que Samuel pegava a ponte aérea — em geral preferia dirigir —, aterrissava com um novo colunista, alguém que sentara ao seu lado e por ele fora convencido a escrever. Assim foi parar nas páginas do jornal, por exemplo, Abelardo Barbosa, o Chacrinha. O nome mais forte da *Última Hora* de São Paulo era Arapuã, pseudônimo de Sérgio de Andrade. Depois de sair brigado do *Diario da Noite*, de Chateaubriand, transferiu a coluna "Ora, bolas!" para o Anhangabaú. O sucesso fora estrondoso. Uma pesquisa encomendada por Josimar Moreira, que agora dirigia a redação em São Paulo, dizia que 40% dos leitores compravam a *Última Hora* para ler Arapuã. "Não deixe de ler também o suplemento noticioso que acompanha esta coluna", era como ele costumava encerrar o compilado de frases curtas e humor preciso.

Na editoria de polícia, fazia figura o legendário Nelson Gatto, troncu-do, baixinho, sempre barbeado e sorridente. Repórter desde os quinze anos — começara no diário *A Hora* —, ele não só noticiava como rendia notícia. Numa famosa reportagem publicada naquele 1958, o jornal chegou às bancas com a manchete: "Preso Promessinha". A detenção de Antônio Rossini, um dos assaltantes mais temidos da cidade, merecera destaque, era uma façanha — literal — da *Última Hora*. Na foto, Gatto aparecia dando uma gravata em Promessinha. Ele rivalizava em talento para farejar grandes histórias policiais com outro repórter da mesma laia, Celso Jardim. A dupla ganhara na redação o apelido de Rosinha e Mimosa.

Para assinar a coluna social, Samuel lançou Alik Kostakis, a grega irascí-vel, conhecida em todas as rodas, que pelos quarenta anos seguintes figuraria nas páginas de jornais. Na reportagem, uma única mulher integrava a equipe masculina: Clarice Herzog. Na diagramação, estava a irmã de Wainer, Sofia Wainer. Muitos nomes que se tornariam famosos no jornalismo ocupavam as mesas do prédio elegante do Anhangabaú: Álvaro Pais Leme, Mauro Santa-yana, Ari Carvalho, José Roberto Guzzo, Fernando de Barros. No caderno de variedades, um jovem de Araraquara, recém-chegado à capital, copidescava textos e escrevia sobre cinema: Ignácio de Loyola Brandão. Segundo ele, antes de ir pedir emprego na *Última Hora*, ouvira uma história capciosa, que relataria, divertindo-se:

Falavam de um pôster do Samuel, em tamanho natural, furado a tiros, na redação. O Nelson Gatto, toda vez que não conseguia dobrá-lo numa discussão, desabafava atirando nesta fotografia. Este era o tipo de lenda que o cercava. Magro, cabelos grisalhos, apressado, de pé na mesa da chefia de redação, ouvia tudo o que tínhamos a dizer, mas sabia sempre, de antemão, o que deveria ser feito.

Na ânsia que lhe tirava o fôlego de fazer um jornal popular com eco na avenida Paulista, Samuel recrutou Jorge da Cunha Lima, um jovem da classe alta paulistana, herdeiro de um império da construção civil, que fazia sucesso como poeta. O rapaz vinha das fileiras da Juventude Universitária Católica, da Faculdade de Direito. São Paulo dividia-se, então, entre esse movimento e a Juventude Comunista. A coluna de Cunha Lima, intitulada "Pauliceia desvaira-da", dedicava-se a falar da São Paulo endinheirada. "As grandes famílias que eu frequentava começaram a me tratar como o comunista infiltrado", lembraria ele. "Ao mesmo tempo, todo mundo lia a minha coluna. As pessoas gostam de se ver e eu punha todo mundo."

Também Ricardo Amaral, embora não viesse dos píncaros de onde saíra Cunha Lima, enfrentou o pai, engenheiro da Politécnica e udenista, para trabalhar na *Última Hora*. Aos dezoito anos, já badalava na cidade com a coluna "Gente jovem", publicada pelo jornal *Shopping News*, distribuído gratuitamente e de enorme tiragem. Depois de se desentender com a direção do periódico, fora mandado embora. Certa noite, estava na casa dos pais, quando o telefone tocou. O pai atendeu. Ali, parado, segurando o gancho do negro telefone de parede, disse ao filho que alguém se dizendo o Samuel Wainer estava na linha. Caso fosse o próprio, não queria filho se degenerando em más companhias.

Passados poucos dias, Ricardo Amaral era colunista da *Última Hora*. A coluna mudou de nome, de "Gente jovem" para "Jovem guarda", sugestão do colega da *Folha da Manhã*, o colunista social José Tavares de Miranda. O sucesso foi tamanho que logo o novo título seria cedido a um programa de TV que entraria para a história da música brasileira, lançando Roberto Carlos, Erasmo Carlos e Wanderléa. Apesar da diferença de idade, Samuel e Amaral se tornaram comparsas. Assim que chegava a São Paulo, o patrão fazia questão de dar um giro pela noite na companhia do funcionário. O ponto de partida para as intermináveis madrugadas era sempre A Baiuca, na praça Roosevelt.

"Às vezes a gente ia para algum lugar e ele me perguntava: 'Quem vai estar lá?'. Eu respondia e ele dizia: 'Quem é contra mim?'. Eu dizia os nomes e ele me pedia para lhe apresentar estas pessoas."

Numa noite sem Samuel, Amaral foi visitar a amiga Maria Pia Matarazzo. Quando chegou à mansão da família, o empregado que atendeu a porta lhe disse que o conde Matarazzo gostaria de vê-lo. Estranhou. Muitas vezes estivera ali e nunca o vira pela casa. Ao entrar no gabinete, o velho quis saber: "Como é o sr. Wainer no trabalho, com os funcionários?". Pego de surpresa, Amaral respondeu de pronto que era ótimo patrão. O conde retrucou:

Seu Wainer é um grande problema para mim. Quando eu o reúno com os empresários, conta aquelas histórias, fica todo mundo impressionado. No dia seguinte, vai para o jornal e escreve tudo ao contrário do que prometeu para a gente.

* * *

No restaurante Chalé da Praça xv, com o bafo quente do Guaíba, Samuel ouviu atento a ideia. Vinha de um colaborador, em Porto Alegre, da *Última Hora* de São Paulo, o jornalista Neu Reinert, que trabalhava para o vetusto *Correio do Povo*. O Rio Grande do Sul acabara de eleger governador Leonel de Moura Brizola. Aos 36 anos, casado com Neusa Goulart Brizola, o cunhado de Jango conquistou 55% dos votos num colégio eleitoral de 1,2 milhão de eleitores. Venceu o candidato da coligação UDN-PSD-PL, Peracchi Barcelos. Conforme relatou-lhe Reinert, a imprensa gaúcha, majoritariamente conservadora, não expressava essa maioria, o que tornava Brizola um governador eleitoralmente forte e socialmente fraco. Os jornais rio-grandenses eram uma força a considerar. Havia diários potentes inclusive no interior: *O Pioneiro*, de Caxias do Sul; *A Razão*, de Santa Maria; *Diario Popular*, de Pelotas; e *O Nacional*, de Passo Fundo. Com tantos opositores, Brizola, assim como Getúlio em 1950, precisava de um jornal.

Pouco mais de um mês depois, em 31 de março de 1959, o governador comparecia à inauguração da redação da *Última Hora* gaúcha, instalada na sobreloja da Galeria do Rosário. O almoço para celebrar a ocasião aconteceu no Galeto da Independência, oferecido pela Associação Rio-Grandense de Imprensa e Associação dos Repórteres Fotográficos e Cinematográficos do Rio Grande do Sul e pelo Sindicato dos Jornalistas Profissionais. Samuel decolara do Rio, como informou a coluna de Jacinto de Thormes, com entourage: Paulo Silveira, Baby Bocaiuva Cunha, Adalgisa Nery, Osmar Flores e Sani Sirotsky, filho de sua irmã Rosa.

No início ele decidira testar o terreno, implantando uma sucursal que produziria apenas uma página local, impressa na *Última Hora* de São Paulo. Por um ano seria uma gincana, com os originais embarcando no último voo da Varig para retornar a Porto Alegre no primeiro voo da manhã. A tiragem não ultrapassava mil exemplares. Nos meses seguintes a equipe se empenharia em desenhar um periódico independente, para bem representar o diário getulista na terra de Getúlio. Para isso, Wainer mandou buscar, do outro lado da fronteira, o velho Andrés Guevara, a grande cabeça por trás da concepção do noticioso. Segundo sua proposta, a *Última Hora* gaúcha seria um tabloide.

Um dos primeiros contratados da redação foi João Aveline, militante comunista, muito influente no PCB, que já começava a ser chamado de Partidão. Ele seria o avalista de um acerto informal entre o futuro jornal e os sindicatos. Sua missão inicial fora organizar uma reunião com sindicalistas na sede do Sindicato dos Metalúrgicos, no Cristo Redentor, bairro da Zona Norte de Porto Alegre. Em troca de apoio, Samuel prometeu à plateia cobertura das causas operárias. Se, assim por acaso, a *Última Hora* do RS publicasse algo a favor dos tubarões, era porque o jornal também precisava de dinheiro. Dias depois, em reunião com o empresariado, afirmou o contrário. Se houvesse muitas notícias com reivindicações de trabalhadores, ora, era porque a *Última Hora* necessitava de leitores.

Naquele duro começo, não havia salário, conforme os casos e acasos destrinchados no livro *Golpe mata jornal*, de Jefferson Barros. Quem topasse a empreitada de levantar um jornal com parcos recursos tinha que compreender que se tratava, por enquanto, de uma causa. O único a receber — e pouco — era Neu Reinert, o diretor da redação. Como todos ali queriam muito a *Última Hora* em solo gaúcho, a rapaziada abraçou a oportunidade.

Aboletada em caixotes de cerveja, compartindo as poucas máquinas de escrever, a equipe passou a se dividir entre cobrir o noticiário para a página local e preparar o grande lançamento. Por catorze meses consecutivos, "bonecas" seriam testadas. A *Última Hora* do Rio Grande do Sul só chegaria às bancas em 15 de fevereiro de 1960. O formato tabloide exigia nova forma de pensar a notícia. A Londres, onde estavam os mais famosos tabloides do mundo, Samuel enviou Jorge de Miranda Jordão, com a missão de estagiar no *Daily Mirror*. Ao retornar, seria nomeado diretor da *Última Hora* gaúcha, em dobradinha com Neu Reinert. A Buenos Aires, para uma temporada no *Clarín*, fora despachado João Ribeiro, então da *Última Hora* de São Paulo, que ocuparia a chefia de redação do novo noticioso. O dinheiro para bancar a aventura ele já tinha engatilhado. A MPM Propaganda, que viria a se tornar uma das maiores agências de publicidade do Brasil, garantiu-lhe anunciantes de peso, como Grupo Ipiranga e Lojas Renner. O primeiro M era de Luís Vicente Macedo, primo de João Goulart.

Jorge de Miranda Jordão lembrou-se do primeiro dia na redação: Nestor Fredrizzi, chefe de redação, "disse: 'Temos aqui uma boa manchete: A polícia prende quadrilha de abigeatários'. Eu perguntei: 'Nestor, o que é abigeatário?'. Ele disse: 'Abigeatário é ladrão de gado'. Então eu disse: 'Olha aqui, Nestor, fique sabendo o seguinte: abigeatário é a puta que o pariu. Vamos colocar que polícia prende ladrão de gado, porra'".

Com o dinheiro curto, a equipe compunha-se de jovens, escolhidos a dedo nos jornais locais, onde os salários também não eram grande coisa. O jornalista

Ibsen Pinheiro se recordaria dos pitos de João Ribeiro. "Reduz mais, tabloide é síntese", costumava bradar ao passar de mesa em mesa. Certa feita, Pinheiro fora pressionado a reduzir tanto um texto que colocou no pé uma troça: "Mais detalhes na *Folha da Tarde*". Sérgio Jockymann, que faria sucesso como autor de folhetins na TV Tupi, criou uma coluna, "Boa tarde, Excelência", em que fazia a voz da classe média antibrizolista. "Um dia o Samuel me chamou — estava dividido, era muito amigo do Brizola — e me disse: Tenho que te contar a verdade: estão querendo tirar dinheiro do Brizola e estão tentando te usar", lembraria Jockymann.

Para cobrir o Palácio do Governo, Samuel também fora buscar um crítico de Brizola: Flávio Tavares, que, em 1969, seria um dos presos políticos trocados pelo embaixador Charles Burke Elbrick, sequestrado pela guerrilha. Aos 26 anos, ele acabara de sair da Faculdade de Direito. Para o aguerrido rapaz, o governo não parecia suficientemente de esquerda, embora o governador estivesse botando para quebrar.

A *Última Hora* do Rio Grande [tinha] muita autonomia. Éramos o jornal mais à esquerda dentro do grupo. Nós fazíamos oposição ao Brizola e apoiávamos a sua política. O Samuel ia pouco a Porto Alegre. Duas pessoas fundamentais na *UH* [eram] João Etcheverry e Sérgio Lima, [que] iam ao Rio Grande do Sul. Nós não queríamos ser só um jornal. Queríamos formar a opinião. Éramos nacionalistas, anti-imperialistas e populares.

Em 13 de maio, apenas cem dias depois de tomar posse, Brizola assinara decreto de expropriação da Bond and Share, subsidiária da American & Foreign Power, que por quarenta anos monopolizara a distribuição de energia no estado. Até então não se tinha notícia de um governante que encampara uma empresa norte-americana. Nem mesmo Fidel Castro, que amanhecera o ano de 1959 com a vitória da Revolução Cubana.

"Nas asas do turbo-hélice *Liberdade*, chegou ontem ao Brasil o líder 'barbudo' Fidel Castro", anunciou a manchete da *Última Hora* do Rio de Janeiro. O termo "paredón" já se tornara lugar-comum, usado sem tradução para dar conta do que vinha se passando em Cuba. As agências UPI, AFP e Ansa, assinadas por jornais do mundo inteiro, distribuíam notícias do fuzilamento de inimigos do regime no estádio de beisebol de Havana. O repórter Pinheiro Júnior fora escalado para a cobertura da visita de Fidel, que começara em São Paulo, seguira até Brasília, para almoço com JK no Alvorada, e desembocara na esplanada do Castelo, onde o líder cubano recebeu a ovação carioca. Além do aplauso entusiasmado de Carlos Lacerda. Cuba ainda não namorava a União Soviética.

Durante o ato público, correu um boato: o jantar em homenagem a Fidel seria na casa de José Nabuco, no Humaitá, como convidado de sua filha, Nininha Nabuco. Desde que assumira o comando da ilha, Fidel se manifestara a favor da OPA, a ideia lançada no ouvido do presidente JK pelo poeta Augusto Frederico Schmidt, seu assessor e autor dos seus discursos. Juscelino, em entrevista a Medeiros Lima na *Última Hora*, havia comparado a OPA ao histórico Plano Marshall, que recuperara a Europa Ocidental no pós-guerra. Ainda não identificado com o comunismo, o cubano chegou à mansão dos Nabuco vestindo a farda verde-oliva; tirara apenas o indefectível boné bico de pato. O cabelo, untado de brilhantina, a barba menor, bem penteada e domada a gumex, quase lhe davam a aparência de "um burguês". Estava lá para recebê-lo a nata do dinheiro e da UDN.

Ao menos vinte jornalistas, entre brasileiros e correspondentes, faziam plantão do outro lado das grades do portão imperial. Só depois da meia-noite, por interferência do governador de São Paulo, Ademar de Barros, um dos convidados para o rega-bofe, a imprensa teve acesso ao salão onde Fidel palestrava. Conforme a memória de Pinheiro Júnior, parecia animado, "visivelmente alterado" pelas taças de champanhe que ia entornando. Num determinado momento, todos perceberam, confundiu Ademar com o garçom e lhe entregou o copo. Após alguns segundos de constrangimento, o hábil paulista lançou-lhe, em voz alta, a pergunta incômoda, que ninguém ainda fizera: "Como se justifica uma revolução como a sua, contra a opressão e pela liberdade, estar fuzilando milhões e milhões de pessoas?".

"A pergunta desencadeou um ciclone oratório", recordaria Pinheiro Júnior. Ele partiu para a redação às três horas da madrugada. Encontrou o prédio da Sotero dos Reis quieto, sentou-se e escreveu o texto, deixando para o editor, que logo chegaria para fechar a tiragem vespertina, uma sugestão de título: "Ahora también pueden fulizarme en Cuba". Fidel havia defendido o fuzilamento de qualquer um que traísse o regime, inclusive ele próprio, se fosse o caso. No dia seguinte, ao acordar, Pinheiro recebeu um telefonema de Samuel, empolgado com a manchete. (De acordo com o repórter, soou agastado por não ter sido convidado para o jantar.) Na capa da *Última Hora*, mandara abrir uma foto imensa de Fidel conversando intimamente com Carlos Lacerda.

A *Última Hora* não perdoou a contradição do pitoresco evento:

Assim, entre baforadas de perfumados Havanas e goles de rico champanhe francês, o "barbudo" Castro defendeu e pregou até altas horas [...] a tese do fuzilamento sumário dos traidores e entreguistas, dos plutocratas e aproveitadores [do] povo cubano. Não se pode dizer que o fogoso líder anti-imperialista tivesse cometido [...] uma gafe, pois ele não podia conhecer a razão de alguns dos sorrisos amarelos que afloraram aos lábios de vários dos personagens que por curiosidade (ou sadismo) compareceram à homenagem.

23. Um tempo novo

O vento modernista soprava. Forte, mudando formas: de pensar, de se comportar, de se vestir, de cantar, e também de fazer jornal. Em Salvador, Glauber Rocha exibiu *O pátio*, seu primeiro filme. Em São Paulo, Gianfrancesco Guarnieri revolucionou os palcos com a peça *Eles não usam black-tie*, escrita para o Teatro de Arena. Nelson Pereira dos Santos já fizera *Rio 40 graus*. Tudo isso era "bossa--nova". A expressão servia tanto para apresentar a revolução doméstica, com o lançamento da máquina de lavar Brastemp, como para nomear a ala jovem da UDN. No Grupo Hebraico do Flamengo, porém, pela primeira vez aparecia delimitando os contornos do movimento musical em curso. Ao anunciar o show de estreia da turma de Nara Leão, a secretária escreveu no quadro-negro: "Sylvinha Telles e um grupo bossa-nova".

Na redação da Rio Branco, 110, o *Jornal do Brasil* despertou para esse mundo novo, após longa temporada conhecido na praça como o "jornal das cozinheiras", por ter se tornado um folhetim de pequenos anúncios. À frente da reforma gráfica e editorial em curso, o jornalista Janio de Freitas, um rapaz nascido em Niterói, de 27 anos, que até então se equilibrara entre vários empregos. No velho matutino, fundado em 1891 pelo abolicionista Rodolfo Dantas, desembarcara dois anos antes. O *JB* — a sigla estreava nas páginas em meados de 1959 — vinha experimentando, desde 1956, uma revolução a conta-gotas. Quase toda a equipe tinha menos — ou pouco mais — de trinta: Ferreira Gullar, José Ramos Tinhorão, Mário Faustino, Reinaldo Jardim, Armando Nogueira, os irmãos Augusto e Haroldo de Campos, Mário Pedrosa, Evandro de Oliveira Bastos e Amílcar de Castro. Pela lista, o *Jornal do Brasil* virara um jornal de poetas. Se o *Diario Carioca* fizera a primeira revolução na imprensa e a *Última Hora* a segunda, chegara a vez do *JB*. Aliás, o uso da sigla não podia ser mais bossa-nova.

Corria o boato nas redações de que a decisão de mudar a embalagem e o conteúdo do *Jornal do Brasil*, de refundá-lo, ocorrera durante um chá com bolinhos. A condessa Maurina Pereira Carneiro assumiu o comando do diário em 1953, após a morte do marido, o conde Ernesto Pereira Carneiro. Antes da posse de Juscelino, quando a campanha para impedir que o presidente eleito assumisse o cargo atingira a insânia, ela fora convidada para um encontro das mulheres à frente de jornais. Além dela, Niomar Muniz Sodré, do *Correio da Manhã*; Ondina Ribeiro Dantas, do *Diario de Noticias*; e Dora Pacheco, do *Jornal do Commercio*. Na reunião, ao tentar palpitar sobre a situação política, foi interrompida por Niomar, que lhe perguntou com ironia se o "jornal das cozinheiras" tinha opinião. Foi o necessário para que a condessa se decidisse a transformar o *JB* no diário do futuro.

O novo *Jornal do Brasil* não tinha medo de desperdiçar papel. Enquanto os outros diários, incluindo a *Última Hora*, eram poluídos, o *JB* saiu primando pelos espaços em branco, em páginas desenhadas quase inteiramente sem fios. O projeto gráfico recebera a assinatura do mineiro Amílcar de Castro. Substituindo o Suplemento Dominical, nasceu o Caderno B, o primeiro suplemento voltado exclusivamente para cultura e entretenimento. Semelhante, o Tabloide UH, apesar de dedicar a maioria das páginas aos assuntos culturais, não era um caderno só de cultura. A Samuel, a bossa do novo *JB* agradou, tanto que logo a *Última Hora* começaria a mexer no projeto gráfico, retirando das páginas os penduricalhos. De todo modo, estava aplicado o golpe: aos 47 anos, Samuel Wainer via ameaçado seu título de reformador da imprensa brasileira.

Muito antes de saber exatamente o que fazer, Samuel fazia algo radical. Foi assim que iniciou a consolidação de uma cadeia de jornais, a primeira que espalhava pelo país um único logotipo: *Última Hora*. Chateaubriand reunira sob o guarda-chuva Diários Associados jornais distintos. Ele faria uma rede nacional, com o mesmo DNA: nacionalista e popular. Após a *Última Hora* do Rio Grande do Sul, veio a *Última Hora* de Minas Gerais. Entre o almoço de lançamento no Automóvel Clube de Belo Horizonte e a solenidade de inauguração na sede do jornal, a lista de convidados dava conta da sua personalidade conciliadora. José de Magalhães Pinto, o capitão da UDN; o candidato do PSD ao governo de Minas, Tancredo Neves; o governador Bias Fortes; e o ministro da Guerra, marechal Lott.

Segundo Tancredo, o primeiro a discursar no banquete: "Este jornal nasceu do povo para o povo. A sua luta e os seus princípios são os do povo de Minas, que hoje recebe *Última Hora* como parte de si mesmo". Seguiu-o Magalhães Pinto: "Acima dos partidos e das divergências pessoais, *Última Hora* veio integrar-se na grande imprensa mineira. E ninguém poderá negá-lo, mesmo dele divergindo em muitos pontos de vista, este jornal trouxe inestimável contribuição a uma luta que sempre foi também da UDN, a luta pela liberdade e aperfeiçoamento de nossa democracia". Samuel encerrou o palavrório: "Levaremos a bandeira da liberdade, que é a grande bandeira de Minas, até o fim da larga estrada que conduzirá muito em breve o Brasil à sua emancipação econômica".

Wainer parecia tomado por um surto expansionista. Pelo país, iam brotando sementes da *Última Hora*. Logo após a *Última Hora* de Minas Gerais, nasceu a *Última Hora* fluminense, com sede em Niterói. Surgiu na praça, ainda, uma edição nacional, distribuída nas capitais. Se a logística de distribuição era complicada, o custo de produção compensava: bastava tirar da edição carioca os assuntos estritamente locais e remontar a primeira página, agregando o noticiário colhido pelas sucursais. A enxuta edição de doze páginas passou a ser impressa às três da tarde, no Rio, onde era despachada por avião ou ônibus, com o intuito de estar nas bancas do Brasil inteiro na manhã seguinte.

A edição mineira também era rodada na Sotero dos Reis. As reportagens e fotos do dia chegavam ao Rio no voo das 16h. Se houvesse notícia quente, os repórteres em Belo Horizonte passavam por telefone ou telex até as 20h. Às 22h, estava impressa, para às 24h seguir de caminhão para Minas, atingindo as bancas por volta das 7h da manhã. O mesmo fluxo acontecia no Anhangabaú, com o lançamento das edições regionais do Paraná e interior de São Paulo, cujas notícias vinham de sucursais implantadas em Curitiba, Campinas, Santos e Santo André. Ao mesmo tempo, o Canal 13 lançou o primeiro jornal na televisão: a *TV Última Hora*.

Onde ele arrumava dinheiro? Ora, os bancos públicos estavam novamente abertos para empréstimos milionários. Além do mais, a *Última Hora* do Rio e a

Última Hora de São Paulo eram jornais saudáveis, que conseguiam emprestar dinheiro para os caçulas da cadeia. O grande gol foi o lançamento do serviço de copyright, inspirado na Agência Meridional, dos Diários Associados, que centralizava as informações mais importantes de cada região e as distribuía pelas edições. No final do processo de expansão, que culminaria com o lançamento do jornal em Pernambuco, no início da década de 1960, a *Última Hora* publicava onze edições, em sete estados.

Diria Baby Bocaiuva, então eleito deputado federal, ao rememorar esse período:

> Nós o chamávamos carinhosamente de "filho do raio [com] trovão". Ou seja, sem pai nem mãe, acima do bem e do mal. [Samuel] era capaz, realmente, das coisas mais nobres, dos atos mais nobres, e também dos mais terríveis. [...] Talvez, se tivesse limitado mais sua ação junto à redação, o êxito [do jornal] fosse maior. Mas ele era onipotente. Acompanhava o jornal da pauta ao linotipo, gostava do cheiro do chumbo.

Sentado à sua mesa, Samuel apreciava os segundos finais de silêncio antes de o aquário ficar lotado de editores discutindo os assuntos do dia, quando viu entrar na redação o seu mais recente contratado: Antônio Maria. Enfim conseguira trazer de volta à *Última Hora* o irresistível cronista. Maria vinha para reforçar o noticiário de polícia, assinando a coluna "Romance policial de Copacabana", o bairro onde ainda se matava — e se morria — de amor. Trabalhar como repórter policial não chegava a ser uma excentricidade do pernambucano. A noite era-lhe familiar: os cafetões, as putas, os bandidos folclóricos, os traficantes, os homens da lei. Sua rotina noturna passaria a ser, a partir daquela reunião de pauta — a primeira e última a que compareceria —, sentar-se no Pavão Azul, com um copo de uísque e vista para a delegacia. A cada ocorrência, um guarda camarada encarregava-se de cruzar a Hilário de Gouveia para lhe fornecer o boletim.

"Antônio Maria volta à *Última Hora*", dizia a chamada de capa na edição de 26 de junho. "Retornando ao jornal onde há oito anos iniciou sua vitoriosa carreira de colunista, Antônio Maria, o famoso jornalista, compositor e homem da noite, iniciará, na próxima segunda-feira, a sua colaboração diária no Tabloide de *Última Hora*." O noticiário policial, aliás, ganhara outro bamba: Amado Ribeiro, que, aos 25 anos, já era um repórter em ascensão, inspiração vitalícia de Nelson Rodrigues. Segundo as primeiras observações de Amado sobre o novo patrão: "Volta e meia, depois das edições matutinas, vespertinas e várias extras, lá pelas cinco da manhã, ele se virava para a equipe [...] e dizia: 'Olha, agora vão para casa descansar rápido e voltem às sete da manhã'. Ora, quem é que podia descansar tão pouco tempo?". Àquela altura, a editoria de polícia estava sob o comando de Augusto Donadel Jorge, sujeito histriônico, que adorava espalhar uma fofoca. De acordo com ele, Wainer pagava João Etcheverry para ter duas ideias brilhantes por dia: uma às dez da manhã e outra às quatro da tarde.

Pelo vidro do aquário, Samuel era onipresente na redação, como lembraria outra nova fina aquisição do jornal, Alberto Dines, que, nos anos 1960, faria fama à frente do *JB*. Em 1959, as redações costumavam ser abundantes. Mesmo quem assinava apenas uma coluna ou somente colaborava na reportagem tinha que se misturar à labuta do noticiário diário, postando-se na fila para usar uma máquina de escrever. Na *Última Hora* carioca, só Sérgio Porto — ou Stanislaw Ponte Preta — gozava do luxo de um secretário para buscar suas laudas em casa. Em meio ao bater de cabeças cotidiano, havia sempre a cabeça eleita do chefe, um pupilo em quem apostava as fichas. Entre 1958 e 1959, o escolhido fora Dines: "O que eu sei de jornalismo, sensorialmente, aprendi com o Samuel. [...] O Samuel era muito criativo, muito importante, muito instável, ele criou uma redação muito amarrada. [...] [Havia] muita gente stalinista, fechada, quadrada [na *Última Hora*]".

Talvez Wainer visse naquele jovem judeu um pouco de si mesmo. Ele o avistou pela primeira vez no baile do Municipal, no Carnaval do ano anterior. Perguntou a um amigo quem era o menino com a câmera na mão, que zumbia pelo salão. Dines integrava a equipe de repórteres da revista *Manchete*, que, nos bailes de carnaval, fazia jornada dupla, escrevendo e também fotografando para que a publicação não perdesse nenhum frame. Ao ouvir que se tratava do filho de Israel Dines, velho amigo dos Wainer, guardou aquela informação. Pouco tempo depois ligou para Alberto Dines, convidando-o a trabalhar na *Última Hora*. Embora não tivesse comentado ao conhecer o rapaz, não havia se esquecido de que o velho Dines lhe dera uma de suas primeiras oportunidades, no *Almanack Israelita*, em meados da década de 1930.

Alberto Dines contaria:

Ele foi muito sedutor. Nem mencionou o meu pai. Disse apenas que tinha gostado de me ver no batente, com a máquina fotográfica na mão. Também não mencionei, mas eu sabia muito bem a história dele. Além da perseguição do Lacerda ter repercutido imensamente na comunidade judaica, eu namorava a Noêmia Wainer, filha do José Wainer, à época do escândalo.

Para Dines, olhando em perspectiva:

Muitos jornalistas meteram a mão no bolso do governo. Ninguém nunca falou nada. O caso do *Diario Carioca* era sabido, ganhou do Dutra o dinheiro para construir a sede da praça Onze, que Samuel compraria para instalar a *Última Hora*. A campanha contra ele não foi uma campanha contra um jornalista que se vendeu. Mas uma campanha contra um invasor que adotou uma linha política contrária.

Com o passar dos fechamentos, Wainer ia transferindo a Dines cada vez mais tarefas. O primeiro posto fora de copidesque. Logo era o chefe da matutina. "Havia cinzeiros por toda parte na mesa dele. Falava cruzando os cinzeiros, como se estivesse brincando de escravos de Jó. Um dia me disse que eu era um daqueles cinzeiros, tinha que ficar mudando de lugar. Quando uma coisa começava a dar certo, você podia saber: Samuel mexia."

Treinado na leitura das letras miúdas do âmago judeu, o "sentimento do escorraçado", Dines entendeu logo onde se metera:

A comunidade judaica do Rio, onde Samuel viveu a juventude, era pobre, mas politizada e culta, majoritariamente de esquerda, inclusive o irmão dele, o Artur, um homem extremamente inteligente. Ele sabia da fragilidade da ponte que construíra sobre território minado. Irritava-se colericamente quando alguém que trabalhava para ele não compreendia os limites, como, por exemplo, não falar mal da Light, que dava dinheiro para o jornal.

As broncas que levou nos dois anos que passou na *Última Hora* ficariam em sua memória: "Samuel ficou famoso pelos esporros que dava. Sanguíneo, emotivo, te destruía verbalmente. Um dia começou a me dar uma bronca e viu que eu ia começar a chorar. Imediatamente parou e disse: 'Alberto, pelo amor de Deus, me dá a liberdade de te dar um esporro'".

★ ★ ★

Em setembro, um convite inesperado instaurou a discórdia no casarão do Cosme Velho. Samuel negaceava, Danuza desatinava. O Itamaraty convidou-o, deixando-a de fora, para integrar a delegação que iria à China para o décimo aniversário da Revolução. Ele achava que não era hora de se ausentar do país, com o projeto de expansão da *Última Hora* a todo vapor. Ela não admitia perder a oportunidade, e acabou por convencê-lo a cochichar no ouvido de Juscelino. Como não podia negar a própria comichão para entrar no avião, conseguiu que a mulher fosse incluída no pacote. O casal zarpou, separado da delegação, rumo à Tchecoslováquia. A última vez que Wainer pisara no Leste Europeu fora com Bluma. Agora voltava com Danuza. Duas mulheres tão diferentes e tão parecidas: livres, fortes, geniosas.

"Samuel foi o único homem que nunca tentou me modificar. Ao contrário: ele me estimulava a ser cada vez mais eu mesma, a me soltar, a desenvolver minha personalidade", diria Danuza.

Em Praga, ficaram dois dias. E, de lá, seguiram para Moscou. Wainer não conhecia a Rússia — ou, pelo menos, não conhecia aquela Rússia —, já que deixara a Bessarábia pela porta dos fundos. Embora não soubesse explicar, no fundo sentia certa repulsa pelo lugar, o que não o impediu de se divertir. Numa noite levou Danuza para dançar num cabaré. Ela vestiu um lânguido longo preto, com uma fenda nas costas, e, ao entrarem no salão, atraiu a atenção de todo o Exército Vermelho. A certa altura, um oficial de alta patente não resistiu e a tirou para dançar. A orquestra tocava uma valsa. Noite adentro, os bolcheviques fizeram fila. "Então, tirei Danuza para dançar, determinado a socorrê-la da ofensiva do Exército Vermelho. O que os soviéticos queriam, naturalmente, era tocar aquela suave e perfumada pele capitalista", contaria Samuel.

Para Pequim, o casal voou num bimotor. Desde a Revolução Chinesa, dez anos antes — em outubro de 1949 —, poucos eram os ocidentais a pôr os olhos nos feitos de Mao Tsé-tung. Acompanhados por uma dupla de intérpretes oficiais, dispostos a exibir o sucesso da revolução, eles visitaram Cantão, Xangai, Nanquim e povoados rurais. De volta à capital, participaram do banquete que reuniu os líderes do bloco comunista. Mais uma vez Danuza chamou atenção, metida num desconcertante vestido vermelho. Os dois aproveitaram a ocasião para rechear o álbum de família, sorrindo em retratos com Mao, Nikita Khruschóv e Dolores

Ibárruri, publicados depois pela *Última Hora*. Na foto com o líder chinês, Danuza e o anfitrião sorriam um para o outro, enquanto Samuel apreciava a cena.

À grande celebração na praça da Paz Celestial, o casal assistiu ao lado de Luís Carlos Prestes, com quem Samuel não se encontrava desde o episódio em que aquele lhe passara um pito pela entrevista com Anita Leocadia, ainda nos anos 1940. Os chineses estavam decididos a mostrar aos visitantes a grandiosidade revolucionária, com um desfile jamais visto. Compondo a parada militar, a China tradicional e a China moderna, e toda a força do exército de Mao. "Que espetáculo maravilhoso", Samuel exclamou, quando não mais conseguiu conter a emoção. Prestes murmurou, impassível: "Não exagere, Wainer". Ao deixar Pequim, segundo ele próprio rememoraria, caiu no choro, assaltado pela ideia de que jamais voltaria a pisar na China. O país de Mao o levara às lágrimas.

A estação seguinte foi Hong Kong, então um centro mundial de espionagem internacional em anos de Guerra Fria. O cônsul dos Estados Unidos foi bater à porta do quarto do casal brasileiro para colher as impressões que Samuel formara da China. Com o mesmo fim, os correspondentes sediados na cidade, ávidos por informações de Pequim, organizaram um jantar no salão do prédio que servira de cenário para o hospital do filme *Suplício de uma saudade*.

"Consegui convencer Samuel a voltar passando pelo Japão, Tailândia e Índia; mas claro que não podia conceber a ideia de sobrevoar a Europa e não ir a Paris. Para ele estava fora de questão; que eu fosse, se quisesse", diria Danuza. "Não esperei que Samuel falasse pela segunda vez; nos despedimos em Zurique."

Ao aterrissar na Sotero dos Reis, Samuel publicou uma carta aberta a Juscelino, em três capítulos. Estava entusiasmado. "Retornando de uma viagem de três semanas pela China, dirijo esta carta a v. exa., movido menos por um impulso jornalístico do que por um dever patriótico. É que estou, hoje, convencido, presidente, de que não deve ser retardado o estabelecimento de relações econômicas e comerciais entre as duas maiores e mais poderosas nações da América Latina e da Ásia: Brasil e China", iniciou o texto, para concluir, depois de longa explanação do que viu e ouviu em audiência com Mao Tsé-tung e o premiê Chou En-lai: "Em síntese, presidente, regresso da China convencido destes três pontos fundamentais: a estabilidade do seu regime está assegurada; antes dos próximos dez anos a China estará colocada entre as quatro maiores potências mundiais; as possibilidades [...] que o mercado chinês oferece ao Brasil são inesgotáveis".

★ ★ ★

O ano de 1959 se despedia, e a lestada, como dizia Samuel, soprou, anunciando o término do tempo de relativa paz, o veranico que vinha se alongando desde a posse de Juscelino. Entre novembro e dezembro, o cenário para as eleições presidenciais de outubro de 1960 se definiu — ou, ao menos, os nomes dos candidatos foram divulgados, embora, internamente, os partidos estivessem em pé de guerra. A coligação PTB-PSD lançou o marechal Henrique Teixeira Lott para presidente e João Goulart para vice. A UDN-PTN surpreendeu, saindo com a cédula Jânio Quadros-Milton Campos. Entre o PTB e PSD, parecia fim de casamento: o primeiro, sob a influência de Leonel Brizola, empurrava para a esquerda e o segundo ia na direção contrária. Os udenistas achavam-se diante da maior crise da história do partido. A ala liderada por Carlos Lacerda, a "banda de música", sustentou o nome do paulista, enquanto Afonso Arinos dizia que Jânio Quadros era a "UDN de porre".

"A *Última Hora* incorporou-se à frente política entregue ao projeto de tentar impedir a chegada de Jânio Quadros à presidência. [...] Movi contra Jânio uma campanha extremamente agressiva", lembraria Samuel na autobiografia. "Carregar a candidatura do marechal Henrique Lott, entretanto, configurava um desafio dificílimo."

Até o último minuto, Juscelino trabalhara pela chamada candidatura de "união nacional", defendendo o indefensável para as esquerdas: o nome do udenista Juraci Magalhães. Tinha os olhos na sucessão do seu sucessor, em 1965, quando planejava voltar ao poder. Ao incentivar o apoio geral a um candidato da UDN, imaginou, estaria transferindo para a oposição a bomba de explosão retardada que ele próprio armava, com uma inflação de 30,4% ao ano e uma asfixiante dívida externa líquida de 3,4 bilhões de dólares. Para não diminuir o ritmo frenético da política desenvolvimentista, rompera com o Fundo Monetário Internacional (FMI), lançando para o presidente seguinte a inevitável e impopular política de austeridade imposta pela instituição internacional. Na convenção do PSD, porém, fora derrotado. Apoiando a cédula Lott-Jango, ganhou a "ala moça", de quem JK se afastara para se reaproximar dos caciques da sigla, mais um gesto em direção a 1965. A reforma ministerial significara a liquidação do chamado "governo de novembro". A principal troca fora José Maria Alkmin, o "general civil", por um técnico, Lucas Lopes.

Do outro lado da trincheira, estava Lacerda, cansado de "derrotas gloriosas".

Após meses de namoro, conseguira armar a improvável dobradinha UDN-PTN, apostando as fichas na vassoura de Jânio Quadros. A bem da verdade, ele praticamente empurrara o paulista goela abaixo do seu partido. Como conceber o populista Jânio e o pomposo Milton Campos na mesma chapa? Simples, o homem era um inexplicável acontecimento nas urnas. De obscuro professor saltou para mandatos consecutivos, com votações superlativas: vereador, em 1947, pelo PDC; deputado estadual, em 1950, pelo mesmo PDC; prefeito de São Paulo, em 1953, pelo PDC-PSB; governador do estado, em 1954, pelo PSB-PTN. E, em 1958, assumira uma cadeira na Câmara Federal, eleito no Paraná, pelo PTB.

Para Lacerda, Jânio, a quem outrora chamara de "sinistro", "paranoico" e "delirante virtuose da felonia", seria a aproximação da UDN com as massas trabalhadoras. Uma espécie de pedágio, ou uma etapa para a conquista do poder por um nome verdadeiramente do partido, um udenista puro-sangue. No caso, ele próprio. Se Juscelino ia concorrer em 1965, ele também ia. Desprovido de simpatia e jogo de cintura, Lott era um candidato fácil de derrotar. Ele só precisava manter a vassoura no solo. Menos de vinte dias depois de ter a candidatura homologada, Jânio renunciou à corrida, por "melancolia e inconformidade". Em cartas disparadas a Carvalho Pinto e Magalhães Pinto, comunicara que preferia ser um "cidadão livre a um presidente prisioneiro".

O ano de 1959 terminou com mais uma tentativa de golpe contra o governo de Juscelino. No dia 4 de dezembro, a *Última Hora* anunciou o ocorrido: oficiais da FAB, liderados pelo major João Paulo Moreira Burnier, sequestraram três aviões C-47 e um avião de passageiros, e rumaram para Aragarças, em Goiás. Falava-se em mais de trezentos oficiais conflagrados, com o objetivo de ocupar as bases de Santarém, Xingu, Cachimbo, Jacareacanga e Xavantina. O motivo do levante, expresso no manifesto dos revoltosos, seria a desilusão com o processo político: "O dr. Jânio Quadros, candidato da maioria da opinião nacional ao posto supremo da República, porque representava a esperança do início da recuperação moral e material do Brasil, acaba de demonstrar que a única via para o reerguimento nacional e a libertação do país do grupo que atualmente o domina é a revolução". Com a renúncia da candidatura, Jânio punha fogo na fogueira da política. Se esta não resolvia, as armas o fariam.

A intentona durou apenas dois dias, e em 4 de dezembro já estava debelada. Dos 324 oficiais e sargentos que teriam aderido, só 34 compareceram à luta. Isolado, o major Burnier fugiu para a Bolívia. Ao mesmo tempo, Jânio renunciou à renúncia. A desistência teria sido um "exemplo de altruísmo", explorado "torpemente". Diante do agravamento das "condições gerais da coletividade", aceitava disputar a Presidência com "firmeza e lealdade, que correspondem às esperanças da nossa gente".

Ao erguer a taça de champanhe e brindar com Danuza a chegada de 1960, Samuel tinha razões para celebrar. Na década que ficara para trás, experimentara o topo, com o lançamento da *Última Hora*, em 1951. Submergira, sob o escândalo que o levou à prisão, em 1955. E terminara o ciclo com uma cadeia de jornais. Como fazia todos os anos, o casal passou o último dia de 1959 na residência dos pais dela. O ritual se repetira. Após o almoço, por volta das quatro da tarde, a família sentou diante da janela para assistir à movimentação na praia de Copacabana. Em ondas, homens de branco e baianas rodadas iam ocupando a areia, cobrindo-a de flores. Ao cair da noite, velas se acenderam. Do apartamento mais bossa-nova da cidade, só se ouviam os sons dos tambores de macumba.

"Isso ia até depois da meia-noite, e ninguém se aventurava a descer para ver de perto o que estava se passando", recordaria Danuza. "Minha vida era bem boa, coisas aconteciam o tempo todo, às vezes boas e às vezes ruins, e de monotonia não se morria."

Seguiram-se meses intensos: em fevereiro, Samuel e Danuza deixaram o casarão do Cosme Velho e se alojaram no Copacabana Palace com Pinky e Samuca. O apartamento do Parque Guinle — que ele comprara na planta obrigado pelo sogro — estava quase pronto. Aos olhos dele, a vida parecia perfeita. Iriam se mudar para o elegante endereço, um conjunto arquitetônico projetado por Lúcio Costa, com paisagismo de Burle Max, incrustado num parque exuberante. Mas, para Danuza, o casamento já não era um mar de rosas. Sentia-se cada vez mais sozinha, pois Samuel estava sempre ocupado demais para prestar atenção nela. Assim que se instalaram em Laranjeiras, veio a notícia feliz, que, por um tempo, fez tudo voltar a ser como antes: Danuza estava grávida do terceiro filho, Bruno, que nasceria em outubro.

Ela escreveria nas memórias:

Sempre fui muito feliz quando esperava um filho, e essa nova gravidez não me deixou pensar no que já desconfiava: o meu casamento não era mais um mar de rosas.

Estávamos sempre cercados de gente, Samuel não me asfixiava nem era homem de discutir a relação — não havia tempo e nem fazia a sua linha —, e nos dávamos bastante bem; quem não se dava bem com ele? Mas eu comecei a me sentir só.

No Carnaval, o casal ciceroneou uma visitante ilustre: a bela Kim Novak, que fora à cidade a convite de Jorge Guinle e se hospedara no Copacabana Palace. Considerada uma das mulheres mais lindas do mundo, a atriz estava no auge do sucesso, depois de *Picnic* (*Férias de amor*, no Brasil), lançado em 1956. Durante o tradicional baile do Municipal, na segunda-feira, ela confidenciou a Danuza que queria ver gente de verdade, misturar-se ao povo no Carnaval de rua. Foi então que nasceu a ideia de apresentar-lhe o Bloco dos Sujos, na Rio Branco. Despistando o séquito de repórteres e fotógrafos que a seguia, Samuel e Jorginho levaram as duas damas de volta para o hotel. Lá todos trocaram as fatiotas por andrajos, pintaram o rosto com carvão e rumaram para a avenida.

A *Última Hora* tirou onda: "Em sensacional furo [...] a reportagem de *Última Hora* descobriu o paradeiro de Kim Novak [...] que, praticamente, desapareceu do Theatro Municipal, antes de acabar o célebre baile de gala. [...] Acompanhada apenas pelo sr. Jorge Guinle, vestiu-se de sujo, colocou larga máscara negra sobre o rosto e caiu no samba, misturando-se até a madrugada de terça-feira com os blocos de foliões, na avenida Rio Branco".

A festa de despedida da atriz rendeu mais um caso para o anedotário da redação da Sotero dos Reis. Wainer dera uma ordem ao chefe da reportagem, Aroldo Wall, para que tirasse Hélio Kaltman da folga e o enviasse à porta do Copacabana Palace, onde a imprensa se acotovelava. Dali Kim Novak seguiria para o bota-fora. Onde? Era que os repórteres queriam saber. Ao chegar ao hotel, Kaltman topou com Jorginho Guinle na piscina. Ora, ora, que pergunta era aquela? Samuel sabia melhor do que ninguém onde seria a festa. Fulo da vida, ele ligou para a redação: "Isto é sacanagem do Samuel". E ouviu a clássica resposta. O patrão mandou dizer que bom repórter se vira.

Após longas horas e nenhum sinal de Kim Novak, Kaltman resolveu retornar à Sotero dos Reis. Quando o Jeep da *Última Hora* parou no sinal da rua Tucumã com a praia do Flamengo, ele avistou o Cadillac indiscreto de Jorge Guinle estacionado em frente ao prédio onde morava o milionário, com o porta-malas aberto. Logo entendeu o que se passava. Saltou do carro, pegou o elevador e, guiado pela música de Carnaval, abriu a porta da cobertura. "O [par] mais animado [na pista de dança] era formado por Samuel Wainer e Kim Novak. [...] Quando Samuel conseguiu tirar os olhos da Kim Novak e me ver foi direto, como se nada tivesse acontecido: 'É assim que eu convido bom repórter pra vir numa festa. Pega aí um uísque pra você'."

Em meio às noites badaladas, os maravilhosos sábados, religiosamente dedicados ao pôquer na casa dos sogros. Mais ou menos variável, a roda era composta de dr. Jairo, Danuza, Samuel, Millôr Fernandes, Ivan Lessa, Leon Eliachar, Antônio Maria e Paulo Francis, este agora integrado à equipe da *Última Hora* após perder o emprego graças a um verdadeiro barraco com Tônia Carreiro. O grupo costumava sentar à mesa por volta das seis da tarde, sempre com baralho novo e fichas de madrepérola, superstição da casa, e só levantava com o sol já nascido, por volta das sete da manhã. Ninguém ali estava para brincadeira. As apostas atingiam valores suficientemente altos para tornar a coisa séria. De acordo com Danuza, "nada como um jogo de pôquer para conhecer as pessoas. [...] Millôr, por exemplo, era capaz de, com um par de 6, pedir uma carta e apostar até que alguém pagasse para ver o que ele tinha; algumas rodadas depois fazia tudo ao contrário".

Durante o dia, ela ia com as crianças à praia, sempre no Posto 4. Era da turma das "prafrentex", que já usava biquíni e disputava quem chegaria ao fim do verão mais tostada. Criatividade não faltava para cumprir o objetivo: suco de beterraba e cenoura acrescido de mercurocromo, iodo com Coca-Cola ou, quando se conseguia contrabandear da França, o civilizado Huile de Chaldée. A companhia mais constante de Danuza atendia pelo nome de Murilinho de Almeida, cantor oficial do Sacha's, talvez o único gay assumido da cidade. Ficavam na areia até cerca de três da tarde, quando rumavam para a piscina do Copa, onde as crianças faziam aulas de natação com a campeã Maria Lenk.

Samuel raramente aparecia. Na praia, segundo a memória visual de Danuza, era "um acontecimento": não tinha a menor intimidade com o mar nem com a areia. Como não gostava de sentar na toalha, logo virava um "frango à milanesa". Também não sabia nadar, o que lhe rendia capotes homéricos; tampouco dominava a arte de furar ondas, muito útil no Rio de Janeiro que começava a acordar para um fato: não era preciso fritar nos bares do centro, debatendo política, como fizera a geração de Samuel.

No incandescente alto verão de 1960, o casal usufruiu dos convites de Maurício Roberto para os fins de semana em Cabo Frio. Amigo de Danuza,

Maurício era o caçula dos irmãos que compunham o escritório MMM Roberto, pilar da arquitetura modernista em voga. Uma das primeiras obras do trio, em 1935, ainda um ensaio para o que viria, fora o prédio da ABI. Dois anos depois, erguera o Aeroporto Santos Dumont. Maurício era casado com Maria Maurício — para Danuza, uma das mulheres mais bonitas do Rio. Em Cabo Frio, "Samuel começou a gostar do mar, mas, no domingo à noite, quando voltávamos, ele mal conseguia esconder a pressa de ir para o jornal. Eu o deixava na *Última Hora* e ia para casa com as crianças".

Em fins de março, ela conseguiu um feito: arrastar Samuel para os Estados Unidos. A barriga serviu-lhe de desculpa, afinal precisava viajar antes que se instalasse em sua vida a rotina de choros e mamadas. O casal encontrou Nova York iluminada, enfeitando-se para a primavera. Graças aos conhecimentos dele na cidade, foram recebidos pela nova-iorquina de origem haitiana Josephine Premice, então grande sucesso da Broadway.

Com Josephine, tomaram café da manhã na cozinha do escritor James Baldwin, autor de textos incendiários, crítico ferrenho do sonho americano, que se tornaria uma das principais vozes do Movimento dos Direitos Civis. Café da manhã, aliás, fora a desculpa para o encontro. De acordo com Danuza, saíram do apartamento de Baldwin trôpegos pelas seguidas doses de uísque.

Também graças a Josephine, Samuel e Danuza puderam contar com a mais divina companhia: Miles Davis, que os introduziu nos clubes de jazz. "Meu Deus, como ele era elegante! Nunca me esqueci de como estava vestido no dia em que o vi pela primeira vez: calça preta, paletó espinha de peixe, camisa vermelha e gravata preta", recordaria ela.

Numa tarde sem Samuel, Danuza ligou para Diana Vreeland, a mais poderosa editora de moda do mundo, que, tendo deixado a revista *Vogue*, assumira o comando da *Harper's Bazaar*. Ela havia sido apresentada a Diana, meses antes, num encontro casual no Copacabana Palace. Na ocasião, ganhara um cartão, com o pedido expresso de que entrasse em contato quando estivesse em Nova York. A icônica senhora, responsável por levar a moda para o Metropolitan Museum, morava na Park Avenue, num apartamento decorado do teto ao chão com peças vermelhas. O convite era para tomar um chá, mas só beberam vodca. Danuza voltou para o hotel intimada a posar para Richard Avedon, a estrela entre os fotógrafos de moda. A seção aconteceu dois dias depois, sob o tema *"nonconforming people"*.

Nem bem o casal aterrissou no Rio, Danuza já estava na boca das matildes. Segundo Maneco Muller, aliás, não se falava de outra coisa na cidade. A reportagem da *Harper's Bazaar* seria, inclusive, reeditada pela *Manchete*. A bíblia da moda trazia precisamente 94 fotografias tiradas por Richard Avedon. Ao lado de Danuza, figuravam mulheres como Elizabeth Taylor, Jane Fonda, Gloria Vanderbilt e Lauren Bacall. A sra. Wainer, entre as mais "arrebatadoras" e "interessantes" mulheres da atualidade, foi eleita pela revista a "face de Brasília".

Nenhum outro jornalista estava tão entusiasmado quanto Wainer. Três dias antes da festa de inauguração de Brasília, marcada para 21 de abril de 1960, desembarcou no Planalto Central. Grávida de cinco meses, Danuza compôs a comitiva. Tratava-se na verdade de uma redação inteira, com 23 jornalistas, entre os quais Nelson Rodrigues, que viajaram de avião, de jipe ou em caminhonetes carregadas com câmeras fotográficas e máquinas de escrever. Àquela altura, milagres aconteciam na nova capital. Ao chegarem ao hotel na manhã do dia 17, por exemplo, Danuza e Samuel encontraram o quarto em obras. À tarde, já estava tudo pronto. Segundo a primeira crônica que Nelson Rodrigues escreveu para a *Última Hora* carioca, o fundamental em Brasília era o pó. Quando entraram na cidade, erguia-se um pó cor de canela. "Tive, então, a ideia de que, depois de aspirar essa emanação gloriosa, o sujeito venta fogo!" Ao amigo Carlos Drummond, que elogiara a limpeza com que alguns políticos se apresentavam em meio ao deserto de terra vermelha, mandou um recado: "Falso elogio e digo mais, falsa, indesejável e comprometedora limpeza. Todos nós, inclusive o poeta, [...] deviam se encharcar do santo pó do Planalto — o pó que curou a asma do Otto Lara Resende".

Como Brasília seria inaugurada 72 horas depois, ninguém sabia. O lugar parecia um formigueiro, com cerca de 60 mil operários esfalfando-se para entregar tudo no prazo. O prédio do Congresso Nacional, comentava-se, só seria terminado por milagre. Cada martelada parecia essencial. Com o jogo da sucessão no aquecimento, a nova capital se tornara o palco da batalha. Os "mudancistas", apoiadores da cédula Lott-Jango, tratavam de exaltar a metade cheia do copo. Os "antimudancistas", apoiadores de Jânio Quadros, a metade vazia.

O *Correio da Manhã* publicou grande reportagem sobre deputados encolerizados que saquearam o depósito de móveis da Novacap, de lá saindo com colchões na cabeça. Um deles, Lino Braun, do PTB, teria sacado o revólver e ameaçado o porteiro do prédio funcional, que estava sem elevador.

Para o jornal de Paulo Bittencourt, Brasília era "fruto da falta de noção de responsabilidade": "Os elevadores ou não estão instalados ou não funcionam por falta de energia, e não há telefone em qualquer apartamento, nem mesmo no do presidente da Câmara. As ligações para o Rio são dependentes de uma fila superior a cem requisições. [...] Tudo está sendo feito na maior correria. Brasília é um pandemônio".

Já a *Tribuna da Imprensa* ressaltou o custo de vida no descampado: uma laranjada podia sair em Brasília mais cara do que uma refeição inteira no Rio de Janeiro. Por um ovo, pagava-se o preço do frango. Não havia obra terminada, luz ou telefones. Por falta de acomodações, cerca de 2 mil repórteres, inclusive os correspondentes internacionais, achavam-se instalados em barracas ou alojados em hotéis inacabados, sem roupa de cama, toalha ou banho quente. Qualquer pequeno problema era insolúvel. Até mesmo uma dor de barriga. Na semana que antecedeu a festa, um surto de disenteria, ocasionado pelo excesso de cloro na água, causou pânico: não havia farmácias — assim como não havia salões de beleza, barbearias, restaurantes, bares, mercados. Embora a gazeta do Lavradio exagerasse na tinta, não se podia negar o fato: a capital estava indo para Brasília, mas o Brasil ainda não chegara lá.

Em discurso na Câmara, transcrito pela *Tribuna da Imprensa*, Lacerda anunciou: "Brasília, fortim da ditadura econômica":

Senhor presidente, o que se procura na interiorização — e é lícito, e é necessário, e é mesmo indispensável — não é a interiorização com um fenômeno de migração quase genocida. Não, senhor presidente. O ideal da interiorização, mais do que isso, o objetivo [...] é a descentralização, essa descentralização sem a qual começam a asfixiar-se as extremidades do país. [...] Essa é a obra gigantesca e urgente da interiorização — levar ao país o autogoverno, o governo de si mesmo, através da redistribuição da renda nacional. [...] Em vez de interiorizar repartições, [...] não a revolução do sistema administrativo, mas simplesmente a sua transferência para uma cidadela inexpugnável.

Ele apelidou Juscelino de Cigano, cuja ciganagem desencadeara na reedição do "mar de lama": "Seus paus-mandados são também seus testas de ferro. O processo de corrupção chegou a um grau tão agudo que não há como descrevê-lo em seus aspectos isolados. [...] Não é mais um sintoma, [...] é uma diátese, [...] um processo de decomposição".

Enquanto uns batiam, Samuel assoprava: "Muito se tem deblaterado a propósito de alguns 'elementos ditos essenciais à vida moderna', [...] inclusive os bares, boates e salões de beleza, que um repórter antimudancista apontou como falha irreparável. Mas a verdade é que o pouco que falta nada é em comparação com o muito, o imenso que se fez aqui em três anos". Às cinco horas da tarde do dia 17, três horas antes de o serviço entrar no ar oficialmente, ele ligou para a redação da *Última Hora*: "Samuel Wainer, o primeiro jornalista a falar de Brasília pelas micro-ondas", de acordo com o jornal do Rio de Janeiro.

Ao longo de todo o dia 20, mais de trezentos aviões aterrissaram em Brasília, um atrás do outro. À meia-noite, o cardeal d. Manuel Cerejeira, no altar improvisado à porta do prédio do STF, na praça dos Três Poderes, celebrou a primeira missa. Para a cerimônia oficial de inauguração, no Salão dos Despachos do Planalto, marcada para as 9h30 da manhã de 21 de abril, Samuel vestiu casaca, e Danuza, um sári, comprado na Índia. "Samuel estava elegantíssimo, só que de mocassins. Estivesse de terno, smoking ou casaca, ele só usava mocassins, contrariando qualquer manual de estilo. Ele podia." Juscelino foi sucinto: "Declaro inaugurada a cidade de Brasília". À tarde, o casal recebeu a fileira de políticos, empresários e celebridades na nova redação da *Última Hora*, o primeiro jornal a ter uma sede física em Brasília. Entre os profissionais transferidos para lá, estava a irmã de Wainer, Sofia, que nunca mais deixaria a cidade. A *Última Hora* do Distrito Federal ocupou uma sala grande, num dos poucos prédios prontos da rua da Igrejinha. Como não podia fazer por menos, para decorar as paredes Samuel contratara o artista Athos Bulcão, que pintara o teto da capela do Alvorada.

Deu trabalho, mas Samuel convenceu Paulo Francis a largar a coluna de teatro, publicada no Tabloide UH, e ir para o front. "Quando Samuel fazia fé em alguém, dava corda." À esquerda do chefe, Francis o chamava de Tio Sam. Em agosto de 1960, a dois meses das eleições, a *Última Hora* ia travar mais uma batalha pela sobrevivência. Caso Carlos Lacerda e Jânio Quadros fossem eleitos, para governador do recém-criado estado da Guanabara e presidente da República, respectivamente, Wainer podia esperar uma tempestade. Aos trinta anos, Francis assumiu seu lugar na equipe de editorialistas, que contava com Otávio Malta, Paulo Silveira e Moacir Werneck de Castro. "Moacir, estoico, Paulo Silveira, volátil, e Malta..., um santo." O rapaz já tinha fama de maldito. Do *Diario Carioca*, saíra sob vaias da plateia, ao comprar briga pública com a atriz Tônia Carrero. Esta o chamara de "sexy", eufemismo para "gay". Ele respondera, escandalizando as feministas: "Nunca dormimos juntos, a que eu me lembre".

Por aqueles dias, Samuel se ocupou de outro assunto, bem mais prazeroso: a visita de Jean-Paul Sartre e Simone de Beauvoir, que aterrissaram no Brasil em 12 de agosto, indo direito para Recife. Ao Rio, chegaram no dia 24, hospedando-se na casa de Jorge Amado. Sartre estava lançando *Furacão sobre Cuba*, coletânea de artigos publicados no jornal *France-Soir*. No Rio, jantaram no novo apartamento dos Wainer, no Parque Guinle, cuja decoração, segundo as colunas sociais, custara 2 milhões de cruzeiros. Em São Paulo, Sartre conheceu a redação do Anhangabaú, onde discorreu, para uma plateia de repórteres e sindicalistas, sobre "a evolução do sindicalismo no mundo" e "a expressão vitoriosa da luta [de Cuba] contra a sujeição imperialista". Representantes de treze entidades participaram do encontro, mediado pelo francês da casa, João Etcheverry.

Com a campanha de sucessão nas ruas, cuja luta se dava em várias frentes, Samuel entregou a redação carioca. No plano nacional, cumpria derrotar Jânio Quadros e Milton Campos, apoiando a cédula marechal Lott-João Goulart. A terceira cédula, Ademar de Barros-Fernando Ferrari, não tinha chance. No plano estadual, matar a candidatura de Carlos Lacerda, apoiando o pernambucano Sérgio Magalhães, do PTB. Em ambos os casos, a tarefa parecia inglória.

Com talco imitando caspas no paletó um número maior, Jânio Quadros punha no bolso o empertigado Lott. E Sérgio Magalhães não competia com Lacerda. Para completar a derrocada, o PSD lançou candidatura própria na Guanabara, o marechal Mendes de Morais, rachando a aliança histórica com os trabalhistas. A *Última Hora* suplicou:

> Na batalha eleitoral em curso na Guanabara não estão em jogo pessoas. Não se trata do sr. Sérgio Magalhães ou do marechal Mendes de Morais. Trata-se de princípios éticos, de razões de patriotismo. [...] Em nome desses princípios, dessas razões, que daqui endereçamos um apelo aos dirigentes do PSD para um imediato encontro com os líderes do PTB, a fim de que [...] saia a solução que significará a derrota do inimigo comum. Ainda é tempo.

Em 3 de outubro, a *Última Hora* perdeu a guerra: nas urnas deu Jânio Quadros e deu Carlos Lacerda. O único consolo foi a Vice-Presidência, que ficou com João Goulart. Jânio recebeu 5 636 623 votos contra 3 846 825 de Lott. Jango, 4 547 010, e Milton Campos, 4 237 719. O resultado não surpreendeu ninguém. Durante a campanha, surgira até mesmo a cédula paralela Jan-Jan, estimulada por ambos, sabedores da afinidade popular de suas candidaturas. O problema viria agora. O país amanheceria 1961 com um presidente e um vice em campos opostos. Por direito constitucional, caberia a Jango a presidência do Senado. Além disso, a eleição presidencial não acompanhara a renovação na Câmara e no Senado, em que permaneceram minoritários os partidos que ajudaram a levar o paulista para Brasília. Entre mortos e feridos, Samuel terminou o ano na liderança do mercado no Rio de Janeiro. No decorrer da campanha, de acordo com a pesquisa divulgada pela Marplan, instituto especializado em mídia, a *Última Hora* abocanhara o maior índice de leitores por jornal: a cada exemplar, atingia cinco leitores. Com média de 145 mil exemplares vendidos em banca, chegava a 770 mil pessoas.

Segundo Francis: "Detestada ou bíblia, a *Última Hora* de Samuel era um jornal que ninguém podia deixar de ler. É o melhor epitáfio que posso pensar para ele, que o aceitaria a meu ver com o sorriso cínico e bem-humorado de sempre, a armadura que ergueu com sucesso contra ataques de todo tipo ao longo de uma vida produtiva".

24. Déjà-vu

Quando o repórter ligou o gravador, Danuza fez questão de dizer umas verdades. Sim, era fã de Fidel Castro. A propósito, "fidelista até a medula". Declarou-se favorável ao reatamento das relações diplomáticas e comerciais com a União Soviética. Na imprensa, só se falava disso. Em 31 de janeiro de 1961, Jânio Quadros tomara posse. Apesar de eleito com apoio da UDN, uma agremiação identificada com a direita, o homem apontou o leme da política internacional para o bloco comunista. Antes das eleições, inclusive visitara Cuba. Na verdade, o problema do Jânio nem eram só ideias tortas. Mas o mau gosto. Ele parecia mais um delegado de costumes. Em vez de se preocupar com a inflação e o FMI, proibira o biquíni, as rinhas de galo e as corridas de cavalo em dias úteis. Era o auge do cafona. Se o Brasil de JK combinava com Danuza, o Brasil de Jânio não tinha nada a ver com ela. Inclusive, só usava biquíni. "Samuel não se intromete com o meu modo de vestir. Tudo que eu uso ele acha di-vi-no." Em outra entrevista, antes do Natal, ao ser questionada sobre o presente que gostaria de dar ao marido, ela respondera: "Uma rotativa nova".

A tirada bem-humorada não era de todo brincadeira. Aos 27 anos, Danuza, mãe agora de três crianças, estava infeliz. Cada vez mais só. Desde o nascimento de Bruno, três meses antes, em outubro de 1960, uma nova rotina havia se instalado na vida do casal. Para não mofar em casa, Danuza ia sozinha para o

Sacha's. Cedo ou tarde, Samuel apareceria. Assim passou a ver mais o amigo Antônio Maria que o marido. E ele tinha todo o tempo e toda a paciência do mundo para ouvir suas queixas domésticas. Até mesmo a convencera a trocar a governanta dinamarquesa por uma empregada nordestina. Era disso que as crianças precisavam, de chamego e não de educação europeia. Casado com Mariinha, uma mulher da aristocracia do açúcar, o pernambucano Maria vivia mais no apartamento do Hotel Plaza do que em casa com a esposa e os dois filhos. Ele tinha chegado ao Rio de Janeiro em 1947 e, desde então, fizera tanta coisa que seria difícil enumerar.

Se tinha algum ciúme, Samuel não demonstrou. Jamais fora homem de ciúmes e, além do mais, quem poderia imaginar Danuza com um homem de 130 quilos, pobre, que usava tamancos e carregava os pertences numa sacola de feira? Verdade seja dita, porém, sua fama de conquistador dedicado não escapava a ninguém. Quase chegara às vias de fato com Sérgio Porto — ou Stanislaw Ponte Preta. O amigo namorava uma vedete de Carlos Machado, Rose Rondelli, que, como o próprio nome indicava, era um espetáculo. Maria tanto fez que uma noite conseguiu atraí-la ao Plaza. Informado, Sérgio Porto partiu salivando pelo flagrante, mas encontrou os traidores esgueirando-se do lado de fora do hotel. Ao que Maria lhe deu uma rosa, sacada de providência do cesto de Pedro das Flores. O caso rendeu samba: "Guarda a rosa que eu te dei/ Esquece os males que eu te fiz/ A rosa vale mais que a tua dor".

Danuza contaria:

Ele estava firmemente decidido a fazer com que eu me apaixonasse por ele. Um dia isso aconteceu. Por mim, ficaria tudo como estava: eu casada e com uma pessoa por perto que me dava tudo o que Samuel não podia me dar — por temperamento, estilo de vida, e sobretudo porque sua prioridade máxima era o jornal. Mas um dia, quando percebi que a primeiríssima prioridade de Antônio Maria era eu, gostei.

Em março do animado 1961, Samuel escutou o que não queria: Danuza pediu a separação. Com medo da reação dele, ela não mencionou o motivo. "Não tive coragem — e também não foi preciso. Lá no fundo ele talvez já soubesse, só que não queria saber." De novo, a mesma história, o padrão se repetindo com personagens diferentes. Bluma o largara por Rubem Braga. Danuza, por Antônio Maria. Aos dois amigos, ele próprio empurrara a mulher. Ao ouvir a proposta, reagiu como se pela primeira vez estivesse notando em Danuza qualquer insatisfação. Aquilo não fazia o menor sentido. Haviam construído a família perfeita. Para começo de conversa, tinham três filhos lindos. Pinky estava com sete anos. Samuca, com seis. E Bruno ainda era um bebê. Moravam no endereço mais elegante da cidade... O que mais se podia querer? Não, não haveria separação. "Tinha exatamente a vida que queria: o jornal, três filhos que ele adorava, e uma mulher bonita de quem gostava e que ia com ele às cerimônias oficiais e aos desfiles de escola de samba, sempre alegre e disposta a acompanhá-lo em qualquer aventura."

"Rio de Janeiro, cidade alegre de governador triste", escreveria Antônio Maria, que seguia nas páginas da *Última Hora*. Com Jânio no Planalto e Lacerda no Guanabara, a coisa tinha ficado feia. E não só na redação da rua Sotero dos Reis. Durante os anos JK, parecia que o Brasil havia tomado rumo. Fora cortado por 6200 quilômetros de rodovias asfaltadas e 15 mil não asfaltadas, abrindo caminho para a indústria automobilística: Ford, GM, Willys e Volkswagen instalaram-se no ABC paulista. Ganhara — literalmente — energia, com a inauguração da Refinaria de Duque de Caxias e das hidrelétricas de Três Marias e Furnas. No Planalto Central, brotara Brasília, para não deixar dúvidas de que o país era grande. Bossa Nova. Cinema Novo. Nada disso podia ter sido um sonho efêmero. Ou podia: "Juscelino preparou a gente mal para o que viria depois: ele substituiu o vício da dor pela pedagogia da alegria", diria o cineasta Cacá Diegues, que então cobria o movimento estudantil como repórter freelance da *Última Hora* do Rio de Janeiro.

Na nova capital, Jânio Quadros instaurara a República dos Bilhetinhos, como a imprensa apelidara o seu estilo de governar. O ministério era uma salada. Nos principais cargos econômico-financeiros, dera prioridade aos notórios conservadores: Clemente Mariani (Fazenda), Artur Bernardes Filho (Indústria e Comércio) e Roberto Campos (embaixador itinerante para negociar a dívida externa). Levou consigo de São Paulo políticos provincianos, sem expressão nacional: Romero Cabral (Agricultura), Catete Pinheiro (Saúde) e Clóvis Pestana (Viação). Também não deixou para trás fiéis colaboradores do governo paulista: Oscar Pedroso Horta (Justiça) e Quintanilha Ribeiro (Gabinete Civil). O udenista Afonso Arinos de Melo Franco ficou com as Relações Exteriores.

A composição apoiara a porção mais conservadora das Forças Armadas.

No Ministério do Exército, mantivera Odílio Denys, que havia substituído o marechal Lott no final do governo JK. Denys se notabilizara ao apoiar a posse de Juscelino, na invernada de 1955, quando Lott desencadeou o contragolpe, depondo, em duas tacadas, dois presidentes: Carlos Luz e Café Filho. Na Aeronáutica, o brigadeiro Gabriel Grün Moss, lacerdista empedernido e ligado ao Ibad, o reacionário Instituto Brasileiro de Ação Democrática. No Ministério da Marinha, ficara o almirante Sílvio Heck, velho conhecido da nação, por ter comandado a fuga de Nereu Ramos e Carlos Lacerda no navio *Tamandaré*, após a deposição de Carlos Luz. Os outros cargos importantes da hierarquia militar foram entregues a oficiais diretamente ligados à Escola Superior de Guerra: Estado-Maior das Forças Armadas, Osvaldo Cordeiro de Farias; Gabinete Militar, Pedro Geraldo de Almeida; e Conselho de Segurança Nacional, Golbery do Couto e Silva.

Se na política interna Jânio apontou para a direita, na política externa fez o contrário. Logo ao assumir dera o sinal verde para o arrocho, com drásticos cortes nas importações, algumas essenciais, como trigo e gasolina. O receituário ortodoxo pretendia reconquistar a confiança do FMI, e atingiu os resultados esperados, com o aval do órgão para o mercado. Ao mesmo tempo, anunciara três missões internacionais às nações do outro lado da Cortina de Ferro. Segundo afirmara o ministro das Relações Exteriores, Afonso Arinos, em seu discurso de posse, o plano era estabelecer relações comerciais e diplomáticas com todos os países que manifestassem desejo de "intercâmbio pacífico, com o respeito a nossa organização jurídica social". A admiração de Jânio por Fidel Castro ninguém ignorava. A essa altura, o cubano já rompera com os Estados Unidos, e o presidente brasileiro, "em respeito ao princípio de autodeterminação dos povos", negara o pedido de John F. Kennedy, no cargo havia três meses, para participar da invasão da ilha.

Em 15 de abril, um grupo paramilitar de exilados cubanos anticastristas, treinado e comandado pela CIA, atacou a baía dos Porcos. Em três dias, as forças de Fidel venceram La Batalla de Girón. A malfadada agressão serviu de pretexto para Cuba se aproximar da União Soviética. E para Jânio Quadros começar a se afastar de Carlos Lacerda.

Samuel perdeu o rumo. Na fresca noite dos fins de abril, vagou pelas ruas escuras do largo do Machado. Então era aquilo mesmo, Danuza ia deixá-lo por Antônio Maria. Que déjà-vu! Ao ouvir dela a confissão, explodiu. De onde tirara tantos verbos e adjetivos para ofendê-la? Na briga, ele exigiu que ela viajasse imediatamente à Europa com os filhos mais velhos, até que a poeira baixasse. Dirigindo ao léu, Samuel teve um insight. Por ali morava a psicóloga à qual Danuza vinha levando Pinky. Sem saber exatamente o que queria, bateu à porta da mulher. "Desculpe-me ter vindo aqui perturbá-la, mas estou desesperado", disse à estremunhada senhora, que o escutou, sem apartes. Ele já caíra muitas vezes, mas agora não via saída. A possibilidade de ficar sem os filhos apavorava-o mais que qualquer outra coisa. Por que estava passando por tudo aquilo de novo?

Conforme o diagnóstico fornecido pela psicóloga da filha: "O senhor me dá a impressão de ser um homem para quem a luta em si é mais importante que o começo da luta, ou o seu desfecho. O que o senhor não sabe fazer, nem pode, é abandonar o combate".

A curta sessão de terapia surtiu efeito. Era isso: desde que se entendia por gente, Samuel brigava por uma beirada ao sol. Talvez não tivesse aprendido a amar de verdade. Amor? Só os filhos lhe furavam a armadura. Nunca se dera às mulheres, nunca se dera aos amigos. Nunca se dera nem mesmo ao luto. Quando a mãe se foi, estava ocupado demais com a CPI da *Última Hora*. Quando se foi o pai, imerso no sucesso. Em 1958, seu Jaime caíra fulminado numa rua do centro de São Paulo. Levado ao hospital, Wainer ainda tivera a chance de lhe dar o último abraço. No dia seguinte, estava de volta ao batente. Na partida de Bluma, festejava o nascimento da *Última Hora*. Nos oito anos de casamento com Danuza, jamais tivera tempo só para ela. Invariavelmente cercados de gente, respondendo a alguma demanda social. Como lhe dissera a psicóloga, sua vida havia sido até então uma corrida de obstáculos.

Enquanto enfrentava a noite escura da alma, porém, o telefone tocou e era José Aparecido de Oliveira, secretário particular de Jânio Quadros. No fim das contas, não tinha culpa. O mundo não lhe dava trégua. O presidente o convidava para um café em Brasília.

Uma negra limusine Lincoln, com motorista do Palácio, estava à sua espera quando desembarcou no aeroporto da nova capital. De acordo com o que lhe informara José Aparecido, o assunto era a questão cambial. O papel-jornal encontrava-se na lista de cortes de importação do governo e uma declaração desastrosa do presidente a respeito provocara uma tempestade. Em pronunciamento na TV, para justificar a tese de que o país desperdiçava dólares, Jânio exibira uma gorda edição do *Estado de S. Paulo*, atrelando os Mesquita ao desperdício. Ao chegar ao

Planalto, Samuel foi conduzido diretamente à biblioteca, onde não lhe escapou um truque de Jânio. Sobre a mesa, viu uma garrafa de vinho do Porto. Todo jornalista sabia do gosto do presidente por uísque, que sorvia aos tonéis. O vinho era o recado casual de que estava pegando leve. Minutos depois, viu surgir o homem, acompanhado de José Aparecido. Beijou Samuel nas duas faces.

"Que bom que tu vieste, Wainer. Estás fadado a apoiar-me."

Após alguns comentários bem-humorados sobre a campanha da *Última Hora* contra ele, Jânio prosseguiu: "Vamos combater essa plutocracia [...]. Conto com a Santa Trindade para me apoiar nesta luta pela salvação da pátria!", disse, entre goles do porto que não ofereceu ao convidado.

"E com quantos generais o senhor conta?", quis saber Samuel, sem entender quem compunha a "santa trindade".

"Não conheço sequer o nome do chefe da Casa Militar. Se um prelado com mandato parlamentar entra aqui como prelado, ajoelho-me e beijo-lhe o anel. Mas se me vem como político, eu o expulso porta afora."

Samuel lembraria nas memórias:

Ele achava que meu apoio ao governo era essencial, tanto pela influência da *Última Hora* quanto pelo fato de que eu sempre lhe fizera oposição. Ponderei que, se aderisse incondicionalmente ao governo, meu jornal perderia peso político. Parecia-me mais sensato permanecer na oposição e apoiar o governo sempre que adotasse medidas corretas. Jânio gostou da ideia.

Ao retornar ao Rio, ele praticamente entregou a *Última Hora* à sua própria santa trindade: Otávio Malta, Moacir Werneck de Castro e Paulo Silveira. Para quem dormia na redação, passou a aparecer só nos fechamentos. Numa noite agitada, caminhava entre as mesas, lendo sobre os ombros dos repórteres os textos ainda inacabados, quando viu irromper no recinto o sempre elegante Maneco Muller, que o puxou brutamente pelo braço. Em súbito silêncio, a redação escutou: "Vieram me dizer que você está comendo a minha mulher". Segundo o repórter Luarlindo Silva — que estreara no jornal em 1958, aos dezesseis anos, fazendo a ronda —, testemunha ocular e auditiva da cena, até então o sentimento geral era de pena do chefe. Afinal, perdera a mulher para o sujeito que continuava comparecendo com duas colunas na *Última Hora*, "Romance policial de Copacabana" e "Jornal de Antônio Maria". Sem mover um músculo, Samuel virou-se calmamente, colocou os óculos na testa e encerrou o assunto: "Maneco, estão comendo a minha e nem por isso eu atrapalhei o fechamento".

Dia 12 de junho de 1961, dez anos da *Última Hora* carioca: o que era para ser uma data feliz amanheceu com cara de velório. Após um giro de um mês entre Veneza e Lisboa, Danuza regressou para a sua última atuação como sra. Wainer. A condição para a separação tinha sido esta: primeiro, ela se afastaria do amante, fazendo uma longa viagem e, na volta, cortaria o bolo de aniversário. Depois, estava livre para ir viver a sua vida. Aliás, havia mais uma condição: Samuel a proibira de levar os filhos para morar com Antônio Maria. Caso o contrariasse, não hesitaria em pedir a guarda das crianças. A lei estava ao seu lado, punindo o adultério. Dois mil convidados encheram o Museu de Arte Moderna. Na edição do dia, a *Última Hora* retirou do baú o primeiro telegrama de Getúlio, saudando o nascimento do jornal. Ao lado deste, publicou os votos de Juscelino: "Ao prezado amigo Samuel Wainer e à valorosa equipe de *Última Hora*, o meu abraço muito afetuoso pela passagem do décimo aniversário do grande jornal brasileiro, baluarte da luta audaciosa e sem tréguas, contra a miséria e o subdesenvolvimento que aviltam o progresso da nossa terra".

Na edição do dia da festa, um texto publicado no Tabloide UH, assinado por Antônio Maria, deve ter causado estranheza àqueles que conheciam a história dos bastidores:

Não sei até onde seria bonito, ou banal, escrever um bilhete a Samuel Wainer, pelos dez anos de *Última Hora*. Cairia eu, por menos que quisesse, no louvor comum ao jornalista, a quem teria de chamar, forçosamente, de bravo, incansável e, quem sabe, ao sabor da embalagem, de intrépido. Tudo isto, por mais verdade que seja, só desgostaria ao homem de fibra forte, a quem as palavras não fazem bem nem mal. Um homem que sabe de si e de todas as coisas. Parece-me ingênuo comunicar a Samuel Wainer que ele é um grande jornalista e que criou a mais popular e palpitante imprensa do Brasil.

Continuava Antônio Maria:

Nada impede, todavia, a confissão de que este foi o jornal onde me senti, pela primeira vez, jornalista. Antes, eu escrevia crônicas e dava notícias sem importância. Aqui, eu vivo, integralmente, o que existe de sério e de nobre, de maior e de melhor, no desempenho do jornalismo. Aqui cheguei, por acaso e, daqui, sairei um dia, certamente, por acaso. Mas não acredito que, em outro jornal, haja clima para sustentar luta igual à que aqui sustento, com todos os ímpetos do meu espírito ou todo o sossego da minha possível coragem. [...] Não tenho laços, ao menos convencionais, que me liguem aos meus companheiros. Mas, estou ligado, legitimamente, a cada um deles pela confortável condição de ser "jornalista de *Última Hora*". É muito importante ser um jornalista da *Última Hora*.

Era consenso no aquário: Samuel tinha que tomar uma atitude. Com estreia no Teatro Ginástico, no centro do Rio, e temporada na Maison de France, a peça *O beijo no asfalto*, de Nelson Rodrigues, desbancava, sem que esta fosse a intenção, a *Última Hora*. O repórter Amado Ribeiro fora a inspiração para um dos principais papéis, um jornalista sem ética que fazia qualquer negócio pela notícia — inclusive forjá-la. Até o nome do próprio Wainer constava no texto, na boca da engasgada Selminha, interpretada pela jovem Fernanda Montenegro: "Como é que um jornal, papai! O senhor que defendia tanto o Samuel Wainer! E como é que um jornal publica tanta mentira!". Para piorar as coisas, *O beijo no asfalto* era um sucesso desde a estreia, em 7 de julho, com montagem do Teatro dos Sete, a companhia de Fernando Torres, Fernanda Montenegro, Sérgio Brito, Ítalo Rossi e Gianni Ratto. A bem da verdade, todos estavam cansados de saber, Nelson não largava a mania de meter os amigos nas tramas mais estapafúrdias. Havia escrito o *Beijo* em 21 dias, inspirado na história de um velho repórter do *Globo*, Pereira Rego, atropelado por um ônibus em frente ao Tabuleiro da Baiana, no largo da Carioca. O autor perdia os amigos, mas não perdia a piada.

Primeiro, Samuel chamou ao aquário o seu mais célebre repórter de polícia: "Amado, você é uma besta. Como é que você deixa o Nelson usar o seu nome para nomear um personagem de um repórter mau-caráter?". Conforme se recordaria Pinheiro Júnior, a essa altura a redação se condoía, pois o coitado do Amado andava crente que estava abafando. Logo em seguida, foi a vez de Nelson ser convocado ao confessionário. Ou tirava o nome da *Última Hora* do texto ou a companhia de teatro seria processada. Entre a cruz e a espada, ele recorreu ao diretor Fernando Torres, que bateu o pé. Mudar o texto no meio da temporada seria uma desmoralização. De mais a mais, a companhia havia se precavido. Contava com a autorização por escrito de Amado Ribeiro e, na ausência de Samuel, um dos diretores da *Última Hora* também liberara o texto. Nelson implorou para que o pedido de Wainer fosse atendido.

"Temos uma carta" disse Fernando Torres.

"E se eu for demitido?", questionou Nelson.

Ao fim, o autor cedeu, retirando a menção a *Última Hora* e renomeando o personagem: somou Ribeiro, de Amado Ribeiro, com Júnior, de Pinheiro Júnior. Nascia o Ribeiro Júnior. Porém, sua permanência na redação da Sotero dos Reis tornou-se insustentável. Os colegas passaram a lhe virar a cara. A propósito, sua reputação ali já não andava das melhores. Em 24 de março daquele 1961, havia publicado no recém-lançado semanário *Brasil em Marcha*, onde colaborava, um artigo louvando Roberto Marinho. Sobre o leite derramado, só lhe restou pedir demissão, o que Samuel aceitou prontamente. Da *Última Hora*, onde trabalhava havia uma década, desde o primeiro número, Nelson ia levando para o *Diario da Noite*, de Assis Chateaubriand, "A vida como ela é...". Em 1962, iria para *O Globo*, com uma coluna de futebol, "À sombra das chuteiras imortais". Quem saiu perdendo desse episódio, sem dúvida, foi Samuel.

Do antigo patrão, Nelson guardaria certa mágoa. O caso do *Beijo* se somou a ressentimentos antigos. Não havia muito tempo Nelson sofrera uma cirurgia para retirar a vesícula biliar. Em vez de uma visita de Wainer, recebera o repórter Pinheiro Júnior para uma entrevista. "Não foi me visitar nunca. Nunca. Não me deu um telefonema perguntando: 'Já morreste?'. Não me ofereceu um níquel, um vale, nada." Acompanhado de um fotógrafo, o colega encontrara-o deitado num quarto pequeno, na casa da irmã. De calça de pijama branca, vestia uma camiseta também branca. No peito, mal costurada, trazia uma grossa cruz vermelha. "Eu estava com 39,9. E me sentia tão perdido que, naquele momento, teria beijado a mão de qualquer visita. Entrevista? Pois não, pois não." Além de não visitá-lo, segundo rememoraria Nelson, Samuel mandara descontar-lhe as férias e já se preparava para suspender seu salário: "Com um suposto câncer, eu já não seria profissionalmente válido". Durante a conversa, Pinheiro Júnior não tirou os olhos daquela cruz na camiseta de Nelson. De acordo com ele, por sinal, as coisas não se deram da forma como lembraria o escritor. "Samuel disse que tinha ligado para o Nelson: — Como é, meu amigo? Vamos voltar? [...] — Estou pronto para outra, Samuel. Prontíssimo." Daí, teriam armado a entrevista.

Do encontro, saiu esta pérola rodriguiana:

"E essa cruz aí?"

"Ora, Pinheiro! Para que serve uma cruz?"

"Quais teriam sido suas últimas palavras antes de morrer?"

"Escreve aí: Como era besta graduada o Carlos Marx!"

"Afinal, quem lidera esse golpe?"

"Carlos Lacerda."

"Ah, bom, pensei que o negócio fosse sério."

"O golpe é pra hoje, Arapa?"

"Se não chover."

A notinha na coluna do Arapuã podia soar como piada. Mas, segundo Otávio Malta na "Revista dos jornais", lá vinha mesmo "o Corvo", a "sobrevoar". Repetia-se o método, que consistia em desafiar o poder central impingido por uma triunfal verdade. A tempo, seus rompantes de justiceiro escondiam uma só verdade: "Vive permanentemente amargurado pelo fato de não ser a maior autoridade no país". No momento, a infinita indignação de Carlos Lacerda recaía sobre a política externa de Jânio Quadros. Não engolia o afago, por parte do presidente que ele próprio ajudara a eleger, a Cuba, a ilha rendida pelos comunistas. Para a *Última Hora*, Lacerda não passava de um "Faubus dos trópicos", referindo-se ao governador do Arkansas, Orval Faubus, que, em 1957, usara as forças públicas para impor a segregação racial na Little Rock Central High School. Só lhe faltava a Ku Klux Klan. Curiosamente, essa era, com efeito, uma crise inventada pela redação do Lavradio. Nem mesmo a UDN estava de acordo, já que o Ministério das Relações Exteriores se achava sob a regência de Afonso Arinos. Quem, em sã consciência, acreditaria que Arinos tinha uma gota de bolchevismo no sangue?

Em 19 de agosto de 1961, Lacerda ganhou seu melhor argumento — e a companhia do *Globo*. Às sete da manhã, no Palácio do Planalto, Jânio recebeu com honras militares ninguém menos que Ernesto Che Guevara, o ministro da Indústria de Cuba. A este, entregou a Grã-Cruz da Ordem Nacional do Cruzeiro do Sul. De passagem pelo país, Guevara provinha de Punta del Este, aonde fora participar das reuniões do Conselho Interamericano Econômico e

Social, órgão da Organização dos Estados Americanos (OEA). Segundo o jornal de Roberto Marinho:

> Tudo tem limite, até a capacidade, que alguns creem inesgotável, de o povo brasileiro suportar agressões a seus sentimentos e a seus ideais. Atingiu esse limite a outorga ao sr. Ernesto Guevara, vulgo Che, ex-cidadão argentino que renegou sua pátria para servir à causa do bolchevismo no front avançado de Cuba, da Ordem Nacional do Cruzeiro do Sul.

O Globo puxou o rosário de suspeições. Aos membros da missão soviética que visitara o Brasil, Jânio concedera as mesmas insígnias. E a Yuri Gagarin, o russo que, em abril daquele 1961, se transformara no primeiro homem a viajar pelo espaço, dera a comenda da Ordem do Mérito Aeronáutico. Quanta condecoração a comunistas!

A ira de Lacerda era tanta que ele ameaçou deixar o governo da Guanabara. "Não posso lutar em duas frentes", disse aos repórteres que o abordaram em palestra na Biblioteca Municipal. Entre governar o Estado e frear Jânio, teria que fazer uma opção. Para a *Última Hora*, lá vinha o Corvo, chantageando o país. Se queria renunciar, como, aliás, já fizera outrora, abandonando o cargo de vereador, que renunciasse, então: "Em vez de dedicar-se à solução dos problemas que afligem milhões de habitantes dessa cidade, invade setores que lhe são legalmente vedados, atenta contra as prerrogativas do presidente da República e nessa atividade foge, covardemente, às próprias responsabilidades". Até o *Correio da Manhã*, que corria simpático à administração de Lacerda, teve que concordar:

> Qual é o compromisso do governador do estado? O de governar e administrar o estado. O presidente da República tem várias atribuições, inclusive a de dirigir a política externa do país. O governador do estado da Guanabara, não. [...] Tem de ocupar-se de administração, obras, transportes, escolas, saúde, água, esgotos, buracos — em que pese as suas ambições, reconhecidamente maiores.

O vetusto matutino da Gomes Freire sustentou a espada:

> Achavam que o sr. Jânio Quadros exorbita das suas prerrogativas? [...] Continuaremos defensores intransigentes das instituições contra qualquer autoritarismo. Mas

para tanto não acompanharemos os opositores para o terreno moralmente baldio em que cresce a erva daninha das conspirações.

Como resumira Antônio Maria na *Última Hora*, em junho, antes de limpar as gavetas: "Nada contém sua alma de tira".

Em vez de renunciar, Lacerda "fica para delatar", segundo a *Última Hora*. Na noite de 24 de agosto, às nove horas — coincidência ou não, data do suicídio de Getúlio —, o governador da Guanabara, em cadeia de rádio e televisão, denunciou o "mar de irresponsabilidade, farsa, boemia e conspiratas". Não era ele, Lacerda, quem estava conspirando contra o regime, mas o próprio Jânio Quadros. O ministro da Justiça, Pedroso Horta, seria o pau-mandado contra a democracia. Se era verdade que a Constituição atribuía ao presidente da República o poder de conduzir a política externa, em nenhum país democrático um homem, somente um homem, podia conduzi-la. "O que se vê é que ele vai além. Muito além: trata muito bem as ditaduras comunistas e muito mal nossos amigos, os países democráticos." Responsável pela indicação do nome de Jânio, Lacerda atribuiu a si mesmo autoridade nacional para pôr a boca no mundo. "Conquistei-a com sangue. Com sangue meu, dos meus amigos, dos meus companheiros. Falo antes que isso se transforme em ditadura, fruto do caráter aventuroso e precário dessa política externa."

E Lacerda fez a sua revelação: "Agora quero contar ao povo o que se passou. O que se passou, realmente. E o povo sabe que falo a verdade. Acusam-me de tudo mas não me chamaram nunca de inverídico". Em conversa no Palácio Laranjeiras, ocorrida algumas semanas antes, Jânio manifestara-lhe ao pé do ouvido a "inquietação ante o funcionamento precário do regime". Sem maioria no Congresso, não conseguia imprimir as reformas de base que pretendia. Na mesma ocasião, Pedroso Horta teria aventado um "recesso remunerado" do Congresso. Inclusive pedira a ele que lhe enviasse seus artigos, publicados após o suicídio de Getúlio, defendendo o adiamento das eleições presidenciais e o regime de exceção. Lacerda respondera que tais artigos refletiam outra conjuntura política. Também não estava disposto a dar um "cheque em branco" para um governo com semelhante orientação da política externa. Horta, então, assegurara já ter sondado dois ministros militares. Faltava apenas um.

Não me abri para ninguém, nem mesmo para meus mais íntimos colaboradores. Buscava, principalmente, evitar a corte de fichinhas que pululam no Palácio do Planalto. Resisti, só até que não mais suportei e dirigi-me à esposa do presidente para que me obtivesse uma audiência sem as formalidades burocráticas, sem o protocolo. D. Eloá telefonou para seu esposo e me telefonou depois. Fui a Brasília.

Ao chegar ao Palácio da Alvorada, Lacerda fora recebido por um empregado e conduzido ao quarto onde deveria pernoitar. Lá depositara a indefectível valise preta. Jânio já havia jantado e o deixou comendo e falando sozinho. Ao presidente, confidenciara: sentia-se incapaz de cuidar da *Tribuna da Imprensa*, que acumulara uma dívida de 20 milhões de cruzeiros (3,2 milhões de reais) e perdia 2,5 milhões (400 mil reais) milhões por mês. E também não mais conseguia administrar sua situação moral. Se Jânio fora eleito com o apoio da UDN, era graças a ele. Em vez de responder, o presidente o convidara para descer à sala de cinema. Entre uma fita de caubói e outra de Jerry Lewis, o telefone tocara. Para Lacerda, um truque de Jânio, que retornara do telefonema avisando que Pedroso Horta o aguardava, seria levado ao apartamento do ministro da Justiça. Lá, "conversa para boi dormir".

Lacerda contou ao país, que parou para ouvi-lo:

Voltei ao Palácio, onde encontrei a minha valise na portaria. Aí, porém, o ministro da Justiça já cancelara o convite do presidente para que eu fosse o seu hóspede... Deixei o Palácio. Fui para o hotel. O sr. Pedroso Horta [...] bateu à minha porta. Recebi-o, pois não podia desfeiteá-lo. E conversamos numa atmosfera boêmia como é a atmosfera em que se tratam [sic] dessas coisas em Brasília. Conversei até às 4h40 da manhã. [...] Falei também que me recusava a aceitar as propostas do ministro para o golpe de gabinete, o recesso remunerado do Congresso, [as] reformas por decreto.

No fim do pronunciamento, parodiando d. Pedro I:

Fico na Guanabara, para que o presidente não fique só; fico na Guanabara para que o meu país não saia do caminho que os seus fundadores lhe traçaram; fico na Guanabara pelo amor dos que se foram, por respeito aos que me seguem, por respeito aos que me combatem; fico na Guanabara para que todos os que me estimam e os que me odeiam, os que me respeitam e os que me difamam, saibam que na hora da infâmia e da intriga, eu não faltei ao meu dever.

Às seis horas do dia seguinte, 25 de agosto, Jânio Quadros já estava no Planalto. Do seu gabinete, telefonou à esposa, d. Eloá, pedindo-lhe que aprontasse as malas. O país ainda acordava quando o altivo presidente passou a tropa em revista, na celebração matinal do Dia do Soldado. Por volta das nove, reuniu-se com os ministros Pedro Geraldo, Quintanilha Ribeiro e Pedroso Horta, além do secretário particular, José Aparecido de Oliveira. Também participaram do encontro os três ministros militares: Sílvio Heck, Grün Moss e Odílio Denys. Na oportunidade, Jânio distribuiu cópias da nota ao Congresso e da carta à nação, apresentando a renúncia do cargo para o qual fora escolhido por 48% dos eleitores brasileiros. Muitas versões do que se passou naquele gabinete atravessariam a história. Numa delas, o general Odílio Denys teria posto as armas a serviço da permanência do presidente. "Com este Congresso eu não posso governar. Formem uma junta", encerrou Jânio. Antes de sair do Planalto, deixou combinado: sua carta de renúncia deveria ser lida no Congresso, pelo ministro da Justiça, às três da tarde.

Às onze da manhã, o Viscount presidencial levantou voo rumo a São Paulo, carregando a tempestade. Para trás, ficaram os ministros militares, debatendo o que fazer com aquela cadeira vazia. Para Sílvio Heck, apoiado por Grün Moss, dar posse a Goulart seria "levar o país a uma guerra civil". Em torno do meio-dia, o presidente da Câmara, Ranieri Mazzilli, recebeu o chamado para comparecer ao Planalto. Quando este quis saber o motivo da renúncia, ouviu do marechal Denys: "Temperamento". Segundo o artigo 79 da Constituição, João Goulart era o novo presidente da República. Mas Jango estava do outro lado do mundo, na China, representando o país numa das três missões internacionais do governo. Zarpara um mês antes, acompanhado do diplomata Araújo Castro e quinze parlamentares, entre os quais os senadores Barros de Carvalho e Dix-Huit Rosado e os deputados Franco Montoro e Gabriel Hermes, além de técnicos e auxiliares. João Dantas partira para a Albânia, Bulgária, Romênia, Iugoslávia e Hungria. Leão de Moura, para a União Soviética.

O que teria dado em Jânio? Por que enviara Jango ao Oriente? Dependendo da versão, teria acreditado no levante das massas. Com o vice distante, haveria tempo suficiente para ser reconduzido ao cargo pelo povo, com poderes absolutos. Ao contrário de Getúlio, não iria se matar, só encenar o suicídio político. Talvez tenha se lembrado de Fidel Castro, que protagonizara semelhante gesto, renunciando em momento de crise — e fora resgatado por manifestações populares, regressando com os poderes inflacionados pela opinião pública. Afonso Arinos contaria que, na véspera da renúncia, Jânio perguntara onde ainda estava Goulart. Diante da resposta, Hong Kong, dissera: "É longe". Às três da tarde, em ponto, a renúncia foi divulgada: "Desejei um Brasil para os brasileiros, afrontando nesse sonho a corrupção, a mentira e a covardia que subordinam os interesses gerais aos apetites e às ambições de grupos ou indivíduos, inclusive do exterior. Sinto-me, porém, esmagado. Forças terríveis levantaram-se contra mim".

Samuel estava sozinho em casa, no vazio superlativo de uma cobertura da avenida Atlântica, onde se instalara no regresso de uma viagem à Europa, quando o telefone tocou. Do outro lado da linha, Zuzu Vieira, sua espirituosa secretária, a quem entregara o correio sentimental da *Última Hora*. "O Jânio renunciou", ela disse. Wainer tinha curtido a fossa entre França e Itália durante pouco mais de um mês. De volta ao Rio, não ia muito à redação da Sotero dos Reis, dedicando-se aos filhos. Toda tarde batia à porta de Danuza, que continuava a morar com as crianças no apartamento do Parque Guinle. De repente, encontrava tempo para a família. Em Paris, descobrira um substituto eficaz para o Pervitin, o Captagon, uma nova pílula à base de cafeína e anfetamina, tida como "a droga da coragem". Dali, invariavelmente, seguia aceso para a noite, até amanhecer em algum bar de Copacabana. Ao ouvir a notícia dada por Zuzu, não teve reação. Apenas agradeceu e desligou.

Segundo ela contaria:

Cerca de duas horas depois, recebi ordens para estar na porta do jornal porque alguém iria me apanhar. De fato, um carro Mercedes preto com motorista fardado parou e eu entrei sem perguntas. O motorista se dirigiu para a avenida Brasil e, depois de andar alguns quilômetros, contornou um posto de gasolina. Eis que vejo Samuel cercado por seu staff. Mostrava-se apreensivo, nervoso, fumando muito.

Temendo o que poderia vir de Lacerda, a cúpula da *Última Hora* decidiu que Samuel deveria ser levado para São Paulo. Zuzu dirigiria o carro. "Saímos à tardinha, eu tensa e com medo. Ao passarmos a barreira da via Dutra, a tensão aumentou. 'Você não pode correr mais?', me perguntou ele. Eu não podia. Estava muito nervosa. Já noite fechada chegamos a São Paulo e fomos direto para a sucursal da *Última Hora*."

Tanto Samuel como toda a redação da *Última Hora* de São Paulo ficaram dias e noites sem dormir. O repórter Ignácio de Loyola Brandão saiu de casa no meio da noite, debaixo de chuva, para cobrir a chegada de Jânio ao aeroporto de Cumbica, onde o ex-presidente permaneceria até a partida para o exílio em Londres. De acordo com Loyola Brandão, havia um engarrafamento de carros de políticos na porta da redação do Anhangabaú. Pelo vidro do aquário, via-se as reuniões tensas que se sucediam lá dentro, todo mundo fumando ao mesmo tempo. Com ofício assinado pelo presidente do Congresso, a confirmação do veto à posse de Jango pelos ministros militares viria no dia 28 de agosto: "Pelo fato de haver-se, depois de eleito, vinculado aos comunistas [...] tornando-se, ele mesmo, um comunista".

Samuel tinha um informante em Cingapura. Na comitiva de Jango, estava João Etcheverry. Segundo este lhe contara, souberam da renúncia de Jânio por acaso. Um correspondente da Associated Press telefonara para o jornalista Raul Ryff, assessor de comunicação do vice-presidente, para confirmar a informação e acabara sendo o emissário da bomba. A dúvida se instalara: renunciou ou foi deposto? Ao aceitar a taça de champanhe do senador Barros Filho, celebrando o novo presidente do país, o precavido gaúcho havia dito: "Acho melhor fazer o brinde ao imprevisível". De Cingapura, a comitiva partiu para Paris, com escala em Zurique. Da França, Jango ligou para Wainer na redação do Anhangabaú. Estava disposto a participar das negociações em Brasília, a fim de garantir a estabilidade do regime. Na verdade, sabia bem pouco o que acontecia no Brasil.

"Tu achas que devo voltar?"

"Não estou em condições de responder. Aliás, não sei sequer o que vai acontecer comigo."

"Mas como? Então, tu não achas que devo voltar?"

"Não é nada disso. Acho que devemos interromper esta conversa por aqui. Só que, antes, gostaria de lembrar que um líder decide por si, às vezes contra seus próprios impulsos, muitas vezes contra seus aliados. Você é o líder. Portanto, decida. Se puder voltar, volte. E conte conosco, em qualquer circunstância, para viver ou para morrer. Mas não vou dizer a você se deve ou não voltar."

De Porto Alegre, o governador Leonel Brizola falou grosso: "Desta vez não darão o golpe por telefone". Nele, Lacerda encontrava um adversário — ou, ao menos, um orador — à altura. Na madrugada de 27 de agosto, às três horas da manhã, pelas rádios Guaíba e Farroupilha, Brizola conclamou os gaúchos à luta. "Não aceitaremos quaisquer golpes. Não assistiremos passivamente a quaisquer atentados às liberdades públicas e à ordem constitucional. Reagiremos. [...] Nem que seja para sermos esmagados." Na manhã seguinte, as duas emissoras acordaram mudas, lacradas por ordem do ministro da Guerra, Odílio Denys. Não iriam calá-lo: em resposta, plantou nos porões do Piratini a Rede Nacional da Legalidade, ou Cadeia da Legalidade, que, graças à integração espontânea de rádios do país inteiro, chegaria a reunir cerca de 150 emissoras, com programação 24 horas e alcance internacional. Na praça da Matriz, o povo, coisa de 80 mil cabeças, disse sim: Jango tomaria posse.

Em duas frentes, Brizola armou a defensiva. No pavilhão de exposição abandonado na avenida Borges de Medeiros, brotou o primeiro Comitê de Resistência Democrática, aberto para a inscrição de voluntários. Em poucos dias, quatrocentos outros comitês surgiram no estado. Ao todo, somariam 100 mil voluntários. Os artistas se concentraram no Teatro Equipe. Os estudantes, na sede da UNE, transferida do Rio para a capital do Rio Grande. Armas para todo mundo o governador não possuía, contando, de fato, só com o armamento da Brigada Militar. O Exército seguia rachado, mas apenas o lado de cá — aquele que pregava o veto a João Goulart — havia se definido. O general Henrique Teixeira Lott, o líder da ala legalista, fora preso no Rio de Janeiro por ordem do general Denys depois de lançar manifesto pró-legalidade. Se não fosse parado, Brizola ia tomar o país no gogó. A Cadeia da Legalidade estava levando o Brasil ao delírio. De hora em hora, transmitia boletins, informando à população o passo da crise. Os telegramas dos ouvintes indignados percorriam a programação, numa batalha diuturna pela opinião pública.

Do general Orlando Geisel para o general José Machado Lopes, comandante do III Exército, sediado em Porto Alegre, veio a ordem de bombardear a cidade, se fosse preciso, para calar Brizola. O tiro saiu pela culatra. Em resposta,

Machado Lopes declarou: "Cumpro ordens apenas dentro da Constituição vigente". A partir de então, o governador tinha as armas de que precisava, uma força de 120 mil homens distribuídos nos três estados da Região Sul. Com a adesão do III Exército, constituiu-se o Comando Unificado das Forças Armadas do Sul, que compreendia o III Exército, a V Zona Aérea, a Brigada Militar e as Forças Públicas, sob o comando do general Machado Lopes. A possibilidade de guerra civil tornara-se real. Para desbaratar o esquema, o ministro da Guerra ordenou a troca de comando no III Exército, substituindo Machado Lopes pelo general Osvaldo Cordeiro de Farias. Este, no entanto, nem conseguiu descer à terra, ignorado pelos oficiais e pela soldadesca leal. "Se vier, será preso", fora o aviso.

Da sacada do Piratini cercado por barricadas, Brizola prometeu ao povo: "É melhor perder a vida do que a razão de viver. Posso garantir, porém, e a todo o Brasil, que não daremos o primeiro tiro. Mas, creiam, o segundo será nosso".

Na primeira manhã de setembro, o atarantado João Goulart recebeu uma visita na embaixada brasileira em Montevidéu: Tancredo Neves. Sem mandato — perdera o governo de Minas Gerais para Magalhães Pinto —, não havia melhor nome para a missão. Em 1954, estivera ao lado de Getúlio até o fim. Em 1955, lutara pela posse de Juscelino. E, sobretudo, ele era mineiro, o que, na política, equivalia a atestado de habilidade. Conhecidos de longa data, os dois tinham que sair daquele encontro com um acordo: as tropas do I e do II Exército já se movimentavam de um lado e os homens do III Exército manobravam do outro. A guerra civil seria inevitável. Na opinião de Tancredo, Jango não tinha saída, a não ser engolir a emenda parlamentarista, que, da noite para o dia, iria alterar o regime de governo do país. Em comissão especial, o Congresso Nacional aprovara sua posse imediata, desde que aceitasse se tornar a rainha da Inglaterra.

Na véspera, a comitiva oriunda da China aterrissara no aeroporto de Carrasco. Goulart vinha literalmente tentando contornar a crise, com muitas escalas: Paris, Nova York, Miami, Cidade do Panamá, Lima e Buenos Aires. Ainda dera um pulo na Espanha, onde estavam em férias sua mulher, Maria Thereza, e o filho, João Vicente. Fosse como fosse, o que o aguardava no Brasil não cheirava bem. Por milagre, a imprensa parecia ter lhe dado uma trégua, ao apoiar em uníssono o parlamentarismo. Até O Globo se posicionara pela posse, seguindo o "livrinho", como dizia o velho general Dutra. Mas as feridas não se fechariam tão rápido. As regras do jogo democrático já tinham sido quebradas — e, diante disso, as torcidas encontravam-se no gramado. Quanto aos ministros militares, estes amansaram. Segundo ventilara a *Última Hora*, a mudança de estratégia coincidia com um recado do presidente Kennedy, anunciando que suspenderia o apoio financeiro ao Brasil caso houvesse ruptura da legalidade. Nos Estados Unidos duas políticas opostas se sobrepunham. A do Pentágono, corroborado pela CIA, contra a posse de Jango, e a do Departamento de Estado, que espelhava a orientação da Casa Branca.

A reunião em Montevidéu se estendeu até o fim da tarde. Por três vezes João Goulart se levantou da mesa de negociações para confabular com Brizola por telefone. Para este, o parlamentarismo não passava de "golpe branco", a vitória dos "reacionários". Se era guerra que queriam, guerra teriam. O III Exército, somado às brigadas populares, garantiria a posse sem que se fizessem concessões. Por seu turno, Tancredo recorreu, sucessivas vezes, ao general Ernesto Geisel, chefe da Casa Militar, para avançar nos pontos do acordo. Além de entubar a mudança de regime, o vice-presidente deveria seguir do Uruguai direto para Brasília. Não, ele não topava. Antes de mais nada, iria a Porto Alegre agradecer o apoio dos gaúchos. Puxa daqui, estica dali, ficou decidido que voaria na mesma noite para o Rio Grande do Sul, e, enquanto isso, seriam tomadas as providências para a votação da emenda parlamentarista no Congresso. Todavia, o governador Leonel Brizola não podia ser convidado para a cerimônia de posse.

Ao cair da noite, antes de embarcar, Jango falou à imprensa: "Irei até o impossível para que não haja derramamento de sangue. Confio em Deus e nos brasileiros para que se evite, a qualquer custo, a guerra civil". Ao aterrissar em Porto Alegre, os termômetros marcavam nove graus. Cerca de 80 mil pessoas o aguardavam defronte do Palácio Piratini. Isolada do resto do país, a capital gaúcha enfrentava dias de penúria: lojas vazias, escassez de alimentos e até de papel-moeda. Ladeado por Brizola e pelo general Machado Lopes, ele apareceu na sacada do palácio, limitando-se a acenar para a multidão. Nenhuma palavra, para a decepção da audiência. Ouviu vaias. A essa hora, em Brasília, o Congresso já se movimentava para ceifar seus poderes. Após duas votações na Câmara e duas no Senado, com a presença de 56 senadores e 280 deputados, a manobra virou lei, pondo fim a mais de sete décadas de presidencialismo. No Império, inventara-se o chamado "parlamentarismo às avessas", em que d. Pedro II indicava o chefe do Conselho de Ministros. Agora, nas palavras de Tancredo, dava-se à luz o "parlamentarismo híbrido". A João Goulart, entregou-se a prerrogativa do veto.

No dia seguinte, 2 de setembro, a praça da Matriz acordou inquieta. Ao longo do dia, ouviram-se os gritos: "Co-var-de", "co-var-de", "co-var-de". Os gaúchos pareciam querer um herói, e Jango queria conciliar. Segundo suas poucas palavras à imprensa, na verdade precisava "meditar", "ponderar", "ouvir". Na outra ponta da mesa de negociações agora estava Brizola, substituindo a moderação de Tancredo por lenha na fogueira. Para o gaúcho, embora o parlamentarismo já tivesse sido aprovado em Brasília, não havia fato consumado. A última palavra podia ser de João Goulart, caso este tivesse colhões para assumir os ônus da revolução. Nas contas do governador, o Rio Grande do Sul possuía gasolina para sustentar a caravana e munição suficiente para 110 mil voluntários civis, além do contingente militar. Sua ideia era tomar o Planalto e depor o Congresso, que traíra a Constituição aprovando mudança na regra do jogo no meio do jogo. Uma assembleia constituinte seria convocada de imediato.

De Leonel Brizola para Samuel Wainer:

Ao brilhante vespertino da cidade do Rio de Janeiro, o governo e o povo gaúchos transmitem, neste doloroso momento da vida nacional, sua mensagem de solidariedade em face dos atentados que *Última Hora* vem recebendo por se opor ao sinistro ensaio de obscurantismo que se faz no país. O Rio Grande do Sul, unido numa só e única determinação, assegura a esse grande órgão da imprensa brasileira que a insanidade golpista não logrará levar o Brasil a viver sob o signo da ditadura.

Samuel agradeceu. O telegrama de Porto Alegre, a propalada "capital da resistência", ocupou lugar de destaque na capa da edição de 6 de setembro de 1961 da *Última Hora* carioca. Desde o começo da crise política, no dia 25 de agosto, com a renúncia de Jânio, a redação da Sotero dos Reis encontrava-se calada pelas forças policiais da Guanabara: "Resolvemos ficar de cabeça fria para poder oferecer, diariamente, as informações básicas sobre a situação brasileira". A *Última Hora* gaúcha havia feito uma espetacular cobertura, plantando, no Piratini, Flávio Tavares e o jovem Tarso de Castro. Agora a turma do Rio podia também botar a boca no mundo. A censura havia sido uma iniciativa exclusiva de Carlos Lacerda.

Em nenhum outro estado ocorrera tal coisa. Nem bem Jânio deixara o Planalto o Serviço de Censura da Guanabara entrava em ação, com o apoio do chefe de polícia, coronel Ardovino Barbosa, "o Xerife". Desde então, além da *Última Hora*, *Diario Carioca* e *Diario de Noticias* tiveram as redações ocupadas. *Correio da Manhã*, *Diario da Noite* e *Jornal do Brasil* penaram com edições apreendidas.

As voltas que o mundo dá! Agora o Sindicato dos Proprietários de Jornais e Revistas do Estado da Guanabara se posicionava contra Carlos Lacerda — e a favor de Samuel Wainer. O governador gritou, defendendo que nada tivera com isso. Fora o coronel Golbery do Couto e Silva, secretário-geral do Conselho de Segurança Nacional, quem solicitara a medida coercitiva, atendida por seu secretário de Segurança, o general Sizeno Sarmento. Só concordara "para evitar a divulgação de notícias que pudessem pôr em risco a ordem pública". Claro, ninguém engoliu aquela farofa. Fosse como fosse, o sindicato dos patrões enviou um telegrama à Sociedade Interamericana de Imprensa na qual pedia a expulsão de Carlos Lacerda, alegando a "ilegal e intolerante" censura. Dos grandes jornais, somente *O Globo* não aderiu. Para o vespertino, o jornalista não podia ser punido por atos do governador.

Em meio ao tiroteio, Samuel viu seu jornal ser novamente ocupado pela polícia. A ordem teria vindo do Ministério da Guerra, para impedir a distribuição de edição extra com reportagem exclusiva sobre os bastidores da reunião entre os generais Odílio Denys e João de Segadas Viana, porta-voz da ala do Exército partidária da posse de João Goulart. A concordância dos ministros militares com a soberania do Congresso Nacional, trocando em miúdos, representava o prenúncio do fim da crise. Os exemplares que já estavam nas bancas acabaram também recolhidos. Terminada a apreensão, a polícia não relaxou o cerco, mantendo guarnições na porta do jornal.

De acordo com o *Jornal do Brasil*: "O gabinete do governador, através de sua assessoria, [...] afirmou que a apreensão e a interdição do jornal [*Última Hora*] foram determinadas pelo Exército, o que, segundo apurou o *Jornal do Brasil*, é mentira". Para o *Correio da Manhã*: "Rei sem lei". Até tu, Antonio Callado: "Os homens em quem votei transformaram o Brasil de novo numa Banana Republic — banana grande, se quiserem, são Tomé, mas banana".

Em 7 de setembro de 1961, João Goulart foi empossado presidente da República. Por pouco o avião que o levara a Brasília não tinha sido abatido. Minutos antes de decolar de Porto Alegre, no dia 5, recebera a notícia da macabra "Operação Mosquito". Um grupo de pilotos de caça da FAB havia deflagrado a conspirata, cuja missão secreta era interceptar o voo da comitiva presidencial. Só no fim da tarde, com as garantias de que chegaria ao destino, conseguiu decolar.

Três nomes concorreram à cadeira de primeiro-ministro: Auro de Moura Andrade, Gustavo Capanema e Tancredo Neves. Tancredo obteve 49 votos; Capanema, 39; e Moura Andrade, vinte. Nenhum atingiu a maioria de 57 votos. Na segunda votação, entre os dois mais votados, Tancredo derrubou Capanema. Após a queda do visconde de Ouro Preto, setenta anos antes, outro mineiro assumia o cargo.

No Ministério das Relações Exteriores, ficou Francisco Clementino de San Tiago Dantas; na Fazenda, Walter Moreira Salles; na Agricultura, Armando Monteiro; na Indústria e Comércio, Ulysses Guimarães; na Viação, Virgílio Fernandes Távora; no Trabalho e Previdência Social, André Franco Montoro; na Saúde, Estácio Souto Maior; na Educação e Cultura, Antônio de Oliveira Brito; no Ministério da Guerra, João de Segadas Viana; na Aeronáutica, Clóvis Monteiro Travassos; na Marinha, contra-almirante Ângelo Nolasco de Almeida; na Casa Civil, Antônio Balbino; e, na Casa Militar, general Amauri Kruel.

Quando alguns já esqueciam como era o medo — e celebravam a duvidosa vitória —, Samuel pegou o caminho de Brasília, dirigindo sozinho, por mais de vinte horas, pela recém-construída BR-050. Atendia ao chamado de João Goulart, que o aguardava na Granja do Torto. O espírito não sossegara. Talvez soubesse, melhor do que ninguém, que a estiagem não seria duradoura. Conhecia muito bem Jango para creditar-lhe a capacidade de manobrar as forças que apenas haviam recuado. O amigo era o moço de fronteira, que adorava cabarés e bailarinas, divertia-se com boêmios e prostitutas, passava a noite em mesas de bar. Não lhe agradava a convivência com grã-finos. Detestava casacas e solenidades. Mostrava-se perfeitamente à vontade em meio ao povo. Se reunia todas as condições para consolidar-se como líder popular, exibia, em sua opinião, uma "evidente inapetência para certas exigências do poder". Segundo Samuel, "Getúlio Vargas sempre demonstrou enorme prazer com o fato de ser o número um da República. Jango, não".

Encontrou o presidente à beira da churrasqueira, numa tarde azulada de primavera. Entre Jango e Getúlio, como não lhe escapava, havia em comum aquela inegável habilidade para se fazer amar e respeitar pelo povo. Ambos traziam da origem, São Borja, o talento para a convivência íntima porém desigual com as classes subalternas — talento esse refinado nas rodas de chimarrão, bebendo da mesma guampa. De acordo com Samuel, assim como Getúlio, Jango mais ouvia do que falava. Aliás, dele praticamente só se escutavam perguntas. Raramente afirmava qualquer coisa. Decerto Wainer sabia da influência que tinha sobre João Goulart. Talvez ainda não houvesse dimensionado o quanto poderia interferir nas decisões do novo governo. Dessa feita, foi chamado a Brasília para opinar no staff da Presidência. Seu conselho era que aplicasse na composição o princípio da democracia, evitando cercar-se só de gente do seu grupo.

A Samuel parecia uma péssima ideia, por exemplo, entregar a Secretaria de Imprensa ao companheiro Raul Ryff. Não que tivesse qualquer coisa pessoal contra o jornalista, mas Ryff lhe parecia demasiado atrelado aos comunistas. Em 1935, ajudara a fundar a ANL, no Rio Grande do Sul. Em 1936, tinha sido preso, acusado de envolvimento na Intentona de Prestes. Posteriormente, trabalhando na sucursal do *Correio do Povo* no Rio, ligara-se ao grupo que apoiava o governo de Getúlio. No governo de Juscelino chegou a ser indicado para tesoureiro do Instituto de Aposentadoria e Pensões dos Empregados em Transportes e Cargas, preferindo servir a vice-presidência. Depois de ouvir a argumentação, Jango autorizou-o a conversar com Ryff. "Foi o que fiz. Com expressão decepcionada, Ryff disse que que aceitava meus argumentos, mas ponderou que gostaria, de qualquer forma, de conversar com Jango. [...] Saiu dessa conversa como secretário de Imprensa."

Na viagem de volta ao Rio, Samuel experimentou lapsos de paz, um sentimento estranho, quase incômodo. "Deixei Brasília com a convicção de que mais uma vez eu havia escapado ao cerco — o presidente da República era meu velho amigo, as portas do poder seguiam abertas para mim. Jango no Palácio do Planalto representava, de alguma forma, a permanência de Getúlio Vargas."

25. Homem da mala

Ao emergir da depressão, no alvorecer de 1962, Samuel alugou uma casa. Não uma casa qualquer: uma mansão, na subida da rua Marechal Mascarenhas de Moraes, coração de Copacabana. Talvez fosse o único barão de imprensa na história a morar de aluguel. O imóvel pertencia ao playboy Didu Sousa Campos e, se não era tão superlativo quanto o casarão do Cosme Velho, ganhava em aconchego. Fosse fazer as contas, decerto diria: enfim, só. Depois de três casamentos consecutivos, a perspectiva da solidão parecia não assustá-lo. A propósito, nunca mais se casaria. Para sempre, carregaria a dor de corno, entronizando Danuza no altar dos sentimentos. Para tomar conta de tudo, da sua vida e da casa, contratou um mordomo de fita de cinema: Caruso, um egípcio elegante, muito magro e muito alto, que, conforme rezava a lenda, havia trabalhado para o rei Farouk. Para o Brasil, fora importado pelo milionário Alfredo João Monteverde, fundador do Ponto Frio.

Solteiro, Wainer obteve a companhia de Ricardo Amaral, de mudança para o Rio de Janeiro. Sem lugar para ficar, foi pousar na Mascarenhas de Moraes. Segundo o paulista, a pessoa mais importante da casa era Caruso. Além de preparar banquetes como ninguém, um artista na arte de receber, cuidava pessoalmente até das cuecas do patrão. "Ele nunca interrompia. Se precisava falar algo, como anunciar um telefonema ou uma visita, aparecia discretamente na sala e levantava um pequeno quadro-negro." Sua transferência repentina para a *Última Hora* carioca não fora uma decisão simplesmente editorial, embora ele tivesse vindo para substituir o "Jornal de Antônio Maria" pelo "Jornal do Ricardo Amaral". Depois de Ricardo arrumar confusão com Ademar de Barros, expondo-lhe o caso extraconjugal, o governador pedira sua cabeça. A princípio, Samuel ignorara, dando risada das peripécias do seu funcionário, o qual descobrira que Ademar chamava a amante de "dr. Rui" na agenda, para despistar os assessores. Até que precisou de um empréstimo no Banco do Estado de São Paulo. O empresário Mário Wallace Simonsen, o Wallinho, intermediou a transação.

Contaria Ricardo Amaral: "Depois de falar com os caras, ele [Samuel] me chamou: 'Ricardo, eu quero que você vá passar uma temporada em Roma, como correspondente da *UH*, fazer um estágio na RAI. Já combinei com o Wallinho'".

O arranjo na mansão de Copacabana desagradou a Danuza. Caruso se convertera numa espécie de cão de guarda de Samuel, encarregando-se não só da casa, mas da vida do seu ex-marido. Se ela tentava passar da porta, com toda a finura a obrigava a dar meia-volta. A qualquer custo, iria proteger o patrão do desgosto do reencontro. "Caruso, com todos os seus maneirismos e boa educação, era de uma hostilidade comigo que era absolutamente horrível para mim." Enquanto os dias de Wainer pareciam uma interminável festa, a vida de Danuza tinha virado um inferno. Desde a separação, não falava com o pai, que tomara as dores do genro. Com Antônio Maria, a paixão inicial dera vez a uma relação que, em tudo, contrariava o que ela vivera. Se Samuel desconhecia o ciúme, Antônio Maria era patologicamente ciumento. A rotina de festas e viagens cedera lugar ao tedioso cotidiano de um casal que não punha o nariz fora de casa. "Abrimos mão dos amigos, dos desejos, do passado — do qual nenhum de nós podia falar; abrimos mão da vida. Ele deixou de beber e de ser quem era; consequentemente, eu também."

Desfilando a dor de cotovelo de Copacabana ao Pacaembu — a mansão da rua Itápolis seguia na mesma animada cadência da casa da rua Mascarenhas de Moraes —, Samuel foi buscar consolo nos braços da bela — e rica — Marilu Penteado, sobrinha de Yolanda Penteado, a dama do café e mecenas das artes. Em suas estadias na capital paulista, costumava sair do jornal, pegar a namorada de fusca — adorava fuscas — e passar no ateliê do costureiro Dener Pamplona de Abreu, que estava fazendo na moda o que a *Última Hora* pregava nas páginas: a nacionalização, ignorando os ditames da alta-costura europeia para vestir as mulheres de brasilidade. Em retribuição às visitas rotineiras, Dener coloria os jantares de Samuel com as mais lindas manequins. Afinal, ele precisava caprichar. Nas noites enfeitadas da Itápolis aconteciam os negócios. De acordo com Ricardo Amaral:

> O jornal vivia apertado nas contas, e o Samuel sempre correndo atrás para fechar a folha de pagamento. [...] Fiz algumas aproximações históricas, como a que propiciei com o José Alcântara Machado, amigão que tinha a conta publicitária da Volkswagen. Fomos os três juntos a um jantar na casa do Schultz Wenk, o primeiro presidente da Volks no Brasil. [...] Assisti a uma aula de sedução. Nunca pensou em ser rico, mas sempre adorou o poder e exercia-o com desenvoltura e charme.

No dia 20 de março, a *Última Hora* de São Paulo completou dez anos, com banquete para mil pessoas no Club Paulistano. Era, naquela altura, o veículo subsidiário mais forte da cadeia de jornais, pela influência que exercia sobre o operariado, então se robustecendo como força política. O grosso da tiragem média de 150 mil exemplares espalhava-se pela periferia. Além do enfoque nacionalista e trabalhista, a penetração se dava pela conversa direta com a classe trabalhadora. Todo ano, por exemplo, a *Última Hora* elegia, entre as moças frequentadoras dos clubes populares, a Miss Luzes da Cidade. Em 1962, ganhou a futura atriz Mila Moreira, que concorreu pelo Clube dos Bancários. O prêmio fora uma viagem a Nova York, contrato com a Rhodia, a mais badalada agência de modelos, e coluna semanal no jornal, em que a jovem de dezesseis anos contava às leitoras o dia a dia de Cinderela. Cercando a coluna de Mila Moreira, nomes como Ibiapaba Martins, Roberto Freire, Ricardo Ramos — filho de Graciliano Ramos —, Walter Negrão de Lima, Benedito Ruy Barbosa, Juca Chaves e Flávio Porto — o Fifuca, irmão de Sérgio Porto. Uma senhora redação.

Como fazendeiro, dono de cabeças de gado a perder de vista, João Goulart deveria ter aprendido que com a propriedade da terra não se bole. Em vez disso, ou talvez por isso mesmo, carregou para o Planalto um feixe de reformas, as chamadas "reformas de base", que, entre outras coisas, propunha a mudança da estrutura agrária do Brasil. O pai de Jango, Vicente Goulart, colega de Getúlio na escola primária, morrera em 1943, quando o filho contava

24 anos, deixando a família praticamente falida. Passados dois anos, manejando sucessivos empréstimos bancários, já possuía cerca de 15 mil cabeças de gado e outras 5 mil de ovinos. Sua fórmula havia sido eficaz: largava as vacas no pasto para a engorda e depois as revendia para o abate, com dilatada margem de lucro. Ao oferecer os próprios animais como garantia, fora multiplicando o capital. Não deixava de ser irônico que justamente um latifundiário gaúcho quisesse mexer no que estava quieto. "A reforma agrária será feita na lei ou na marra, com flores ou com sangue" — ouviu do pernambucano Francisco Julião, o mais influente líder dos campesinos, no I Congresso Camponês, que recebeu em Belo Horizonte 1600 delegados.

Ao assumir a Presidência, Goulart criara o Conselho Nacional de Reforma Agrária, subordinado ao Ministério da Agricultura. Para realizar qualquer projeto nesse sentido, ele precisaria mexer na Constituição, de acordo com a qual a desapropriação de terras exigia indenização prévia dos proprietários, em dinheiro, o que atava as mãos do governo. Suas "reformas de base" incluíram no pacote as reformas bancária, fiscal, urbana, administrativa e universitária, além da reforma eleitoral, com a extensão do direito de voto aos analfabetos e às patentes subalternas das Forças Armadas. Se dependesse de Jango, o leme da economia, entregue ao banqueiro Walter Moreira Salles, também mudaria o rumo, com maior intervenção do Estado e maior controle dos investimentos estrangeiros no Brasil, mediante a regulamentação de lucros para o exterior. Com os poderes ceifados pelo parlamentarismo, na verdade o presidente se encontrava num beco sem saída, entre a urgência da esquerda reformista, inspirada na experiência cubana, e a resistência da direita conservadora — segundo Paulo Francis em sua coluna na *Última Hora*, um "governo de trapézio", pendurado numa bandeira reformista tão ampla que se perdia na bruma do horizonte.

O ministério, encabeçado por Tancredo Neves, ganhou um apelido: ministério da "conciliação nacional". A propósito, nada mais fora de moda que a palavra "conciliação". Para todo canto que se corresse, deparava-se com a polarização. Não só entre a esquerda e a direita, mas, principalmente, entre as esquerdas. Com João Goulart no Planalto, as pautas se ampliaram e subdividiram. Na questão do campo, brigavam duas frentes. De um lado, as Ligas Camponesas, que vinham se formando, sob a inspiração de Francisco Julião, desde o governo JK. Para Julião, treinado em Cuba e apadrinhado por Che Guevara, a reforma agrária tinha que acontecer, com ou sem Jango. Por seu turno, a União dos Lavradores e Trabalhadores Agrícolas do Brasil, entidade tutelada pelo PCB, insistia na sindicalização rural para a ampliação dos direitos trabalhistas. Com um ou outro objetivo, as invasões de terra se espalhavam pelo Maranhão, Paraíba, Goiás, Bahia, Rio de Janeiro e Rio Grande do Sul.

Do I Congresso Camponês, saíra a pauta de reivindicações: "desapropriação de terras não aproveitáveis com área superior a quinhentos hectares, pagamento de indenização mediante títulos da dívida pública, concessão gratuita das terras devolutas a camponeses, entrega de títulos de propriedade aos atuais posseiros e estímulo à produção cooperativa". Enquanto isso, nas cidades, os sindicatos, a partir do IV Congresso Sindical Nacional dos Trabalhadores, realizado em São Paulo, agruparam-se sob a sigla CGT, de Comando Geral dos Trabalhadores, congregando organizações oficiais, como a Confederação Nacional dos Traba-lhadores na Indústria, CNTI, a Confederação Nacional dos Trabalhadores em Esta-belecimentos de Crédito, Contec, e a Confederação Nacional dos Trabalhadores em Transportes Marítimos, Fluviais e Aéreos, CNTTMFA — e também organizações paralelas, como o Pacto de Unidade e Ação, PUA. Entre os sindicalistas, saltavam nomes: Temístocles Batista, ferroviário; Osvaldo Pacheco, portuário; Roberto Morena, marceneiro; e Clodesmidt Riani, comandante da poderosa CNTI.

Cruzando a fronteira do Rio Grande do Sul, outra força se avolumava: o brizolismo, sustentado pela pregação anti-imperialista e nacionalista de Leonel Brizola. Ele ganhara projeção ao capitanear a campanha pela posse de João Goulart. Desde então, disputava com o cunhado a liderança do PTB, acumulando façanhas, que, se não resolviam nada, impressionavam: ao assumir o governo gaúcho, em 1959, havia encampado a Companhia de Energia Elétrica Riogran-dense, subsidiária da American & Foreign Power (Bond and Share). Dois anos depois, desapropriara duas fazendas a noroeste do estado, mediante o depósito de quantias irrisórias, autorizadas pelo Judiciário. Agora, após a Conferência de Punta del Este, que se dera entre 22 e 31 de janeiro de 1962, quando o Brasil se absteve de votar a expulsão de Cuba da OEA, acabara de abocanhar a Companhia Telefônica Nacional, subsidiária da International Telephone and Telegraph Cor-poration (IT&T).

Com tais amigos, que o empurravam à beira do precipício, João Goulart nem precisava de inimigos. Mas ele os tinha, e eram poderosos. Duas siglas reuniam o pensamento — e a conspirata — da oposição: o Instituto Brasileiro de Ação Democrática (Ibad) e o Instituto de Pesquisas e Estudos Sociais (Ipes).

O Ibad nascera em 1959, sob a bandeira do anticomunismo, com contribuições de empresários brasileiros e estrangeiros. Entre os colaboradores, Shell, Esso, Bayer, IBM, Coca-Cola, Souza Cruz e General Motors. O Ipes surgira logo após a posse do novo presidente. Com a raiz fincada na Escola Superior de Guerra (ESG), também contava com o apoio financeiro de grandes corporações americanas e grupos privados nacionais. Agindo umbilicalmente, Ibad e Ipes atuavam em duas frentes. Na propaganda direta, serviam-se das principais agências de publicidade para difundir os valores do capitalismo e do livre mercado. Na indireta, interferiam no processo democrático, financiando candidatos conservadores e movimentos sociais. Eram muitos: Liga Feminina Anticomunista, União Feminina Anticomunista, Centro Cívico do Brasil, Cruzada Cristã Anticomunista, Grupo de Ação Patriótica, Voluntários da Pátria para a Defesa do Brasil Cristão. Entre os mais militantes, o Movimento Anticomunista (MAC) e o Comando de Caça aos Comunistas (CCC).

Poucos meses depois de assumir o cargo, Jango teve uma amostra da instabilidade que o rondava. No feriado do Carnaval, convidou o amigo e deputado petebista Wilson Fadul para uma pescaria na ilha do Bananal, em Goiás. O chefe da Casa Militar, Amauri Kruel, os acompanharia. Conforme relataria Fadul, com a vara de pescar na mão o presidente escutou do general a proposta: fechar o Congresso Nacional na segunda-feira. Era sábado.

Em fins de março, Samuel partiu para os Estados Unidos, levando na maleta a agenda de contatos. Entre estes, o governador de Nova York, Nelson Rockefeller, que, nos anos 1940, tanto o ajudara naquele país. Para ele, Jango não tinha outro caminho, a não ser manter distância do radicalismo para o qual procuravam empurrá-lo. De Brizola, então, deveria correr léguas. Embora convidado a integrar a comitiva do presidente, preferiu ir antes e fazer o dever de casa, colhendo nos bastidores de Washington a expectativa para o primeiro encontro de João Goulart e John Kennedy. Antes de embarcar, tentara conseguir uma entrevista exclusiva com o presidente norte-americano. Em vão. Injustamente, o embaixador no Brasil, o poderoso Lincoln Gordon, enxergava nele um comunista roxo. Segundo telegrama arquivado no Departamento de Estado dos Estados Unidos: "Samuel Wainer, diretor do ultranacionalista e esquerdista *Última Hora* e provável membro do entourage de João Goulart em sua próxima viagem aos EUA, me informou que viajará aos Estados Unidos aproximadamente dez dias antes da visita de Goulart e solicitou entrevista especial com o presidente Kennedy. [...] Em vista da postura não amigável da *Última Hora*, [...] esta embaixada recomenda recusar a entrevista".

Em 4 de abril, Wainer estava presente na base aérea de Andrews, a trinta quilômetros da capital americana, quando aterrissou o avião trazendo Goulart. Eram dez horas de uma fria manhã. Com a comitiva brasileira, que incluiu Moreira Salles e San Tiago Dantas, seguiu para o banquete na Casa Branca. Jango tinha, então, 43 anos; Kennedy, 44. Aos cinquenta, Samuel partilhava com aqueles homens a geração que atravessara a Segunda Guerra — e o que veio depois dela. Segundo contaria na série de reportagens que publicou a partir do dia 11 do mesmo mês, foi interpelado diretamente por Kennedy, que lhe perguntou, em tom brincalhão, se a *Última Hora* era comunista. Ao que respondeu: "Nossos jornais não são contra o povo norte-americano, mas jamais deixarão de atacar ou criticar os grupos reacionários que se opõem ao nosso progresso e emancipação".

Um dos assuntos debatidos pelos dois presidentes foi o caso das subsidiárias encampadas sem cerimônia por Leonel Brizola. Kennedy estava preocupado com a proposta do governo brasileiro de nacionalizar os serviços de telecomunicações no país, a partir da experiência do Rio Grande do Sul. Manifestando apenas boas intenções, Jango não contraiu nenhum compromisso: nem afirmou que compraria as concessionárias de serviços públicos nem tratou do critério do preço justo. O que estava realmente em jogo, no entanto, era o apoio do Brasil ao projeto de Kennedy para as Américas, a Aliança para o Progresso, cuja lógica era de fácil tradução: dinheiro em troca de fidelidade. No fim da jornada, que incluiu um discurso no Congresso e outro na ONU, João Goulart se recusou a assinar o acordo para a concessão de um financiamento de 131 milhões de dólares à Sudene, justamente porque os Estados Unidos queriam controlar a aplicação.

Para Samuel, ao contrário do que pisava e repisava a imprensa no Brasil, Jango não deixou os Estados Unidos rumo ao México de mãos abanando. Com os bolsos vazios, sim, mas com uma carta de "crédito político e econômico", emitida por organismos tanto oficiais como privados.

"O Bi é nosso!", dizia a manchete de estreia da *Última Hora* do Nordeste, em 18 de junho de 1962. "Foi um chute de Vavá, o pernambucano, que consolidou ontem a maior vitória esportiva do Brasil de todos os tempos." Enquanto a seleção jogava a final da Copa do Mundo no Estádio Nacional do Chile, Samuel viajou com o entourage ao Recife para inaugurar o sétimo jornal da família *Última Hora*. Seguiram com ele todos os diretores da casa: Paulo Silveira, *Última Hora* da Guanabara; Jorge de Miranda Jordão, *Última Hora* de São Paulo; Neu Reinert, *Última Hora* do Rio Grande do Sul; Hélio Adami, *Última Hora* de Minas Gerais; Marcos Wainer, *Última Hora* fluminense; Ari de Carvalho, *Última Hora* do Paraná. Assumiu a direção do jornal no Nordeste o jornalista Humberto Alencar. Naquele dia de vitória, a *Última Hora* carioca batia o recorde de vendas no país: 593 mil exemplares, com time chefiado por João Saldanha, o novo colunista da casa.

Ao aterrissar no banquete oferecido pela Associação Comercial de Pernambuco, Samuel sentiu a distância que separava o Rio de Janeiro daquele estado. Notou nos guardanapos duas letras garrafais: D & S. Durante boa parte do jantar tentou decifrar o código, até ser informado de que o D era de Danuza e o S de Samuel. A notícia da separação, martelada pela imprensa do Sul, não chegara lá. A penetração no Brasil longínquo devia-se a um conchavo político com o PTB, liderado por Miguel Arraes, candidato ao governo do estado nas eleições de outubro. O dinheiro saíra do bolso do empresário José Ermírio de Morais, candidato a senador pelo partido. Trocando por apoio político, este presenteara Wainer com dinheiro suficiente para se sustentar sem anúncios até o fim do ano.

"Mesmo sem arroz e sem feijão o Brasil é bicampeão": o grito nas ruas após a vitória brasileira no Chile indicava o humor da população. Com a incapacidade do gabinete do premiê Tancredo Neves de conter o processo inflacionário, o rasgo entre os dois polos, esquerda e direita, esgarçava-se, caminhando para a ruptura. Ao retornar do Recife, Samuel recebeu um telefonema de Jorge de Miranda Jordão. Uma caminhonete da *Última Hora* havia sido incendiada no Vale do Paraíba. O motivo: uma charge da estrela do jornal de São Paulo, Octávio, sem sobrenome, que desenhara a imagem de Nossa Senhora Aparecida com as feições do Pelé. Os padres de Aparecida do Norte não gostaram, e gritaram na rádio local: "Sacrilégio". Aproveitando o episódio para fustigar Jango, Ademar de Barros resolveu incentivar uma passeata de desagravo, que passaria na porta da redação do Anhangabaú.

"Desloquei-me imediatamente para São Paulo, acompanhado de um padre, Antônio Dutra, que trabalhava na *Última Hora* do Rio, numa tentativa desesperada de conter a onda que ia se avolumando", contaria Wainer. Antes de mais nada, fora preciso recorrer ao presidente. A meta era conseguir uma audiência com d. Carlos Carmelo de Vasconcelos Mota, cardeal arcebispo de São Paulo, conhecido pelas ideias avançadas. Só que, para chegar até ele, tinha-se que burlar o reacionário padre Baleeira, amigo de Ademar e assessor do cardeal. Com o pedido direto de João Goulart, o encontro aconteceu. "Levei Octávio a tiracolo, tendo o cuidado de proibi-lo de fumar diante do cardeal. [...] Apesar da minha condição de judeu, beijei humildemente o anel de d. Carlos Carmelo." Ao sair da audiência, levava uma carta de recomendação para o líder da entidade organizadora da passeata. "Senti uma profunda sensação de alívio, quase fiquei de joelhos. Ficou combinado que a procissão passaria pelo viaduto do Chá — longe, portanto, do prédio do jornal — e se encerraria com um comício na praça da Sé."

No dia marcado para o evento, Samuel acompanhou pelo rádio, trancado em casa, os uivos contra ele e contra o seu jornal. Salvara a *Última Hora* de São Paulo do empastelamento, mas não evitara o desgaste com a comunidade católica. A relação com a Igreja nunca havia sido tranquila. Já tivera até mesmo um presépio, aberto à visitação no Natal da *Última Hora* carioca, "desabençoado" por d. Jaime Câmara, após um editorial de Carlos Lacerda acusando o cardeal de benzer os comunistas. Para amenizar o estrago, ele decidiu trocar a diretoria do jornal de São Paulo. No voo de volta para o Rio, perguntou ao vizinho de assento: "Você quer ser o diretor?". Aos 31 anos, Jorge da Cunha Lima respondeu: "Se eu for tão louco quanto você, sou capaz de aceitar". Alguns dias depois saía o comunista Jorge de Miranda Jordão e entrava o rapaz bem-nascido, oriundo da elite paulista, próximo do governador Carvalho Pinto e, sobretudo, com raízes fincadas no seio da Juventude Universitária Católica.

De acordo com Cunha Lima:

O Samuel se dava com o establishment inteiro. Mas o Ademar odiava o Jango. E o Samuel era um instrumento deste tipo de governo que João Goulart representava, como fora antes Getúlio. Era fiel a estes governos. Por causa da ideologia e também porque tinha o apoio financeiro. As pessoas que dizem que Samuel se vendia não sabem o que dizem. Aquilo era um casamento de interesses: a sua gigante ambição de imigrante judeu com as crenças fortes ideológicas, com os governos que apoiava. Lacerda era um xiita. E o Samuel não era.

Possivelmente nenhum outro na redação da Sotero dos Reis se emocionou mais que Samuel. As conquistas nacionais sempre lhe arrancavam lágrimas. Na tarde de 3 de julho do triunfante 1962, ele recebeu o cortejo do filme *O pagador de promessas*, que voltava de Cannes com a Palma de Ouro: Anselmo Duarte, o diretor, e Osvaldo Massaini, o produtor. Para a rapaziada, na verdade, uma decepção. Nem Norma Bengell e nem Glória Menezes deram o ar da graça. A visita dos capitães da obra se dava em função do apoio da *Última Hora* às causas nacionalistas. Por conseguinte, o panfleto da turma do cinema. Reverenciada internacionalmente, a equipe do filme aportara discretamente no Rio, sem fanfarras públicas. Do governador Carlos Lacerda, obtivera uma rápida audiência no Palácio Guanabara. Àquela altura, aliás, pouca coisa — ou nada — juntava as torcidas. E aquele era, sobretudo, um filme esquerdista. Por sinal, o Cinema Novo ocupava lugar apoteótico na guerra surda, em que ninguém arredava o pé do lugar.

"Nós não queremos Eisenstein, Rosselini, Bergman, Fellini, Ford, ninguém", escreveria Glauber Rocha. "Nosso cinema é novo porque o homem brasileiro é novo e a problemática do Brasil é nova, e nossa luz é nova e por isso nossos filmes já nascem diferentes dos cinemas da Europa. Queremos filmes de combate na hora do combate."

De fato, a cultura estava mobilizada. Aos olhos do calejado Samuel, tudo devia parecer tão romântico que fazia sua geração corar. Se no seu tempo a luta era contra a concretude do Estado Novo e da Segunda Guerra, agora se erguiam slogans tão abstratos como "poder ao povo". Em vez de se contentarem com o que João Goulart era, um homem de ideias progressistas, que visava um capitalismo mais humano, exigia-se dele o topete de um Fidel Castro. O manifesto do Centro Popular de Cultura (CPC), assinado por estrelas da nova cena cultural, como Oduvaldo Viana Filho, Arnaldo Jabor, Ferreira Gullar, Leon Hirszman, Joaquim Pedro de Andrade, Carlos Vereza, Nara Leão, Carlos Lyra e Sérgio Ricardo, era um exemplo de que ninguém ia se contentar com pouco:

Para nós, tudo começa pela essência do povo e entendemos que esta essência só pode ser vivenciada pelo artista quando ele se defronta a fundo com o fato nu da posse do poder pela classe dirigente e a consequente privação de poder em que se encontra o povo. [...] Se não se parte daí não se é nem revolucionário, nem popular, porque revolucionar a sociedade é passar o poder ao povo.

Na mesma edição em que saudou *O pagador de promessas*, a *Última Hora* abriu a manchete para João Goulart, em quem se depositava a esperança da revolução. "Não aprovarei ministros reacionários e golpistas! Gabinete gorilizado, não!", declarou o presidente em entrevista exclusiva, lançando mão do termo da moda, "gorilas", como eram chamados os antiperonistas na Argentina. Havia uma semana que o país se encontrava desgovernado. Com a renúncia do premiê Tancredo Neves, Jango indicara para o cargo o ministro das Relações Exteriores, San Tiago Dantas, um desafeto de Samuel. Os dois não se bicavam.

Wainer comentaria:

Era um homem culto, pródigo em citações, e sabia como poucos lidar com leis e regulamentos. O franco acesso de San Tiago Dantas ao mundo dos consórcios internacionais poderia tê-lo transformado em fator de estabilidade do governo. [...] Em vez disso, San Tiago aliou-se a Luís Carlos Prestes [...] sem contudo distanciar-se dos capitalistas que garantiam seus invejáveis honorários. Irremediavelmente ambicioso, ele passou a vida procurando aliados que lhe permitissem chegar ao poder.

Ao mesmo tempo que apontara San Tiago Dantas para a sucessão de Tancredo, Jango militou nos bastidores para derrubá-lo. Por um lado, sabia que ele, caso conquistasse o cargo, trabalharia para manter o regime parlamentarista, contra as suas aspirações de retorno do presidencialismo. Por outro, o nome de San Tiago era por demais associado à esquerda e provavelmente seria rechaçado pelo Congresso. A fissura, com o veto a uma indicação presidencial, poderia funcionar no caminho da derrubada do regime, já que logo os brasileiros seriam chamados às urnas para confirmar — ou não — a emenda constitucional que lhe possibilitara ser empossado. De fato, San Tiago não passou no crivo dos congressistas. Diante do veto, Jango espertamente designou um conservador, calculando a reação dos trabalhadores: Auro de Moura Andrade. Aprovado pela maioria parlamentar, o senador do PSD levantou a massa, com uma greve geral convocada pelo CGT. A renúncia veio no dia seguinte à posse.

A cadeira vaga acabou preenchida a contento com a aprovação do nome de Francisco de Paula Brochado da Rocha, do PSD, ex-secretário do Interior e Justiça do Rio Grande do Sul, homem da confiança de Leonel Brizola. Mantendo

Walter Moreira Salles à frente da pasta da Fazenda e efetivando Hermes Lima no Ministério do Trabalho, o novo premiê assumiu com o compromisso de aprovar no Congresso a antecipação do plebiscito que decidiria a sorte do regime parlamentarista. Jango queria que a consulta popular, prevista para 1964, acontecesse já em outubro de 1962, quando haveria as eleições gerais, para Câmara Federal, Senado Federal, assembleias legislativas e governo de onze estados. A Guanabara encontrava-se entre os estados que só em 1965 elegeriam um novo governador.

Em editorial, Samuel comemorou: "Bravos, Jango! A nação [...] felicita o presidente da República por mais esta vitória. [...] Já provou que não é homem de renunciar. Agora prova que não é homem de renegar. Que as forças inconformadas das velhas cúpulas, que os eternos golpistas e colonialistas, não se iludam: há um homem na chefia a nação".

Ao ouvir o relato do repórter Amado Ribeiro, Samuel colocou os óculos na testa. O gesto natural indicava que ele estava interessado no assunto. Aquele não seria um furo qualquer, mas um tijolo para a sepultura moral de Carlos Lacerda.

O governador da Guanabara vinha fazendo um governo de duas frentes: obreiro e repressor. A imprensa aplaudia o furor modernizador, comparando-o ao do lendário Francisco Pereira Passos, prefeito do Rio de Janeiro que, no início do século, botara abaixo a então capital da República, inspirado pelo plano de remodelação de Paris, do barão Georges-Eugène Haussmann, ainda no século XIX. Duas grandes obras marcariam a gestão Lacerda: o túnel Rebouças, o maior túnel urbano do mundo, ligando a Zona Norte à Zona Sul, e o parque do Flamengo, entregue à amiga e colaboradora Maria Carlota de Macedo Soares, a Lota, filha do fundador do *Diario Carioca*, José Eduardo de Macedo Soares.

"Crime contra o Estado: Lacerda manda polícia jogar mendigos nas estradas!": em 29 de agosto, a *Última Hora* iniciou a série de reportagens denunciando a chamada Operação Limpeza. Na nova Guanabara, o aparelho repressor estava montado sob o comando de três homens. Na Secretaria de Segurança, o coronel Gustavo Borges, um dos oficiais da FAB que faziam a segurança de Lacerda por ocasião do atentado da Tonelero. O delegado Cecil de Macedo Borer, conhecido pela atuação nos porões de Filinto Müller, durante o Estado Novo, ocupou a direção do Departamento de Ordem Política e Social do Estado da Guanabara (Dops-GB). A chefia de polícia coube a Newton Marques da Cruz, ligado ao grupo de Borer. Com esse time, inaugurara-se uma lenda: a Invernada de Olaria, a nova delegacia, situada na rua Paranapanema, 769, cujos porões logo se tornaram conhecidos na cidade pela alcunha de "catacumbas".

Para realizar a reportagem, Amado Ribeiro viajou cerca de trezentos quilômetros, no encalço da polícia, seguindo, em dias consecutivos, duas diligências. O material fotográfico cobriu a primeira página: cidadãos andrajosos sendo despejados e vagando por estradas desertas. Segundo o repórter, a prática se arrastava desde a posse de Carlos Lacerda. A viatura do Serviço de Repressão à Mendicância recolhia moradores de rua e os deportava para a fronteira entre o estado do Rio e Minas Gerais.

> A sombria maneira do governador Lacerda de resolver o problema social da mendicância atingiu seu ponto culminante na entrada da cidade de Campos, onde foi abandonada [...] Joana Rangel, de oitenta anos. Caminhando em zigue-zague, por pouco, não era atropelada. [...] Fora presa no pátio do Ministério da Educação, há quatro dias.

Em edições seguidas, a *Última Hora* repercutiu e trouxe novos depoimentos e documentos comprovando a prática higienista do governo, que vinha também removendo favelas e depositando os moradores em casas populares construídas nos cafundós. Nasciam Cidade de Deus, Vila Kennedy, Senador Camará, Vila Aliança, Vigário Geral. Diferentemente do que Samuel esperava, porém, o furo da deportação de mendigos morreu na praia do Flamengo. Idealizado por Lota, o parque urbano, o maior do mundo, tinha projeto do arquiteto Affonso Eduardo Reidy e paisagismo de Burle Marx. Ia cobrir com 12 mil árvores de 190 espécies da flora brasileira o areão herdado na demolição do morro de Santo Antônio, que produzira o aterro à beira-mar, com vista para o Pão de Açúcar. Nada podia contra uma obra faraônica.

"Ninguém fez nada. Ninguém é de nada. Nunca se viu vagabundagem igual. Seja incompetência, inapetência ou inadvertência, o fato concreto é a inércia": Carlos Lacerda escreveu na *Tribuna da Imprensa*, recorrendo a Júlio Tavares, o pseudônimo que usara ainda nos tempos do Estado Novo. Ele já não era o dono do jornal. No ano anterior, 1961, depois de treze anos de existência, a "corneta do Lavradio" fora vendida para Nascimento Brito, o genro da condessa Pereira Carneiro. Agora tinha sido passada ao jornalista Hélio Fernandes, irmão de Millôr Fernandes. De mão em mão, Lacerda manteve o seu espaço, assinando agora com o seu célebre pseudônimo. Por acaso, se alguém desconhecesse o Júlio Tavares, bastava passar os olhos nos artigos para descobrir de quem se tratava. Quem mais? "Trabalhar, que é bom, neca. Só trabalha, no Brasil, quem está de fora. De dentro, nada. Intriga, muita. Boatos, a potes. Conspirata, a valer. [...] Os gatunos viram sociólogos."

Lacerda marcou a data do golpe de Jango: "Até 15 de setembro". Segundo o texto, aberta a sessão em Brasília, do dia 10, o Congresso encontraria a cama de gato, armada sobre um tripé: "Conspiração do presidente e do primeiro-ministro, para articular elementos militares de modo a [...] assustar os parlamentaristas. [...] Mobilização dos pelegos comunistas para promover [as] greves. Campanha de imprensa, rádio e televisão para convencer que o único meio de evitar a crise é fazer com que o Congresso ceda, votando o plebiscito".

De acordo com a radiografia, depois de o Congresso votar a favor do governo, viria o xeque-mate: "Se conseguissem [...] a data de 7 de outubro para a consulta ao povo, teriam desmoralizado o Congresso. Fechá-lo seria uma sopa. Era só mandar um sargento".

A teoria conspiratória, conforme a fabulação, usava o "subterfúgio da democracia":

O argumento [...] é o de que os representantes [...] não podem tomar decisões sem que o povo diga, diretamente, se quer ou não que elas tenham valor. Neste caso, é preciso fazer um plebiscito para saber se o povo quer ou não que o sr. João Goulart seja presidente. [...] Ora, os deputados foram tão eleitos quanto ele. O mandato [...] lhes permite fazer o que fizeram, isto é, emendar a Constituição. O que o mandato não permite é o presidente tornar-se usurpador.

No dia 14 de setembro, um dia antes do prazo delimitado para o putsch da esquerda, Lacerda derrubou, no grito, o gabinete de Brochado da Rocha, a "vivandeira da República". Brochado tentara junto ao Congresso autorização para a intervenção na Guanabara. Fracassado, deixou o cargo. Assumiu Hermes Lima, com um ministério de notáveis. A pasta da Educação ficou com o mineiro Darcy Ribeiro, que tinha no currículo a criação da Universidade de Brasília (UNB). A do Trabalho, com outro mineiro, João Pinheiro Neto, que ocupara cargo no gabinete de JK e regressava de Paris, onde fora estudar administração; era filho do velho João Pinheiro. A Fazenda coube a Miguel Calmon, dono do Banco Econômico da Bahia.

Duas semanas depois de ser apeado do posto, Brochado da Rocha morreu subitamente no Rio Grande do Sul. "O pobre do homem não tinha estrutura para esse tipo de coisa, de forma que não resistiu e acabou [...] profundamente abalado", admitiria Lacerda, no livro *Depoimento*, sobre a acusação, na época, de ter levado mais um à sepultura.

Aprovada a antecipação do plebiscito para 6 de janeiro de 1963 — o que ocorrera depois de o CGT parar o país exigindo a consulta popular —, Samuel subiu a rua Icatu, no Humaitá. Para aquele endereço rumavam todos os que precisavam de dinheiro. Numa das últimas casas da ladeira, residia o banqueiro José Luís de Magalhães Lins, sobrinho do governador de Minas Gerais, José de Magalhães Pinto, e presidente do banco da família, o Nacional. Casado com Nininha Nabuco, neta de Joaquim Nabuco, o jovem banqueiro gostava de se rodear de intelectuais duros, fazendo do mecenato uma profissão de fé. Ao mesmo tempo, financiava o Cinema Novo, acudia escritores, investia em arte moderna e socorria jornais. Segundo Otto Lara Resende, o "amigo certo de promissórias incertas". Para Nelson Rodrigues, "Zé Luís está num lugar que dá ao sujeito uma visão de *Guerra e paz*, de Balzac e Proust".

Samuel já era conhecido da casa. Visitava Magalhães Lins quase semanalmente, o que este retribuía sempre que havia um convescote na Marechal Mascarenhas de Moraes. "Ele tinha um mordomo, o Caruso. Fiquei amigo do Caruso, um grande personagem", lembraria o milionário. Os dois, Wainer e Magalhães Lins, se conheceram através de Magalhães Pinto. "Um dia o meu tio me chamou e disse: quero que você conheça o Samuel Wainer. Contou-me que havia sido o primeiro jornalista a entrevistá-lo após o *Manifesto dos mineiros*. Guardara uma gratidão por conta disso, a publicação da entrevista em *Diretrizes*, em pleno Estado Novo." A amizade se dera à primeira vista. "Fomos jantar na casa dele, ainda morava com Danuza, no Cosme Velho, e a noite durou até o dia amanhecer. A partir daí, ficamos próximos. Samuel e Etcheverry, de quem também fiquei amigo, adoravam me provocar. Mandavam-me livros marxistas, com bilhetes: 'Segue esta obra para a nossa reunião'."

Na noite quente de fins de setembro, pouco antes das eleições, Samuel bateu à porta de Magalhães Lins com um objetivo: cooptá-lo para a campanha do "não" ao regime parlamentarista. "Ele era muito charmoso e elegante. Não era um sectário na política, não era da esquerda radical. Enxergava o mundo sabiamente, não tinha sectarismo e nem ódio de ninguém. Nunca, jamais, falou comigo do Carlos Lacerda." Em 6 de janeiro, os brasileiros iriam às urnas e João Goulart tinha três meses para convencer o povo a segui-lo. "Eu falei para o Jango que a única pessoa que pode coordenar esta campanha é você, que é ligado aos donos de jornais, aos jornalistas de política e tem acesso aos possíveis doadores", disse Samuel.

"Não posso aceitar sem falar com o meu tio."

"Deixa que falo com o Magalhães. Se ele der o sinal verde, você faz?"

"Faço."

Pouco tempo depois, Samuel voltou à rua Icatu com a resposta positiva de Magalhães Pinto. Não fora tarefa complicada. Na reunião de governadores, que acontecera em Araxá, o mineiro já havia se posicionado a favor da consulta popular, seguido pela maioria dos mandatários de estado. Lacerda declarara-se contra, embora também tivesse interesse na volta do presidencialismo. Era candidato em 1965. O plebiscito já estava sendo defendido até pela imprensa conservadora e ganhara a adesão da maioria do Exército, ante o fracasso do parlamentarismo. Com o aval do poderoso tio, Wainer convidou Magalhães Lins para uma viagem a Brasília. "O Jango me disse que não tinha dúvidas, que o presidencialismo ganhava, mas tinha medo que, como era uma eleição solteira e o voto não era compulsório, ninguém aparecesse para votar. Se o povo não aparecesse, estaria desmoralizado."

Daí em diante, todo sábado, a dupla improvável, o jornalista de esquerda e o banqueiro de direita, batia ponto no novo apartamento de Jango, que se mudara da Rainha Elizabeth para o Edifício Chopin, na avenida Atlântica. "Diga NÃO, vote certo", diziam os cartazes espalhados pelo país, além dos jingles que martelavam nas rádios. Cinco agências de publicidade assumiram a tarefa de convencer os brasileiros a saírem de casa. Num dos encontros no Chopin, o presidente deu uma sugestão: por que não pichavam todos os muros do Brasil, sem deixar de fora nenhum rincão, usando a turma do Sindicato dos Correios? Não seria difícil conseguir a preciosa adesão, já que Luís Carlos Prestes, a quem obedecia a direção do sindicato, estava em campanha pela causa do presidencialismo. Segundo Magalhães Lins: "Compramos 10 mil baldes, 10 mil brochas e 10 mil latas de cal. Passados quinze dias, o Brasil estava todo pintado. Eram diversas frases feitas, o país era inteiro NÃO".

Antes que terminasse 1962, em dezembro, Samuel apagou mais um incêndio, a pedido do Planalto: a ruptura entre o presidente e o ministro do Trabalho, João Pinheiro Neto, então colunista da *Última Hora*. Aos 34 anos, o jovem mineiro jogara a farofa no ventilador. Em pronunciamento na TV, num arroubo nacionalista, no momento em que o país mais precisava dos Estados Unidos e João Goulart tentava renegociar dívidas, acusou o embaixador norte-americano no Brasil, Lincoln Gordon, o embaixador brasileiro nos Estados Unidos, Roberto Campos, e o diretor da Superintendência da Moeda e do Crédito, Otávio Gouveia de Bulhões, de submeterem o Brasil aos desmandos do FMI, estrangulando os trabalhadores. Em suma: um chamado às ruas. Em seguida, recusara-se a deixar o cargo, obrigando Jango a se expor diante do movimento sindical, demitindo-o. Com a autoridade de amigo, conforme relataria João Pinheiro, Samuel convocou-o à sua casa. Na conversa conciliatória que tiveram, ele lhe disse:

> Você é mineiro de pele fina, se arranha à toa, não é como eu, fruto de uma raça que já tem mais de 4 mil anos de sofrimento. Tenho casca grossa. [...] Meu caro, me permita que eu lhe dê um conselho: em política, pouco importa estar certo, inclusive essa certeza é muito relativa, tanto quanto estar errado.
>
> Nós perdemos, inclusive o Jango, que sabe muito bem que a receita do FMI não nos serve. Mas, no momento [...] Jango nada pode fazer. Feche os ouvidos a fofocas, não dê entrevistas. [...] Agora são oito da noite. Às dez, o Jango estará no Laranjeiras. Ele quer falar com você. Vá, converse com ele. Em seguida, pegue sua mulher e desapareça por uns dias. Volte e recomece a coluna na *UH*. Muita gente quer lhe intrigar com o Jango. Não faça o jogo dessa turminha.

Pelo menos o ano terminou bem. Atendendo ao pedido de Samuel, João Pinheiro e Jango se reconciliaram. Este logo iria presidir a Superintendência da Reforma Agrária (Supra). No frigir do ano de 1962 e raiar de 1963, somaram-se duas importantes vitórias. Nas eleições de outubro de 1962, em Pernambuco, venceu Miguel Arraes, com 264 499 votos, contra 251 146, de João Cleofas. Na Guanabara, entre os deputados mais votados estavam Adalgisa Nery (estadual) e Bocaiuva Cunha (federal), ambos ainda na direção da *Última Hora*. Leonel Brizola (federal) recebeu o maior número de sufrágios. A grande vitória se deu, porém, no dia 6 de janeiro de 1963: o povo disse não. Do total de eleitores, cerca de 18,5 milhões, 11,5 milhões foram às urnas. Destes, 9,5 milhões, cinco em cada seis, votaram contra o regime parlamentarista. Trocando em miúdos para a oposição, João Goulart estava eleito de novo, confirmado no cargo de presidente da República.

Conforme a *Última Hora*: "NÃO à irresponsabilidade. NÃO à deterioração do princípio da autoridade. NÃO à aventura, à insensatez e ao oportunismo. NÃO ao lacerdismo sequioso de empolgar o poder para sufocar os direitos do povo. NÃO aos especuladores que enriquecem às custas da miséria alheia. NÃO aos inimigos do Brasil".

Samuel recebeu um telegrama de Henry Kissinger, o influente professor de Harvard, conselheiro de relações exteriores de todos os presidentes americanos desde Dwight D. Eisenhower — e que, no futuro, exerceria o cargo de secretário de Estado de Richard Nixon. Kissinger queria lhe agradecer pelo "tempo dedicado e as muitas cortesias", além das boas gargalhadas, ao ouvir a explicação que o ajudara a entender o Brasil. Em visita ao país, ele havia encontrado Samuel e Carlos Lacerda, obviamente em situações distintas. Ao serem questionados sobre o lugar que ocupavam no espectro ideológico, deram resposta idêntica: centro. Intrigado, Kissinger fora perguntar a Wainer como homens tão opostos podiam respirar o mesmo ar. Segundo a explicação, os dois estavam no centro, só que um de costas para o outro. "O Brasil era um país terrivelmente polarizado, mas tanto gente de direita quanto de esquerda continuava a apresentar-se como ocupantes do centro, uma peculiaridade tropical que costuma confundir mesmo argutos analistas estrangeiros", comentaria Samuel.

Em 24 de janeiro, dezoito dias após a votação que devolveu à nação o regime presidencialista, João Goulart empossou os novos ministros. Os nomes escolhidos representavam a tentativa do presidente de encontrar o denominador comum. No Ministério da Fazenda, San Tiago Dantas. No do Trabalho, Almino Afonso. No da Educação, Teotônio Monteiro de Barros. O socialista Hermes Lima ocupou o Ministério das Relações Exteriores. João Mangabeira, o da Justiça. Celso Furtado assumiu a pasta extraordinária para Assuntos do Desenvolvimento Econômico. O engenheiro Eliezer Batista ficou com o Ministério das Minas e Energia. E o empresário José Ermírio de Morais, com o da Agricultura. O professor Darcy Ribeiro logo assumiria a Casa Civil. A João Pinheiro Neto fora dada a missão de comandar a Superintendência de Política Agrária (Supra), encarregada da reforma agrária e do apoio à criação de sindicatos rurais.

Além da tarefa de apaziguar o país, Jango tinha pela frente a de domar a economia, que, naquele começo de 1963, estava fora de controle. O Brasil encerrara 1962 com déficit na balança de pagamentos de 360 milhões de dólares, quando, no ano anterior, tinha sido de 14 milhões. Em 1962 foram emitidos quase 509 bilhões de cruzeiros, enquanto, em 1961, 314 bilhões. O aumento do PIB caíra de 8,6% para 6,6%. A inflação fechara o ano em 51,6%. O coelho na cartola para tirar o país do atoleiro chamava-se Plano Trienal de Desenvolvimento Econômico e Social, formulado por Celso Furtado e San Tiago Dantas. Fundamentalmente, um plano de estabilização econômica. Os brasileiros podiam esperar arrocho, com medidas recessivas, limitação de aumento de salários, restrição do crédito, controle dos preços e corte de despesas. Controlada a inflação, no entanto, prometia o presidente, viriam as reformas de base.

Até o jornal *O Globo* elogiou: "Ao novo ministério, porém — considerado em seu conjunto —, não se poderá emprestar colorido extremista. Em que pese às atuações anteriores de alguns de seus membros e a confessada vinculação esquerdista do titular do Trabalho, é um ministério centrista".

Alguns dias antes da posse, Samuel viajara para Brasília, na companhia de Magalhães Lins, para um almoço no Alvorada, onde Jango se instalara com a família. Deparou com Maria Thereza amargurada: aquele palácio disforme nem com todo o seu esforço poderia ser transformado em lar. Mil vezes preferia ter ficado na Granja do Torto. Na piscina estavam, além do presidente, Evandro Lins e Silva, ocupante da Casa Civil, e Darcy Ribeiro, então responsável pela elaboração do Plano Nacional de Educação, outro carro-chefe do governo. No encontro, que atravessaria a noite, surgiu pela primeira vez o nome de um lobista cearense que se tornaria o homem de confiança de Roberto Marinho: Jorge Serpa. Wainer ainda não o conhecia pessoalmente — nem sabia o quanto compartilhariam nos tumultuosos meses por vir.

"Jango havia tirado o dia de folga para nos receber. Caminhando em direção à piscina, ele me perguntou: qual a sua impressão do Jorge Serpa?", contaria Magalhães Lins. "Estão me trazendo recados que ele quer falar comigo. Eu disse: o senhor deve recebê-lo."

De volta ao Rio, Samuel encontrou a redação da Sotero dos Reis eufórica. Paulo Francis já cunhara o novo apelido com o qual pretendia marcar a biografia de Carlos Lacerda, a quem só chamava em sua coluna de O Carlos ou Herr Carlos: Mata-Mendigos. A bala, mais uma vez, vinha de Amado Ribeiro. A Samuel pareceu coisa grande, capaz de implodir o governo da Guanabara. Deu ordens ao repórter para investir no caso, iria repercutir a notícia à exaustão. "A ofensiva desencadeada pela *Última Hora* [...] alcançou tamanha repercussão que a Organização das Nações Unidas cogitou enviar ao Rio de Janeiro uma comissão encarregada de examinar tão grave ofensa aos direitos humanos", recordaria ele.

Num golpe de sorte — e boas fontes —, Amado Ribeiro entrevistara Olindina Alves Jupiassa, sobrevivente de uma desova de mendigos, feita pela polícia carioca, no rio da Guarda, em Itaguaí, Zona Oeste do Rio de Janeiro. A mulher contara ter sido atirada, junto com dois companheiros, da ponte de dez metros de altura. Em vez de tentar nadar, boiara, deixando o corpo deslizar na correnteza. Quando o dia amanheceu, fora resgatada por um pescador que a conduziu à 36ª Delegacia. Os policiais do Serviço de Repressão à Mendicância a tinham recolhido no centro do Rio. Na viatura, já estavam os dois homens posteriormente atirados no rio junto com ela. Segundo o editorial da *Última Hora*, "O mandante" tinha nome. "Enquanto não possui câmaras de gás, manda matar por afogamento. Enquanto não tem o seu Auschwitz tropical, cultiva a Invernada de Olaria. Não tendo Himmler e Eichmann, caça com Gustavo Borges e [Cecil] Borer. [...] Todo o país sabe, efetivamente, que [Carlos] Lacerda é o mandante. [...] Em vão se esconde e se omite o sanguinário Tartufo de Brocoió."

Nas edições seguintes, Amado Ribeiro povoou as páginas da *Última Hora* do Rio com mais de vinte cadáveres, achados nos rios da Guarda e Guandu no ano anterior. Ao mesmo tempo, conseguiu o depoimento de um sinaleiro da Estrada de Ferro Central do Brasil (EFCB), Moisés Silva, que, ao levantar a cancela sobre a linha do trem para deixar passar a caminhonete oficial, havia anotado a placa da viatura que levara os mendigos. Dentro dela, o motorista Mário Teixeira, da Assistência Policial, e os guardas-civis José Mota, subchefe do Serviço de Repressão à Mendicância, e Pedro Saturnino dos Santos, conhecido como Tranca-Rua, lotado na Inspetoria da Guarda. Nas sucessivas reportagens, o jornal também trouxe o depoimento de Manuel Viana, o oleiro que encontrara Olindina.

Confesso que não tive coragem de abrir a porta [ouvindo a gritaria] e nem mesmo de acender a luz. Não sabia o que me esperava lá fora. Era de madrugada [...] de manhãzinha, um padeiro meu amigo veio me dizer que o rio tinha cadáveres. Saí e encontrei o corpo despido de um homem branco, preso à pilastra da ponte. Do outro lado do rio, estava uma mulher magrinha, assentada no chão, tremendo de frio. [...]

Como sei nadar bem, [...] saltei dentro do rio e puxei o homem branco nu para a beirada. [...] Ainda na água um policial gritou para mim: "Olha uma mulher preta boiando" [...] peguei a mulherzinha pelos cabelos e puxei-a. Vi que os dois cadáveres estavam muito machucados. [...] O que me impressionou mais foi a dona que escapou, urrava feito bicho, querendo me morder. Lutei muito com ela até poder colocá-la em um ônibus que a levou para a delegacia de Itaguaí.

Dessa vez, a investida repercutiu, ao contrário do que acontecera meses antes, quando a *Última Hora* denunciou a deportação de moradores de rua pelo mesmo Serviço de Repressão à Mendicância.

O Globo bateu e assoprou: "É lógico, evidente, elementar, que as autoridades superiores do estado não podem ser responsabilizadas pelas ocorrências, mas lograrão essas autoridades dormir em paz uma só noite, sabendo que no corpo policial que lhes é subordinado se trafica, se violenta, se cometem desatinos, até se mata, à sombra do Poder Público e em seu nome?". Para o jornal de Roberto Marinho: "Só por exploração política se poderia jogar contra o governo da Guanabara a culpa desses crimes, mas é imprescindível que o governo proceda com tal energia que faça calar seus detratores".

No *Diario de Noticias*, Joel Silveira tirou uma casquinha: "Inspirados por quem assim procederam? Que autoridade, concreta ou abstrata, lhes permitiu, ou lhes inspirou, a solução tão cruel? Por que se sentiram os algozes suficientemente amparados na prática dos seus frios assassinatos?".

Enquanto isso, o *Diario Carioca* deu nome aos bois: "O massacre de dezenas de pessoas indefesas [...] desponta como um capítulo negro do governo Carlos Lacerda. [...] Não é o mandante desse ensaio de genocídio. Mas é seguramente o grande responsável — porque despreza as denúncias e até as provas, [...] como Hitler prestigiava as violências das tropas ss. Por que s. exa., habitualmente tão loquaz, silencia agora?".

Passados poucos dias, Amado Ribeiro deu outro furo. Conseguiu documentos internos do Serviço de Repressão à Mendicância que comprovavam o conhecimento, por parte das autoridades superiores, das operações sinistras. Em papel timbrado, estavam anotados nomes de mendigos recolhidos e o quilômetro onde tinham sido despejados, além de registros dos pedidos de gasolina para as viagens. Verificou-se ainda que o retorno do guarda-civil José Mota ao Serviço de Repressão à Mendicância, em dezembro de 1961, devera-se a pedido pessoal de Cecil Borer, então delegado da Delegacia de Vigilância. As denúncias levaram a Assembleia Legislativa a instaurar uma CPI para apurar responsabilidades. "Enfim, o sr. Carlos Lacerda falou. Mas não falou como lhe cumpria. Não disse nada sobre o sistema de torturas que tem permitido contra presos indefesos e, muito menos, sobre a instauração da pena de morte como prática comum e legal no estado da Guanabara", avaliou o *Jornal do Brasil*, sobre o pronunciamento de Carlos Lacerda, seis dias depois de a *Última Hora* entrevistar a sobrevivente da desova no rio da Guarda.

Quando San Tiago Dantas rumou para Washington com o Plano Trienal de Desenvolvimento debaixo do braço e a missão de passar o chapéu, Carlos Lacerda saiu das páginas policiais para o noticiário político, chamado de "anticomunista fogoso" e "melhor amigo dos Estados Unidos" pela prestigiosa revista norte-americana *Newsweek*. Em 23 de março, proibiu a realização do Congresso Continental de Solidariedade a Cuba, organizado por intelectuais na sede da ABI, obrigando a transferência do evento para o Sindicato dos Operários Navais, em Niterói. Para justificar o veto, valeu-se da caduca Lei de Segurança Nacional. Embora João Goulart não tenha interferido na decisão do governador da Guanabara — até por conveniência, já que o seu ministro da Fazenda se encontrava nos Estados Unidos —, o tiro era para ele.

Aberta a celeuma, na noite de 1º de abril Carlos Lacerda discursou, no jardim do Palácio Guanabara, para a plateia de mal-amadas, como diriam Antônio Maria e Paulo Francis. Para o governador, João Goulart, ao afirmar que não estava nem com a direita e nem com a esquerda, tratava os brasileiros como imbecis. Por seu turno, a *Última Hora* lhe pediu o obséquio de calar a boca.

O que o povo brasileiro deseja é que deixem o país em paz — pois sabe que somente com o respeito pelo primado da ordem interna, poderá prosseguir na ingente luta que vem sustentando com o fim de encontrar soluções, justas e imediatas, que possam tornar menos penosas as condições em que ainda vive a maioria esmagadora das massas trabalhadoras. [...] Contra essa aspiração de paz e ordem ergue-se, entretanto, uma conspiração permanente daqueles que sabem que, num clima assim de liberdade e democracia, o acesso ao poder lhes está fechado.

Em meio à crise — que levou o ministro das Relações Exteriores, Hermes Lima, a partir em defesa de João Goulart —, em pronunciamento na TV, o ministro da Justiça, João Mangabeira, com o aval do agora ministro da Guerra, Amauri Kruel, ventilou pela primeira vez a possibilidade de intervenção na Guanabara. Ao que *O Globo* reagiu: "Não há [...] motivo algum para a intervenção federal em nosso estado e o ministro da Justiça sabe disto melhor do que ninguém. Existe, isto sim, uma tentativa de enfraquecer e intimidar o governo da Guanabara, cuja liberdade passaria a depender da boa vontade e da generosidade do sr. João Goulart".

O que incomodou o jornal de Roberto Marinho foi o linguajar:

Longe de nós apoiar estes excessos verbais do governador da Guanabara, desprimorosos para com o chefe da nação. Muito ao contrário: lamentamos que um homem como o sr. Carlos Lacerda, tão dotado de qualidades como político democrata e administrador eficiente, que está realizando no Rio de Janeiro uma obra realmente admirável, capaz de colocá-lo no plano dos Pereira Passos, Frontin [...] se exalte e se diminua, empregando linguagem desprimorosa.

Na redação da Sotero dos Reis, Samuel recebeu um telefonema de Jorge Serpa. Com o aval de Magalhães Lins, Serpa já transitava com desenvoltura nos porões do governo. Conforme o recado, João Goulart o aguardava no apartamento da avenida Atlântica. "Imediatamente." Quando Wainer chegou ao Edifício Chopin, o presidente lhe parecia alquebrado, arreliado — para não dizer: lambendo o chão. Jango foi direto ao assunto. O PTB precisava de alguém de confiança para fazer a ponte do partido com as empreiteiras e o Ministério da Viação e Obras Públicas. Na prática, sem rodeios, escolhera-o para homem da mala, aquele que ia carrear a propina, de um lado para o outro. Provavelmente não ocorreu a Samuel perguntar por que fora o destacado para a missão. A Goulart, parecia mais fácil tratar desse tipo de assunto com ele, que nunca parecia se melindrar com questões de dinheiro. No momento, urgia encher o caixa do PTB. Por certo, o golpe viria, só não se sabia quem o daria primeiro.

Nas contas do Departamento de Estado dos Estados Unidos, Samuel era o sétimo homem na lista dos dezessete conselheiros de João Goulart. Num dos muitos relatórios que enviava a Washington, o diplomata John Keppel, encarregado de *"political affairs"* da embaixada norte-americana no Rio, fizera a lista: Evandro Lins e Silva, Raul Ryff, Darcy Ribeiro, Albino Silva, Waldir Pires, Argemiro Assis Brasil e Samuel Wainer, seguido de Abelardo Jurema, Tancredo Neves, Walter Moreira Salles, Oliveira Brito, Miguel Arraes, Leonel Brizola, Bocaiuva Cunha, Nei Galvão e Jorge Serpa Filho. Para um gringo recém-chegado, servindo no país havia pouco mais de um ano, Keppel soava manhoso, entendedor do complicado xadrez. Por exemplo: no relatório advertira os superiores de que deviam desconsiderar Brizola como fiel ao presidente brasileiro, em virtude do "vai e vem" da relação.

Sobre Jango:

É um homem que toma as suas próprias decisões, apesar do fato de ser frequentemente criticado por admiradores e oponentes como sendo uma pessoa indecisa. É astuto o suficiente para evitar se associar com uma iniciativa ou decisão até que haja um definitivo sinal de sucesso. Existe uma teoria de que o último homem que fala com João Goulart é o indivíduo que exerce a maior influência sobre ele. O que de fato acontece, nos parece, é que quando os conselheiros de Goulart vêm até ele com uma nova ideia ou a solução para um problema, ouve atentamente e lhes diz "pé na tábua". [...] Uma consideração que devia ser levada em conta é que Goulart está muito consciente do fato de que ele é o presidente.

Naquela noite no Chopin, Samuel ouviu de Jango os meandros do esquema: as concorrências públicas tinham as cartas marcadas. Valiam os entendimentos prévios entre o governo e os empreiteiros. Feito o acerto, os próprios empreiteiros forjavam a proposta que deveria ser apresentada pelo escolhido. Sempre uma boa proposta. Os demais apresentavam sugestões cujas cifras estavam acima do desejável — e tudo chegava a bom termo. Naturalmente as empresas premiadas retribuíam a boa vontade com generosas doações clandestinas. A tarefa de Samuel consistia em recolher junto ao empreiteiro a contribuição e repassá-la ao PTB. Ele recordaria:

Não se aceitavam cheques, o pagamento vinha em dinheiro vivo. [...] Eu poderia ter ficado multimilionário. [...] Recolhia montes de cédulas que acomodava em malas. E eram malas no sentido estrito, algumas do tamanho de um baú. Intocadas, aquelas fortunas seguiam para o sítio de João Goulart. Se eu não tivesse escrúpulo nenhum, bastaria ter subtraído parte de cada coleta. Nunca agi assim. [...] O que me salvou, e me permite agora escrever estas memórias sem constrangimentos, foi ter sempre compreendido que, se eu enriquecesse, acabaria transformado no judeu que se corrompeu para ganhar dinheiro — nessa hipótese, eu não teria salvação.

Nunca se soube até que ponto a memória de Samuel alargou o ocorrido. Na autobiografia, confessaria ter recebido como remuneração pelos serviços prestados ao PTB vultosas quantias, que aplicava, sem tirar um tostão, nos seus jornais. A póstuma denúncia da existência do esquema de propinas por trás do governo Goulart causaria incredulidade. Para Moacir Werneck de Castro, na época na direção da *Última Hora*, Jango não lhe parecia homem de se beneficiar com grana viva de empreiteiros. "Todas as devassas da 'revolução' nada apuraram contra ele", pontuaria. Quanto a Wainer, descontados os impulsos de ostentação, a que se entregava com "prazer infantil", não tinha dinheiro — e tudo que conseguia punha na *Última Hora*: "Tanto assim que morreu pobre". De acordo com Moacir, só havia um companheiro que poderia ter desatado o nó: João Etcheverry. "Um jornalista íntegro, amigo fiel e conselheiro que sabia ser duro na crítica quando necessário. Com Etcheverry desapareceu talvez a última possibilidade de esclarecer [o episódio]."

Terceiro na lista de conselheiros de João Goulart, Darcy Ribeiro também jamais ouviu falar de tal esquema. "Samuel Wainer confessa em suas memórias que era o apanhador de dinheiro, muitos milhões, das empreiteiras para o presidente. Nunca soube disso. Tenho o maior escrúpulo em assuntos de dinheiro. [...] Nunca me envolvi nessas transações."

Para Samuel, porém, era um affair corriqueiro. "Não é possível escrever a história da imprensa brasileira sem dedicar um vasto capítulo aos empreiteiros. Não se trata [...] de exclusividade nacional — desde os tempos do Império Romano os responsáveis pela execução de obras públicas mantêm relações especiais com os donos do poder."

No primeiro dia de julho, às cinco da tarde, Samuel se reuniu com John Keppel em seu escritório, no quarto andar do prédio da Sotero dos Reis. Raramente usava o espaço, só quando a situação pedia. Conforme o relatório que enviaria ao Departamento de Estado, o diplomata estava curioso. De John Blashill, repórter do *Time*, havia escutado uma previsão displicente atribuída ao dono da *Última Hora*, dando conta da certeira — e iminente — interrupção do processo democrático no país. Por que ele, tão próximo de Jango, fizera tal aparte? Keppel havia notado o sumiço dos tipos itálicos empregados por "Sam Wainer" em seus editoriais, que costumavam refletir de forma direta o pensamento de João Goulart. Sendo assim, ainda de acordo com o memorando, teria tomado a iniciativa de marcar o encontro.

> Como Woodruff Wallner [encarregado de negócios da embaixada americana nos anos 1950] já comentou [em seus relatórios]: uma coisa que desafia a todos é avaliar a sinceridade de Samuel Wainer. Ao mesmo tempo, talvez seja significativo o fato de que o tom de seus comentários privados tem sido quase sempre pessimista, pois Wainer provavelmente reflete os do presidente, cujo destino está intrinsecamente conectado ao dele.

Samuel pareceu-lhe feliz com o contato. Sem rodeios, explicou o que Keppel queria saber. Fora próximo de três presidentes: Getúlio Vargas, Juscelino Kubitschek e, agora, João Goulart. Nas páginas da *Última Hora*, seu apoio ao governo era irrestrito, até pela instabilidade do país. Mas, pessoalmente, temia pelo futuro. Não considerava Jango capaz da infinita tarefa de levar o Brasil às eleições de 1965. No entanto, conhecia-o muito bem e sabia-o incapaz de capitanear uma revolução. Muito menos uma revolução nos moldes cubanos. Não havia maior besteira do que atribuir a Goulart ideais comunistas. No máximo, ele podia ser identificado com o trabalhismo praticado nos domínios da rainha Elizabeth. Considerava o presidente, apesar da sua imensa popularidade entre os trabalhadores, uma figura de transição. Aí morava a questão, segundo registrou o diplomata. "No Brasil há apenas dois líderes que o povo segue: Brizola e Goulart. [Para Wainer], Brizola tem consideráveis habilidades como agitador e demagogo. Poderia começar algo novo, mas suas ideias não estavam maduras e em certa altura desmoronaram."

Pouco menos de um mês depois, Keppel voltou a mencionar Samuel nos seus relatórios:

Pode Goulart sobreviver mais dois anos e meio? Tenho sérias dúvidas. Em conversas privadas e sigilosas nos últimos meses, com Samuel Wainer e Juraci Magalhães, Juraci tem esperanças sobre as possibilidades de um impeachment formal. Wainer, embora não tenha sido claro, parece acreditar agora que Goulart pode fechar o Congresso. Ele não foi explícito.

Dia 12 de setembro de 1963: João Goulart caiu do trapézio. Estava no interior do Rio Grande do Sul, inaugurando obras, quando soube que Brasília havia sido tomada de assalto por uma insurreição armada, liderada por suboficiais e sargentos. O Plano Trienal tornara-se peça de ficção. De 51,6%, em 1962, a inflação fecharia o ano em 70,9%. O FMI fizera uma visita inquisitorial, e, na sua avaliação, o país não fora absolvido dos pecados, apesar das boas intenções. Com a rebelião no seio das Forças Armadas, o voto de confiança de setores da sociedade e da imprensa, com o qual Jango vinha contando, esfarelou-se. Até então, excetuando a *Tribuna da Imprensa* e *O Estado de S. Paulo*, que lhe faziam oposição sem descanso, os jornais alternavam posições, apoiando a política econômica do governo contanto que o presidente se mantivesse longe da "esquerda negativa", como San Tiago Dantas chamava "os radicais", em contraponto à "esquerda positiva", aquela que trabalhava pela conciliação de forças.

O editorial do *Correio da Manhã* lamentou:

Brasília fez ontem sua estreia em nossa história revolucionária. Seu magnífico décor, contudo, não atenuou a dramaticidade dos fatos. Soldados, tanques e canhões vieram para as suas esplêndidas avenidas. O saldo material foi trágico. Desde a intentona integralista, em 1938, em nossos movimentos revolucionários não morre ninguém. Desta vez, porém, houve dois mortos.

O STF acendera o pavio, ao julgar o processo referente ao pedido de direitos políticos dos sargentos. A Constituição de 1946 permitia dúbia leitura. Na brecha de interpretação, muitos oficiais haviam concorrido e sido eleitos no pleito de 1962. Já estavam devidamente empossados quando o Supremo caçara os mandatos. Diante do leite derramado, Prestes de Paula, sargento do Exército, presidente do Clube de Suboficiais, Subtenentes e Sargentos das Forças Armadas, convocara uma assembleia. A politização no meio militar era consequência da contaminante luta de classes. Assim como os trabalhadores civis, as classes subalternas nos quartéis tinham entrado em batalha por direitos democráticos que lhes eram vedados: acesso à universidade, o direito de votar e ser votado, plano de carreira, financiamento da casa própria, possibilidade de ingresso na Academia Militar das Agulhas Negras.

Às quatro da madrugada do dia 12, 640 homens saíram às ruas para tomar a capital: Base Aérea, Grupamento de Fuzileiros Navais, Serviço de Radiopatrulha do Departamento Federal de Segurança Pública, localizado no Ministério da Justiça, Ministério da Marinha e a Central Telefônica da cidade. Também foram invadidos os prédios do STF e do Congresso Nacional. Autoridades detidas pelo movimento acabaram trancafiadas no cassino dos oficiais da Base Aérea de Brasília.

Cada vez mais sozinho, João Goulart tinha visto sua principal bandeira, a reforma agrária, enterrada nas entranhas do Congresso, onde ninguém — literalmente — se entendia. O PTB se subdividira em "grupo compacto" — formado por lideranças como Bocaiuva Cunha, Rubens Paiva, Sérgio Magalhães e Almino Afonso — e Força Parlamentar Nacionalista (FPN), liderada por Brizola, reunindo também siglas menores de esquerda. Para complicar a situação do presidente, os petebistas estavam distantes do PSD, que aos poucos se aproximava da UDN, assustado com a radicalização. Nesse vespeiro, encalhou a proposta do governo de emenda constitucional alterando o parágrafo 16 do artigo 141 da Constituição, que exigia pagamento prévio em dinheiro para a desapropriação de terras.

Ao anunciar mais uma dança das cadeiras nos ministérios, Goulart insistira na aliança, repartindo cargos entre PSD e PTB. Da Fazenda, saíra San Tiago Dantas e entrara o prestigioso Carvalho Pinto. Entre os chefes militares, a substituição de Amauri Kruel, no Ministério da Guerra, soara como um gesto desafiador. As esquerdas queriam Osvino Ferreira Alves, o chamado "general do povo". O escolhido, no entanto, fora Jair Dantas Ribeiro, ex-comandante do III Exército. Dantas Ribeiro era o quarto ministro da Guerra, sucedendo Segadas Viana, Nelson de Melo e Amauri Kruel. JK tivera apenas um, Henrique Lott, o que permitiu a organização de um dispositivo militar sólido de proteção do governo. Já Goulart confiara a retaguarda ao bonachão general Argemiro de Assis Brasil, chefe da Casa Militar, oriundo do posto de adido militar em Buenos Aires.

O otimismo esfuziante de Assis Brasil crescia conforme a escalada das doses de uísque que consumia ao longo do dia. A nenhum frequentador das rodas palacianas escapava o fato: quanto mais uísque, mais vermelho e mais otimista ficava o general. O governo não tinha o que temer, seu dispositivo era impenetrável. Um dispositivo infalível, aliás, queria dizer: supremacia das tropas fiéis ao presidente sobre as que pretendiam derrubá-lo. De acordo com as contas de Assis Brasil, os comandantes dos quatro exércitos comiam-lhe na mão, todos "generais do povo", como eram chamados os nacionalistas de farda: Armando de Moraes Âncora, no comando do I Exército; Amauri Kruel, no II Exército; no III, Benjamim Rodrigues Galhardo; e, no IV, Justino Alves Bastos. Já os conspiradores, segundo o chefe da Casa Militar, eram todos generais sem tropa, que ocupavam cargos burocráticos, como o chefe do Estado-Maior do Exército, o cearense Humberto Castelo Branco.

"Em consequência da cegueira e impotência de Assis Brasil, o governo era militarmente fraquíssimo. Quem devia fazer a estratégia do dispositivo militar [...] era um bobo", comentaria Darcy Ribeiro.

Em 13 de setembro, quando o presidente aterrissou em Brasília, as forças leais ao governo já haviam derrotado os sediciosos, em batalha campal na Esplanada dos Ministérios. O estrago, porém, Jango viu estampado nas manchetes dos jornais. "Basta", reagiu o *Jornal do Brasil*. "Antes que cheguemos à Revolução, digamos um BASTA. Digamos enquanto existem organizadas, coesas e disciplinadas Forças Armadas brasileiras e democráticas, para sustentar pela presença de suas armas o próprio BASTA." Para *O Globo*, não era Jango que governava o país, mas o CGT, "órgão espúrio", e a UNE, "que há muito deixou de ser uma entidade de classe, passando a ser uma entidade sem classe". O fracasso do Plano Trienal, podia-se botar na conta da própria esquerda, já que todas as soluções para não incompatibilizar o país com os Estados Unidos tiveram que ser interrompidas por pressão sindical. "O CGT, a UNE, o Pacto de Unidade e Ação e, também, a Frente Parlamentar Nacionalista, cujos propósitos subversivos foram descobertos na recente sublevação de Brasília, onde deixou seus rastros. [...] Não são os adversários do governo que o privam de sua autoridade. São os falsos amigos, que o iludem e transviam."

"Tito vai chegar ao Brasil como chegou Pedro Álvares Cabral: vai encontrar Júlio de Mesquita Filho e Ademar de Barros trepados em árvores, como dois selvagens", disse Assis Chateaubriand ao repórter do diário *A Nação*, de

Wallace Simonsen, dirigido por Nabor Caires de Brito, em defesa do hóspede de João Goulart. No instante em que forças de direita e de esquerda tensionavam a corda, a visita do presidente da Iugoslávia, o marechal Josip Broz Tito, era a azeitona na empada da propaganda anticomunista. Os governadores de São Paulo e da Guanabara, Ademar de Barros e Carlos Lacerda, recusaram-se a receber o líder comunista, que conquistara o respeito mundial ao comandar os partisans na resistência às forças nazifascistas. A comitiva presidencial desembarcaria no país em 18 de setembro, uma semana depois da insurreição, com suboficiais e sargentos presos no navio *Raul Soares*, sob a grita da esquerda pela anistia.

"A hostilidade fabricada é, em suma, um ato dos antinacionais, tão artificial e berrante que foi definido por um notório conservador, o jornalista Assis Chateaubriand, como 'incrível boçalidade'", zombou a *Última Hora*.

Desde 1961, Chatô não se envolvia numa boa polêmica nacional. Sofrera uma trombose cerebral e, após oito dias em coma, desenganado pelos médicos, voltara à vida deformado: o corpo se encurvava para a frente, as mãos pareciam garras, embutidas para dentro. Da boca, saía-lhe uma baba constante. Confinado à casa da rua Polônia, a Casa Amarela, em São Paulo, negava-se a receber visitas. Contava-se que, quando Carlos Lacerda foi vê-lo, mandou o enfermeiro lhe dizer que o esperasse morrer. Vivo, não faria as pazes. Cinco meses antes de adoecer, Chateaubriand havia anunciado, em coletiva à imprensa, a doação a 22 dos seus empregados de 49% das ações do seu império. Não que isso significasse muito dinheiro. Ao contrário. As dívidas dos Diários Associados com fornecedores ultrapassavam os 140 milhões de cruzeiros, sem contar os débitos previdenciários.

Na entrevista ao jornal *A Nação*, empolgou-se: "Se o governador não quiser receber o marechal Tito no Palácio do Governo, eu abro as portas da Casa Amarela e o recebo oficialmente, com todas as honras de chefe de Estado".

Não perdera a veia polemista. Estimulado pela repercussão da entrevista, passou a digitar com um só dedo editoriais furiosos, até que Tito chegou ao Brasil e nem sequer passou por São Paulo.

Nossos governantes entendem tanto de política externa como entendiam os tapuias e tupinambás. Ademar de Barros e Júlio de Mesquita Filho são límpidos marginais em relação ao drama internacional. Vejo-os em 1500, de tanga, trepados nas árvores, à espera de que frei Henrique de Coimbra reze a primeira missa. Ignoram que a Iugoslávia é um país altamente ocidentalizado.

Com o país conflagrado — segundo *O Globo*, os "grevistas contumazes" só voltavam ao trabalho para encontrar um pretexto para nova greve —, Carlos Lacerda recebeu na casa do Rocio, em Petrópolis, no sítio onde plantava rosas, o repórter Julian Hart, do *Los Angeles Times*. Em entrevista que mereceu destaque no jornal norte-americano, detonou mais um capítulo da infinita crise política, aconselhando os Estados Unidos e investidores estrangeiros a negarem novos empréstimos ao Brasil. Nas suas palavras, as massas estavam "enojadas, fartas desta 'revolução artificial', desta 'agitação de gabinete' e destas 'subversões'". Na opinião do governador da Guanabara, os militares ainda não tinham decidido sobre o destino de João Goulart: "Se é melhor tutelá-lo, patrociná-lo, pô-lo sob controle até o fim do seu mandato ou alijá-lo imediatamente". A queda, soou certo, se daria antes do final de 1963.

No dia seguinte à publicação da entrevista no *Los Angeles Times*, Lacerda foi chamado pelos ministros militares general Jair Dantas Ribeiro, da Guerra, almirante Sílvio Mota, da Marinha, e brigadeiro Anísio Botelho, da Aeronáutica, em nota oficial, de "mau brasileiro", acusado de apresentar o país "como qualquer republiqueta subcolonial, mendigando esmolas, e nosso povo, um povo desfibrado, incapaz de orientar-se sem tutelas estrangeiras". Ainda em Petrópolis quando a reportagem estourou, ele atribuiu ao jornalista estrangeiro a errônea interpretação de suas palavras, ao que Julian Hart respondeu entregando a gravação às autoridades. Contudo, Lacerda não recuou, seguiu lançando novas provocações pelos jornais: "É preciso que a opinião mundial [...] não se [deixe] enganar por palavras como reformas de base e outros slogans. [...] Farei quanto estiver ao meu alcance para que a opinião pública mundial não confunda o Brasil com o antro de Brasília".

De volta ao Rio de Janeiro, quando vistoriava obras no Hospital Miguel Couto, recebeu a informação de que seria preso — ou sequestrado — a mando do ministro da Guerra, o que só não aconteceu, de acordo com *O Globo*, porque "o governador voltou ao Palácio Guanabara antes que a polícia o encontrasse". Nos bastidores, um episódio insólito, quase inacreditável, descortinara a fragilidade do afamado dispositivo: Lacerda não foi preso porque o coronel Costa Carvalho se recusou a cumprir as ordens superiores. Ao mesmo tempo, descobriu-se um arsenal da polícia da Guanabara num sítio vizinho ao de João Goulart, em Jacarepaguá, o que rendeu à oposição a acusação de tramar a morte da família do presidente. O dono da casa onde estavam as armas, o milionário português Alberto Pereira da Silva, era amigo pessoal do governador.

Em meados de outubro, Lacerda se refugiou na fazenda da família Mesquita, no interior de São Paulo. Segundo contaria em suas memórias, ouviu de Júlio de Mesquita a solução final:

> Arrisco tudo o que for preciso, já não direi a vida, que bem pouco vale, mas tudo o que prezo mais, para que se faça [...] o que é necessário. Estou convencido de que as Forças Armadas acabarão agindo. [...] Mas eu creio que só com elas poderemos contar para agir. Considero a revolução indispensável [...]. Receio que a sua situação de candidato à presidência, com todas as possibilidades de vitória, o esteja inclinando a contemporizar, a considerar que a crise comporta uma solução política. Não creio nisto. Não deixe que o seu êxito pessoal, que é da maior significação, [...] passe à frente do seu dever para com o Brasil — que é o de ajudar a ação imediata, pois não se pode mais contemporizar.

Eram três da madrugada de 4 de outubro quando Samuel saiu do Palácio Laranjeiras e seguiu para Copacabana: de bar em bar, de boate em boate, à procura de Paulo Francis. Sobre o país, fazia-se noite. Pressionado pelos ministros militares, melindrado pelos últimos acontecimentos, vendo a autoridade das Forças Armadas questionada pela direita e pela esquerda, João Goulart aceitara a sugestão — ou imposição —: ao amanhecer, enviaria o pedido de estado de sítio ao Congresso Nacional. O texto fora rascunhado por Darcy Ribeiro, numa retórica de que até o autor discordava. Na opinião do professor, "estado de sítio não se pede. Se toma". Com a alegação de risco à segurança nacional, no subtexto estava a real intenção, que todos conheciam: apear Carlos Lacerda e Ademar de Barros do poder. Um golpe, ou uma rasteira com aroma de legalidade na oposição.

Paulo Francis recordaria:

> Às três da manhã, no velho Jirau, Samuel Wainer me chama e convida a ir ao jornal. Àquela hora? Precisávamos enfiar na vespertina um editorial sobre o estado de sítio.

[...] Fomos, escrevemos. Na volta, na manhã, paramos num sinal. Alguns populares chutavam uma bola de meia. Samuel olhou para mim e disse, simples, compassivo: [...] eles querem tão pouco e lhes negamos.

A *Última Hora* entardeceu nas bancas com a manchete: "Sítio hoje". No dia 5: "Travada em Brasília a batalha do sítio". À tarde: "Jango confirma: governo retira o pedido de sítio". As reações vieram de onde o presidente menos esperava. Ou talvez esperasse. O CGT declarara-se contra. Leonel Brizola, a quem Goulart havia consultado, mesmo estando os dois rompidos, também, voltando atrás em sua palavra de apoio. Miguel Arraes negara solidariedade, certo de que seria o terceiro da lista de governadores cassados. Os estudantes, a imprensa, os intelectuais, todos levantaram a voz contra a lei de exceção. A ninguém parecera boa ideia dar carta branca ao governo. O receio das esquerdas era que, depois de abater a direita, a lei fosse usada contra os movimentos sociais.

Como perguntar não ofende, a *Última Hora* questionou:

E agora? Voltamos à estaca zero. A trama golpista será desfeita? O sr. Carlos Lacerda deixará de anunciar interna ("Carta ao Povo") e externamente [...] que a legalidade será destruída, chegando a marcar data para esse evento? O sr. Ademar de Barros abandonará sua linguagem chula, suas repetidas ameaças de que Jango "não emplacará 64"? [...] Os gorilas cessarão suas maquinações para desagregar o dispositivo legalista e democrático do governo nas Forças Armadas?

[...]

Não é necessário ser clarividente para verificar que chegamos à fronteira da solução pacífica da crise brasileira.

Talvez agindo com a anuência de Jango, no dia 1º de novembro Samuel bateu atabalhoadamente à porta do embaixador dos Estados Unidos. "Com grande urgência", conforme relatara Lincoln Gordon, em telegrama confidencial ao Departamento de Estado dos Estados Unidos. De acordo com a revista *Time*, Gordon detinha o título de maior especialista em economia latino-americana, tendo sido um dos articuladores do Plano Marshall, de recuperação da Europa, e também da Aliança para o Progresso, programa do presidente Kennedy. Desde 1961 servia no Brasil. Ao entrar na casa do poderoso homem, Samuel não sabia bem o que queria. Para Gordon, "a história é tão surrealista que a inclinação é achar que se trata de fantasioso vapor da imaginação brilhante de Wainer. Mas, infelizmente, ele é uma das figuras que invariavelmente aparecem ao lado de Goulart nos momentos de crise e especificamente foi onipresente nos encontros para planejar o estado de sítio".

Seguramente só a visita de Samuel, mesmo que ele nada tivesse dito, já parecia fora de contexto. Se os Estados Unidos metiam a colher na política interna para favorecer a direita, Lincoln Gordon era o chefe da cozinha. Nas eleições de 1962, montara um esquema milionário de doações financeiras aos candidatos de oposição a João Goulart, usando intermediários como Ibad e Ipes. Também não devia escapar a Samuel o fato de que se tornara persona non grata naquele país. Sua ficha corrida no Departamento de Estado somava mais de mil páginas. Nas citações de Gordon, era o *"evil genius"*. Em setembro de 1958, Carleton Sprague Smith, que ocupava o cargo de adido cultural no Brasil, encontrou-se com o jornalista no bar do Hotel Serrador. Em seu relato da conversa, ele ponderou:

> Talvez esteja cansado dos comunistas? E quer ser subornado para ficar mais amigável com os Estados Unidos? Estas ideias passaram pela minha cabeça, mas não houve a menor sugestão disto da parte dele, nem uma dica. [...] Estava completamente natural e amistoso. Nós nos conhecemos há quinze anos, quando, posso afirmar, ele definitivamente trabalhou para os Estados Unidos.

Naquela visita surpresa a Lincoln Gordon, Samuel pareceu-lhe — quase — fora de si: "É pessoalmente muito próximo de Goulart, a quem o presidente vê muito frequentemente e que parece exercer sobre ele algum tipo de fascinação de gênio do mal". Nas quatro páginas de relatório, o embaixador tentou resumir a conversa de mais de duas horas. Nas palavras de Samuel, Jango estava "desesperado", sabia-se um mau administrador e também não ignorava que não teria tempo de fazer algo construtivo como presidente. Desse dilema, surgira uma conclusão: "trocar o mandato pelas reformas de base". Quando o embaixador quis saber como isso poderia se dar,

> Wainer disse ter dito a João Goulart em janeiro passado que, no curso de um ano, ele conseguiu o plebiscito e a restauração do regime presidencialista. E que agora teria um ano para conseguir o estado de sítio para de fato agir. Entretanto, a frustrada

tentativa de outubro foi prematura. A intenção era mesmo que fosse recusada pelo Congresso e, então, o Congresso seria fechado. A partir daí, Goulart decretaria duas reformas imediatas: a reforma agrária e a reforma eleitoral. [...] Todos ficariam elegíveis à presidência, menos o próprio Goulart. O problema, segundo Wainer, era que muitas pessoas não confiaram em sua disposição de deixar o poder. A desconfiança da esquerda e a natural oposição da direita frustraram o plano.

Samuel assegurou repetidas vezes a Gordon que o presidente admitia a hipótese de renunciar, trocando o cargo pela garantia das reformas, que a ideia estava fixa na sua cabeça: "Descreveu o conceito (que ele próprio deve ter inventado) como romântico, mas daria a Goulart o nome na história, como o [Benito] Juárez do Brasil, o homem que realmente teria popularizado social, econômica e politicamente a estrutura do país". Na opinião de Samuel, "uma respeitável e legítima ambição". Gordon, então, perguntou por que o presidente achava que o plano daria certo agora, se recentemente falhara. Wainer balançou a cabeça. Não podia ter essa convicção, mas, sem dúvida, causaria mais distúrbios internos. "As razões pelas quais ele me procurou foram me inteirar dessa perspectiva, evitar que me engane com os sinais aparentes de restabelecimento da tranquilidade e reabrir o diálogo com os Estados Unidos, porque nossa simpatia poderia ser muito importante no curso dos próximos eventos."

Ao concluir o memorando, uma advertência:

Nós devemos levar a sério a possibilidade de que a frase "trocar o mandato pelas reformas de base" tenha passado pela mente primitiva e infantil de João Goulart. Eu posso entender por que ele e Wainer estão tendo problemas para convencer os outros que o presidente renunciaria. Por uma curiosa coincidência, Wainer descreveu Goulart como alguém a quem o poder aborrecia. As mesmas palavras, idênticas, foram usadas pelo próprio Goulart em conversa comigo, em agosto.

Gordon tirou suas próprias conclusões acerca do caráter de Samuel, que, certamente, não correspondiam à realidade. Ele nunca fora um golpista nato, do calibre de Carlos Lacerda. Mas, para o embaixador, vinha fomentando saídas autoritárias para o encurralado governo. Inclusive, em junho de 1962, dissera literalmente a Henry Kissinger ser a favor de um regime similar ao da Iugoslávia, um Brasil nacionalista e socialista. "O aviso de Wainer de que Goulart pode tentar alguma ação violenta nos próximos dias ou semanas deve ser levado a sério, para dizer o mínimo", concluiu Gordon.

O desfecho estava próximo, Samuel sentiu no cangote o sopro da radicalização galopante. "Desfecho", aliás, era a palavra da moda, usada tanto lá como cá. O golpe, fosse de esquerda ou de direita, fosse armado ou com a caneta, mudara de nome. Ao chegar ao restaurante Baiuca, em São Paulo, viu pousar sobre ele os olhares. Estava acompanhado do festivo grupo de amigos da *Última Hora* e da nova namorada, Lílian Sousa Campos, uma elegante jovem do *café society*, irmã de Didu Sousa Campos. Assim que sentou à mesa, um senhor carrancudo se aproximou. "Vou dizer a seu pai que você anda jantando com comunistas que querem incendiar nosso país", disse o homem, dirigindo-se a Jorge da Cunha Lima. A frase tirou o apetite da turma, que resolveu espairecer na pista da nova sensação, a boate estranhamente — ou, no caso, adequadamente — designada Ton-Ton Macoute, o nome da milícia haitiana de inspiração fascista.

"Vai dançar na Rússia!", ouviu Samuel, ao adentrar o recinto. "Um dos meus amigos propôs que nos retirássemos. Concordei e nos levantamos. Seguimos para outra boate na mesma rua, mas não conseguimos livrar-nos das provocações. Escoltado por seus parceiros de mesa, o homem que me provocara na Ton-Ton Macoute entrou nessa boate e começou a fazer um violento discurso contra mim."

A noite acabou em sopapos. "Os provocadores [...] mandaram flores às mulheres presentes à minha mesa. [...] O corpo a corpo tornou-se inevitável. Assustei-me — a coragem física [...] nunca foi um de meus atributos."

De volta ao Rio, na redação da Sotero dos Reis, na noite de 22 de novembro, ele foi chamado às pressas para ler a última notícia vinda dos Estados Unidos: o presidente John F. Kennedy fora assassinado. Irreal, perturbador, um tiro na cabeça, enquanto a comitiva presidencial desfilava triunfal pelas ruas do centro de Dallas. Menos de um ano antes havia apertado a mão de Kennedy, admirava-o. As imagens que chegavam das agências internacionais não podiam ser mais impactantes, como *frames* de uma fita de Hollywood: a bela primeira-dama, Jacqueline Kennedy, com um gracioso tailleur rosa, chapéu da mesma cor, segurando a cabeça ensanguentada do marido. O crime acontecera às 12h30, na praça Dealey. Um suspeito já fora preso: o jovem Lee H. Oswald, de 24 anos.

No Brasil, agonizava a democracia. A população estava apática, mofina, enfastiada. Com a bagunça, ocasionada pelas sucessivas greves — em 1962, haviam sido contabilizadas 154 paralisações, em 1963, 302. Com a instabilidade, gestada nas disputas de gabinete. O último fio de moderação era o frágil apoio que o PSD ainda dispensava a Jango. Temendo comprometer o regime democrático, o partido mantinha-se na base do governo, mirando as eleições de 1965. Segundo pesquisa divulgada pelo Ibope, o pessedista Juscelino Kubitschek era o franco favorito, com 43,7% das intenções de voto, seguido de Carlos Lacerda, com 13,7%; Ademar de Barros, com 10,9%; Miguel Arraes, com 7,4%; Magalhães Pinto, com 5,1%; e San Tiago Dantas, com 4,3%. Os dois nomes fortes do PTB estavam impedidos pela Constituição: João Goulart, que não poderia se reeleger, e Leonel Brizola, pelo parentesco com Jango, o que fizera brotar a campanha: "Cunhado não é parente, Brizola para presidente".

Numa daquelas abrasivas noites de verão, Samuel recebeu em casa um visitante inusitado: San Tiago Dantas, acompanhado do ex-ministro do gabinete de Tancredo Neves, o maranhense Renato Archer. Enquanto Caruso servia os petiscos, ouviu a pergunta: "Quanto de dinheiro você precisa para comprar os Diários Associados?". Ele não tinha a menor ideia. De cabeça, fez cálculos aleatórios e lançou uma quantia na mesa. Os dois se entreolharam e disseram que voltariam depois com uma resposta. Não gostava de San Tiago — e, como bem sabia, a recíproca era verdadeira. Obviamente o ex-ministro da Fazenda estava em busca de apoio para a sua candidatura. Também enxergava na *Última Hora* a aliada na cruzada santa da conciliação. A Frente Progressista, capitaneada por ele, queria reunificar os moderados, reaproximando a ala janguista do PTB e o PSD. O objetivo era isolar os extremos. Ou, dando nome aos bois, encantoar Carlos Lacerda e Leonel Brizola.

"Frente" era outra palavra da temporada. Os radicais também tinham a sua: Frente Única de Esquerda, com objetivo diametralmente oposto. Juntando a brizolista Frente de Mobilização Popular (FMP), o PCB de Prestes e o grupo de Miguel Arraes, a ideia era pressionar João Goulart a romper de vez com o PSD, formando um governo puro-sangue, sem conciliação — e, se necessário, sem Congresso. Em nome da "revolução", que pregava diariamente em colóquios intermináveis na Rádio Mayrink Veiga, onde tinha horário cativo, Brizola acabara de lançar na praça um chamado para "a instauração de uma democracia autêntica e nacionalista". Para atuar no front das reformas de base, os cidadãos deviam se organizar em "grupos de onze companheiros", como um time de futebol. Já se espalhavam pelo Brasil mais de mil grupos dos onze.

Em dezembro, na Granja do Torto, para onde a família Goulart se mudara depois de Maria Thereza se recusar a viver no Alvorada, Samuel presenciou uma tensa reunião. O assunto era a sucessão do demissionário ministro da Fazenda, Carvalho Pinto, que havia deixado o posto fatigado pelos acenos do presidente aos intransigentes, o que inviabilizava os acordos econômicos, e sob vaias da UNE, do CGT, da FMP. Brizola queria o cargo. Mais um slogan forrava os muros da cidade: "Contra a inflação, Brizola é a solução". Sua indicação para o Ministério da Fazenda, certamente, como observou João Goulart na conversa, significaria a pá de cal sobre o governo. Brizola pensava o contrário. Caso a direita tentasse impedir sua posse, teriam a oportunidade de dar o golpe. No fim das contas, seria escolhido Nei Galvão, um obscuro funcionário de carreira do Banco do Brasil, desagradando tanto a direita como a esquerda.

"É preciso forçar a direita a botar a cabeça para fora, porque aí a esmagaremos", disse Brizola.

"E se houver o contrário?", questionou Samuel, ficando sem resposta.

Assim como o leitor mais incauto dos jornais, ele sabia: os setores conservadores não estavam dispostos a aturar mais provocações. Roberto Marinho, Nascimento Brito e João Calmon criaram a Rede da Democracia, composta das rádios Globo, Jornal do Brasil e Tupi, para unificar e aprofundar o discurso de oposição ao projeto extremista. No microfone, revezavam-se políticos do PSD, como JK e Ulysses Guimarães, e da UDN, como Afonso Arinos de Melo Franco e Magalhães Pinto, governador de Minas. Até então, Magalhães vinha mantendo-se favorável à política de conciliação com o governo, enredando a "banda de música" da UDN, liderada por Lacerda. No entanto, após a sucessão de incidentes desestabilizadores, como a revolta dos sargentos em Brasília e a desastrada tentativa de apertar o garrote com o estado de sítio, o mineiro cambiara de lado, preparando no seu estado a resistência ao golpe que se acreditava por vir.

Ao cerrar fileiras com João Goulart, Samuel colhia o ônus e o bônus. Por um lado, garantia a saúde financeira da *Última Hora*. Por outro, amealhava críticos — entre os inimigos e, principalmente, entre os amigos. Para consumo externo, era "comunista", "radical", "golpista", adjetivos que, verdade seja dita, não lhe faziam jus. Para consumo interno, o oposto, um "arregão", disposto a vender a alma aos "reacionários", aos "imperialistas", aos "inimigos do Brasil". Por aqueles dias, engalfinhou-se com Paulo Francis, depois de este escrever duas colunas seguidas saudando o Grupo dos Onze: "Samuel diz que eu me declarei membro do Clube dos 11 e até escrevi que era. [...] Nunca". Porém ele "tinha razão. Eu estava tomado de 'histeria esquerdista'. Me enfurecia com Jango e apoiava Brizola, que via como o único cara de peito para mudar um Brasil que me parecia miserável, atolado no atraso e sob sebosas oligarquias".

A briga começara num almoço de fim de ano na casa da Mascarenhas de Moraes. Com todos os colunistas à mesa, Samuel se queixara de que fora atacado por Brizola e ninguém o defendera. Em retorno, ouvira o silêncio. "Achávamos Brizola a única possibilidade de sobreviver a um golpe que nos parecia certo, em face das vacilações [...] de Jango. Samuel, hoje reconheço, viu mais longe." A partir daí, sobraram duas versões. Segundo Wainer, ele demitiu Francis. Segundo este, ele próprio se demitiu.

> Contra mim, o que [Samuel] fez foi querer me passar da terceira página do jornal, onde eu tinha uma coluna chamada "Paulo Francis informa e comenta", a página "nobre" do jornal, para a quarta página. Tive um acesso de frescura e pedi demissão, apesar de estar caindo de saber que Jango se queixava pessoalmente de mim, que pedia, em suma, minha cabeça, porque eu sempre que podia lhe dava uma estocada.

De um jeito ou de outro, dois dias depois o colunista já estava de volta à redação da Sotero dos Reis, com a intermediação de Magalhães Lins. Do sermão de Samuel, não se esqueceria. "Samuel [...] me ofendeu. Disse que até aquele dia pensava que eu era um jornalista independente, mas que via agora que eu era um quadro [ideológico]."

Seguramente não era fácil para Samuel manter a cabeça fria, como recordaria:

> Poucos conseguiram resistir aos ventos da radicalização. Mesmo homens como Darcy Ribeiro — uma figura extremamente agradável, sensível, inteligente — acabavam sucumbindo. [...] A certa altura, Darcy passou a conversar comigo como se fosse o chefete de alguma facção do PTB no interior de Minas Gerais. [...] Passei a pregar no deserto. [...] Fazia o possível para evitar que Jango fosse longe demais.

Darcy tinha outra versão dos fatos, corroborando o relatório de Lincoln Gordon. O grupo de Samuel, que incluía San Tiago Dantas e Jorge Serpa, alimentava a renúncia como saída, pregando "o novo Itu". Assim como Getúlio, João Goulart voltaria triunfante. Ao mesmo tempo, atribuía um suposto golpismo à ala radical do governo, que, na opinião do chefe da Casa Civil, nunca existiu.

Em 30 de novembro, exatamente um mês após a intempestiva visita à embaixada dos Estados Unidos, Samuel telefonou para Lincoln Gordon para propor um encontro. De pronto o embaixador topara o convite. Havia muito queria continuar aquela estranha conversa iniciada na calada da noite. A Gordon, Wainer pareceu mais calmo. E menos certo das coisas que antes: "Para ele, dois grupos golpistas estão ganhando força, um conservador, anti-Goulart, e outro comandado pelo próprio presidente, mas cada um estava esperando a ação do outro". Entre os urgentes assuntos do Brasil, falaram longamente de John Kennedy. Ao voltarem a Jango, o embaixador quis saber por que o equilíbrio de forças, com direita e esquerda preparadas para dar o bote mas à espera do primeiro tiro, não poderia resistir até as eleições de 1965. Somando instabilidade política, pressão da inflação e descontentamento social, na opinião de Samuel, não tinha como ir longe.

Wainer comentou que a ideia de Goulart de renunciar em troca das reformas continua na cabeça do presidente, mas a renúncia não recebeu crédito das pessoas consultadas. Enfatizou novamente a sua convicção de que Goulart é inapto para o governo e está cercado de péssimos conselheiros. Mas não vê chances de simplesmente renunciar. Sua educação gaúcha e seu complexo de inferioridade não permitirão, está intensamente ansioso por não deixar a cena como um fracasso.

Outro assunto na mesa do almoço foi a encampação da Refinaria de Capuava, uma reivindicação latente da esquerda. Samuel acreditava que os fortes editoriais da *Última Hora* se posicionando frontalmente contra a expropriação seriam levados em conta pelo presidente. "Disse ter argumentado com Goulart que a nacionalização de Capuava significaria o controle do petróleo pelos comunistas. E não pelo presidente. Goulart achou bem-vinda sua independência dos comunistas. E a indicação de Kruel para o comando do II Exército também demonstraria sua independência de Brizola." O embaixador registrou: "Wainer fez questão de afirmar que não foi comprado para tomar tal posição".

Apesar da habilidade de Samuel, Gordon sacou-lhe a intenção:

> Wainer acha que há pouca chance de uma ação construtiva "a menos que Goulart consiga mais poder". Ele parece, num estranho jeito, estar tentando pescar o nosso apoio para um golpe branco. Repete que um golpe de Goulart não seria um golpe comunista. [...] Eu disse a ele que nenhum golpe vindo de João Goulart teria o apoio de Washington.

Nem bem o relatório de Lincoln Gordon chegava ao Departamento de Estado dos Estados Unidos, Samuel viu suas previsões de moderação fazerem água. "Manda brasa, presidente" era a frase que mais se ouvia nos corredores do poder. Entre dezembro e janeiro, João Goulart decretou o monopólio estatal da importação de petróleo, expropriando, entre outras refinarias, Capuava. Em seguida, regulamentou a Lei de Remessas de Lucros, na gaveta havia coisa de um ano, restringindo a transferência de dinheiro para o exterior. Também anunciou o decreto da Supra, que desapropriava vinte quilômetros de cada lado das rodovias federais, ferrovias, açudes e rios navegáveis. O decreto seria assinado em março, depois de o Exército fazer o levantamento das terras. E, repetindo 1954, iniciou 1964 com um aumento de 100% no salário mínimo.

26. Ame-o e deixe-o

A moça loira que passeava pela sala de madrugada chamava-se Brigitte Bardot, contou Pinky a Danuza. A menina e seus irmãos, Bruno e Samuca, estavam passando as férias com o pai enquanto a mãe organizava a mudança do Parque Guinle para a Lagoa, onde viveriam sob o mesmo teto que Antônio Maria. Enfim, Samuel abrira a guarda. Numa noite viscosa, Pinky acordara com vozes e risadas ecoando pela casa da Mascarenhas de Moraes, o que não era nada incomum. Todas as noites Wainer trazia amigos para jantar ou jogar pingue--pongue. Espiando do alto da escada, vira a moça, espantosamente bela, saltando da cena corriqueira. No dia seguinte quis saber quem era. Uma atriz francesa, explicou Caruso. Pinky gostava mais de ficar com o pai do que com a mãe. Ao menos naqueles dias quentes de janeiro de 1964. Ao passo que Samuel festejava — embora houvesse pouco a brindar —, Danuza enfrentava a convalescença de Antônio Maria, acamado após um danoso infarto.

"Meu pai partiu para *la dolce vita*. […] Na casa da minha mãe era sempre tenso", rememoraria Pinky, comentando o próprio nariz empinado pelo poder: "Com oito anos, peguei o telefone e liguei para o Darcy Ribeiro para reclamar de uma prova de matemática. […] A gente morava neste apartamento incrível [no Parque Guinle], com governanta alemã, era do lado do Palácio Guanabara. Eu ia tomar banho de piscina lá".

Danuza tinha motivos para não sorrir. Fazia cinco meses que se dividia entre duas casas, cuidando dos filhos no Parque Guinle e de Antônio Maria na Lagoa. O infarto ocorrera após mais uma briga boba por ciúmes, o que só evidenciava como a relação era doentia. Ao voltar de uma festa de São João no colégio das crianças — o Souza Lima —, ela contara ao parceiro uma história qualquer e mencionara que Samuel havia pegado Bruno do seu colo. Fantasiando a "intimidade intolerável", Antônio Maria tivera uma crise de raiva e, na mesma noite, sentiu fortes dores no peito. A sentença: seu coração boêmio precisava de repouso absoluto, nada de álcool, e rígido regime. Ele teria também que parar de fumar os três maços de cigarro que tragava diariamente.

Com Danuza fora de cena, aquele foi o verão de Brigitte Bardot. Aterrissara no Rio na tarde de 7 de janeiro, de peruca preta e braço dado com o milionário marroquino, naturalizado brasileiro, Bob Zagury, famoso dançarino de chá-chá--chá na pista do Black Horse. Brigite estava no auge da vanguarda, depois de protagonizar *O desprezo*, de Jean-Luc Godard. Ninguém havia esquecido *E Deus criou a mulher*, dirigido por seu então marido Roger Vadim. Ela era os anos 1960, assim como Marylin Monroe fora os 1950. Fatal sem querer ser, com os longos cabelos queimados pelo sol de Saint-Tropez, a pele bronzeada, os biquínis, a liberdade. Havia conhecido Zagury no balneário francês. No avião que trouxera o novo casal ao Brasil estava o colunista da *Última Hora* Ricardo Amaral, o único jornalista a se aproximar de Brigitte, graças à amizade de Bob e Samuel.

Nos dias que se seguiram, a *Última Hora* cobriu a saga da atriz para escapar do assédio da imprensa e do público. Com a ajuda de Ricardo Amaral, Bob Zagury se encontrou com os diretores dos principais jornais cariocas. BB daria uma entrevista coletiva, desde que os repórteres a deixassem em paz. Outra providência foi transferi-la do apartamento do namorado para o Anexo do Co-pacabana Palace, onde a segurança era escolada em celebridades internacionais. As semanas foram passando e Brigitte foi se integrando à paisagem. Bronzeou-se nas areias da Barra da Tijuca. Comeu bolinhos de bacalhau no Dima's Bar e picadinho no Bife de Ouro. Dançou na pista do Sacha's. Festejou na casa de José Nabuco. Jogou pingue-pongue na sala de Samuel.

"Fico no Brasil com o meu amor", declarou ela à imprensa, ventilando a ideia de viver seis meses por ano no país.

Foi-se Brigitte Bardot para Búzios, chegou à festa no Rio: Régine Chou-kroun, dona das noites europeias, com os clubes noturnos Régine's. Ocupando a boate Black Horse, ela instalou uma pista *disco*, nas noites de sábado, onde ficava a postos para ensinar os passos da dança da moda. Na casa de Samuel, organizou o jantar mais badalado da temporada, em homenagem a outra estrela do cinema europeu em férias na cidade, a atriz italiana Elsa Martinelli, vencedora do Urso de Prata, em Berlim, com o filme *Donatella*, de Mario Monicelli. Entre os presentes, o casal Odile e Porfírio Rubirosa, o playboy da República Dominicana, conhecido pelo currículo amoroso: Marilyn, Ava Gardner, Rita Hayworth, Judy Garland, Kim Novak e até Eva Perón. Nunca mais aquelas paredes veriam festa igual: o último banquete.

Antes do Carnaval, que em 1964 caiu na segunda semana de fevereiro e deu à Portela o campeonato, Samuel embarcou para a Suíça, com uma missão conferida por Jorge Serpa. Um comício a ser realizado em 13 de março, na praça Cristiano Otoni, em frente à Central do Brasil, inquietava o país: a tensão que antecede algo grandioso, um evento destinado à história. Para a esquerda, a consagração do governo puro-sangue, quando o presidente deixaria claro de que lado estava. Para a direita, um golpe com dia e hora marcados. Jango ia usar a praça pública para instigar o povo e constranger o Congresso Nacional a aprovar o pacote de reformas e a mudança nas regras do jogo da sucessão presidencial. Para se preparar para a reação — certamente ela viria —, era preciso encher o caixa. O dinheiro se encontrava em Genebra. Sua origem, nunca se soube. Possivelmente adveio das transações com empreiteiros.

Um editorial do *Jornal do Brasil* resumia a disposição da imprensa: "O comício [...] pode ser o começo de novo período de agitações comandadas pelo presidente da República. Também pode ser o fim, no nascedouro, da agitação plebiscitária, visando ao continuísmo, a uma 'ditadura consentida', a um bonapartismo sem galões, de bombacha e chimarrão".

Na véspera do embarque, Samuel, orientado por Serpa, abriu uma conta no Union de Banques Suisses, com apenas cem dólares. Ao chegar ao destino, foi diretamente à instituição. Os funcionários não queriam deixá-lo sair dali carregando uma mala de dinheiro vivo. A negociação, que envolveu uma reunião com a gerência, tomou-lhe o dia. Quando, finalmente, desistiu das notas e recebeu um envelope com cinquenta cheques visados que somavam 430 mil dólares, voltou para o aeroporto e pegou um avião para Roma. "Teria sido muito fácil enriquecer naqueles últimos meses de governo Goulart, quando passaram por minhas mãos quantias milionárias. [...] Decidi deixar 20 mil dólares no banco. Eu poderia, sem problema algum, ter deixado 100 mil. [...] Tratava-se de um dinheiro clandestino, ninguém poderia fazer algo contra mim."

Enquanto Samuel ia de um aeroporto a outro, com a fortuna na maleta, a *Última Hora* publicou a série de reportagens "O êxodo do Pasmado e a demagogia do tijolo", assinada pela jornalista Nice Rissone. Sob a administração de Carlos Lacerda, ocorria no Rio de Janeiro a dança das favelas. O dinheiro viera de Washington, um agrado de John Kennedy ao governador que defendia os interesses norte-americanos no Brasil. Kennedy e Lacerda haviam se encontrado pessoalmente, quando este levou ao então presidente dos Estados Unidos os números: na Guanabara, 800 mil pessoas viviam em 183 comunidades. Só do Pasmado, segundo a reportagem, 3 mil estavam sendo removidas para a nova e não por acaso batizada Vila Kennedy, na Zona Oeste da cidade. As casas entregues ao povo, que pagaria 15% do salário mínimo durante dez anos, não tinham forro no teto nem piso no assoalho, escrevera Rissone. Mas eram de tijolo — um salto de vida para os moradores das favelas, conforme apregoava a propaganda do governo.

Nos arquivos da *Tribuna da Imprensa*, a repórter encontrou uma declaração, de 1952, do jornalista Carlos Lacerda que desmentia o governador Carlos Lacerda: "É nos bairros em que trabalham os favelados que se deve localizá-los. Agora guardem estes dados: cerca de 50% dos favelados trabalham na própria zona de moradia. Mostra, por isto mesmo, a inanidade das iniciativas de localização dos favelados fora da sua zona de trabalho, em campos de concentração [...] nos subúrbios longínquos".

Em Roma, Samuel foi às compras. Razão tinham os amigos quando o chamavam de perdulário, esbanjador incorrigível. Para Moacir Werneck, tratava-se de um prazer quase infantil de ostentar — a pequena vingança do judeu, não seria leviano especular. Ao futuro seguro, preferia um presente luxuoso. Na Via dei Condotti, deu-se de presente "três dúzias de camisas finíssimas, seis dúzias de pares de meias de fio-escócia e um jogo de malas Gucci". De volta ao Brasil, entregou os cheques ao destinatário e, dias depois, recebeu nova visita de Jorge Serpa, um homem que era seu extremo oposto: discreto, detestava ostentação, só andava de táxi e nunca comparecia a recepções. "Ele sabia tudo, conseguia todas as informações. [...] Seu acesso a presidentes, ministros e grandes empresários era tão franco que ganhou o apelido de 'Cardeal', numa alusão ao cardeal francês Richelieu."

Serpa o procurara para dizer que Jango o encarregara de averiguar quanto dinheiro seria necessário para que a *Última Hora* sobrevivesse a um eventual golpe de direita. Mais uma vez enrolando na matemática, Samuel depositou sobre a mesa uma quantia: 1 milhão de dólares. Ao que Serpa retrucou:

"Não se preocupe. Temos um negócio em marcha e dentro de poucos dias esse dinheiro será depositado numa conta aberta em seu nome num banco suíço. Você logo receberá o número da conta."

"Manda brasa, presidente": a gíria carioca havia se transformado num — quase — programa de governo. Março amanheceu revolucionário, na expectativa da anunciada sexta-feira 13. Em Belo Horizonte, um comício em prol das reformas foi dissolvido à base dos rosários das senhoras e dos porretes da polícia de Magalhães Pinto. Mais de trezentas pessoas ficaram feridas. Em Pernambuco, as classes produtoras decretaram locaute. Em São Paulo, na praça da Sé, a polícia de Ademar de Barros botou para correr o presidente da Supra, João Pinheiro Neto, sob rajadas de metralhadora que visavam dispersar a confusão entre os adversários que se batiam — um país rasgado entre "povo" e "antipovo", conforme a singela crença da esquerda. No Brasil de 1964, ou se era comunista ou se era gorila. O centro estava definitivamente fora de moda.

Já altas horas do dia 12, a véspera, Samuel recebeu em casa a visita de Miguel Arraes. Ao abrir a porta, notou que o homem havia tomado mais doses de uísque do que estava acostumado. Como bem sabia, Arraes não bebia. A coisa em Pernambuco desandava a galope e a *Última Hora* representava a única trincheira de apoio. O governador se posicionara ao lado das Ligas Camponesas e de Francisco Julião, contrariando os interesses dos fazendeiros e usineiros. Uma das primeiras medidas ao assumir o cargo, em janeiro de 1963, fora assegurar o pagamento do salário mínimo aos trabalhadores rurais. Os camponeses constituíam sua base de sustentação política, com linha de crédito aberta pelo Banco de Desenvolvimento de Pernambuco. No cenário nacional, Arraes disputava a liderança da esquerda com Leonel Brizola.

"No dia 13 teu amigo Jango cai, acaba", disse a Samuel, a certa altura da conversa. Dava por certo: João Goulart não teria peito para encampar o "programa máximo" e as massas não aceitariam menos que isso. Para o pernambucano, o golpe de Jango era um "golpe maricas", que, em lugar de fechar o Congresso, investiria na desmoralização.

"Você vai ao comício?", questionou Samuel.

"Claro que eu vou", garantiu Arraes.

"O Jango me disse que você não ia."

"Aconteça o que acontecer eu vou."

Viraram a noite, despedindo-se às seis horas. Samuel não iria ao comício e achava que Arraes também não devia ir. O dia estava azul, e um ventinho camarada anunciava o outono. Para esvaziar as intenções de Jango, Carlos Lacerda decretara feriado na sexta — e a cidade vivia a macia véspera da folga prolongada. Revoluções não podiam ser antecedidas por uma manhã tão frouxa. Antes das dez, ligou para o presidente. Encontrou-o no Chopin. Conversaram sobre a ida de Arraes e Brizola ao comício. Goulart continuava dizendo que não iriam, que seriam presos se aparecessem. Para Wainer, não havia notícia boa: se não fossem, a esquerda se dividiria e estaria aberta a trilha para o golpe de direita. Se fossem, a direita reagiria do mesmo jeito.

Samuel, que na aflita noite de 12 de março, sem outra opção, deu a João Goulart uma pílula de Captagon, o remedinho da coragem, contaria:

Goulart também resolveu que naquele mesmo dia 12 viajaria a Brasília para dali articular o esquema destinado a esvaziar a manobra radical. Duas ou três horas mais tarde, [...] ligou-me pedindo que voltasse a seu apartamento. Ao entrar numa sala, notei que por outra porta saíam Luís Carlos Prestes e seu séquito. [...] Fiquei desapontado, mas estava claro que Jango não se dispunha a ouvir meus argumentos.

De todos os cantos, afluíam grupos, carregando faixas e cartazes. Da estação Leopoldina, os ferroviários. Da sede do Sindicato dos Condutores de Veículos, na rua Camerino, portuários, marítimos, estivadores, rodoviários. Em marcha na Presidente Vargas, bancários, securitários, jornalistas, gráficos. Os sapateiros, pedreiros e comerciários se concentraram na praça Onze. Os ônibus das delegações de São Paulo, Santos, Cubatão, Jundiaí, Mogi das Cruzes, Belo Horizonte, Juiz de Fora, Niterói, Formosa, São João de Meriti, Magé e Petrópolis ocuparam toda a extensão da Cinelândia. Os trabalhadores fluminenses, com o governador Badger da Silveira, do PTB, à frente, partiram da praça Quinze. O palanque, com trinta metros quadrados e passarela de doze metros, o mesmo que Getúlio usara para celebrar o nascimento do Estado Novo, aguardava saudoso na praça Cristiano Otoni.

O dia no Laranjeiras fora de apreensão e tensão, de euforia e vitória, como se não houvesse amanhã. Jango assinou dois decretos: o da Supra, desapropriando terras ociosas das margens das rodovias e açudes federais, e o da encampação das refinarias particulares de petróleo, como Ipiranga, Manguinhos e Capuava. No meio da tarde, Maria Thereza resolvera acompanhar o marido. Ela contaria: "Tenho fobia de gente, só fui porque o Jango não me parecia bem. Gente pressionando para que fosse, gente dizendo o contrário. Ele dizia que iria de qualquer jeito. Eu olhava para a confusão e a única coisa que conseguia era fazer cara de pânico".

A Mercedes presidencial levando João Goulart, Darcy Ribeiro e Raul Ryff deixou o Palácio Laranjeiras às 19h32. O radialista Hemílcio Fróis abrira o microfone às seis horas da tarde. Na plateia, gente de dar medo: mais de 150 mil, segundo as contas dos jornais. Àquela altura, já se iam sete oradores. O presidente da UNE, José Serra, arengou com os organizadores. Depois de discursar durante oito minutos e ser interrompido diversas vezes por exceder o tempo, disse para todo mundo ouvir: "Não vou parar. Tenho muita coisa para dizer e vou dizer tudo". No fim da tarde, ficara decidido que Miguel Arraes e Leonel Brizola poderiam subir ao palanque, desde que não incendiassem o país. Arraes manteve a promessa, num discurso sem brilho. Brizola fez o extremo oposto. Aprimorando a técnica das pausas de efeito, intercaladas por frases que ecoavam por minutos no silêncio, conclamou uma Assembleia Nacional Constituinte, o remédio para o impasse entre o povo e o "reacionário" Congresso.

"[...] uma Constituinte para a eleição de um Congresso popular, um Congresso onde se encontrem trabalhadores e camponeses, onde se encontrem muitos sargentos e oficiais nacionalistas." Enquanto Brizola falava e falava — num dos momentos mais aplaudidos chamou Lacerda de "energúmeno" —, a primeira-dama subiu ao palco. Tão bela e tão elegante quanto Jacqueline Kennedy, ostentando o penteado da moda. "Sua presença chega a desviar a atenção do discurso do deputado Leonel Brizola. A primeira-dama trajava vestido azul [...] e usava apenas um anel de ouro, no dedo mínimo da mão esquerda", anotou a reportagem do *Jornal do Brasil*.

Às 20h46, chegou João Goulart. A praça estava cercada por 6 mil militares. Prédios do entorno haviam sido evacuados. Seis holofotes do Exército iluminavam insistentemente as janelas do edifício da Central do Brasil, caçando atiradores. O Rio não seria a nova Dallas. O ministro da Guerra, o general Jair Dantas, encontrava-se no palanque, o dispositivo em pessoa e farda. A poucos passos dali, no sexto andar do prédio do Ministério da Guerra, os opositores engoliam sapos. Na sala do general Humberto Castelo Branco, gabinete do EME, o clima era de indignação.

"Foi quase uma bofetada", declararia o general Antônio Carlos Murici.

Sem comer nada desde o café da manhã — e com algumas doses de uísque correndo nas veias —, João Goulart estava num dia de festa oratória, abandonando o texto para falar de improviso. "O político ardiloso e sensato, de pouca fala e que dominara tantas inteligências superiores sempre olhando o chão, agora olhava firme para a multidão. Era o senhor das massas, o dono das aclamações", descreveria o então diretor do *JB*, Alberto Dines.

Ao longo de 65 minutos, Jango anunciou decreto para conter os preços extorsivos dos aluguéis e prestigiou os comunistas, advogando pela liberdade partidária: "que nos pleitos eleitorais sejam representadas todas as correntes políticas, sem discriminação ideológica". De vez em quando, Darcy Ribeiro se aproximava dele, para lhe soprar alguma ideia. A gafe foi quando o líder comunista Osvaldo Pacheco, também aproveitando uma deixa dos aplausos, soprou-lhe tão alto que os microfones registraram a frase: "Pede ao povo para que ajude a fiscalizar os proprietários". Antes de concluir o palavrório, depositou no altar de Getúlio Vargas os decretos da Supra e da nacionalização das refinarias de petróleo: "O imortal e grande patriota Vargas morreu, mas o povo continua a sua caminhada".

Conforme apontara o *JB*, João Goulart passou o lenço no rosto 35 vezes. Ao deixar o palanque, cambaleou, amparado pelos assessores. "Eufórico e tonto. Tão tonto que ao entrar na Mercedes preta bateu violentamente com a cabeça. [...] Tão tonto que não percebeu que, desta vez, fora longe demais", comentaria Dines.

"Aquele comício, com 200 mil pessoas, foi mais quieto e civilizado do que muitas festas no Country Club", atestou a *Última Hora*. Samuel acompanhara a tudo da redação da praça Onze. Embora as páginas do seu jornal defendessem com estridência o sucesso do evento, ele acordou deprimido. "O povo com Jango começa a reforma" era a manchete de 14 de março. Que povo? O povo que ia a comícios?, ele talvez se perguntasse. Presenciara os preparativos. Vira Jango no telefone baixando ordens para que empresas dependentes do governo contribuíssem de alguma forma: financiando o transporte ou praticamente obrigando os funcionários a comparecerem. A máquina do Estado construíra um espetáculo fantasioso, cuja consequência seria o argumento de que a direita precisava para reagir. Em sua opinião, Goulart chamara para uma briga que não podia ganhar.

Os jornais daquela manhã de sábado concordavam entre si. No *JB*, "a democracia saiu, no mínimo, humilhada ontem na Central. Foi o comício de dois políticos inelegíveis, destinado a atirar o povo contra a Constituição, destinado a compor um movimento de frente única contra a sucessão normal". O *Correio da Manhã*, que vinha se mantendo sóbrio no noticiário político, apoiando "reformas sem ditadura", preferiu um conselho: "e acrescentamos o desejo de que o comício de ontem fique sendo o último. Pois o país precisa de trabalho e de segurança e não de comícios".

O que transformara o jogador de xadrez num esgrimista a desferir estocadas? No dia 15, menos de 48 horas após o comício, João Goulart enviou ao Congresso a mensagem anual, que, entre outros clamores, pedia a realização de um plebiscito sobre as reformas de base. Ou seja: todo o poder ao povo. A mensagem presidencial escorria por 237 páginas: reforma da Constituição para suprimir a indenização prévia e em dinheiro na desapropriação por interesse social, elegibilidade para os sargentos, voto do analfabeto, legalização do Partido Comunista. Mesmo não sendo a revolução russa que a imprensa preconizou, tomando para si a voz de um suposto povo em pânico, o Ibope mostrou que 76% da população não apoiava a causa do PCB, embora 50% fossem a favor das reformas. O medo dos comunistas superava o desejo de mudança na estrutura do país.

O editorial da *Última Hora* respondeu à histeria:

Quem está em pânico? É Lacerda, é Ademar, que veem seu plano de subversão à custa da miséria inflacionária explodir como o já referido sapo da fábula. São os ativistas ibadianos do Congresso, os Bilac Pinto, os Armando Falcão, nazistas como Raimundo Padilha e Abel Rafael, especuladores como Herbert Levy, que veem o desmoronamento de um sistema político em que tipos como eles passavam por "representantes do povo". É um ínfimo grupo de militares desajustados e superados pela superior compreensão de seus camaradas, os Murici, os Cordeiro de Farias, os Castelo Branco, que sonham talvez com a repetição de 1954.

Dois dias depois, 17 de março, veio o anúncio da quinta reforma ministerial desde que João Goulart assumira e a notícia que, em vez de apagar, assopraria a fogueira: o monopólio do papel. O expediente era conhecido. O controle estatal da matéria-prima dos jornais fora usado por Getúlio durante o Estado Novo, para submeter a imprensa que o acossava. "Seu silêncio até agora pode parecer a confissão de que realmente está tramando contra as liberdades democráticas e procurando lançar o país numa aventura desastrosa que põe em perigo as suas instituições. A defesa da liberdade de imprensa coincide com a defesa da própria democracia", cobrou o editorial "Preocupação totalitária", do *Correio da Manhã*.

O Globo: "Ainda se poderá falar em legalidade neste país? É legal uma situação em que se vê o chefe do Executivo unir-se a pelegos e agitadores comunistas, para intranquilizar a nação com menções a eventuais violências, caso o Congresso não aceite seus pontos de vista?".

"Passeata de 500 mil em São Paulo defende o regime", festejou o *Jornal do Brasil* na edição do dia 20. Para a *Última Hora*, era o "antipovo" nas ruas, com a bênção de Ademar de Barros, que franqueou o transporte. A Marcha da Família com Deus pela Liberdade largou da praça da República e se arrastou gigantesca até a praça da Sé. Organizada por setores do clero e entidades femininas, uma marcha beata, de terço na mão, que saiu ao som dos clarinetes dos Dragões da Força Pública e chegou debaixo do repique cadenciado dos sinos das igrejas da região. Até Plínio Salgado ressurgiu na poeira do integralismo, pregando contra "os títeres de Moscou". O cidadão de bem queria "verde e amarelo sem foice e sem martelo". Para as "mal-amadas", "vermelho bom, só batom". Segundo o editorial do jornal *O Globo*, "A palavra de ordem dos patriotas": "Depois da fabulosa concentração popular de ontem em São Paulo — realizada sem o auxílio financeiro da Petrobras e de outros organismos políticos ou estatais, mas com o entusiasmo e o patriotismo da gente paulista —, vão pensar duas vezes aqueles que reclamam plebiscitos para auscultar o povo brasileiro sobre os problemas atuais".

Samuel estava em casa, solitário, na noite de quarta-feira, 26 de março, véspera da Semana Santa. A mesa do escritório em desordem, onde cinzeiros cheios se derramavam sobre pilhas de jornais velhos. Fumava um cigarro atrás do outro, quando Joel Silveira foi adentrando. Entre tempos de guerra e paz, amizade e inimizade, conheciam-se havia quase três décadas. Percorreram juntos os duros anos do Estado Novo, dividiram as alegrias dos anos dourados da *Última Hora*. A Joel, Samuel pareceu tenso, estranhamente ausente. Quando o telefone tocou, agarrou-o, como se estivesse à espera de uma chamada. Estava sempre à espera de uma chamada, mas, daquela vez, sabia quem estaria do outro lado da linha. Ao atender, não disse o nome do interlocutor e prosseguiu monossilábico. Segundo a minuciosa observação de Joel Silveira:

> Tragava repetidamente o cigarro americano que apertava entre o indicador e o maior de todos, coçava com o polegar a testa franzida e vez por outra, com a ajuda do ombro, mudava o fone do ouvido direito para o esquerdo, e vice-versa, enquanto tirava do maço um outro cigarro e riscava novamente o fósforo, tudo ao mesmo tempo, ágil malabarismo que eu acompanhava com o deslumbramento de quem segue os aparentemente impossíveis passes de um mágico.

A conversa não durou mais que quatro minutos. "O silêncio voltou e, dentro dele, vi Samuel pousar os olhos (que então me pareceram baços, como os dos cegos) na estante que tomava todo um dos lados da sala; e vi mais quando ele começou a soprar contra os livros que se acotovelavam na estante, numa alegre desordem, a fumaceira de suas repetidas e cada vez mais longas baforadas."

Mais de 3 mil marujos haviam se rebelado, amotinados no Palácio do Aço, em Benfica, Zona Norte do Rio de Janeiro. A solenidade de comemoração do segundo ano de criação da Associação dos Marinheiros e Fuzileiros Navais fora o estopim para o motim. Proibido pela Marinha, que não reconhecia a entidade, o ato virou caso de polícia, uma afronta, um desrespeito à hierarquia das Forças Armadas. Mandados de prisão dos dirigentes foram emitidos, ao que cabos, sargentos e soldados reagiram, entrincheirando-se nos seis andares do prédio do sindicato. Na verdade, fazia pelo menos uma semana que crescia a tensão entre os marujos e a alta cúpula da Marinha. A sede da entidade, na rua São José, tinha sido invadida por fuzileiros dois dias antes, com ordem de prisão para o famoso Cabo Anselmo. Segundo o informante de Samuel, era ele o líder da insurreição.

"Jango está no chão", disse a Joel Silveira, depois de lhe explicar o contexto da conversa.

"Ora, Samuel, você sabe que ninguém neste país dará mais um golpe pelo telefone. Que no chão coisa nenhuma. O ministro da Marinha manda lá um batalhão de fuzileiros e enquadra a marujada. E daqui a alguns dias ninguém mais fala no assunto", respondeu-lhe Joel, pensando se tratar apenas do "apressado augúrio de um profeta menor".

"Não se iluda, Jango está no chão. Tome nota do que estou lhe dizendo. No chão. E acho bom você ir arrumando logo a sua mala e se mandar, escafeder-se. É o que vou fazer."

"Não é costume dos Silveira de Lagarto fugir antes da luta. Lembre-se que sou um herói de Monte Castelo."

Enquanto Joel fazia piadas, Samuel começou a remexer gavetas, já não o ouvia. Ao mesmo tempo que guardava freneticamente papéis numa pasta, disparava rápidos e indecifráveis telefonemas. Ligou para João Etcheverry e para Bocaiuva Cunha.

"Vi logo que nossa conversa não tinha condições de ir mais adiante, de maneira que me despedi: 'Volto amanhã'. Samuel me estirou a mão, que senti gelada e úmida. 'Até amanhã', me disse. Mas ele sabia (embora eu não o soubesse) que eu só iria revê-lo muitos anos depois."

Assim que soube do levante, na manhã da santa quinta-feira 26 de março, João Goulart iniciou a longa viagem de retorno, enquanto seu governo ia sendo carcomido por erros e omissões. Fora passar o feriado da Páscoa em São Borja, levando consigo o chefe da Casa Militar, o general Assis Brasil. Diante da tragédia anunciada, o país ficara a descoberto. O ministro da Guerra, general Jair Dantas, estava fora de combate, operado da próstata no Hospital do Servidor. Somente à uma da tarde Darcy Ribeiro chegou ao Palácio Laranjeiras. A essa altura, o ministro da Marinha, Sílvio Mota, já demitira o comandante do Corpo de Fuzileiros Navais, Cândido Aragão, o almirante do povo, por prestigiar a marujada. E entregara seu cargo ao ministro da Casa Civil.

No Palácio do Aço, após a noite de vigília, o dia amanheceu histórico, iluminado pela presença de João Cândido Felisberto, o herói da Revolta da Chibata, ocorrida em 1910. "A revolução está nas ruas [e] ninguém poderá evitá-la", decretara o ancião de 84 anos na cerimônia de abertura da festa de aniversário convertida em rebelião, cujo objetivo primordial era dialogar com João Goulart, o ausente convidado de honra. Eram 8h40 quando cinco ônibus de fuzileiros e dois pelotões do Batalhão de Choque estacionaram na porta. Com o prédio cercado, os amotinados cantaram. Das janelas, ecoava o Hino Nacional. Um soldado pousou o capacete no chão. Logo outros 23 aderiam. Em minutos, boa parte da tropa havia cambiado de lado.

O discurso do Cabo Anselmo, que teria sido redigido pelo baiano Carlos Marighella, secretário de Agitação e Propaganda do PCB, na noite anterior clamara pelo apoio de Jango à causa dos marujos:

Aceite, senhor presidente, a saudação dos marinheiros e fuzileiros navais do Brasil, que são filhos e irmãos dos operários, dos camponeses, dos estudantes, das donas de casa, dos intelectuais e dos oficiais progressistas das nossas Forças Armadas.

Na Sexta-Feira da Paixão, 27 de março, o presidente deu as caras. Já passava da meia-noite quando entrou no Laranjeiras. Em vez de afagar a hierarquia militar, iniciou uma série de providências que iam na direção contrária. Aceitou a demissão do ministro Sílvio Mota, que tentara se opor às reivindicações dos marujos, e reconduziu Cândido Aragão, instigador do movimento, ao posto de comandante do Corpo de Fuzileiros Navais. E, após inédita consulta aos marinheiros rebelados, indicou o novo ministro da Marinha, o almirante da reserva Paulo Mário da Cunha Rodrigues. Enquanto negociava, outros seiscentos praças começavam uma passeata de solidariedade aos colegas. Na caminhada pelas ruas do centro do Rio, um marinheiro acabou metralhado. Até ali o saldo era de um morto e doze feridos.

No desfecho da crise, João Goulart distribuiu a suprema bondade. Ao findar as negociações, os insurgentes deixaram o Palácio do Aço em viaturas do Exército e seguiram para o Batalhão de Guardas. À meia-noite, estavam livres, sob jura de anistia, caminhando em passeata até a Candelária — com terços nas mãos e com o almirante Cândido Aragão sobre os ombros. O episódio da marujada ajoelhada na escadaria da catedral rendeu capas de jornais. Permanecendo ao lado das esquerdas num momento tão crucial, o presidente consolidou a rebelião dos marinheiros contra os chefes da Marinha.

O *Jornal do Brasil* pediu a cabeça de Jango:

As fotografias dos sediciosos em festa formam o retrato de corpo inteiro da ilegalidade. Das situações de ilegalidade que precedem revoluções como a de 1917 na

Rússia. O estado de direito submergiu no Brasil. Estamos vivendo uma situação de fato, onde não existem figuras constitucionais. Só restam como válidos aqueles que detêm o poder de agir para restabelecer o estado de direito. Ou permitirão que o país se estilhace na guerra civil?

O Globo também:

Na sexta-feira da semana santa, mal inspirado e aconselhado, o chefe da nação levou ao calvário a nobre Marinha de Guerra do Brasil, que foi renegada três vezes: quando o ministro Silvio Mota se viu demitir, quando o almirante Aragão voltou ao posto que desertara e quando os amotinados foram soltos, em detrimento das normas militares. Mas todos, instituições e pessoas, temos na vida os dias de Ressurreição, e a Marinha brasileira — a Marinha de Tamandaré, Barroso, Saldanha e Marcílio Dias — ressurgirá também restaurada em sua dignidade e tradições. Sirva, porém, [...] como exemplo e lição para todas as Forças Armadas.

Para Paulo Francis, na *Última Hora*, havia o outro lado:

O presidente Getúlio Vargas foi derrubado por golpe militar. O presidente Juscelino Kubitschek enfrentou os estopins de Jacareacanga e Aragarças. O país quase foi à guerra civil para impedir que o marechal Denys, o brigadeiro Grün Moss e o almirante Sílvio Heck impedissem a posse do presidente João Goulart. Onde estão os mentores e autores destes gestos? Foram punidos, presos, ou estão desonrados? Não, estão redigindo manifestos contra a comunização do país, porque o presidente [...] anistiou subalternos da Marinha que se insubordinaram ao reivindicar o direito de livre reunião, o direito de casar e votar.

De que democracia se falava, afinal?

Vários editoriais de domingo não eram apenas insubordinados como os marinheiros, [...] mas nitidamente subversivos, pois pediam a cabeça de Jango, incitavam os militares à rebeldia armada contra o governo. Os "democratas" abandonaram o travesti, desnudaram-se exibindo a epiderme dos gorilas que são e sempre foram. A própria crise foi jornalisticamente insuflada visando à repercussão no exterior. [...] Essa gente pode iludir a si própria, mas a ninguém mais ilude. O presidente, seu

434

mandato e as reformas que propôs ao povo são intocáveis, ao contrário da Constituição que os imobilistas querem usar na defesa de seus interesses. O presidente, no caso dos marinheiros, conciliou com o povo. Essa é uma das definições possíveis de democracia.

Aos 52 anos, Samuel estava pronto para o terceiro exílio desde que se entendia por gente. Aos nove, quando ainda nem sabia o que era o Brasil, zarpara da Bessarábia no porão de um navio para aportar num país que adotou com gana. Aos 32, deixara para trás a pátria que fez sua, ironicamente acossado pelo homem que seria o responsável por estar ali, à frente de uma cadeia de jornais e ao lado de João Goulart: Getúlio Vargas. Toda a sua vida profissional girara em torno dele — contra ou por ele, de *Diretrizes* à *Última Hora*. Vislumbrando a partida, respirou aliviado. O desterro não o assombrava. Não perdera o gosto pela aventura, pelo salto no escuro. "Eu planejava viver cerca de dez anos fora do Brasil, em companhia de meus filhos, e gostava muito dessa ideia. Achava [...] que a *Última Hora* iria sobreviver à tormenta", recordaria.

Ao acordar na segunda-feira, 30 de março, iniciou ligeiro os preparativos para a fuga. Não sabia para onde nem quando, mas sabia que o naufrágio se aproximava. "Acordar", aliás, não era bem o verbo. Não dormia desde a rebelião da marujada, com a graça das pílulas de Captagon que vinha consumindo aos potes. A primeira providência foi sair à caça de Jorge Serpa. O idílio custava dinheiro. Dinheiro grosso, o montante prometido para que a *Última Hora* perdurasse em caso de terra arrasada. Serpa lhe entregou um talão de cheques e lhe deu a palavra: em dias, 1 milhão de dólares estaria disponível num banco da Basileia. Mas não se preocupasse, o governo não cairia tão cedo. Segundo seus informantes — eles estavam por toda parte, inclusive no gabinete do EME, epicentro da conspirata —, havia muita indecisão nas Forças Armadas. O governo seguiria a salvo enquanto reinasse o enleio entre os generais.

"O detalhe do 1 milhão de dólares eu me lembro muito bem. Cheguei a ver o talão de cheques", confirmaria José de Magalhães Lins o que Wainer relataria nas memórias. "Foi uma semana muito pesada para todos nós. Falei diversas vezes com Samuel. Os políticos, os empresários, as pessoas de sociedade, todo mundo o procurava para pedi-lo para segurar o João Goulart. A gente via que o negócio ia desandar."

O país vivia "aos jangos", como dizia Antonio Callado, então redator do *JB*. No meio da tarde, chegou de Minas Gerais um petardo, atirado na praça pelo tio de Magalhães Lins, Magalhães Pinto: "Se, por influência de inspirações estranhas e propósitos subversivos, são comprometidas a hierarquia e a disciplina, sem as quais elas não sobrevivem, têm as Forças Armadas não só o direito como, também, o dever de pugnar pela sua própria integridade, pois de outra maneira não cumprirão o pesado e glorioso destino que a Constituição lhes assinala".

Desde o comício da Central do Brasil, as crises se sobrepunham, insolúveis. Na Marinha, os oficiais encontravam-se em assembleia permanente no Clube Naval, exigindo do presidente a punição dos marinheiros rebeldes. No Exército, Castelo Branco fizera rodar uma circular reservada, na qual atacava "o grupamento pseudossindical", acusando-o de "antipátria, antinação e antipovo", e pedia aos subordinados para "perseverar, sempre dentro dos limites da lei". O manifesto de Magalhães Pinto acendia a luz vermelha. Sabia-se que o quartel-general do golpe estava sediado na capital de Minas, onde governo e Forças Armadas trabalhavam alinhados no planejamento da insurreição como em nenhum outro estado.

Entre más e péssimas notícias, ao cair da noite Samuel correu ao Palácio Laranjeiras. Goulart se decidira sobre a questão de ordem do dia: compareceria à celebração do quadragésimo aniversário da Associação dos Subtenentes e Sargentos da Polícia Militar, no Automóvel Clube: "Procurei-o para implorar, este é o termo, que voltasse atrás". Jango passara as últimas horas afundado na poltrona, sendo bombardeado pelos vários grupos que o cercavam: os duros, os moles, os ideológicos, os fisiológicos, os positivos, os negativos, os amigos velhos, os amigos de ocasião. Todos se revezando para tentar convencê-lo disso ou daquilo. Para Samuel era evidente: prestigiar um evento de subalternos quando a oficialidade cobrava do presidente respeito à hierarquia seria o passo para a queda. Não sendo ouvido, prestou outro serviço.

"Um acompanhante de Goulart, a caminho da solenidade, confidenciou ao jornalista Janio de Freitas que o presidente aceitara por duas vezes bolinhas de Samuel Wainer", contaria o biógrafo de Carlos Marighella, Mário Magalhães.

Às dez horas da noite, a Mercedes de João Goulart estacionou na porta do prédio do Automóvel Clube, na rua do Passeio. O presidente tinha a aparência de um espantalho: expressão assustada, olhos nervosos, cabelos ralos em desalinho. Sete ministros de Estado, inclusive os três ministros militares, estavam presentes. O personagem mais paparicado da noite era o Cabo Anselmo. Para uma plateia de cerca de mil militares, Jango começou falando macio, pedindo respeito à hierarquia, à disciplina. E depois, largando o texto para falar de improviso, elevou o tom aos píncaros: "Os ricos da América Latina falam muito de reformas de base, mas chamam de comunistas aqueles que se decidem levá-las à prática". Para o delírio dos ouvintes: "A disciplina se constrói sobre o respeito mútuo, entre os que comandam e os que são comandados".

Ao desligar a TV, Samuel encerrava decidido o dia 30 de março — faltava pouco para a meia-noite quando terminou a solenidade no Automóvel Clube: pediria asilo à embaixada do Chile o quanto antes, fiando-se nos laços de outrora — Salvador Allende era candidato à Presidência da República. Escutara a parouvela de Jango estatelado na poltrona do aquário, cercado por João Etcheverry, Moacir Werneck de Castro, Otávio Malta, Paulo Silveira e Paulo Francis. Ali só ele acreditava na queda iminente. Os outros ainda depositavam fé no dispositivo militar do presidente.

Depois de deixar a redação, enquanto trafegava lento pela orla de Copacabana, Samuel se examinou e percebeu que não sentia compaixão alguma por Jango, embora mantivessem havia quinze anos uma fraterna amizade. Quase não brigavam e, quando o faziam, a briga durava pouco. Estavam ligados pelo mesmo destino: o encontro com Getúlio. A compulsão de se preservar, porém, sempre o mantivera à distância de segurança das amizades profundas. Até dos mais íntimos, Etcheverry, Moacir e Malta, guardava reserva. Nunca chegava tão perto que não pudesse se afastar. Além do mais, sabia: a perspectiva de ser deposto nunca afligira Goulart da mesma forma que inquietara Getúlio. Não seria preciso chorar por ele.

Basta de farsa. Basta da guerra psicológica que o próprio governo desencadeou com o objetivo de convulsionar o país e levar avante a sua política continuísta. Basta de demagogia para que, realmente, se possam fazer as reformas de base.

[...] Não contente de intranquilizar o campo, com o decreto da Supra, agitando igualmente os proprietários e os camponeses, de desvirtuar a finalidade dos sindicatos, cuja missão é a das reivindicações de classe, agora estende a sua ação deformadora às Forças Armadas, destruindo de cima a baixo a hierarquia e a disciplina.

[...] O Brasil já sofreu demasiado com o governo atual. Agora, basta!

Publicado na capa da edição de terça-feira 31 de março, o editorial do habitualmente legalista *Correio da Manhã*, "Basta!", despertou Samuel do cochilo desassossegado. Chegara da redação por volta das cinco e desabara no sofá. Às seis e meia, tocou o telefone. Era João Goulart. Queria saber se já tinha lido o editorial do vetusto diário. Passara a vista. O presidente então pediu que procurasse o Serpa e se informasse sobre os bastidores daquele editorial.

Era tão cedo que nem o presidente sabia: as tropas de Minas Gerais já estavam a caminho para apeá-lo do poder. Sem combinar com ninguém, dois generais, o comandante da Infantaria Divisionária da 4ª Região Militar, Carlos Luís Guedes, e o general Olímpio Mourão Filho, da 4ª Região e da 4ª Divisão de Infantaria, deflagraram o golpe — ou a "revolução", como preferiam acreditar —, em conluio com Magalhães Pinto e empresários locais. O camisa-verde Mourão exibia no currículo a autoria do apócrifo Plano Cohen, que, atribuído aos comunistas, servira de pretexto para a instauração do Estado Novo. Agora o mineiro de Diamantina, conterrâneo de JK, golpeava às claras, ambicionando a glória. General sem pompa, não contava com o respeito do Exército. Da dupla, talvez Guedes fosse mais bem-visto no Ministério da Guerra. Como eram homens de armas e não mancheteiros de jornais, batizaram a arremetida de Operação Popeye.

De madrugada Mourão ligara para o deputado Armando Falcão, o fio golpista no Congresso, informando-o da marcha. Falcão, por sua vez, telefonara para Castelo Branco. Apanhado de pijama, o chefe do EME disparou telefonemas, sem saber ainda se empurrava a insurreição para a frente ou tentava freá-la. Na dúvida ligou para a casa de José Luís de Magalhães Lins. "Por volta das quatro da manhã", lembraria o banqueiro. Ouviu do general a ordem para que fosse imediatamente ao seu apartamento, no Leblon. Não era assunto para telefone. "Castelo disse para eu falar com o Magalhães para recuar, voltar para os quartéis. Fui para casa e liguei para BH. Eu disse: 'O Castelo Branco pediu para o senhor recuar'. Ele respondeu: 'Não tem mais condição. As tropas já chegaram a Três Rios'."

Samuel não dormiu mais. Ficara inquieto após a breve conversa com Jango. "Ligou-me pelo menos umas três vezes aquela manhã, preocupado. Eu nada ou pouco podia comentar", recordaria Magalhães Lins. Ainda cedo as notícias do levante em Minas começaram a se espalhar, aos cacos, um quebra-cabeça. Com o correr do relógio, boatos iam virando mercadoria, correndo ligeiros e instaurando o alerta. Nas escolas, as crianças eram mandadas para casa. Nas ruas, transeuntes se amontoavam nos cafés para ouvir os boletins das rádios.

Segundo o sobrinho de Magalhães Pinto, para o seu escritório, no centro da cidade, dirigiu-se uma romaria. "Cheguei no banco com o dia clareando. Direto da casa do Castelo [Branco]. O Roberto Marinho estava na minha sala. Tinha ido lá para saber."

Por volta do meio-dia, Wainer já estava no jornal, onde encontrou a redação aos pulos. Repórteres e fotógrafos sendo despachados para os fronts: Palácio Laranjeiras, Palácio Guanabara, Vila Militar, Ministério da Guerra. Para o front mineiro seguiu o repórter Pinheiro Júnior, acompanhado do fotógrafo Adir Mera. Nas cercanias de Juiz de Fora a dupla foi detida. De patente em patente, Pinheiro descolou um salvo-conduto. Ao adentrarem a cidade, encontraram a população em festa, de roupa de domingo, como se fosse parada de Sete de Setembro. Antes de ser preso de novo — só seria solto na manhã seguinte —, Pinheiro redigiu e enviou, pelo correio, a sua reportagem. Por seu turno, Adir Mera protagonizou uma fuga espetacular. A cavalo, que "alugou" de um popular, com os bolsos dos coletes cheios de filmes. Fotografias históricas, que sobreviveriam ao tempo no arquivo da *Última Hora*.

No Palácio Laranjeiras, João Goulart avançava. Ou recuava. Mais recuava que avançava. "Aos jangos." O general Assis Brasil prosseguia exaltando o dispositivo, inflando de otimismo o presidente. Mourão e Guedes, 63 e 58 anos respectivamente, não passavam de "dois velhinhos gagás". O i e o iii Exército eram fiéis. O iv empoleirara-se no muro. Tudo dependia da posição do general Amauri Kruel, comandante do ii Exército. Se permanecesse fiel a Jango, em nome da boa amizade, que inclusive lhe rendera a indicação do filho para o Loide Brasileiro, em New Orleans, os montanheses morreriam na praia. O sucesso só dependia de uma coisa: firmeza. Era golpear ou ser golpeado.

"Se [o governo] tomar uma decisão, ele ganha essa parada, porque está todo mundo indeciso", disse o aflito brigadeiro Francisco Teixeira, comandante da iii Zona Aérea, do Rio de Janeiro, em telefonema ao ministro da Justiça, Abelardo Jurema, um dos que cercavam o presidente naquele fatídico dia.

Não foram poucos aqueles que sugeriam a João Goulart ser o que queriam que ele fosse: golpista. Para vencer, era necessário radicalizar: fechar o Congresso, intervir nos governos de Minas Gerais, São Paulo e Guanabara, censurar a imprensa. O pacote completo, era o que pedia a ocasião. Ligando de Brasília, um exaltado Darcy Ribeiro aconselhava inclemência. Do ministro da Casa Civil, veio o conselho óbvio. Em guerra, o governo precisava de um ministro da Guerra, o general Lott devia assumir a cadeira vazia. Como iria demitir o general Jair Dantas hospitalizado? O presidente se recusara. A arma dele era a política. Ia negociar. Agarrou-se ao telefone, tentando contato com os comandantes do Exército.

E emitiu uma nota à imprensa: "A nação pode permanecer tranquila. O governo federal manterá intangível a unidade nacional, a ordem constitucional e os princípios democráticos e cristãos em que ele se inspira, pois conta com a fidelidade das Forças Armadas e com o patriotismo do povo brasileiro".

Ao cair da noite, um sinal de reação do governo. A avenida Brasil, caminho para Juiz de Fora, foi tomada por duas colunas de caminhões militares. Uma delas, a do Grupo de Obuses, era constituída de 25 carros repletos de soldados que rebocavam canhões de 120 mm. Na outra, com 22 veículos, trafegava o melhor contingente de infantaria da Vila Militar, o Regimento Sampaio. Jair Dantas reassumira o comando, despachando da cama do hospital. Uma de suas providências foi exonerar Castelo Branco da chefia do Estado-Maior do Exército. Até então, o Ministério da Guerra vivia o insólito: no sexto andar, os infiéis; no nono, os fiéis. Com ordem de prisão decretada, Castelo, acompanhado do general Ernesto Geisel, transferiu o gabinete do golpe para um apartamento em Copacabana. Assumiu o EME o general Benjamim Galhardo, então à frente do III Exército. Para Porto Alegre, despachou-se o fiel general Ladário Teles.

Samuel mantinha os olhos grudados no teletipo de São Paulo. De lá, viria a notícia vital, definitiva. No bolão de apostas da redação da Sotero dos Reis, vencia o otimismo. Kruel não iria aderir — e a Operação Popeye não passaria de uma quartelada. Em mais de doze horas de tensão, as matérias se acotovelavam nas páginas em construção. O CGT decretara greve geral a partir da meia-noite. Brizola evaporara. A vanguarda da tropa mineira já descera bons quilômetros, instalando-se no distrito de Monte Serrat. No comando, o general Antônio Carlos Murici, que subira a serra no próprio carro para acudir Mourão. As rádios de Minas Gerais, formando a Cadeia da Liberdade, davam vantagem às tropas golpistas. A Rede da Legalidade, composta de Mayrink Veiga e Rádio Nacional, dizia o contrário.

Enquanto Kruel não dava sinal, de São Paulo chegou um aviso. A redação do Anhangabaú fora ocupada pela polícia de Ademar de Barros, com ordem direta do governador para que o jornal não circulasse. A nota publicada pela *Última Hora* da Guanabara, na manhã de 1º de abril, diria:

[Alegando] existir ameaça federal às liberdades públicas, [Ademar] rasga as leis, [...] para pôr a nu a verdadeira face do seu pretenso movimento de restauração legalista. [...] Ressalte-se, afinal, que após requisitar um exemplar do jornal para efetuar a sua censura, a Secretaria de Segurança declarou que as ordens recebidas não eram de verificar o texto, mas de obstar, de plano, que o jornal de qualquer modo circulasse.

Às 23h30, o comandante do II Exército finalmente tomou posição: "O II Exército, sob o meu comando, coeso e disciplinado, unido em torno de seu chefe, acaba de assumir atitude de grave responsabilidade, com o objetivo de salvar a pátria, livrando-a do jugo vermelho". Uma hora antes, havia falado com Goulart. Num dramático telefonema, pediu-lhe que rompesse com a esquerda, empurrando o CGT para a ilegalidade. Também queria as cabeças de Darcy Ribeiro e de Abelardo Jurema, os ministros considerados mais radicais. Para Jango, tais exigências estavam fora de questão. O acordo o transformaria em presidente decorativo, manietado pelos militares.

"General, eu não abandono os meus amigos. Se essas são as suas condições, eu não as examino. Prefiro ficar com as minhas origens. O senhor que fique com as suas convicções."

"Então, presidente, nada podemos fazer."

O Rio de Janeiro fervilhava, e também o coração messiânico de Carlos Lacerda. Coberto por uma japona preta, escondendo a metralhadora portátil à qual se agarrara desde que soubera da insurreição mineira, o governador saiu pela primeira vez aos jardins do Palácio Guanabara. "Kruel está a caminho e a nossa vitória está à vista", declarou à massa concentrada na sua porta. Desde o badalar inicial da acalentada "revolução", entrincheirara-se. Sacos de areia rodeavam a sede do governo — e caminhões de lixo bloqueavam as ruas de acesso. Além da Polícia de Vigilância e da Polícia Militar, protegiam-no centenas de voluntários, marcados pelo lenço azul e branco no pescoço. Para se comunicar com o povo, instalara alto-falantes no entorno do palácio. Nas rádios, entrava ao vivo.

À Rádio Inconfidência, de Belo Horizonte, disse:

Meus amigos de Minas, [...] ajudem-me, ajudem o governo da Guanabara, sitiado mas indômito. [...] O Brasil não quer Caim na Presidência da República. [...] Caim, que fizeste de teus irmãos? De teus irmãos que iam ser mortos por seus cúmplices comunistas, de teus irmãos que eram roubados para que tu te transformasses no maior latifundiário e maior ladrão do Brasil?

A cidade anoiteceu revolucionária — de lá e de cá. À meia-noite, os transportes públicos pararam, com a adesão dos ferroviários e rodoviários à greve convocada pelo CGT. Ao mesmo tempo, a polícia lacerdista desencadeou a caça às bruxas, recolhendo os líderes sindicais. Por volta das duas e meia da madrugada, um boato de que fuzileiros janguistas estavam a caminho do Guanabara para prender o governador levou outras centenas de patriotas a acudirem Lacerda. De fato, houvera a intenção, abortada pelo não de João Goulart. Enquanto o governo acumulava derrotas — o Regimento Sampaio, que subira a serra para esmagar as tropas de Mourão, cambiara de lado após o anúncio de Kruel —, Cândido Aragão fizera uma visita ao *Globo* e ao *Jornal do Brasil*.

O *JB* relataria:

Quatro [...] fuzileiros, comandados pelo tenente Arinos, moviam-se como gorilas pelo estúdio, seus movimentos tolhidos pelas metralhadoras que ameaçavam microfones, painéis de instrumentos e os funcionários, estupefatos com aquela irrupção de selvajaria tecnológica em plena avenida Rio Branco. Era o Brasil regredindo ao estado de republiqueta latino-americana. Os fuzileiros navais, ao chegarem, dispararam dois tiros para o ar diante do prédio, entraram de metralhadoras em punho. Deixaram um colega na porta e subiram, metralhadora em punho, pistolas na cinta, até o quinto andar. Tinham ordem de quem? Indagamos. Do ministro da Marinha, disseram. Onde estava a ordem? Era verbal.

Ao *Globo*, o "Almirante do Povo" pareceu "arrogante e enfatuado, escusou-se de dar qualquer esclarecimento em justificativa da violência que estava praticando. Limitou-se, em dado momento, a balbuciar para [um] sargento: 'Um jornal como *O Globo* só poderá voltar às bancas dos jornaleiros se o Kruel vencer esta parada'".

Segundo a mesma matéria: "Descendo às oficinas, o almirante Aragão mudou de semblante. Tentou-se mostrar afável perante os nossos bons e eficientes colaboradores. [Disse]: '*O Globo* não vai circular. Bem melhor para vocês, que assim ganharão o dia sem trabalhar'".

O dia 1º de abril, quarta-feira, despertou o Rio com mais um rumor de invasão do Palácio Guanabara. O *JB* fotografara Carlos Lacerda andando pela Pinheiro Machado de metralhadora em punho. "O governador esteve sempre preparado para tudo", ironizava a legenda. Sem que se tivesse disparado um tiro até ali, ele parecia decidido: estava em guerra, uma guerra pessoal, santa, em que protagonizava o próprio faroeste verbal. "O Guanabara está sendo atacado neste momento por um bando de desesperados. Fuzileiros, deitem as suas armas, porque vocês estão sendo enganados por um oficial inescrupuloso. Aragão, covarde, incestuoso, deixe os seus soldados e venha decidir comigo essa parada. Quero matá-lo com o meu revólver! Ouviu, Aragão? De homem para homem."

Logo no começo da tarde, Lacerda apareceu no auditório da TV Rio. Ao vivo, um homem vitorioso, coberto pela virtude das intenções. Nas últimas horas, o governo federal colhera mais derrotas: além do Regimento Sampaio, o IV Exército decidira-se pelo apoio ao golpe. A batalha de narrativas, esta ele levara de lambuja, com o grosso da imprensa abrindo-lhe as páginas e os microfones. Para assoprar o açoite em João Goulart, somente a *Última Hora* e a Rádio Mayrink Veiga. Para Lacerda, em breve, nem estes: "Vão fugir como ratos". Enquanto estava no ar, soube de duas boas-novas: a Mayrink Veiga acabara de ser calada pela "revolução" e os três tanques que guardavam o Laranjeiras se dirigiram ao Guanabara, trocando de lado. Jango deixara a cidade.

"Deus é bom. Obrigado, meu Deus, muito obrigado."

"Tu vens comigo [para Brasília]."

"Não, Jango, não vou. Tu vais defender a tua presidência, eu vou defender o meu jornal."

Por volta das onze do negro 31 de março, Wainer e Goulart haviam se falado. Ainda pela manhã Samuel fez-lhe uma visita, era a despedida. Os dois sabiam: a opção era a guerra civil. Coisa em que, também sabiam, Jango não embarcaria. Preocupava-se por demais com o nome na história, com a herança moral que transmitiria aos filhos. Aliás, isso tinham em comum: a devoção aos filhos. Assim que um deixou o Palácio Laranjeiras, por volta de 12h30, o outro, de volta ao jornal, deixou a redação da *Última Hora*, em companhia do advogado Hariberto de Miranda Jordão. A quarta-feira, 1º de abril, esmorecida pela chuva fina, evoluía sombria, sem perspectiva alguma para o governo, sem luz no fim do túnel. O comandante do I Exército, general Morais Âncora, havia aconselhado o presidente a sair do Rio. O ministro da Guerra, Jair Dantas Ribeiro, telefonara-lhe, repetindo o bordão de Kruel: ou abandonava a esquerda ou seria abandonado. Diante da recusa, entregou o cargo. "Isto aqui está se transformando numa ratoeira", dissera a Raul Ryff.

Ao desembarcar na capital federal, João Goulart estava abatido, barba por fazer, usando terno de linho branco. De helicóptero, baixou no Palácio do Planalto, onde foi recebido pelo incansável Darcy Ribeiro. Mal entrou, saiu. Na Granja do Torto, gastou as horas debatendo o destino com Darcy, Waldir Pires, Doutel de Andrade, Almino Afonso e Tancredo Neves. Segundo relataria Tancredo, repisava a tese de que a revolta não era contra ele, mas contra as reformas. O motivo da conspirata encontrava-se no bolso dos atingidos pela Lei de Remessas de Lucros. Solicitou aos companheiros de ocaso um manifesto, um texto que seria sua carta-testamento, seu testemunho para as gerações futuras, para o seu filho, João Vicente. Gravou-o, ali mesmo, com um gravador de mão, para ser divulgado pela Rádio Nacional, o que não aconteceria. Àquela altura, já haviam tirado do ar a emissora.

> [...] Sei que o povo ignora o verdadeiro significado das pressões a que meu governo
> está sendo submetido desde que, para salvaguardar os mais legítimos interesses da
> Nação, tive que adotar no plano internacional uma política externa independente e,
> no plano interno, medidas inadiáveis de proteção à sua espoliada economia, arrastei
> a fúria insensata e odienta dos impatrióticos interesses contrariados.

Impressionara-o, certamente, a conversa que tivera com San Tiago Dantas, ainda no Palácio Laranjeiras. Pelo seu ex-ministro das Relações Exteriores e, posteriormente, da Fazenda, soube que o Departamento de Estado americano apoiava a sublevação, e não apenas reconheceria o estado de beligerância de Minas Gerais com apoio diplomático, como interviria militarmente no país caso necessário. A informação fora soprada de Minas, San Tiago a ouvira de Afonso Arinos, nomeado às pressas secretário de Estado de Magalhães Pinto. A dimensão do arrimo só seria conhecida mais de uma década depois. Em 1976, o jornalista Marcos Sá Corrêa publicaria no *Jornal do Brasil* os documentos que detalham a Operação Brother Sam, até então enterrados na Biblioteca Lyndon Johnson, no Texas.

Pelos registros, Jango ainda tergiversava no Laranjeiras quando o presidente Lyndon Johnson autorizara o envio de força-tarefa naval para o litoral do Brasil. A Esquadra do Atlântico partiu composta de seis contratorpedeiros, um porta-aviões, um porta-helicópteros, quatro petroleiros e um posto de comando aerotransportado, e estava carregada com 110 toneladas de munição e 553 mil barris de combustível. As tratativas com Washington vinham de longe. O dispositivo militar dos americanos começara a ser montado ainda em 1962, no Salão Oval da Casa Branca, numa reunião entre o então presidente John Kennedy, o assessor Richard Goodwin e o embaixador Lincoln Gordon.

"Acho que devemos tomar todas as medidas que pudermos e estar preparados para fazer tudo que for preciso, exatamente como faríamos no Panamá — desde que seja viável [...]. Eu seria a favor de que a gente se arrisque um pouco": palavras de Lyndon Johnson, substituto de Kennedy, chegada a hora de agir.

Entre as condições dos americanos para reconhecer o futuro presidente, conforme documento do Departamento de Estado, enviado de Washington a Lincoln Gordon no mesmo dia 31, estavam "a formação de um governo que diga ser o governo do Brasil; o estabelecimento de algum tipo de legitimidade; a tomada e manutenção de uma parte significativa do território brasileiro; [...] e um pedido de reconhecimento e de ajuda deste governo e de outros Estados americanos, para manter o governo constitucional".

No texto, constavam "os elementos mínimos de legitimidade que requeremos": "o entendimento de que Goulart praticou atos inconstitucionais; reivindicação da presidência por alguém que esteja na linha da sucessão; ação do Congresso ou de alguns elementos do Congresso que reivindiquem a autoridade do Legislativo; reconhecimento ou ratificação por alguns ou todos os governos estaduais".

Com o governo de Jango pendurado por fios, Samuel pediu asilo na embaixada do Chile. Enquanto o presidente voava para a queda, ele atravessara a cidade, da praça da Bandeira à praia do Flamengo, devagar, engastalhado no pandemônio, em silêncio, vendo passar, pela janela do carro, a derrota. Dos prédios, chovia papel picado. Das janelas, escorriam lençóis brancos. Diante dos seus olhos, deslizava a cidade ocupada pela manada, uma gente que se apoderara da bandeira do Brasil, do Hino Nacional, do patriotismo, expurgando a diferença, debatendo-se contra um comunismo irreal. Os mercados estavam lotados, a população se preparava para o desabastecimento. O prédio da UNE fora atacado, queimava. A partida de Goulart do Rio deixara o vácuo de poder, interpretada como fuga, portanto vitória, euforia, irracionalidade. Um país sem razão.

Formalmente, entretanto, o governo permanecia de pé e Samuel não poderia estar ali, solicitando asilo. Nem o Chile poderia conceder-lhe a honraria. Antecipar a fuga, aliás, era um risco não só legal como moral: caso Jango se salvasse, estaria desmoralizado, o fujão que pula do barco antes do naufrágio. Mas, encharcado de convicção — e já de corpo e alma preparados para o exílio —, não perdera tempo. Havia uma brecha na legislação: o princípio de proteção de cidadãos da odiosidade pública. Residindo numa cidade governada por Carlos Lacerda, era ódio para dar e vender.

Na edição de 3 de abril, o *Jornal do Brasil* noticiaria:

> O embaixador do Chile, sr. Marcelo Ruiz Solar, esteve, ontem, no Ministério das Relações Exteriores, onde entregou ao secretário-geral do Itamaraty nota na qual comunica a concessão de asilo, dada pelo seu governo, ao jornalista Samuel Wainer. [...] Deve viajar para o Chile nos próximos dias. [...] O funcionário da embaixada que prestou esta informação recusou-se a dizer se o sr. Wainer está escondido na chancelaria chilena, no Flamengo, ou na residência do embaixador.

Lá pelo início da mesma noite, com o chefe em fuga, uma notícia sobressaltou a redação da Sotero dos Reis: desfilando em triunfo as cores da Guanabara, azul e branco, a carreata lacerdista, que já botara fogo no prédio da UNE e protagonizara um tiroteio em frente à Faculdade de Direito, pegara o rumo da praça da Bandeira. No fechamento da edição de quinta-feira, o *day after* ainda incerto, encontravam-se Jorge de Miranda Jordão, Moacir Werneck de Castro e Paulo Francis. O dia prosseguira irreal, um literal primeiro de abril, ninguém sabia mais no que acreditar. Fosse verdadeiro o boato do iminente empastelamento, restavam duas opções: enfrentar e botar o jornal na rua, afinal de contas um número histórico, ou bater em retirada, aguardando em algum lugar seguro o trotar dos acontecimentos. Falou mais alto a voz sensata de Moacir: baixar as portas e escafeder-se.

Cada um fez o que pôde. Luarlindo Silva, a pedido de Moacir, acompanhou Amado Ribeiro numa perigosa fuga, rumo a Três Rios, sob o risco de toparem com as tropas do general Mourão descendo a serra de Petrópolis. Tomaram o cuidado de cobrir a logomarca da *Última Hora* no Jeep do jornal. Desafeto da polícia de Lacerda, Amado corria mais risco ficando no Rio do que encarando o Exército.

Paulo Francis escapou no porta-malas do carro de Ricardo Amaral. No aterro, o automóvel cruzou com uma carreata lacerdista, sacudindo bandeiras e buzinando. Apesar da postura radical — ou talvez por ela também —, Francis era o esquerdista de estimação da alta sociedade. Culto, inteligente e muitíssimos sobrenomes: Franz Paul Trannin da Matta Heilborn. Ele foi se esconder na casa de um tio aristocrata, Fraterno Heilborn. "Fraterno, almirante reformado, apoiara integralmente o restabelecimento da verdadeira democracia, o apelido inicial do golpe. Me colocou numa sala suíte e me mandou ficar à vontade. Em volta de mim, uma coleção de fotografias e lembranças de Carlos Lacerda." Para o maior fã de Brizola, um pesadelo: "Carlos me olhava hipnoticamente, à maneira do pôster de Kitchener, recrutando ingleses ao massacre da Primeira Guerra, com os dizeres 'your country needs you', que traduzi, na sala de Fraterno, 'Borges te caça'".

Moacir Werneck de Castro e Jorge de Miranda Jordão também pegaram o rumo da Zona Sul. O destino foi o apartamento de Copacabana que a *Última Hora* alugava para receber visitantes ilustres. Dizia-se pertencer a uma condessa francesa, mas na verdade a proprietária era Constança Sundt, nascida Fialho. Móveis de estilo, tapetes persas, tudo de bom gosto. Moacir rememoraria em crônica:

> Ali pousava o Jorge, ali ficamos. Estávamos, Jorge e eu, começando a remoer as nossas perplexidades quando ouvimos [...] um assobio. Melodia completamente inesperada: era a *Internacional*. Chegamos à sacada [...] e localizamos lá embaixo a dona do assobio, Teresa Cesário Alvim. [...] Fazia humor negro, com um senhoril, olímpico desprezo pelo risco. [...] Junto vinha Flávio Rangel, que animou a conversa com sua centelha inesquecível.

O caso se passara na véspera, lá mesmo, no apartamento de luxo convertido em esconderijo. Após o anúncio da adesão de Kruel, prenunciando a vitória dos golpistas, a empregada decidira contra-atacar. Armada de garrafas, posicionou-se na varanda e mirou os transeuntes que já ocupavam as ruas para celebrar. Choveram garrafas. Era filha de trabalhador da roça, a vida inteira vira o pai sonhando com um pedaço de terra. Toda a esperança da família repousava na reforma agrária, a bandeira do presidente que queriam derrubar.

De acordo com Moacir, a noite avançou descontraída: Flávio Rangel imaginou uma peça de teatro, um drama humano, iluminado pelos "resplendores da tragédia brasileira". "Acabaram localizando o apartamento e a moça, que tinha sido vista. Levaram a pobre para a delegacia de polícia, debaixo de pancada. Jorge de Miranda Jordão, que dormia e acordou estremunhado, não viu nada. Não o incomodaram: morador de um apartamento daqueles não podia ser um subversivo."

A certa altura, o grupo — gente fora chegando e, no final, somavam oito jornalistas — decidiu em coro: botaria o jornal na rua. Disparando telefonemas, reuniu-se como por milagre uma pequena equipe de redatores, repórteres e gráficos. Enquanto isso, Jorge de Miranda Jordão era enviado à embaixada do Chile para uma insólita reunião de pauta. Contrariando as leis internacionais, que só permitiriam a visita de familiares, Miranda Jordão adentrou o recinto. Ao ouvi-lo, Samuel duvidou. Como iam botar o jornal na rua se a redação havia sido destruída?

"Se tiverem deixado a gráfica intacta a gente consegue."

"E o que vamos dar na manchete?"

"Vamos dar o fato."

"Que fato?"

Até amanhecer a quinta-feira 2 de abril, quando se saberia qual versão triunfaria acerca do que para uns era golpe e para outros revolução, Samuel entreviu o ocaso, sem nitidez, sem reconhecê-lo. De todas as praças da *Última Hora*, foram chegando más notícias. Não conseguindo vislumbrar o alcance de tudo aquilo, agarrou-se à ideia da pausa, de hiato, de refresco, com data para acabar: 1965, quando — estava certo disto — Juscelino Kubitschek seria eleito. Tanto acreditava na vitória da democracia que, em conversa com o embaixador Lincoln Gordon, dias antes, como ficara registrado no Departamento de Estado, garantiu que seu jornal declararia apoio a JK ainda que ele não fosse o candidato de João Goulart. Ao mesmo tempo que pensara em viver fora do Brasil por pelo menos uma década, vendo crescer os filhos, não podia se negar à verdade: não estava pronto para abandonar a luta, não sabia separar-se dela.

"Só muito mais tarde entendi que uma era chegara ao fim, e que os vencidos haveriam de pagar um preço por isso", diria nas memórias. "Acompanhei essas violências refugiado na embaixada chilena."

No prédio do Anhangabaú, em São Paulo, desde o final da tarde, esperava-se o pior. A turma do ccc partira do Mackenzie, no bairro de Santa Cecília, atacando alvos. A *Última Hora* estava no caminho. Justamente naquele dia inglório o jornal ficou acéfalo. Jorge da Cunha Lima, o diretor, desaparecera com a mulher grávida de nove meses levada às pressas ao hospital. Para quem aguardava um massacre, o sumiço soara suspeito. Imperdoável até. Alguns repórteres foram mandados para a rua, com a missão de ir avisando à redação a evolução da turba. De bar em bar, ligavam com as últimas, e péssimas, notícias.

Ignácio de Loyola Brandão contaria:

Baixamos a porta de ferro e ficamos lá dentro. Nós mandamos as mulheres para casa, mas se recusaram. O Jorge saiu dizendo que a esposa tinha ido para o hospital e nunca mais voltou. Lembro-me da Alik Kostakis gritando: "Vou defender o Samuel, daqui não saio". O episódio terminou com um pelotão da Força Pública, chamada para nos proteger, entrando, quebrando as máquinas, invadiram o departamento de Copyright. Em suma: fecharam o jornal. Só voltamos a circular precariamente quinze dias depois.

A versão de Cunha Lima para o fatídico 1º de abril seria outra. Ao deixar o prédio do Anhangabaú, fora, antes de seguir para o hospital, procurar Amauri Kruel, conforme orientação de Samuel:

Ele havia me levado até o general semanas antes. Eram amigos. Sabia que tudo era possível. Se o golpe fosse do Jango, o Ademar podia mandar empastelar o jornal. Se fosse o contrário, estávamos perdidos. Não existia tropa de esquerda. A direita é que estava organizada. Fomos à casa do Kruel, no Jardim Europa. Este jurara proteger o patrimônio da *Última Hora*. Então fui procurá-lo.

No quartel da rua Conselheiro Crispiniano, não achou ninguém. "Mandaram--me para a Secretaria de Segurança. Fui, foi humilhante. Olharam-me como o traidor que pede perdão. O secretário, Erasmo Dias, me garantiu que não ia ter empastelamento."

Na mesma noite, Cunha Lima perdeu o cargo. "Recusei-me a colocar uma edição na rua de qualquer jeito, como queria o Hariberto de Miranda Jordão. Tivemos uma forte discussão por telefone. Ele me disse: 'O Samuel está preso e eu estou no comando. Você está demitido'. No dia seguinte, nomeou o Rubens Paiva para a direção."

Na *Última Hora* do Nordeste, repetiu-se o enredo. Por volta das oito da noite, um pelotão do IV Exército ocupara a redação. Àquela hora, Miguel Arraes já se encontrava preso no 14º Regimento de Infantaria — mais tarde seria levado para Fernando de Noronha. Como o jornal estava intimamente ligado a ele, recebeu as pauladas, ficando fora das bancas nos dias seguintes até fechar as portas definitivamente em 19 de abril. O Recife virara praça de guerra. As tropas do general Justino Alves Bastos haviam matado dois adolescentes em praça pública, abrindo fogo contra uma passeata de estudantes secundaristas em favor do governo.

"A *Última Hora* de Pernambuco [era] uma ilha esquerdista cercada por uma imprensa regional profundamente reacionária", lembraria Samuel na autobiografia. "O jornalista Milton Coelho da Graça reagiu àquela arbitrariedade e, além de preso, foi brutalmente torturado."

"Tu nunca mais vais voltar para o Brasil desse jeito." A frase de Leonel Brizola, dita em alto e bom som, alcançou João Goulart já descendo as escadas, após sua palavra final: "Verifico o seguinte: a minha permanência no governo terá que ser à custa de derramamento de sangue e eu não quero que o povo brasileiro pague esse tributo. Então, me retiro, peço a vocês que desmobilizem". Minutos antes das quatro da manhã de 2 de abril, ele pousara em Porto Alegre. Acompanhado do general Assis Brasil, despedira-se de Tancredo, Almino Afonso e Bocaiuva Cunha na Base Aérea de Brasília, deixando Maria Thereza e os filhos na Granja do Torto. Na capital gaúcha encontrara o povo na praça e a fantasia da resistência. Brizola acreditava ser possível repetir 1961, levantando a voz da legalidade e armando voluntários. Em reunião na casa do general Ladário Teles, na rua Cristóvão Colombo, escutando um e outro, Jango capitulou.

Enquanto o Avro da FAB ainda estava no ar — levara mais de cinco horas para aterrissar em Porto Alegre —, 178 congressistas (26 senadores e 152 deputados) reuniram-se no plenário da Câmara dos Deputados, em Brasília. A UDN e o PSD confabulavam. Era chegada a hora de o Congresso cumprir seu papel no script. Em meio ao alarido, Bocaiuva Cunha tentou obstruir a sessão, anunciando a prisão do governador do Rio de Janeiro, Badger da Silveira. O tumulto chegou a interromper o passo da história por vinte minutos. Reaberta a sessão, o presidente do Senado, Auro de Moura Andrade, agarrou o microfone: "Comunico ao Congresso Nacional que o sr. João Goulart deixou, por força dos notórios acontecimentos de que a nação é conhecedora, o governo da República".

No plenário, Tancredo protestou: "Não é verdade, não é verdade".

Ignorando esse e outros protestos, Auro Moura prosseguiu, baseando-se no ofício fresco de Darcy Ribeiro, enviado ao Congresso para informar que Goulart estava no Rio Grande do Sul, "à frente das tropas militares legalistas e no pleno exercício dos poderes constitucionais".

O senhor presidente da República deixou a sede do governo. Atenção. O senhor presidente da República deixou a sede do governo. Deixou a nação acéfala.

Numa hora gravíssima da vida brasileira, em que é mister que o chefe de Estado permaneça à frente do seu governo, abandonou o governo. E esta comunicação faço ao Congresso.

Esta acefalia configura a necessidade de o Congresso Nacional, como poder civil, imediatamente tomar a atitude que lhe cabe nos termos da Constituição brasileira, para o fim de restaurar nesta pátria conturbada a autoridade do governo e a existên-cia de governo. Não podemos permitir que o Brasil fique sem governo.

Vaias e aplausos o interrompiam. "Há sob a nossa responsabilidade a popu-lação do Brasil, o povo, a ordem."

Muitas vaias. "Assim sendo declaro vaga a presidência da República e nos termos do artigo 79 da Constituição declaro presidente da República o presidente da Câmara dos Deputados, Ranieri Mazzilli."

"Canalha! Canalha! Filho da puta!", gritou Tancredo, antes de Auro Moura declarar encerrada a sessão.

No terceiro andar do Planalto às escuras, naquela hora estúpida em que se rasga-va a Constituição federal baseando-se em falsa alegação, Darcy Ribeiro encarnava a face da legalidade, quando Auro Moura, acompanhado do presidente do Supremo Tribunal Federal, cruzou a praça dos Três Poderes para dar posse a Mazzilli. Uma cerimônia sem precedentes, ocorrida no meio da madrugada, testemunhada pela menor comitiva de posse já registrada na história republicana. Na cara de um general, Nicolau Fico, comandante da Região Militar, o ministro da Casa Civil pronunciou as últimas palavras do governo João Goulart: "Macaco traidor".

A *Última Hora* da Guanabara entardeceu nas bancas do dia 2 de abril, magrinha e dissonante. "Jango no Rio Grande e Mazzilli empossado" era a manchete, o "fato", que Jorge de Miranda Jordão prometera a Samuel, seguido de outros "fatos": "Jango dispensa sacrifício dos gaúchos" e "Governo da República está em Porto Alegre". Uma edição de apenas quatro páginas, saída dos escombros da redação da Sotero dos Reis. Dela pouco sobrara. Em cerca de sessenta carros, tanto particulares como de praça, a caravana lacerdista empenhou-se na destruição: máquinas de escrever, mesas, cadeiras, telefones, e quase toda a frota de veículos da reportagem e distribuição. Ficara intata, porém, somente a rotativa.

"A vindita fria", acusou o editorial, publicado na capa. "Horas antes, passara em frente à nossa redação um carro que transportava 'observadores' — e esses eram, como se constatou, elementos da famigerada Invernada de Olaria, cujas violências foram denunciadas por *Última Hora*."

Segundo o texto: "Os mesmos elementos estavam, em seguida, comandando o assalto, misturados a lanterneiros, marginais e playboys — a conhecida massa componente das tropas de choque do fascismo. Tiros foram disparados, barras de ferro utilizadas com habilidade de profissionais".

Os prejuízos materiais eram ainda de vulto incalculável. "Aos nossos leitores pedimos a compreensão, o apoio e a solidariedade que nunca faltou, certos de que relevarão as falhas técnicas que apresenta esta edição. A fúria dos terroristas foi inútil. *Última Hora* continua."

Nas páginas dos demais jornais do país, o Brasil era outro, uma nação em festa, vitoriosa. Para *O Globo*, "Ressurge a democracia": "Vive a nação dias gloriosos. Porque souberam unir-se todos os patriotas, independentemente de vinculações políticas, simpatias ou opinião sobre problemas isolados, para salvar o que é essencial: a democracia, a lei e a ordem".

Na *Tribuna da Imprensa*, comprada pelo jornalista Hélio Fernandes, Jango era o "escorraçado", o "infame líder dos comuno-carreiristas-negocistas-sindicalistas": "O sr. João Goulart passa outra vez à história, agora também como um dos grandes covardes que ela já conheceu. [...] Nunca se viu homens tão incapazes, tão desonestos e tão covardes. Agora que o país se livrou do fantasma da comunização podemos repetir o que vínhamos dizendo exaustivamente: todo comunista é covarde e mau-caráter".

A *Folha de S.Paulo*, unificação das *Folhas*, sob o comando dos novos proprietários, Otavio Frias Filho e Carlos Caldeira Filho, saiu com o editorial "Em defesa da lei":

[...] Assim se deve enxergar o movimento que empolgou o país. Representa, fora de dúvida, um momento democrático da nossa vida, que felizmente termina sem derramamento de sangue. E termina com a vitória do espírito da legalidade, restabelecido o princípio da Constituição e do Direito. Resta-nos esperar que os focos de resistência esboçados em raros pontos logo se desfaçam, para que a família brasileira reencontre no menor prazo possível a paz à qual tanto aspirava e o povo, livre da pregação dos comunistas que se haviam infiltrado no governo, volte a ter o direito, que haviam lhe tirado, de trabalhar em ordem e dentro da lei.

O Jornal — e toda a cadeia dos Diários Associados — pediu "Operação Limpeza":

Com a imediata e esmagadora vitória dos verdadeiros princípios cristãos e democráticos, inicia-se a grande e urgente tarefa de reorganização da vida política nacional. A fuga do sr. João Goulart é um espetáculo por demais vergonhoso para servir de ponto-final no processo revolucionário que se instaurou no país. O ex-presidente comportou-se como um pigmeu, sem a estatura do próprio Getúlio Vargas, de quem se dizia herdeiro, apesar de suas reiteradas afirmativas de que não desertaria e nem se deixaria prender. Cumpre agora proceder à higienização da vida pública [...].

Até o colunista social Ibrahim Sued posou de revolucionário, em sua coluna no *Diario de Noticias*:

A nossa vitória é o fim do comunismo em nosso continente. É o fortalecimento da democracia, o esvaziamento do comunismo sanguinário de Fidel Castro na América Latina. [...] O gangster sem pátria, Che Guevara, declarou há dias [...] que a vitória do comunismo no Brasil estava por dias. Enganou-se o comparsa de Brizola, o traidor da legalidade, o líder da baderna, o líder de quê?

Do *Correio da Manhã* ao *Estado de S. Paulo*, os dois mais importantes matutinos do país, a imprensa decretou a "vitória da Revolução". Fora das ruínas da *Última Hora*, somente o jornalista Danton Jobim, no *Diario Carioca*, traçou caminho diferente, no editorial "Depois da borrasca":

Desta vez não houve um contragolpe ou um simples arranhão na Constituição como em 1955. Foi-se às do cabo: depuseram o presidente da República e alguns governadores estaduais. Ainda não se sabe se os freios aguentarão o carro ladeira abaixo. [...]

E o destino político do sr. João Goulart? Ainda tem larga vida diante de si. Sua carreira não terminou. Ninguém lhe arrebatará a bandeira das reformas, por mais que se discorde dos processos e caminhos escolhidos por ele para a mudança da estrutura econômico-social do país. E vai ser, não se esqueçam, o grande eleitor nas eleições de 1965, como Getúlio o foi na de 1945.

Samuel varou a quinta-feira nublado, abatido, sem horizonte. No primeiro exílio, tinha 32 anos. Agora, 52. E os filhos? Com o fato consumado, sua primeira ação do dia 2 de abril foi telefonar para Danuza. Precisava vê-la, precisava, sobretudo, convencê-la a acompanhá-lo. Não ignorava que o casamento com Antônio Maria já fizera água. Segundo lhe contavam, estava aprisionada num relacionamento sombrio. Arrastava tristeza e fazia terapia às escondidas. Nem mesmo à praia podia ir com as crianças, já que Antônio Maria fora proibido pelos médicos de se expor ao sol. Ele a conhecia, "Danuzinha" não era uma mulher doméstica, passarinho de gaiola. Quando ela atendeu o telefone, pediu que fosse à embaixada do Chile, o mais rápido possível.

"Com a voz embargada, disse que estava asilado na embaixada do Chile [...]. Sua ausência poderia ser longa, e precisava falar comigo sobre as crianças", contaria Danuza. "Quando desliguei, Antônio Maria estava atrás de mim, me olhando como se eu tivesse cometido traição; disse [...] que eu não podia ir encontrá-lo."

Às 11h30, o último fio se rompeu: João Goulart deixou Porto Alegre, ao ser informado de que tropas do Paraná marchavam sobre o Rio Grande do Sul. A mulher e os filhos já estavam na fazenda Rancho Grande, em São Borja, e seguiriam imediatamente para Montevidéu, onde se encontrariam. Maria Thereza partira do Torto com a roupa do corpo, escoltada pelo cabeleireiro.

"João Goulart foi aguardado durante a tarde e noite de ontem nos aeroportos das capitais do Uruguai e Paraguai. O aeroporto de Carrasco, em Montevidéu, chegou a ser interditado para a descida do Avro brasileiro que deixou Porto Alegre [...]. Até as últimas horas de ontem não se tinha notícia do seu destino", informou a *Última Hora* da Guanabara, na edição de 3 de abril.

A trevosa sexta-feira foi um dia de romaria na embaixada do Chile. Logo no começo da tarde, chegou Jorge da Cunha Lima, com o deputado Plínio de Arruda Sampaio, que também pedira abrigo aos chilenos. "Uma viagem horrorosa", contaria. "Samuel me disse que precisava de alguém de confiança para passar as ações do jornal. Eu falei que ia estudar um plano e lhe enviaria. Fiz o seguinte plano: 49% das ações para o Carvalho Pinto e 49% para o Juscelino. Eu ficaria com os 2% decisórios." Conforme Cunha Lima, Samuel jamais saberia da proposta. "Eu mandei o documento redigido para o Hariberto entregar a ele. Nunca entregou. Meu plano era perfeito. Era seguro."

À tarde, outra visita bateu à porta: Ibrahim Sued. Vinha em nome de um grupo de empreiteiros, nunca identificado, interessados em comprar a *Última Hora*. Muitos anos mais tarde, o próprio Ibrahim confirmaria o encontro, em texto publicado no *Globo*, por ocasião da publicação de *Minha razão de viver*.

"Não quero vender a *Última Hora*, Ibrahim."

"Você é maluco? Não vê que não tem condições de manter o jornal?"

"Não tenho intenção alguma de desfazer-me da *Última Hora*."

"Eles pagam o preço que você estabelecer."

Talvez por acreditar ter 1 milhão de dólares esperando por ele na Europa ou talvez por pura falta de visão empresarial, Samuel preferiu apostar no incerto, ignorando o precipício. Àquela altura, já não tinha uma cadeia de jornais. O império escoava. Restava-lhe, praticamente, só a marca. Somente a *Última Hora* da Guanabara conseguiu chegar às bancas naquele dia de consagração pública da nova ordem. A edição carioca saiu com as impressionantes imagens da Marcha da Família com Deus pela Liberdade: 1 milhão de pessoas celebrando nas ruas do Rio, na tarde anterior, o triunfo. Ao menos metade da tiragem acabou recolhida pela polícia, sob ordem expressa do secretário de Segurança, o velho coronel Borges. Uma charge de Jaguar, publicada na capa do dia 4, entraria para a história: "gorilas" atacam a tiros e pauladas a redação de *Última Hora*, enquanto um deles salta sobre uma Remington.

Tarde da noite, Samuel recebeu um telefonema de Ari de Carvalho, então à frente da *Última Hora* em Porto Alegre. Mais uma derrota no front, para encerrar a sexta-feira. O jornal tinha circulado na tarde anterior, dia 2, mas naquela manhã não saiu, vítima de um corte criminoso de luz. Segundo informava Ari, o prédio da *Última Hora* gaúcha fora recém-invadido pela polícia. Ao adentrar a redação, a tropa marchou para o departamento fotográfico. Com a queima dos arquivos do Dops ordenada por Brizola em 1960, a polícia não tinha em seu fichário fotos de importantes lideranças da esquerda. Na limpa, esqueceram-se os negativos. Muitos jornalistas foram levados presos. Um deles, José Antônio Ribeiro, o Gaguinho, espancado quase até a morte.

No décimo dia, contando a partir da arrancada do general Mourão dos rincões de Minas, Samuel acordou com o nome nos jornais. Uma deferência do Comando Supremo da Revolução: ele era o 16º na lista dos 102 cassados pelo Ato Institucional nº 1, o AI-1; Luís Carlos Prestes, João Goulart, Jânio Quadros, Miguel Arraes, Darcy Ribeiro, Raul Ryff, Waldir Pires, general Luís Gonzaga de Oliveira Leite, general Sampson da Nóbrega Sampaio, Leonel Brizola, Clodesmidt Riani, Clodomir Morais, Hércules Correia dos Reis, Dante Pellacani, Osvaldo Pacheco da Silva e Samuel Wainer. Em 1954, por um triz não perdera a nacionalidade. Uma década depois, o AI-1, editado em 9 de abril e divulgado no dia seguinte, arrancou-lhe as garantias constitucionais e os direitos políticos.

O ato institucional fora baixado de surpresa, mais um passo na assunção das arbitrariedades. Seu autor era o jurista Francisco Campos, responsável pela Constituição do Estado Novo, em 1937. Toda vez que o velho Chico Ciência surgia nas páginas dos jornais, dizia-se, podia-se esperar a morte da democracia. Àquela altura, a "revolução" já não tinha tantos adeptos, deixara de ser unanimidade na imprensa. Enquanto jornais conservadores como *O Jornal*, *O Globo* e *O Estado de S. Paulo* seguiam na retaguarda do "movimento revolucionário", matutinos importantes como *Correio da Manhã* e *JB* clamavam pela "volta da normalidade".

Disse *O Jornal*, na edição de 10 de abril:

O povo brasileiro tem justos motivos para congratular-se com esses chefes, que não renegaram os ideais da revolução e que marcham unidos para a concretização da operação limpeza, sem a qual estariam frustradas todas as esperanças de reconstrução da ordem democrática. Removam-se os entulhos, [...] para num terreno limpo lançarem-se os alicerces de uma ordem autenticamente democrática e cristã.

No *Correio da Manhã*, o editorial atacou Carlos Lacerda, a mão civil da repressão:

Agora ele reage por meio de sua polícia política, prendendo e espancando como se estivéssemos em plena ditadura. O afastamento do sr. João Goulart foi para evitar a sua manobra continuísta. Não admitimos que se prepare e se organize a investida brutal do totalitarismo de direita para o esmagamento das liberdades democráticas. [...] Liberdade pela metade já não é liberdade. Já é uma forma de negá-la e destruí-la.

Oficialmente cassado, Samuel ligou para o advogado Hariberto de Miranda Jordão. Era preciso tomar duas providências. A *Última Hora* do Rio Grande do Sul teria que ser fechada. Como não seria possível manter a linha aguerrida do jornal mais à esquerda do grupo, a saída honrosa era tirá-lo da praça. Ari de Carvalho juntara um grupo de empresários e queria comprar os arquivos e os equipamentos. Dos escombros da *Última Hora* gaúcha, nasceria a *Zero Hora*. A outra urgência tratava da questão das ações. O bolo seria repartido em três pedaços: dois terços iriam para os advogados, Miranda Jordão e Sérgio Lima e Silva. O outro terço, para o nome de Danuza.

No dia 11, o Congresso Nacional elegeu o novo presidente da República: o general Humberto Castelo Branco, com 361 votos e 72 abstenções. João Goulart encontrava-se numa praia remota do Uruguai, o balneário de Solymar. Recebido por uma passeata de estudantes que pediam "morte aos gorilas", aterrissara naquele país no dia 6, com a prisão já decretada no Brasil. Passara as últimas horas em território nacional zanzando de uma fazenda a outra, percorrendo ao léu suas terras, sem saber o que fazer. Não queria ir embora, relutara. Na imprensa internacional, o golpe que o apeou do poder vinha sendo festejado: a derrota mundial do comunismo, compensando os fracassos americanos no Vietnã. Sem nunca ter cogitado seguir o caminho de Fidel Castro, transformara-se num símbolo.

Segundo explicou *O Globo*, no editorial "A vitória do Brasil traído":

Na realidade, [...] nada é mais certo, nem poderia dizer-se com palavras mais certas: numa só jogada, num só lance que surpreendeu o mundo pela calma e precisão com que foi levado a efeito, o Brasil derrotou ao mesmo tempo o seu inimigo interno e o comunismo internacional, e o Kremlin, que a ambos dirigia. [...] Sim, o Brasil sobreviveu. O Brasil respira. O Brasil está prodigiosamente livre e vivo.

Com a ruína instalada — e os dias passando à espera do salvo-conduto para deixar o país —, chegava, enfim, uma boa surpresa: Danuza. Uma tarde, ela apareceu na embaixada do Chile. Nunca vira Samuel tão "arrasado, derrotado, havia perdido seu país, seu jornal e seus filhos". Quanto tempo aquilo ia durar? Ele não sabia. "Precisava falar comigo, mas na verdade não tinha o que me dizer, pois ele mesmo não tinha noção do que seria da sua vida. Naquele momento ele só sabia que ia para o Chile, mais nada. Eu fiz a única coisa que podia: disse que os filhos eram dele, que podia levá-los para onde fosse."

Ao deixá-lo confinado em incertezas, embora ainda não tivesse clareza disso, Danuza estava retornando à vida de Samuel. "A partir daí eu traía o Antônio Maria com o Samuel. Passei a sair de casa para ligar para o Samuel." O breve concubinato logo acabou. Quando Antônio Maria soube da disposição dela de abrir mão dos filhos, saiu batendo a porta e ela nunca mais o viu. "Peguei as crianças, enrolei num cobertor e fui morar com o meu pai." O passo seguinte foi assumir o desmonte do casarão de Copacabana, entrando em litígio com o mordomo. "Eu podia fazer o Samuel sofrer, mas ninguém mais podia. Consegui impedir que muitas coisas ficassem para o Caruso. Ele se sentia dono do Samuel, e, por consequência, dono das coisas dele." À namorada do ex-marido, Lílian Souza Campos, mandou um recado: "Mandei buscar quadros na casa dela. Eu agi como se fosse a esposa".

27. Terra em transe

Era sexta-feira 8 de maio de 1964. Ao despertar, Samuel tinha pela frente sua derradeira manhã no Brasil. Seguramente ruminava o roteiro a seguir quando chegasse ao exílio. Como outrora, trabalharia com fervor na contrapropaganda do regime. Amigos nos jornais internacionais não lhe faltavam. Agora, porém, tinha preocupações mais imediatas: antes mesmo que pudesse organizar a desconjuntada consciência, turvada pelos dias ansiosos e noites maldormidas, embarcou no carro diplomático, chapa CD-81, que partiu, por volta das oito horas, da embaixada do Chile, na praia do Flamengo, rumo ao Galeão. Escoltando-o, iam o embaixador chileno, Marcelo Ruiz Solar, e o conselheiro diplomático Mario Vergara. Segundo a notinha publicada pelo *Jornal do Brasil*, Wainer estava entre os primeiros asilados a obter o salvo-conduto para deixar o país. Já eram mais de trezentos os entocados em embaixadas latino-americanas e europeias, sendo o Uruguai a coqueluche do momento. No aeroporto, Samuel se viu rodeado por câmeras e microfones. Ao repórter do *JB*, pareceu tresnoitado — "com visíveis sinais de cansaço e abatimento". Quando lhe perguntaram como se sentia, limitou-se a dizer que "estava bem de saúde".

Cercado dos tantos que foram se despedir dele, Samuel chorou em dois instantes: no abraço dos filhos, Pinky e Samuca, e ao apertar a mão do guerreiro fotógrafo da *Última Hora*, Estrela. Dentre as muitas incertezas, temia sobretudo a distância das crianças. Além disso, havia a angústia pela situação em que deixava o jornal no Brasil e o estado não exatamente confortável de suas finanças pessoais. Seu sobrinho, Sani Sirotsky, filho da irmã Rosa, o qual substituíra o também banido pelo regime Baby Bocaiuva na superintendência do periódico, chegou a lhe dar cinco notas de dez dólares antes do embarque. Em liquidez, possuía 50 mil dólares, sendo 20 mil deixados na conta da Suíça por ocasião do carreto para Jorge Serpa, e 30 mil retirados do depauperado caixa da *Última Hora* e mandados para a mesma conta. O 1 milhão de dólares de Serpa, por enquanto, era lenda. No último minuto, duas funcionárias do Dops ainda tentaram reter-lhe o salvo-conduto, até segunda ordem do Conselho de Segurança Nacional. Ruiz Solar interveio. Às 10h59, o jato da Boac, antecessora da British Airways, decolou para Santiago do Chile. Da porta da aeronave, Samuel se voltara para acenar. A foto foi reproduzida nos jornais do dia seguinte.

"Poderão nossos adversários nos odiar e até mesmo ignorar, mas jamais poderão eliminar o novo espírito criador que introduzimos na imprensa brasileira, não apenas nos jornais que fundamos, mas em tantos outros onde hoje exercem a sua profissão inúmeros valores descobertos, moldados e formados em *Última Hora*", dizia sua carta de despedida, publicada na edição da *Última Hora* do Rio de Janeiro de segunda-feira, 11 de maio. Havia ali uma verdade irrefutável: quem não passara pelas mãos de Samuel Wainer? Desde *Diretrizes*, ele soltava fornadas gabaritadas, de Joel Silveira e Francisco de Assis Barbosa a Paulo Francis e Alberto Dines. A lista dos jornalistas e literatos que tinham trabalhado com Samuel daria um catálogo telefônico. No adeus, não se esqueceu também de vangloriar-se do seu maior feito para a classe: "A dignificação profissional do jornalista brasileiro, através da elevação salarial, esta é uma conquista de *Última Hora*, historicamente consagrada". Encerrou o texto com uma daquelas platitudes de discursos, afirmando que um jornal nunca devia ser vendido, e sim passado àqueles que, nas redações e oficinas, "não apenas tiveram um emprego, mas também uma razão de ser". De fato, parecia pensar assim. Vida afora repetiria, inclusive aos filhos, que jornal não era herança, mas vocação.

Do saldo do golpe de março, restaram-lhe, de pé, a *Última Hora* do Rio e a de São Paulo. A direção do jornal carioca, ele entregou ao advogado Hariberto de Miranda Jordão. A do paulista, passou às mãos do amigo Sérgio Lima e Silva, padrinho de Pinky. Talvez temendo um confisco, do total das ações do grupo Última Hora, pusera 33% no nome de Hariberto e 33% no nome de Lima e Silva.

Com a dupla no comando, Samuel pensava ter assegurado seu patrimônio, sem precisar se desfazer dos jornais. Quando pudesse retornar ao Brasil, reassumiria o controle.

Na verdade, àquela altura muitos dos seus empregados estavam presos, desaparecidos ou asilados. Na mesma embaixada do Chile, por exemplo, dividira a espera com Ib Teixeira, que começara a carreira na *Última Hora* do Rio Grande do Sul e trabalhava então na redação da Sotero dos Reis. Em Brasília, Flávio Tavares acabara de ser detido. E João Etcheverry seguia desaparecido. Desde o fatídico 1º de março, a *Última Hora* publicava notas diárias dando conta do sumiço do seu diretor. A ABI havia assumido as negociações junto ao chefe do Dops, Cecil Borer, responsável pela prisão. Para a *Última Hora* do Rio de Janeiro: "Trata-se de mais uma vindita em meio a tantas outras que surgiram no bojo do movimento revolucionário".

Entre fins de abril e aquele começo de maio, muitos que haviam sumido do mapa nos momentos imediatamente posteriores ao golpe começaram a reaparecer — ou a tomar rumo. "Adorei a revolução do Brasil, não tem tiro", dissera Brigitte Bardot à *Última Hora*, ao deixar o país. A atriz se isolara em Búzios, o que levara a embaixada da França a soar o alarme (falso) de seu desaparecimento. Poucos dias depois da partida de Samuel, Etcheverry, enfim, foi solto, tendo ficado 35 dias confinado no 1º Batalhão de Polícia do Exército, já então famoso pelos rituais de tortura. Outro que ressurgiu foi Leonel Brizola. Em Montevidéu, ao lado de sua mulher, Neusa, deu uma entrevista coletiva. Vestia um terno escuro, com camisa cáqui, sem gravata. Para chegar até ali, viajara por terra, adentrando o Uruguai pela cidade de Artigas, a 650 quilômetros da capital. Suando e fumando sem parar, fez questão de frisar que a democracia brasileira era coisa que só existia nas páginas dos jornais gringos: "Os irmãos norte-americanos estão contentes com o golpe de Estado".

A propósito, Lincoln Gordon, embaixador norte-americano no Brasil, pensava o contrário. Num eloquente discurso na Escola Superior de Guerra, disse com todas as letras que a imprensa internacional vinha tratando muito mal a revolução brasileira. Atiçados por ideias deformadas do que se passara no país, na sua opinião, os jornalistas questionavam um fato difícil de explicar: como podia ter havido perigo real de ditadura do tipo comunista ou peronista no Brasil se os militares tinham sido capazes de varrer o presidente em dois dias sem uma gota de resistência? Para o diplomata, a resposta estava na competência dos generais. O movimento por eles capitaneado entraria para a história do século xx como um ponto de inflexão, ao lado "do Plano Marshall, do fim do bloqueio de Berlim, da derrota da agressão comunista [à] Coreia e da solução da crise das bases de teleguiados em Cuba". Por fim, após dezessete laudas e noventa minutos de fala, Gordon chegou ao que interessava. Com Castelo Branco no Planalto, seu presidente, Lyndon Johnson, ansiava por frutíferas relações.

Na noite de 16 de maio, já em Santiago, Samuel recebeu um telefonema de Moacir Werneck de Castro contando a novidade. Ora, se os militares tinham todos os motivos do mundo para implicar com ele, agora dispunham de uma prova física de sua participação na conspiração: na edição matutina do *Globo* fora divulgada uma carta para lá de comprometedora. O remetente era o coronel Humberto Freire de Andrade. E o destinatário, Miguel Arraes. Na missiva, Freire de Andrade descrevia uma visita à casa de Samuel, na rua Mascarenhas de Moraes. Ao *Globo*, impressionava o fato de que o jornalista tivesse em seu escritório papéis timbrados da Presidência da República. De acordo com o relato do coronel ao então governador de Pernambuco, usara-os para anotar a solicitação que devia ser encaminhada a João Goulart. "Pelo visto, um dos mais autorizados porta-vozes do antigo chefe do governo", concluiu o jornal de Roberto Marinho sobre a posição de Wainer junto a Jango. "Tanto assim que era por seu intermédio que [...] Arraes fazia pedidos ao sr. João Goulart."

Não era só isso. Publicada na íntegra, a carta dava conta do plano de Jango para o autogolpe. No encontro com Freire de Andrade, Samuel sondara a posição do governador de Pernambuco, já que, para ele, eleições estavam fora de questão: "Entende que o presidente continua absolutamente empolgado por essa ideia [do golpe], já estando convencido, entretanto, que, a essa altura, não seria mais golpe, mas a própria revolução. Acontece, porém, que isso o preocupa demasiado e só seria demarcado com 100% de garantia de êxito". Como outrora Wainer relatara a Lincoln Gordon, João Goulart tinha em mente um roteiro. Primeiro, enviaria ao Congresso a proposta de plebiscito para a reforma da Constituição. Diante da certa negativa, teria o pretexto para fechar a Câmara e o Senado. Caso o plano falhasse, viria, então, a renúncia, "vinculando-se [as reformas] ainda mais à sua liderança popular". Só havia um problema: o medo, que, de acordo com Samuel, Jango costumava lhe professar. "O presidente tem pavor de golpe, das suas consequências, do que viria depois, do controle, que poderia escapar-lhe das mãos."

Três dias depois, 19 de maio, Samuel amanheceu em Paris, seu destino final. Instalou-se no hotel La Bûcherie, em frente à Catedral de Notre-Dame. Sentia-se em casa. Só na França conhecia tanta gente. Além do mais, confiava, a vida à beira do Sena poderia seduzir Danuza — e, com ela, viriam os filhos. Dos desterrados, chegariam Baby Bocaiuva, Almino Afonso, Raul Ryff e Josué de Castro. Por uma dessas coincidências do destino, encontrava-se também na cidade Carlos Lacerda, que, na véspera, regressara à capital do país após um giro pela Europa vendendo o peixe da revolução. Dá para imaginar o prazer de Samuel ao ler os jornais. O *France-Soir*, o diário de maior tiragem, chamava Lacerda de "o homem que nunca perdoa". E o comunista *L'Humanité* abriu campanha para expulsar o "fascista brasileiro". Na porta do luxuoso Plaza Athenée, na Avenue Montaigne, onde ele se hospedava com a família, estudantes pregaram a faixa: "Liberdade para os democratas". Diga-se que Lacerda já era, então, uma celebridade em Paris. Um mês antes, em 23 de abril, de passagem a caminho do tour europeu, transformara uma entrevista coletiva no aeroporto de Orly numa declaração de guerra.

Os correspondentes franceses que atuavam no Brasil seriam "imbecis" ou "vendidos", ao fazer o que a imprensa local fizera em 1939, vendendo a França aos nazistas. "Hoje estão tentando vendê-la aos comunistas ou pró-comunistas no meu país." Sobre tortura, nunca ouvira falar. Apoio dos Estados Unidos? "Nós não tivemos ainda o Plano Marshall como vocês aqui." Sobre como explicava uma revolução sem sangue: "São como os casamentos na França". Não poupara nem o diretor do *Le Monde*, Beuve-Méry, o único "bruxo" que conhecia. Na ocasião, a desastrosa estreia da missão de salvar a imagem do novo regime por pouco não desaguara num incidente diplomático. Questionado acerca do que esperava da iminente viagem do general Charles de Gaulle à América Latina, Lacerda respondera: "Banquetes e discursos". O que mais? "Mais banquetes e mais discursos." De acordo com o *Le Monde*, De Gaulle devia ter se deleitado ao saber que seria recebido como um rei. Até os conservadores *Le Figaro* e *L'Aurore* torceram o nariz para o desatino do garoto-propaganda de Castelo Branco.

Na primeira semana de exílio, Samuel solicitou ao Quai d'Orsay o visto de jornalista. Por seu turno, o ministro das Relações Exteriores do Brasil, Vasco

Leitão da Cunha, mandou avisar: a ele, não ofereceria proteção diplomática. Àquela altura o Itamaraty — e suas representações — já começara a atuar dentro da nova lógica repressiva, seguindo os passos dos asilados. A respeito de Samuel, conforme telegrama secreto enviado ao embaixador Mendes Viana, então servindo na França, queria-se saber tudo: "comportamentos, atitudes ou declarações" deveriam ser reportados. Nos informes iniciais, a exagerada proximidade com o afamado jornalista Claude Julien, do *Le Monde*, que, em 1969, assumiria a direção do jornal, levantou suspeitas. Na imprensa francesa decerto não havia combatente como Julien, crítico severo do regime recém-instaurado no Brasil, denunciando num dos mais respeitados diários da Europa a caça às bruxas que se inaugurara. Para o Ministério das Relações Exteriores, Claude Julien estaria seguramente sob a influência pernóstica do "comunista da *Última Hora*". Aliás, até para o governo francês Samuel Wainer era um "bolchevique". No dossiê arquivado na prefeitura da capital, ressaltou-se sua visita, em 1959, à China, onde fora recepcionado por Mao Tsé-tung.

Enquanto Samuel tentava encontrar o passo em Paris, no Brasil nascia, em 13 de junho, com a lei nº 4341, o Serviço Nacional de Informações (SNI), chamado pelos íntimos apenas de Serviço. No discurso de posse, o arquiteto da ideia, general Golbery do Couto e Silva, dera-lhe outro apelido: "Ministério do Silêncio". Para o *Correio da Manhã*, uma "instituição típica do Estado policial e incompatível com o regime democrático". "FBI ou DIP? [...] Será que o DIP ressuscitou?", questionou o jornal. Após o apoio ao golpe, o matutino da Gomes Freire se posicionava na linha de frente do combate à repressão. Em agosto de 1963, havia morrido Paulo Bittencourt. Agora o leme estava nas mãos da viúva, Niomar Muniz Sodré Bittencourt. A propósito, em 1966 surgiria o Centro de Informações do Exterior (Ciex), para monitorar a oposição em territórios estrangeiros. Antes disso, o trabalho ficou com as embaixadas. Segundo o *Correio*, diante de todas as evidências da agonia da democracia, o país ia perdendo a capacidade de sentir "horror e revolta".

Em sua coluna diária, o jornalista Carlos Heitor Cony foi a primeira voz a se levantar contra a tortura: "Para atender a essa gente, a todos os Joões de Tal que não voltaram ou não voltarão um dia, espero merecer a atenção e o respeito de todos. É preciso que alguém faça alguma coisa. [...] E já que não se pode mais pedir justiça, peço caridade". Em 2 de junho, Cony publicou uma carta de Dilma Aragão, filha do almirante Cândido Aragão, comandante dos fuzileiros navais no governo João Goulart. Dilma conseguira visitar o pai, capturado em 2 de abril: "O espectro de homem que vi chora e ri desordenadamente e não consegue articular uma frase sequer, no mesmo assunto. O desespero incontido me faz pedir, por esmola, que cobrem o crime (político) de um ser humano, mas na condição de seres humanos". A um oficial da Aeronáutica, esperava-se misericórdia. Se era assim com Cândido Aragão, o que seria dos mais de 5 mil presos políticos que enchiam os batalhões? Desde os idos de março, cenas de brutalidade povoavam o imaginário nacional. Entre elas, o espancamento em praça pública do dirigente comunista Gregório Bezerra. Pelas ruas do Recife, fora arrastado, seminu, amarrado à traseira de um Jeep. Para Cony, só o perdão salvaria a pátria.

Como não podia se dar ao luxo da espera — precisava urgentemente de dinheiro —, Samuel começou a maquinar um novo projeto: a versão europeia da *Reader's Digest*. Tinha ido à Suíça e, de lá, voltara de mãos abanando. Ou melhor: com os 20 mil dólares que deixara na conta e os outros 30 mil que ele próprio havia depositado. Do prometido 1 milhão de dólares, não sentira nem o cheiro. Estava certo de que Jorge Serpa lhe passara a perna, já que o próprio Jango havia lhe assegurado o montante para que a *Última Hora* sobrevivesse ao golpe. A nova revista se chamaria "Europe Moderne" — ou "E.M." —, e ambicionava traduzir a complexa geração 60. Para a empreitada, Samuel chamou o jornalista Édouard Bailby, que, nos anos 1950, iniciara sua carreira na saudosa redação da praça Onze, como setorista do Galeão. Além desse projeto, Wainer fechou um vantajoso contrato com Beuve-Méry. Por cem dólares mensais, a *Última Hora* poderia traduzir quantas reportagens quisesse do *Le Monde*. Com o *L'Express*, onde trabalhava agora Bailby, e o *Nouvel Observateur*, fechou contratos semelhantes. No fim, a "Europe Modern" morreria na praia, por falta de investidores.

Paris ainda era uma festa. No verão, viajando com passagens oferecidas pelo diretor da Air France, Joseph Halfin, amigo de Samuel, chegaram Danuza, os filhos e a babá portuguesa, Fátima. Para acomodar a família, ele alugou o apartamento de uma amiga, que se achava fora da cidade. Entre os ex-cônjuges não havia trato nem perspectiva de retomar o casamento. Apenas um arranjo para acomodar os desejos: ele ganharia a proximidade das crianças; ela, a liberdade. "Samuel foi perfeito", recordaria Danuza. Tão perfeito que já tinha até namorada: Mimi Ouro Preto, filha do embaixador Carlos de Ouro Preto. Como corriam os anos 1960 e ninguém queria ficar de fora, Mimi, por sua vez, também era casada, com um marquês, Guy d'Arcangues. "Casamento bem francês, cada um vivendo sua vida, livre e abertamente, mas morando juntos." Para Danuza, Paris significava uma espécie de reencontro consigo mesma. Só se decidira a deixar o Rio, onde vivia na casa dos pais, quando recebeu uma carta de Antônio Maria: "[...] dizia, entre outras coisas, que havia se esquecido do meu rosto e que já comprara o seu sono para o dia do meu aniversário".

As mulheres ordinárias pareciam mesmo não interessar a Samuel. Mimi Ouro Preto era um personagem da vida parisiense. Além de linda — tinha sido manequim da Chanel —, era um fulgor. Só vivia na noite, cercada de intelectuais, artistas e milionários. Certa madrugada, voltando do mítico club Régine's, mergulhara no rio Sena com o carro — um Mini Morris vermelho, modelo com que Wainer teve de presentear Danuza também, ainda que com o dinheiro minguando no banco. "Era — em termos, claro, um 'D. Flor e suas duas mulheres'." Justiça seja feita, Danuza tinha certa independência. Ao deixar o Rio, alugara por quinhentos dólares o apartamento do Parque Guinle. Dinheiro suficiente para se bancar. Para Samuel, além dos mimos ocasionais, sobrou o aluguel ao valor de duzentos dólares do apartamento onde instalara a família. Juntos decidiram que, quando recomeçassem as aulas, Pinky, Samuca e Bruno, dez, nove e quatro anos, respectivamente, seriam matriculados em escolas públicas.

Dos muitos amigos que Samuel frequentava em Paris, ficou mais próximo de Violeta Arraes, irmã de Miguel Arraes, então preso em Fernando de Noronha. Aliás, outra mulher extraordinária — por diferentes razões. Intelectual e militante de esquerda desde os tempos de estudante de sociologia da Pontifícia Universidade Católica (PUC) do Rio de Janeiro, tendo trabalhado ao lado de Paulo Freire no Movimento de Educação de Base (MBE), em Recife, Violeta vinha se consolidando como a mais importante liderança da oposição ao regime na Europa. Ao mesmo tempo que acolhia exilados recém-chegados, organizava a rede de denúncias contra violações de direitos humanos. Casada com o economista Pierre Gervaiseau, professor do Centro Internacional de Economia e Humanismo, dispunha de acesso privilegiado à intelectualidade da França. Pelos serviços prestados à contrarrevolução, ficaria conhecida como Rosa de Paris.

Segundo Danuza, um anjo da guarda. Com a ajuda de Violeta, os Wainer encontraram a fórmula mais que perfeita: dois apartamentos, um de frente para o outro, num moderno prédio da Rue Davioud, localizada no burguês 16ème arrondissement, perto do Trocadéro. Agora ninguém precisava mais atravessar a cidade com as crianças. No apartamento menor, de um quarto, instalou-se Danuza. No outro, de dois, Samuel, porque "ele recebia gente o tempo todo". O almoço nunca era só para um na casa dele, enquanto na dela a geladeira servia de armário. "Se eu estivesse morrendo de fome, telefonava para a casa de Samuel e perguntava se tinha alguma coisa na geladeira. Ele nunca bateu na minha porta sem avisar, sempre ligava antes (eu também)." No arranjo, a babá Fátima e os dois filhos maiores dormiam no apartamento dele. Bruno, no dela. O que também podia variar, dependendo dos compromissos. Nos fins de semana, as duas portas permaneciam abertas: "E era como se fosse uma casa só". Pinky, Samuca e Bruno foram mandados para a *école communale*, onde ainda se usava o bico de pena e se estudavam peças de Molière e fábulas de La Fontaine. Lá entravam às oito e saíam às quatro. Em pouco tempo, Bruno, de quatro anos, já nem falava português.

Com o bônus do descompromisso, pode-se dizer, Samuel e Danuza reencontravam em Paris os primeiros tempos do casamento. Noite após noite, saíam, juntos ou separados, sempre se reunindo nas madrugadas do Régine's. Ela também tinha sua roda na cidade. Entre os amigos dos tempos de manequim de *maison* francesa, conservava a mais parisiense das baianas, agora Bombom Malle, casada com Bernard Malle. Figura da noite, a exótica Bombom tinha fama de conectar pessoas, com o faro certo para detectar afinidades. Por exemplo: uniu Wainer e o cunhado, o badalado diretor Louis Malle. Daí, como uma coisa puxava a outra na vila que era Paris, Samuel acabou se juntando à turma do cinema francês, e se aproximou, particularmente, de Nikos Papatakis. De origem grega e nascido na Etiópia, Papatakis trazia no currículo basicamente dois feitos: fora produtor de John Cassavetes e era ex-marido da atriz Anouk Aimée. Seu primeiro filme, *Les Abysses*, causara escândalo em 1963, quando o Festival de Cannes se recusou a exibir a película, baseada numa obra do controverso escritor Jean Genet.

No verão de 1964, achava-se em Paris, aliás, praticamente toda a turma do Cinema Novo, a caravana dos três filmes selecionados para o Festival de Cannes daquele ano: *Vidas secas*, de Nelson Pereira dos Santos; *Deus e o diabo na terra do sol*, de Glauber Rocha; e *Ganga Zumba*, de Cacá Diegues. Num drinque organizado por Vinicius de Moraes, no Chez Castel, o bar dos cineastas, Samuel e Cacá bateram boca, quando o primeiro disse ao segundo que o cinema brasileiro tinha muito a aprender com o francês. De fato, ali ficaram bons amigos. "Formamos um grupo", recordaria Cacá, que passaria seis meses na cidade. "O Samuel sempre aparecia com o Louis Malle." Segundo ele, existiam, na verdade, "várias camadas" de Wainer. Em primeiro plano, "queria que a gente o visse como otimista, eufórico, amante do Brasil, ativista intelectual, tudo isto ele era mesmo". Em outro plano, porém, havia o inimaginável: tristeza e busca de autoconhecimento. "Viveu muito de entender quem era. Ele próprio não sabia direito. Para mim, isso ficou visível nesta convivência em Paris."

Definitivamente, Carlos Lacerda tinha uma capacidade peculiar para caçar confusão. Antes do fim de 1964, distanciou-se léguas de Castelo Branco e, num bate-boca público, rompeu com Roberto Marinho. Com o general, a coisa começara a desandar ainda em julho, quando o Congresso aprovou, por 205 a 94 votos, a prorrogação do mandato presidencial até 15 de março de 1967. Aí Lacerda tinha razão para gritar. Afinal, era o segundo colocado nas pesquisas de opinião para o eventual futuro pleito, perdendo apenas para Juscelino Kubitschek, cujos direitos políticos acabavam de ser cassados pelo regime. A desculpa para a mudança da regra constitucional não podia ser mais oportunista, tratando da coincidência das eleições para presidente e parlamentares. A propósito, a imprensa, inclusive os jornais fiéis a Lacerda, como *O Estado de S. Paulo* e *O Globo*, posicionou-se a favor do adiamento, alegando que Castelo Branco precisava de mais tempo para consolidar a revolução. Até o *Jornal do Brasil*, parceiro do *Correio da Manhã* contra a repressão, achou que era boa ideia.

Em pronunciamento repercutido nos jornais, Lacerda esperneara: "Se o Congresso insistir nessa loucura, mais que loucura, estupidez, resta ao povo o direito de lutar na praça pública, reclamar nas escolas, nas fábricas, nas fazendas, nas cidades, nos campos, pela devolução a cada um do direito que ele não delegou a ninguém — de escolher o presidente da República".

Em meados de outubro, o desentendimento com Roberto Marinho virou escândalo, em acusações trocadas nas páginas do *Globo*. Primeiro, o vespertino puxou-lhe a orelha, por tratar o "presidente Castelo Branco e seus ministros [...] como se fossem ministros do sr. João Goulart": "Sempre tivemos pela inteligência, pela cultura e pela facilidade de expressão do sr. Carlos Lacerda uma admiração muito grande. Seus caminhos na política — pelo menos até o advento do governo Castelo Branco — raramente deixaram de atender aos nossos pontos de vista", admitiu o jornal. Agora, porém, era outra história. Desde o advento do adiamento das eleições, o governador da Guanabara vinha soltando os cachorros para cima de um presidente que *O Globo* apoiava, manchando uma campanha revolucionária que, afinal de contas, ambos haviam ajudado a levar à vitória. Não havia casamento que pudesse resistir a tanta instabilidade.

> Mudamos porque, desde há algum tempo, não podemos mais confiar no equilíbrio psíquico do sr. Carlos Lacerda, informados, até por auxiliares seus, que suas crises depressivas se amiúdam, a tal ponto que nunca se pode saber quando ele estará apto a cumprir o seu programa no Palácio Guanabara ou quando terá que se recolher ao seu sítio do Rocio.

E mais:

> Mudamos porque estamos convencidos de que o sr. Carlos Lacerda, com a complicação de seus problemas psíquicos, poderia vir a constituir-se em sério perigo para esta nação, que não conseguiria suportar um novo caso do gênero Jânio Quadros, provavelmente em condições ainda mais graves.

À crítica do jornal de Roberto Marinho, Lacerda respondeu numa palestra para a Campanha da Mulher pela Democracia (Camde). O diretor do *Globo*, alegava ele, só estava chateado porque seus interesses econômicos haviam sido frustrados pelo governo da Guanabara, que o impedira de transformar o Parque Lage, um dos maiores patrimônios arquitetônicos e paisagísticos do Rio, em cemitério. De fato, a questão do Parque Lage se arrastava desde 1960, quando Marinho, em sociedade com Arnon de Melo, arrematara o terreno de 52 hectares, ao pé do morro do Corcovado. Em seguida, conseguira, junto a Juscelino Kubitschek, o impossível: tombado pelo Instituto do Patrimônio Histórico e Artístico Nacional (Iphan), em 1957, o Parque Lage passara pelo processo de destombamento. A primeira proposta para a área fora um loteamento.

Em carta resposta ao editorial publicado na capa do *Globo*, em 15 de outubro, Lacerda escreveu:

Depois de concordar com a solução, o sr. Roberto Marinho voltou atrás e propôs que o governo o autorizasse a explorar o negócio de cemitério, vendendo lotes do Parque Lage aos defuntos previdentes. [...] Só mesmo um louco seria capaz de contrariar os interesses do sr. Roberto Marinho, que tem a defendê-los a circulação de um grande jornal, fundado por quem foi só jornalista e feito por jornalistas e não por corretores de sepulturas. [...] Não tenho medo de pressões, como não me deixo prender por lisonjas. O Parque Lage precisa mais de defesa do que o presidente Castelo Branco.

Na missiva, regressou aos primórdios do governo deposto: "Quando *O Globo* recebeu um empréstimo da Caixa Econômica, nos dias do plebiscito, certamente não estava conspirando contra o sr. João Goulart, que autorizou o empréstimo e foi chamado, no mesmo dia do empréstimo da Caixa, de estadista". Enquanto a carta-resposta saía publicada na página 12, mais um editorial ocupou a capa da edição do dia 17. Se alguém variara em relação ao Parque Lage, de acordo com o jornal, fora o governador, que, a princípio, exultara com a possibilidade de mais um cemitério na Zona Sul da cidade, que contava apenas com o São João Batista. Estava, outra vez, subvertendo a verdade, insistia Marinho. Ele não criticara Lacerda porque ficara sem o cemitério, mas o contrário: ficara sem cemitério porque o criticara. Para terminar, defendia que o destombamento tinha passado por um processo regular. O escandaloso havia sido o tombamento. "Que jardins, se ali só existe mato e capim?"

Segundo as "Memórias" de Nelson Rodrigues, publicadas no *Correio da Manhã*, Samuel era um caso para estudo — ou, quem sabe, um exemplo de vida. "Veio a Revolução [de 1964] e o cassou. Ei-lo sem direitos, sem nada; e, por fim, sai do Brasil como um enxotado." Seis meses depois, já anunciava a novidade. Ia produzir cinema. E não era filme nacional, essa coisa de câmera na mão e ideia na cabeça. Não, faria um filme francês, rodado na Grécia, com direção do polêmico Nikos Papatakis. "Está em Paris. Mas tanto faz Paris como o Cairo, ou Cingapura, ou Tóquio, ou Constantinopla. Floresce em qualquer vaso." Ao contrário, a propósito, de Juscelino, outro que se plantara na capital da França. "Ah, o Juscelino do exílio é outro. Não tem nada daquele cafajeste dionisíaco que fascinava até os inimigos." Já Samuel parecia até ter remoçado, apesar das sobrancelhas. "Segundo o meu informante, estão mais agressivas que as cerdas bravas do javali." Sobre o ex-patrão, Nelson sinceramente se perguntou: "De onde vem a magia de Samuel?". Na opinião dele, talvez daquela estranha capacidade de não guardar ressentimento. Reconstruindo um suposto drinque, discorreu:

> Antes da Revolução, encontrou-se ele com o meu amigo Otto Lara Resende. Foi, de parte a parte, uma efusão tremenda. Sentaram-se num bar e começaram a conversar. O Samuel a fazer charme para o Otto, e o Otto a fazer charme para o Samuel. Durante quatro horas, só falaram de um homem: — o abominabilíssimo Carlos. Otto imaginou que o outro espumasse de ódio ou subisse pelas paredes como uma lagartixa profissional. Pelo contrário: — uma ternura invocativa inundou Samuel. Perguntava, nostálgico, da convivência perdida: — "Como vai ele? Ainda tem aquele charme? Continua bonito?".

Talvez — ou com certeza — Nelson estivesse exagerando. Mas Samuel realmente tinha reações que contrariavam — ou pelo menos subvertiam — as regras das relações. Naquele meado de outubro, aliás, no mesmo dia 15 do editorial do *Globo* contra Lacerda, Danuza recebeu a mais trágica das notícias. Por Baby Bocaiuva, soube da morte de Antônio Maria. De madrugada, a caminho do restaurante Le Rond Point, na rua Fernando Mendes, o cronista desabara no asfalto de Copacabana, o bairro que ajudara a inventar. Desesperada de dor, Danuza bebeu até desacordar. "O tempo foi passando, eu sem sair do quarto, sem tomar banho, sem me vestir", lembraria ela. Para Samuel, sobrou todo o serviço. Assumiu sozinho as duas casas e os três filhos, sem jamais deixar escapar qualquer gesto ou palavra de rancor. Até que, numa noite, amigos arrancaram Danuza de casa à força e a levaram para o Régine's. "Estava dolorosamente encerrado mais um capítulo de minha vida."

Na Paris daquele fim de 1964, apinhada de exilados brasileiros, Samuel se aproximou ainda mais de Juscelino. Como bem notara Nelson, o ex-presidente estava acabado: "Longe do Brasil, ninguém mais plangente, ninguém mais pungente". Os dois se viam ao menos uma vez por semana, encontros estes devidamente relatados pela embaixada do Brasil na França ao Ministério das Relações Exteriores. De acordo com as notas, JK não fazia outra coisa senão política, atendendo chusmas de conspiradores diuturnamente em seu escritório parisiense. Wainer, por seu turno, era descrito como integrante do "grupo de

Miguel Arraes", representado por Violeta. Nas conversas, a dupla costumava fantasiar sobre a possibilidade de retornarem em breve ao seu país. Então JK seria eleito e faria pela *Última Hora* o que fizera Getúlio, transformando-a em porta-voz do progressismo. Por sinal, graças à reaproximação, Samuel logo, logo poderia contar com a mão providencial de Juscelino.

Em dezembro, Hariberto de Miranda Jordão enviou um desaforado telegrama a Samuel: "Concordamos vender nossas partes 250 milhões cada. Também compramos sua". Que diabo era aquilo? Havia posto as ações no nome de laranjas, confiando que lhe seriam devolvidas quando precisasse delas. Era o caso. Apesar de ele não querer vender de forma alguma a *Última Hora* do Rio de Janeiro, a pulga não lhe saía de trás da orelha. Com uma milagrosa proposta de compra nas mãos, tinha resolvido analisá-la e, por isso, avisara Hariberto da remota possibilidade. A proposta, segundo contaria nas memórias, vinha de Maurício, Mário e Marcelo Alencar, este último futuro governador do Rio. O empreiteiro Maurício Alencar sempre tinha cultivado ligações com multinacionais e militares. Com o novo regime, estava por cima da carne-seca. Em texto publicado no *Globo* por ocasião da autobiografia de Samuel, aliás, Maurício Alencar negaria ter enviado a Paris qualquer proposta. Wainer devia ter se confundido de empreiteiro. Fosse como fosse, ao obter a resposta de Hariberto à sua consulta, Samuel despachou Danuza para o Brasil. Afinal, Sérgio Lima e Silva era padrinho de Pinky, juntamente com Alzira Vargas. Talvez uma boa conversa em família pudesse ajeitar as coisas. No telegrama, arquivado em pastas de documentos que sobreviveriam ao tempo, Hariberto se dera a intimidade de chamá-lo de Samouká.

Pouco antes do Natal, Danuza aterrissou no Rio de Janeiro. O "ex-padrinho" da filha, como se referiria a Lima e Silva, nem sequer a recebeu. Na ocasião, por um golpe de sorte, Baby Bocaiuva também se achava no Brasil, com uma licença especial do regime. Por telefone, os dois, Baby e Danuza, falaram com os infiéis sócios. Diante da negativa, Samuel autorizou Baby a vender parte do patrimônio da Érica e da Companhia Paulista de Jornais, empresas gráficas que não estavam em nome dos laranjas. Com o dinheiro — e raspando o cofre —, Bocaiuva cedeu à chantagem e recomprou as ações de Samuel. "Não sobrou praticamente nada das gráficas", lembraria Danuza, que agora passaria a ter no seu nome 100% das ações. Aliás, ela aproveitou a viagem para resolver outra questão. Esta, muito pessoal, marcando um encontro com José de Magalhães Lins. Diferentemente de todo mundo que subia a rua Icatu, não foi pedir dinheiro. Mas um favor: que o magnata entregasse, sem mencioná-la, aos filhos de Antônio Maria — Maria Rita e Antônio Maria Filho — todas as suas economias. "Perguntei: por que eu?", comentaria Magalhães Lins. "Porque o senhor é banqueiro, rico, respeitado [...]. No dia seguinte, liguei para os filhos do Maria e pedi que eles fossem ao banco [...] e acabei arrumando um emprego para o filho do Antônio Maria no *Globo*. Eu pedi ao Evandro [Andrade] e ele colocou o rapaz lá. Depois, a moça eu coloquei no banco."

Antes de retornar à França, Danuza assistiu à estreia do maior sucesso da temporada, o espetáculo *Opinião*, com Nara Leão, Zé Keti e João do Vale. Conforme a *Última Hora*, tratava-se da "revolta do samba".

Podem me prender, podem me bater
Podem até deixar-me sem comer
Que eu não mudo de opinião

Para o Departamento de Estado dos Estados Unidos, Samuel entrou 1965 nadando em dinheiro. O imbróglio das ações fora resolvido e, de acordo com o telegrama de 5 de fevereiro, assinado pelo diplomata Max V. Krebs, então servindo no Brasil, a *Última Hora* já tinha novo comandante: "Danton Jobim, ex-diretor do *Diario Carioca* e amigo íntimo de Juscelino". Embora suspeitasse, Krebs não sabia ao certo se o ex-presidente havia se metido pessoalmente no arranjo, mas, com certeza, estava entre os que agora financiavam o jornal: "O próprio Wainer e Kubitschek, através de Alfredo Monteverde [e] José Ermírio de Morais". Noutro telegrama, o cônsul-geral Niles W. Bond forneceu mais uma informação de relevo: "Duas boas fontes nos avisaram". No caixa da *Última Hora* ia entrar *larjan* do general De Gaulle. Diplomatas brasileiros ligados a João Goulart teriam negociado com o governo francês uma ampla campanha publicitária a ser veiculada nos jornais de Samuel. "A soma mencionada é de 50 mil dólares [410 mil dólares em 2019]". Por quê? "A campanha para De Gaulle tem uma linha claramente antiamericana."

Em suas memórias Samuel recordaria o ano de 1965 como aquele em que a *Última Hora* refirmou o pé. Todavia, ele próprio seguiu longe da fama de milionário. A combinação com Danton Jobim lhe deu direito a uma retirada mensal no valor de 4 mil dólares: "Isso me bastava". A diretoria de redação do jornal do Rio, entregou a Moacir Werneck de Castro, e a do jornal de São Paulo, primeiramente a Múcio Borges da Fonseca, e, pouco tempo depois, a Rubens Paiva e Fernando Gasparian. O negócio supostamente com os irmãos Alencar não avançara. Estes tinham voltado os olhos para o *Correio da Manhã*. Após a morte de Paulo Bittencourt — e a luta contra o governo de Castelo Branco —, o todo-poderoso matutino minguava. Na opinião de Samuel, mais por culpa de Niomar que do general: "Uma sinhazinha baiana inteiramente despreparada". Sabendo das dificuldades, decidiu propor a ela uma aliança, por intermédio de Danton Jobim: aproveitar a capacidade ociosa das oficinas do *Correio* e rodar ali a *Última Hora* carioca. Com a venda dos equipamentos gráficos, estava com sérios problemas para imprimir o jornal. Em retorno, soube de Niomar: "Não me misturo com cafajestes".

Em 13 de julho, uma notícia na capa da *Última Hora* do Rio deve ter reavivado sua memória. Enfim Jorge Serpa saía da cadeia. Aos jornalistas que compareceram ao embarque no Galeão, rumo a Belo Horizonte, onde presidira a Manesmann, Serpa denunciou as sevícias e humilhações sofridas no cárcere. Na foto publicada pelo jornal, pareceu magro, velho — e, conforme a observação do repórter, praticamente não era capaz de articular as frases e mancava "violenta-mente" da perna esquerda. Samuel ainda não engolira o desaparecimento do 1 milhão de dólares. Passadas algumas semanas da liberação, mandou um recado a Serpa: ou lhe entregava o dinheiro prometido por João Goulart, ou botaria a boca no mundo, expondo todas as tramoias dele. Claro, estava blefando. Caso o denunciasse, estaria denunciando a si próprio — e, por tabela, complicando Jango. Mas funcionou. Imediatamente chegou à França um emissário para ne-gociar. "Lutamos como leões", recordaria Samuel. No fim das contas, conseguiu arrancar de Serpa 90 mil dólares. "Embora tivesse certeza de que Serpa embol-sara o dinheiro, achei sensato não prolongar a discussão." Teria ele telefonado para Jango de Paris para confirmar? Que certeza absoluta era aquela? Nunca se soube. Sobre o trato com Serpa, Magalhães Lins corroboraria a tese de Wainer: "Eu tinha visto o talão de cheques".

Um mês depois, em agosto, Samuel tomou um decisivo drinque no bar do Hotel Claridge. De São Paulo, Octavio Frias de Oliveira havia se deslocado até Paris para aquele tête-à-tête. Em 1962, Frias, em sociedade com Carlos Caldeira Filho, comprara de José Nabatino Ramos o Grupo Folha. Agora, no velho prédio da Barão de Limeira, imprimiam-se sete jornais: *Folha de S.Paulo*, *Folha da Tarde*,

Cidade de Santos, Notícias Populares e, pelo fato de Frias ser também presidente da Fundação Cásper Líbero, *Gazeta Mercantil* e *Gazeta Esportiva*. Para expandir os negócios, faltava a *Última Hora* de São Paulo. A proposta caiu do céu. Diferentemente do que ocorria na Sotero dos Reis, Samuel não conseguia domar a redação do Anhangabaú. Em vez de suavizar a linha editorial, como fora recomendado, Rubens Paiva e Fernando Gasparian engrossaram a voz, obrigando-o a demiti--los. Na casa, tinha até mesmo gente que nutria profunda aversão por ele, como o afamado polemista Dorian Jorge Freire: "Tornara-se festivo e festeiro. Dizia hoje o que negava ontem. Compunha-se. [...] As coisas começavam a mudar e Wainer se apressava a mudar de barco. Com aquela habilidade de manobrista. [...] Com aquela ausência de compostura que nele parece uma segunda natureza".

Pois bem, se era assim: ao ouvir a proposta de Otávio Frias, Samuel topou. Na verdade, a *Última Hora* paulista era praticamente a marca. Não possuía sequer sede própria. Nem um nem outro jamais revelou o valor da transação. Considerando que parte da gráfica já fora rifada para recomprar as ações do jornal, não deve ter sido uma soma muito maior do que as dívidas deste. Depois de ter ficado sem circular por cerca de um mês após o golpe de 1964, a *Última Hora* de São Paulo nunca se recuperara.

"Você terá nas mãos um excelente instrumento", disse ele ao novo proprietário da *Última Hora* de São Paulo.

"O que eu gostaria de fazer, agora, era ir até a Federação das Indústrias do Estado de São Paulo e mostrar, numa bandeja de prata, a cabeça de Samuel Wainer", brincou Frias.

"Foi barato."

Não deixava de ser irônico: enquanto Samuel, o Cidadão Kane, vendia um braço, no Brasil armava-se uma CPI para investigar a origem do dinheiro da nascente TV Globo, oficialmente no ar desde abril. O dedo acusador era o mesmo: Carlos Lacerda. O motivo também: assim como Wainer não podia ser dono da *Última Hora* por não ser brasileiro, Roberto Marinho não podia se associar ao grupo norte-americano Time-Life. As voltas que o mundo dá. Lacerda havia começado a puxar o fio da meada quando o Dops botara as mãos num funcionário do Time-Life. Depois de quatro horas de interrogatório, este revelara a existência de contratos vultosos, dos quais não tinha maiores informações. Bastou. Munido de um discurso feito durante conferência nos Estados Unidos por Weston C. Pullen Jr., o presidente do grupo Time-Life, celebrando o acordo com a emissora brasileira, Lacerda enviou ofício ao ministro da Justiça, Milton Campos, em que requeria o fechamento da TV Globo. Em 10 de outubro, conseguiu a instalação de uma CPI, com a assinatura de 141 deputados. Os gringos estariam, em troca de 49% das ações da TV Globo, investindo em torno de 5 milhões de dólares nos estúdios da estação, no Rio de Janeiro.

Quantas vezes Samuel foi chamado de "esse judeu"? Agora, lá estava Assis Chateaubriand, babando o mesmo racismo contra Roberto Marinho, o "africano de trezentos anos de senzala". No fim das contas, Marinho sairia por cima. Em depoimento à CPI, explicaria: não se tratava de sociedade com o grupo Time-Life, mas de contratos de "assistência técnica" e uma "conta de participação". Como a maioria do Congresso não queria contrariar Castelo Branco, ficaria por isso mesmo.

Naquele inesquecível verão de 1965, Samuel, como os parisienses endinheirados, pegou o rumo do sul da França. Para abrigar as férias de Danuza e dos filhos, havia alugado uma mansão em Hendaye, bem pertinho de Arcangues e não longe de Biarritz, onde se situava o castelo do marido de Mimi Ouro Preto d'Arcangues — a namorada. "Tudo muito bem organizado, como se vê", comentaria Danuza. Passando a semana em Paris, ele subia no trem todas as quintas ou sextas-feiras para um fim de semana prolongado. O triângulo tinha lá suas rachaduras. Apesar de não querer retomar o casamento, Danuza nutria por Samuel certo senso de propriedade: "Mimi e eu nos falávamos cordialmente, nos beijávamos, mas guardávamos uma distância regulamentar, digamos". Eis, então, que as duas se estranharam. Num dos muitos fins de semana, que se estenderam até o começo de setembro, Danuza flagrou Mimi flertando com um garoto de cerca de trinta anos. E mais: percebeu que Samuel também notara. No domingo, quando a turma se despedia dele na estação, o rapaz da paquera apareceu. "Samuel ficou meio pálido, mas embarcou — não havia outra coisa a fazer. Fiquei furiosa, mas furiosa mesmo. Sem raciocinar, parti direto para Mimi. [...] Acabei dando uma bofetada nela."

Se nos fins de semana socializava com a aristocracia em Biarritz, durante a semana Samuel vinha fazendo um bom trabalho de formiguinha. Cada vez mais, a imprensa francesa subia o tom contra o regime brasileiro. Tanto para o Departamento de Estado dos Estados Unidos como para o Ministério das Relações

Exteriores do Brasil, ele era o homem a se culpar. Na sua conta, de acordo com a correspondência secreta, colocava-se a enxurrada de reportagens negativas. Sob o título "O fim do equívoco", o *Le Monde* alardeou a "calma" e a "dignidade" com que o povo condenara a "pretensa revolução", elegendo, no pleito de outubro de 1965, em dois importantes estados da federação, governadores da oposição. Na Guanabara, Francisco Negrão de Lima. Em Minas Gerais, Israel Pinheiro. Ambos do PSD de Juscelino Kubitschek. Foram seguidos os ataques do *Le Monde*. Entre estes, uma entrevista com Jean-Luc Godard explicando por que recusara o convite para participar do Festival Internacional do Filme do Rio de Janeiro. Era amigo de Jango — e não ia compactuar com uma ditadura. Até mesmo a austera política econômica do ministro do Planejamento, Roberto Campos, recebeu críticas daquele diário. Em vez de reduzir a carestia, Campos jogava o país numa condição "ainda mais precária do que no fim do governo João Goulart".

Entre a embaixada do Brasil na França e o Ministério das Relações Exteriores, continuava a circular a suspeita de que Samuel se encontrava por trás do companheiro Claude Julien, o jornalista de frente na campanha do *Le Monde*. O embaixador Mendes Viana tinha certeza disso, tanto que conversara a respeito do assunto com um especialista, o francês Georges Albertini, um dos mais renomados anticomunistas da Europa, conhecido pelo engajamento no governo de Vichy. A essa altura, Albertini já prestava serviço remunerado para o SNI. A propósito, naqueles dias pós-pleito no Brasil, Édouard Bailby assinou uma reportagem no semanário *L'Express*, intitulada "O Brasil à beira da explosão", que, por todas as informações de bastidores e linha de raciocínio, sem dúvida tinha o dedo de Samuel. Segundo o Departamento de Estado dos Estados Unidos, ele não só influía na linha editorial dos impressos da França como republicava na *Última Hora* o conteúdo. "A dramática insurgência da atividade na França tem sido visível no formato e no conteúdo da *Última Hora*", ressaltou um telegrama enviado pela embaixada americana no Rio.

Quão inglória podia ser a luta. Ao findar 1965, o Brasil já era oficialmente uma ditadura. Em 27 de outubro, como resultado do abalo provocado no regime pela eleição de Negrão de Lima, para a Guanabara, e Israel Pinheiro, para Minas Gerais — ambos pelo PSD —, Castelo Branco anunciou o segundo Ato Institucional, o AI-2, estabelecendo eleição indireta para a Presidência da República, dissolução de todos os partidos políticos e o aumento do número de ministros do STF, de onze para dezesseis, o que garantia ao governo maioria no tribunal. Em consequência nasceriam dois partidos, Arena e MDB, o primeiro representando a situação; o outro, a oposição.

Deixando o azedume político um pouco para trás, Samuel celebrou a passagem de ano numa festa na casa da família do barão Rothschild. A caminho, encontrou com um pequeno grupo, formado por Fred Chandon, herdeiro do famoso champanhe; Claude de Leusse, uma genuína aristocrata que trabalhava como jornalista; e pela atriz Anita Ekberg, a estrela, convenientemente, de *La dolce vita.* "Entrei no salão de braços dados com [essas] duas esplêndidas mulheres. [...] Adolfo Bloch, para meu desprazer, estava presente à recepção e me recebeu com um olhar de profunda inveja."

Depois das férias de inverno, que passaram trancafiados em casa, Samuel e Danuza decidiram que o melhor a fazer era mandar as crianças para um colégio interno. Fátima, a babá e cozinheira, resolvera mudar de vida, indo para a Alemanha, onde trabalharia numa fábrica. Sem ela, fora o inferno. Samuca e Bruno partiram para um colégio nas montanhas, perto de Gstaad, em Château d'Oeux, e Pinky, para uma escola de freiras nos arredores de Paris, em Mortefontaine. "Os colégios mandaram uma lista das roupas que [...] deveriam levar, tipo doze pares de meias, quatro pijamas, essas coisas", recordaria Danuza. "Encomendei etiquetas com o nome de cada um, e passei noites e noites marcando cada peça." Para os costumes europeus, não havia nada de mais em mandar os filhos para longe, a fim de que fossem educados sob rígidos códigos de disciplina e etiqueta. Entre os mais abastados, por sinal, era *de rigueur.* Com a reorganização familiar, Pinky vinha para casa nos fins de semana. Uma vez por mês, os três, Samuel, Danuza e a mocinha, já com doze anos, subiam no trem e cruzavam a fronteira da Suíça, para visitar os garotos. "Levávamos cerejas, e era uma festa."

Em abril de 1966, o fim do segundo ano no exílio, Samuel viu chegar à França, para ocupar a cadeira do embaixador Mendes Viana, transferido para Santiago do Chile, um velho desafeto: Olavo Bilac Pinto, que, nos idos de 1953, ajudara a levar a cabo a CPI da *Última Hora.* Um tinha horror ao outro. Segundo as contas do Ministério das Relações Exteriores, 742 exilados viviam em Paris. Mas Bilac Pinto, seguramente, focaria em Wainer sua atenção. Na correspondência secreta, até a presença dele numa prosaica palestra de d. Hélder Câmara merecia informe. A bem da verdade, d. Hélder representava um dos gigantes da luta contra a tortura. Um padre de passeata, como diria Nelson Rodrigues. Samuel dava motivo para ser vigiado. No apartamento da Rue Davioud, entravam e saíam elementos suspeitos, do economista Celso Furtado ao presidente da UNE, José Serra. Aos 24 anos, este, inclusive, tivera um flerte com Danuza. Outro frequentador constante era Miguel Arraes, que depois da longa cana se instalara na Argélia e viajava para a França regularmente. Juscelino, então de mudança para Portugal, de vez em quando também aparecia. Ainda em fevereiro, a turma recebeu engasgada o AI-3, promulgado no dia 5. Daí em diante, só os congressistas seriam eleitos por voto direto. Os governadores, por eleição indireta. E os prefeitos das capitais seriam indicados.

Decerto as empadas da Olívia salvavam a temporada. No quarto vago das crianças, Samuel hospedou Lan e a mulher, a famosa Olívia, uma das irmãs Marinho, divas do Salgueiro. O animado casal havia decidido dar um tempo do ar insalubre do Brasil. Danuza não sabia se aquele entra e sai no apartamento vizinho se devia ao charme irresistível do ex-marido ou aos salgados da Olívia. Até o grupo estrangeiro, cujos membros mais assíduos eram Pablo Neruda, Louis Malle, Fred Chandon e o afamado editor Guy Schoeller, dava um jeito de aparecer justo na hora da fornada. Apesar da vida tão bem nutrida de gente interessante, foi nesse período que ele passou a ficar inquieto. Aliás, "aflitíssimo", como lembraria o amigo João Pinheiro Neto, de passagem na França, depois de sair da prisão. Talvez estivesse de fato amargando uma boa crise existencial, como suspeitara Cacá Diegues. Afinal, tinha 54 anos, a idade em que os questionamentos começam a cutucar. Tanto se afastara da origem que os filhos não conheciam sua história. Nem mesmo sabiam que era judeu. Não porque escondesse isso de quem quer que fosse, mas o judaísmo parecia ter se tornado algo pessoal.

Até que, num bucólico domingo, na principal praça de Château d'Oeux, Samuel ouviu uma pergunta de Bruno, enquanto observavam os fiéis saindo da igreja: "Você não vai à missa, papai?". Pego de surpresa, disse: "Sou judeu". Se o pai era judeu, o que era ele, Bruno, então? Meio judeu e meio católico. "Então, não preciso ficar a missa inteira, só até a metade", concluiu o menino. Ao que Pinky interveio: "Se nós somos metade judeus, de onde é que viemos?". Como não bastasse a crise que os filhos enfrentavam, nem brasileiros nem europeus, perdidos naquela instabilidade que era a sua vida, agora estavam expostos à questão da identidade. Para responder, Samuel fabulou: viajou para o Velho Testamento e reconstruiu a fuga dos judeus do Egito e a travessia do mar Vermelho. Ao chegarem à Europa, conduzidos pelo "príncipe" Moisés, coubera a um príncipe da linhagem dos Wainer a Bessarábia. O conto de fadas terminava aí: "Os atacantes chegavam à noite, roubavam, matavam e defloravam todas as mulheres. Numas dessas ocasiões uma velhíssima avó Wainer foi estuprada por 24 inimigos, todos de raças diferentes. Éramos, assim, o produto de diferentes raças [...], mas [...], sobretudo, brasileiros".

Nos fins de 1966, cada um partiu para um lado. Samuel, para a Grécia. Danuza e os filhos, para o Brasil. Na revista *Manchete*, ele apareceu de *col roulé*, numa foto tirada em Atenas: "Samuel Wainer, outro exilado em Paris, diz ter renunciado definitivamente ao jornalismo. Resolveu dedicar-se ao cinema, como produtor". Não era bem assim. Mas seguramente se encontrava no pico da euforia, entusiasmadíssimo com o filme de Nikos Papatakis, *Os pastores da desordem*, o primeiro projeto de muitos que viriam. Associando-se ao franco-suíço Éric Bourgeois, Wainer abrira uma produtora, Lenox, com escritório e tudo, em região nobre de Paris. A diretoria administrativa, entregara a Violeta Arraes. Com orçamento previsto de 90 mil dólares, botara do próprio bolso 30 mil. O restante sairia da agência pública francesa de incentivo ao cinema. De acordo com as contas iniciais do diretor, seriam três semanas de filmagem.

Inaugurava-se uma série interminável de loucuras. Para começo, foi alugada a mais espetacular mansão, nos arredores da capital grega. Como havia muito equipamento para carregar de um lado para outro, mulas se enfileiravam na porta. Certa feita, Papatakis levou catorze horas ensaiando uma só gargalhada. Enquanto isso, o dinheiro minguava, obrigando Samuel a sacar 70 mil dólares do caixa da *Última Hora*. O jornal ia cada vez pior das pernas, sobrevivendo da banca e do — pouco — dinheiro de empresários fiéis a jk. De repente, já não se tinha noção alguma de quanto tempo de filmagem seria necessário para concluir o delírio de Papatakis. "Com a paciência esgotada, chamei-o para conversar e lhe disse que ele não era um profissional. O grego olhou-me com ódio e quis atacar-me com uma faca", recordaria Samuel.

Danuza, depois de aterrissar no Rio, foi também fazer cinema, escalada por Glauber Rocha para o elenco de *Terra em transe*. Ao contrário das suntuosas locações escolhidas pelo grego, o baiano compôs a sua República de Eldorado com o pouco que dispunha. Por sinal, embora tão longe, Samuel estava presente no set. Segundo Cacá Diegues, o jornalista Paulo Martins, o herói da fita vivido por Jardel Filho, era uma mistura amalucada de Wainer com Assis Chateaubriand: "Uma confusão daquelas que o Glauber fazia. Glauber e Samuel eram feitos da mesma matéria, da mesma energia. [...] Tinham antenas". Pensando bem: "O personagem não é o Samuel, mas o Glauber pensou no Samuel para escrever, pegou traços. [...] Samuel jamais diria aquela frase: 'Vou morrer pela beleza e pela liberdade'". Na trama, Danuza encarnou a meretriz Sílvia, amante do político Porfírio Diaz, representado por Paulo Autran. Entre as filmagens, ela escapou para ver, em São Paulo, no Teatro Record, a irmã Nara e Chico Buarque cantarem "A banda", no II Festival de Música Popular Brasileira da TV Record. Toda vestida de prateado, figurino que Danuza trouxera de Paris, Nara arrasou. "A banda" empatou no primeiro lugar com "Disparada", de Geraldo Vandré, interpretada por Jair Rodrigues.

Sobre Glauber, Danuza lembraria: "Não era mundano, nem boêmio, nem gostava de vida noturna, mas, às vezes, entrava no Antonio's — o bar da moda, e o mais famoso que o Rio já teve — e saía com uma quentinha cheia de quindins. [...] Sua técnica era primeiro enlouquecer os atores, depois fazer deles exatamente o que queria".

Os meses se passaram e, em meados de 1967, os dois filmes, *Terra em transe* e *Os pastores da desordem*, ficaram prontos. Danuza seguiu para o Festival de Cannes: "Lá fui eu, com um vestido de Emilio Pucci, subindo (e descendo) as escadarias do Palais du Festival, ao lado de Zelito Viana e José Lewgoy". Samuel, para o de Veneza: "Também organizamos uma avant-première em Paris. Subornamos alguns críticos e o filme recebeu várias críticas favoráveis. Uma semana depois, foi lançado numa cadeia de oito salas, mas só ficou três dias em cartaz. Os espectadores se retiravam ao fim de uma hora, indignados e berrando que não estavam dispostos a assistir filmes histéricos".

Paris, 29 de setembro de 1967: "Meu caro Jango". A magoada carta de Samuel repercutiu nos principais jornais brasileiros. Não, uma aliança com Carlos Lacerda ele não ia apoiar — nem mesmo com o silêncio. Por aqueles dias, em Montevidéu, João Goulart, depois de quase um ano de indecisão pública, apertara a mão do inimigo, firmando assim sua adesão à chamada Frente Ampla.

Àquela altura, Wainer já se estranhara com Juscelino. Em novembro do ano anterior, este tomara rumo idêntico, com a Declaração de Lisboa, assinando embaixo da aliança de ocasião, em nome da luta pela redemocratização do Brasil. Em teoria, claro, parecia uma boa ideia: unir forças contra a tirania. Para Samuel, porém, o problema era Lacerda, com sua vocação "antidemocrática e antipopular". "Hoje apertando suas mãos no exílio de Montevidéu, amanhã apontando você como inimigo da Pátria, Deus e a Família", escreveu ele na missiva autorizada, na sua opinião, pela "longa jornada, iniciada naqueles românticos dias no sítio do Itu e encerrada naquela interminável madrugada de 31 de março de 1964, quando, à porta do Palácio Laranjeiras, despedimo-nos a fim de partir para este imprevisível exílio."

Ao terminar: "Receba, assim, Jango, esta minha discordância como uma atitude estritamente pessoal, imposta por um dever de amizade e respeito que nunca deixarei de sentir por você".

Se agora Samuel tornava pública a ruptura com João Goulart, a coisa já vinha desandando desde o primeiro suspiro da Frente Ampla, quando Lacerda, devido ao anúncio do AI-2, rompeu com Castelo Branco e saiu empunhando a bandeira da democracia. Para fazer JK mudar de ideia, tentara convencê-lo a agir como Winston Churchill, esperando calmamente que o povo clamasse pelo seu retorno. O primeiro-ministro inglês, a bem da verdade, havia, para isso, ganhado uma guerra. Mas Juscelino fizera Brasília, logo estaria sendo exigido de volta. Inútil. Ao transferir a residência para Portugal, este recebera Lacerda para um cafezinho, firmando a célebre Declaração de Lisboa. Na ocasião, inclusive, telefonara para Samuel, rogando-lhe que não atrapalhasse a cooptação de Jango. Além de negar o pedido, o jornalista avisara: caso João Goulart embarcasse na canoa da Frente Ampla, escreveria uma carta pública rompendo com o amigo. "Você não tem o direito de fazer isso", dissera-lhe o sempre cordial mineiro, ao que ele retrucara: "Se tenho direito ou não, presidente, eu é que decido".

O aperto de mão em Montevidéu levantou poeira para todos os lados. Gritaram tanto os lacerdistas como os janguistas. *O Estado de S. Paulo*, por exemplo, chamou o acordo de "inacreditável". Para o jornal dos Mesquita, "o ex-líder da democracia liberal" punha de lado suas "nobres" campanhas contra a "política do caudilhete de São Borja". Conforme *O Globo*, tratava-se da mais cínica frente jamais tentada na história política do país. "Hitler" e "Stálin", referindo-se a Lacerda e Jango, queriam a guerra civil. Já o *Jornal do Brasil* viu na aliança uma transação financeira, em que o rico estancieiro entraria com o dinheiro, comprando votos para o homem que não conseguira lugar no regime. Por seu turno, a *Última Hora*, no editorial de Danton Jobim, atentou para um fato despercebido. Dificilmente as massas trabalhadoras que seguiam João Goulart iriam engolir aquela fotografia dos dois inimigos confraternizando no Uruguai. Até a família de Getúlio Vargas chiou. Além da condenação pública por parte de Alzira, Lutero emitiu nota classificando Lacerda como "uma barreira intransponível". Difícil acreditar que, com um pulo em Montevidéu, este pudesse ser redimido "dos atentados permanentes ao ideário consubstanciado na carta-testamento de Getúlio".

Em Paris, Samuel soube do comentário sucinto de Jango ao ler sua carta publicada na íntegra pelo *Correio da Manhã* e pelo *Jornal do Brasil*: "O Profeta está negociando seu passaporte". Na verdade, já tinha negociado, com a providencial mão de Ibrahim Sued. Em 11 de julho daquele 1967, a Secretaria de Estado expedira autorização ao consulado-geral para que emitisse para ele um passaporte comum, válido para todos os países da Europa Ocidental e para os Estados Unidos. Isso significava o seu iminente regresso. Muitos exilados estavam, então, tomando o rumo de casa, confiantes na atmosfera de abrandamento do regime. Afinal, já se armava até mesmo uma Frente Ampla. O país tinha um novo presidente da República, o general Artur da Costa e Silva, empossado em março. Entre 1964 e 1966, durante o governo de Castelo Branco, haviam sido abertos entre cem e duzentos IPMS, resultando em cerca de 2 mil processos judiciais em curso. E mais: cerca de quinhentos cassados. De alguma forma, parecia que a repressão perdia o fôlego — ou batera no teto. Para conseguir o passaporte, Samuel jurou. Segundo o telegrama secreto de 11 de julho, faria "uma oposição honesta e construtiva, oposta à subversão e aos extremismos, confiante na evolução final das bases revolucionárias lançadas em abril de 1964". De acordo com o documento, o governo de Costa e Silva tomara a decisão de "aceitar o diálogo com o sr. Wainer".

28. Nunca houve ontem

Em outubro de 1967, Samuel aterrissou no Galeão. Naquela primavera — aliás, a primavera dos primeiros acordes da Tropicália —, respirava-se um certo otimismo. Pelo menos na ensolarada Ipanema. Como dizia Millôr Fernandes, o país corria o risco de cair numa democracia. O abominável Costa e Silva dava a entender que estava mesmo preocupado com a "transição revolucionária", eufemismo para aventadas migalhas democráticas. Bem ou mal, de fato existia agora uma nova Constituição, parida pelo AI-4, com o intuito de conferir aparente legalidade ao regime. Por seu turno, as esquerdas continuavam brigando entre si, com as mesmas rachaduras que haviam engolido Jango. Só as gírias e expressões que davam nome aos bois pareciam outras. Ou se era esquerda porra-louca ou Partidão conciliador. Ou se era revolucionário ou se era reformista. Uns queriam pegar em armas; outros, cordeiros do PCB, preferiam as intermináveis assembleias. Sem casa na cidade, Wainer hospedou-se no apartamento do Jardim Botânico, que juntava a Bossa Nova e o Cinema Novo, do novo casal da praça: Nara Leão e Cacá Diegues.

Assim que retomou o comando da *Última Hora*, Samuel chamou Janio de Freitas para um particular no apartamento da filha de João Etcheverry. Havia exatos dez meses, o jovem jornalista, responsável pela modernização do *JB*, assumira não só a direção de redação da *Última Hora* do Rio como a incumbência de capitanear a reforma editorial do jornal. Convidado para o cargo numa madrugada, num inesperado telefonema vindo da França, Janio se abalara até Paris para discutir os planos com o futuro chefe, hospedando-se num hotelzinho no 16ème arrondissement, bem perto do apartamento da Rue Davioud. Ao retornar, contra a boa vontade dos velhos de casa, tratara de suavizar o ranço getulista do diário carioca, tornando-o menos partidário e mais imparcial. Agora, de volta ao Brasil, Samuel queria mudar tudo. Ouvindo-o, Janio achou toda aquela conversa uma loucura. Vinha fazendo um esforço tremendo diante da falta de dinheiro. Para esse detalhe, o patrão tinha um plano. Do bolso, sacou um pedaço de papel com uma lista de vinte nomes. Destes, caberia a Janio contatar a metade, na tentativa de levantar fundos. Conforme o plano, cada um dos patrocinadores entraria com 50 milhões de cruzeiros. No fim amealhariam juntos, o chefe e o funcionário, 1 bilhão. Segundo Janio contaria, o nome do banqueiro Walter Moreira Salles encabeçava a lista. Sua resposta foi imediata: estava fora.

Nas semanas que se seguiram, sem um tostão no caixa, Samuel se encarregou de reunir sua nova tropa. Como sempre, saiu à caça de jovens talentos. Numa tarde na casa de Cacá e Nara, recebeu Nelson Motta, o Nelsinho, que, aos 23 anos, começava a despontar no *Jornal do Brasil*. O que Wainer procurava era alguém para assinar uma coluna sobre os novos ventos que sopravam. Já tinha título: "Poder jovem". "Um tiro espetacular, independente de quem fizesse. O que se chamava de poder jovem explodia no mundo. Eu tinha ido aos Estados Unidos e vira de perto o *flower power*", comentaria Nelson, que, terminada a reunião, teria topado trabalhar até de graça: "Feliz da vida". Além de a ideia lhe agradar, gostou de Samuel: "Uma figura impressionante. Tinha uns cinquenta e poucos anos. Mas era o ideal do coroa". Sua missão seria repetir o sucesso da coluna de Ricardo Amaral, "Jovem guarda", na *Última Hora* de São Paulo. Em vez de falar de sociedade, porém, traria para as páginas da *Última Hora* do Rio a revolução cultural e comportamental em curso, da minissaia à pílula anticoncepcional, dos Beatles e Rolling Stones a Caetano e Gil. "Tudo que fosse prafrentex." Do Jardim Botânico, Nelson foi direto para a redação da Rio Branco pedir demissão. "O chefe era o Alberto Dines. [...] [Ele] tinha me dado uma chamada, dizendo que eu estava assinando demais. Entendi que ia levar no *JB* uma meia trava. Quando tive a proposta do Samuel, fui lá e disse: quero ir e ponto. Foi a melhor coisa que fiz na minha vida."

À redação da Sotero dos Reis haviam chegado mais dois rapazes, os gaúchos Tarso de Castro, que trabalhara na *Última Hora* em Porto Alegre, e Luís Carlos Maciel, de 26 e trinta anos, respectivamente — o primeiro seria um dos idealizadores de *O Pasquim*, o segundo se tornaria o mais importante ensaísta da contracultura. Enquanto Tarso foi escrever sobre política, Maciel ganhou a coluna "Vanguarda": "A primeira coluna vanguardista da imprensa brasileira, com liberdade para falar de movimento hippie, de drogas, de psicodelia". Como Nelson Motta, ele também gamou em Samuel: "Não era estúpido como os outros donos de jornais". Do trio Nelsinho, Tarso e Maciel, o novo patrão virou uma espécie de guru. Pelas costas, chamavam-no de Raposão. Na opinião de Maciel, o mais aficionado por Wainer era o Tarso, que o imitava na frente do espelho, copiando-lhe os trejeitos. "Quantas vezes não saiu no braço no Antonio's para defendê-lo?" Se alguém ousava falar mal de Samuel na sua presença, não pensava duas vezes antes de arremessar o que tivesse nas mãos. Como nunca largava o copo, o desafeto voltava para casa banhado em uísque.

No frenesi criativo, Samuel inventou também uma coluna de televisão. O escolhido para capitanear a novidade foi o ex-deputado petebista Paulo Alberto Monteiro de Barros, que retornava, assim como ele, de longa temporada no exílio, tendo vivido na Bolívia e no Chile. Relativamente nova no Brasil, a TV não era assunto de jornal sério, salvo em coluna de fofoca. Como não queria se expor em tema tão mundano, Paulo Alberto inventou um pseudônimo, Artur da Távola, inaugurando na imprensa a crítica televisiva. "Ninguém gritava com menos agressividade e rancor que Samuel", diria Paulo Alberto. "Se pudesse esmagava o antagonista na discussão, mas se este empombasse e brandisse argumentos valentes, aí ele gostava. Samuel só gostava de quem o enfrentava." Ora manso, ora furioso, costumava "entrar em luta corporal com o nosso artigo do dia, apoiando, brigando, xingando, discordando, afagando, vibrando". Em sua avaliação, podia ser, no mesmo minuto, "adorável e detestável", mas sempre "genial em lampejos".

Além dos novatos, a *Última Hora* contava com os velhos de guerra, como Moacir Werneck de Castro, Otávio Malta, Paulo Silveira, Paulo Francis, Flávio Tavares, João Pinheiro Neto, Maneco Muller, Gilda Muller, Amado Ribeiro, Pinheiro Júnior e Jaguar, que entrara para o time pouco antes do golpe, em junho de 1963. Nunca se trabalhou tanto na redação da Sotero dos Reis. Às dez da manhã, chegava o chefe. Daí em diante, não dava folga. De madrugada, depois do fechamento da edição matutina, o bando, puxado, claro, por Samuel, ainda rumava para o Flag, onde seguia debatendo pautas. O bar da moda era o Antonio's. Mas o Flag tinha o seu charme. A casa do chef José Hugo Celidônio, no segundo andar de um prédio perto do Cine Roxy, em Copacabana, abrigava no máximo oitenta pessoas. Toda noite passavam por lá nomes como Elis Regina, Maysa, Tônia Carrero, Otto Lara Resende, Ronaldo Bôscoli, e José Bonifácio de Oliveira Sobrinho, o Boni, e Walter Clark, a dupla que, então, iniciava a revolução na TV Globo.

"O que me fascinava no Samuel? [...] Ele era tudo o que a gente queria ser. Trouxe um espírito parisiense para a praça da Bandeira", explicaria o pupilo Nelson Motta. Numa madrugada, na sensação da temporada, a boate Sucata, criação de Ricardo Amaral, os dois disputaram na pista de dança a estonteante Regina Rosemburgo, estrela de *Garota de Ipanema*, o filme de 1967, dirigido por Leon Hirszman. Dois lutadores de boxe, de acordo com as palavras de Samuel a Nelson: se um podia ganhar por nocaute, o outro tinha a chance de vencer por pontos. "Nunca conheci uma mulher que não ficasse doida por ele. Eu observava como fazia para imitar. [...] Era o mestre do elogio", lembraria Nelsinho. Regina Rosemburgo, todavia, quem levara foi Tarso de Castro. Na mesma Sucata, noutra madrugada, Samuel sentou-se ao lado de uma menina linda, chamada Maria Lúcia Rangel, filha do seu velho amigo Flávio Rangel e prima de Sérgio Porto. Conversa vai, conversa vem, soube que ela queria ser jornalista, até tentara a vaga de assistente de Gilda Muller no caderno feminino. Na manhã seguinte, a *Última Hora* tinha uma nova repórter. E Wainer, uma nova defensora: "Jurava para a gente que nascera no Brasil. Nós acreditávamos e o defendíamos em todo canto".

O telefone tocou na cobertura de Rubem Braga. "Essa menina", disse ele, ao ouvir a voz da bela Mônica Cerqueira, futura mulher de Nelson Motta. Ela queria saber o que o boêmio cronista fazia naquela madrugada morna. E se podia aparecer com um amigo. Afinal, algo sempre estava acontecendo no apartamento da Barão da Torre. "Quem?", o anfitrião perguntou. Ao que ela respondeu de pronto: "Samuel Wainer". Minutos antes, ali no balcão do Antonio's, de onde se dava a ligação, Wainer mencionara que tinha muita vontade de reatar o contato com o velho amigo. Fossem fazer as contas, já haviam se passado vinte longos anos. Não deixava de ser engraçado que o magoado no caso fosse Braga. Quando confundidos — o que acontecia o tempo todo —, Samuel costumava fazer troça, enquanto o outro murmurava que não se parecia com corno. "Podem vir", Mônica ouviu, após um interminável segundo de silêncio. Doses de uísque depois, no terraço decorado com a cabeça de Bluma, os dois quebraram o gelo — e a tensão do providencial reencontro.

A partir daí, Rubem Braga passou a escrever para a *Última Hora* e a integrar a turma que toda noite dava um pulo na cobertura da Vieira Souto, a nova casa de Samuel. Segundo Nelson Motta, um dos mais assíduos, ao lado de Paulo Francis, Tarso de Castro, Cacá Diegues e Glauber Rocha. Braga chegava quieto, tomava o seu uísque — e fechava a cara quando faziam piadas da semelhança da dupla. Nas festivas noites, Samuel aproveitava para explorar um bocadinho a criatividade dos companheiros. Sobre a mesa, espalhava folhas quadriculadas de diagramação — e ia imaginando novas seções e colunas para o seu jornal. Pela sala, publicações de diversas partes do mundo, recebidas em malotes despachados da França por Violeta Arraes. "Fazia questão que a gente estivesse atualizado." Se alguém dizia que não conhecia uma certa revista, vinha bronca. Não raro se deslocavam dali, de Ipanema, para ir ver o jornal rodar na oficina da Sotero dos Reis. "Era um clássico do Samuel arrastar as pessoas quatro, cinco horas da manhã. Um dia ele levou a Françoise Sagan para ver a rotativa trabalhar."

Em fins de março do movimentado 1968, Samuel praticamente não saiu mais da redação. Aliás, como sempre fazia em momentos de crise aguda. Era o caso. No entardecer do dia 28, o Rio de Janeiro — e, por tabela, o país — começou a pegar fogo quando a notícia se espalhou: haviam matado um estudante no Calabouço, o restaurante da estudantada. Desde pelo menos 1966, a rapaziada vinha apanhando sem dó. Com o desbaratamento da UNE, o movimento estudantil se reagrupava — e os enfrentamentos com a polícia se tornavam cada vez mais violentos. No Rio, liderava Vladimir Palmeira. Em São Paulo, o galã José Dirceu. Naquela tarde, um soldado da PM baleara no peito Edson Luís Lima Souto, um jovem de origem pobre, de dezoito anos, que partira do Pará, contra todas as adversidades, para estudar. Erguendo o corpo como uma lança, os estudantes abriram caminho para a Santa Casa de Misericórdia. Confirmado o óbito, rumaram para a Assembleia Legislativa, impedindo que o cadáver fosse levado para o Instituto Médico Legal (IML). O velório transcorreu de discurso em discurso. Até que, às quatro horas da tarde do dia 29, um cortejo de aproximadamente 50 mil pessoas caminhou em direção ao Cemitério São João Batista. Nos cartazes, a pergunta: "E se fosse o seu filho?".

Progrediu o caos: em 1º de abril, aniversário da suposta revolução, os estudantes foram para as ruas dispostos a tudo — munidos de paus, pedras, cacos de vidro, coquetéis molotov. Durante três horas, combateu-se, depredando lojas, bancos, virando carros oficiais. Sem dúvida, aprimorara-se a tática de guerrilha. Os chamados "pelotões suicidas" atraíam e desorientavam a soldadesca, liberando a passeata para seguir seu curso. No saldo, dois mortos e sessenta feridos, sendo exatamente trinta de cada lado. Em 4 de abril, quando na cidade de Memphis, nos Estados Unidos, morria assassinado Martin Luther King, o maior símbolo da luta contra o racismo, na Candelária a confusão teve início antes do meio-dia, após a primeira missa de sétimo dia de Edson Luís. Na porta da igreja, um contingente de mais de 20 mil soldados aguardava os cerca de seiscentos que compareceram ao rito. Segundo o *JB*, simplesmente investiu-se contra a multidão. À noite, depois da segunda missa, d. José de Castro Pinto e mais quinze celebrantes tiveram que formar um corredor, de mãos dadas, para que se pudesse atravessar a cavalaria, com os cavalarianos de espada desembainhada. Mesmo assim, na Rio Branco, quando as pessoas já se dispersavam, a polícia voltou a atacar. Das quatro horas da tarde às dez da noite, entulhavam as carceragens 380 presos.

Apesar de toda aquela agitação, o presidente Costa e Silva, na verdade, contava com a simpatia da população. Numa pesquisa do Ibope, 32% consideravam o governo bom; 45%, regular; e 64% acreditavam num futuro melhor. Diante do respaldo, no oitavo dia da morte de Edson Luís, 5 de abril, o ministro da Justiça, Gama e Silva, aproveitou o cadáver para baixar a portaria 177, cassando a Frente Ampla. Manifestações, reuniões, comícios, desfiles e passeatas, tudo relacionado ao movimento capitaneado por Lacerda, Jango e JK, estava proibido. Ia além: jornais ou revistas que publicassem pronunciamentos de políticos banidos seriam recolhidos. Os distúrbios recentes eram pretexto, seguramente, como ressaltou a *Folha de S.Paulo*, já que não havia ninguém mais xingado pelos estudantes do que Carlos Lacerda. Uma coisa não tinha nada a ver com a outra. A Frente Ampla nem sequer contava com o apoio do movimento estudantil. Em vez de se calar, porém, Lacerda gritou, chamando a "revolução de mentira" de "uma ditadurazinha militar dentro da pior tradição latino-americana". "A Frente Ampla morreu? Viva a União Popular!"

Pelo menos, a crise culminou num ato histórico, no de 26 de junho. Samuel não queria, mas a turma usou a arma para convencê-lo: Nara Leão. O que ela pedia, ele fazia. Assim, a *Última Hora* deu um caderno especial da marcha, que, depois de muita batalha, tinha sido autorizada pelo governo da Guanabara. Eram 13h45 quando a massa reunida na Rio Branco começara a se movimentar em direção à Candelária, sob a chuva de papéis picados atirados das janelas dos edifícios. "Você que é explorado, não fique aí parado", gritavam os manifestantes para os que só espiavam das calçadas. De braço dado, em alas que ocupavam a largura da avenida, desfilaram pelo centro da cidade os mais ilustres personagens. Mais fácil listar os ausentes que os presentes. No caderno especial da *Última Hora*, podiam-se ver closes de Chico Buarque, Caetano, Gil, Nana Caymmi, Clarice Lispector, Tônia Carrero, Norma Bengell, Nara Leão. A ala do clero foi um dos hits do dia: cerca de trinta padres e fileiras de freiras. Diante da Passeata dos Cem Mil, referência ao número de pessoas que respondeu ao chamado de luta, o regime, decerto, tinha um problema: como enfrentar a insatisfação tão eloquentemente demonstrada?

Só Violeta Arraes sabia o que se passava verdadeiramente na vida de Samuel. Enquanto persistia nas altas-rodas intelectuais, ia afundando. "Em verdade, se eu não me tivesse dopado de Captagon, para poder trabalhar dezoito horas por dia, provavelmente, a esta altura tudo já estaria acabado", escreveu ele, em agosto, à amiga em Paris, numa das cartas semanais que trocariam naquele 1968. Para trás, ele deixara qualquer coisa em torno de 200 mil dólares em dívidas. O histriônico filme de Nikos Papatakis custara no fim 400 mil dólares, sendo que desse montante só 100 mil saíram dos cofres franceses. Carta a carta, a situação parecia ir ficando mais desesperadora. No Rio, a *Última Hora* estava com um rombo no caixa de 2 bilhões de cruzeiros, cerca de 1 milhão de dólares. "Conto a você este episódio não para te comover, mas para te mostrar a que ponto é verdadeira a versão do Samuel Wainer milionário." De patrimônio para vender, apenas um terreno na Urca, no nome dos filhos, e uma casinha em Itaipava. "À guisa de consolo, não quero que você pense que estou desanimado. Você conhece bem o meu espírito aventureiro para saber que nada me põe em pânico. [...] O jornal está recuperado tecnicamente, mas só eu sei o quanto isto está me custando em saúde, desgaste emocional, humilhações e concessões."

Samuel estava morando na cobertura da Vieira Souto, bem perto do Arpoador. Tendo vendido o valorizado imóvel do Parque Guinle, Danuza comprara dois apartamentos, um em Ipanema e o outro no Leblon. Um triplex para ela, na avenida Niemeyer, e a pequena cobertura, para alugar — e o inquilino calhava de ser ele, com quem moravam os filhos. "Minha vida familiar, apesar dos encargos [...] recaírem sobre mim, como uma espécie de pai solteiro, está melhor do que eu a levava no exílio. A minha lucidez política anda mais clara do que nunca." Conforme as conversas com Violeta, não acreditava numa iminente abertura do regime, naquele "ciclone ininterrupto de crises" em que o país se debatia. Ao contrário, achava que podia vir chumbo grosso. Para cuidar da casa e dos meninos, chamou de volta o fiel Caruso, que, devotado, passou a trabalhar para ele praticamente de graça. "Pois bem, Violeta, apesar deste quase insuportável peso — que se reflete até em minha vida particular, com aluguéis atrasados, prestações vencidas etc. — consegui remeter para o Éric [...] 17 mil dólares."

Todas as cartas de Samuel, tanto para Violeta como para Éric Bourgeois, eram assim: salpicadas de cifras, depósitos, somas e subtrações. A questão consistia em conseguir pagar os credores e liquidar a Lenox, a produtora criada para realizar o famigerado filme *Os pastores da desordem*. Duas tentativas de negócios se sobrepunham na correspondência. Com Otávio Frias, buscava parceria, o que não demoraria a obter, para dividir as contas dos serviços de copyright do *Le Monde, L'Express, Opera Mundi, Sciense Service, Zig-Zag*, entre outras publicações europeias. A propósito, Frias vinha fazendo propostas para comprar também a *Última Hora* do Rio de Janeiro, mas não conseguiam chegar a uma cifra. Com Walter Moreira Salles, encontrava-se em tratativas para organizar uma empresa semelhante à Société Nationale d'Éditions. Por sinal, uma boa ideia: produzir e financiar publicações diversas e programas de TV. Se Walter Moreira Salles aceitasse a proposta, então todos os problemas estariam resolvidos.

Com o sócio franco-suíço, as coisas nem sempre iam tranquilas, marcadas pelo descontentamento de Samuel com a falta de iniciativa de Bourgeois e a ira deste contra a desesperadora desorganização daquele. "Não somente o banco, mas *L'Express, Opera Mundi* e outros estão me perseguindo. O banco está cada vez mais agressivo, assim como as agências de viagens", relatou Bourgeois, numa raivosa missiva. O que o tirava do sério era a falta de compromisso de Samuel com o tempo das coisas. Não raro deixava as urgências no ar, submergindo na redação da Sotero dos Reis. E havia ainda os devaneios: sem dinheiro para pagar o aluguel do escritório em Paris, devendo quase um ano de mensalidade das escolas dos filhos na Suíça e os últimos aluguéis dos apartamentos da Rue Davioud, ele queria comprar os direitos de reprodução no Brasil da *A história do desenvolvimento científico e cultural da humanidade*, publicação da Unesco. "Como?", inquiria

Bourgeois. Em março, *Os pastores da desordem* estava em cartaz na França, com público insignificante e críticas majestosas. Fora exibido em Nova York, muito bem recebido pelo *New York Times*. Se críticas pagassem dívidas, aliás, estariam feitos. A prestigiada *Cahiers du Cinéma* colocou o filme de Papatakis entre os quinze melhores de 1968.

Entre uma má notícia e outra pior, Samuel respirou — para logo em seguida submergir novamente. O playboy Nanô da Silva Ramos decidiu lhe estender a mão, assumindo parte das dívidas e o controle da Lenox. "Num *beau geste* resolveu ajudar-me a sair do atoleiro em que caí com o filme do Nikos. Você nem pode imaginar os pulos que andei dando para evitar a falência da Lenox", escreveu ele a Mimi Ouro Preto, em nome de quem se encontrava parte das ações da produtora francesa. A propósito, João da Silva Ramos, a quem Samuel entrevistara preso, acusado de envenenar a mulher com curare, saíra da cadeia e retomara a amizade com Nanô, pivô do crime de Biarritz. Na temporada em Paris, os dois aristocratas constavam da lista de fãs das empadinhas da Olívia. "Desculpe milhões de vezes, Nanô, toda essa maçada. Mas a parada aqui é de matar qualquer um, pois a dilapidação que minha empresa sofreu nesses meus quatro anos de exílio ultrapassou a casa de 1 milhão de dólares."

Em setembro de 1968, estreou no Cine Paissandu *Os pastores da desordem*. O pior é que Samuel sabia que nada daquilo iria se reverter em bilheteria — e aliviar o peso da fita de quase três horas de duração. Segundo anúncio publicado no *Globo*, reproduzindo citações da imprensa francesa, tratava-se da sensação do Festival de Veneza de 1967. No *L'Aurore*: "Um grito. Sai-se das salas com os olhos semiarrancados, com os ouvidos doloridos e com o coração transtornado". Conforme o *L'Express*: "Obra excepcional, no sentido completo do termo". Na avant-première, com sessão para convidados à meia-noite, teve engarrafamento de celebridades no largo do Machado. Embora coberto de paparicos, para Samuel aquele bizarro filme não passava de "coisa de intelectual punheteiro". A correspondência com Paris seguia frenética — e cada vez menos amigável, envolvendo tanto Éric Bourgeois como Nanô da Silva Ramos. Pelas contas, cabiam ainda a Wainer 20 mil dólares de dívidas. No trato, findos os compromissos com *Os pastores da desordem*, Nanô assumiria o controle acionário da Lenox.

Sobre o jogo de culpas expresso nas infindáveis cartas, Samuel escreveu a Bourgeois:

Creio, Éric, não poder ter sido mais franco e leal com você. Não quero mais continuar me iludindo, nem iludindo ninguém. E desejo me libertar o mais depressa possível deste pesadelo. [...] Por outro lado, quando convidei você a participar da aventura da Lenox, oferecendo a você, além de um salário de 1500 dólares [...] mais 25% de ações da empresa, nem você, nem eu, imaginávamos que o filme pudesse ser o desastre que foi.

Aos íntimos não escapava: Samuel estava adoecendo, atacado pela psoríase, uma enfermidade autoimune, de fundo nervoso, que o levava a esfregar as mãos, os braços, como se quisesse arrancá-los. Até a sorte, que sempre o acudia, parecia tê-lo abandonado. Nenhum dos negócios que aventara fora adiante. Com Walter Moreira Salles, teve sua maior decepção, quando este lhe virou as costas, negando-lhe, além da sociedade, um novo empréstimo. "Vou lutar pelo jornal até a última gota do meu sangue", costumava repetir para o agora diretor administrativo da *Última Hora*, João Pinheiro Neto, filho da mais fina flor da aristocracia mineira. Com ele, fazia o périplo pelos escritórios dos empresários e banqueiros, passando o pires. Apesar da mancha no currículo, a Supra, as portas se abriam para Pinheiro Neto, claro. Do empresário Abraão Medina, proprietário da cadeia de lojas de eletrodomésticos O Rei da Voz, a *Última Hora* ganhou um caminhão-baú carregado de mercadorias. Como outrora, nos duros 1953 e 1954, o jornal voltava a pagar os funcionários com panelas de pressão, televisores e vitrolas. "Diga ao Samuel para enfiar esse liquidificador no cu!", gritou na redação o temperamental João Saldanha, ao receber o salário.

O que mais podia fazer? Já tinha vendido quase tudo. Para Ricardo Amaral, agora o rei da noite carioca, dono de um complexo de entretenimento no entorno da lagoa Rodrigo de Freitas, repassou suas obras de arte: um retrato de Danuza, de seios nus, pintado por Di Cavalcanti, e mais duas valiosas pinturas, uma de Djanira e outra de Raimundo de Oliveira. A Amaral também propôs uma sociedade. Pelo plano, seriam sócios numa nova empresa de comunicação, com 50% das ações cada um, sendo que a *Última Hora* entraria no bolo. "Passei semanas pensando. Mas recusei, não sem muito me torturar e depois me arrepender", contaria ele, lembrando que a reunião aconteceu no apartamento da

Vieira Souto, com o testemunho de José Hugo Celidônio. Na época, Amaral era sócio de Luís Carta, na novíssima Carta Editorial, que havia comentado que adoraria ter Samuel Wainer na lista de funcionários.

A iniciativa rendeu bem menos do que se esperava, conforme o bilhete de Luís Carta, datado de 23 de setembro:

> Meu caro Samuel, cartinha difícil, esta. Mas necessária. Na verdade, o que separa o sonho da realidade é sempre maior do que a gente espera. Ao refazer com cuidado e honestidade as contas e as previsões da nova empresa que se inicia, eu percebo que não chegou a hora, e nem existe a possibilidade material, de ter no Rio uma pessoa do seu nível. Espero chegar lá no futuro próximo. Tenho, porém, uma proposta que me envolve e envolve o Domingo Alzugaray. Ambos temos interesse em ter você no Rio como colaborador permanente e fixo de nossas revistas e entre Três e Carta podemos garantir a você, mensalmente, a partir de janeiro, 25 mil cruzeiros. Como distribuir esta verba seria objeto de uma reunião a três a realizar quando e onde você preferir. Entre *Status*, *Mais*, *Vogue* e *Homem Vogue* nós precisaríamos de uma produção não muito elevada, mas dignamente paga, que garantiria tal soma mínima mensal. Espero que você me compreenda, justifique o meu sonho irrealizável e me queira bem.

De setembro a dezembro de 1968, não houve sossego. Um ano de primaveras: de Praga, de Memphis, de Paris. Na França, estudantes e operários haviam se juntado, em maio, para incendiar o país, numa onda de protestos que levara às ruas cerca de 9 milhões de pessoas. Por aqui, as crises se sobrepunham. De parte a parte, radicalizava-se. Se as esquerdas lutavam, de modo descoordenado, contra a ditadura, pareciam preferir brigar entre si. Os temas eram infindáveis. Entre eles, a favor ou contra a guitarra elétrica, por Chico ou por Caetano. Segundo a piada, existiam dois cccs, o Comando de Caça aos Comunistas, da extrema direita, e o Comando de Caça a Caetano, da extrema esquerda. Como bem disse Oduvaldo Viana Filho, o Vianinha, num célebre artigo na *Revista Civilização Brasileira*, o que estava faltando era "um pouco de pessedismo", em referência ao PSD, o velho partido da conciliação.

A marcha da insensatez saiu a galope. Ainda em setembro o deputado do MDB Márcio Moreira Alves, o Marcito, propôs, no microfone do plenário da Câmara, dobrar as Forças Armadas com uma greve de sexo. "Esse boicote pode passar também [...] às moças, às namoradas, àquelas que dançam com os cadetes e frequentam os jovens oficiais", disse o nobre parlamentar, um descendente dos Melo Franco, ao se insurgir contra a invasão da UNB por cem agentes do Dops, acumpliciados com duzentos soldados da PM. De Brasília, aliás, só se ouviam absurdos. Em 1º de outubro, outro deputado do MDB, Maurílio Ferreira Lima, denunciou o plano que, na prática, instituía o terrorismo de Estado: oficiais da Aeronáutica queriam usar a unidade de paraquedistas no sequestro de quarenta políticos, que seriam atirados ao mar.

Por sua vez, o movimento estudantil vinha botando pra quebrar. No dia 2 de outubro do já histórico 1968, em São Paulo, alunos do Mackenzie e da Faculdade de Filosofia da Universidade de São Paulo entraram em guerra. Rivais desde sempre, as duas escolas ficavam na rua Maria Antônia, no bairro de Santa Cecília. A Primavera paulista durou dois dias, com mais um estudante morto, José Guimarães, de vinte anos. Ao contrário do que acontecera no Rio na ocasião do assassinato de Edson Luís pela polícia, a opinião pública não se comoveu. Dessa feita mais parecia, aos olhos da população, uma briga de gangues. Pouco mais de uma semana depois, no dia 12, a polícia invadiu um congresso clandestino da UNE, na cidade paulista de Ibiúna, com a participação de cerca de mil jovens. Quem não saiu de lá para o Presídio Tiradentes foi levado direto para o Dops, caso dos líderes José Dirceu e Vladimir Palmeira.

"Violeta, acredite-me: não há a menor chance de encontrarmos o equilíbrio neste país em infinita convulsão. Gostaria de poder andar sem rumo pelo Sena", escreveu Samuel a Violeta Arraes, em 23 de novembro.

"Vem fogo aí", disse Danton Jobim ao ver Samuel entrar na redação.

"E vem censura", ele respondeu.

Coincidência ou não, era sexta-feira, 13 de dezembro, de um ano bissexto. Na véspera, contrariando as expectativas, a Câmara dos Deputados resolvera cantar de galo: deputados do MDB e da Arena, os partidos do "sim" e "sim senhor", conforme a anedota, se juntaram com o objetivo de derrubar o pedido de licença para processar, perante o STF, Márcio Moreira Alves. No placar final, 216 votos contrários, 141 a favor e doze em branco. A derrota do governo tinha sido considerável. Decerto, os insultos de mau gosto do Marcito não mereciam tanta importância. Quando proferidos, aliás, a imprensa nem dera bola. Mas parecia não haver pretexto melhor para baixar o sarrafo. Diante do caos em que se encontrava o país, a linha dura do Exército não escondia o descontentamento com a frouxidão de Costa e Silva. No começo da noite, depois de um dia inteiro agoniado, Samuel ligou para Cacá Diegues, perguntando se podia assistir com o casal ao pronunciamento do ministro da Justiça, Gama e Silva, anunciado para acontecer aquela noite. No apartamento do Jardim Botânico, sentaram-se os três, Samuel, Nara e Cacá, em frente ao televisor. Com a voz monótona e desprovida de emoção, Gama e Silva leu os doze artigos que compunham o Ato Institucional nº 5, o AI-5, e mais o Ato Complementar nº 38.

"Samuel levou as mãos ao rosto e chorou, um choro desesperado", recordaria Cacá: "Para mim, era só um passo a mais na ditadura. Não estava entendendo o desespero do Samuel. Aí ele levantou a cabeça, olhou para mim com aqueles olhos azuis imensos e muito expressivos e disse: 'Acabou tudo'".

Recomposto, Samuel saiu dali para um esconderijo, o apartamento de Danuza, na Barão da Torre. Como ela acabara de se mudar, quase ninguém sabia o endereço. Embora estivesse em bons termos com o regime, não custava prevenir. A última vez que vira o Congresso fechado fora em 1937. "Lembrai-vos de 37", dizia a velha frase. Pelo palavrório de Gama e Silva, iam recomeçar as cassações de mandatos, as demissões sumárias e as suspensões de direitos políticos. No novo Estado Novo, testemunhava-se a volta da mordaça, com a supressão da liberdade de expressão, do direito de reunião e censura à imprensa. O artigo 10 do AI-5 suspendia ainda a garantia de habeas corpus nos casos de crimes políticos contra a segurança nacional. Da Barão da Torre, Samuel disparou telefonemas. Não conseguiu saber quase nada. Acompanhado de Danuza e de João Etcheverry, convocado às pressas, decidiu que o mais seguro era ficar dando voltas de carro pela cidade até mais informações. No meio da madrugada, estacionou na porta do prédio do dr. Nelson Motta, advogado e pai de Nelsinho. Aconselhado a se entregar ao I Exército, ligou para lá. Nos tempos do poder, muito frequentara o local. O oficial que o atendeu garantiu que podia dormir tranquilo.

Samuel lembraria:

No dia seguinte, um sábado, eu descansava em minha casa, à espera da evolução dos acontecimentos, quando recebi à noite um telefonema do governador Negrão de Lima, meu amigo de muitos anos. "Samuel, o Exército está comovido com o seu comportamento." Contou-me, então, que fizera naquela tarde uma visita ao general Sizeno Sarmento, comandante do I Exército (além de lacerdista furioso), e ouvira palavras amáveis a meu respeito. "Veja, governador, que homem de bem é esse Samuel Wainer. Ele se apresentou espontaneamente, em deferência ao I Exército." [...] Percebi que tomara a decisão correta, e tive um tranquilo fim de semana.

Na segunda-feira logo cedo, porém, o telefone tocou. Convidado a comparecer ao comando do I Exército, Samuel trotou imediatamente para lá, cruzando, na porta, com Chico Buarque. Carlos Lacerda tinha sido recolhido à Fortaleza de Santa Cruz e, dias depois, seus direitos políticos seriam cassados. Juscelino, apanhado descendo as escadarias do Theatro Municipal, estava trancafiado numa unidade em São Gonçalo. Já Samuel dessa feita só enfrentou um cômico interrogatório. Ninguém sabia o que perguntar, e nada se apurou. Cordialmente dispensado, rumou para a Sotero dos Reis. Ao cruzar a redação, Nelson Motta o interpelou. Faltava-lhe assunto para a coluna — agora até parecia irônico o ingênuo título — "Poder jovem". "Escreve sobre o Bob Dylan", disse-lhe o "Raposão", antes de seguir para o aquário e se trancar com Danton Jobim e João Etcheverry.

Como enfrentar o longo inverno que viria? Que providências tomar? A primeira foi convocar Flávio Tavares, agora ocupando na redação carioca a chefia de reportagem. O rapaz encontrava-se na lista negra do regime. Sua célebre coluna de política, assinada de Brasília, havia sido defenestrada e a transferência para o Rio fora uma forma de escondê-lo na cozinha do jornal. Quando assumiu a coluna, nos bons tempos de João Goulart, Samuel havia lhe dito que seria o Carlos Castelo Branco da esquerda. O Castelinho era o porta-voz da UDN; na opinião do patrão, ele seria o porta-voz dos progressistas. No ano anterior, todavia, Flávio tinha amargado longos meses no cárcere, acusado de atuar num grupo guerrilheiro de Uberlândia, com o pseudônimo de Dr. Falcão. Não era mentira, mas, na verdade, sua culpa no cartório ia além. Entre 1965 e 1967, fora um dos agentes de Brizola, exilado no Uruguai, na tentativa de organizar a guerrilha no Brasil, financiado pelos cofres cubanos.

Obviamente Samuel sabia. Ao adentrar o aquário, Flávio ouviu dele a conclusão a que tinham chegado. João Etcheverry assumiria o comando da *Última Hora*, e os dois — um porque era o Samuel Wainer e o outro por motivos óbvios — iriam desaparecer por uns dias. Ato contínuo pegou o telefone, ligou para o departamento administrativo e pediu que levassem até ele todo o dinheiro em caixa, proveniente da venda em banca. Havia 1,5 milhão de cruzeiros no cofre.

Do montante, botou no bolso 1 milhão e entregou o restante ao seu estimado repórter. Dali, do aquário, Flávio saiu esgueirando-se até a mesa de Maria Lúcia Rangel. Falando-lhe baixinho, pediu que levasse discretamente, sem que ninguém percebesse, sua maleta e o seu paletó para a portaria. Sem entender o motivo, ela assim o fez: "O Flávio nunca mais apareceu na redação", recordaria Maria Lúcia.

Pelas duas semanas seguintes, ele ficou entocado num hotel no Catete, até que recebeu um recado de Samuel para que fosse ao apartamento da Vieira Souto. Lá chegando, o patrão lhe disse que ia retornar ao trabalho — mas não o aconselhava a fazer o mesmo. Estava disposto a continuar pagando-lhe o salário. Conforme recordaria Flávio: "Pagou-me um mês e depois, com as aperturas do jornal, nunca mais me pagou".

Oito meses depois, em agosto de 1969, já atuante na luta armada que se seguiu ao AI-5, ele foi preso. E, por trinta dias, barbaramente torturado, como contaria num dos mais contundentes relatos sobre a tortura no Brasil, o livro *Memórias do esquecimento*, vencedor do prêmio Jabuti. Àquela altura, os porões estavam cheios: jornalistas, estudantes, políticos, advogados, professores, artistas, padres — e as redações dos jornais ocupadas por censores. Nas universidades, 66 professores tinham sido expulsos, entre os quais o futuro presidente Fernando Henrique Cardoso. Dentre os detidos, sem que nunca lhes tivessem dito por quê, Gil e Caetano amargaram dois meses de solitária. Soltos no Rio, foram presos de novo, em Salvador, submetidos a confinamento domiciliar e proibidos de fazer shows.

No começo de setembro de 1969, Flávio reapareceu, posando para a histórica fotografia dos quinze presos políticos trocados pelo embaixador norte-americano Charles Burke Elbrick, sequestrado no Rio de Janeiro pela guerrilha. Segundo contaria Flávio, a *Última Hora* lhe devia qualquer coisa em torno de 5 milhões de cruzeiros. Mas Samuel só conseguiu lhe dar 10% disto. Com o dinheiro ele voou para o México. Naquele setembro negro, a caravana tropicalista também rumou para o exílio, levando para Londres sua "Alegria, alegria", a trilha do interminável 1968.

Certa tarde, ao passar em frente à sala de Samuel — que ele raramente ocupava, preferindo o aquário —, o repórter Benício Medeiros, contratado naquele janeiro de 1970, viu pela porta entreaberta uma cena que lhe lembrou remotas tradições judaicas. Com o irmão José Wainer, o patrão organizava sobre a mesa de reunião candelabros, baixelas, faqueiros, porcelanas. Ia botar tudo no prego. O auto de penhora, datado de 15 de março, incluía ainda outros bens: uma mesa de centro em madeira de lei, seis cadeiras revestidas de tecido amarelo, uma mesa de jantar, também em madeira de lei, uma escrivaninha de jacarandá, uma geladeira Frigidaire, um armário em aço, uma mesinha tipo consolo, em fórmica, na cor vermelha, dois abajures, uma estante colonial e uma cadeira de balanço. Das paredes da redação da Sotero dos Reis, sumiram os painéis de Di Cavalcanti, vendidos a Antônio Gallotti, o presidente da Light. Agora sobravam só os retângulos vazios, como símbolo da queda. Sua missão tinha se reduzido a sobreviver até conseguir um comprador para o título da *Última Hora* carioca.

E havia o trottoir bancário de todo santo dia, feito na companhia do aristocrático João Pinheiro Neto, o qual lhe garantia certo trânsito. Ainda assim, Samuel aguardava, às vezes por horas, nas antessalas dos banqueiros. No Banco Industrial de Campina Grande, conforme recordaria Pinheiro Neto, empinaram alguns papagaios, graças à sua amizade com Newton Rique. Na Light, Gallotti, além de arrematar as pinturas de Di, deu um jeito de fazer sumir muitas contas de energia acumuladas. Ou era isso ou o jornal ficaria sem luz. No sufoco, Samuel tomou uma decisão. Daí em diante, todo recurso amealhado teria uma única destinação: pagar os gráficos. Sem estes, qualquer esforço seria em vão. Não suportava a tortura dos empregados humildes escorando-o à porta do elevador para dizer que os filhos passavam necessidades. Segundo Benício Medeiros, que no futuro escreveria o livro *A rotativa parou!*, sobre a agonia da *Última Hora*, "deve-se dizer a favor de Samuel que ele nunca fugiu do assédio ou se escondeu dos funcionários. Entrava e saía como sempre, tentando resolver os problemas pessoais mais prementes".

O banqueiro José Luís de Magalhães Lins bem se lembraria da aflição: "Um dia ele veio a minha casa jantar. Nós nos sentamos na varanda. Eu falei: 'Acho que você deve vender. Os militares não vão te deixar em paz'".

Ao mesmo tempo, a *Última Hora* iniciou sua derradeira reforma, com a direção de redação entregue ao jornalista Washington Novaes. De repente, o popular vespertino parecia se despedir do povão para tentar ganhar a classe média, com títulos sóbrios e páginas limpas. Mesmo sem salário, o expediente seguia apinhado de gente boa. Curiosamente, achava-se reunida a segunda geração: Dacio Malta, filho de Otávio Malta; Antônio Henrique Lago, filho de Mário Lago; Georgiana de Moraes, filha de Vinicius de Moraes; Maria Lúcia Rangel, filha de Lúcio Rangel; além de estrelas como a futura escritora Marisa

Raja Gabaglia, o brilhante repórter Tato Taborda, e Marilene Dabus, a primeira mulher a cobrir futebol. Num canto, podia-se ver o copidesque Torquato Neto, o poeta do tropicalismo, que entrava e saía sem dizer palavra, formatando textos e assinando a coluna "Geleia geral".

A propósito, fora ali, na combalida redação da Sotero dos Reis, que Tarso de Castro bolara o mais irreverente jornal da praça, *O Pasquim*, lançado em junho do ano anterior, 1969, juntando uma tropa que encontrara no humor a eficiente arma de resistência: Paulo Francis, Ivan Lessa, Sérgio Augusto, Millôr Fernandes, Jaguar, Henfil, Ziraldo, Luís Carlos Maciel, entre outros bambas.

Conforme Maciel, Samuel só não pegou aquela barca porque não quis — talvez já tivesse tido, com *Diretrizes*, a sua cota de imprensa alternativa ou "nanica", como se dizia. Tarso de Castro, por sinal, amargava uma dor de cotovelo danada por não ter conseguido arrastar o ídolo para o seu jornal, de acordo com a jornalista Marta Góes, que trabalhou com Wainer em sua autobiografia: "O Tarso me contou que queria que o Samuel fizesse *O Pasquim*. Falou isto com uma certa mágoa. Foi a primeira pessoa para quem propôs o jornal e o Samuel não deu a menor bola. Não acreditava no Tarso. Achava-o um menino levado".

Certamente, naquela altura do campeonato, não podia se dar ao luxo de fazer jornal para a turma bater palma. Já vira aquele filme com *Diretrizes*. Seu foco estava no Titanic da Sotero dos Reis. Aliás, uma boia fora lançada por quem menos se esperava. Certa feita, o telefone tocara na sala de João Pinheiro Neto, enquanto ele conversava com Samuel: era do gabinete de Delfim Netto, o poderoso ministro da Fazenda, que ocupava o posto desde 1967, atravessando o governo de Costa e Silva e adentrando o mandato do novo presidente, Emílio Garrastazu Médici. Com seu intelecto genial, Delfim tinha virado o guru dos repórteres de economia, os chamados Delfim Boys. Quando Pinheiro Neto atendeu, a secretária marcou uma reunião para o dia seguinte. Na hora combinada, Wainer ficou roendo as unhas na Sotero dos Reis enquanto o companheiro seguia para o encontro. Sem rodeios, Delfim disse que queria ajudar a *Última Hora*. Não poderia fazê-lo diretamente, mas nada o impedia de conversar com amigos. Como João assinava uma coluna de economia, seria a ponte entre ele e Samuel. Afinal, ninguém estranharia o encontro de um jornalista e sua fonte. "Nas inúmeras ocasiões em que estive no Ministério da Fazenda, no Rio, em nenhuma delas, nem de passagem, tocamos o ministro e eu em qualquer assunto que se referisse à política econômica do governo; ou no conteúdo dos meus comentários."

De acordo com a prodigiosa memória de Delfim Netto, o seu contato, na verdade, fora um retorno a pedido de Pinheiro Neto — e não o contrário, como este afirmaria, dizendo-se surpreso com o telefonema. Lembraria Delfim: "Recebi um recado dele e liguei de volta. Quis ajudar porque sempre acreditei que o regime precisava de uma oposição inteligente. Mas não pude fazer muita coisa".

Desde o providencial contato, vieram muitos — pequenos e providenciais — favores. Por exemplo: atendendo a uma solicitação do ministro, Amador Aguiar, maior acionista do Bradesco, pagou adiantado cinco anos de aluguel de um andar que a *Última Hora* possuía num prédio da Presidente Vargas, onde outrora funcionara a parte administrativa do império. Com o dinheiro dos aluguéis, Samuel quitou os salários atrasados do baixo clero. E, para ele, comprou um fusca. Com o seu antigo carro, havia amortizado os atrasados do próprio João Pinheiro Neto: "Sacando do bolso um chaveiro, o atirou na minha direção. 'Fica com o meu carro. Bom carro, JK. Um pouco pesado na direção, mas muito bom'".

Por todos os lados, sua criatividade parecia diretamente proporcional aos problemas que surgiam. Quando a seleção brasileira partiu para o México, em meados de 1970, por exemplo, mandou apenas um jornalista da casa, Maneco Muller, que viajou a convite da Varig. Como o caderno da Copa do Mundo não poderia ser feito por um homem só, contratou os serviços de agências internacionais e anunciou, somando os correspondentes enviados ao México, que a *Última Hora* teria uma equipe de 120 pessoas. Até que a cobertura não fez feio, explorando o sensacional material fotográfico. No fim, o Brasil levou. Mas, para a turma do contra, a conquista do tricampeonato, com todo aquele ufanismo verde-amarelo, pareceu mais uma bela derrota.

Durante o segundo semestre inteiro de 1970, Samuel, com o escudeiro João Pinheiro Neto, bateu à porta de donos de jornais oferecendo a *Última Hora*. Primeiro, o mineiro sempre à frente com a proposta, consultaram Roberto Marinho. Este disse que sentia muito, sentia de verdade, já que valorizava um bom rival. Mas não podia fazer nada, com todos os recursos empenhados na consolidação da TV Globo. A seguir, foram atrás de Manuel Francisco do Nascimento Brito, herdeiro do *Jornal do Brasil*. Por seu turno, ele também declinou. Lamentava. E Wainer mais ainda. Foi aí que teve a ideia de procurar os irmãos Alencar. Já dono do *Correio da Manhã*, o grupo topou negociar. Seriam longos meses de batalha. De maneira alguma Samuel podia demonstrar o óbvio: a pressa. "O que me restava era a marca *Última Hora*, e era precisamente essa marca o alvo do grupo de empreiteiros que negociava comigo. Eu precisava ganhar tempo, mas o tempo conspirava contra mim."

De fato, a paciência da redação havia se esgotado. Num fim de tarde, no meio do fechamento, as máquinas de escrever silenciaram, enquanto os telefones tocavam insistentemente, sem que ninguém corresse para atender, como era a expressa ordem do patrão. Ele trabalhava normalmente, quando percebeu a calmaria. Ao levantar os olhos, viu todo mundo de pé, mirando-o, num interminável segundo de silêncio. Conforme Benício Medeiros, testemunha ocular, "parecia não acreditar", disfarçava, sem saber o que fazer com as mãos. "Me deu pena ver o seu olhar atônito, por trás do vidro do aquário. Não era o olhar do patrão nem do jornalista, mas o olhar de um homem comum diante da própria ruína, diante do fim da sua grande aventura."

"A história de um repórter e de seu jornal": a reportagem do *Jornal do Brasil*, sobre a venda da *Última Hora* para o *Correio da Manhã*, ocupou o alto da página 24 da edição de 27 de abril de 1971: "Samuel Wainer tem 20 anos de *Última Hora* e *Última Hora* tem 20 anos de Samuel". O longo texto mais parecia um obituário. Aos mortos, a redenção. Nas elogiosas linhas, era o jornalista que fundara *Diretrizes*, juntando "tudo o que havia de intelectualmente resistente ao fascismo". O repórter dos Associados que ressuscitara Getúlio, com depoimento do general Góis Monteiro admitindo ter sido a sua reportagem que criara as condições para a candidatura do ex-ditador. E, por fim, o sopro na imprensa empoeirada: "Mas *Última Hora* não era apenas um novo jornal, era também uma revolução [...], forçando novos padrões gráficos e jornalísticos". Sobre a negra fase, quando os colegas o pregaram na cruz, o *JB*, pelo jeito, tinha mudado de ideia: "Neste ano a política conservadora, que olhava o jornal como um desafio, passou a agir com o objetivo de impedir seu crescimento". Curiosamente, podia-se então concluir que a CPI da *Última Hora* não passara de vindita — aliás, como sempre afirmara Samuel.

"Durante seus vinte anos *Última Hora* realizou coberturas e reportagens brilhantes. Em muitas delas, anonimamente, entrou a sagacidade jornalística de Samuel Wainer que, mesmo nos seus melhores momentos de próspero empresário, cultivou paralelo seu faro excepcional de grande repórter."

A morte da *Última Hora* — ao menos a *Última Hora* de Samuel Wainer, pois a edição carioca ainda sobreviveria até 1979 — tornara-se pública na manhã anterior, segunda-feira 26 de abril. Quando chegaram para trabalhar, os funcionários encontraram afixado na portaria do prédio da Sotero dos Reis um bilhete assinado pelo fundador da casa. Agradecia "penhoradamente" a colaboração de todos e dizia que, a partir do dia 3 de maio, iniciaria os acertos trabalhistas. Dali, o grupo rumou para o enterro, numa bebedeira que se estendeu até a madrugada, na pensão de nome apropriado, Solar das Almas, na praça da Cruz Vermelha. Que sombrio ano para a imprensa! Jornalistas do calibre de Carlos Heitor Cony, Antônio Callado, Joel Silveira, Hélio Fernandes e Carlos Castelo Branco haviam passado pelas prisões. As redações se achavam ocupadas por censores. Por sinal, circulavam os comentários sobre o caso envolvendo o censor da *Última Hora*, o coronel reformado Teles de Meneses. Rendido ao charme de Samuel, ele abandonara o posto para se tornar o chefe do RH. Mais um na lista dos desempregados.

O *Jornal do Brasil* exibiu as cifras da negociação. Pelo título da *Última Hora*, os irmãos Alencar pagaram 7,5 milhões de cruzeiros, a serem acertados em três anos — ou cerca de 1,5 milhão de dólares da época, com entrada de meio milhão mais 36 prestações que amorteceriam as dívidas bancárias e com credores. De todo o patrimônio, restara a Samuel apenas o edifício, que pouco valia, devido à degradação da região da praça da Bandeira, as salas da Presidente Vargas, a rotativa e a editora Última Hora S.A. Meio milhão de dólares em espécie era um bom dinheiro, mas seguramente não o suficiente para que Samuel honrasse os compromissos. O que ele fez foi pagar seletivamente, escolhendo a dedo quem, na sua opinião, passava mais necessidade. Muita gente foi para casa sem um tostão. Caso de Jaguar, que resolveu espernear nas páginas do *Pasquim*, cobrando publicamente o seu quinhão. "Fiquei, é claro, uma arara", diria ele. "A vida dele [Samuel] virou um inferno. Onde ia, todos perguntavam: 'Você não vai pagar o Jaguar?'. Até que Sani Sirotsky, parente dele, me procurou pedindo para parar; o homem estava na pior, deprimido e cheio de dívidas (além da minha). E parei."

Sem dinheiro para pagar o aluguel a Danuza, Samuel deixou a charmosa cobertura da Vieira Souto e foi morar num modesto apartamento na avenida Atlântica, na altura do Posto 3. Embaixo da sua janela, o bar Bolero, o endereço mais malfalado de Copa, ponto de prostitutas e cafetões. Conforme o boato, alguém fora visitá-lo e o encontrara comendo um prato de arroz com feijão e, no lugar do bife, rodelas de banana. Que sentimentos o atravessavam na derrocada? Mesmo na pior, seguia fazendo planos. "Nunca houve ontem", segundo Tarso de Castro. Antes até de apagar as luzes da *Última Hora*, imaginava um novo jornal. Tinha até título: *Agora*. Levando a rapaziada no bico, conseguiu que todo mundo trabalhasse de graça. Além de Tarso, assiduamente, Luís Carlos Maciel e Pinheiro Júnior. Ao botar a cabeça no travesseiro, porém, talvez o assaltasse a memória do pai, que um dia reunira os filhos para dizer que não mais queria ser incomodado por eles — nem se incomodar com o que quer que fosse. Um bom judeu aceitava o destino. Ia vagar pelas ruas do Bom Retiro, vendendo suas mercadorias, até a morte. E, quando o filho já era um milionário, conselheiro do futuro presidente João Goulart, caíra fulminado numa rua qualquer de São Paulo.

E o destino de Samuel era a luta. Na opinião de Maciel, o *Agora* soava como uma excelente ideia. O diário circularia seis vezes na semana, e cada edição seria dedicada a um só assunto: esporte, política, economia, internacional, polícia e cultura, nessa ordem. Decerto Wainer queria com isso simplificar a estrutura, além de economizar papel. Para Maciel, alimentava-se de ideias, mesmo sabendo que dificilmente conseguiria realizar qualquer coisa diante da conjuntura. Para seguir vivendo, precisava do jorro incessante. Durante a semana, reuniam-se no apartamento da avenida Atlântica. E, aos sábados e domingos, quando o bar Bolero aumentava o volume, seguiam em caravana para a casa de Itaipava, o único luxo que lhe sobrara — logo, aliás, a cabana seria vendida. "A gente dormia com o barulhinho de água", recordaria Maciel. Num daqueles fins de semana, ele finalmente entendeu Samuel: "Ele me deu Captagon e disse: 'Toma aí, Maciel, isso é vitamina, é bom'. Era uma tremenda bola. Eu tomei o Captagon e escrevi a noite inteira".

Para um dos fins de semana em Itaipava, Samuel convidou um casal de que se aproximara muito: Bráulio e Marilda Pedroso, recém-chegados de São Paulo. Bráulio despontava na teledramaturgia e escrevia, então, sua primeira novela na TV Globo, *O cafona*, vindo do megassucesso da Tupi, *Beto Rockefeller*. Fazia muito frio na serra. E Marilda jamais se esqueceu da madrugada em que acordou com a porta do seu quarto se abrindo lentamente. Na ponta dos pés, vinha Samuel para lhes cobrir com um cobertor pesado. No café da manhã, descobriu-se que havia visitado todos os convidados. "Era fundamentalmente amoroso", comentaria ela, ao se lembrar da intensa convivência. No Rio, a rotina da turma consistia em intermináveis pileques no Antonio's, onde varavam a tarde bebendo. Certa hora, seguiam em bando para a casa dos Pedroso. Ali, naquele grupo de jovens intelectuais, de acordo com Marilda, todo mundo queria ajudar Samuel a se levantar: "Ele tinha uma esperança... Tinha uma coisa que eu adorava, não perdia o encantamento. Samuel se encantava pelas mulheres, pelos homens, pelas ideias, pelas músicas novas, pelos escritores".

Sim, perdera o dinheiro, mas não o rebolado. Uma vez, apareceu com uma amiga, que acabara de resgatar no Galeão: a atriz norte-americana Candice Bergen, futura mulher de Louis Malle. Da longa temporada da bela no Rio, sobraria um caso para o anedotário da turma do *Pasquim*. No bar do Hotel Méridien, Samuel apresentou a atriz a Tarso, certamente seu sucessor nas conquistas femininas. No verão anterior, 1970, o flagraram nadando nu com Danuza numa praia de Itaparica, e as fotos foram publicadas pela imprensa carioca. Defronte da espantada Candice, caiu de joelhos — e se declarou. Em português, porque de inglês não falava palavra. Ela não entendeu, mas gostou. O namoro cruzaria a estação. "O Tarso queria comer todo mundo. E o Samuel comia todo mundo na encolha. A diferença do gentleman, o Samuel, para o playboy, o Tarso, era muito grande", diria Maciel, que, na ocasião do escândalo envolvendo Danuza, também se encontrava em Salvador. Os dois tinham passado dois meses na tranca, assim como boa parte da redação do *Pasquim*, levada em peso para um quartel no centro da cidade. "Tarso, o que você quer ser quando crescer? A gente perguntava e respondia em coro: Samuel Wainer."

Um ano exato depois da falência, em abril de 1972, uma pequena fresta se abriu para aquele que já fora dono de um império. Caindo na lábia de João Pinheiro Neto, Adolfo Bloch resolveu lhe dar uma chance, chamando-o para capitanear o semanário *Domingo Ilustrado*, reedição da velha *Flan*. A nenhum dos contratados passava em branco: Samuel detestava Adolfo Bloch e Adolfo Bloch detestava Samuel. Mas fazer o quê? A Bloch era uma editora poderosa, tendo como carro-chefe a popularíssima revista *Manchete*. Para compor a redação, instalada no prédio projetado por Oscar Niemeyer, na rua do Russel, na Glória, ele pescou gente da *Última Hora*, como Maria Lúcia Rangel, Tato Taborda, Artur da Távola e Luís Carlos Maciel, e novatos, entre eles a jornalista Martha Alencar, mulher de Hugo Carvana, a qual trabalhara tanto no *JB* como no *Pasquim*. Praticamente meio mundo, o mundo do cinema, da música e da TV, começou a escrever para o semanário. Mas, seguindo o gosto dos Bloch por publicações popularescas, *Domingo Ilustrado* logo ganhou o apelido de Arara das Bancas. Eram tantas as cores escorrendo nas páginas que, conforme a piada interna, só faltava sair da gráfica enrolado num laçarote de papel crepom.

Semana a semana, Samuel celebrava mais um fechamento. Por certo, não estava sendo nada fácil ter um patrão. Se respeitava a inteligência de jornalista de Chateaubriand, seu único chefe na vida, desprezava Adolfo Bloch, considerando-o apenas um "gráfico excepcional", que, na história da imprensa brasileira, "é um acidente, um erro de revisão". De acordo com uns, Wainer entrava e saía do prédio da rua do Russel de peito estufado, fazendo questão de demonstrar seu desprezo, tratando o velho Adolfo com sarcasmo e insubordinação. Segundo outros, o humilhado era ele, que engolia todos os sapos para não perder o emprego. Talvez Samuel conhecesse bem demais aquela gente — a sua gente. Assim como os Wainer, os Bloch eram judeus, haviam zarpado do Império Russo e, por coincidência, no mesmo ano, 1921. Àquela altura, Samuel devia sentir saudades de Chatô, morto em abril de 1968.

"Samuel se submeteu a muita coisa humilhante [...]. Ele [Adolfo Bloch] era tão grosso que virava piada. [Se] a gente apertava o botão do elevador duas vezes, batia na sua mão", rememoraria Martha Alencar, que, em *Domingo Ilustrado*, se tornou pau para toda obra, acompanhando Samuel nas madrugadas. "Eu o sentia muito tenso, tomando demais aquele remedinho para não dormir nunca. Seus expedientes de trabalho eram intermináveis." Antes de completar dois anos de circulação, em fins de 1973, no entanto, o semanário teve morte súbita. Os funcionários chegaram para trabalhar e nem sequer puderam subir à redação, instruídos a se dirigirem para o RH, na rua Frei Caneca. Ninguém sabia dizer o que estava acontecendo. Conforme o boato, Adolfo Bloch simplesmente decidira na véspera que não queria mais prejuízo financeiro. Tomada de fúria, Martha subiu, praticamente pulando sobre o cadáver do segurança esmagado pelo seu torvelinho verbal. Quando a porta se abriu no seu andar de destino, deu de cara com ninguém menos que o próprio Adolfo Bloch: "Isso aqui não é empresa de imprensa. Isso aqui é uma quitanda. Vocês são quitandeiros".

Por seu turno, Samuel começou a pensar que era hora de cair fora. Como bem sabia, a corte carioca jamais gostou dos fracassados: ou se era fidalgo ou se era bem-sucedido. A ele, só restava a experiência profissional. Aos vinte anos, Pinky já havia se mandado para São Paulo, para morar com a tia Fany, irmã do pai. A bem da verdade, os filhos entravam na fase da rebeldia, dando um trabalho danado, cada um à sua maneira. Samuca e Bruno — este logo iria passar uma temporada com Miguel Arraes, na Argélia — ficariam com a mãe. Além da falência, sua decisão de ir para a capital paulista também tinha a ver com o desejo de não tirar os olhos de Pinky.

A propósito, no Carnaval daquele 1973, Samuel alugara o apartamento da Atlântica para um grupo de amigos da filha. Precisava do dinheiro. Cada centavo fazia diferença. Quando Pinky lá chegou, na Quarta-Feira de Cinzas, viu uma cena que jamais esqueceu. O pai dormindo no chão, atrás do sofá. Como não tinha arrumado um lugar para ficar durante o feriado, Samuel permanecera ali mesmo, sem incomodar os hóspedes. "São Paulo me deu o anonimato que me salvou. O Rio é cruel com os perdedores", comentaria ela.

29. Como um gato, sempre de pé

"A economia vai bem, mas o povo vai mal", resumira a situação, em célebre frase, o general Médici. De saída, ele deixava de herança a imagem popular do regime, um presidente "gente como a gente", que ia ao Maracanã ver os jogos com o radinho de pilha colado ao ouvido. Em 15 de março de 1974, Médici passou o bastão para Ernesto Geisel, que chegava envolto em nuvens de moderação, ao acenar com a revogação dos atos institucionais. Samuel assistiu à posse já de emprego novo e novo endereço, um apartamento sem luxo mas confortável, na rua Sabará, no bairro paulistano de Higienópolis, onde se instalara com a filha, Pinky. No Brasil para a cerimônia de posse de Geisel estava o general Augusto Pinochet, o ditador chileno. Trinta anos antes, acompanhado de Bluma, Wainer cavalgara por Santiago do Chile guiado por Salvador Allende. O país simbolizava, então, a fortaleza da democracia na América Latina. Depois de Getúlio, fora Allende o político a quem mais admirara. Por ironia, no fim das contas, ele podia se considerar um homem de sorte. Pelo menos seguia vivo. No ano anterior, em 1973, o chileno repetira o gesto de Vargas, suicidando-se no Palácio de La Moneda, cercado pelas tropas do Exército.

Na bagagem, Samuel trouxe o projeto do jornal *Aqui*, uma adaptação para a capital paulista do *Agora*, o diário em cadernos que concebera com a turma nos fins de semana em Itaipava. Ao sair do *Domingo Ilustrado*, havia retomado a ideia, com o empurrão de quatro belas mulheres: Martha Alencar, Marilda Pedroso, a escritora Rose Marie Muraro e a estrela Odete Lara. Paulistano da gema, o casal Pedroso — Marilda e Bráulio — conseguira que Roberto Duailibi, Ronald Persichetti, Francesc Petit e José Zaragoza, a turma da DPZ, a moderna agência de publicidade fundada em 1968, marcassem uma reunião com Wainer e suas quatro mosqueteiras. Desde então, muitos outros encontros aconteciam, com a DPZ empenhada em vender a proposta. O *Aqui*, assim como o *Agora*, circularia seis dias: *Aqui Esporte*, *Aqui Política e Economia*, *Aqui São Paulo*, *Aqui Polícia*, *Aqui Cultura* e, a cereja do bolo, *Aqui Mulher*. Para promover o projeto, Samuel organizou um grande evento no Hotel Jaraguá, com palestras e debates, intitulado A Nova Mulher Brasileira. Não se tratava de mais um caderno feminino, mas de um caderno feminista.

"Odete gostava muito dele, Marilda também. Então lá fomos nós", lembraria Martha Alencar. "Marilda fazendo poses, dando tudo para ganhar as pessoas para o Samuel. Durante algum tempo, nós acalentamos este projeto."

Enquanto o projeto não saía e as contas continuavam a chegar, Samuel encontrava-se engajado na reforma da *Última Hora* de São Paulo. Sim, com a mão estendida de Otávio Frias, voltara humildemente à direção do jornal que havia fundado em 1952. No grupo Folha, a *Última Hora* de São Paulo perdera a linha, transformando-se num jornal policial, que só não espirrava mais sangue do que o outro diário do grupo, o *Notícias Populares*. A mixuruca redação ocupava um canto do segundo andar do prédio da Barão de Limeira. Ao assumir, Samuel repetiu a fórmula que desde *Diretrizes* vinha aperfeiçoando: saiu à caça da rapaziada. Em Lins, interior de São Paulo, achou Mário Prata, de férias na casa dos pais: "Cheguei da rua e meu pai me disse: 'Ligou um cara aí para você. Disse que se chamava Samuel Wainer'". O pai de Mário comentou ter conhecido, nos tempos de juventude, um Samuel Wainer, que "brigava com Carlos Lacerda e eu torcia para ele". "É o próprio, pai." Aos 28 anos, o rapaz de Lins, que aos dezesseis colaborara na sucursal da *Última Hora* em Bauru, já começava a se tornar conhecido, com duas peças encenadas: *O cordão umbilical* e *E se a gente ganhar a guerra?*.

Aos poucos, a *Última Hora* paulista ia se enchendo de gente. Mário Prata topou — e virou o Tarso de Castro de São Paulo, companheiro constante de Samuel. Prata lhe fora indicado pela atriz Joana Fomm, com quem Wainer andava saindo e que logo se tornaria sua namorada oficial. Aos 35 anos, quase a metade da sua idade, Joana tinha no currículo uma fileira de filmes importantes, entre eles *Macunaíma*, de Joaquim Pedro de Andrade. A ela, Samuel entregou a crítica de cinema. Na Barão de Limeira, ele reencontrou Plínio Marcos, que iniciara a carreira na velha redação do Anhangabaú, em 1968, e voltara em 1971. Por sua vez, Plínio Marcos se converteu no novo Antônio Maria, com duas colunas: "Jornal do Plínio Marcos" e "Encontros com Plínio Marcos", esta, uma página semanal de entrevistas. Retornando do seu *"on the road"* pelo Reino Unido, Antônio Bivar, assim como Luís Carlos Maciel outrora, foi falar de contracultura. O jovem Eduardo Suplicy, de política. Para cuidar de teatro, convidou o futuro autor e ator Oswaldo Mendes, o qual saía então da Escola de Arte Dramática da USP. Outro fisgado na turma do teatro da Pauliceia foi Celso Curi, que passava pelo Brasil para renovar o passaporte, após um ano na Alemanha. "Samuel vendia sonhos", diria Celso sobre sua decisão de abandonar a ideia de ir viver na Europa para ser assistente de Alik Kostakis, que assumiu a coluna social.

Num daqueles eufóricos dias de reforma da *Última Hora* de São Paulo, Samuel chamou à sua sala Jorge da Cunha Lima, a quem convidara para ajudá-lo a comandar a creche, ocupando a chefia de redação. A maioria dos contratados ali tinha menos — ou pouco mais — de trinta anos, como Marta Góes, Sheila Lerner, Valéria Garcia e Dario Menezes. A Cunha Lima, ele pediu que fosse falar com o grande crítico Antonio Candido. Para compor a página 3, queria três nomes de peso. A propósito, na opinião de Cunha Lima, o conceito seria transportado para a página 2 da *Folha de S.Paulo*, o carro-chefe do grupo Folha, então sob a direção do jornalista Cláudio Abramo. "Diz-se que quem criou este colunismo opinativo foi o Frias e o Abramo. Quem implantou na *Folha* foram eles, mas quem inventou o modelo foi o Samuel com a minha ajuda", afirmaria. "Lembro-me do Samuel dizendo para o Frias: 'Ou você tem tiragem ou prestígio. Se possível as duas coisas. [...] Eu recomendo começar pelo prestígio'. Frias levou isto à risca na Folha." Porém, diante da recusa de Antonio Candido, a *Última Hora* paulista se contentou com alunos do mestre, que iniciavam na crítica de ficção e de ensaio.

Entre eles, Gilberto Vasconcellos e José Miguel Wisnik. Para este, Samuel pareceu um personagem "quase glauberiano", "do transe dos anos de 1950 e 60": "No primeiro encontro, Samuel Wainer me disse que eu teria toda a liberdade crítica no campo estético, ressalvando com humor, num exemplo extremado, mas em nome do bom senso, que improváveis ataques diretos às propriedades do Grupo Folha, como a Estação Rodoviária de São Paulo, [...] não seriam bem-vindos".

Todo santo dia Samuel tomava o café da manhã com Mário Prata, já que este dividia o apartamento com Joana Fomm, a namorada de Wainer. Em fins de agosto, surgiu à mesa a saborosa pauta. Cansado de levar pernada da censura, Chico Buarque havia submetido algumas músicas assinando-se Julinho da Adelaide à comissão de censores — e os milicos caíram na cascata. Daí em diante, o desconhecido compositor dos morros cariocas se tornara figura das mais comentadas. Dele, o próprio Chico gravara "Jorge Maravilha". O MPB-4, "Milagre brasileiro". E já se anunciava música nova na requintada voz de Nara Leão. Claro, Samuel vibrou.

Naquela mesma noite, Prata bateu à porta da casa 35 da rua Buri, no Pacaembu, residência de Sérgio Buarque de Holanda e d. Maria Amélia. Após muitos uísques e alguns tapas no baseado, saía da sala o Chico e logo entrava em cena Julinho da Adelaide. Se o primeiro cultivava a irresistível timidez, perdição das mulheres, o segundo falava pelos cotovelos. Caminhando silencioso pela casa, seu pai — o pai de Chico, aliás — depositou sobre a mesa uma enciclopédia em alemão, aberta numa página em que havia o retrato de uma mulher negra. Apontando-a, disse: "Adelaide". A fotografia ilustrou a exclusiva de Julinho da Adelaide, publicada pela *Última Hora* na edição do cívico fim de semana de 7 e 8 de setembro de 1974.

JULINHO DA ADELAIDE: Eu não estou acostumado com o clima de São Paulo. Devo dizer que esta é a segunda vez que venho. A primeira vez faz muito tempo, foi na época dos festivais. Inclusive, tenho um fato interessante para contar: eu estava na plateia quando o Sérgio Ricardo jogou aquele violão. Acertou aqui, ó.

MÁRIO PRATA: Essa cicatriz é do violão?

JA: É, inclusive eu pedi para não fotografar, por isso.

MP: Mas são duas cicatrizes.

JA: É que pegou o cabo aqui e a caixa aqui deste outro lado. Eu tenho a pele queloide, entende?

MP: Quer dizer que você é um sujeito marcado pela música popular brasileira?

A conversa rendeu meia página.

MP: Existe um boato de que ela [Adelaide] teria sido uma das mulheres do Vinicius.

JA: Eu não posso falar assim da minha mãe, não é? "Uma das mulheres do Vinicius", o que é isto? Em todo caso, que ela conheceu o Vinicius, conheceu [...].

De acordo com Julinho da Adelaide: "O Chico Buarque está faturando em cima do meu nome".

MP: Eu queria que você se definisse, já que usa tanto a expressão pragmática.

JA: Eu não sei. Pra falar a verdade, o Leonel que mandou eu dizer que eu sou pragmático. Quando perguntassem coisa mais complicada, pra dizer isto. Por exemplo: "O que você acha da censura?". Sou pragmático. Ele falou ecumênico, também. Disse que quando me perguntassem o que eu acho de Cuba, pra eu responder que sou pragmático e ecumênico. Senão eu me meteria em complicações. Mas eu não posso definir exatamente como eu sou. Eu sou pragmático, pô!

Enquanto o delicioso furo de Mário Prata ainda repercutia, "deu muita merda", conforme ele lembraria. Em 19 de novembro, outra data cívica, Dia da Bandeira, Samuel resolveu, justo ele, esquecer a lição de Julinho da Adelaide. Deixando a objetividade de lado, pegou uma fotografia da cerimônia oficial e inverteu o negativo. Em vez do gesto com a mão direita, os oficiais estamparam a capa da *Última Hora* de São Paulo saudando a bandeira com a mão esquerda. "Quando vi aquilo, falei para ele: vai dar merda, Samuel." Deu. Chamado a se explicar no Comando do II Exército, jurou de pés juntos que o erro acontecera na gráfica: sem querer, invertera-se o negativo. Não convenceu ninguém. No fim das contas, o grupo Folha arcou com o processo, sob a acusação de desrespeitar um símbolo nacional. Ironicamente, quando retornara de Paris, tentando a qualquer custo ficar em paz com os militares, Samuel distribuía broncas, bradando contra as manchetes provocativas na *Última Hora* carioca, como "Eleições, só de miss" ou "Caiu a ditadura lá no Vietnã". Não falhava o ditado popular: pimenta no olho do Frias era refresco.

No desatino da rapaziada, Celso Curi lhe propôs escrever a "Coluna do meio", a primeira coluna gay da imprensa brasileira. Em vez de topar, como sempre fazia quando lhe acenavam com uma boa ideia, Samuel não disse nem sim nem não. Talvez fossem demasiadas as frentes de batalha. Um erro de avaliação, porém. Quando lançada, dois anos depois, a "Coluna do meio" seria um grande marco na imprensa — e ele já estaria fora da *Última Hora* paulista. Em menos de um ano à frente do vespertino que fundara, tinha conseguido atingir uma das duas metas. Se a tiragem continuava irrisória, o prestígio voltava. Pelo menos, a classe artística e intelectual adotou o jornal. Tudo que existia de mais prafrentex encontrava espaço naquelas páginas. Por exemplo, Dario Menezes fez a primeira matéria com a turma do Dzi Croquettes, o irreverente grupo do coreógrafo Lennie Dale — e acabou indo embora com o circo, para uma turnê na Europa. Por sua vez, Celso Curi realizou a primeira entrevista com a cantora Simone.

"Planeta felicidade": assim Celso definiria a redação da Barão de Limeira. Após os divertidos fechamentos, a caravana, puxada por Samuel, costumava sair para a noite paulistana. Primeiro, jantavam em algum restaurante badalado da cidade. Em seguida, esticavam nas boates da moda, como a Cave, na Consolação. Certa feita, na Cave, Curi e Dario Menezes foram pegos no pulo, fumando maconha. Para se defender, disseram ao segurança que estavam com Samuel Wainer. "Eu não estou com ninguém", disse este, deixando os rapazes na enrascada.

O ano de 1974 não fora tão mau. Para Samuel, uma pausa. Empregado, pôde respirar. Na realidade, as promissórias continuavam vencendo e sendo protestadas. No início de dezembro, enfim, conseguiu vender a casa de Itaipava. Com o dinheiro apurado, encerrou a longa novela da Lenox, quitando, conforme a carta enviada a Violeta Arraes, os últimos 20 mil dólares. Com o que sobrou, comprou um Dodge Polara, e assim parou de ir para a Barão de Limeira na garupa da moto de Jorge da Cunha Lima. Não deixava de ser engraçado ver o lendário Samuel Wainer naquela situação. Mas ele tirava de letra, agindo com tamanha naturalidade que tudo passava a ser considerado charme ou excentricidade. Do elegante guarda-roupa, repleto de camisas Lanvin e sapatos italianos, haviam lhe restado três ou quatro ternos, que combinava com lenços no lugar da gravata. Nos dias frios, tirava da gaveta seu indefectível *col roulé*.

"Ele se achava", brincaria Marta Góes, que, na redação da *Última Hora* de São Paulo, começou a namorar Mário Prata. "Fazia bem ao Samuel estar cercado de jovens. Um homem que foi tão poderoso sentia falta da corte. [...] [E] eu entrei para esta corte."

Ao mesmo tempo que vivia a "terceira juventude", como Samuel encarava a sexta década, em casa a barra pesou. Depois de ter sido jurada do programa de Flávio Cavalcanti, a famosíssima Danuza Leão vivia nas capas de revista. Estava morando com o jornalista Renato Machado, do *Jornal do Brasil*. "Nosso namoro foi praticamente a três: nós dois e Samuel [...], [que] chegava para ver as crianças, e acabávamos os três na sala, tomando um drinque", recordaria ela. O problema eram os filhos. De repente, os três resolveram embarcar na rebeldia da década. Nem Bruno, o caçula, aos quinze anos, deixou barato. Em comum acordo, Samuel e Danuza decidiram "exilá-lo" na Suíça. Por uns tempos, ficaria no colégio Les Roches. Mais tarde, seguiria para Paris, hospedando-se com Violeta Arraes. E, na sequência, para a Argélia, para uma longa temporada na casa de Miguel Arraes. Por seu turno, Samuca escolheu virar discípulo de Jorge Mautner, o que incluía temporadas fumando maconha nas areias de Arembepe. Segundo contaria Jorge da Cunha Lima, com quem Wainer dividia as agruras domésticas, ele não teve dúvida. Pegou o carro e foi bater no Rio de Janeiro, para dar uma bronca no guru de Samuca: filho dele não ia virar vagabundo.

Samuel notou que os filhos precisavam dele e se fez presente. Nas palavras de Pinky, "em São Paulo, uma cidade de imigrantes, meu pai recuperou a autoestima. Renasceu. Passou a ser um cara que conversava com a gente. Estávamos todos loucos de drogas. E o Samuel parou de sonhar para cuidar da sobrevivência emocional dos filhos".

Deu na *Gazeta Mercantil*: "Agora um jornal da Editora Três". Samuel nunca sossegaria o facho. Em 6 de novembro de 1975, em sociedade com Luís Carta e Domingo Alzugaray, lançou enfim o *Aqui São Paulo*: "O primeiro jornal semanal, branco e preto, tabloide, ufanista e bairrista, totalmente dirigido à população de São Paulo", segundo sua entrevista à *Gazeta*. Na realidade, não saíra como ele queria, um diário em cadernos, de circulação nacional. Mas um semanário que se pretendia um "misto entre a *Time Out* inglesa e o *Village Voice* de Nova York, porta-voz da revolução cultural americana". O investimento inicial cravou 1 milhão de cruzeiros, incluindo custo editorial e gráfico — e mais 600 mil destinados à publicidade. Conforme o boato, a maior parte do capital saíra do bolso do arenista Paulo Egídio Martins, o governador de São Paulo, ligado aos militares, tendo sido um dos articuladores da derrubada de João Goulart e ministro da Indústria e Comércio no governo de Castelo Branco. Hipótese possível, já que Samuel jamais fora exatamente kosher em questões de dinheiro. O *Aqui São Paulo* estreou com tiragem de 80 mil exemplares.

Não podia haver pior momento para começar um negócio. O "milagre econômico" e o bolo do Delfim se esfacelavam. Entre 1968 e 1973, o PIB galopara, crescendo na ordem de 10% ao ano e chegando a 14%. Se a concentração de renda e a desigualdade social tinham se aprofundado, os empreiteiros nunca sorriram tanto. Transamazônica, Itaipu, Tucuruí, Angra dos Reis, Ferrovia do Aço, Ponte Rio-Niterói: da sanha desenvolvimentista do general Médici, sobrara ao general Geisel uma dívida externa astronômica, de 3,7 bilhões de dólares, em 1968, para impagáveis 21,2 bilhões de dólares. Até o final da década, a inflação estaria beirando a marca de 100% ao ano. Por outro lado, necas de democracia. Apesar do discurso liberalizante de Geisel, a ofensiva dos órgãos de repressão continuava produzindo centenas de prisões, sobretudo em São Paulo. No dia 26 de outubro, por sinal, uma foto oficial ilustrou a barbárie: o jornalista Vladimir Herzog, o Vlado, enforcado numa das celas do famigerado DOI-Codi.

A enxuta redação do *Aqui São Paulo* se instalou numa casa na rua Artur de Azevedo, em Pinheiros, com dois editores cultuados pela juventude, egressos de *Realidade* e idealizadores das revistas *Bondinho* e *Ex.*: Hamilton Almeida Filho, conhecido como HAF, e Mylton Severiano da Silva, o Myltainho. Entre os repórteres estava Matinas Suzuki Jr., o estudante da Escola de Comunicação e Artes da USP, a ECA, que aos 21 anos já assinara artigos no semanário *Opinião*, de Fernando Gasparian. Para cobrir festas, eventos e estreias, Samuel trouxe da redação da *Última Hora* paulista Antônio Bivar e contratou a fotógrafa estreante Vânia Toledo, futuramente uma das mais importantes do Brasil. Outro que passou a colaborar com o novo jornal foi Celso Curi, em pleno sucesso da "Coluna do meio", dividindo-se entre as redações da Barão de Limeira e Artur de Azevedo. Para formalizar a sociedade, havia nascido uma editora: SWDALC, a soma das iniciais dos sócios. A propósito, o SW não era de Samuel Wainer, e sim de Samuel Wainer Filho, o Samuca, estudante de jornalismo. À *Gazeta*, Samuel declarou preferir ser apenas "o diretor-editor".

Com pouco dinheiro em caixa e venda muito aquém da esperada, as semanas se sucediam para o jornal. Aos trancos e barrancos. Samuel ia se virando como podia — e, às vezes, bem... pisava na bola. Numa ocasião, ligou para Celso Curi, na redação da *Última Hora* paulista. Precisava urgentemente de uma fotografia do Chacrinha. Como conhecia o arquivo, sabia o que buscava. "Ele chegou para mim e pediu uma foto do Chacrinha, descreveu a foto. Eu falei: 'Samuel, você fala com o Giba?'." No caso, Giba Um, o colunista social que ele próprio contratara e que agora dirigia a *Última Hora*. "Fica tranquilo", respondeu. Quando o retrato saiu enfeitando a capa do *Aqui São Paulo*, todavia, Celso levou um tremendo pito. Ao receber uma ligação de Giba Um querendo saber se de fato pedira ao repórter das duas casas o sorrateiro favor sem consultar a direção do jornal, Wainer simplesmente disse que nunca ouvira falar do assunto. "No primeiro momento, eu fiquei com muita raiva dele. [...] Todo dia você queria matar o Samuel, você sabia que estava sendo manipulado por ele." No fim das contas voltariam às boas. Para Celso, era irresistível conviver com Wainer.

Mascote da redação da Artur de Azevedo, Matinas Suzuki só foi ter o privilégio quando acertou dois tiros. Primeiro, uma reportagem sobre o renascimento do movimento estudantil. Segundo, um texto controvertido sobre o show de Gilberto Gil no Colégio Equipe. Depois de conversarem a respeito das artimanhas do texto jornalístico — Samuel lhe disse para se preocupar mais com o lead e com o final, porque ninguém liga para o meio —, Matinas perguntou: "Um dia você vai escrever as suas memórias?". Ao que Samuel retrucou: "São impublicáveis".

Num fim de semana da aurora de 1977, Samuel pegou a estrada de Itu, município do interior de São Paulo. Não era incomum que tomasse aquele rumo. Na fazenda de Jorge da Cunha Lima cabia todo mundo, de Abílio Diniz, o dono do grupo Pão de Açúcar, a Carlinhos Vergueiro, que, aos 23 anos, despontava na MPB. Por sinal, Carlinhos havia se tornado seu mais fiel parceiro de pôquer, nas rodadas que varavam os sábados. No fim de semana em questão, ia acontecer um encontro político discreto, com José Serra, Almino Afonso, Plínio de Arruda Sampaio e Fernando Henrique Cardoso. O último, Samuel conhecera numa insólita situação. Ao desembarcar em Santiago do Chile, em 1964, a caminho de Paris, comparecera a um churrasco na casa do então cônsul Ciro do Espírito Santo Cardoso. Entre os presentes estava o primo do anfitrião, o jovem professor da USP, de 35 anos, que, assim como ele, fugia do tacape dos militares. No outro dia foram jantar juntos num charmoso restaurante no centro da cidade.

FHC comentaria:

Obviamente eu sabia quem ele era. Samuel tinha feito uma revolução na imprensa brasileira. Na minha opinião, fora o grande reformador dos jornais no Brasil. E era muito famoso por isso. No jantar, ficamos falando da conjuntura política brasileira.

Estava otimista, acreditava que logo ia poder voltar. Contou-me que, no período do Getúlio, estivera exilado em Santiago do Chile.

No reencontro na fazenda de Cunha Lima, treze anos depois, a sensação unânime era que a ditadura enfraquecia. Talvez fosse a hora de organizar uma tendência mais à esquerda dentro do MDB, mirando um partido social-democrata. Nas primeiras eleições livres desde o AI-5, em 1974, a Arena levara uma surra. O novo Congresso fora reformado com dezesseis senadores e 161 deputados da oposição, com nomes como Orestes Quércia (SP), Itamar Franco (MG), Marcos Freire (PE) e Paulo Brossard (RS). Para as eleições seguintes, como relataria Serra nas memórias, discutiu-se, pela primeira vez, o lançamento de Fernando Henrique para uma vaga no Senado. De fato, FHC concorreria e seria eleito suplente de Franco Montoro, assumindo a vaga quando este se elegeu governador de São Paulo. Conforme também rememoraria Serra: "Chegou Samuel Wainer. Disse que aquele grupo ali poderia dar a linha política e talvez se incorporar ao jornal que criara havia pouco, o *Aqui São Paulo*".

Aos 64 anos, Samuel estava verdadeiramente cansado dos extremos, da direita e da esquerda. Só ele sabia quanto lhe doíam as feridas. "Havia nele um cinismo evidente. As pancadas que levara faziam-no querer um lugar protegido", observaria Marta Góes. E o centro se materializava em Fernando Henrique Cardoso. Àquela altura, Cunha Lima tinha sido convidado, por Luís Carta, para dirigir a nova revista da Carta Editorial, *Senhor Vogue*. Por seu turno, Samuel tornou-se consultor da editora. Juntos, os dois desenvolveram o conceito da publicação. A Wainer, couberam duas tacadas certeiras. Ao longo de 1977, *Senhor Vogue*, para alavancar as vendas, traria resumos das mais importantes obras brasileiras, como *Raízes do Brasil* e *Casa-grande & senzala*, em fascículos comentados. Para apresentar a série, teve a ideia de convidar, claro, FHC. E, nas capas do ano, seriam mostrados ao país os homens dos quais se ouviria falar nas décadas seguintes, entre eles, *voilà*, Fernando Henrique, além do operário que emergia no ABC, Luiz Inácio da Silva, o Lula.

Lembraria Cunha Lima:

Os fascículos dos clássicos foram um espetacular sucesso nas bancas. Nas capas, que eu me lembro, demos Abílio Diniz, Olavo Setúbal, Amador Aguiar, o FHC e o Lula. O Luís Carta achava que a gente estava numa aposta política furada. O Samuel teimava. Atribuo isso à capacidade que sempre teve, de antecipar a sua convivência com o poder. Não por acaso, Getúlio, um político tão sagaz, o apelidara de Profeta.

Na manhã de sábado 21 de maio de 1977, o telefone tocou no apartamento de Samuel. Do outro lado da linha, alguém da *Folha de S.Paulo* lhe dava apressadamente a notícia e pedia que escrevesse, para a edição do dia seguinte, um texto sobre Carlos Lacerda. Ele morrera. Na tarde de sexta-feira dera entrada na Clínica São Vicente, na Gávea, com gripe e febre alta. Às duas da madrugada de sábado, partiu. Vítima de um infarto fulminante, segundo o atestado de óbito. Delicadamente, Samuel recusou a tarefa, dizendo que havia pessoas bem mais adequadas do que ele para falar do célebre morto. Conforme recordaria Paulo Francis, com quem falara do assunto mais tarde, só se permitiu um breve comentário: "Ele não queria mais viver". O enterro aconteceu às cinco da tarde, no Cemitério São João Batista, com a presença de Maria Thereza Goulart e Sarah Kubitschek. Enquanto o caixão descia, mais de 1500 vozes entoaram "Cidade Maravilhosa". Àquela altura, a sua Guanabara não mais existia, anexada ao estado do Rio de Janeiro. Apesar da chusma de políticos presentes, não houve discurso.

"Há duas semanas estive longamente com Carlos Lacerda, na sua sala da Nova Fronteira, na qual ele iria encerrar a vida por onde a começou — pelo livro, pelo gosto da leitura e da literatura, acrescido do prazer de editar, escolher o que devia publicar e preparar carinhosamente as edições", relatou o Castelinho, no *Jornal do Brasil*, destacando o "temperamento de um homem que lutava e agredia quase indiscriminadamente mas que jamais teve plena consciência dos danos morais que causava. [...] A agressão se esgotava, nele, com a palavra. A reconciliação, generosa e completa, foi outra constante da sua vida".

Por diversas vezes, de fato, Lacerda tentara se reaproximar de Samuel, enviando-lhe recados por amigos comuns. Mas este jamais respondera. A Mário Prata, Samuel garantiu: "Lacerda fora um grande inimigo". De certa forma, devia-lhe a fama. Se existiam os lacerdistas, também havia os antilacerdistas, afinal. Por outro ângulo, graças a sua terrível campanha difamatória, carregava pela vida o carimbo de corrupto, de homem inescrupuloso, que tudo fizera pelo enriquecimento pessoal. No fundo sabia que o próprio Lacerda nunca acreditara naquilo. Os dois se conheciam demais — eram inteligentes demais

— para simplificações grosseiras. Sobretudo, sacavam a ambição um do outro. Aos 63 anos, um morrera de gripe, tendo passado os últimos anos exilado entre o escritório da Nova Fronteira e o sítio no Rocio. Aos 65, o outro caminhava para mais uma falência.

Sim, o *Aqui São Paulo* já ia fechar as portas. Havia muito, Samuel vinha labutando em busca de comprador para o título. A mesma ladainha de outrora. Corriam diferentes versões para o súbito fracasso. Na versão oficial, o semanário não emplacara nas bancas, o que era verdade, vendendo menos de 10 mil exemplares, e a Editora Três achara por bem sair da sociedade. No boato que tomara a redação da Artur de Azevedo, o governador Paulo Egídio ficara uma arara com uma nota publicada no *Aqui São Paulo* abordando um escândalo de corrupção que envolvia seu governo e a represa Billings, e retirara o subterrâneo patrocínio. Fosse como fosse, Samuel se encontrava sozinho, segurando o abacaxi. Teso, mudara-se para o modesto apartamento da Pamplona, nos Jardins. Debaixo da janela, zumbia o supermercado. De acordo com Jorge da Cunha Lima, ficou tão quebrado que vendeu o Dodge Polara para comprar o telefone. "Ficava doido porque não tinha um telefone para falar com o filho."

Pobre, mas, pelo menos, vivo. "Enquanto houver bambu, tem flecha", como costumava brincar. Todos estavam mortos: Getúlio, Juscelino, Jango, Carlos Lacerda. Em 22 de agosto do ano anterior, 1976, JK morrera num acidente de carro na via Dutra. Pouco depois, em 6 de dezembro, falecera Jango, de ataque cardíaco, em sua fazenda, La Villa, no município argentino de Mercedes. Curiosamente — ou suspeitamente? —, os três maiores inimigos do regime partiam num espaço de nove meses. Decerto, não deixava de ser triste ver o velho Carlos saindo de cena sob o silêncio da ditadura. A imprensa portuguesa fez questão de ressaltar que se ia um "salazarista". O presidente Ernesto Geisel simplesmente ignorou sua morte, declarando, pela assessoria de imprensa, que nada tinha a dizer. Pelos jornais, Jânio Quadros escreveu na lápide: "O maior responsável pela minha renúncia". Para Roberto Marinho, Carlos Lacerda havia sido o maior adversário de Carlos Lacerda. "O mais cruel adversário de si mesmo", nas palavras do diretor do *Globo*.

Por aqueles dias, ainda sem saber como ia ganhar a vida, assinando apenas uma coluna, "Por trás da cortina", na revista *Status*, Samuel foi visitar Samuca no Rio. Dessa vez, hospedou-se com o casal Neném e Moacir Werneck, no Leblon. No almoço de domingo, providencialmente organizado para o dr. Edmundo

Blundi, amigo de Wainer, o mais afamado pneumologista da cidade, ele teve uma assustadora crise respiratória. Segundo Neném, parecia que ia morrer ali, na sua sala. Enquanto Moacir corria aos pinotes para a farmácia, Blundi tentava salvar-lhe a vida. Ao se recuperar, Samuel ouviu do médico a sentença: ou se internava imediatamente num sanatório ou não teria muito mais tempo de vida. "Não tenho dinheiro para isto", respondeu, num fiapo de voz. Conforme rememoraria Moacir: "Foi uma das coisas mais emocionantes, para mim, ver o velho leão doente, mas indomável".

A salvação entrou pela porta da simpática casa da Artur de Azevedo: Cláudio Abramo. Era uma bela surpresa. Por motivos insondáveis, ele não falava com Samuel havia muitos anos. Nem sequer o cumprimentava. Os dois se conheciam desde o longínquo 1963. Agora o poderoso diretor da *Folha de S.Paulo* estava ali, oferecendo-lhe uma coluna na página 2, o espaço nobre do jornal. "A paz entre mim e Samuel foi selada por iniciativa de Eduardo Matarazzo Suplicy", recordaria Abramo. "Ele estava assediado por credores, com papagaios voando e títulos estourando. Recebeu a proposta com um indisfarçável suspiro de alívio." Enquanto tratava da falência do *Aqui São Paulo*, demitindo os funcionários e negociando dívidas trabalhistas, o novo colunista foi oficialmente anunciado, com a deferência de uma chamada na capa da *Folha*, no dia 3 de junho. Uma tira com quatro colunas ocupava o canto esquerdo da página 2: Brasília, Rio de Janeiro, São Paulo e Belo Horizonte. A Samuel, caberia a coluna "São Paulo". Além de uma confortável sala contígua à de Otávio Frias Filho, o Otavinho. Naquele junho de 1977, a *Folha* batia seu recorde de tiragem: 300 mil exemplares.

"Samuca, sempre de pé, como um gato", observaria Paulo Francis, agora seu colega de jornal, assinando uma coluna de Nova York. Na *Folha* também estavam Alberto Dines e Tarso de Castro, o último idealizador do caderno Folhetim. Samuel passou a chegar ao jornal toda tarde por volta das seis, depois de muitos cafezinhos com as suas infindáveis fontes. Impressionava a todo mundo, aliás, a quantidade de gente importante que o recebia num só dia. Antes de ir sentar à máquina de escrever, acostumou-se a um dedo de prosa com o vizinho de sala. Aos vinte anos, Otavinho se achava imerso na criação do Conselho Editorial. Wainer o conhecia desde os dezessete, quando o pai o plantara à sua mesa, ainda na *Última Hora* de São Paulo, como estagiário. "Eram, na verdade, monólogos", recordaria Otávio. "Refletia sobre o curso das coisas, em voz alta, olhando para a janela; com frieza cética do profissional de imprensa e um tom ao mesmo tempo sarcástico e generoso." Para o rapaz, ficava invariavelmente a moral da história, já que Samuel tinha por hábito relacionar fatos históricos, com a propriedade de quem os vivenciara: "Embora fosse o primeiro a assinalar as diferenças e alertar para o perigo de comparações mecânicas".

Na manhã de 16 de setembro, a chapa esquentou na Barão de Limeira, quando a *Folha* chegou às bancas com uma longa coluna em branco, de cima a baixo, no canto direito da última página da Ilustrada, o caderno de cultura. Como de costume, o espaço estava assinado: Lourenço Diaféria. Ao pé, a explicação: "A crônica diária de Lourenço Diaféria deixa de ser publicada em virtude de o cronista ter sido detido às 17 horas de ontem, pela Polícia Federal, conforme noticiamos na primeira página". O jornalista estava enrascado, enquadrado na Lei de Segurança Nacional devido a um artigo de duas semanas antes, considerado pelo Exército ofensivo ao seu patrono, o duque de Caxias. Naquele mesmo dia, Otávio Frias recebeu um telefonema ameaçador do ministro-chefe do Gabinete Militar da Presidência, Hugo Abreu. Se a *Folha* continuasse a publicar o espaço vazio, o jornal seria fechado. No dia seguinte, saiu o editorial "Nós", qualificando a prisão de Lourenço Diaféria de "chocante e lamentável episódio", mas a ordem fora obedecida. Para salvar seu jornal, Frias afastou Cláudio Abramo da direção de redação. E assumiu Boris Casoy.

Aos 36 anos, este encontrou refúgio na sala de Samuel:

Centenas de vezes eu recorria a ele. Estava ali, era uma figura de livre acesso ao Frias, participava das maiores decisões. Conhecedor profundo das elites brasileiras, sabia exatamente onde as forças estavam se articulando. Muitas vezes ficávamos sozinhos e eu lhe perguntava tudo o que precisava entender. Samuel nunca foi um bobo vendendo uma imagem. Pelo contrário: um homem de conduta elegante, muito sofisticado, que possuía uma inacreditável história pessoal. Eu diria mesmo que um ser humano elevado.

Muito doente, com crises respiratórias cada vez mais frequentes, ocasionadas pelas sequelas da tuberculose e agravadas pelo cigarro, Samuel foi à luta. A derradeira. Em pouco tempo, assinando apenas sw, conseguiu transformar seu pedacinho na página 2 numa das colunas mais lidas da *Folha*. "Amplíssima repercussão, uma coisa impressionante", de acordo com Boris Casoy. O segredo, segundo Samuel revelaria a Jorge da Cunha Lima, era que invariavelmente citava declarações divergentes sobre o mesmo assunto de ao menos três pessoas muito importantes. Ninguém resistia a uma boa briga. Com o prestígio recuperado, a velha fênix ensaiava outro renascimento, reencarnando de novo no repórter. E numa espécie de oráculo, convidado aqui e acolá para dar entrevistas. Ao jornalista Hélio Silva, concedeu um depoimento, anunciado como um furo de reportagem: "Samuel Wainer rompe o silêncio de 30 anos: 'Meu encontro com Getúlio mudou a história do Brasil'".

Antes de terminar o ano, Samuel integrou a caravana que seguiu para a casa de Frias, na praia Dura, em Ubatuba. No fim de semana de imersão, debateu-se à exaustão sobre os princípios normativos do Conselho Editorial em progresso, capitaneado por Cláudio Abramo e Otávio Frias Filho: melhores condições de vida para a maioria da população, a partir do apoio à redemocratização, liberdade de informação, fortalecimento dos organismos da sociedade civil, distribuição mais equitativa da renda nacional, apoio à livre-iniciativa, submissão de toda a economia ao interesse social e preservação da identidade cultural brasileira. A ideia era que os pontos indicativos norteassem a linha editorial do jornal nos anos seguintes. Aquilo que mais tarde seria conhecido como "Projeto Folha", implantado na década de 1980, mais ou menos começava a ser delineado. Quando os membros do Conselho Editorial foram divulgados, em 14 de maio de 1978, o nome de Samuel apareceu em segundo lugar na lista de conselheiros: Boris Casoy, Samuel Wainer, Cláudio Abramo, Rui Lopes, Alberto Dines, Luís Alberto Bahia, Newton Rodrigues, Alexandre Gambirásio e Otávio Frias Filho.

Enquanto Zélia Gattai assinava seu livro de estreia, *Anarquistas, graças a Deus*, Samuel e Jorge Amado se isolaram num cantinho da Livraria Siciliano, na rua Dom José de Barros. Fazia quanto tempo que não se viam? Exatamente desde o fatídico março de 1964. Na última foto juntos, gargalhavam, numa roda com Marques Rebelo, Adalgisa Nery, Di Cavalcanti e Jango. Wainer tinha uma novidade. Enfim tomara coragem e escrevia as memórias. A propósito, não escrevia, ditava. Já tinha até gravado muitas fitas de depoimento, tomado pelo amigo Serjão, futuro fundador da *Caros Amigos*. "Ficamos a dois, a sós, matando saudades em uma conversa comprida e derramada de lembranças [...]. Sobretudo de lágrimas, choramos muito naquele fim de tarde", recordaria Jorge. Na ocasião, Samuel o convidou para escrever o prefácio da sua futura autobiografia. "Sabes de mim mais e melhor do que ninguém."

Aliás, as noites no apartamento da Pamplona começavam a ficar melancólicas. Os filhos tomaram rumo. Formado em jornalismo, Samuca trabalhava no *Jornal do Brasil*. Bruno voltara da Europa e se enfiara na produção de *Bye bye Brasil* com Cacá Diegues. E Pinky já estava casada com o produtor e diretor de TV Roberto Oliveira e era mãe de dois filhos, João e Rita. O terceiro, André, estava a caminho. "Existia uma solidão latindo", comentaria Marta Góes, que substituiu Sérgio de Sousa na tarefa de colher o passado de Samuel. No dia 25 de junho, gravara com Serjão mais quatro cassetes. Com Marta, reiniciou o projeto em 6 de julho.

De acordo com Mário Prata, já àquela altura marido de Marta, ele queria um livro que reproduzisse exatamente a sua maneira de falar, indo e vindo — e já decidira o título: "Eu estava lá". O casal se impressionava com as fotos que iam saindo do baú, com personalidades tão díspares quanto Mao Tsé-tung e Rock Hudson, Golda Meir e Cacilda Becker. De todos os assuntos, só não prosseguia em dois. Sobre a origem, reafirmava, depoimento após depoimento, para a posteridade: era brasileiro, do Bom Retiro. Quando se tratava de Bluma, tampava o microfone.

No começo de agosto, Samuel ligou para Mário, convidando-o a acompanhá-lo num jantar com Rubem Braga. Otávio Frias lhe pedira que convencesse o cronista a escrever uma coluna na *Folha*. Estranhamente, ele tinha escalado a amiga Teresa Cesário Alvim para entrevistar alguns velhos companheiros, que podiam cutucar sua memória. De fato, foram entrevistados Otávio Malta, Moacir Werneck de Castro, Joel Silveira, Francisco de Assis Barbosa, Augusto Rodrigues e Nássara. Sua caixa-preta, João Etcheverry, já havia morrido. Mas deixara, por acaso, Rubem Braga de fora — talvez para não ressuscitar Bluma. Na ocasião do jantar, o principiante Prata estava eufórico por sentar à mesa com o mestre da crônica. "Para mim, era Deus." Entre as muitas saborosas histórias e causos da longa noite, numa pizzaria, Samuel contou a melhor. Certa feita, na ponte aérea, sentara ao seu lado uma mulher linda, que lia um livro de Rubem Braga. Ao abordar a moça, perguntara-lhe se estava gostando. Diante da resposta afirmativa, não tivera dúvida em declarar: "Eu sou o autor", como podia confirmar a foto da contracapa. Dali para o motel, ao aterrissarem, fora um pulo. "E aí?", perguntou Rubem, animado. "Você brochou", disse Samuel. A bem da verdade, o caso era manjado. Segundo

Paulo Francis, a "brochada" teria envolvido Antônio Maria e Carlos Heitor Cony. Se pegou emprestado, Samuel caprichou no enredo, merecendo as risadas.

"A conversa foi maravilhosa", lembraria Prata. "Braga contou que tinham descoberto um papel do Vinicius de Moraes em que este dizia para ser cremado. Aí combinamos, a sério, que quem morresse primeiro batalharia para o outro ser cremado."

O derradeiro fim de semana de agosto de 1980 foi dos mais agitados. Na quinta-feira, dia 28, Samuel recebeu a visita de uma mulher de parar o trânsito. Suzane Broegger era uma jornalista dinamarquesa, que, de passagem pelo Brasil, a caminho de Buenos Aires, para entrevistar o escritor Jorge Luis Borges, fora bater à sua porta. Quando Isabel a anunciou, ele estava deitado no sofá, coberto por uma manta. Um velhinho, aos 68 anos. Ao vislumbrar a aparição, aprumou-se tanto que Suzane, como esta contaria depois, viu um menino. Na verdade, ele tinha namorada, Luzia, secretária do empresário Aparício Basílio, a qual o idolatrava. Mas não estava morto. Com Marta e Eduardo Suplicy, Wainer e Suzane jantaram no Baiuca. Dali, esticaram no Gallery. Na sexta, 29, com Marta Góes e Mário Prata, assistiram de mãos dadas a um show de Adoniran Barbosa. Conforme Marta, Samuel vestia o seu *col roulé*: "Ele insistia em levar a moça para dançar no Hippopotamus. Duas da manhã. Estava sem carro. Demos uma carona para eles".

Segundo Prata, no banco de trás: "E ele tentando explicar para uma dinamarquesa que um dos líderes do Partido dos Trabalhadores (recém-fundado) tinha uma casa com jardim de 5 mil metros quadrados e era campeão sul-americano de boxe, nosso amigo Suplicy".

Na tarde de sábado, seu dia de folga, Samuel apareceu na redação da *Folha de S.Paulo*. Claro, com Suzane a tiracolo. Não ia perder a oportunidade de exibir aquele troféu. Boris Casoy se encontrava de plantão: "Estava todo orgulhoso, com a mulher bonita". Os dois haviam almoçado num tradicional restaurante judeu do Bom Retiro, onde comeram *varenik*, o prato preferido de d. Dora: "Boris, eu olhava a comida com um olho e chorava com outro, de saudade da minha mãe". Este jamais o tinha visto tão elegante. De paletó azul-escuro e camisa azul-clara, usava uma echarpe de seda vermelha. Mais do que nunca, tossia. Tossia tanto que Boris quis saber se não pretendia procurar um médico. "É tinta de jornal, meu caro. Uma vida respirando tinta de jornal."

Segunda-feira, 1º de setembro, Samuel pegou no batente. Em torno das cinco da tarde, chegou à Barão de Limeira. Antes de sentar à máquina de escrever, passou pela sala de Otavinho para elogiá-lo por um artigo publicado no caderno local, aproveitando para fazer um comentário irônico sobre a paralisação dos trabalhadores na Polônia, sua pauta do dia. Voltando à origem, o Samuel velho de guerra vinha empreendendo ferrenha campanha pelo sindicalismo livre, forte e democrático. Naquele ano de 1980, as greves do ABC haviam sacudido a ditadura. Era, enfim, o proletariado tomando a cena, com mais de 200 mil metalúrgicos de braços cruzados. Em 19 de abril, Lula fora preso, enquadrado na Lei de Segurança Nacional. Em 7 de maio, a coluna "São Paulo", assinada por SW, saíra com o título: "Se prender Lula bastasse...":

Se prender Lula e destruí-lo politicamente bastasse, estaria tudo bem para os que ainda não descobriram que, contrariando o saudoso presidente Washington Luís, a questão social não é mais um caso de polícia. Muito pelo contrário. Lula, incomunicável, no Deops, talvez seja muito mais eloquente que nos seus arroubos no estádio de Vila Euclides.

Eram 19h quando Samuel terminou sua coluna. Como de hábito, ligou para a redação, pedindo que alguém subisse à diretoria para pegar o texto. Meia hora depois, ligou de novo, para confirmar se já haviam liberado. "Nenhum desconchavo?", perguntou ao editor Emir Nogueira, pai do futuro jornalista Paulo Nogueira. Dali, iria à casa de Jorge da Cunha Lima, que, naquela noite, receberia para um jantar toda a cúpula da Fiesp. Por volta das 22h, porém, telefonou ao amigo, dizendo que tivera "um probleminha", mas que, se conseguisse, apareceria mais tarde. Às 23h, a fiel Isabel chamou uma ambulância para levá-lo a uma clínica próxima. Confirmado o pneumotórax, o rompimento de uma bolha na superfície pulmonar, foi transferido para o Albert Einstein. Às 8h50, 2 de setembro de 1980, morreu, de parada cardíaca decorrente de insuficiência respiratória aguda. Para o traslado do corpo ao Crematório de Vila Rosali — conforme seu último desejo, seria cremado, contrariando as leis judaicas —, Boris Casoy providenciou até batedores. No cortejo de cerca de duzentas pessoas, a mistura de gente que era a sua cara: os poderosos, os políticos, os intelectuais, os boêmios, os artistas, de Olavo Setúbal a Hebe Camargo.

Na triste manhã de terça-feira 3 de setembro de 1980, Samuel Wainer deu chamada de capa em todos os principais jornais do país. "Morreu Samuel, um inovador", cravou o *JB*, anunciando o obituário de quatro páginas no Caderno B. Junto a sua biografia, intitulada "O repórter que mudou o padrão de sua profissão", textos de praticamente todos os companheiros dos bons tempos da *Última Hora*: Nelson Rodrigues, Joel Silveira, Otávio Malta, Zuzu Vieira, Amado Ribeiro, Augusto Rodrigues, Nássara, Paulo Silveira, Baby Bocaiuva. *O Globo* deu duas páginas: "Roberto Marinho destaca inteligência e coragem". O jornal optou por nomes da política e das finanças para saudá-lo, como Franco Montoro, Olavo Setúbal e José Ermírio de Morais. Até a velha *Tribuna da Imprensa* o cobriu com a coroa do "homem que ressuscitou Vargas". Entre os que escreveram sobre ele na gazeta do Lavradio, João Pinheiro Neto, Antonio Callado, Francisco de Assis Barbosa. Já a *Folha de S.Paulo*, sua última casa, estendeu o obituário por dias consecutivos, trazendo textos e crônicas ao longo da semana. De Paulo Francis, de Nova York. De Cláudio Abramo. De Eduardo Suplicy. De Flávio Rangel. De Tarso de Castro. De Moacir Werneck de Castro. Caso pudesse abrir os jornais do dia e espalhá-los pela cama — adorava ler os jornais na cama —, Samuel decerto teria dado risada da frase do "menino Tarso" para descrevê-lo: "Não foi um cavalo atrelado, não. Samuel era cavalo solto, dos bons, dos belos, dos insuportáveis".

Coube a Otto Lara Resende, no *Globo*, o desafio para as futuras gerações de jornalistas:

> Conheci de perto e a vida toda Samuel Wainer. Ainda outro dia vi-o em uma en-
> trevista na televisão e admirei a competência de repórter. Sem desdouro para com
> os outros, foi o melhor e, sendo mais velho, era o único voltado para o presente e
> para o futuro. Tratava-se de entrevistar Leonel Brizola. O que sempre admirei em
> Samuel Wainer foi a sua obstinada teimosia de viver e sua inesgotável capacidade
> de reinaugurar-se. Enfrentou todas as adversidades. Resistiu a todas. Foi um homem
> de jornal. Como homem de jornal foi sobretudo um extraordinário mobilizador de
> equipe. Tenho certeza de que Samuel Wainer pertence definitivamente à história
> do jornalismo brasileiro. Daí ninguém o expulsa. A morte abre o começo do seu
> julgamento imparcial.

Notas

MRV = *Minha razão de viver*, de Samuel Wainer
UH = *Última Hora*

PRÓLOGO [pp. 11-9]

Status; Jornal do Brasil (doravante *JB*), 3 set. 1980; *MRV* e Hamilton Almeida Filho; *A ditadura derrotada*, de Elio Gaspari; *Folha de S.Paulo* (doravante *FSP*), 1 maio 1980; Múcio Borges da Fonseca; Marta Góes; *FSP*, 4 set. 1980; Marta Góes e Mário Prata; Múcio Borges da Fonseca; Matinas Suzuki Jr.; *MRV*; Marta Góes; Marta Góes e Mário Prata; *Senhor*, jan. 1988 e *MRV*; *MRV*; *IstoÉ*; *Imprensa*, mar. 1988; *O Globo*, 25 fev. 1988; *O Globo*, 28 fev. 1988; *FSP*, 16 jan. 1988.

1. SHALOM [pp. 21-41]

Recordando a praça Onze, de Samuel Malamud; *Judeus cariocas*, de Keila Grinberg e Flávio Limoncic; *MRV*; *MRV*, Sonia Sirotsky e documentos pessoais da família; *MRV*; *Tribuna da Imprensa*, 15/20 jul. 1953; "Bessarabia", de Wolf Moskovich e *História dos judeus*, de Paul Johnson; *Entre Moisés e Macunaíma*, de Moacyr Scliar e Márcio Souza; *Lenin*, de Robert Service; *Encyclopedia of Jewish Communities in Romania* e *The Times of Israel*, 20 jul. 2017; *Russian Jews*, de Sergey Nurmamed; *Lenin's Collected Works*, v. 29, de Vladimir Lênin; Soniah Sirotsky; depoimento de Bertha Kogan ao Museu da Imigração de São Paulo, 1994, *Tribuna da Imprensa*, 15/20 jul. 1953, lista de passageiros do navio *Formosa*, Arquivo Nacional e documentos sobre a família Wainer no

Arquivo Nacional; depoimento de Bertha Kogan ao Museu da Imigração de São Paulo, 1994; *Recordando a praça Onze* e *Do arquivo e da memória*, de Samuel Malamud, *Judeus cariocas*, de Keila Grinberg e Flávio Limoncic, *O movimento sionista e a comunidade judaica brasileira (1901-1956)*, de Carlos Eduardo Bartel, e *A paixão de ser*, de Abrão Slavutzky; Soniah Sirotsky; *A história dos judeus no Rio de Janeiro*, de Henrique Veltman; *Correio da Manhã* e *O Jornal*, 3 jan. 1930; *Diario da Noite*, 2 jan. 1930; *Getúlio (1882-1930)*, de Lira Neto; *Atlas histórico do Brasil*, da FGV; *Chatô*, de Fernando Morais; *Getúlio (1882-1930)*; *Correio da Manhã*, 1 mar. 1930; *Uma história do samba*, de Lira Neto; *Correio da Manhã*, 19 mar. 1930; *Diario Carioca*, 31 ago. 1929; *MRV*; Jacó Guinsburg; Dt 16,3; Soniah Sirotsky; Jacó Guinsburg, depoimento de Bertha Kogan ao Museu da Imigração de São Paulo, 1994; *Tribuna da Imprensa*, 15 jul. 1953; *Luís Carlos Prestes*, de Daniel Aarão Reis; *Correio da Manhã*, 11 maio 1930; *A Noite*, 2 jun. 1930; *Diário vol. 1*, de Getúlio Vargas; *Getúlio (1882-1930)*; *Atlas histórico do Brasil*, da FGV; *Diário vol. 1*, de Getúlio Vargas; *Chatô*; *Correio da Manhã*, 1 nov. 1930; *Diário vol. 1*, de Getúlio Vargas; *Tribuna da Imprensa*, 15/20 jul. 1953.

2. BLUMA [pp. 42-51]

Diario Carioca, 11 nov. 1931; *Getúlio (1930-1945)*, de Lira Neto; *A capital da vertigem*, de Roberto Pompeu de Toledo; *Diario Carioca*, 24 fev. 1932; *Getúlio (1930-1945)*; *Quase tudo*, de Danuza Leão; prontuário de Bluma Chafir Wainer no Dops do Rio de Janeiro, Arquivo Nacional, 21 ago. 1944; *Noel Rosa Songbook*, 2 v., de Almir Chediak; diários de Bluma Wainer; *Europa 1935*, de Moacir Werneck de Castro, *A feijoada que derrubou o governo*, de Joel Silveira; *MRV*; *Tribuna da Imprensa*, 15-20 jul. 1953; documentos sobre os irmãos Wainer no Arquivo Nacional; Jacó Guinsburg; *Recordando a praça Onze* e *Do arquivo e da memória*, de Samuel Malamud; *Judeus cariocas*, de Keila Grinberg e Flávio Limoncic; *A história dos judeus no Rio de Janeiro*, de Henrique Veltman; *A paixão de ser*, de Abrão Slavutzky; *Recordando a praça Onze*, de Samuel Malamud; prontuário de Bluma Chafir Wainer no Dops do Rio de Janeiro, Arquivo Nacional, 21 ago. 1944; *Correio da Manhã*, 12 mar. 1932; *Diario de Noticias*, 1933-4; *MRV*; *História da imprensa no Brasil*, de Nelson Werneck Sodré; *Chatô*; *MRV*; *Diario de Noticias*, 25 ago. 1933; *Revista Brasileira*, 1934-5; *Dicionário histórico-biográfico brasileiro*, do CPDOC-FGV; *Diario de Noticias*, 24 dez. 1933; prontuário de Bluma Chafir Wainer no Dops do Rio de Janeiro, Arquivo Nacional, 21 ago. 1944; *Rubem Braga*, de Marco Antonio de Carvalho; *Getúlio (1930-1945)*.

3. NÃO PASSARÃO [pp. 52-66]

MRV; *Carlos Lacerda vol. 1 (1914-1960)*, de John W. F. Dulles; *Mário de Andrade*, de Moacir Werneck de Castro; *Na fogueira*, de Joel Silveira; *História da imprensa no Brasil*, de Nelson Werneck Sodré; *Cartas a Murilo Miranda (1934-45)*, de Mário de Andrade; *Mário de Andrade*, de Moacir Werneck de Castro; *No tempo dos barões*, de Maria e Moacir Werneck de Castro; Moacir Werneck de Castro; *Europa 1935*, de Moacir Werneck de Castro; *Mário de Andrade*, de Moacir Werneck de Castro; diários de Bluma Wainer; *MRV*; *Getúlio (1930-1945)*; *Diário vol. 1*, de Getúlio Vargas; *Getúlio (1930-1945)*; *Correio da Manhã*, 11 out. 1934; *Getúlio (1930-1945)*; *Diario de Noticias*, 28 mar. 1935;

O Globo, 28 mar. 1935; *Correio da Manhã*, 27 mar. 1935; *O Jornal*, 28 mar. 1935; *Carlos Lacerda vol. 1 (1914-1960)*; *O PCB*, de Edgard Carone; *Revista Brasileira*, 1934-5; *MRV*; *Diário vol. 1*, de Getúlio Vargas; *Luís Carlos Prestes*, de Daniel Aarão Reis, *Getúlio (1930-1945)*; *Chatô*; *Olga*; *Getúlio (1930--1945)*; *O Jornal*, 28 nov. 1935; *MRV*; *Getúlio (1930-1945)*; *Carlos Lacerda vol. 1 (1914-1960)*; *Correio da Manhã*, 27 nov. 1935; *Rubem Braga*, de Marco Antonio de Carvalho; *Na fogueira*, de Joel Silveira; *Olga*; *Jorge Amado*, de Joselia Aguiar; *Olga*; *Memórias do cárcere*, de Graciliano Ramos; *Europa 1935*, de Moacir Werneck de Castro; *Correio da Manhã*, 11 dez. 1935; *MRV*; Observatório da Imprensa, 29 nov. 2011; *História dos judeus*, de Paul Johnson; *O antissemitismo na Era Vargas*, de Maria Luiza Tucci Carneiro; *El País*, 25 abr. 2012; *MRV*; *Almanack Israelita*, 1937; *Getúlio (1930-1945)*; *Chatô*; *Diário vol. 2*, de Getúlio Vargas.

4. BEIJOS NA NOITE [pp. 67-77]

MRV; *Diretrizes*, abr.-ago. 1938; *Na fogueira*, de Joel Silveira; *Carlos Lacerda vol. 1 (1914-1960)*; *Diretrizes*, abr. 1938; *MRV*; *Jorge Amado*, de Joselia Aguiar; *A máscara do tempo* e *A ponte dos suspiros*, de Moacir Werneck de Castro; *A máscara do tempo*, de Moacir Werneck de Castro; *MRV*; *Getúlio (1930-1945)*; *O Jornal*, 12 maio 1938; *Diretrizes*, jun. 1938; *Carlos Lacerda vol. 1 (1914-1960)*; *A máscara do tempo* e *A ponte dos suspiros*, de Moacir Werneck de Castro; *A casa do meu avô*, de Carlos Lacerda; *Carlos Lacerda vol. 1 (1914-1960)*; *A máscara do tempo*, de Moacir Werneck de Castro; *Carlos Lacerda vol. 1 (1914-1960)*; Otávio Malta; *Carlos Lacerda vol. 1 (1914-1960)*; *Diretrizes*, jul. 1938; *Diretrizes*, out. 1938; *Diretrizes*, ago. 1938; *MRV*; documentos pessoais de Samuel Wainer; *MRV*; carta de Azevedo Amaral a Nelson Werneck Sodré, 19 nov. 1938, Biblioteca Nacional; *Dorival Caymmi*, de Stella Caymmi.

5. A MOCIDADE É ASSIM MESMO [pp. 78-102]

O Observador Econômico e Financeiro, jan. 1939, *Depoimento*; de Carlos Lacerda; *MRV*; *Carlos Lacerda vol. 1 (1914-1960)*; *Getúlio (1930-1945)*; *Depoimento*, de Carlos Lacerda; Moacir Werneck de Castro; *Mário de Andrade*, de Moacir Werneck de Castro; *O Observador Econômico e Financeiro*, jan. 1939; *Depoimento*, de Carlos Lacerda; *Carlos Lacerda vol. 1 (1914-1960)*; *Mário de Andrade*, de Moacir Werneck de Castro; *MRV*; *Trinta anos esta noite*, de Paulo Francis; Joel Silveira; Nema Chafir; *Rubem Braga*, de Marco Antonio de Carvalho; Nema Chafir; *Diretrizes*, 1938-41; *Diretrizes*, abr. 1939; *Rubem Braga*, de Marco Antonio de Carvalho; *A cidade e a roça*, de Rubem Braga; *Rubem Braga*, de Marco Antonio de Carvalho; Nema Chafir; *Diretrizes*, jun. 1939; *Hitler/Stálin*, de Joel Silveira; *Botando os pingos nos is*, de Rivadavia de Souza; *JB*, 3 set. 1980; *Hitler/Stálin*, de Joel Silveira; *MRV*; *Diretrizes*, set. 1939; *Hitler/Stálin*, de Joel Silveira; *Botando os pingos nos is*, de Rivadavia de Souza; memorando de Carleton Sprague Smith ao Departamento de Estado, 3 out. 1958; *Jorge Amado*, de Joselia Aguiar; *Hitler/Stálin*, de Joel Silveira; telegrama ao Departamento de Estado dos EUA; *Hitler/Stálin*, de Joel Silveira; *Dorival Caymmi*, de Stella Caymmi; *MRV*; *Diretrizes*, jan. 1940; *MRV*; *A vida de Virgílio de Melo Franco*, de Carolina Nabuco; Joel Silveira; *JB*, 3 set. 1980; Francisco de Assis Barbosa; *Diretrizes*, 27 mar. 1941; Francisco de Assis Barbosa; *Hitler/Stálin*, de Joel Silveira; *Diretrizes*, fev.-out. 1940; *Diretrizes*, 28 ago. 1940 a 26 fev. 1942; *Diretrizes*, 6 mar.

1941; *A vida dramática de Euclides da Cunha*, de Walnice Nogueira Galvão; Francisco de Assis Barbosa; *Diretrizes*, 6 nov. 1941; Francisco de Assis Barbosa; *A Noite*, 10 nov. 1941; *Getúlio (1930-1945)*; *Diário vol. 2*, de Getúlio Vargas; *MRV*; *Diretrizes*, 2 abr. 1942; *Diretrizes*, 22 jan. 1942; *Diretrizes*, 11 jun. 1942; *Carlos Lacerda vol. 1 (1914-1960)*; *Hitler/Stálin*, de Joel Silveira; *Diretrizes*, 10 dez. 1942; *Diretrizes*, 30 abr. 1942; *MRV*; *Carlos Lacerda vol. 1 (1914-1960)*; *MRV*; *Carlos Lacerda vol. 1 (1914-1960)*; *MRV*; Soniah Sirotsky; *MRV*; *Diretrizes*, 18 fev. 1943; *MRV*; Francisco de Assis Barbosa; *Diretrizes*, 29 abr. 1943; *Diretrizes*, 4 mar. 1943; *Diretrizes*, 24 dez. 1943; *MRV*; Francisco de Assis Barbosa; *MRV*; *Getúlio (1930-1945)*; *Diretrizes*, 1 out. 1942; Francisco de Assis Barbosa; *JB*, 3 set. 1980; *Diretrizes*, 9 set. 1943; Joel Silveira; *Diretrizes*, 25 nov. 1943; *Chatô*; *Diretrizes*, 20 abr. 1944; *Diretrizes*, 25 maio 1944; *MRV*.

6. PÉ NA ESTRADA [pp. 103-11]

Diários de Bluma Wainer; prontuário de Bluma Chafir Wainer no Dops do Rio de Janeiro, Arquivo Nacional, 21 ago. 1944; *MRV*; Diários de Bluma Wainer; *Olga*; Diários de Bluma Wainer; *MRV*; Diários de Bluma Wainer; *MRV*; Diários de Bluma Wainer; *MRV*; Diários de Bluma Wainer; *MRV*; Diários de Bluma Wainer; *MRV*; carta de Valder Sarmanho a Alzira Vargas, 30 out. 1944, CPDOC-FGV; carta de Bluma Wainer a Noia Chafir, 4 nov. 1944; *MRV*; carta de Bluma Wainer a Noia Chafir, 4 nov. 1944; *Adalgisa Nery*, de Ana Arruda Callado; *MRV*; *Leitura*, jan. 1945; *Getúlio (1930-1945)*; Francisco de Assis Barbosa; *MRV*; *O Globo*, 16 mar. 1945; *MRV*; Diários de Bluma Wainer.

7. O AGENTE DE TITO [pp. 112-26]

MRV; Francisco de Assis Barbosa; Moacir Werneck de Castro; Joel Silveira; Augusto Rodrigues; Francisco de Assis Barbosa; *Correio da Manhã*, 22 fev. 1945; *Getúlio (1930-1945)*; *Diretrizes*, 29 maio 1945; Francisco de Assis Barbosa; *Getúlio (1930-1945)*; *Diretrizes*, maio-out. 1945; *MRV*; Francisco de Assis Barbosa; Moacir Werneck de Castro; *MRV*; *Getúlio (1930-1945)*; *O Jornal*, 1 nov. 1945; *Getúlio (1930-1945)*; *MRV*; *Diretrizes*, 8-10 out. 1945; *MRV*; Diários de Bluma Wainer; *Clarice*, de Benjamin Moser; *Correspondências*, de Clarice Lispector; *Getúlio (1945-1954)*, de Lira Neto; *A república das abelhas*, de Rodrigo Lacerda; *Correio da Manhã*, 30 nov. 1945; *Diario da Noite*, 6 nov. 1945; *Getúlio (1945-1954)*; Diários de Bluma Wainer; carta de Bluma Wainer a Noia Chafir, 15 mar. 1946; Diários de Bluma Wainer; *Correspondências*, de Clarice Lispector; *MRV*; *Carlos Lacerda vol. 1 (1914-1960)*; *Correio da Manhã*, 28 ago. 1947; Diários de Bluma Wainer; *MRV*; Diários de Bluma Wainer; *Diretrizes*, jun.-jul. 1946; *Correspondências*, de Clarice Lispector; Diários de Bluma Wainer.

8. BANANISTA, GRAÇAS A DEUS [pp. 127-35]

MRV; *Correspondências*, de Clarice Lispector; *MRV*; *Correspondências*, de Clarice Lispector; *O Jornal*, 23 maio 1947; *O Jornal*, 25 maio 1947; *O Jornal*, 28 maio 1947; *O Jornal*, 30 maio 1947; *Correio da Manhã*, 16 fev. 1949; *Dorival Caymmi*, de Stella Caymmi; *Carlos Lacerda vol. 1 (1914-1960)*; *Correio* da Manhã, 15 abr. 1947; *Getúlio (1945-1954)*; *Correio da Manhã*, 1 jun. 1947; *Carlos Lacerda vol. 1 (1914--1960)*; *Correio da Manhã*, 26 jun. 1947; *Correspondências*, de Clarice Lispector; *Tribuna Popular*, 22 maio 1946; *Chatô*; *MRV*; *O Cruzeiro*, 1 maio 1948; *Diario da Noite*, 24 fev. 1948; *MRV*; *Correspondências*, de Clarice Lispector; carta de Bluma Wainer a Noia Chafir, 2 fev. 1950.

9. O GRANDE FURO [pp. 136-49]

MRV; *O Jornal*, 3 mar. 1949; *Getúlio (1945-1954)*; *O Jornal*, 3 mar. 1949; *MRV*; carta de Alzira Vargas a Getúlio Vargas, 18 fev. 1949, CPDOC-FGV; carta de Getúlio Vargas a Alzira Vargas, 28 fev. 1949, CPDOC-FGV; carta de Getúlio Vargas a Alzira Vargas, 6 mar. 1949, CPDOC-FGV; carta de Alzira Vargas a Getúlio Vargas, 9 mar. 1949, CPDOC-FGV; carta de Getúlio Vargas a Alzira Vargas, 17 mar. 1949, CPDOC-FGV; carta de Alzira Vargas a Getúlio Vargas, 22 mar. 1949, CPDOC-FGV; *MRV*; *Chatô*; *Cobras criadas*, de Luiz Maklouf Carvalho; *MRV*; *O Cruzeiro*, 9 abr. 1949; *MRV*; *Jorge Amado*, de Joselia Aguiar; *MRV*; *João Goulart*, de Jorge Ferreira; *Diario da Noite*, 20 abr. 1949; *MRV*; *Diario da Noite*, 20 abr. 1949; *MRV*; *Diario da Noite*, 20 abr. 1949; *MRV*; *Diario da Noite*, 10 jan. 1950; *Diario Carioca*, 12 jan. 1950; *Diario Carioca*, 14 jan. 1950.

10. LEVAI-ME CONVOSCO [pp. 150-9]

Diario Carioca, 5 jan. 1950; *Café-Society*, de José Mauro Gonçalves; *O livro de Jô*, de Jô Soares; IBGE; *A noite do meu bem*, de Ruy Castro; *Quase tudo*, de Danuza Leão; *A noite do meu bem*, de Ruy Castro; *Café-Society*, de José Mauro Gonçalves; *MRV*; *Quase tudo*; *A noite do meu bem*, de Ruy Castro; *MRV*; *Quase tudo*; *MRV*; *Carlos Lacerda vol. 1 (1914-1960)*; *Getúlio (1945-1954)*; *Correio da Manhã*, 26 abr. 1949; *Tribuna da Imprensa*, 27 dez. 1949; *Carlos Lacerda vol. 1 (1914-1960)*; *Depoimento*, de Carlos Lacerda; *Tribuna da Imprensa*, 27 dez. 1949; carta de Bluma Wainer a Noia Chafir, 2 fev. 1950; *Diario da Noite* e *O Jornal*, jan.-fev. 1950; *O Jornal*, 27 jan. 1950; Diários de Bluma Wainer; *Correspondências*, de Clarice Lispector; *MRV*; *Getúlio (1945-1954)*; *O Jornal*, 7 mar. 1950; *O Jornal*, 4 abr. 1950; *MRV*; *Getúlio (1945--1954)*; *Diario da Noite*, 31 mar. 1950; *MRV*; *Diario da Noite*, 3 abr. 1950; *Diario de Noticias*, 5 abr. 1950; *O Jornal*, 20 abr. 1950; *Correio da Manhã*, 20 abr. 1950; *Correio da Manhã*, 5 mar. 1950; *O Jornal*, 23 abr. 1950; *O Jornal*, 12 out. 1951; *JB*, 28 fev. 1946; *O Estado de S. Paulo*, 20 abr. 1950; *Diario Carioca*, 21 abr. 1950; *Correio da Manhã*, 20 abr. 1950; *MRV*; *Getúlio Vargas (1945-1954)*; *MRV*; *Diario da Noite*, 2 jun. 1950.

11. ENTREATOS [pp. 160-71]

MRV; *Diario da Noite*, ago.-out. 1950; *Diario da Noite*, 19 ago. 1950; *Diario da Noite*, 22 ago. 1950; *MRV*; *Diario da Noite*, 22 ago. 1950; *Tribuna da Imprensa*, 1 jun. 1950; *Tribuna da Imprensa*, 4-13 jul. 1950; *Diario Carioca*, 25 ago. 1950; *Diario Carioca*, 23 ago. 1950; *Diario da Noite*, 10 ago. 1950; *Diario da Noite*, 11 ago. 1950; *MRV*; *Diario da Noite*, 22 ago. 1950; *Diario da Noite*, 28 ago. 1950; *MRV*; *Getúlio (1945-1954)*; *MRV*; *Chatô*; *Diario da Noite*, 13 set. 1950; *MRV*; *Diario da Noite*,

1 set. 1950; *MRV; Diario da Noite*, 6 out. 1950; *Getúlio (1945-1954)*; Samuel Wainer e *Botando os pingos nos is*, de Rivadávia de Souza; *Diario da Noite*, 9 out. 1950; *Diario da Noite*, 13 out. 1950; *Getúlio (1945-1954)*; Nema Chafir; Diários de Bluma Wainer; Soniah Sirotsky; *MRV*; Nema Chafir; *MRV*.

12. POR QUE TU NÃO FAZES UM JORNAL? [pp. 172-8]

Getúlio (1945-1954); *Tribuna da Imprensa*, 1 fev. 1951; *Diario da Noite*, 7 fev. 1951; *MRV*; *A noite do meu bem*, de Ruy Castro; Dalal Achcar; *MRV*.

13. MINHA RAZÃO DE VIVER [pp. 179-201]

O óbvio ululante, de Nelson Rodrigues; *JB*, 3 set. 1980; *A noite do meu bem*, de Ruy Castro; *MRV*; *O príncipe e o sabiá*, de Otto Lara Resende; Francisco de Assis Barbosa; *JB*, 3 set. 1980; *MRV*; Moacir Werneck de Castro; *O anjo pornográfico*, de Ruy Castro; *A UH (como ela era)*, de Pinheiro Júnior; *MRV*; *A menina sem estrela*, de Nelson Rodrigues; *Diario de Noticias*, 18 jun. 1950; *Nássara*, de Isabel Lustosa; Augusto Rodrigues; *História cultural da imprensa no Brasil*, de Marialva Barbosa; *História da imprensa no Brasil*, de Nelson Werneck Sodré; *O reacionário*, de Nelson Rodrigues; *MRV*; Augusto Rodrigues; *A UH (como ela era)*, de Pinheiro Júnior; *O anjo pornográfico*, de Ruy Castro; *A UH (como ela era)*, de Pinheiro Júnior; *MRV*; *UH*, 12-25 jun. 1951; *UH*, 12 jun. 1951; *MRV*; Diários de Bluma Wainer; Marta Góes; *MRV*; *UH*, 12 jun. 1951; *MRV*; *UH*, 12 jun. 1951; *MRV*; Otávio Malta; *Tribuna da Imprensa*, 27 jul. 1951; *MRV*; *A UH (como ela era)*, de Pinheiro Júnior; *UH*, 14 dez. 1951; *UH*, 7 nov. 1951; *UH*, 12 dez. 1951; *UH*, 21 jan. 1952; *MRV*; *UH*, 18 jun. 1951; *UH*, 19 jun. 1951; *UH*, 16 ago. 1951; *UH*, 12 set. 1951; *UH*, 10 mar. 1952; *UH*, jul.-set. 1951; *MRV*; *Getúlio (1945-1954)*; *UH*, 19 ago. 1951; *MRV*; bilhete de Samuel Wainer a Getúlio Vargas, [23 jul. 1951], CPDOC-FGV; *MRV*; *Getúlio (1945-1954)*; *MRV*; *Tribuna da Imprensa*, 27-28 out. 1951; *MRV*; *Tribuna da Imprensa*, 10 mar. 1952; Nema Chafir; *MRV*; *Rubem Braga*, de Marco Antonio de Carvalho; *Tribuna da Imprensa*, 9 out. 1951; *Tribuna da Imprensa*, 20-21 out. 1951; *UH*, 29 out. 1951; *Tribuna da Imprensa*, 31 out. 1951; *Tribuna da Imprensa*, 6 nov. 1951; *MRV*; *Tribuna da Imprensa*, 6 nov. 1951; *UH*, 3 dez. 1951; *UH*, 17 set.-17 nov. 1951; *UH*, 16 nov. 1951; *O anjo pornográfico*, de Ruy Castro; *UH*, 13 jun. 1952; *Getúlio (1945-1954)*; bilhete de Samuel Wainer a Getúlio Vargas, 30 ago. 1952, CPDOC-FGV; *Tribuna da Imprensa*, 7 dez. 1951; *Getúlio (1945-1954)*; *MRV*.

14. O MACUNAÍMA HEBREU [pp. 202-10]

UH, 7 jan. 1952; *UH*, 13 dez. 1951; Augusto Rodrigues; Francisco de Assis Barbosa; *JB*, 3 set. 1980; *MRV*; *UH*, 26 jun. 1956; *MRV*; *UH*, 19 nov. 1951; *MRV*; Otávio Malta; *MRV*; *Chatô*; *MRV*; *Tribuna da Imprensa*, 28 nov. 1951; *UH*, 18 mar. 1952; *MRV*; *UH*, 19 mar. 1952; Soniah Sirotsky; *MRV*; *Getúlio (1945-1954)*; *Chatô*; *MRV*; *Manchete*, 23 ago. 1952; *Tribuna da Imprensa*, 5-8 ago. 1952; telegrama de Alzira Vargas a Samuel Wainer, [3 ago. 1952], CPDOC-FGV; bilhete de Samuel Wainer a Getúlio Vargas, 4 ago. 1952,

CPDOC-FGV; *Tribuna da Imprensa*, 6 ago. 1952; *Manchete*, 23 ago. 1952; *O Estado de S. Paulo*, 8 ago. 1952; *Tribuna da Imprensa*, 5 ago. 1958; *Getúlio (1945-1954)*; bilhete de Samuel Wainer a Getúlio Vargas, [ago. 1952], CPDOC-FGV; *MRV*; *UH*, 12 jun. 1952; Moacir Werneck de Castro; Francisco de Assis Barbosa; *Tribuna da Imprensa*, 27 ago. 1952; *UH*, 26 out. 1952; *MRV*; *Samuel*, de Joëlle Rouchou.

15. A PRIMEIRA CPI [pp. 211-23]

UH, 20 jan. 1953; Joel Silveira; *MRV*; *Getúlio (1945-1954)*; *João Goulart*, de Jorge Ferreira; *UH*, 14 abr. 1953; *UH*, 6 ago. 1953; *Flan*, 26 abr. 1953; *Getúlio (1945-1954)*; *MRV*; *Tribuna da Imprensa*, 20 maio 1953; bilhete de Samuel Wainer a Getúlio Vargas, [21 maio 1953], CPDOC-FGV; *UH*, 21 maio 1953; *UH*, 23 maio 1953; *Tudo a declarar*, de Armando Falcão; *Getúlio (1945-1954)*; bilhete de Samuel Wainer a Getúlio Vargas, [maio 1953], CPDOC-FGV; *Chatô*; *UH*, 10 jul. 1953; *Chatô*; *Getúlio (1945-1954)*; *UH*, 16 jun. 1953; *Correio da Manhã*, 16 jun. 1953; *Diario de Noticias*, 9 set. 1953; *Tribuna da Imprensa*, 20 out. 1953; *Tribuna da Imprensa*, 8 jul. 1953; *Getúlio (1945-1954)*; *UH*, 16 jun. 1953; *Tribuna da Imprensa*, 10 set. 1953; *A menina sem estrela*, de Nelson Rodrigues; *Carlos Lacerda vol. 1 (1914-1960)*; *Getúlio (1945--1954)*; *Getúlio (1945-1954)*; *Anais da Câmara dos Deputados*, jun.-set. 1953; *Getúlio e o mar de lama*, de Gustavo Borges; *A menina sem estrela*, de Nelson Rodrigues; *UH*, 13 jun. 1953; bilhete de Samuel Wainer a Getúlio Vargas, [jul. 1953], CPDOC-FGV.

16. MÁRTIR SEM FÉ [pp. 224-38]

Francisco de Assis Barbosa; *UH*, 24 jun.-2 jul. 1953; *Tribuna da Imprensa*, 24 jun.-2 jul. 1953; *Anais da Câmara dos Deputados*, 24 jun.-2 jul. 1953; *MRV*; *O príncipe e o sabiá*, de Otto Lara Resende; *UH*, 27 jun. 1953; *UH*, 23 jun. 1953; *UH*, 27 jun. 1953; *Tribuna da Imprensa*, 1 jul. 1953; *Tribuna da Imprensa*, 2 jul. 1953; *Tribuna da Imprensa*, 7 jul. 1953; *Tribuna da Imprensa*, 1 jul. 1953; *Tribuna da Imprensa*, 1-2/4-5/8 jul. 1953; *O Globo*, 24 jun. 1953; *Correio da Manhã*, 25 jun. 1953; *Correio da Manhã*, 17 jul. 1953; *UH*, 7 jul. 1953; *UH*, 27 set. 1954; *UH*, 23 jul. 1953; *UH*, 8 jul. 1953; *UH*, 7 jul. 1953; *História da imprensa no Brasil*, de Nelson Werneck Sodré; *UH*, 30 jun. 1953; *Chatô*; *MRV*; *A UH (como ela era)*, de Pinheiro Júnior; *A menina sem estrela*, de Nelson Rodrigues; Francisco de Assis Barbosa; *Getúlio (1954-1954)*; Joel Silveira; *UH*, 23 jun. 1953; Francisco de Assis Barbosa.

17. BRASILEIRO DE ÚLTIMA HORA [pp. 239-58]

Otávio Malta; *Diario de São Paulo*, 15 jul. 1953; *O Jornal*, 15 jul. 1953; *Diario de São Paulo*, 17 jul. 1953; *Tribuna da Imprensa*, 18 jul. 1953; Otto Lara Resende; *UH*, 18 jul. 1953; *UH*, 20 jul. 1953; *O Globo*, 20 jul. 1953; *MRV*; *O Globo*, 20 jul. 1953; *UH*, 20 jul. 1953; *Tribuna da Imprensa*, 20 jul. 1953; *UH*, 22 jul. 1953; *Tribuna da Imprensa*, 22 jul. 1953; *Tribuna da Imprensa*, 22 jul. 1953; *Time*, 17 ago. 1953; *UH*, 18 jul. 1953; *Tribuna da Imprensa*, 20 jul. 1953; *UH*, 21 jul. 1953; *Correio da Manhã*, 22 jul. 1953; *UH*, 23 jul. 1953; *Quase tudo*; Danuza Leão; *Manchete*, 4 out. 1952; *Quase tudo*; *Tribuna da Imprensa*, 7 jul. 1953; *Tribuna da Imprensa*, 1 jul. 1953; *UH*, 7 jul. 1953; *O Estado de S. Paulo*, 30 jul. 1953; *Tribuna da*

Imprensa, 21 jul. 1953; *Tribuna da Imprensa*, 22 jul. 1953; *UH*, 28 jul. 1953; *O Globo*, 27 jul. 1953; *Tribuna da Imprensa*, 30 jul. 1953; *Diario de Noticias*, 30 jul. 1953; *Tribuna da Imprensa*, 24 jul. 1953; *UH*, 27 jul. 1953; *Tribuna da Imprensa*, 24 jul. 1953; *MRV*; *Tribuna da Imprensa*, 29 jul. 1953; *A menina sem estrela*, de Nelson Rodrigues; *MRV*; *Tribuna da Imprensa*, 11 ago. 1953; *Tribuna da Imprensa*, 13 ago. 1953; *Tribuna da Imprensa*, 15-16 ago. 1953; *Tribuna da Imprensa*, 25 ago. 1953; *Tribuna da Imprensa*, 24 ago. 1953; *Tribuna da Imprensa*, 28 ago. 1953; *O Cruzeiro*, 1 ago. 1953; *O Cruzeiro*, 8 ago. 1953; *UH*, 4 nov. 1953; *Tribuna da Imprensa* e *UH*, 4 nov. 1953; *Tribuna da Imprensa*, 4 nov. 1953; *MRV*; Sofia Wainer; *Tribuna da Imprensa*, 7 ago. 1953; Sofia Wainer; *MRV*; Noemi Wainer.

18. DANUZA [pp. 259-68]

O livro de Jô, de Jô Soares; *A noite do meu bem*, de Ruy Castro; *Quase tudo*, de Danuza Leão; recortes de jornal da coleção de Danuza Leão; *Quase tudo*; *Tribuna da Imprensa*, 21-22 nov. 1953; *MRV*; *Tribuna da Imprensa*, 23 mar. 1954; *Tribuna da Imprensa*, 5 fev. 1954; *UH*, 24 mar. 1953; *Tribuna da Imprensa*, 24 mar. 1953; *MRV*; *UH*, 24 mar. 1953; *Tribuna da Imprensa*, 24 mar. 1953; *UH*, 24 mar. 1953; *Quase tudo*; *O Globo*, [1953]; *Getúlio (1945-1954)*; *Correio da Manhã*, 11 mar. 1954; *Tribuna da Imprensa*, 22 fev. 1954; *Getúlio (1945-1954)*; *UH*, 3 abr. 1954; *Tribuna da Imprensa*, 22 fev. 1954; *A UH (como ela era)*, de Pinheiro Júnior; *Tribuna da Imprensa*, 10 mar. 1954; Lan; *MRV*; *UH*, 12-23 maio 1954; *Getúlio (1945--1954)*; *MRV*; *UH*, 12-25 maio 1954; *Asfalto selvagem*, de Nelson Rodrigues; *Tribuna da Imprensa*, 22-23 mar. 1954; Lan; *UH*, 25 maio 1954; Lan; *Quase tudo*; *MRV*; *Diario da Noite*, 23 maio / 8 jul. 1954; *Diario Carioca*, [1953]; *Quase tudo*; *Getúlio (1945-1954)*.

19. 21 DIAS [pp. 269-89]

Quase tudo, de Danuza Leão; *Getúlio (1945-1954)*, de Lira Neto; *Depoimento*, de Carlos Lacerda; *Carlos Lacerda vol. 1 (1914-1960)*, de John W. F. Dulles; *Uma crise de agosto*, de Claudio Lacerda; *A Era Vargas*, de José Augusto Ribeiro; *Getúlio e o mar de lama*, de Gustavo Borges; *A república das abelhas*, de Rodrigo Lacerda; *MRV*; *Diario Carioca*, 5 ago. 1954; *O Globo*, 5 ago. 1954; *Depoimento*, de Carlos Lacerda; *Getúlio (1945-1954)*; *Correio da Manhã*, 5 ago. 1954; *UH*, 5-24 ago. 1954; *A UH (como ela era)*, de Pinheiro Júnior; *Getúlio (1945-1954)*; *Uma crise de agosto*, de Claudio Lacerda; *A Era Vargas*, de José Augusto Ribeiro; *Depoimento*, de Carlos Lacerda; *Carlos Lacerda vol. 1 (1914-1960)*; *Getúlio e o mar de lama*, de Gustavo Borges; *A república das abelhas*, de Rodrigo Lacerda; *UH*, 5 ago. 1954; *Tribuna da Imprensa*, 6 ago. 1954; *Getúlio (1945-1954)*; *Correio da Manhã*, 8 ago. 1954; *UH*, 9 ago. 1954; *Getúlio (1945--1954)*; *Quase tudo*; *MRV*; *UH*, 9 ago. 1954; *Correio da Manhã*, 12 ago. 1954; *UH*, 12 ago. 1954; *Correio da Manhã*, 12 ago. 1954; *O Globo*, 12 ago. 1954; *Getúlio (1945-1954)*; *O Globo*, 13 ago. 1954; *Getúlio (1945--1954)*; *UH*, 14 ago. 1954; *UH*, 17-18 ago. 1954; *Getúlio (1945-1954)*; *Tribuna da Imprensa*, 23 ago. 1954; *MRV*; *Getúlio (1945-1954)*; *Getúlio (1945-1954)*; *A Era Vargas*, de José Augusto Ribeiro; *Depoimento*, de Carlos Lacerda; *A Era Vargas*, de José Augusto Ribeiro; *UH*, 18 ago. 1954; *Getúlio (1945--1954)*; Francisco de Assis Barbosa; *MRV*; *Getúlio (1945-1954)*; *UH*, 23 ago. 1954; *Getúlio (1945-1954)*; *A Era Vargas*, de José Augusto Ribeiro; *MRV*; *Getúlio (1945-1954)*; *A Era Vargas*, de José Augusto Ribeiro; *A menina sem estrela*, de Nelson Rodrigues; *Quase tudo*; *UH*, 24 ago. 1954; *Getúlio (1945-1954)*;

Depoimento, de Carlos Lacerda; *Carlos Lacerda vol. 1 (1914-1960)*; *Getúlio (1945-1954)*; *Depoimento*, de Carlos Lacerda; *MRV*; *UH*, 25 ago. 1954; *A menina sem estrela*, de Nelson Rodrigues; *UH*, 25 ago. 1954; *O Cruzeiro*, 4 set. 1954; *Chatô*; *O Cruzeiro*, 4 set. 1954; *Getúlio (1945-1954)*; *Depoimento*, de Carlos Lacerda; *A Era Vargas*, de José Augusto Ribeiro; *UH*, 25 ago. 1954; *MRV*; *UH*, 25 ago. 1954; *O Cruzeiro*, 4 set. 1954.

20. NÃO VAI TER GOLPE [pp. 290-306]

A noite do meu bem, de Ruy Castro; *UH*, 17 dez. 1954; *Quase tudo*; *A noite do meu bem*, de Ruy Castro; *Revista do Globo*, jan. 1954; *Quase tudo*; Danuza Leão; Maria Thereza Goulart; *João Goulart*, de Jorge Ferreira; *Quase tudo*; *Correio da Manhã*, 13 out./14 out. 1955; *JK*, de Claudio Bojunga; *Carlos Lacerda vol. 1 (1914-1960)*; *MRV*; *Tribuna da Imprensa*, 17-18 set. 1955; *Carlos Lacerda vol. 1 (1914-1960)*; *O Globo*, 17 set. 1955; *Tribuna da Imprensa*, 17-18 set. 1955; *O Globo*, 17 set. 1955; *Carlos Lacerda vol. 1 (1914--1960)*; *Tribuna da Imprensa*, 20 set. 1955; Danuza Leão; *MRV*; *UH*, 25 out. 1955; *Tribuna da Imprensa*, 25 out. 1955; *Quase tudo*; *A UH (como ela era)*, de Pinheiro Júnior; *UH*, 25 out. 1955; *UH*, 17 nov. 1955; *JK*, de Claudio Bojunga; *Carlos Lacerda vol. 1 (1914-1960)*; *Correio da Manhã*, 13 nov. 1955; *O Globo*, 12 nov. 1955; *Tribuna da Imprensa*, 10 out. 1955; *UH*, 11 out. 1955; *UH*, 31 out. 1955; *Correio da Manhã*, 14 out. 1955; *UH*, 23 jul. 1953; *Tribuna da Imprensa*, 14 out. 1955; *UH*, 15 nov. 1953; *UH*, 10 nov. 1955; *MRV*; *UH*, 1 nov. 1955; *Carlos Lacerda vol. 1 (1914-1960)*; *Marechal Lott*, de Kátia Guilherme Carloni; *Quase tudo*; *Marechal Lott*, de Kátia Guilherme Carloni; *Carlos Lacerda vol. 1 (1914-1960)*; *JK*, de Claudio Bojunga; *MRV*; *Quase tudo*; *Correio da Manhã*, 15 nov. 1955; *Marechal Lott*, de Kátia Guilherme Carloni; *Quase tudo*; *UH*, 11 nov. 1955; *Depoimento*, de Carlos Lacerda; *Carlos Lacerda vol. 1 (1914-1960)*; *Depoimento*, de Carlos Lacerda; *Tribuna da Imprensa*, 16 nov. 1955; *Depoimento*, de Carlos Lacerda; *MRV*; Danuza Leão; *Quase tudo*; *UH*, 24 nov. 1955; Danuza Leão; *UH*, 24 nov. 1955; *A UH (como ela era)*, de Pinheiro Júnior; Augusto Rodrigues; Francisco de Assis Barbosa; Joel Silveira; Nássara; *Chatô*; Lan; *UH*, 22 nov. 1955; *UH*, nov. 1955; *A UH (como ela era)*, de Pinheiro Júnior; *Adalgisa Nery*, de Ana Arruda Callado; *A UH (como ela era)*, de Pinheiro Júnior; Luarlindo Silva; *A UH (como ela era)*, de Pinheiro Júnior; Pinheiro Júnior; *Quase tudo*; *Carlos Lacerda vol. 1 (1914-1960)*; *UH*, 14 nov. 1955; *UH*, 19 nov. 1955.

21. O VIZINHO DE ROBERTO MARINHO [pp. 307-23]

UH, 31 jan. 1956; *UH*, 31 jan./1 fev. 1956; *JK*, de Claudio Bojunga; *UH*, 1 fev. 1956; *JK*, de Claudio Bojunga; *UH*, 31 jan. 1956; *JK*, de Claudio Bojunga; *UH*, 1 fev. 1956; *JK*, de Claudio Bojunga; *O essencial de JK*, de Ronaldo Costa Couto; *UH*, 11 fev.-2 mar. 1956; *A UH (como ela era)*, de Pinheiro Júnior; *UH*, 31 maio 1956; *A UH (como ela era)*, de Pinheiro Júnior; *UH*, 1 jun. 1956; *UH*, 12 out. 1956; *Tribuna da Imprensa*, 11 out. 1956; *Carlos Lacerda vol. 1 (1914-1960)*; *Tribuna da Imprensa*, 12 out. 1956; *UH*, 12 out. 1956; *JK*, de Claudio Bojunga; *UH*, 18 fev. 1956; *UH*, 8-28 dez. 1956; Danuza Leão; Pinky Wainer; *Quase tudo*; Danuza Leão; *MRV*; *Quase tudo*; *UH*, 16 mar. 1956; *Revista da Semana*, 28 dez. 1957; *Quase tudo*; *Diario Carioca*, 21 jul. 1957; *Quase tudo*; *UH*, 7 fev. 1956; *A UH (como ela era)*, de Pinheiro Júnior; *O essencial de JK*, de Ronaldo Costa Couto; *JK*, de Claudio Bojunga; *MRV*; *JK*, de Claudio Bojunga; *UH*,

11 jul. 1957; *Correio da Manhã*, 11 jul. 1957; *MRV*; *A UH (como ela era)*, de Pinheiro Júnior; *UH*, 7 mar. 1957; *UH*, 11 mar. 1957; *UH*, 14 mar. 1957; *A UH (como ela era)*, de Pinheiro Júnior; *UH*, 15 jul. 1958 e edições seguintes; *A UH (como ela era)*, de Pinheiro Júnior; *Quase tudo*; *Chega de saudade* e *Ela é carioca*, de Ruy Castro; *Quase tudo*; *Chega de saudade*, de Ruy Castro; *UH*, 1 jan. 1959.

22. O DELEITE DE GATSBY [pp. 324-37]

UH, 1 jul. 1958; *UH*, 30 jun. 1958; *JK*, de Claudio Bojunga; IBGE; *UH*, 19 jun. 1958; *MRV*; discurso de JK em 30 jun. 1958, Biblioteca da Presidência; *UH*, 19 ago. 1958; *UH*, 23 ago. 1958; *MRV*; *UH*, 4 ago. 1958; *UH*, 5 ago. 1958; *UH*, 6 ago. 1958; *UH*, 12 ago. 1958; *UH*, 27 ago. 1958; *Tribuna da Imprensa*, 18-19 ago. 1958; *Carlos Lacerda vol. 1 (1914-1960)*; *UH*, 26 set. 1958; *UH*, 24 set. 1958; *Carlos Lacerda vol. 1 (1914-1960)*; *Depoimento*, de Carlos Lacerda; *Carlos Lacerda vol. 1 (1914-1960)*; *Correio da Manhã*, 14 out. 1958; *MRV*; Ricardo Amaral; *A UH (como ela era)*, de Pinheiro Júnior; *Vaudeville*, de Ricardo Amaral; *FSP*, 15 jan. 2000; *UH*, 16 ago. 1958; *Vaudeville*; Ignácio de Loyola Brandão; Jorge da Cunha Lima; Ricardo Amaral; *Vaudeville*; Ricardo Amaral; *Golpe mata jornal*, de Jefferson Barros; *UH*, de Antônio Hohlfeldt e Carolina Buckup; *UH*, 1 abr. 1959; *UH*, 31 mar. 1959; *Golpe mata jornal*, de Jefferson Barros; Flávio Tavares; *Golpe mata jornal*, de Jefferson Barros; *UH*, de Antônio Hohlfeldt e Carolina Buckup; *UH*, 30 abr. 1959; *Tribuna da Imprensa*, 7 maio 1959; *UH*, 30 abr.-9 maio 1959; *A UH (como ela era)*, de Pinheiro Júnior; *JK*, de Claudio Bojunga; *UH*, 4 fev. 1956; *A UH (como ela era)*, de Pinheiro Júnior; *UH*, 6 maio 1959; *UH*, 6 maio 1959.

23. UM TEMPO NOVO [pp. 338-56]

Chega de saudade, de Ruy Castro; *História da imprensa no Brasil*, de Nelson Werneck Sodré; *Até a última página*, de Cezar Motta; *UH*, 29 jun. 1959; *MRV*; *JB*, 3 set. 1980; *A noite do meu bem*, de Ruy Castro; *UH*, 26 jun. 1959; *JB*, 3 set. 1980; Pinheiro Júnior; Alberto Dines; *MRV*; *Quase tudo*; *UH*, 29 out. 1959; *JK*, de Claudio Bojunga; *João Goulart*, de Jorge Ferreira; *Carlos Lacerda vol. 1 (1914-1960)*; *A renúncia de Jânio*, de Carlos Castello Branco; *MRV*; *JK*, de Claudio Bojunga; *Carlos Lacerda vol. 1 (1914-1960)*; *Dicionário histórico-biográfico brasileiro*, do CPDOC-FGV; *Tribuna da Imprensa*, 6 abr. 1955; *1961*, de Amir Labaki; *UH*, 4-6 dez. 1959; *JK*, de Claudio Bojunga; *Carlos Lacerda vol. 1 (1914-1960)*; *1961*, de Amir Labaki; *Quase tudo*; *UH*, 2-4 mar. 1960; *A UH de Samuel*, de vários autores; *Quase tudo*; *Harper's Bazaar*, set. 1960; *JK*, de Claudio Bojunga; *Quase tudo*; *UH*, 22 abr. 1960; *JK*, de Claudio Bojunga; *Correio da Manhã*, 10-20 abr. 1960; *Tribuna da Imprensa*, mar.-abr. 1960; *Tribuna da Imprensa*, 14 abr. 1960; *Tribuna da Imprensa*, 18 abr. 1960; *UH*, 13 abr. 1960; *UH*, 18 abr. 1960; *Quase tudo*; *JK*, de Claudio Bojunga; *UH*, 22 abr. 1960; Sofia Wainer; *FSP*, 4 set. 1980; *Tribuna da Imprensa*, 15 jan. 1988; *FSP*, 6 set. 1980; *Tribuna da Imprensa*, 15 jan. 1988; *O livro de Jô*, de Jô Soares; *Diario Carioca*, 17 out. 1958; *UH*, ago.-set. 1960; *Quase tudo*; *Diario da Noite*, 3 set. 1958; *UH*, 30 ago. 1960; *MRV*; *Tribuna da Imprensa*, 15 jan. 1988; *UH*, 30 ago. 1960; *João Goulart*, de Jorge Ferreira; *Brasil*, de Lilia M. Schwarcz e Heloisa M. Starling; *UH*, 6 out. 1960; *FSP*, 6 set. 1980.

24. DÉJÀ-VU [pp. 357-79]

Revista da Semana, [1960]; *1961*, de Amir Labaki; *Brasil*, de Lilia M. Schwarcz e Heloisa M. Starling; *Revista da Semana*, [1960]; *Quase tudo*; *Um homem chamado Maria*, de Joaquim Ferreira dos Santos; *A noite do meu bem*, de Ruy Castro; *A noite do meu bem*, de Ruy Castro; *Quase tudo*; *UH*, 6 jan. 1961; *JK*, de Claudio Bojunga; Cacá Diegues; *Brasil*, de Lilia M. Schwarcz e Heloisa M. Starling; *1961*, de Amir Labaki; *MRV*; *FSP*, 6 set. 1980; Luarlindo Silva; *Quase tudo*; *UH*, 12-13 jun. 1961; *Quase tudo*; *UH*, 12 jun. 1961; *O anjo pornográfico*, de Ruy Castro; *O beijo no asfalto*, de Nelson Rodrigues; Pinheiro Júnior; *O anjo pornográfico*, de Ruy Castro; *A menina sem estrela*, de Nelson Rodrigues; *A UH (como ela era)*, de Pinheiro Júnior; *UH*, 15 maio 1961; *UH*, 19-20 ago. 1961; *1961*, de Amir Labaki; *O Globo*, 19 ago. 1961; *UH*, 24 ago. 1961; *Carlos Lacerda vol. 2 (1960- -1977)*, de John W. F. Dulles; *UH*, 23 ago. 1961; *Correio da Manhã*, 22 ago. 1961; *UH*, 13 jun. 1961; *UH*, 25 ago. 1961; *A renúncia de Jânio*, de Carlos Castello Branco; *1961*, de Amir Labaki; *UH*, 25 ago. 1961; *A renúncia de Jânio*, de Carlos Castello Branco; *Brasil*, de Lilia M. Schwarcz e Heloisa M. Starling; *1961*, de Amir Labaki; Danuza Leão; Luís Carlos Maciel; *JB*, 3 set. 1980; Ignácio de Loyola Brandão; *MRV*; *1961*, de Amir Labaki; genro de João Etcheverry; *1964*, de Jorge Ferreira e Angela de Castro Gomes; *João Goulart*, de Jorge Ferreira; *1964*, de Jorge Ferreira e Angela de Castro Gomes; *MRV*; *1961*, de Amir Labaki; *Tancredo Neves*, de Plínio Fraga; *João Goulart*, de Jorge Ferreira; *UH*, 27 ago.-7 set. 1961; *1961*, de Amir Labaki; *Tancredo Neves*, de Plínio Fraga; *João Goulart*, de Jorge Ferreira; *Jango*, de João Pinheiro Neto; Maria Thereza Goulart; *Depoimento*, de Carlos Lacerda; *UH*, 28 ago. 1961; *1961*, de Paulo Markun e Duda Hamilton; *João Goulart*, de Jorge Ferreira; *1961*, de Paulo Markun e Duda Hamilton; *1961*, de Amir Labaki; *UH*, 6 set. 1961; *MRV*; *Carlos Lacerda vol. 2 (1960-1977)*; *UH*, 31 ago. 1961; *Correio da Manhã*, 30 ago. 1961; *UH*, 31 ago. 1961; *UH*, 2 set. 1961; *JB*, 1 set. 1961; *MRV*; *JB*, 1 set. 1961; *Correio da Manhã*, 29 ago. 1961; *Correio da Manhã*, 31 ago. 1961; *João Goulart*, de Jorge Ferreira; *1961*, de Amir Labaki; *1964*, de Jorge Ferreira e Angela de Castro Gomes; *Jango*, de João Pinheiro Neto; *João Goulart*, de Jorge Ferreira; *Tancredo Neves*, de Plínio Fraga; *1961*, de Amir Labaki; *MRV*; *Dicionário histórico-biográfico brasileiro*, do CPDOC-FGV; *MRV*.

25. HOMEM DA MALA [pp. 380-420]

Danuza Leão; *Quase tudo*; José de Magalhães Lins; Danuza Leão; *Quase tudo*; Ricardo Amaral; *Vaudeville*; Danuza Leão; *Quase tudo*; *Vaudeville*; Ricardo Amaral; *Vaudeville*; *UH*, 20-22 mar. 1962; Mila Moreira; *Vaudeville*; *1964*, de Jorge Ferreira e Angela de Castro Gomes; *A esquerda e o golpe de 64*, de Dênis de Moraes; *João Goulart*, de Jorge Ferreira; *Getúlio (1882-1930)*; *João Goulart*, de Jorge Ferreira; *A esquerda e o golpe de 64*, de Dênis de Moraes; *Luís Carlos Prestes*, de Daniel Aarão Reis; *A esquerda e o golpe de 64*, de Dênis de Moraes; *Confissões*, de Darcy Ribeiro; *O governo João Goulart*, de Moniz Bandeira; *A esquerda e o golpe de 64*, de Dênis de Moraes; *A ditadura envergonhada*, de Elio Gaspari; *1964*, de Jorge Ferreira e Angela de Castro Gomes; *Confissões*, de Darcy Ribeiro; *UH*, 27 mar. 1962; *MRV*; telegrama de Lincoln Gordon ao Departamento de Estado, 16 mar. 1962; *UH*, 3-16 abr. 1962; *João Goulart*, de Jorge Ferreira; *UH* (PE), 18 jun. 1962; *UH* (RJ), 18 jun. 1962; *MRV*; *O Jornal*, 19 jun. 1962; *MRV*; *Tribuna da Imprensa*, 15 dez. 1953; Jorge de Miranda Jordão;

UH, 4 jul. 1962; *A esquerda e o golpe de 64*, de Dênis de Moraes; *UH*, 4 jul. 1962; *Tancredo Neves*, de Plínio Fraga; *João Goulart*, de Jorge Ferreira; *MRV*; *Tancredo Neves*, de Plínio Fraga; *João Goulart*, de Jorge Ferreira; *UH*, 13 jul. 1962; *UH*, 4 jul. 1962; *Carlos Lacerda vol. 2 (1960-1977)*; *A UH (como ela era)*, de Pinheiro Júnior; *UH*, 29 ago. 1962; *UH*, 29 ago. 1962; *UH*, 29 ago. 1962; *Carlos Lacerda vol. 2 (1960-1977)*; *Tribuna da Imprensa*, 29 ago. 1962; *Carlos Lacerda vol. 2 (1960-1977)*; *Dicionário histórico-biográfico brasileiro*, do CPDOC-FGV; *Tribuna da Imprensa*, 1-2 set. 1962; *Carlos Lacerda vol. 2 (1960-1977)*; *João Goulart*, de Jorge Ferreira; *Tribuna da Imprensa*, 8 set. 1962; *João Goulart*, de Jorge Ferreira; *Jango*, de João Pinheiro Neto; *Confissões*, de Darcy Ribeiro; *Depoimento*, de Carlos Lacerda; *João Goulart*, de Jorge Ferreira; *Jango*, de João Pinheiro Neto; José de Magalhães Lins; *JB*, 16 out. 1963; José de Magalhães Lins; *João Goulart*, de Jorge Ferreira; *Jango*, de João Pinheiro Neto; José de Magalhães Lins; *O Estado de S. Paulo*, 3 jan. 1963; José de Magalhães Lins; *João Goulart*, de Jorge Ferreira; *Jango*, de João Pinheiro Neto; *UH*, out. 1962; *Dicionário histórico-biográfico brasileiro*, do CPDOC-FGV; *João Goulart*, de Jorge Ferreira; *Jango*, de João Pinheiro Neto; *UH*, 5 jan. 1963; *MRV*; *João Goulart*, de Jorge Ferreira; *Jango*, de João Pinheiro Neto; *A esquerda e o golpe de 64*, de Dênis de Moraes; IBGE/Ipea; *João Goulart*, de Jorge Ferreira; *A esquerda e o golpe de 64*, de Dênis de Moraes; *O Globo*, 25 jan. 1963; José de Magalhães Lins; *MRV*; *UH*, 21 jan.-13 fev. 1963; *UH*, 26 jan. 1963; *O Globo*, 26 jan. 1963; *Diario de Noticias*, 27 jan. 1963; *Diario Carioca*, 23 jan. 1963; *JB*, 30 jan. 1963; *João Goulart*, de Jorge Ferreira; *Carlos Lacerda vol. 2 (1960-1977)*; *Carlos Lacerda vol. 2 (1960-1977)*; *UH*, 27 out. 1962; *UH*, 4 abr. 1963; *João Goulart*, de Jorge Ferreira; *O Globo*, 4 abr. 1963; *MRV*; telegrama de John Keppel ao Departamento de Estado, 10 jan. 1964; *MRV*; *JB*, 12 mar. 1988; *Confissões*, de Darcy Ribeiro; *MRV*; telegrama de John Keppel ao Departamento de Estado, 3 jul. 1963; telegrama de John Keppel ao Departamento de Estado, *Dicionário histórico-biográfico brasileiro*, do CPDOC-FGV; IBGE; *João Goulart*, de Jorge Ferreira; *A esquerda e o golpe de 64*, de Dênis de Moraes; *Correio da Manhã*, 13 set. 1963; *O governo João Goulart*, de Moniz Bandeira; *João Goulart*, de Jorge Ferreira; *Marighella*, de Mário Magalhães; *A ditadura envergonhada*; *Confissões*, de Darcy Ribeiro; *JB*, 13 set. 1963; *O Globo*, 18 set. 1963; *Chatô*; "a hostilidade fabricada": *UH*, 18 set. 1963; *Chatô*; *O Globo*, 24 set. 1963; *Carlos Lacerda vol. 2 (1960-1977)*; *Depoimento*, de Carlos Lacerda; *Los Angeles Times*, 30 set. 1963; *Carlos Lacerda vol. 2 (1960-1977)*; *JB*, 3 out. 1963; *A ditadura envergonhada*; *O Globo*, 4 out. 1963; *A ditadura envergonhada*; *Depoimento*, de Carlos Lacerda; *O afeto que se encerra*, de Paulo Francis; *O governo João Goulart*, de Moniz Bandeira; *Confissões*, de Darcy Ribeiro; *O afeto que se encerra*, de Paulo Francis; *UH*, 4-5 out. 1963; *UH*, 7 out. 1963; *A ditadura envergonhada*; telegrama de Lincoln Gordon ao Departamento de Estado, 2 nov. 1963; memorando de Carleton Sprague Smith ao Departamento de Estado, 3 out. 1958; telegrama de Lincoln Gordon ao Departamento de Estado, 2 nov. 1963; *MRV*; Jorge da Cunha Lima; John F. Kennedy Presidential Library and Museum; *A ditadura envergonhada*; *Correio da Manhã*, 15 set. 1963; *UH*, 25 nov. 1963; *MRV*; *A queda de João Goulart*, de Carlos Castello Branco; *UH*, 26 set. 1963; *1964*, de Jorge Ferreira e Angela de Castro Gomes; *A esquerda e o golpe de 64*, de Dênis de Moraes; *O governo João Goulart*, de Moniz Bandeira; *MRV*; *A esquerda e o golpe de 64*, de Dênis de Moraes; *MRV*; *FSP*, 14 jan. 1988; *MRV*; *FSP*, 14 jan. 1988; *MRV*; telegrama de Lincoln Gordon ao Departamento de Estado, 2 dez. 1963; *A ditadura envergonhada*; *João Goulart*, de Jorge Ferreira; *1964*, de Jorge Ferreira e Angela de Castro Gomes.

Quase tudo; Pinky Wainer; *Quase tudo*; *UH*, 7 jan.-30 abr. 1964; *Almanaque 1964*, de Ana Maria Bahiana; *O livro de Jô*, de Jô Soares; *UH*, 7 jan. 1964; *UH*, 5 fev. 1964; *Almanaque 1964*, de Ana Maria Bahiana; *MRV*; *UH*, 13-14 mar. 1964; *João Goulart*, de Jorge Ferreira; *1964*, de Jorge Ferreira e Angela de Castro Gomes; *A ditadura envergonhada*; *JB*, 13 mar. 1964; *MRV*; *UH*, 4-7 fev. 1964; *Carlos Lacerda vol. 2 (1960-1977)*; *Tribuna da Imprensa*, 9 abr. 1952; *MRV*; *1964*, de Jorge Ferreira e Angela de Castro Gomes; *Almanaque 1964*, de Ana Maria Bahiana; *Jango*, de João Pinheiro Neto; *MRV*; *UH* e *JB*, 14 mar. 1964; *Tancredo Neves*, de Plínio Fraga; Maria Thereza Goulart; *Tancredo Neves*, de Plínio Fraga; *UH*, 14 mar. 1964; *JB*, 14 mar. 1964; *Tancredo Neves*, de Plínio Fraga; *A ditadura envergonhada*; Observatório da Imprensa, 30 mar. 2004; *UH*, 14 mar. 1964; *JB*, 14 mar. 1964; Observatório da Imprensa, 30 mar. 2004; *UH*, 17 mar. 1964; *UH*, 14 mar. 1964; *JB*, 14 mar. 1964; *Correio da Manhã*, 18 mar. 1964; *Correio da Manhã*, 14 mar. 1964; *UH*, 17 mar. 1964; *UH*, 16 mar. 1964; *UH*, 17 mar. 1964; *Correio da Manhã*, 21 mar. 1964; *O Globo*, 18 mar. 1964; *JB*, 20 mar. 1964; *UH*, 19 mar. 1964; *João Goulart*, de Jorge Ferreira; *1964*, de Jorge Ferreira e Angela de Castro Gomes; *A ditadura envergonhada*; *Marighella*, de Mário Magalhães; *Correio da Manhã*, 20 mar. 1964; *A ditadura envergonhada*; *O Globo*, 20 mar. 1964; *Memória de alegria*, de Joel Silveira; *João Goulart*, de Jorge Ferreira; *1964*, de Jorge Ferreira e Angela de Castro Gomes; *A ditadura envergonhada*; *Memória de alegria*, de Joel Silveira; *A ditadura envergonhada*; *Marighella*, de Mário Magalhães; *JB*, 30 mar. 1964; "Na sexta-feira da semana santa": *O Globo*, 30 mar. 1964; *UH*, 30 mar. 1964; *MRV*; José de Magalhães Lins; *A queda de João Goulart*, de Carlos Castello Branco; *A ditadura envergonhada*; *MRV*; *Marighella*, de Mário Magalhães; *MRV*; *Correio da Manhã*, 31 mar. 1964; *MRV*; *Os idos de março*, de vários autores; *Marighella*, de Mário Magalhães; *A ditadura envergonhada*; José de Magalhães Lins; *A UH (como ela era)*, de Pinheiro Júnior; *Marighella*, de Mário Magalhães; *João Goulart*, de Jorge Ferreira; *Confissões*, de Darcy Ribeiro; *Jango*, de Angela de Castro Gomes e Jorge Ferreira; *A ditadura envergonhada*; *Marighella*, de Mário Magalhães; *JB*, 1 abr. 1964; *UH*, 1 abr. 1964; *Tancredo Neves*, de Plínio Fraga; *A ditadura envergonhada*; *Carlos Lacerda vol. 2 (1960-1977)*; *Os idos de março*, de vários autores; *Carlos Lacerda vol. 2 (1960-1977)*; *Marighella*, de Mário Magalhães; *JB*, 1 abr. 1964; *O Globo*, 2 abr. 1964; *JB*, 2 abr. 1964; *Carlos Lacerda vol. 2 (1960-1977)*; *MRV*; *A ditadura envergonhada*; *JB*, 2 abr. 1964; *A ditadura envergonhada*; *Marighella*, de Mário Magalhães; *A máscara do tempo*, de Moacir Werneck de Castro; *MRV*; *JB*, 3 abr. 1964; *UH*, 2 abr. 1964; Jorge de Miranda Jordão; Luarlindo Silva; *O afeto que se encerra* e *Trinta anos esta noite*, de Paulo Francis; Ricardo Amaral; *O afeto que se encerra*, de Paulo Francis; *A máscara do tempo*, de Moacir Werneck de Castro; Jorge de Miranda Jordão; Moacir Werneck de Castro; *A máscara do tempo*, de Moacir Werneck de Castro; Jorge de Miranda Jordão; telegrama de Lincoln Gordon ao Departamento de Estado, *MRV*; Ignácio de Loyola Brandão; Jorge da Cunha Lima; *A ditadura envergonhada*; *MRV*; *Golpe de Estado*, de Palmério Dória e Mylton Severiano; *João Goulart*, de Jorge Ferreira; *Tancredo Neves*, de Plínio Fraga; Maria Thereza Goulart; *A ditadura envergonhada*; *Tancredo Neves*, de Plínio Fraga; *A ditadura envergonhada*; *Confissões*, de Darcy Ribeiro; *UH*, 2 abr. 1964; *O Globo*, 2 abr. 1964; *Tribuna da Imprensa*, 2 abr. 1964; *FSP*, 2 abr. 1964; *O Jornal*, 2 abr. 1964; *Diario de Noticias*, 2 abr. 1964; *Diario Carioca*, 3 abr. 1964; *Quase tudo*; *João Goulart*, de Jorge Ferreira; Maria Thereza Goulart; *UH*, 3 abr. 1964; Jorge da Cunha Lima; *MRV*; *UH*, 3 e 4 abr. 1964; *Golpe mata jornal*, de Jefferson Barros; *JB*, 11 abr. 1964; *A ditadura envergonhada*; *O Jornal*, 10 abr. 1964; *Correio da Manhã*,

3 abr. 1964; *MRV*; *Golpe mata jornal*, de Jefferson Barros; *A ditadura envergonhada*; *João Goulart*, de Jorge Ferreira; *O Globo*, 8 abr. 1964; *Quase tudo*; Danuza Leão.

27. TERRA EM TRANSE [pp. 459-83]

JB, 9 maio 1964; *MRV*; *UH*, 11 maio 1964; *Golpe mata jornal*, de Jefferson Barros; *A UH* (*como ela era*), de Pinheiro Júnior; Flávio Tavares; *UH*, 18 abr. 1964; *UH*, 30 abr. 1964; *UH*, 21 maio 1964; *UH*, 8 maio 1964; *UH*, 6 maio 1964; *O Globo*, 16 maio 1964; *MRV*; *Dicionário histórico-biográfico brasileiro*, do CPDOC-FGV; *Carlos Lacerda vol. 2 (1960-1977)*; *France-Soir*, 29 abr. 1964; *L'Humanité*, 19 maio 1964; *JB*, 24 abr. 1964; *Carlos Lacerda vol. 2 (1960-1977)*; documentos pessoais de Samuel Wainer; telegrama do Itamaraty ao embaixador Mendes Viana, 1965; *A ditadura envergonhada*; *Correio da Manhã*, 13 jun. 1964; *Correio da Manhã*, 1 set. 1964; *Dicionário histórico-biográfico brasileiro*, do CPDOC-FGV; *Correio da Manhã*, 7 maio 1964; *Correio da Manhã*, 2 jun. 1964; *MRV*; *Quase tudo*; *FSP*, 18 jun. 2008; *Quase tudo*; Cacá Diegues; *MRV*; Cacá Diegues; *Carlos Lacerda vol. 2 (1960-1977)*; *A ditadura envergonhada*; *JK*, de Claudio Bojunga; *Carlos Lacerda vol. 2 (1960-1977)*; *O Globo*, 15 out. 1964; *Carlos Lacerda vol. 2 (1960-1977)*; *O Globo*, 19 out. 1964; *Correio da Manhã*, 17 mar. 1967; *Um homem chamado Maria*, de Joaquim Ferreira dos Santos; *Quase tudo*; *Correio da Manhã*, 17 mar. 1967; *MRV*; telegramas de Hariberto Jordão a Samuel Wainer, dez. 1964; *MRV*; José de Magalhães Lins; *Chega de saudade*, de Ruy Castro; *UH*, 17 dez. 1964; telegrama de Max V. Krebs ao Departamento de Estado, 5 fev. 1965; telegrama de Niles W. Bond ao Departamento de Estado, 3 set. 1964; *MRV*; *UH*, 13 jul. 1965; *MRV*; José de Magalhães Lins; *MRV*; Dorian Jorge Freire; *MRV*; *Carlos Lacerda vol. 2 (1960-1977)*; *Chatô*; *Jornal, história e técnica*, de Juarez Bahia; *Quase tudo*; *Le Monde*, 1965; *Almanaque 1964*, de Ana Maria Bahiana; *A ditadura envergonhada*; *Le Monde*, 1965; *L'Express*, 1965; telegrama de John W. Tuthill ao Departamento de Estado, 29 jul. 1967; *A ditadura militar e os golpes dentro do golpe (1964-1969)*, de Carlos Chagas; *A ditadura envergonhada*; *MRV*; *Quase tudo*; *Dicionário histórico-biográfico brasileiro*, do CPDOC-FGV; *Liberdade vigiada*, de Paulo César Gomes; *O reacionário*, de Nelson Rodrigues; *Quase tudo*; *A ditadura militar e os golpes dentro do golpe (1964-1969)*, de Carlos Chagas; *A ditadura envergonhada*; *Quase tudo*; *Bons e maus mineiros*, de João Pinheiro Neto; *MRV*; correspondência de Samuel Wainer e Violeta Arraes; *Manchete*, 31 dez. 1966; correspondência de Samuel Wainer e Violeta Arraes; *MRV*; *Quase tudo*; Cacá Diegues; *Quase tudo*; *Chega de saudade*, de Ruy Castro; *Quase tudo*; *MRV*; *JB*, 5 out. 1967; *JK e a ditadura*, de Carlos Heitor Cony; *João Goulart*, de Jorge Ferreira; *JK*, de Claudio Bojunga; *MRV*; *O Estado de S. Paulo*, 9 abr. 1967; *O Globo*, 27 set. 1967; *Correio da Manhã*, 3 out. 1967; *MRV*; telegrama do consulado-geral de Paris ao Itamaraty, 11 jul. 1967; *A ditadura envergonhada*; telegrama do consulado-geral de Paris ao Itamaraty, 11 jul. 1967.

28. NUNCA HOUVE ONTEM [pp. 484-507]

MRV; Cacá Diegues; telegrama de John W. Tuthill ao Departamento de Estado, 28 out. 1967; *1968*, de Zuenir Ventura; *A ditadura envergonhada*; *A rotativa parou*, de Benício Medeiros; Nelson Motta; Luís Carlos Maciel; *O Globo*, 3 set. 1980; *A UH de Samuel*, de vários autores; Nelson Motta; *Quase tudo*; Nelson Motta; Maria Lúcia Rangel; carta de Samuel Wainer a Violeta Arraes, 2 ago.

1968; Nelson Motta; *1968*, de Zuenir Ventura; *A ditadura envergonhada*; *JB*, 19 maio 1968; *JB*, 7 abr. 1968; *1968*, de Zuenir Ventura; *A ditadura envergonhada*; *UH*, 26 jun. 1968; carta de Samuel Wainer a Violeta Arraes, 2 ago. 1968; *Quase tudo*; correspondência de Samuel Wainer e Violeta Arraes, 1968-9; carta de Éric Bourgeois a Samuel Wainer, 1968; carta de Éric Bourgeois a Samuel Wainer, 1968; *Cahiers du Cinéma*, jan. 1969; carta de Samuel Wainer a Mimi Ouro Preto, 16 jan. 1969; carta de Samuel Wainer a Nanô da Silva Ramos, 16 jan. 1969; *O Globo*, 27 set. 1968; carta de Samuel Wainer a Éric Bourgeois, 2 ago. 1968; *Bons e maus mineiros*, de João Pinheiro Neto; Ricardo Amaral; carta de Luís Carta a Samuel Wainer, 23 set. 1968; *1968*, de Zuenir Ventura; *A ditadura envergonhada*; carta de Samuel Wainer a Violeta Arraes, 23 nov. 1968; *A ditadura militar e os golpes dentro do golpe (1964-1969)*, de Carlos Chagas; *1968*, de Zuenir Ventura; *A ditadura envergonhada*; Cacá Diegues; Danuza Leão; *MRV*; *Carlos Lacerda vol. 2 (1960-1977)*; *JK*, de Claudio Bojunga; Nelson Motta; Flávio Tavares; *Memórias do esquecimento*, de Flávio Tavares; Maria Lúcia Rangel; Flávio Tavares; *Memórias do esquecimento*; *A ditadura escancarada*, de Elio Gaspari; *O que é isso, companheiro?*, de Fernando Gabeira; *A rotativa parou*; *MRV*; *Bons e maus mineiros*, de João Pinheiro Neto; *A rotativa parou*; José de Magalhães Lins; *A rotativa parou*; Luís Carlos Maciel; *A ditadura escancarada*; Luís Carlos Maciel; Marta Góes; *Bons e maus mineiros*, de João Pinheiro Neto; Delfim Netto; *Bons e maus mineiros*, de João Pinheiro Neto; *UH*, maio-jun. 1970; *MRV*; *Bons e maus mineiros*, de João Pinheiro Neto; *MRV*; *A rotativa parou*; *JB*, 27 abr. 1971; *A rotativa parou*; *JB*, 27 abr. 1971; *A UH de Samuel*, de vários autores; Marilda Pedroso; *FSP*, 3 set. 1980; Luís Carlos Maciel; Marilda Pedroso; *Quase tudo*; Luís Carlos Maciel; Martha Alencar; *O Pasquim*, 4-10 jan. 1972; *Os irmãos Karamabloch*, de Arnaldo Bloch; *MRV*; *Chatô*; Martha Alencar; Pinky Wainer; *Quase tudo*; Pinky Wainer.

29. COMO UM GATO, SEMPRE DE PÉ [pp. 508-26]

A ditadura escancarada; Pinky Wainer; Marilda Pedroso; Martha Alencar; *Mário Prata*; *Minhas mulheres e meus homens*, de Mário Prata; Martha Alencar; Celso Curi; Jorge da Cunha Lima; *O Globo*, 2 nov. 2013; *Minhas mulheres e meus homens*, de Mário Prata; *UH* (SP), 7-8 set. 1974; Mário Prata; Celso Curi; Marta Góes; carta de Samuel Wainer a Violeta Arraes, dez. 1974; Hamilton Almeida Filho; Danuza Leão; *Quase tudo*; Jorge da Cunha Lima; Pinky Wainer; *Gazeta Mercantil*, 6 nov. 1975; *A ditadura encurralada* e *A ditadura derrotada*; Celso Curi; Matinas Suzuki Jr.; da oposição: Jorge da Cunha Lima; Fernando Henrique Cardoso; *A ditadura escancarada*; *Cinquenta anos esta noite*, de José Serra; Marta Góes; Jorge da Cunha Lima; *Carlos Lacerda vol. 2 (1960-1977)*; *FSP*, 14 jan. 1988; *JB*, 22 maio 1977; Mário Prata; Jorge da Cunha Lima; Marta Góes; *João Goulart*, de Jorge Ferreira; *JK*, de Claudio Bojunga; *Carlos Lacerda vol. 2 (1960-1977)*; *A república das abelhas*, de Rodrigo Lacerda; Neném Werneck; Moacir Werneck de Castro; Moacir Werneck de Castro; *FSP*, 3 set. 1980; *FSP*, 6 set. 1980; *FSP*, 3 set. 1980; *A ditadura encurralada*; *FSP*, 16 set. 1977; *FSP*, 17 set. 1977; Boris Casoy; *MRV*; Marta Góes; *JB*, 3 set. 1980; Mário Prata; Marta Góes; Mário Prata; Boris Casoy; *FSP*, 3 set. 1980; *FSP*, 7 maio 1980; *FSP*, 3 set. 1980; Jorge da Cunha Lima; *FSP* e *JB*, 3 set. 1980; Jorge da Cunha Lima; Boris Casoy; *JB*, 3 set. 1980; *O Globo*, 3 set. 1980; *Tribuna da Imprensa*, 3 set. 1980; *FSP*, 3 set. 1980; *O Globo*, 3 set. 1980.

Referências bibliográficas

AGUIAR, Joselia. *Jorge Amado: Uma biografia*. São Paulo: Todavia, 2018.

AMADO, Jorge. *Farda, fardão, camisola de dormir: Fábula para acender uma esperança*. 2. ed. Rio de Janeiro: Record, 1979.

AMARAL, Azevedo. *O Estado autoritário e a realidade nacional*. Brasília: Editora UNB, 1981.

_____; WAINER, Samuel. *Israel no passado e no presente*. Rio de Janeiro: Almanack Israelita, 1937.

AMARAL, Ricardo. *Vaudeville: Memórias*. São Paulo: Leya, 2010.

ANDRADE, Jeferson de; SILVEIRA, Joel. *Um jornal assassinado: A última batalha do* Correio da Manhã. Rio de Janeiro: José Olympio, 1991.

ARENDT, Hannah. *Homens em tempos sombrios*. São Paulo: Companhia das Letras, 2008.

_____. *Origens do totalitarismo*. São Paulo: Companhia das Letras, 2012.

BACIU, Stefan. *Lavradio, 98: História de um jornal de oposição: A* Tribuna da Imprensa *ao tempo de Carlos Lacerda*. Rio de Janeiro: Nova Fronteira, 1982.

BAHIA, Juarez. *Jornal, história e técnica: História da imprensa brasileira*. São Paulo: Ática, 1990.

BAHIANA, Ana Maria. *Almanaque 1964*. São Paulo: Companhia das Letras, 2014.

BANDEIRA, Moniz. *O governo João Goulart: As lutas sociais no Brasil (1961-1964)*. 3. ed. Rio de Janeiro: Civilização Brasileira, 1978.

BARBOSA, Rui. *Dreyfus*. Rio de Janeiro: Simões, 1952.

BARROS, Jefferson. *Golpe mata jornal: Desafios de um tabloide popular numa sociedade conservadora*. Porto Alegre: Já, 1999.

BARTEL, Carlos Eduardo. *O movimento sionista e a comunidade judaica brasileira (1901-1956)*. Curitiba: Prismas, 2015.

BLOCH, Arnaldo. *Os irmãos Karamabloch: Ascensão e queda de um império familiar*. São Paulo: Companhia das Letras, 2008.

543

BOJUNGA, Claudio. *JK: O artista do impossível*. Rio de Janeiro: Objetiva, 2001.

BORGES, Gustavo. *Getúlio e o mar de lama: A verdade sobre 1954*. Rio de Janeiro: Lacerda, 2001.

BRAGA, Rubem. *O conde e o passarinho: Morro do isolamento: As crônicas de Rubem Braga*. Rio de Janeiro: Editora do Autor, 1961.

_____. *A cidade e a roça e três primitivos*. Rio de Janeiro: Editora do Autor, 1964.

_____. *Ai de ti, Copacabana*. 7. ed. Rio de Janeiro: Record, 1987.

_____. *1939: Um episódio em Porto Alegre (uma fada no front)*. Rio de Janeiro: Record, 2002.

BRANCO, Carlos Castello. *A renúncia de Jânio: Um depoimento*. Rio de Janeiro: Revan, 1996.

CALLADO, Ana Arruda. *Adalgisa Nery: Muito amada e muito só*. Rio de Janeiro: Relume Dumará; Prefeitura do Rio, 1999.

CARNEIRO, Maria Luiza Tucci. *O antissemitismo na Era Vargas: Fantasmas de uma geração (1930-1945)*. São Paulo: Brasiliense, 1988.

CARVALHO, Luiz Maklouf. *Cobras criadas: David Nasser e O Cruzeiro*. São Paulo: Senac, 2001.

CARVALHO, Marco Antonio de. *Rubem Braga: Um cigano fazendeiro do ar*. São Paulo: Globo, 2007.

CASTRO, Moacir Werneck de. *Mário de Andrade: Exílio no Rio*. Rio de Janeiro: Rocco, 1989.

_____. *A ponte dos suspiros*. Rio de Janeiro: Rocco, 1990.

_____. *A máscara do tempo: Visões da era global*. Rio de Janeiro: Civilização Brasileira, 1996.

_____. *Europa 1935: Uma aventura de juventude*. Rio de Janeiro: Record, 2000.

_____; CAMPOS et al. Maurício; BARROS, Theodoro de. *A última hora de Samuel: Nos tempos de Wainer*. Rio de Janeiro: ABI-Compim, 1993.

CASTRO, Ruy. *Chega de saudade: A história e as histórias da Bossa Nova*. São Paulo: Companhia das Letras, 1990.

_____. *O anjo pornográfico: A vida de Nelson Rodrigues*. São Paulo: Companhia das Letras, 1992.

_____. *Ela é carioca: Uma enciclopédia de Ipanema*. São Paulo: Companhia das Letras, 1999.

_____. *A noite do meu bem: A história e as histórias do samba-canção*. São Paulo: Companhia das Letras, 2015.

CAYMMI, Stella. *Dorival Caymmi: O mar e o tempo*. São Paulo: Editora 34, 2001.

CHABON, Michael. *Associação Judaica de Polícia*. São Paulo: Companhia das Letras, 2009.

CHAGAS, Carlos. *A ditadura militar e os golpes dentro do golpe (1964-1969)*. Rio de Janeiro: Record, 2014.

_____. *A ditadura militar e a longa noite dos generais (1970-1985)*. Rio de Janeiro: Record, 2015.

CONY, Carlos Heitor. *JK e a ditadura*. Rio de Janeiro: Objetiva, 2012.

COSTA, Cecília. *Diário Carioca: O jornal que mudou a imprensa brasileira*. Rio de Janeiro: Fundação Biblioteca Nacional, 2011.

COUTINHO, Lourival; SILVEIRA, Joel. *O petróleo do Brasil: Traição e vitória*. 2. ed. Rio de Janeiro: Coelho Branco, 1957.

COUTO, Ronaldo Costa. *O essencial de JK: Visão, grandeza, paixão e tristeza*. São Paulo: Planeta, 2013.

DANTAS, Audálio. *As duas guerras de Vlado Herzog: Da perseguição nazista na Europa à morte sob tortura no Brasil*. Rio de Janeiro: Civilização Brasileira, 2012.

DINES, Alberto et al. *Os idos de março e a queda em abril*. 2. ed. Rio de Janeiro: José Álvaro, 1964.

DUARTE-PLON, Leneide; MEIRELES, Clarisse. *Um homem torturado: Nos passos de frei Tito de Alencar*. Rio de Janeiro: Civilização Brasileira, 2014.

DULLES, John W. F. *Carlos Lacerda vol. 1 (1914-1960): A vida de um lutador*. Rio de Janeiro: Nova Fronteira, 1992.

DULLES, John W. F. *Carlos Lacerda vol. 2 (1960-1977): A vida de um lutador.* Rio de Janeiro: Nova Fronteira, 2000.

FALCÃO, Armando. *Tudo a declarar.* Rio de Janeiro: Nova Fronteira, 1989.

FERREIRA, Jorge. *João Goulart: Uma biografia.* Rio de Janeiro: Civilização Brasileira, 2011.

_____; GOMES, Angela de Castro. *1964: O golpe que derrubou um presidente, pôs fim ao regime democrático e instituiu a ditadura no Brasil.* Rio de Janeiro: Civilização Brasileira, 2014.

FIGUEIREDO, Cláudio. *As duas vidas de Aparício Torelly: O Barão de Itararé.* 2. ed. Rio de Janeiro: Record, 1988.

FONTES, Lourival. *Uma política de preconceitos.* Rio de Janeiro: José Olympio, 1957.

_____. *Política, petróleo e população.* Rio de Janeiro: José Olympio, 1958.

FRAGA, Plínio. *Tancredo Neves, o príncipe civil.* Rio de Janeiro: Objetiva, 2017.

FRANCIS, Paulo. *O afeto que se encerra: Memórias.* Rio de Janeiro: Civilização Brasileira, 1980.

GABEIRA, Fernando. *O que é isso, companheiro?.* 28. ed. Rio de Janeiro: Codecri, 1981.

GASPARI, Elio. *A ditadura envergonhada.* São Paulo: Companhia das Letras, 2002.

_____. *A ditadura escancarada.* São Paulo: Companhia das Letras, 2002.

_____. *A ditadura derrotada.* São Paulo: Companhia das Letras, 2003.

GOMES, Paulo César. *Liberdade vigiada: As relações entre a ditadura militar brasileira e o governo francês: Do golpe à anistia.* Rio de Janeiro: Record, 2019.

GONÇALVES, José Mauro. *Café-society: Confidencial.* Rio de Janeiro: Civilização Brasileira, 1956.

GRINBERG, Keila; LIMONCIC, Flávio. *Judeus cariocas.* Rio de Janeiro: Instituto Cultural Cidade Viva, 2010.

GUIMARÃES, Maikio. *Caso Última Hora: A crise que mudou o curso da história.* Porto Alegre: BesouroBox, 2011.

HEMINGWAY, Ernest. *Paris é uma festa.* 6. ed. Rio de Janeiro: Civilização Brasileira, 1991.

HOHLFELDT, Antônio; BUCKUP, Carolina. *Última Hora: Populismo nacionalista nas páginas de um jornal.* Porto Alegre: Sulinas, 2002.

ISAACSON, Walter. *Steve Jobs: A biografia.* São Paulo: Companhia das Letras, 2011.

JOHNSON, Paul. *História dos judeus.* 4. ed. Rio de Janeiro: Imago, 1989.

KOIFMAN, Fábio. *Quixote nas trevas: O embaixador Souza Dantas e os refugiados do nazismo.* 2. ed. Rio de Janeiro: Record, 2012.

LABAKI, Amir. *1961: A crise da renúncia e a solução parlamentarista.* São Paulo: Brasiliense, 1986.

LACERDA, Carlos. *Depoimento.* Rio de Janeiro: Nova Fronteira, 1978.

_____. *Carlos Lacerda: 10 anos depois.* Rio de Janeiro: Nova Fronteira, 1987.

_____. *A missão da imprensa.* São Paulo: Com-Arte; Edusp, 1990.

LACERDA, Claudio. *Uma crise de agosto: O atentado da rua Toneleros.* Rio de Janeiro: Nova Fronteira, 1994.

LACERDA, Rodrigo. *A república das abelhas.* São Paulo: Companhia das Letras, 2013.

LAURENZA, Ana Maria de Abreu. *Lacerda × Wainer: O Corvo e o Bessarabiano.* 2. ed. São Paulo: Senac, 1998.

LEÃO, Danuza. *Quase tudo: Memórias.* São Paulo: Companhia das Letras, 2005.

LEITE, Mauro Renault; NOVELLI JÚNIOR, Luiz Gonzaga (Orgs.). *Marechal Eurico Gaspar Dutra: O dever da verdade.* Rio de Janeiro: Nova Fronteira, 1983.

LINS, Ronaldo Lima. *João, o microscópio e a vida selvagem.* Rio de Janeiro: 7Letras, 2014.

LISPECTOR, Clarice. *Correspondências.* Rio de Janeiro: Rocco, 2002.

LISPECTOR, Elisa. *No exílio.* 3. ed. Rio de Janeiro: José Olympio, 2005.

LUSTOSA, Isabel. *Nássara: O perfeito fazedor de artes.* Rio de Janeiro: Relume Dumará; Prefeitura do Rio, 1999.

MAGALHÃES, Mário. *Marighella: O guerrilheiro que incendiou o mundo.* São Paulo: Companhia das Letras, 2012.

MALAMUD, Samuel. *Do arquivo e da memória: Fatos, personagens e reflexões sobre o sionismo brasileiro e mundial.* Rio de Janeiro: Bloch, 1983.

_____. *Escalas no tempo.* Rio de Janeiro: Record, 1986.

_____. *Recordando a praça Onze.* Rio de Janeiro: Kosmos, 1988.

_____. *Documentário: Contribuição à memória da comunidade judaica brasileira.* Rio de Janeiro: Imago, 1992.

MÁXIMO, João. *João Saldanha: Sobre nuvens de fantasia.* Rio de Janeiro: Relume Dumará; Prefeitura do Rio, 1996.

MEDEIROS, Benício. *A rotativa parou!: Os últimos dias da Última Hora de Samuel Wainer.* Rio de Janeiro: Civilização Brasileira, 2009.

MONTELLO, Josué. *O Juscelino Kubitschek de minhas recordações.* Rio de Janeiro: Nova Fronteira, 1999.

MORAES, Dênis de. *A esquerda e o golpe de 64: Vinte e cinco anos depois, as forças populares repensam seus mitos, sonhos e ilusões.* Rio de Janeiro: Espaço e Tempo, 1989.

MORAIS, Fernando. *Olga: A vida de Olga Benário Prestes, judia comunista entregue a Hitler pelo governo Vargas.* 14. ed. São Paulo: Alfa-Omega, 1987.

_____. *Chatô: O rei do Brasil.* São Paulo: Companhia das Letras, 1994.

MOREL, Edmar. *O golpe começou em Washington.* 2. ed. Jundiaí: Paco, 2014.

MOSER, Benjamin. *Clarice, uma biografia.* São Paulo: Cosac Naify, 2009.

MOTTA, Cezar. *Até a última página: Uma história do Jornal do Brasil.* Rio de Janeiro: Objetiva, 2018.

MOTTA, Nelson. *As sete vidas de Nelson Motta.* Rio de Janeiro: Foz, 2014.

NABUCO, Carolina. *A vida de Virgílio de Melo Franco.* Rio de Janeiro: José Olympio, 1962.

NERY, Adalgisa. *Retrato sem retoque.* Rio de Janeiro: Civilização Brasileira, 1963.

NETO, Lira. *Getúlio: Dos anos de formação à conquista do poder (1882-1930).* São Paulo: Companhia das Letras, 2012.

_____. *Getúlio: Do Governo Provisório à ditadura do Estado Novo (1930-1945).* São Paulo: Companhia das Letras, 2013.

_____. *Getúlio: Da volta pela consagração popular ao suicídio (1945-1954).* São Paulo: Companhia das Letras, 2014.

OLIVEIRA, Maria Rosa Duarte de. *João Goulart na imprensa: De personalidade a personagem.* São Paulo: Annablume, 1993.

OZ, Amós. *Mais de uma luz: Fanatismo, fé e convivência no século XXI.* São Paulo: Companhia das Letras, 2017.

PADURA, Leonardo. *Hereges.* São Paulo: Boitempo, 2015.

_____. *O homem que amava os cachorros.* 2. ed. São Paulo: Boitempo, 2015.

PINHEIRO JUNIOR. *A Última Hora (como ela era): História e lenda de uma convulsão jornalística contada por um atuante repórter do jornal de Samuel Wainer.* Rio de Janeiro: Mauad X, 2011.

PINHEIRO NETO, João. *Jango: Um depoimento pessoal.* 3. ed. Rio de Janeiro: Record, 1993.

_____. *Bons e maus mineiros: & outros brasileiros.* Rio de Janeiro: Mauad, 1996.

PINTO, António Costa; MARTINHO, Francisco Carlos Palomanes (Orgs.). *O passado que não passa: A sombra das ditaduras na Europa do Sul e na América Latina*. Rio de Janeiro: Civilização Brasileira, 2013.

PIRES, Renato. *Faculdade de jornalismo: Última Hora*. Rio de Janeiro: Apoio & Produção, 2004.

RAMOS, Graciliano. *Memórias do cárcere*. 2 v. 17. ed. Rio de Janeiro; São Paulo: Record, 1984.

RAMOS, Helena; ESMANHOTTO, Mônica Novaes (Coords.). *Arte-veículo*. São Paulo: Sesc Pompeia, 2018.

REIS, Daniel Aarão. *Luís Carlos Prestes: Um revolucionário entre dois mundos*. São Paulo: Companhia das Letras, 2014.

RESENDE, Otto Lara. *O príncipe e o sabiá: E outros perfis*. 2. ed. São Paulo: Companhia das Letras, 2017.

RIBEIRO, Darcy. *Aos trancos e barrancos: Como o Brasil deu no que deu*. 3. ed. Rio de Janeiro: Guanabara Dois, 1985.

_____. *Testemunho*. 2. ed. São Paulo: Siciliano, 1990.

_____. *Confissões*. São Paulo: Companhia das Letras, 1997.

_____. *Golpe e exílio*. Rio de Janeiro: Fundação Darcy Ribeiro; Brasília: UNB, 2010.

RODRIGUES, Nelson. *A menina sem estrela: Memórias*. São Paulo: Companhia das Letras, 1993.

ROUCHOU, Joëlle. *Samuel: Duas vozes de Wainer*. Rio de Janeiro: UniverCidade Editora, 2004.

SANTOS, Joaquim Ferreira dos. *Um homem chamado Maria*. Rio de Janeiro: Objetiva, 2006.

SCHWARCZ, Lilia M.; STARLING, Heloisa M. *Brasil: uma biografia*. São Paulo: Companhia das Letras, 2015.

SCLIAR, Moacyr. *A majestade do Xingu*. São Paulo: Companhia das Letras, 1997.

SÉRGIO, Renato. *Dupla exposição: Stanislaw Sérgio Ponte Porto Preta*. Rio de Janeiro: Ediouro, 1998.

SERRA, José. *Cinquenta anos esta noite: O golpe, a ditadura e o exílio*. Rio de Janeiro: Record, 2014.

SILVA, Hélio; CARNEIRO, Maria Cecília Ribas. *O Estado Novo 1937-1938*. São Paulo: Três, 1998.

SILVA, Juremir Machado da. *Jango: A vida e a morte no exílio*. Porto Alegre: L&PM, 2013.

SILVEIRA, Joel. *Meninos, eu vi*. Rio de Janeiro: Tribuna da Imprensa, 1967.

_____. *Tempo de contar*. 3. ed. Rio de Janeiro: José Olympio, 1993.

_____. *Viagem com o presidente eleito*. Rio de Janeiro: Mauad, 1996.

_____. *Na fogueira: Memórias*. Rio de Janeiro: Mauad, 1998.

_____. *Memórias de alegria*. Rio de Janeiro: Mauad, 2001.

_____. *A feijoada que derrubou o governo*. São Paulo: Companhia das Letras, 2004.

_____; MORAES NETO, Geneton. *Hitler/Stalin: O pacto maldito*. 2. ed. Rio de Janeiro: Record, 1990.

SLAVUTZKY, Abrão (Org.). *A paixão de ser: Depoimentos e ensaios sobre a identidade judaica*. Porto Alegre: Artes e Ofícios, 1998.

SOARES, Jô. *O livro de Jô: Uma autobiografia desautorizada*. v. 1. São Paulo: Companhia das Letras, 2017.

SODRÉ, Nelson Werneck. *História da imprensa no Brasil*. Rio de Janeiro: Civilização Brasileira, 1966.

STIVELMAN, Michel. *A marcha*. Rio de Janeiro: Nova Fronteira, 1998.

SZULC, Tad. *Fidel: Um retrato crítico*. São Paulo: Best Seller, 1987.

TAVARES, Flávio. *O dia em que Getúlio matou Allende e outras novelas do poder*. 2. ed. Rio de Janeiro: Record, 2004.

_____. *Memórias do esquecimento: Os segredos dos porões da ditadura*. Ed. ampl. Porto Alegre: L&PM, 2012.

VARGAS, Getúlio. *Diário vol. 1: 1930-1936*. São Paulo: Siciliano; Rio de Janeiro: Fundação Getulio Vargas, 1995.

VARGAS, Getúlio. *Diário vol. 2: 1937-1942*. São Paulo: Siciliano; Rio de Janeiro: Fundação Getulio Vargas, 1995.

VELTMAN, Henrique. *A história dos judeus em São Paulo*. Rio de Janeiro: Expressão e Cultura, 1996.

VENTURA, Zuenir. *1968: O ano que não terminou*. 18. ed. Rio de Janeiro: Nova Fronteira, 1988.

VIANA, Francisco; MORAES, Dênis de. *Prestes: Lutas e autocríticas*. 3. ed. Rio de Janeiro: Mauad, 1997.

VOGLER, Christopher. *A jornada do escritor: Estrutura mítica para escritores*. 3. ed. Rio de Janeiro: Nova Fronteira, 2011.

WAINER, Samuel. *Minha razão de viver: Memórias de um repórter*. 19. ed. Rio de Janeiro: Record, 2003.

_____. *Minha razão de viver: Memórias de um repórter*. São Paulo: Planeta do Brasil, 2005.

Créditos das imagens

Todos os esforços foram feitos para reconhecer os direitos autorais das imagens. A editora agradece qualquer informação relativa à autoria, titularidade e/ou outros dados, se comprometendo a incluí-los em edições futuras.

pp. 1, 5 (acima), 6 (acima), 8 (abaixo), 12, 17 (acima), 20 (acima), 22, 23 (acima), 25, 26 (acima), 27 (acima à direita e abaixo), 28, 29 (à esquerda) e 30: Acervo Pinky Wainer

pp. 2 (acima), 4, 6 (abaixo), 7 (abaixo), 8 (acima), 9, 10 e 11: Acervo Ana Chafir. Reprodução de Jaime Acioli

pp. 2 (abaixo) e 19 (acima): Acervo Fundação Biblioteca Nacional – Brasil

p. 3: Acervo Cultural de Dorival Caymmi

pp. 5 (abaixo), 7 (acima), 13 (abaixo), 14, 15, 16 (abaixo), 17 (abaixo), 18, 20 (abaixo), 26 (abaixo), 27 (acima à esquerda), 29 (à direita), 31 (acima) e 32 (acima): Acervo Bruno Wainer

p. 13 (acima): Acervo Iconographia

pp. 16 (acima) e 32 (abaixo): Folhapress

pp. 19 (abaixo) e 21: José Santos/ Agência O Globo

p. 23 (abaixo): Arquivo/ Agência O Globo

p. 24 (abaixo): DR/ Lan

pp. 24 (acima) e 31 (abaixo): Arquivo Público do Estado de São Paulo

Índice remissivo

Aliança Nacional Libertadora (ANL), 55, 58-9, 62, 80, 379

Aliança para o Progresso (EUA), 386, 412

Aliança Popular contra o Roubo e o Golpe, 237

Alípio, Luís, 298

Alkmin, José Maria, 308, 346

"Allah-lá-ô" (canção), 89, 182

Allende, Salvador, 14, 108, 437, 508

Almanack Israelita, 63-4, 342

Almeida, Ângelo Nolasco de, 378

Almeida, Aracy de, 151

Almeida, Climério Euribes de, 273, 275, 277-80

Almeida, José Américo de, 65, 72, 113, 219, 282

Almeida, Murilinho de, 350

Almeida, Pedro Geraldo de, 360, 370

Almeida Filho, Hamilton (HAF), 515

Alvarenga e Ranchinho (dupla musical), 93

Alves, Aluísio, 216, 246-7

Alves, Ataulfo, 259

Alves, Castro, 91

Alves, Francisco, 210

Alves, Márcio Moreira, 494-5

Alves, Osvino Ferreira, 407

Alvim, Teresa Cesário, 447, 523

Alzugaray, Domingo, 11, 494, 514

Amado, Genolino, 82

Amado, Gilberto, 59

Amado, Jorge, 53-4, 61, 62, 69, 77, 80, 82, 84, 87-8, 90-1, 93, 131, 135, 143, 169, 202, 326, 355, 522

Amado, Matilde, 77

Amaral, Antônio Azevedo, 49

Amaral, Azevedo, 50, 59, 63-4, 67-8, 71, 73, 75-6, 81-2

Amaral, Ricardo, 330, 332, 380-2, 422, 447, 485, 487, 493

Amaral Netto, 237

Amazonas, 161, 163

Amazônia, 69, 142, 154, 161

América do Sul, 25, 326

América Latina, 106, 108-9, 128, 141, 164, 345, 437, 453, 463, 508

anarquistas, 62, 190

Anarquistas, graças a Deus (Gattai), 522

Âncora, Armando de Moraes, 408, 444

Andrada, Antônio Carlos de, 35, 95

Andrada, José Bonifácio Lafayette de, 208

Andrade, Antônio Pais de, 38

Andrade, Auro de Moura, 378, 390, 450

Andrade, Evandro, 473

Andrade, Humberto Freire de, 462

Andrade, Joaquim Pedro de, 389, 510

Andrade, José Praxedes de, 60

Andrade, Mário de, 52, 54, 73, 79, 84, 90, 209

Andrade, Oswald de, 44, 54, 73, 87, 90, 303

Andrade, Rodrigo Melo Franco de, 53

Andrade, Sérgio de, 330

Ângela Maria (cantora), 151, 211

Anselmo, Cabo, 431, 433, 436

anticomunismo, 78-9, 208, 214, 298, 385, 401, 409, 477

antissemitismo, 23-5, 43, 45-6, 48, 51, 63, 87, 118, 225, 257, 323; *ver também* judeus

Antônio Maria (jornalista), 291, 341, 350, 358-60, 362-3, 368, 381, 401, 421-2, 454, 458, 466, 471, 473, 510, 524

Antônio Maria Filho, 473

Antonio's (bar carioca), 481, 486-7, 504

Aqui São Paulo (jornal), 509, 514-7, 519, 520

árabes, 31, 133-4

Aragão, Cândido, 432-4, 442, 464-5

Aragão, Dilma, 464

Aragarças (GO), 347, 434

Aragon, Louis, 64, 119

Aranha, Osvaldo, 29, 35, 38-9, 85, 110, 133, 159, 219, 261, 279

Aranha Neto, Euclides (Quica), 261

Arapuã (pseudônimo de Sérgio de Andrade), 330, 366

Araripe, Alencar, 221

Araripe Júnior, 229

Arbeter Kich (Cozinha do Trabalhador, restaurante judaico no Rio de Janeiro), 47

Archer, Renato, 416

Arcozelo, visconde de, 55

Arena (Aliança Renovadora Nacional), 478, 495, 517

Arendt, Hannah, 210

Argélia, 479, 507, 514

Junior Barranquilla (time), 188
Jupiassa, Olindina Alves, 399-400
Jurema, Abelardo, 403, 439, 441
Juventude Comunista, 52-3, 331
"Juventude transviada — crime de todos nós" (série da *Última Hora*), 318, 320-1
Juventude transviada (filme), 318
Juventude Universitária Católica, 331, 388

Kafka, Franz, 125
Kahn, Herman, 313
Kaltman, Hélio, 349
Kawal, Paul, 290
Kaye, Danny, 207
Keffel Filho, 288
Kennedy, Jacqueline, 415, 427
Kennedy, John F., 14, 360, 375, 385-6, 412, 415, 419, 424, 445
Keppel, John, 403-5
Keti, Zé, 473
Khruschóv, Nikita, 344
Kishinev, pogrom de (Bessarábia, 1903), 23
Kissinger, Henry, 313, 397, 414
Klabin, família, 150
Klabin, Wolff, 47, 49
Kogan, Mossia, 33, 257
Kostakis, Alik, 331, 449, 510
Krebs, Max V., 473
Kruel, Amauri, 263, 378, 385, 402, 407-8, 419, 439-42, 444, 447, 449
Kubitschek, Juscelino, 13, 16, 94, 153, 177, 276, 292-4, 296, 299, 305, 307-13, 315-7, 321-6, 328-9, 336, 339, 344-7, 353-4, 357, 359-60, 363, 374, 379, 383, 393, 405, 407, 416-7, 434, 438, 448, 455, 468-73, 477, 479-80, 482, 489, 497, 501, 519
Kubitschek, Sarah, 308, 518
Kun, Béla, 66, 72

Lacerda, Carlos, 12-3, 17, 52-5, 58, 61, 71-2, 77-9, 81, 88, 91, 96, 98, 113, 116, 120, 123, 130, 152-3, 161, 167-8, 173, 175, 190, 194, 197, 199-200, 202, 204, 208, 210, 214, 216-8, 220-2, 224, 226, 230-3, 235, 237, 239-40, 242-3, 246, 248, 254,

257, 261-3, 265, 269-70, 272, 274-5, 277-9, 284-7, 293-4, 296-7, 300, 305, 311-2, 324, 328-9, 336, 343, 346-7, 353-6, 360, 366-7, 369, 371, 376-7, 388-9, 391-2, 395, 397, 399-402, 409-12, 414, 416, 424, 426, 429, 441, 443, 446-7, 456, 463, 468-9, 475, 481-2, 489, 497, 509, 518-9
Lacerda, Fernando, 96, 98-9, 237
Lacerda, Maurício Caminha de (filho), 96, 243
Lacerda, Maurício de (pai), 29, 53, 243
Lacerda, Olga, 243
Lacerda, Sebastião de, 53
Lacerda, Sérgio, 269, 271
Laet, Carlos de, 182
Lafer, Horácio, 173, 213
Lago, Antônio Henrique, 499
Lago, Mário, 499
Lameirão, José Chaves, 309
Lampião (Virgulino Ferreira da Silva), 74
Lara, Odete, 509
Largo de São Francisco (Rio de Janeiro), 158
Larragoiti, Antônio Sanchez de, 170
Larragoiti, Rosalina, 170
Laurence, Albert, 324
Laval, Pierre, 117
lead (abertura das reportagens), 183, 516
Leal, Leoberto, 222
Leal, Newton Estillac, 104, 155, 173, 208
Leal, Wilson de Barros, 220
Leão, Altina (d. Tinoca), 244, 322
Leão, Danuza, 11, 151, 244-5, 259-60, 262, 267-9, 274, 284, 288, 290-2, 294, 299-300, 302, 313-4, 322, 326, 344-5, 348-52, 354, 357-61, 363, 371, 380-1, 387, 394, 421-2, 454, 457-8, 463, 465-7, 471-3, 476, 478-81, 490, 493, 496, 503, 505, 513-4
Leão, Jairo, 244, 262, 267, 313, 322, 350
Leão, Nara, 244, 268, 322-3, 338, 389, 473, 481, 484-5, 489-90, 496, 511
Legião Brasileira de Assistência (lba), 289
Legislativo, Poder, 57, 445
Lei de Segurança Nacional, 12, 57, 162, 212, 329, 401, 521, 525
Leite, Hilcar, 216
Leite, Luís Gonzaga de Oliveira, 456

1ª EDIÇÃO [2020] 1 reimpressão

ESTA OBRA FOI COMPOSTA PELA SPRESS EM DANTE E IMPRESSA EM OFSETE
PELA GRÁFICA SANTA MARTA SOBRE PAPEL PÓLEN SOFT DA SUZANO S.A.
PARA A EDITORA SCHWARCZ EM JANEIRO DE 2021